시민과 정부 간 무기의 평등

절차 민주주의 원칙을 다시 생각한다

개정판

시민과 정부간 무기의 평등
절차 민주주의 원칙을 다시 생각한다 개정판

지은이 최자영
개정판 1쇄 발행 2019년 12월 30일

펴낸이 최자영
펴낸곳 헤로도토스 HERODOTOS
    주소 부산광역시 금정구 장전온천천로 35, 3층
    전화 051-515-3284, 010-6605-0428
    FAX 051-966-1016
    Homepage www.fairsociety.kr
    E-mail herodotos.corea@gmail.com

교정편집 최동표
디자인편집 애드가
표지디자인 및 북디자인 애드가
인쇄·제본 호성 P&P
출판등록 2017년 10월 20일 (제2017-000011호)
ISBN 979-11-962703-3-9 (03300)
CIP 2019047313

값은 뒤표지에 있습니다.

시민과 정부간 무기의 평등

개정판

최자영 글

절차 민주정치의 원칙을
다시 생각한다

헤로도토스
HERODOTOS

목차

개정판 출간에 부치는 글	011
들어가며 (초판 머리말)	081

제1부 통째로 파묻힌 '절차' 민주정치   095

제1장: 정치는 위정자만 하는 것이 아니다   097
- 한국 정치의 현주소   099
- 아무 내용 없는 허사(虛辭)로서의 '민주공화국'   116
- 민주정치의 걸림돌은 독재정권보다 민중 자신의 수동성이다   118
- 한국의 전통에는 자유를 위한 찬가가 없다   122

제2장: 시민과 국가 간 무기의 평등, '절차' 민주정치를 되찾아라!   131
- '내용'에 우선하는 '절차' 민주정치   133
- 민중이 결정권을 갖는 '절차' 민주정치   139
- 고대 그리스 '절차' 민주정치   148
- 민중이 공권력을 감시하다   156
- 고대 그리스 정치체제 담론의 변화   167

제3장: '내용'과 '절차' 민주정치의 응용   181
- '절차'와 '내용'을 혼합한 로베르토 웅거의 급진민주정치   183

기독교의 두 얼굴: 절차로서의 저항과 복종　　　　　　　　　192

제4장: 국가 폭력이 민주정치를 방해 한다　　　　　　　　197
　아렌트와 소렐의 폭력론　　　　　　　　　　　　　　　　199
　지젝의 폭력론　　　　　　　　　　　　　　　　　　　　212

제5장: 국가권력과 정의론: 롤스, 샌델, 플라톤, 아리스토텔레스　228
　롤스와 샌델의 정의론　　　　　　　　　　　　　　　　　231
　롤스의 절차적 자유주의와 샌델의 공동선(善) 간 권력구조의 차이　242
　탐욕·악의 및 시민 상호간 갈등의 정치 사회적 의미　　　　253
　플라톤과 아리스토텔레스의 '몫'의 정의론　　　　　　　　297
　(올바름 to dikaion, he dikaiosyne)

제6장: 고대 아테네 민주정치가 군국주의로 변질되다　　　　305
　고대 그리스의 원심적 권력구조　　　　　　　　　　　　307
　아테네 '절차' 민주정치　　　　　　　　　　　　　　　　315
　투키디데스의 폭력과 전쟁에 대한 경계　　　　　　　　　324

제7장 보수와 진보의 대립을 극복하는 풀뿌리 민주정치 아나키즘　335
　아나키즘(권력분산적 구조)과 고대 그리스 민주주의　　　337

  보수와 진보 간 대립을 극복하는 '절차' 민주정치   348

제2부 한국사회의 독선과 권위주의   359

제8장 국가폭력과 권위주의 유산   361
  해방 후 국가 공권력이 인권을 말살하다   363
  검사도 못 믿는다, 판사도 못 믿는다   372
  적폐의 중심에 태풍의 눈 같은 헌법재판소   402

제9장 의료계에도 스며있는 권위주의 잔재   409
  살인, 강간 형사범죄에도 의사 자격증은 취소되지 않는다   411
  한국 의료계는 왜 책임보험을 넣지 않는가   423

제3부 유시민, 국가란 무엇인가에 대한 보론(補論)   443

제10장 유시민에게는 민중이 결정하는 '절차' 민주정치가 없다   445
  "누가 다스려야 하는가"   447
  유시민의 국가 폭력론   465

제11장 고대 그리스 사회신분에 대한 오해 풀기   489
  폴리스의 정치구조와 사회신분에 대한 오해   491

시민과 노동자(노예) 계층은 반드시 배타적인 것이 아니었다	502
아테네 여성도 시민이었다	512
아리스토텔레스에 보이는 자연성의 노예와 사회적 억압에 의한 노예	519

제12장 현대 그리스 분권과 집권 간 갈등   529
누가 그리스 경제위기의 주범인가?	531
그리스 분권과 자유 민주의 역사적 전통	539
경제위기에 즈음한 긴축재정과 중앙 통제 강화의 시도	546
자치구 및 마을 공동체를 희생한 중앙 및 지방 정부의 집권	550
카포디스트리아스 프로그램 (1997)	554
칼리크라티스 프로그램 (2010)	559
권력집중의 과정과 그에 따른 득실	564

결언   567

깊이 읽기 안내   583

저자 약력

최자영(崔滋英)은 경북대학교 문리과대 사학과를 졸업(1976)하고 같은 대학교에서 석사학위(1979)를 받고 박사과정을 수료(1986)하였다. 그리스 국가장학생(1987.4-1991.4)으로 이와니나 대학교 인문대학 역사고고학과에서 「고대 아테네 아레오파고스 의회」로 역사고고학 박사학위(1991.6)를 받았고, 다시 이와니나 대학교 의학대학 보건학부에서 의학박사학위(2016.7)를 취득했다.

부산외국어대학교 교수로 재직했고(2010-2017), <한국서양고대역사문화학회>의 학회장(2016-2017)을 역임했으며, 현재 ATINER (Athenian Institute for Education and Research: 아테네 소재 연구소)의 역사부 부장, 부미사<부산의미래를준비하는사람들> 공동대표, 10.16부마항쟁연구소 소장으로 있다.

저서로 『고대 아테네 정치제도사』(신서원, 1995)[문화체육관광부 역사부문 우수도서];『고대 그리스 법제사』(아카넷, 2007 [대우학술총서 588 : 2008년 문화체육부 역사부문 우수도서]); Comparative Botano-therapeutics: Traditional Medicinal Use in the Far-Eastern and Greece (Lambert Academic Publishing, 2017); 역서로는 『러시아 마지막 황제』(송원, 1995), 아리스토텔레스의 <아테네 국가제도> 등을 번역한 『고대 그리스 정치사 사료』[공역: 최자영, 최혜영](신서원, 2003), 이사이오스, 『변론』(안티쿠스, 2011), 크세노폰, 『헬레니카』(아카넷, 2012 [한국연구재단총서: 학술명저번역 509]), 그 외 그리스의 저명한 현대 문학가 안토니스 사마라키스의 작품을 번역한 『손톱자국』(그림글자, 2006) 등이 있다.

개정판 출간에 부치는 글

들어가며: 법치(法治), 사유재산 등에 우선하는 민주(民主)

  초판 출간 이후 독자들과 의견을 주고받으면서 깨닫게 된 것들이 있다. 저자의 접근 방식과 독자의 인식체계가 서로 다르거나 정반대인 것들이 있었기 때문이다. 그것은 민주정치와 고대 그리스 사회에 대한 오해이며, 그 오해의 핵심은 정치권력 구조, 즉 집중과 분산의 차이에 관련한 것이다. 그 오해를 불식하는 것은 지금 우리 사회가 당면하고 있는 질곡으로서 정치 권력 집중에 의해 초래되는 갖가지 적폐 해결 방안의 모색에 중대한 의미를 갖는다.

  '민주주의'나 '공화주의' 개념은 그 자체로서 가치의 선악, 공정, 정의를 담지하지 않는다. 그저 '민(民)'중심이 되고(민주), 또 여럿이 더불어

한다(공화)'는 뜻에 지나지 않기 때문이다. 민주, 즉 '민(民)이 중심'이란 말은 민중(시민)이 주권을 갖는다는 뜻일 뿐이고, 그 결정권을 직접 행사하면 직접민주정치가 된다. 민(民)이 직접 결정을 하면 반드시 좋다, 나쁘다로 획일적으로 말할 수 없고 좋은 결정을 할 때도 있고 그렇지 못할 때도 있다.

대의정치도 마찬가지이다. 민중이 직접 결정권을 행사하지 않고 대표를 뽑아서 대신 하도록 하면 대의정치가 된다. 대의정치는 민중을 '대신' 하게 한다는 뜻일 뿐, 그 자체가 좋다 나쁘다는 가치를 품는 개념이 아니다.

직접민주정치나 대의정치란 그 어느 쪽이 더 정의롭고 공정하다든가, 어느 쪽이 더 현명한 결정을 내릴 것인지 하는 뜻을 담지 않는다. 여기서 중요한 것은 정의, 공정, 현명함 등과 무관하게 누가 결정권을 가질 때 자신을 위한 정책을 가장 잘 구사할 수 있는지 하는 점이다.

직접민주정치나 대의정치에서 똑같이 결정권자는 각기 자신의 이해관계를 치열한 갈등 속에 전개한다. 지금 정당 간 이해 관계로 국회가 파행을 겪고 있듯이, 광장에서는 촛불 부대뿐 아니라 태극기부대가 부대끼고 있다. 민회가 지역에서 열린다면 거기서도 똑같이 서울에서 광화문, 서초에서 벌어지고 있는 충돌이 그대로 재현될 것이다. 그래서 갈등은 치열하게 전개되고 그 결과로서 결정권을 가진 자들 가운데서 다수결로 결론이 나게 된다.

이해관계가 극도로 갈등하게 될 경우 민회가 지금 대의제로서의 국회보다 나은 게 무엇일까? 그것은 두 가지로 말할 수가 있다. 하나는 지금 국회처럼 중앙 한 곳만 있는 것이 아니라 지역적으로 분산되어 풀뿌리 민주정치로 이루어진다는 점이다. 지금처럼 중앙에 모인 300명이 모든 것을 결정하는 체제가 아니라 권력은 각 지역으로 분산되고, 각 지역마다 특색 있는 정책을 구사할 수가 있다. 다른 하나는 지금의 국회처럼 유지 상류층이 아니라 서민들이 스스로 결정하는 것으로 자신을 위한 결정을 할 수가 있다. 이런 절차는 대부분 상류층이 모여있는 현재의 국회가 가진 자들을 위해 입법하는 것과 대조가 된다.

민주정치 그 자체로서 정의와 공정을 담보하는 것이 아니고, 한 절차, 형식으로 파악하는 것은 앞으로의 방향성 설정에 큰 의미를 가진다. 토지공개념, 노동자 권익의 보호, 기본소득제도 등 많은 이상적 제도들이 있을 수 있으나, 그 어느 것도 원하는 쪽에서 결정권을 확보하지 못하면 헛된 소망에 불과하다. 고 노무현 대통령이 사법고시 낭인을 없애고자 로스쿨 제도를 도입하려고 했다. 그런데 정작 이명박 정부에서 만들어진 로스쿨은 돈이 많이 들어서 금수저가 아니면 가기 어려운 제도로 변질되고 말았다. 이런 현상은 결정권을 국회에서 틀어잡고 있고, 그 국회 성원은 주로 돈 있는 사회 상류층들로 구성되어 있기 때문이다. 좋은 안건은 많으나 그것을 결정하는 권한이 없으면 실현할 수 없다.

그래서 모든 것에 우선하여 절차, 민중이 결정권을 갖는 절차를 확보하는 것이 절실하다. 직접민주정은 크게 정책제안형과 권력통제형의 두 가지로 나누어볼 수 있다. 이 중 적어도 주권자로서 민중은 위정자의 권력을 통제할 수 있는 권한을 가져야 하고, 그 절차를 구체적으로 마련해야 하겠다. 선출직, 임명직을 불문하고 공권력을 행사하는 모든 공직자에 대한 감시, 처벌권은 물론, 현재 스위스와 같이 국회를 통과한 법안에 대해 문제가 있으면 다시 국민투표에 부쳐서 그 신임 여부를 민중이 결정하는 제도가 필요하다. 그리고 이 모든 제도의 정착을 위해 국민이 헌법과 법률을 발의할 수 있는 권한을 가져야 하겠다. 이 국민개헌발의권은 70년대 유신독재체제에서 뺏겼던 것인데 여전히 돌려받지 못하고 있고, 현재의 국회도 이것을 민중에게 반환하려는 의사가 있는 것 같지 않다. 그런 점에서 국회는 민중의 뜻을 배반하고 있다. 근대 국가는 자유 시민의 민회가 중심이 된 고대 그리스 폴리스보다 훨씬 더 집권적이고 관료적이다. 근대국가가 성립되면서 동시에 대두된 화두는 중앙에 집중된 권력을 어떻게 견제하는가 하는 것이었다. 그래서 나온 것이 권력의 분립과 상호견제의 개념이었다.

한국에서는 삼권분립이 권력간 상호견제가 아니라, 제각기 독립해야 하는 것으로 잘못 이해하곤 한다. 삼권분립은 독재권력을 견제하기 위해서 나온 방법인데, 오히려 그 삼권이 제각기 독립해야 한다고 생각하는 것이 그러하다. 어떤 권력도 견제받지 않으면 독주하게 된다. 권력은 하나로 군림할 때뿐 아니라 세 개, 다섯 개, 그 몇 개로 쪼개지든지 간에 각기 견제 받지 않고 독주하면 독재 체제가 되는 것이다.

지금 한국은 '3권' 분립도 아니고 검찰청까지 독립하면 '4권'이 된다, 균형과 견제의 '분립'이 아니라 '살아있는' 권력을 견제하기 위해서 검찰권력이 '독립'을 해야 한다고 생각하는 이들이 있기 때문이다. 그런데 그 검찰이 가짜 간첩을 만들어내기 위해 허위문서를 작성하고, 제 식구 감싸느라 수사를 지연하여 공소시효가 지나가도록 하고, 마음에 안 드는 놈은 표적 수사해도, 그 권력이 견제 받는 곳 없이 독주하는 형편에 있다. 견제받지 않는 권력은 썩게 마련이다.

아울러 삼권분립 등의 제도 정비가 민주주의의 실현을 보장하는 것이 아니라는 점을 각인할 필요가 있다. 민주정치의 실현은 제도에 앞서 행동으로 실천되어야 하고 희생을 요구하기 때문이다. 제도가 갖추어진 후가 아니라 제도가 정비되지 않은 곳에서도 민주정치는 몸으로 실천되어야 한다. 민중의 뜻과 결정이 실정법에 우선한다. 그것이 민주이다. 한국은 법치 이전에 민주국가이다.

민주주의는 정치뿐 아니라 경제에도 적용된다. 이른바 경제민주주의 개념이 그것이다. 대기업의 독과점을 방지하는 규제, 국토이용관리법에 의한 토지거래규제, 토지공개념이나 기본소득제 등이 여기에 해당한다. 그런데 대기업의 독과점 규제 및 국토이용관리법은 성격상 토지공개념이나 기본소득제 등의 조치와는 다른 점이 있다. 전자는 거래상의 절차에 관련된 것, 후자는 거래의 과정이 아니라 결과로서 초래된 각종 재산에서의 재분배를 뜻하기 때문이다.

대기업 독과점 규제나 토지거래규제를 아무리 엄하게 해도 모든 일탈을 규제할 수가 없다. 완벽한 법을 만드는 것 자체가 불가능하고, 법망을 피하는 일탈도 있게 마련이며 운수도 작용한다. 그래서 상식을 벗어나 지나칠 정도로 부의 편중이 이루어질 때는 그 상황을 시정할 수 있는 추가적 조치가 불가피하다. 토지공개념이나 기본소득제 등이 바로 그런 추가적 조치에 해당한다. 거래에 대한 규제를 통해서도 잡을 수 없는 비상식적 부의 편중을 사회적 합의를 거쳐 보정의 절차를 마련하는 것이다.

현재 한국에서는 이와 같은 추가적 보완조치가 극도로 미흡하다. 그 이유는 사유재산제도가 신성불가침의 최고 기준이 되어 민주(民主)의 개념 자체를 위협하기 때문이다. 예를 들면, 부의 소유가 지나치게 편중된 현상이 그러하다. 통계청 발표에 따르면, 2019년 3월 기준 상위 10% 가구의 순자산점유율은 전체의 43.3%를 차지하는 것으로 나타났다. (한겨레, 2019.12.18. 2면)

그러면 추가적 보정장치는 어느 정도로 허용되며 현행 헌법이나 법률이 정하는 한계와는 어떤 관계가 있는 것일까? 사람마다 절실하게 여기는 것이 달라서, 헌법학자는 헌법에 최고의 가치를 두고 일단 만들어진 헌법에 사람들이 기속되어야 한다고 주장한다. 예를 들어, 안창호 전 헌법재판관에 따르면, 국민은 주권자로서 헌법을 개정할 수 있으나, 일단 헌법이 확정된 다음에는 헌법에 구속된다고 주장한다. "국민이 주권자로서 헌법규정과 관계없이 국가권력을 자의로 행사할 수 있다면, 민주주의의 이름으로 대의제와 권력분립질서에 기초하는 법치주의를 폐지하고, 인간의 존엄과 가치를 훼손할 수 있기 때문"이라는 것이다. (안창호, "직접민주주의의 강화", 〈포용으로 가는 길, 직접민주주의를 논하다〉, 국제심포지엄, 2019.12.3. 한국행정연구원 주관: 그랜드힐튼 서울 컨벤션센터 3층, 269쪽)

그러나 헌법학자 이기우 교수의 견해는 다소 다르다. 그는 과거 개정된 헌법이 환경의 변화로 현재의 환경에 맞지 않을 수도 있다는 점에 착안한다. 미국 제3대 대통령 제퍼슨은 19년 마다 법률이나 헌법은 효력을 상실하도록 함으로써 각 세대가 전 세대와 마찬가지로 자신의 공동생활을 규율할 수 있어야 한다"고 했고, 또 1793년 프랑스 헌법은 "국민은 언제든지 법률과 헌법을 검토하고 개정하고 변경할 권리를 가진다"라고 했다는 것이다. (이기우, "헌법개정과 직접민주주의", 같은 책, 207쪽)

현재까지 유효한 헌법은 1987년에 만들어진 것인데, 지금에 와서 시민들이 헌법을 개정하고 싶어도 개헌발안권을 가지고 있지 않다. 현재 국회에서도 의원들은 70% 이상의 시민들이 간절히 원하는 개헌을 가로막고, 국민개헌발안권을 다시 민중에게 되돌려줄 생각을 하지 않고 있으니, 이게 과연 민주정부인지, 국회가 민의를 대의하는 곳인지 의심이 갈 뿐이며,

여기에 여야가 따로 없다.

이런 경우에 헌법이 사람들을 기속하는가? 아니다. 민주(民主)는 법치 위에 존재하는 상위개념이기 때문이다. '민주(民主)' 사회에서는 아무 것도 민중의 중의를 능가하는 것은 없어야 한다. 사리에 맞지 않는 법은 민중의 판단에 따라 보정해가야 하며, 때로 그것은 프랑스 혁명같이 현실에 맞지 않는 낡은 법보다 실천과 행동을 앞세우기도 해야 한다. 프랑스의 인권선언과 최초의 91년 헌법은 혁명이 있은 다음에 만들어졌다.

이렇듯 권력에 대한 견제, 그리고 낡은 형식의 법제도에 우선하여 현실에 맞는 실천으로서의 민주정치에 대한 이해를 촉구하면서 특히 반성이 필요하다고 생각되는 점, 특히 고대 그리스 민주정치에 대한 오해에서 정작 배워야 할 민주정의 핵심을 놓치고 있다는 점과 한국의 현주소가 독재와 과두의 아류에 그칠 뿐, 민주정치로 보기 어렵다는 점을 간추려 다음과 같이 개정판 서문으로 갈음한다.

민주정치의 존재와 민주정치 담론 발생 간 차이

민주정치가 그 자체로서 존재하는 것은 민주정치의 개념, 담론이 발생하는 것과 같은 것이 아니다. 개념이나 담론이 없어도 민주정치는 존재할 수 있기 때문이다. 오히려 담론이 대두되기 전의 세상에서 민주정치는 더 온전하게 존재했다고 할 수 있다. 이 말 뜻은 민주정치를 논한다고 해서 민주정치가 더 잘 되거나 비로소 존재하기 시작했다는 것이 아니라는 말이다.

이는 마치 공기를 자유롭게 들이마실 수 있을 때는 '공기를 마셔야 산다'라는 의식 자체가 없는 것과 같다. 또 성(性)이 개방되어 육체적 욕망의 충족에 사회적 제한이 크게 가해지지 않을 경우, '성해방'의 담론이 사회적으로 크게 주목을 받지 않음과 같다. 예를 들어, 고대 아테네에서 민주정치 담론이 형성되기 전 구석기, 신석기 시대에도 민주정치는 존재할 수 있다. 또 담론이 대두되지 않은 다른 지역에서도 민주정치는 존재할 수 있다는 말이 된다.

고대 그리스, 특히 아테네의 정치체제를 민주정치로 규정하고 민주주의 담론이 이루어진 사실은 인류 역사상 처음으로 아테네에서 민주정치를 시행했음을 뜻하는 것이 아니다. 민주정치 자체가 아니라 민주정치의 담론이 아테네에서 시작되었을 뿐이다.

민주정치의 담론은 그것을 방해하는 사회적 요인이 등장하면서 시작한다. 그 방해 요소는 시민의 자유를 억압하는 것, 위정자들이 행사하는 정부권력의 존재이다. 그에 저항하여 아테네 민중이 시민의 자유를 수호하는 민주정치의 개념을 담론 속으로 끌어들이게 된 것이다. 반면, 오리엔트 지역에서는 민주정치 담론이 크게 일지 않았는데, 그것은 더 일찍부터 정부의 지배 권력이 발달되었고 또 민중이 그 정부 권력에 저항하지 않고 대체로 승복했으며 그에 대한 반성 의식이 크게 없었기 때문이다.

그래서 민중이 중심이 되어야 한다는 민주정치는 다름 아니라 정부가 행사하는 정치적 권력과 상대적인 개념으로 파악되어야 한다. 기원전 5세기 초 그리스 최초의 역사가 헤로도토스는 물론 기원전 4세기 중엽 철학자 아리스토텔레스를 비롯한 많은 이들이 민주정치를 논할 때는 흔히 군주정치, 과두정치가 아닌 것으로서의 상대적, 비교적 차원에서의 개념으로 파악한다. 그런 점에서 고대 아테네 민주정치의 주역인 시민들의 자유를 노예계층과의 상대적인 관점에서 '귀족'이었던 것으로 파악하는 것은 고대 그리스 민주정치의 본질을 완전히 왜곡 전도한 것이다.

잘못된 상식 네 가지

촛불정국 이후 '직접민주정치'에 대한 관심이 부쩍 늘었다. 행정부 수반과 대법원장이 결탁하여 사법권력을 농단하고, 국회가 마비되어 국정이 파행에 치닫는 것을 보면서, 또 검찰, 경찰은 물론이고 행정부 말단 공직자까지 부정부패가 만연한 것을 보면서 대의민주정치가 갖는 한계를 더 많은 사람들이 깨닫기 시작했기 때문이다.

그런데 직접민주정치를 하려고 보니 그것도 문제가 없지 않다는 생각에 선뜻 내켜하지 않는 상황이다. 그런 망설임은 고대 그리스 민주정치에 대해 잘못된 이해에 기인하는 바가 크다. 그리스 민주정치를 잘못, 아니 거꾸로 이해하다보니 정작 필요한 것을 도입하는 데 속도가 붙지 않고 갈 곳이 없어 방황하고 있는 처지에 있다.

그리스 민주정치의 실상에 대한 오해를 불식하기 위해 가장 만연한 잘못된 상식 4가지를 차례로 소개하도록 한다.

첫째, 민주정치를 하다가 국가가 없어져버리고 망했으니 그거 하면 안 된다, 둘째, 여자는 노예와 같이 참정권이 없었으니 실제로는 남성 시민을 중심으로 한 귀족정치다. 반면 우리는 적어도 여자들이 그런 대우를 받는 것은 아니니 우리가 고대 그리스보다 더 나은 민주정치를 하고 있는 거다. 셋째, 철학자 소크라테스를 처형했으니 그들처럼 어리석은 민중의 중우정치를 하면 부작용이 심하다. 그래서 직접민주정치 하면 안 되고 엘리트 정치가를 뽑아서 대의정치를 해야 한다. 넷째, 소크라테스가 "악법도 고쳐지기 전에는 지켜야 한다"고 말했다는 것 등이다.

첫째, 그리스가 직접민주정치를 하다가 망했으며, 그래서 직접민주정치는 좋은 것이 아니고 그거 하다가는 우리도 그리스처럼 망한다는 잘못된 상식이다.

사실 기원전 4세기 말 그리스의 패망은 알렉산드로스 2세(대왕)의 부친 밀리포스 2세가 중심이 된 마케도니아의 군국주의적 침략에 의해 초래된 것이다. 그래서 "직접민주정치 하다가 망했으니 그것이 좋지 못한 것"이라고 생각할 것이 아니라, 반대로 "직접민주정치의 적은 군사력에 의한 군국주의적 침략과 전제적 지배권력이로구나" 하는 교훈을 얻어야 한다는 점이다. 실로 마케도니아의 군국주의는 알렉산드로스 2세의 공격을 통해 페르시아의 멸망을 초래했고, 그 후 헬레니즘 시대 전제왕조의 개막으로 이어졌고, 기원전 1세기 말에 이르러서는 로마에 의한 지중해 세계제국으로 확대된다.

민주주의를 하면 망하는 것이 아니라, 안하면 망한다. 그런 사실은 특히 외적의 침략을 받을 때 명백하게 드러난다. 외적이 침입할 때는 모두가 궐기하여 방어를 해야 효과적이기 때문이다. 몇 명의 관료나 병사들만 믿고 있다가는 안 된다. 임진왜란 때 농민이나 승려가 궐기하여 의병, 승병이 되어 저항했다. 대단한 힘이 되었고, 마침내 왜구가 물러가는 데 한 몫을 톡톡히 했다. 그렇다고 이들이 정부로부터 무슨 보상을 받은 것도 아니었고, 그냥 그렇게 무료로 저항을 했다. 이런 저항은 정치외(外)적인 것이 아니라 바로 정치 그 자체이다.

그런데도 지금 한국인은 정치는 정치가들만 한다고 생각하는 경향이 있다. 시민운동 하는 사람이나 학자가 정치를 한다고 나서면 이단시하는 풍조가 그것이다. 시민운동 단체가 정당을 만든다고 하면 마치 본분을 망각하고 일탈한 사람같이 취급하기도 한다. 또 안철수는 대학 교수로 있다가 사표 내고 정치계에 입문했다가, 아직도 욕을 얻어먹고 있다. 교수나 하고 있을 것이지 어울리지 않은 정치 한다고 뛰어들었다는 것이다. 이런 금기는 도무지 민주적인 것이 아니다. 민중이 정치를 외면하는 순간, 위정자들이 가진 권력은 부패하기 때문이다.

민중이, 승려가, 시민운동가가, 대학 교수가 평소에 정치는 하면 안 되고, 외적이 쳐들어오면 열심히 막아서 싸워라! 이렇게 주문을 하는 것 자체가 자가당착의 모순이다. 평시나 전시나 민중은 누구나, 언제나 자신의 권리를 지키기 위하여 안팎의 적을 다 경계할 필요가 있고, 그것은 정치적 행위, 때에 따라서는 무력투쟁으로 나타나게 된다. 적이 밖에만 있는 것이 아니다. 권리를 침해하는 공권력도 민중과 민주의 적이기 때문이다.

민주의 기초는 자유이다. 투쟁은 누구의 명령이 아니라 무료로 자진해서 하는 것이기 때문이다. 위계적 명령에 따른 행위는 수동적이고 억지로 하는 것이라 힘이 없으나, 자유의사에 의해서 하는 행위, 스스로 깨쳐서 궐기한 저항의 동력은 배가된다. 민주의 원칙이 실천되는 사회는 외적의 침략에 쉽게 굴복하지 않는다. 40년 노예생활보다 하루 자유를!

둘째, 여자는 노예와 같이 참정권이 없었고 실제로는 남성 시민을 중심으로 한 비민주적 차별 정치였다는 상식은 잘못된 것이다. 남자는 군대를 가고 참정권을 갖는데 여자는 그런 권한이 없었기 때문이란다. 그러나 이런 오해는 역할과 의무의 개념을 특권으로 잘못 인식한 데서 비롯한다.

사실 남성이 군역에 봉사하는 것은 특권이 아니라 희생이었고, 그런 것을 면제 받는 여성이 결과적으로 우대를 받는 것이었다. 이는 요즈음 남자들이 군대 가면서 여성들보다 더 손해를 본다고 생각하는 것과 같다.

참정권 측면에서도 투표를 한다는 것은 권리라기보다 의무의 부담이었다. 투표를 해서 무언가 공적인 사업을 추진하면 경비가 들어가는데, 그 경비는 그것을 결정한 시민들이 부담했다. 그 시민들이란 참정권을 가진 시민들이 속하는 집안에서 부담하는 것이다. 그 집안은 남성뿐 아니라 여성들도 속해있는 한 공동체이다. 그런 점에서 여성들도 시민권을 가지고 있었고, 재산권을 행사했다.

그리스 남성과 여성의 사회적 지위에 대한 잘못된 이해는 근본적으로 국가의 권력구조에 대한 이해의 부족에 기인한다. 고대 그리스 폴리스 시민사회를 근대국가와 같은 권력구조를 가진 것으로 보기 때문이다. 근대국가는 국가권력이라는 것이 있어서 다소간 권력이 중앙에 집중되어 있으나, 고대 그리스 시민사회는 그런 것이 없었다. 공직자는 거의 비상근이었고 권력 행사의 주체인 관료기구가 없었으며, 조직적 수세제도도 갖추어져 있지 않았다. 돈이 없으니 국가의 예산이나 결산이라는 것도 없었다. 그래서 사안별로 그 경비를 시민들이 직접 부담을 했다. 전쟁이 나거나 축제 등의 경비가 필요하면 시민들, 그 시민들이란 남성만이 아니라 남성이 속해있고 여성도 함께 하는 가정이 부담을 했다.

시민권 자체가 국가 혹은 정부에서 부여하는 것이 아니라 가정에서 나온다. 가정에서 합법적 자식으로 인정하면, 그를 촌락과 씨족 등에 보고하고, 촌락은 그 명단을 중앙 폴리스로 보낸다. 그러면 폴리스에서는 유사시에 그들을 군인으로 징집하고 남성 시민은 스스로 집단에서 자체 마련한 무기를 들고 먹을 양식까지 준비하여 전장터로 나가서 희생하는 것, 그런 것이었다. 당시에 국가 혹은 정부 권력이란 것이 따로 없었고 시민의 모임, 즉 민회가 중심이 되었기 때문에, 나라의 중대사는 민회를 통해 결정했고, 또 시민 각자의 경비 갹출을 통하지 않고서는 실행될 수가 없었다.

그래서 그리스 민주정치가 남성들에게만 군역봉사와 참정권을 갖게 한 특권 귀족의 정치체제란 말은 할 수가 없게 된다. 또 여성도 국가의 행사에 참여를 했다. 고대 사회는 '정치'의 개념이 오늘날과는 달리 훨씬 다양했다. 여성들만이 참여하는 제식들이 있었는데, 이런 제식의 거행은 국가의 중요한 행사였고, 그것도 정치적인 것이었다.

셋째, 고대 아테네 민주정치는 현명한 철학자 소크라테스를 처형한 '어리석은 민중의 정치', 중우(衆愚)정치인 것으로 규정하는 잘못된 상식이다. 당시 배심 재판관은 형량을 제안할 권한이 없었으므로, 소크라테스의 처형에 대한 1차적 책임은 배심재판관들에게 돌아가는 것이 아니고 또 그의 죽음이 중우정치를 상징하는 것도 아니다.

아테네의 직접민주정치가 민중의 어리석은 결정 때문에 폐단이 있다고 하고, 양식과 도덕성에서 더 나은 사람들이 어리석은 민중을 대신하여 결정하는 대의제가 좋다고 주장하는 사람들이 있다. 그런데 문제는 민중을 어리석은 것으로 치부하면 대의제 민주정도 존재하기 어렵다. 어리석은 민중은 양식이나 도덕적으로 더 나은 사람을 선택할 능력조차 원천적으로 결여하는 것이 되기 때문이다.

아테네 민주정을 매도하는 이들은 민중의 '어리석은 결정'의 단적인 예로 '소크라테스의 처형'을 들곤 한다. 그런데 여기에 대단한 오류가 개입한다. 소크라테스에게 내려진 사형의 형량을 결정한 것은 민중 재판관들이 아니라, 소크라테스를 고발한 원고 측이었기 때문이다.

민주정치의 요람인 고대 그리스 민주정치에서는 '법학적성검사'나 법학전문대학원(로스쿨) 같은 것이 없었고, 전문 법조인 재판관 자체가 없었다. 그 대신 법정은 서로 평등한 민중 재판관들로 이루어졌고, 이들이 1차 재판에서 유·무죄 여부를, 2차 재판에서는 형량을 결정했다. 그리고 그 형량은 재판관들이 아니라 원고와 피고가 직접 제안하는 것이었고, 민중 재판관들은 그 둘 중의 하나를 선택하는 데 그쳤다. 재판관들에게는 형량을 결정하는 권한 자체가 없었다. 형량의 결정권은 소송 당사자들에게 있었다.

시민(민중)들은 서로 자유롭고 평등했으므로 501명으로 구성된 소크라테스 재판정의 재판관들은 아무도 마음대로 형량을 결정할 수가 없었다. 그래서 원고와 피고인 소송 당사자들에게 직접 형량을 제안하도록 하고, 민중 재판관들은 그중의 하나를 선택하는 정도의 재량권을 가지고 있었을 뿐이었다.

소크라테스에게 사형의 형량을 매긴 것은 그를 고발했던 원고 측이었다. 아니토스를 포함한 원고 측이 피고 소크라테스에 대해 사형의 형량을 제안했을 뿐이었다. 소크라테스는 오늘날 민사 재판같이 원고에게 패소했기 때문에, 원고가 그의 형량으로 사형을 제안했기 때문에 처형되었다. 그의 죽음은 민중 재판관들 탓이 아니라 사형을 제안할 만큼 지독했던 원고 측의 악의에 의한 것이었을 뿐, 소크라테스의 유죄를 결정했던 민중 재판관들에게 1차적인 책임이 돌아가는 것이 아니다.

시민단이 중심이 된 고대 아테네 폴리스에서는 오늘과 같은 국가 공권력을 행사하는 기관이 없었다. 입법, 행정, 사법의 부서 같은 것이 따로 없었고, 일반 시민들이 정책도 결정하고 재판도 했다. 고대 아테네의 대의제 정부 기관은 전무했던 것은 아니지만 비교적 단순했고, 시민단이 권력의 중심에 있었기 때문에, 오늘날 공법의 영역에 들어가는 사법도 그 때는 사적(私的) 소송의 형태로 진행되었다. 이른바 공익에 관련되는 사안이라 하더라도 공소의 개념이 희박하고 그 대신 민사 소송같이 진행되었다. 시민(민중)이 주인이 되는 폴리스(도시국가)에서 형량도 당사자 스스로가 제안하는 체제 하에서 민중 재판관들은 원고와 피고의 제안 중에서 하나를 선택하는 재량권밖에 갖지 못했다. 오늘 집권적 근대국가의 공권력을 등에 업고 형량을 자의적으로 재단하며, 동시에 사법 권력을 남용하기 일쑤인 전문 법조인과는 판이하다.

시민단(민중)이 중심이 된 고대 폴리스의 사법제도는 다소간에 중앙집권적인 근대국가와 사이가 있으며 이렇듯 법관의 역할도 달랐다. 소크라테스 처형의 주요 책임은 그를 고발한 다음 사형의 형량을 제안한 원고 측에 있는 것으로서, 민중 재판관이나 중우정치를 탓할 일이 아니다.

넷째, 소크라테스가 "법은 고쳐지기 전까지는 지켜야 된다"라는 말을 한 것으로 잘못 알고있는 상식이다.

소크라테스는 그런 말을 한 적이 없다. 그런데 '극장의 우상' 같이 소크라테스의 권위를 빌어 좋든 나쁘든 기존의 법은 꼭 지켜야만 한다는 생각이 수동성을 민중에게 주입시키는 단초가 되었다. 그래서 잘못된 제도나 법을 고쳐나가려는 동력을 애초에 무산시키고 기득권의 특권을 옹호하는 호재가 되는 데 기여해왔다.

그러나 법이 먼저가 아니다. 민중이 원하는 것이 우선하고 법은 나중에 따라오는 것이다. 1789년 프랑스 혁명이 발발하여 <인권선언>이 발포되고, 그로부터 2년째 <1781년 헌법>이 정초되었다. 그런데 "인간은 나면서 자유롭고 평등하다", "사유재산권은 신성불가침이다" 등의 원칙은 법률이 만들어지고 난 다음 현실화된 것이 아니다. 그 반대로, 이미 수백 년 동안 중세의 봉건 귀족의 특권에 대한 시민 계층의 도전과 세력의 확대는 이루어져 왔고, 그런 시대적 변화가 마침내 법률로 추인되는 것이 프랑스 혁명의 <인권선언>이며 <1781년 헌법>이다.

행동으로 먼저 실천하지 않으면 법은 바뀌지 않는다. 시대가 변하고 상황이 바뀐다고 법이 따라서 자동으로 바뀌는 것이 아니라는 말이다. 영미의 판례법은 그런 점에서 시사하는 바가 크다. 고정된 법이라는 것이 없고, 상황에 맞게 판례를 통해 재해석하는 길이 열려있기 때문이다. 기존의 법에 얽매일 것이 아니라, 비판과 개혁의 행동을 먼저 해야 한다. 법은 나중에야 바뀌기 때문이다.

개인의 생명을 지켜주기에는 태부족인 정부의 인력

국가(정부)는 짐짓 국민의 생명을 보호하는 기능을 갖는 것이라고 한다. 그런데 그 조직의 규모와 역할에는 한계가 있게 마련이므로, 정부가 개인의 안전을 다 책임질 수가 없다. 그래서 개인에 대한 정부의 보호는 어디까지 가능한가 하는 것이 문제가 된다.

어떤 나라도 개인의 생계는 물론 폭력으로부터의 보호를 정부 기관에서 완벽하게 보장하지 않는다. 경찰, 검찰, 법관 등 관료조직이 발생하는 모든 범죄를 다 처리할 만큼 큰 것이 아니기 때문이다. 그래서 개인의 안전을 정부만 믿고 맡겨놓을 수가 없게 된다. 일차적으로 각 개인이 스스로의 보호를 책임지는 것이고, 정부의 역할은 부차적, 보완적인 것이 될 수밖에 없다.

개인의 자기 보호 개념에는 정부 권력 자체에 의한 인권 침해에 항거하는 저항권의 개념도 물론 포함된다. 이 때문에 나라에 따라 개인의 총기 소지를 허용하고 또 사립탐정제도도 있다. 미국이나 스위스 등에서 개인이 총기를 소지할 수 있는 것은 바로 이런 정치 사회적 배경을 깔고 있다. 미국은 정부의 권위가 약한 상황에서 서부 개척의 역사를 가지고 있고, 영세중립국인 스위스에서는 시민이 각자 총기를 소지함으로써 유사시에 외적의 침략에 대비하는 것이다.

지금 미국에서 총기사고가 발생하여 인명의 피해자가 생기곤 한다. 그래서 미국에서는 총기규제법안을 도입해야 한다는 제안과 토론이 이루어지고 있다. 또 올해 스위스에서는 자동소총 같은 일부 총기의 규제법이 통과되었다. 이것은 이런 총기가 테러에 이용될 수 있다는 EU(유럽공동체)의 염려와 권고에 대한 협조차원에서 이루어진 것이다. 그럼에도 이들 나라에서 총기 소지를 전면 금지하지 않고 있는 것은 기본적으로 민중 개개인의 자기 보호권 및 저항권에 대해 양해하고 있기 때문이다. 더구나 개인이 총기를 소지한다고 해서 반드시 총기 사고가 발생하는 것은 아니다. 스위스에서는 미국과 달리 총기가 범죄에 이용된 예는 거의 알려져 있지 않다. 이런 양국 간 차이는 총기 소지 여부와 무관하게 사회적 불평등이 심화될수록 사회적 불안도 가중된다는 사실을 보여주고 있을 뿐이다.

시민 자신이 무장하여 국방을 부담하고 경찰의 임무를 수행하는 나라는 그렇지 않지만, 정부가 군대와 경찰 조직을 거느리고 있으면 그 정부의 물리적 폭력이 자칫 외적이 아니라 내부인을 억압하는 수단으로 작용하곤 한다. 한 예가 고대 그리스 아테네이다.

페르시아가 쳐들어왔을 때 자체무장한 시민들은 마라톤 육전(490

B.C.), 살라미스 해전(480 B.C.) 두 차례에 걸쳐 용감하게 외적을 막아내서 그리스 인의 칭송의 대상이 되었다. 그런데 그 후 델로스 해상동맹(478 B.B.)이 결성되어 해군이 조직되면서 군대가 상비화되자, 아테네는 바로 내부 동맹국들을 억압하는 제국주의 국가로 변질했다. 페르시아 왕과의 평화조약(449 B.C.)이 맺어지고 난 다음에 더 많은 공세를 거두어들였는데, 이런 착취가 바로 외적을 막는다는 명분으로 이루어졌던 것이다.

아테네의 제국주의 정책과 억압에 반발한 동맹국들은 스파르타에 억울함을 호소하게 되고, 마침내 그리스의 두 패권국가 아테네와 스파르타는 약 30년에 걸치는 기나긴 펠로폰네소스 전쟁(431-404 B.C.)으로 돌입한다. 이 전쟁은 스파르타의 승리로 끝났으나, 스파르타 스스로 상비의 용병 군사력에 기초한 아테네의 제국주의를 그대로 물려받았다. 양 편을 다 피폐하게 만든 이 전쟁과 군국주의는 마침내 스파르타를 제외한 그리스 땅을 온통 더 강한 군사력을 가진 마케도니아에게 넘겨주는 결과를 초래했다(338 B.C.).

다수가 농업을 생업으로 가졌던 시민이 자체무장을 했을 때는 말 그대로 외적의 방어에 중심을 두었다. 그러나 페르시아의 재침에 대비하여 외적방어를 명분으로 탄생한 델로스 동맹의 상비군은 한편으로 내부 구성원을 억압하고 착취하는 데 이용되었고, 다른 한편으로는 '적극적 방어', 즉 상대를 침공하는 것으로 '방어'의 개념을 확대했다. 그런 점에서 페르시아 전쟁은 그리스 도시국가를 구성한 시민의 정치, 사회적 지위를 크게 변질시킨 계기가 되었다. 자체 무장을 했던 아테네의 시민들은 최고 결정권을 가졌던 민회의 주인공이었으며, 스스로 자유로운 동시에 다른 이들을 억압하지도 않았다. 그러나 일단 상비 군사조직의 맹주가 되자 '외적 방어'의 이름으로 동맹국을 착취하고 억압하는 주체로 변했고, 동맹국들의 자체무장을 원칙적으로 금지했다.

상비적 폭력을 관할하는 자가 정치 사회적 억압의 주체가 된다는 점에서 볼 때, 한국은 시민 민중의 무기 소지를 허용하는 나라들과는 판이하게 다른 데가 있다. 총기는 고사하고 개인이 자신을 방어하기 위해 부득이 행사하는 폭력조차 극구 금기시하기 때문이다. 스스로 무기나 폭력을 행사하면 안 되고, 그 대신 112나 119에 전화를 하여 보호를 요청해야 한다. 자신뿐 아니다. 타인이 폭행을 당하거나 억울한 지경에 있어도 그것을 구제하기 위한 '타인구조'도 원천적으로 금지되어 있다. 타당성 여부를 떠나서 공권력이 아닌 개인은 폭력을 행사하면 안 된다는 뜻이다. 오죽했으면 명색이 정의와 공정을 추구하기 위해 법을 배워야 할 법학도들 사이에 이런 말까지 돌아다니겠나! "길 가다가 여자가 폭행이나 강간당하는 것을 봐도 그냥 모른 채 하고 지나가라. 도와주다가는 결국 쌍방폭행죄에 걸려 피만 본다." 억울한 사람을 도와주려고 폭행을 행사했다고 주장을 해도 법원에 가면 십중팔구 쌍방폭행죄로 유죄선고가 나게 마련이기 때문이란다. 법원의 권력이 정의와 공정이 아니라 시민의 수동적 무기력을 조장하는 도구가 되고 있다.

먹고사는 것은 될 수 있는 대로 사적인 영역으로 미루고 부담을 줄이려고 하는 정부가 왜 폭력의 행사에 있어서는 극구 사적인 구제를 금기시하고 정부가 도맡아하려는 것일까? 현실적으로 치안을 다 감당하지도 못하면서 말이다. 사실 112, 119는 물론 경찰, 검찰의 공무원 인력이 한정되어 일어나는 폭행, 범죄를 다 감당하지 못한다. 법원도 마찬가지로 법관이 하루에 재판하는 건수가 200건을 훌쩍 넘긴다고 한다. 이런 형편이니 자연히 정부 관료에 의한 구조, 수사, 재판 등이 수박 겉핥기로 진행되게 마련이다. 한국 법원의 사실심이 부실하기 그지없음은 이미 정평이 나있다.

그런데도 한국 정부는 폭력의 전유를 고집한다. 합당하게 다 처리하지도 못하는 폭력의 행사는 도맡기를 자처하면서 민중 저항권 행사를 가로막고, 먹고사는 문제는 각자 알아서 하라고 거의 방기하다시피하는 한국 정부의 입장은 이율배반적이다.

민중의 정당방위 행위와 저항권의 영역을 가능한 한 축소시키려는 한국 정치와 법제의 경향성은 기득권층의 특권을 유지 존속하는 데 기여하는 바가 있다. 정부가 국민 개개인의 안전을 다 책임질 수 있는 공무원을 확보하지 못한 것이 명백한 상황에서도 민중은 모든 것을 정부에 맡김으로써 스스로의 무기력을 자초했다. 이 무기력 현상은 일제식민지 지배, 미군정, 이승만 독재, 박정희 유신독재, 전두환 군부독재 등을 거치면서 민중이 타성에 젖은 가운데 주권자로서 당연히 가져야할 저항권을 박탈당하도록 쇠뇌 교육 받은 데 기인하는 바가 크다.

한국 근대사에서 다수 민중은 물리적, 정신적으로 무장해제 된 채, 정의의 실천을 향한 동력을 금기시하고 저항권을 포기하며 불만을 구제할 아무런 현실적 방도를 찾지 못한 채 타성에 젖어 살아왔다. 그런 생활이 반복되면서 현실에 대한 반성조차 무디어지고 모든 것을 숙명으로 여기고 받아들이는 민초가 되어버린 것이다.

사법 입법 개악을 경계한다

북한의 참심제 재판

한국(남한)은 민주국가이고 북한은 독재국가라고 획일적으로 단정하는 것은 잘못된 상식이다.

한 나라의 체제가 민주적인가 아닌가는 한 마디로 단정하기가 힘들다. 각 사회가 민주적인 데도 있고 독재적, 혹은 과두적인 점을 두루 가지고 있기 때문이다. 공산당 일당 체제이니 북한은 공산당 독재국가라고 욕을 하고 있으나, 사법제도에서 의외로 민주적인 데가 있음을 눈여겨볼 필요가 있다. 민중이 사법 권력을 나누어갖는 참심제를 시행하고 있기 때문이다. 북한의 참심제 재판에서는, 1심 재판의 경우 3명의 재판관 가운데서 1명만 전문 법조인이고, 나머지 2명은 민중이며, 이 세 명은 같은 권한을 가지고 재판에 임한다.

참심제라는 용어부터가 남쪽 한국에 사는 우리에게는 낯이 설다. 참심제는 배심제와도 다르다. 예를 들면, 배심제는 법조인 판사가 형량을 결정하기 전에, 유무죄를 시민 재판관, 즉 배심원이 결정하는 것을 말한다. 시민이 유무죄를 결정하는 것이다. 참심제란 거기서 한 걸음 더 나아가서 형량의 결정에도 시민이 참여하는 것이다.

민중이 재판관으로 참여하는 북한의 사법제도는 한국의 관료 재판관에 의해 빚어지는 부당한 재판과는 판이하다. 이른바 '법조 전문인'이라는 구실 하에 '양심'을 빙자로 근거도 없는 부당한 판결을 내리는 한국(남한)의 관료적 재판은 민주가 아니라, 법관들이 전횡하는 독재 혹은 과두

체제이다. 오늘날 노정되고 있는 바, 권력과 결탁한 사법 농단 의혹은 그한 결말에 다름 아니다. 심각한 것은 이 사법 권력의 집중에 의한 법관의 과두지배 체제는 과거의 일이 아니라 지금도 진행 중이며, 여전히 더한 사법 권력의 집중을 획책하고 있다는 사실이다. 사법권력 농단 의혹으로 재판을 받고 있는 양승태의 실례에 더하여, 작년 말(2018) 더불어민주당 금태섭 의원 등이 발의하여 국회에 계류 중인 이른바 〈상고제 (제한) 개혁법안〉이 있다.

북한의 참심제보다 못한 한국의 상고제 '개혁' 구상

더불어민주당 금태섭 의원이 '고등법원에 상고 여부를 판단하는 상고심사부 설치를 하겠다'며 지난해 대표 발의한 것이 '상고제 개혁' 법안이다. 그 내용은 대법관 1인당 연간 상고 사건이 4000건에 달하고 민사사건의 경우 70%가 기각되는 상황에서 불필요한 상고를 줄여 대법원이 중요사건에 '선택과 집중'을 한다는 개혁적 내용이란다. 그런데 무엇이 '중요사건'인지가 모호하며, 짐작컨대 사법권력에 의해 피해를 본 억울한 민초들의 사건은 '선택과 집중'에서 제외될 것 같다. 사법관료들의 눈에 민초들의 이야기는 중요하지 않을 것이기 때문이다.

이 '개혁 법안'이란 사법 권력 농단 의혹에 연루된 양승태 대법원장이 추진한 바로 그것이다. 청와대 권력과 연계된 양승태의 사법권력 농단 위협이 다시금 재현되어, '선택과 집중'의 권력을 행사하는 사법 관료의 결정을 통하여 민중을 위협하려 하고 있다.

이 '개혁안'의 핵심은 사법 권력을 더욱 집중하고 사법관료의 재량권을 더욱 강화하려는 것이다. 대법원에만 많은 사건이 몰리는 것이 아니다. 수

많은 사건을 한정된 숫자의 법관이 감당하기 어려운 것은 하급심도 마찬가지이다. 또 법원뿐 아니라 경찰, 검찰의 경우에도 사정은 같다. 그런데 왜 대법원 사건 수만 문제 삼는 것인가. 이게 말이 안 된다.

한국의 전체 소송 건수 자체가 일본보다 훨씬 더 많다. 그 배경이 한국인이 일본인보다 더 소송을 좋아하기 때문이다? 그런 것이 아니다. 한국의 사법재판이 일본보다 더 불합리하게 이루어져서 그 판결에 불복하는 억울한 사람이 많다는 뜻으로 풀어낼 수 있다. 문제는 상고심 숫자만 줄여서 되는 것이 아니고, 사법제도 자체에 대한 근본적인 개혁이 필요한 것이다.

또 대법원 상고 사건 중 "민사사건의 경우 70%가 기각되는 상황에서 불필요한 상고를 줄인다"라고 하는데, 그 '기각된 사건'의 비율이 높은 것은 법관 수 대비 사건 수가 과도하여, 법관이 사건을 제대로 감당할 수가 없어, 성실한 재고 없이 사건이 도매금으로 기각되기 때문이기도 하다.

지금도 대법원의 상고 절차가 내용 없이 형식적이라 없느니만 못한 제도로 전락해가는 마당에 있다. 그에 더하여, 이 '상고심 개혁'은 "중요 사건에 '선택과 집중'을 해야 한다"는 구실로 대법원 상고 자체를 관료들의 결정을 통해 억제하겠다는 발상이다. 이것은 관료 법관의 자의적 재판에 대해 불복하는 억울한 민중을 더욱더 억압함으로써, 상고 사건 숫자만을 제한하고자 하는 것이다. 또 심급을 가리지 않고 부실하게 이루어지는 재판의 현실을 깡그리 무시하고, 사법관료의 숫자에 맞추어 신속성만 기하겠다는 관료주의적 발상이다.

이른바 촛불정부인 '문정부' 하에서 또 하나의 비민주적 제도가 '더불어민주당' 국회의원에 의해 발의되었다.

'상고 억제'가 아니라 민중 참여 재판으로 사법 개혁은 이루어져야 한다

한국 사법제도의 개혁은 대법원 상고 사건만 줄여서 되는 것이 아니다. 대법원 법관만 한 인간으로 감당할 수가 없는 많은 수의 사건을 처리하는 것이 아니기 때문이다. 경찰도, 검찰도, 하급심급 법관들이 모두 같은 지경에 있다.

그런데 왜 그런 현실을 무시하고 대법원 상고사건 숫자만 줄인다고 하는지 그 진의를 파악하기 힘들다. 한국을 더욱 비민주적인 관료주의 국가로 만들려고 하는 음모라는 의혹 외에는 그 의도를 찾기가 어렵기 때문이다. 개혁의 방향은 관료의 권력을 더욱 강화하는 상고심 개혁이 아니라, 다음과 같이 정반대 방향으로 이루어져야 한다.

1) 사법 권력을 주권자인 민중에게로 돌려서 배심제, 혹은 북한에서도 시행하는 참심제를 한국에 도입해야 한다. 지금 한국에서 형식적 무늬로만 존재하는 민중배심제는 법관의 들러리, 참고용에 불과하고 강제성이 없다.

2) 세계에서 보기 드문 것으로서, 한국 헌법 제 103조 '법관은 헌법과 법률에 의하여 그 양심에 따라 독립하여 심판한다'에서 흔히 왜곡되는 '양심' 조항을 제거해야 한다. 양심만 대수로 여겨서 근거도 없는 자의적 판결의 근거로 악용되기 때문이다.

3) 헌법재판소법 제68조 제1항에 천명한 '재판소원 금지(한 번 재판을 받은 것은 헌법재판소에 소원할 수 없도록 하는 것)' 원칙을 제거해야 한다.

이 조항에 대해 몇 번의 위헌소원이 있었으나, 헌법재판소는 그 때마다 합헌이라 판단했다. 그런데 그 합헌의 취지가 좀 웃기는 것이, '(삼심급 이외) 네 번째 구제장치가 있는 것은 이상적이지만, 정의의 실현 자체가 불가능하기 때문'이라고 했기 때문이다. 공권력 남용 등에 대비해서 정의를 구현하라고 만들어 놓은 헌법재판소가 스스로 정의 구현을 불가능하다고 체념을 하고 있음을 목도하게 된다.

4) 로스쿨(법학전문대학원) 입학을 위한 필수자격시험인 '법학적성검사'를 없애야 한다. 이명박 정부에서 뜬금없이 도입한 '법학적성검사'라는 것도 세계에 보기 드문 희한한 것으로서 법학과 직접 관련 없는 형식논리 과목이기 때문이다.

5) 대법원 상고 사건만 많은 것이 아니라, 하급심 재판, 경찰, 검찰에도 사건이 폭주하여 한정된 수의 사법 관료들이 사건을 다 해결하는 것이 원천적으로 불가능하다. 그 권력을 민중에게 확산 분여하고, 사립탐정제도를 법제화하여 관료가 힘에 부쳐 해결하지 못하는 범죄를 민중이 철저하게 발굴해야 한다.

상식에 어긋나는 제도적 결함을 고치지 못하는 근본적 원인은 멀리 있는 적이 아니라 바로 우리 자신의 잘못된 사고방식에 있다. 미국, 일본 등의 외세는 물론 북한 등 남을 탓하기 전에 우리 자신부터 반성하고 정비하여 거듭나야 하겠다.

한국 법조계는 미개하다
– 법관의 잣대 없는 '양심'과 혐의자의 주관적인 '의도'를 기준으로 하는 재판 –

헌법 제 103조는 "법관은 헌법과 법률에 의하여 그 양심에 따라 독립하여 심판한다"라고 하는데, "헌법과 법률"에 의한 것과 "양심에 따라 독립"한 것은 해석하기에 따라 상호 충돌이 있을 수 있다. 서로 어울릴 수 없는 개념이 함께 있다 보니 자연히 둘 중 한 가지가 무시되기 일쑤이다. 현재 한국에서는 "양심에 따라 독립"한 것이 우선되고, "헌법과 법률"에 의한 것이 판판이 무시되곤 한다. 그래서 한국 법조계는 미개하다.

고전학파 베카리아의 범죄론

이미 18세기 근대국가 성립기에 베카리아(1738-1794)는 국가 사법권력이 독재의 전횡을 가져올 위험이 있음을 간파했다. 고전학파 법사상가로서 1764년 〈범죄와 처벌〉을 썼던 그는 사법권력 규제와 관련하여 다음의 원칙을 제시했다.

1. 법관의 역할은 오직 죄, 즉 피고가 범죄를 저질렀는지 하는 것을 규정하는 것이어야 한다. 그것이 규정되기만 한다면, 판관은 형량을 결정하는 데 엄격하게 법의 자구를 따라야 한다. 광범한 재량권은 고사하고 법관이 어떤 재량권도 가져서는 안 된다, "법의 정신을 협의하는 것이 필요하다"는 통속의 원칙보다 더 위험한 것은 없다. 그런 원칙은 댐이 의견들의 급류에 무너지는 것 같은 결과를 초래하기 때문이다. 형벌의 적용은 엄격하게 법률의 자구에 따라 기계적으로 이루어져야 한다.

이런 베카리아의 의견은 사실 그 생존 시대의 관행과 반대가 되는 것이었다. 당시의 입법은 아주 일반적인 법들만 마련한 가운데, 법관에게 광범한 재량권을 허용함으로써 보충하도록 했던 것이기 때문이다.

2. 법은 모든 종류의 범죄와 모든 정도의 범죄에 대해서 동일한 처벌의 규정을 마련해야 한다. 그리고 모든 이에게 법률을 똑같이 적용

하기 위해서는 '의도'가 아니라 '행동'을 기준으로 해야 하며, 형벌은 그 '행동'이 초래한 피해의 크기에 따라서 비례적으로 결정되어야 한다. 범죄자의 의도를 포함한 다른 요소들은 범죄의 심각성을 규정하는 요소가 아니다.

때로 '좋은 의도'를 가지고도 사람은 사회에 치명적 피해를 끼칠 수 있고, 또 어떤 때는 최악의 의도를 가졌으나 최대의 선을 초래할 수도 있다. 즉, 범죄의 심각성은 그 '의도'가 아니라 오직 사회적으로 끼진 피해의 크기에 따라 규정되어야 하는 것이다.

베카리아 이후 고전학파가 갖는 엄격한 법의 적용을 수정하는 '신고전학파'가 등장하게 된다. 법을 똑같이 적용하려고 하니 부득이하게 고려해야할 특수한 상황의 차이가 무시되는 어려움이 있었기 때문이다. 소아와 성인, 정상인과 광인 등의 차이가 그러하다. 그래서 신고전학파에서는 법관에게 나이, 정신적 상태, 정상참작 등과 같은 개인의 차이, 상황의 차이를 고려하도록 했다.

그럼에도 고전학파와 신고전학파는 큰 흐름에서 공통점이 있다. 그것은 인간이 자유의지를 가지고 있고 합리와 이기적 근성에 의해 행동하므로, 처벌받게 된다는 두려움을 가지게 함으로써 행동을 규제하고 범죄를 예방할 수 있다고 보는 점이다. 형벌로 인한 손해가 범죄로 인해 얻는 이익보다 더 클 때 범죄를 하지 않게 된다는 것이다.

베카리아의 고전적 이론에 정면으로 배치되는 한국 법조계

그런데 21세기 한국 법조계는 이와 같은 베카리아의 고전적 이론에 정면으로 배치된다.

첫째, 한국의 법관은 엄격하게 법에 따라 형량을 적용하는 '도구'가 아니라, 스스로 법을 무시하는 독재자가 된다. 그 근거가 한국 현행 헌법 제103조의 '양심' 조항이다. 베카리아는 '법의 정신'을 논한다는 것 자체가 위험하다고 했는데, 한국의 법관들은 개관적인 '법의 정신' 뿐 아니라 자신의 주관적인 '양심'까지 개재시켜서 그 판결을 자의적 독재의 산물로 전락시켜왔다.

둘째, 고전학파의 베카리아는 법이 모든 사람에게 평등하게 적용되어야 하며, 그러기 위해서는 '의도'가 아니라 '행동'이 기준이 되어야 한다고 했다. 또 신고전학파에서 법관의 재량으로 개인의 차이, 상황의 차이를 고려하도록 허용한 것도 나이, 정신적 상태, 정상참작 등에 한정되어야 하는 것이다.

그런데 한국에서는 법관들의 '재량'에 의한 정상참작이라는 것이 판판이 권세 있고 돈 있는 자들에 대한 특별한 배려로 변질했다. 권세있고 돈 있는 자에게는 솜방망이 처벌하고 집행유예로 막 풀어주는데, 배 고파 라면 훔치는 자에게는 징역 2, 3년을 선고하는 것이 그러하다. 범죄의 처벌은 처벌 자체보다 그 예방에 더 큰 목적이 있는데도, 작은 고기만 작살 내고 큰 고기는 관대하게 풀어주는 한국의 사법 관행은 예방은커녕 오히려 큰 범죄를 양산하는 데 기여하고 있다.

셋째, 베카리아는 범죄의 심각성은 오직 사회적으로 끼친 피해의 크기에 따라 규정되어야 한다고 했으나, 한국에서는 거꾸로 범죄자의 '의도'를 중시함으로써, 공직자가 끼친 막강한 피해에 대해서 아무도 책임을 지는 이 없는 상황을 초래하고 있다. 범죄와 피해는 있는데, 책임을 지는 범죄자가 없는 것이다. 공권력을 오남용해도 범죄의 '의도'가 없었다고 하면 무죄가 되기 때문이다. 박근혜가 국정원에서 돈을 받아서 기 치료와 옷 구입 등 사사로운 용도로 썼지만, 원래 돈을 받을 때는 그런 의도가 없었다고 주장하는 것이 그런 예이다. 최근 한 전직 여성 장관의 비리 의혹에서 범죄를 하려는 '적극적 의도'가 증명되지 않아서 무죄로 간주된다고 하는 경우도 마찬가지이다.

이것이 현재 한국 사법부의 원칙이다. 피해를 끼친 '행동'은 간 데 없고, '의도'를 빌미로 면죄부가 발부되고, 이것이 돈, 권력, 사법권력 유착으로 인한 적폐의 온상을 배태하고 있다. 이런 한국의 사법 관행은 무엇보다 개인과 공직자의 사회적 역할을 구분하지 못한 데서 기인한다. 사적 개인의 행위이되 사회적 피해의 규모가 클 때에도 물론이지만, 하물며 개인이 아닌 공권력은 무엇보다 그 '행동'이 사회적으로 초래하는 피해의 파장을 유념해야 한다. 이 경우에는, 베카리아가 말한 것처럼, 의도가 아니라 그 행동이 사회적으로 끼친 피해의 크기에 비례하여 처벌이 가해져야 한다는 말이다. 그렇지 않을 때는 관료들이 안이하게 권력을 농단할 것이 자명하다.

사회에 끼친 객관적인 '피해'가 아니라 행위 한 자의 주관적 '의도'를 기준으로 하는 재판은 법관의 '양심'에 따른 판결 원칙과 함께 짝을 이루어 한국을 '무법의 사법 마피아 왕국'으로 전락시켰다. '양심'에 따른 판결 원칙은 세상에 어떤 법치국가 헌법에도 규정되어 있지 않다. 그 유일한 예외가 일본이라는 말도 있긴 하지만.

21세기 한국은 18세기 베카리아의 수준에도 미치지 못한 채, '양심'을 빌미로 '법률'로부터도 '독립'한 법관의 전제적 재판이 횡행하고 있다. 잣대 없는 '양심' 판결의 오류에 대해 법관을 검증, 처벌할 수 있는 제도적 장치조차 갖추어져 있지 않다. 민중은 속수무책으로 신 같이 '무오류'를 참칭하는 법관의 전횡 앞에 무방비로 노출되어 벙어리 냉가슴 앓듯이 살아야 한다.

한국은 민주가 아니라 법관의 독재국가이다. 그것은 피해를 끼친 객관적 '행동'이 아니라 주관적인 혐의자의 '의도', 그리고 법관의 잣대 없는 '양심'을 기준으로 하는 재판 때문이다.

시민은 언제까지 '수사인력 부족'이라는 경찰의 변명을 듣고 있어야 하나

제주 전남편 살해 사건이 한 달이 됐으나 시신을 찾는 데 어려움을 겪고 있다. 그리고 지지부진한 수사가 초동 조치 미흡에서 기인한다고 보는 여론으로부터 경찰에 비난이 쏟아지고 있다. 경찰은 실종신고 직후 사건 현장을 찾았지만, 모형 폐쇄회로(CC)TV만 확인하고 고씨의 수상한 모습이 찍힌 인근 단독주택(클린하우스)의 CCTV는 확인하지 못했다. 피해자 남동생은 경찰의 수사가 미흡하다는 생각에 직접 나서서 뒤진 끝에 인근 단독주택의 CCTV 영상을 찾아 경찰에 넘겼다. 실종신고 이후 나흘 만이다. 경찰은 이 CCTV를 확인하고 나서야 고씨가 펜션 인근에서도 시신 일부를 담은 것으로 추정되는 종량제봉투를 버린 사실을 인정했다. 또 경찰은 고씨가 범행 이틀 뒤인 5월 27일 펜션을 떠나면서 인근 클린하우스 두 곳에 종량제봉투 5개를 나눠 버린 사실을 파악하고도 유족들에게 알리지 않았다. 수사가 부실했을 뿐 아니라 파악한 사실도 제대로 발표하지 않고 은폐한 것이다.

그런데 이 사건의 초동수사를 맡았던 제주 동부경찰서 소속 경찰관 다섯 명이 지난 20일 경찰 내부 통신망에 〈제주 전남편 살인사건 수사 관련 입장문〉이라는 제목의 글을 공동명의로 올렸다. 이들은 실종 시 수색 매뉴얼에 따라 피해자의 휴대전화 최종 기지국 신호 위치를 중심으로 수색하는 등 초동수사를 제대로 진행했다고 하면서, 그러나 당시 한정된 인력과 시간 때문에 최종 기지국 신호를 중심으로 수색할 수밖에 없었다고 인정했다.

이런 변명은 수사가 제대로 되지 않은 사실을 경찰 자신이 인지하고 있었다는 점과 함께, 인력이 부족하므로 어쩔 수 없다는 인식이 형식적이고 안이한 수사 관행으로 이어지고 있다는 점을 방증한다.

문제는 이런 경찰의 수박 겉핥기식 수사 관행이 이번 사건에 국한된 것이 아니라는 점이다. 범죄자들은 이런 경찰의 허점을 십분 이용하고 있고, 운이 나쁘면 수사는 미궁으로 빠지고 그대로 묻혀버릴 가능성이 있는 것이다. 이번 고유정 사건처럼 예외적으로 대중매체에 노출되는 경우를 제외하면, 세간의 관심을 끄는 일도 없다.

더 끔찍한 상황은 신고된 사건에 대해서 수사를 할 것인가 아닌가를 경찰이 자의적으로 판단한다는 점이다. 고유정 사건 관련하여 쏟아지는 비난에 대해 경찰은 "이혼한 부부가 어린 자녀와 있다가 자살 의심으로 신고된 사건에 대해, 경찰이 초기부터 강력사건으로 보고 수사했어야 했다는 비판은 결과론적 시각에서 바라보는 비판"이라고 반박했다고 한다.

경찰 측의 이런 반박은, 실제 상황이 어떻든 경찰의 자의적 판단에 따라서 수사가 강력사건과 비(非)강력사건으로 구분되고, 또 전자보다 후자의 경우 수사는 더 미온적이 될 수밖에 없다는 사실을 스스로 인정하는 것이다.

이런 경찰을 마냥 믿기만 하고 시민은 자신의 생명을 맡길 수 있는가? 대답은 '아니요'이다. 그러나 그 근원적인 이유는 경찰이 믿을 만하지 않기 때문이 아니라, 자유시민이란 원래 국가(관료)에게 신변 보호를 의탁하지 않았다는 점에 있다. 자유시민의 사고는 국가권력을 구세주같이 믿는 봉건적 전통의 우리네 가치관과는 거리가 멀다. 자유시민은 국가권력으로부터 자유로워야 하고, 자기 몸도 스스로 지킨다. 그것이 모든 권력의 원천으로서의 민중, 국민의 개념이다. 국가관료는 민중의 머슴이 되어야 하고, 그 역할은 명령이 아니라 시민의 권리 행사를 보조하는 것에 그쳐야 한다.

수사 인력이 모자란다는 경찰의 변명은, 경찰뿐 아니라 민중 스스로도 경찰이 모든 것을 다 처리해야 한다고 믿는 봉건적 사고방식을 갖고 있다는 것을 나타낸다. 그러나 경찰 수가 지금보다 훨씬 더 많아진다 해도 증가 일로에 있는 범죄를 다 해결하지 못할 것은 자명하다. 즉, 민중 스스로 자신을 보호하고 생존권을 지켜야 한다. 모든 시민이 경찰이 되어야 한다는 말이다. 이번 고유정 사건에서 피해자 가족이 인근의 CCTV 영상을 뒤지고 찾아서 경찰에 넘긴 것처럼 말이다.

이런 시민의 조사활동이 예외가 아니라 당연한 관행이 되어야 한다는 사실을 시민 스스로 자각할 필요가 있다. 모든 시민이 권력의 궁극적 원천이 되는 것이므로, 시민은 스스로 탐정이 될 수 있고, 부족한 경찰과 검찰의 동반자로 거듭나야 한다. 스스로의 권리를 인식하지 못하고 포기하는 것은 한편으로 권력의 비리, 다른 한편으로 (부족한 수사 인력으로 감당할 수 없는) 범죄 자체를 조장하는 것이다.

경찰은 범죄에 대해 형식적으로 대처하고, 그것을 인력의 부족 때문으로 정당화하고 있을 것이 아니라, 모든 시민, 민중이 범죄 방지를 위해 관료 경찰에 협조할 수 있도록 그 권력을 내려놓아야 한다. 관료경찰이 내려놓은 그 권력은 시민수사대나 사립탐정이 접수하게 될 것이다.

모든 시민, 민중이 학력과 무관하게 그런 역할을 해나갈 수 있다. 사립탐정 자격을 전직 경찰 등으로 엄격하게 제한하는 것은 또 하나의 국가관료주의, 권위의식의 발로이며 시민의 자유를 해치려는 음모이다. 사립탐정이 개인 사생활을 침해하지 않을까를 걱정하기보다 경찰 권력의 자의적 전횡과 부족한 수사 인력에 기인한 미진한 수사가 범죄를 더욱 조장하는 현상을 염려할 때가 되었다.

경제협력개발기구(OECD) 국가 중에서 사립탐정이 없는 나라는 한국뿐이다. 일본은 2007년에 사립탐정법을 통과시켜서 지금 사립탐정 천국이 되어 있다는 사실을 주지할 필요가 있겠다.

검사의 독점적 영장청구권 규정은 사라져야 한다

지금 한국에서 연출되는 일련의 사태는 검찰조직과 비(非)검찰 간의 싸움이 아니다. 검찰의 철옹성 같은 권력을 옹호하는 독재의 아류와 그것을 조금이라도 깨고자 하는 사람들 간의 싸움이다.

최근 사회관계망서비스(SNS)에 한국 검찰과 다른 나라 검찰의 기능을 비교한 도표 두 개가 돌아다닌다. 다음 [표1]은 [표2]보다 더 많은 항목을 보여주고 있는데, 한국 검찰은 모든 항목에서 권한을 가지고 있음을 보게

[표1]

		한국	일본	독일	프랑스	미국	영국
검사의 기소권한	수사종결권	O	△	O	△	X	X
	기소독점주의	O	O	O	X	X	X
	기소편의주의	O	O	X	O	O	O
	공소취소권	O	O	X	X	O	O
검사의 수사상 지위	수사권	O	O	O	△	O	X
	수사지휘권	O	△	O	△	X	X
	자체수사력	O	O	X	X	O	X
	검경조서증거능력차이	O	X	X	X	X	X
검사의 구체적 수사 지휘권 등	검찰영장청구권 헌법 규정	O	X	X	X	X	X
	체포구속 장소 감찰권	O	X	X	O	X	X
	사법경찰 징계 요구권	O	O	X	△	X	X
	변사체 검사권	O	O	O	O	X	X
	긴급체포 사후승인제도	O	X	X	X	X	X
	체포구속피의자 석방지휘권	O	X	X	X	X	X
	압수물 처분 시 지휘	O	X	X	X	X	X
	관할 외 수사 시 보고	O	X	X	X	X	X
	고소·고발 사건 송치 전 지휘	O	X	X	X	X	X
	고소·고발 사건 수사기간 연장 지휘	O	X	X	X	X	X
	수사 개시 보고	O	X	O	△	X	X

[표2]

	한국	일본	독일	프랑스	미국	영국
기소독점	O	O	O	X	X	X
수사권	O	O	O	X	O	X
수사종결권	O	△	O	X	X	X
공소취소권	O	O	X	X	O	O
긴급체포 사후승인권	O	X	X	X	X	X
체포·구속 피의자 석방지휘권	O	XX	X	X	X	X
경찰수사 지휘권	O	△	O	X	X	X

된다. 특히 검찰의 영장청구권을 헌법에 규정하고 있는 세계에서 유일한 나라라는 것을 알 수 있다. [표2]는 배경이 되는 다른 제도적 환경은 다 무시한 채, '검사의 기소독점권'이라는 형식만 가지고 한국과 독일이 같은 것처럼 단순 비교하고 있다. 독일의 검사가 한국의 검사와 같은 권력을 가진 것으로 왜곡하려는 의도가 없더라도, 보는 사람이 그렇게 곡해할 여지가 있다. [표2]만 보면 누구나 "어, 독일 검사도 기소독점권을 가지고 있네, 우리하고 똑같네"라는 생각을 하게 될 것이다.

그러나 [표1]에는 나오는데 [표2]에 안 나오는 사실이 있다. 영장청구 독점권을 헌법에 명시하고 있는 나라가 한국밖에 없다는 사실, 한국은 기소편의주의를 채택하고 있으나 독일은 기소법정주의를 채택하고 있다는 사실이다. 바로 이 차이점이 같은 기소독점권의 실제 기능을 천양지차로 만든다는 사실을 알아야 한다.

검사의 영장신청 독점권이 검찰조직을 괴물로 만들었다

한국 헌법 제12조 3항, 제16조에는 "검사의 신청에 의하여" 법관이 영장을 발부하도록 규정하고 있다. 다른 나라들은 영장청구권자를 특별히 규정하고 있지 않다. 영장제도는 민초들의 기본권을 보호하려는 목적을 가진 것이다. 따라서 "수사기관의 강제처분은 법관에 의하여 사전에 심사를 받아야 한다"는 영장주의의 본질에 입각하여, 검사의 독점적 영장청구권 조항은 헌법에서 삭제되어야 한다. 검사가 영장청구권을 독점하게 하는 헌법상 규정은, 검사에게 권력을 집중시키는 핵심적 법적 기제이다. 검찰은 통제 불가능의 권력기관이 되어 국민의 두려움의 대상이 되었고, 경찰을 검찰에 종속시키는 결과를 초래했다. 경찰이 증거를 적시에 수집하기 위해서는 압수, 수색, 검증 등 대물적 강제수사가 절대적으로 필요한데, 그에 필요한 영장을 발부받기 위해서는 검사를 경유해야 하며, 검사가 영장신청을 기각하면 경찰수사는 중단되고 만다. 특히 수사 대상이 검사 혹은 검찰조직과 이해관계가 얽힌 경우에는 경찰관의 영장신청이 검사에 의해 기각되는 일이 발생하여 수사가 미진한 상태에서 검사가 수사 사건의 송치를 명하여 사건이 검찰의 수중으로 넘어가기도 한다. 검사의 영장청구권 독점은 경찰수사의 발목을 잡고, 검찰뿐 아니라 경찰조직의 관성과 부패를 조장하고, 급기야 사법권력 전반을 관성과 부패의 나락으로 몰아넣는다. 지금은 "검찰 개혁 없이는 민주주의도 없다"는 주장까지 나오고 있다. 검사 영장청구권 독점의 헌법 조항을 폐지하지 않고서는 어떠한 검찰 개혁도, 형사·사법체제의 개혁도, 검찰조직의 민주적 개혁도 한계를 가질 수밖에 없다.

한국의 검찰은 행정기관, 독일의 검찰은 준사법기관

한국의 검찰청은 행정기관이다. 검사의 지위는 수사 및 소추 기관으로서의 직무에 관한 것일 뿐, 검사는 원천적으로 종국적인 법적 판단을 할 수 없다.

그러나 검사를 사법기관 혹은 준사법기관으로 보는 견해는 독일에서 찾아볼 수 있다. 독일 연방헌법재판소에서 만들어낸 '준사법기관' 이라는 용어는 기소법정주의에 근거를 두고 있다. 사법은 상관의 명령으로부터 자유로울 뿐 아니라 재량도 허용되지 않고, 오직 헌법과 법률에만 구속됨을 그 본질로 하는데, 기소법정주의는 검사의 자의적 재량행위 및 상관의 직무 명령에 대하여 견제 장치로서 작동하기 때문이다.

검찰조직은 성격상 행정기관이지만, 독일 검찰은 기소법정주의에 의해 부과되는 임무의 관점에서 볼 때 '독립된 사법기관'이 된다. 따라서 독일 검찰은 단순히 자신이 원하는 증거들만 수집하는 당사자가 아니라, 객관적 판단을 추구하는 (준)사법기관으로서 피의자에게 유리한 사실도 수사해야 한다.

독일 검찰은 조직 자체가 한국과 다르다. 독일에서는 별도의 검찰청법이 있는 게 아니라 법원조직법에 검찰의 조직과 임무 등을 규정하고 있다. 검찰청을 각급 법원 관할 내에 설치한다. 연방대법원에 연방대검찰청, 주(州)고등법원에는 주고등검찰청, 지방법원에 지방검찰청, 구(區)검찰청 등으로 조직되어 있다. 법원 조직과 검찰청 조직은 같이 연방 혹은 각 주 정부의 법무부 소속이다. 이런 점은 프랑스도 마찬가지이다. 그러나 검찰청은 법원으로부터 독립하여 사무를 처리하고, 계층구조로 구성되어 각 검찰청의 장은 관할 내의 검사들에게 지시 명령한다. 독일의 검찰은 일종의 사법기관으로서 형사절차상의 소추권을 행사한다.

반면, 대통령을 수반으로 하는 행정부(법무부의 외청인 검찰청)에 소속된 한국 검사의 권력은 본질적으로 행정권력이다. 한국 검사는 '검사동일체의 원칙'에 따른 상명하복 관계에 놓여 있다. 검찰청법 제8조는 "법무부 장관은 검찰 사무의 최고 감독자로서 일반적으로 검사를 지휘 감독하고, 구체적 사건에 대하여는 검찰총장만을 지휘 감독한다"고 규정하고 있다. 검사는 비록 단독 관청이지만, 소속 상급자의 지휘 감독에 따라야 하는 법적 의무를 부담하며(검찰청법 제7조), 검찰총장, 각급 검찰청의 검사장 및 지청장은 검사 직무의 위임 이전권 및 승계권을 가지기 때문에 개별 검사는 직무상 독립성을 가질 수 없다. 행정조직에 소속되어 있어 독립적일 수 없고 상관의 지시를 받들어야 하는 검찰권은 형사절차에서 법원에

법적 판단을 요청하는 기능에 그쳐야만 한다.

한국 검사의 지위는 사법의 개념과 사법작용의 특성에 어울리지 않으며, 독립된 신분의 법관과 다르다. 무엇보다 사법작용이란 법의 의미를 분쟁 쌍방 간 중립적 입장에 서 인식하는 작용인 데 반해, 검사는 행정부에 속해 있어서 중립성을 확보하기 어렵기 때문이다. 독일과 같은 기소법정주의는 상관이 자의적으로 지시하지 못하도록 한계를 설정하는 것이지만, 한국의 기소편의주의는 그런 상명하복의 폐단을 제한하는 예방조치가 갖추어져 있지 않다. 검사가 영장청구권을 독점한다는 것은 준(準)사법기구와 같은 지위에서만 가질 수 있는 권한이라는 점을 생각해볼 때, 중립성을 확보할 수 없는 한국의 검사는 영장청구독점권을 가질 아무런 근거가 없는 것이다. 아울러 행정기관으로서 한국 검찰이 갖는 능동성은 소극적이고 수동적인 사법작용과 상반된 면을 갖는다. 원래 사법작용이란 구체적으로 법적 분쟁이 발생하여 당사자로부터 소(訴)가 제기되어야만 비로소 발동되는 소극성을 가지는 것이기 때문이다. 그것은 분쟁이 먼저 발생한 후 그 해결을 통해서 법질서를 유지하고 법적 평화를 유지하는 현상유지적 작용으로서 보수성을 갖는다.

검사의 불기소처분은 사법적 해결의 기능이 있다고 주장되기도 하나, 그것은 법관 혹은 법원의 '법 선언'과는 다르다. 불기소처분은 종국적 처분이 아니며 불기소처분을 했더라도 공소 제기의 필요가 있을 때는 언제든 취소할 수 있기 때문이다. 검사의 불기소처분에 대해 불복하여 법원에 제기하는 재정(裁定) 절차도, 검사의 행정처분에 대한 타당성 여부를 결정하는 것에 불과할 뿐, 그 법원의 결정도 분쟁 사건 자체에 대한 '법 선언'이 될 수 없다.

검사는 경찰과 특별히 다른 지위에 있는 게 아니다

검찰청법 제4조에 "검사는 공익의 대표자"라고 규정되어 있으나, 법규범은 현실과 반드시 일치하지는 않는다. 형사소송법 제312조 제1항 단서가 위헌이라는 헌법소원에 대한 판결(1995. 6. 29. 93헌바45)에서 반대의견을 낸 헌법재판소 재판관 김진우·조승형은 "검사는 어디까지나 피고인을 범죄자라고 지목하여 그에 대한 처벌을 요구하는 소추기관의 지위에 있을 뿐이며, 공익의 대표자로서 진실과 법령에 따라 수행할 의무가 부여되어 있는 것도 수사 및 소추 기관으로서의 직무일 뿐이다. 검사가 공익의 대표자라고 하는 것은 국가와 개인의 긴장관계에서 국가를 대표하여 제3의 중립적 기관인 법관에게 심판을 요구하는 지위에 있다는 것에 지나지 않는다"고 설명했다. 그러므로 검사에게만 전속적으로 영장청구권을 귀속시킬 정도로 검사가 사법경찰관과 구별된다고 보기 어렵다.

한국 검찰은 정치권력에 종속되기도 하면서 정치에 개입하기도 한다

검찰의 정치적 중립성, 인사의 독립성을 보장하고자 함은 검찰의 정치권력에 대한 종속성을 타파하려는 것이지만, 거꾸로 검찰이 정치를 지배하려고 할 부작용도 있다. 검찰권이 적극적이고 능동적인 속성을 가졌기 때문이다. 실로 한국 검찰은 정치권의 영향에서 독립적이지도 못할 뿐만 아니라 오히려 검찰이 정치를 관리하고자 하는 경향을 드러내기도 한다.

검찰은 정치권을 만나면 정치권을 위해, 스폰서를 만나면 스폰서를 위해 권한을 행사했다. 통제받지 않는 검찰의 권한이 국가의 다른 부분을 검찰에 종속시키는 결과를 낳았다. 우병우 사태가 그 한 예이다. 조국 법무부 장관 후보 지명 이후 벌어진 일련의 사태도 검찰의 정치화에 대한 세간의 우려를 자아내고 있다.

영장청구 및 기소 독점권을 가진 한국 검사는 기소편의주의에 따라 자의적으로 기소 여부를 결정함으로써 기본권을 유린하곤 한다. 판사도 마찬가지이다. 양승태 사법농단 의혹 사건 등에서 압수수색영장 발부에 그렇게도 인색하던 법원이 조국 법무부 장관 후보자 지명 관련 사건에서는 하룻밤 사이에 수십 건의 영장을 발부해주었다. 검사, 판사 할 것 없이 한국 사법부 조직 전반에 만연한 권력추종적 경향이 적나라하게 드러나는 대목이다.

검사의 영장청구권은 군사독재정권에 의해 탄생했다

검사의 독점적 영장신청권을 헌법사항으로 규정하고 있는 것은 일제강점기와 미군정기를 거치면서 건국헌법이 형해화하고 무참히 짓밟혀 국민 인신보호가 극히 미흡하다는 반성적 고려 때문이라는 견해가 있으나, 그것은 사실이 아니다. 헌법재판소(1997. 3. 27. 96헌바28.31.32)에 따르면, "제5차 개정헌법이 영장의 발부에 관하여 '검찰관의 신청'이라는 요건을 규정한 취지는, 검찰의 다른 수사기관에 대한 수사지휘권을 확립시켜 종래 빈번히 야기되었던 검사 아닌 다른 수사기관의 영장신청에서 오는 인권유린의 폐해를 방지하고자 함에 있다고 할 것"이라고 했는데, 이런 논리도 비약일 뿐이다. 실제로 검사의 독점적 영장청구권은 독재정권에 의해 탄생했다.

1948년 제정헌법은 제9조에 영장청구권자를 모든 수사기관으로 전제하고 있을 뿐, 검사의 독점적 영장청구권은 규정하고 있지 않다. 형사소송법이 처음으로 제정(1954. 9. 23. 법률 제341호)될 당시에도 검사 또는 사법경찰관에게 영장 신청권을 주었으며, 4·19혁명 이후의 제2차 헌법개정에서도 그런 조항은 없었다. 그러다가 1962년 12월 26일 공포된 제5차 헌법개정에서 검찰관에 의한 영장청구권 조항이 헌법에 명시됐는데, 당시는 5·16 군사정변으로 인한 혼란의 시기였고, 국가재건최고회의가 국회를 대신하여 입법권을 행사할 때다. 검찰관에 의한 영장청구권 조항은 전해인 1961년 9월 1일 개정 형사소송법에서 처음 나타났는데, 이것도 정상적인 국회에 의한 개정이 아니고 국가재건최고회의가 개정한 것이었다.

권력기관들이 상호 견제를 받지 않고 있다

문제는 검찰조직만 독주하는 것이 아니라는 것이다. 권력기관들이 상호 균형과 견제의 기능을 벗어나 있다. 국회, 법원, 행정, 헌법재판소, 국정원까지 각 기관이 따로 놀고 있고, 견제받지 않는 권력으로서 제왕같이 군림하고 있다.

사법권력의 경우 검찰은 물론, 경찰, 법원, 헌법재판소까지 일사불란하게 권력을 남용하고 있다. 그럴 수밖에 없는 것이 각 기관이 서로 견제하는 체제가 마련되어 있지 않기 때문이다. 견제와 균형의 원리는 실종된 채, 서로 눈감아주고 나누어 먹기로 일관하고 있으며, 그런 가운데 민초들은 기본권을 침해당하고 권력에 의해 농락당하고 있다.

그 한 예가 헌법재판소법 제68조 제1항의 재판소원 금지 조항이다. 헌법재판소는 잘못된 재판에 대한 견제 기능을 스스로 포기했다. 현재의 헌법재판소가 탄생하던 1987년에는 검사의 불기소처분에 불복하여 고등법원에 제기하던 재정신청은 헌법소원 대상이었다. 그런데 그로부터 20년이 지난 2007년 개정 형사소송법에서는 급기야 재정신청까지 헌법소원 대상에서 제외했다. 개악이다. 국회도 사법권력의 독재화에 한몫을 톡톡히 하고 있다. 검사의 영장청구권 독점권을 여전히 존속시키면서 폐기하지 않고 있기 때문이다. 민중의 기본권이 검찰권력에 의해 침해당하는 사실을 묵인하는 셈이다.

지역적 분산, 민관협치로 사법개혁이 이루어져야

독일 사법권력의 민주화는 기소법정주의를 통해서만 이루어지는 것은 아니다. 독일 법원 및 검찰청의 구조를 눈여겨볼 필요가 있다. 권력이 독립, 분산되어 있다. 각 지방마다 대법원이 따로 있고, 또 검찰청은 대법원, 고등법원 등으로 각기 독립되어 있다. 행정은 물론 인사도 각 지역 단위로 독자적으로 이루어지고 중앙에서 일괄적으로 통제하지 않는다. 분권에 입각한 독일의 사법권력 구조 자체가 중앙통제형인 한국과 차이가 있다.

검찰 개혁은 검찰과 경찰 간 수사권 조정만 가지고서는 안된다. 검찰과 경찰은 물론이고 판사, 국회의원 등 정부관료 및 위정자들이 전반적으로 그 나물에 그 밥 같은 데가 있기 때문이다. 그래서 위정자 관료의 권력을 견제할 수 있는 또다른 권력의 주체로서 민중이 개입할 때가 되었다. 이것은 반세기를 이어온 박정희식 개발독재 통치 형태, 권력의 집중을 통한 독재체제를 수정하는 것과 궤를 같이한다.

박정희는 전례 없을 뿐 아니라 세상 어디에도 없는 검사의 영장청구 독점권을 헌법에 명시했다. 그리고 건국헌법 이래 명시된 국민개헌발안권을 없애버렸다. 그런데 더 기막힌 현실은 박정희 유신독재가 마감되고 전두환 군부독재도 사라지고 1987년 새 헌법이 제정되어 오늘날에 이르렀으나, 여전히 독재체제의 입법이 건재하고 있다는 사실이다. 지금 국회도, 검찰도, 그 어떤 기관도 이것을 원래대로 되돌려 놓을 생각을 하지 않고 있다.

유신독재 때 빼앗긴 국민개헌발안권 하나만이라도 민초들에게 돌려달라고 아우성을 쳐도 국회는 들은 척도 않고 눈썹도 까딱하지 않는다. 민초들이 더 열심히 나서야 독재의 화신들이 마침내 귀를 열지도 모른다. 민초는 모든 권력의 원천으로서 우선하며, 위정자 관료는 민초의 종복이다. 그러나 주인의 권리는 가만히 있어도 그냥 주어지는 것이 아니다.

헌법에 명시된 검사의 영장청구 독점권을 없애고 국민개헌발의권을 되찾을 때에만 아직도 미적거리고 우리 곁을 떠나지 않는 유신독재의 망령을 비로소 떨쳐버릴 수 있다. 권력의 집중을 통해 각 기관에 스며들어 있는 독재의 망령을 걷어내야 한다. 민초들이 하나같이 분연히 깨치고 일어나 공직자를 감찰하고 비리 공직자를 소환할 수 있는 국민소환을 제도화하고, 사립탐정을 제도화할 필요가 있다. 사립탐정을 통해 경찰이나 검사의 수사 인력 부족을 메꾸면서 민중과 관료 양측이 수사와 비리 척결에 협력하는 민관협치(거버넌스) 상용화를 구현해야 한다.

한국은 민주국가를 표방하면서도 민중의 권리와 동력을 인정하지 않고 관료 일변도의 권위주의 행정·입법·사법 체제를 유지하고 있다. 그런 풍토가 지금까지도 만연하게 된 주요 원인은 목숨이 아까워 겁내고 저항하지 못한 우리 자신에게 있다.

자유시장경제와 경제민주화 개념의 허상과 한국 헌법 제119조

1987년 헌법 전문 '자유민주적 기본질서' 개념의 축소해석

현재 유효한 1987년 헌법전문에는 '자유민주적 기본질서'를 더욱 확고히 한다고 되어있다. 그 바로 뒤에 "정치·경제·사회·문화의 모든 영역에 있어서 각인의 기회를 균등히 하고, 능력을 최고도로 발휘하게 하며, 자유와 권리에 따르는 책임과 의무를 완수하게 하여, 안으로는 국민생활의 균등한 향상"을 기한다고 되어 있으나, 실제로는 이 '기본질서'는 그 뒤에 언급되는 '최고도'와 무관하게, '최소한'의 민주, 즉 이른바 '자유'를 가능한 한 해치지 않는 범위 내에서 최소한 민중의 권리 혹은 경제민주주의에 그치는 것으로 간주된다.

이 때 '자유'란 사유재산권에 절대적 가치를 부여하는 쪽에 서기 때문에 자연히 민주에 소극적인 것이 되며, 적극적 자유의 개념이 아닌 것이다. 또 '기본'의 뜻은 '최소한'이란 뜻으로 축소 해석된다. 그러면 그 다음에 나오는 '최고도'란 수사(修辭)는 형식화하고, '최소로서의 기본'과 서로 상충된다. 헌법 전문을 만들 때부터 이렇게 상충될 수도 있는 가치관을 동시에 나열한 것 자체가 일종의 속임수, 독소조항이다. 상반된 가치 개념의 존재는 헌법 전문의 형식적 수사와 대한민국 현실 간 괴리를 의미한다.

그러나 현실의 체제는 근원적으로 헌법의 자구에서 비롯되는 것은 아니다. 어떤 말로 표현되었는가 하는 것이 아니라 사람들이 어떤 지향성을 가졌는가? 그 말을 현실적으로 어떻게 풀어내고 적용하는가 하는 것이 더 중요하다. 그런 표현이 없다고 해도 할 수가 있으며, 반드시 헌법을 고쳐야만 무엇이 되고 말고 하는 것이 아니란 말이다. 혹자는 우리 사회의 비민주적 환경이 '자유민주적 기본질서'란 규정 때문이라고 주장하기도 하나, 사실 중요한 것은 언어가 아니라 살아 생동하는 뜨거운 가슴과 실천력이다.

결국 1987년 헌법의 전문에 있는 '자유민주적 기본질서'를 뒤에 이어지는 "각인의 기회를 균등히 하고, 능력을 최고도로 발휘하게 하며, 자유와 권리에 따르는 책임과 의무를 완수하게 하여, 안으로는 국민생활의 균등한 향상"을 기하도록 하는 것으로 연결시킬 수도 있는 것이다. 그것을 이루어내는 것은 자구가 아니라 살아있는 민중의 의지와 동력이다.

헌법 제119조 '경제상의 자유'와 '경제민주화' 대립 개념 간 괴리

헌법 전문에 보이는 '자유민주적 기본질서'와 '최고도' 간의 개념상 괴리는 헌법 제 119조에도 재현된다. 제119조 제1항(경제상의 자유)와 제2항(경제민주화)의 규정이 그것이다. 제119조의 내용은 세계에서 유례없는 유일한 것이라고 한다. 한국은 세상 어느 곳에도 없는 독특한 것들을 법이나 제도로 가지고 있는데, 그 가운에 하나가 이 헌법 119조인 셈이다.

그 내용은 한편에 '자유의 경제질서', 다른 한편에 '경제 민주화'를 규정하고 있다. 이 두 가지는 다소간에 서로 갈등관계에 있다. '경제 민주화'의 개념은 '시장의 지배와 경제력의 남용을 방지' 하는 것으로 규정되고 있기 때문이다. 해당 문구는 다음과 같다.

헌법 제119조
① 대한민국의 경제 질서는 개인과 기업의 경제상의 자유와 창의를 존중함을 기본으로 한다.

② 국가는 균형 있는 국민경제의 성장 및 안정과 적정한 소득의 분배를 유지하고, 시장의 지배와 경제력의 남용을 방지하며, 경제주체간의 조화를 통한 경제의 민주화를 위하여 경제에 관한 규제와 조정을 할 수 있다.

보기에 그럴 듯해 보이는데, 이런 내용이 헌법에 규정되어 있는 것이 왜 한 국뿐일까? 그 이유는 첫째, '자유시장경제'와 '경제의 민주화'는 그 현실적 이해관계에서 심각하게 상충하는 것으로서 그 접합점을 찾기가 어려운 것인데도, 단순 병렬식으로 나열됨으로써 선언적 수사에 그치고 있다는 점이다. 더구나 '자유시장경제'와 '경제의 민주화'의 개념도 둘 다 막연해서 구체적 내용이 없는 허사에 불과하다. 자유나 민주의 개념 자체가 다양하게 번안되므로 보는 입장에 따라서 극에서 극을 달리기 때문이다.

둘째 국가의 권력이 아무런 거리낌 없이 '경제에 관한 규제와 조정을 할 수 있는 존재로 설정되고 있다는 점이다. 국가가 이 같은 조정의 역할을 하자면 권력이 비상하게 중앙집중화 되어서 일사불란하게 획일적 정책을 시행할 수 있어야 한다. 그런 맘모스 같은 국가의 역할은 식민지배와 독재를 거치면서 획일적 권력이 비상하게 발달된 한국에서나 가능한 이야기일 뿐이다. 이와 같이 막강한 권력을 국가에서 휘두르는 곳이 한국을 빼고는 세상에 따로 없을 것이기 때문이다. 헌법 119조 같은 조항이 다른 나라에 없는 것은 이런 이유 때문이리라.

119조 제1항 '경제상의 자유'에서 자유의 개념은 모호하다. 아마 이 자유란 것은 같은 제2항에 나오는 '시장 지배'의 개념과 맥을 같이 하는 한편, '경제 민주화'와 대치되는 개념인 것이다. 시장지배와 경제력의 남용을 방지하는 '경제민주화'의 구체적 내용이 다양하게 전개될 수 있듯이,

'시장지배'나 '경제력의 남용'을 재는 잣대도 객관적인 기준이 모호하다. 또 같은 항에 나오는 '시장의 지배와 경제력의 남용 방지', '경제 주체간의 조화', '경제에 관한 규제와 조정'의 개념도 '경제의 민주화'만큼 불확실하다.

구체적인 내용의 결정은 누가 그것을 결정하는가에 따라 향배가 달라진다. 독재자, 혹은 300명의 국회의원, 아니면 다수 민중의 직접투표(직접민주정치) 등, 결정의 주체에 따라서 그 결정 내용이 달라지기 때문이다. 현재 대한민국은 대의제 위정자가 거의 모든 결정의 주체이므로, 하층민 노동자의 이해관계는 무시되는 경향이 있다.

결국, 헌법의 형식적인 자구 표현이 중요한 것이 아니라 그것을 현실적으로 구체화하는 결정권을 가진 사람이 누구인가 하는 문제로 귀결된다. '민주화'의 내용은 헌법규정에 의해 이루어지는 것이 아니라, 구체적으로 뼈와 살을 주워 담은 주체로서의 사람이 결정하게 된다.

흔히 '경제상의 자유'와 '시장의 지배'는 '자유시장경제'의 개념으로 수렴하고 이것은 '경제의 민주화'와 대응하는 것으로서 이해된다. 전자는 국가 간섭의 축소 및 그에 따른 개인 자유의지에 따른 경제활동의 영위, 그리고 후자는 개인의 자유에 대한 국가의 규제 및 간섭인 것으로서, 양자는 구분되며 상반되는 것으로 인식되기도 한다.

그러나 '자유시장경제'의 개념 자체가 순수 개인의 자유의지에 의해서만 움직이는 것이 아니라는 점을 주지할 필요가 있다. 예를 들어, (자본주의적) 자유시장경제의 3요소에서 말하는 '재산권'은 그 자체가 사회적으로 구성된 권리이며, 그것도 자유가 아니라 국가의 물리적 강제력에 의해 유지되는 사회적 억압의 산물이다. 재산권을 지키는 국가(정부)의 경찰력이 없으면, 재산권 자체가 성립될 수가 없기 때문이다. 재산권은 그 자체로서 국가 혹은 사회적 간섭이 개재되어 성립한다. 프랑스 혁명에 의해 성립된 부르조아 국가는 사유재산권을 신성불가침의 것으로 정의했다. 그것은 그냥 성립되는 것이 아니라 국가의 폭력에 의해 유지되는 것이라는 사실을 증명한다.

그래서 '시장경제'를 순수 자유의 영역으로 환원할 수가 없게 되며, 또 국가 혹은 사회적 간섭이라는 점에서 '시장경제'가 '경제의 민주화'와 상반되는 것이라고 말하기도 어려워진다. 둘 다 사회적 강제에 의해 구성된 권리의 영역에 속하는 것으로서, '개인적 자유'와 '국가의 간섭'과 같은 대립개념의 틀로 접근할 수 있는 것이 아니다.

그런 대립개념보다는 오히려 '시장경제'와 '경제의 민주화'라는 두 가지 방향의 사회적 강제가 어느 쪽에 비중을 두고 작동하는가에 따라 달라진다. 즉, 전자는 '배타적인 사적 재산권'의 옹호, 그리고 후자는 '사회적 평등 및 더불어 하는 인간 삶의 질'에 더 중점을 둔다는 차이점이 있을 뿐이다.

사유재산권을 자유의 상징으로 절대시하는 오류는 헌재 결정에서도 보인다. 국토이용관리법(國土利用管理法) 위헌소헌 관련하여 헌법재판소 1989. 12. 22. 선고 88헌가13에 따르면, "봉건사회가 붕괴되고 난 후 성립한 근대시민사회는 모든 사람을 평등한 인격자로 관념하고 …대적인 소유권의 보장을 요구하였고, 그것을 배경으로 개인주의·자유주의 및 자본주의의 급속한 발달과 함께 생산과 부의 비약적인 증대와 경제번영을 이룩했다"라고 설시했다.

여기서 헌재는 재산권 개념을 평등과 자유와 번영과 자본주의의 기초로서 인식함으로써, 그런 재산권을 갖지 못해 불평등하고, 자유롭지 못하고, 번영과 자본의 혜택에서 소외된 계층의 존재를 완전히 백안시하고 있다.

재산권과 근대적 계약의 자유 간 관계

근대의 배타적 소유권에 대한 평가에는 긍 부정의 상반된 이론들이 있다. 로크가 말한 노동가치설, 또는 공유지 비극 이론 등은 재산권을 정당화하는 편이지만, 루소는 부정적이었다.

로크는 재산권의 근거가 노동의 대가인 것으로 설명했다. 땀을 흘려서 황무지를 옥토로 바꾸면 그것이 재산권의 기초가 된다는 식의 주장이다. 그러나 로크는 토지 재산권에 한해서는 유보를 두었다. 즉, 아무리 노동을 들여서 황무지를 옥토로 바꾸었다 해도, 공통체 각 개인 모두에게 토지를 소유할 기회가 주어지지 않는 경우 토지에 대한 재산권은 인정되지 않는다는 것이 그것이다. 현대의 배타적 토지소유의 개념은 이런 로크의 유보조항을 완전히 백안시하고, 재산권 자체를 절대시하는 오류를 범하고 있다.

'공유지의 비극'의 이론은 근대 토지에 대한 사유재산권이 인간의 이기심과 자연의 지나친 이용에 따른 고갈을 방지하기 위해서 생겼다는 주장이다. 즉, 이기적 동기, 과잉의 사익추구로 인해 공유지가 파괴되므로, 목초지 등에 사적 소유권을 설정함으로써 사익추구와 함께 자원의 보호 유지가 가능하게 된다는 것이다.

그런데 봉건적 무주지(無主地) 혹은 농노들의 경작지 등의 사유지 전화(轉化)는 프랑스 혁명의 인권선언에 의해서 비롯된 것이 아니고, 이미 그 전에 인클로저(종획)운동에 의해 현실화되었다. 토지의 사유화는 자연의 고갈을 막기 위한 선의의 합리적 목적으로 진행된 것이 아니었다. 오히려 목초지가 무주지(無主地)로 있었을 때 농노들의 생활은 더 목가적이었고, 그들의 생명, 자유, 재산권은 더 잘 보호되었다. 목초지는 물론 경작지에도 울타리(종획)가 생기고 사유화되자 농노들은 생활의 근거를 잃고 유랑자가 되어 떠돌이가 되었으며, 마침내 산업화의 물결에 휩쓸려 도시 노동자로 전락하게 된다. 토지 사유권은 지나친 이기심에 의한 자연 고갈의 방지를 위한 것이 아니었고, 오히려 일부 소수 인간의 탐욕이 다른 다수 인간의 생명, 자유, 재산권을 침해하는 것으로서 성립되었다. '공유지의 비극'이란 힘에 의한 강탈에 의한 현실을 거꾸로 왜곡하고, 근대의 배타적 토지소유권의 의미를 정당화하는 비현실적인 허구의 이론이다. 18세기 후반의 루소는 소유권을 힘에 의한 강탈의 산물로 정의했다.

19세기 영국의 H. 메인은 역사발전의 과정을 〈신분에서 계약으로〉로 규정했다. 신분이란 고대의 경우 가족 구성원이 가부장권(patriarchy), 중세 농노들이 봉건영주 하에 종속되어 자유를 누리지 못했으나, 근대로 올수록 개인이 자유로이 계약을 맺는 주체로서 서게 되었다는 이론이다. 그러나 고대는 신분제 사회가 아니었고, 또 계약자유의 원리는 근대에 출발한 것이 아니라 고대, 중세에도 있었으므로 멋있어 보이는 메인의 명제는 수정되어야 한다.

메인의 명제는 두 가지 점에서 실제에 부합하지 않는다. ① 고대 그리스 폴리스에서 자유 시민은 남성 여성을 막론하고 국가의 권력으로부터 자유로웠다고 말하는 것이 타당하다. 남녀성은 기능이 달랐을 뿐 각기 자유를 누렸다. 가정 내에서 남성은 가부장적 권력을 갖지 못했으며, 스스로 가문 생활 공동체의 일원이었을 뿐이다. ② 메인은 국가가 발달되기 이전의 상태를 흔히 '잘 통치되지 않은' 무질서한 것이고, 근대국가는 '잘 통치되는(well-governed)' 것으로 보았으나, 후자야말로 국가의 강제력이 작동하는 사회를 뜻한다. 근대국가 권력 구조에서는 억압적 공권력에 의해 형법이 발달하며, 시민의 자유는 억압 축소된다. 형법이 대상으로 하는 범죄와 범죄학도 근대국가의 산물이다.

근대에 와서 계약자유의 민법이 발달되었다고 보는 메인의 견해와는 반대로, 근대국가의 권력이야말로 형법을 강화하는 동시에 불평등의 원천인 사유재산권을 지탱하는 원천이 되었다. 근대 사유재산권은 시민의 '자유'의 산물이 아니라, 근대국가 '억압' 기제의 산물이다. 국가권력이 약화되는 그곳에 시민들의 의지가 관철되며, 토지를 비롯한 각종 재산권은 신성불가침이 아니라 비로소 시민의 재량과 결정에 의해 사유 및 공유의 형태가 결정되게 될 것이다.

〈국토이용관리법〉은 왜 부동산 소유의 극한적 불평등에 대해서는 함구할까?

국토이용관리법(國土利用管理法) 제21조의 2 규제구역(規制區域)의 지정(指定) 등에 따르면, "건설부장관(建設部長官)은 토지(土地)의 투기적(投機的)인 거래(去來)가 성행(盛行)하거나 성행(盛行)할 우려가 있고, 지가(地價)가 급격(急激)히 상승(上昇)하거나 상승(上昇)할 우려가 있는 구역(區域)을 5년내(年內)의 기간(期間)을 정하여 규제구역(規制區域)으로 지정(指定)할 수 있다" 등을 규정하고 있다.

국토이용관리법(國土利用管理法) 위헌소헌[헌법재판소 1989. 12. 22. 선고 88헌가13: 국토리용관리법 제21조의3 제1항, 제31조의2의 위헌심판]과 관련하여 헌법재판소는 합헌 결정을 내렸다.

그런데 "사유재산제도를 제한하는 형태"로서 왜 토지의 "투기적 거래의 억제"에만 그치고 그 거래의 결과로서 발생한 극단적 불평등에 대해서는 문제 삼지 않는 것일까?하는 문제가 있다. 한국의 전제 인구 5% 미만이 전체 국토의 50-60% 이상을 가지고 있다던가, 10% 미만의 인구가 70-80%의 국토를 소유하고 있다는 소문, 또 미성년자가 100여채의 가옥을 보유하고 있고, 성인 1명이 수백 채의 집을 소유하고 있다는 말들이 돌고 있다. 양식을 가진 인간이 모여 사는 한 사회의 제도로서 이런 현상이 정상인가?.

이런 경우는 매매상의 투기만 단속해서 될 일이 아니다. '경제의 민주화'를 실천하려 한다면, 어떤 식이든지 매매의 결과로서 발생한 소유의 지나친 불평등에 대한 반성도 해야 할 일이다. '신성불가침한 재산권'이라는 형식을 빌어서 극한의 사회적 불평등을 수수방관하고 있어야 하는지, 재산권은 어느 정도로 인정되어야 하는 것인지, 또 재산권의 본질적 침해가 아닌 한에서 그 침해의 범위는 어디까지 가능한 것일까?

억지로 소유권을 손대지 않아도 불평등을 시정하는 방법은 짜내면 나온다. 지나친 토지 및 가옥 부동산의 소유와 관련하여 사회적 불평등을 시정할 수 있을 만큼 가진 자에게 부담을 주는 누진세제의 제도적 개혁 같은 것이 그러하다.

그런데 이 같은 제도적 개혁에 대해서 한국의 헌법재판소는 관심이 없다. 오히려 근대적 재산권 형성에 절대적인 가치를 부여하면서, "봉건사회가 붕괴되고 난 후 성립한 근대시민사회는 모든 사람을 평등한 인격자로 관념하고, 근대적인 소유권을 배경으로 개인주의·자유주의 및 자본주의의 급속한 발달과 함께 생산과 부의 비약적인 증대와 경제번영을 이룩했던 것으로 이해했다. 헌법재판소가 설시한 해당 문구를 바로 옮기면 다음과 같다.

"봉건사회가 붕괴되고 난 후 성립한 근대시민사회는 근대초기의 계몽사상 및 자연법사상과 로마법의 영향으로 모든 사람을 평등한 인격자로 관념하고 그의 이윤추구 욕구를 바탕으로 한 자유스러운 사회활동(계약자유)과 여러 가지 제약이나 부담이 따르지 않는 소유권 즉, 절대적인 소유권의 보장을 요구하였고, 그것을 배경으로 개인주의·자유주의 및 자본주의의 급속한 발달과 함께 생산과 부의 비약적인 증대와 경제번영을 이룩하였던 것이다. 그리하여 근대 초기자본주의하에서의 토지소유권의 개념은 개인적 재산권으로서 타의 제약을 받지 않는 절대적사권(絕對的私權)으로서 존중되게 되었으며, 토지소유권의 불가침성, 자유성, 우월성을 의미하는 토지소유권의 절대성은 1789.8.27. 불란서 인권선언 제17조의 「소유권은 신성불가침」이라는 규정으로 극명하게 표현되었던 것이다."(헌법재판소 88헌가13. 1989. 12. 22.)

한국의 헌법재판소는 재산권 개념을 평등과 자유와 번영과 자본주의의 기초로서 인식함으로써, 그런 재산권을 갖지 못해 불평등하고, 자유롭지 못하고, 번영과 자본의 혜택에서 소외된 계층의 존재를 완전히 백안시하고 있다.

토지소유권 등 근대적 소유권과 자본주의의 가치를 높이 찬양하는 헌법재판소의 인식은 고대와 중세에 관한 잘못된 역사인식에서 비롯된 것이라는 점을 지적할 필요가 있겠다.

위 결정문에서는 고대와 중세의 토지제도를 경작자 개인의 자유가 없는 종속적인 것으로 파악했다. 고대의 토지제도는 부락주민 전체의 총유(總有)로서, 그리고 중세는 분할소유권 제도가 있었던 것으로 이해했다. 즉 관리처분권을 가진 영주와 경작권을 가진 예속농민으로 나누어진다는 것이다.

이런 헌법재판소의 역사인식은 역사에 대한 몰상식을 적나라하게 드러내고 있고, 이런 잘못된 인식 하에 근대적 소유권을 개인 자유의 상징으로 이해하는 잘못을 범하고 있다.

먼저 고대의 토지제도는 총유제가 아니었다. 고대도 사회마다 토지제도가 같지 않았다. 성경을 통해 우리에게 잘 알려진 예 한가지만 들어보도록 하자. 고대 유대인 사회에서는 총유가 아니라 일종의 토지 공개념이 존재했다. 그들에게는 희년(禧年)이라는 것이 있어서, 7에 7을 곱하여 49년이 될 때마다 새로 토지를 분배하여 새 출발 하도록 했다. 운이 나빴든, 자신의 잘못이건 간에 49년마다 새 삶을 시작할 수 있는 기회가 모든 이에게 돌아가도록 조치했던 것이다. 거래는 자유롭게 이루어졌으나, 희년이 가까워올수록 토지의 가격은 떨어졌다. 곧 다시 분배되어 각자에게 돌려질 것이기 때문이다. 경제적 자유, 자유시장경제가 존재했으나, 토지에서만큼은 경제의 민주화가 존재했던 것으로 풀어볼 수 있다.

또 한국의 헌법재판소는 (서양)중세의 토지제도를 분할소유권이라 규정하는 동시에 영주가 토지에 대해서 갖는 권리를 '관리처분권(영유권)'이라 규정했으나, 이것은 잘못된 것이다. 중세의 토지는 농노들이 의무적으로 일을 하여 세금을 바치는 일터였을 뿐이었다. 중세의 토지는 매매의 형식을 통해 경제적 가치를 창출하는 것이 아니라 오직 농노의 노동을 통해서 부를 창출하는 수단이 되었을 뿐이다. 영주의 지배권은 토지에 대한 권리가 아니라 농노의 인신을 예속함으로써 성립되었다.

중세의 토지는 신의 소유로 의제되었고, 자연물로서 신이 창조한 땅, 하늘, 바다 등과 같은 영역의 것으로서 경제적으로 매매 가능한 대상이 아니었다. 중세 인신에 대한 지배의 개념이 근대에 들어오면서 토지 등 사물에 대한 소유의 개념으로 바뀌게 되었고, 불평등을 산출하는 또 다른 형태의 지배가 출현했을 뿐이다. 인신에 대한 예속이 사물에 대한 불평등한 지배(소유)로 양상이 바뀌었을 뿐, 자연의 존재를 일부 인간이 다른 다수의 인간을 배제하고 그 지배 혹은 소유권을 주장함으로써 타인의 노동의 대가를 무상으로 전유한다는 점에서는 공통점이 없지 않기 때문이다.

고대나 중세의 토지제도에 대한 몰이해를 바탕으로 하여 근대적 토지소유권이 불가침성, 자유성, 우월성을 의미하는 것이라 규정했다. 잘못된 역사 인식 하에서 근대적 토지소유권에다 개인주의 및 자유주의 등의 절대적 가치를 귀속시키는 한국 헌법재판소는 '경제의 민주화' 방안에서도 소극적일 수밖에 없다. 토지 투기거래를 억제하겠다는 데 한정된 발상은 '경제의 민주화' 제도의 효과적인 확대 방안을 도외시하는 것이다. 헌법재판소 재판관들뿐 아니라 위정자들도 가진 자들의 이익을 옹호하는 데 편중하는 야만과 무책임의 소치로서 경제 민주화와는 참 먼 거리에 있다. 뿐 아니라 자신의 밥그릇 챙길 줄을 모르는 민중들은 멍청의 소치로서 그런 제도의 개혁에는 마찬가지로 관심이 없거나, 아니면 알아도 겁이 나서 목을 움츠리고 목소리 내지 못하고, 그래서 노예같이 죽어라 일만 하다가 한 세월 다 간다.

가짜 뉴스는 왜 만드나?
- '빨리'의 독재성과 '천천히'가 낳는 '공정'과 숙의(토의) 민주주의 -

독재자보다 더 무서운 '빨리' 습성의 독재성

흔히 독재의 책임은 독재자에게 있다고 생각하고 사람을 매도한다. 그러나 사실 독재자보다 더 무서운 독재의 씨앗이 우리들 자신의 마음속에 있다. 무엇이든지 '빨리' 결론을 내고 싶어 하는 우리의 습성이 그것이다.

독재가 이루어지는 것은 독재자만의 탓이 아니라 민중이 다소간 호응하기 때문에 가능한 것이기 때문이다. 그 호응은 독재라는 대상에 대한 지지가 아니더라도 그 독재를 가능하게 하는 우리의 습성, 경향성에서 나온다. 스스로 독재를 싫어한다고 생각하면서도, 부지중에 독재의 온상을 마련해주는 것이 바로 우리네 '빨리' 습성이다.

여럿이 모여서 토론을 하면 자연히 갑론을박 말이 많아지고 결론 도출이 늦어진다. 그러면 그런 과정이 비효율적, 비생산적이라는 생각이 들고, 그래서 신속하게 결정을 내는 것이 더 나은 것 같이 보인다. 이것이 바로 독재를 가능하게 하는 고속도로가 되는 것이다.

'빨리'라는 것은 부득이 공정성이 없는 졸속의 결론으로 이어지곤 한다. 타당성이 결여된 결론은 안 내는 것만 못한 것이지만, '냄비 근성'으로 비하되곤 하는 우리네 한국인의 경향성은 바르지 못한 결론에 이르러도 '빨리' 내는 것만으로 할 일을 다 한 것 같은 느낌을 갖는 것이다.

'신속'하기만 한 재판은 사법피해자를 양산한다. 한국 헌법 제27조 3항에는 "모든 국민은 신속한 재판을 받을 권리를 가진다. 형사피고인은 상당한 이유가 없는 한 지체 없이 공개재판을 받을 권리를 가진다"고 되어 있다. 그런데 '신속'은 있는데, '공정'의 개념이 결여되었다. 공정하지 못해도 신속하게 처리만 하면 된다는 결론이 여기서 나온다. 실제로 한국 사법계는 '불필요한 분쟁을 줄이기 위해서' '분쟁의 끝없는 지속을 염려하여' 정보를 잘 공개하지 않는다. 정보도 은폐한 가운데 벌어지는 한국의 재판은 공정성과는 참으로 거리가 멀고, 급기야 사법피해자들이 사회에 차고 넘친다.

찬탁 인사 송진우의 암살과 거짓 뉴스가 조장한 테러

'빨리' 습성이 권력의 집중 혹은 테러와 연계되면, 거짓 뉴스에 의한 폐단이 발호한다. 거짓된 정보를 흘리면 '빨리' 결정에 도달하도록 마련된 제도가 작동하여 진실이 아닌 엉뚱한 결론에 도달해있기 때문이다. 권력 집중과 '빨리' 습성이 짝을 짓게 되면, 거짓된 정보를 통해 '빨리' 내린 결정이 우리 자신을 옭아매는 족쇄가 된다. 바꾸어 말하면, 결정에 도달하는 절차가 획일적이 아니고 그 결정권이 지역적 혹은 시민들의 손에 분산되어 있으면, 아무리 언론사가 거짓 정보를 흘려도 그 영향은 미미해진다. 여러 분산된 결정의 절차를 거치면서 시간도 가고 또 다른 시각이나 정보도 참조하게 되기 마련이다.

한 예로, 한국은 여전히 반동강이 난 채 세계에서 보기 드문 나라로 남아 있는데, 그 원인을 들여다보면 거기에도 거짓 뉴스가 자리하고 있다. 특히 뉴욕타임즈, 조선일보, 동아일보 등의 거짓 뉴스.

당시 우익 청년단원들은 신탁통치는 식민통치의 한 방식이며 이를 찬성하는 자는 반역자이기 때문에 제거해야 한다고 주장하며, 찬탁으로 전환한 박헌영, 여운형, 김원봉, 허헌을 테러 표적으로 삼았고, 진영을 넘어김규식, 안재홍, 배은희, 명제세, 장덕수 등도 찬탁을 하여 암살의 표적이 되었다. 이런 우리네 획일적 사로방식과 테러는 독일의 상황과는 차이가 있다. 2차 대전 후 독일은 다소간 신탁통치를 받았고 그 후 동·서 독일로 각각 분리 독립했다.

당시 1945년 12월 29일 김구 등과 함께 경교장에서 회의한 송진우는 찬탁 발언을 했다가 바로 그 밤 새벽에 자택에서 한현우 등에 의해 총탄을 맞고 죽었다. 당시 송진우는 동아일보 사장으로 있었고, 동아일보 창간자는 최대 우파 정당인 한민당의 핵심 인사 김성수였다. 다음은 송진우가 암살되기 전날 한 발언이다.

"여기 누구라도 모스크바 3상회의에서 결정된 의정서의 원본을 제대로 읽어본 분이 있습니까? 내가 알고 있기로는 그 내용이 미소공동위원회를 설치한 후 한국의 정당·사회단체들과 협의해서 남북을 통일한 임시정부를 세우고 5년 이내의 신탁통치를 하는 것으로 되어 있는데, 내가 알고 있는 게 정확하다면 길어야 5년이면 통일된 우리의 독립정부를 세울 수 있는 것을 그렇게 극단적인 방법으로까지 반대할 이유는 없지 않겠습니까? 신탁통치가 길어야 5년이라고 하니 3년이 될 수도 있는 것인데 그렇게 거국적으로 반대할 이유가 뭐 있습니까. 물론 나도 신탁통치는 반대합니다. 그러나 반대 방법은 다시 한 번 여유를 가지고 냉정히 생각해 봅시다."

1945년 12월 27일자 조선일보, 동아일보의 가짜 뉴스

1945년 12월 16일 모스크바에서 미국, 영국, 소련의 세 나라 외상회의(3상회의)가 열렸다. 이때 한반도 처리의 문제를 둘러싸고 미국과 소련이

충돌했다. 미국은 신탁통치 중심의 국제적인 해결방식을 주장하였다. 그러나 소련은 먼저 임시정부를 수립한 다음 신탁통치를 한다는 주장이었다. 임시정부란 미국과 소련의 공동위원회가 한국의 정당·사회단체와 협의하여 새로운 임시정부를 수립하는 내용이었다. 이런 소련의 입장은 임정을 수립하는 것이 당시 민중의 지향성으로 보아 소련에 유리하다는 판단에서였다. 사실 그 전 1945년 2월 얄타회담에서도 미국 루스벨트 대통령은 "한국인은 자치 능력이 없다. 아마 40년 내지 50년 정도는 신탁통치를 해야 할 것 같다"고 말했으나, 소련의 스탈린이 "그렇게 길게는 안 된다. 5년 정도로 하자"고 했다.

그런데 한국현대사의 향방을 결정짓는 어마어마한 오보사건이 터졌다. 1945년 12월 27일자 동아일보는 모스크바 3상회의의 결과를 "소련은 신탁통치 주장", "미국은 즉시 독립 주장"이라고 보도한 것이다. 동아일보는 미국과 소련의 주장을 정반대로 보도하여 즉각적 독립을 요구하는 민족감정을 자극시켰다.

곧바로 신탁통치를 반대하는 반탁운동이 우익세력을 중심으로 일어났다. 특히, 김구를 중심으로 한 중경 임정은 자신들이 주도권을 잡기 위해 반탁운동을 주도하였다. 당시 남한지역을 점령하고 있던 미군정은 이를 알고 있었음에도 불구하고 동아일보의 왜곡보도를 해명하지 않았다. 오히려 미군정은 우익세력의 정치적 입김을 강화시키기 위해 이를 방조했다. 심지어 최신 연구에 의하면, 이 오보 기사의 출처는 도쿄의 미육군 극동군사령부와 서울의 주한미군사령부가 조직적으로 관련되어 있었다고 한다.

'민족 대 반민족(친일파)' 구도가 신탁통치 찬반을 계기로 '좌익 대 우익'의 구도로 전환

신탁통치 파동은 1946년 1월 22일자 타스(Tass) 통신이 모스크바 3상회의 협상내용을 공개하면서 일시적으로 수그러들었으나 당시의 정치지형은 이미 변형되어 있었다. 그 전의 '민족 대 반민족(친일파)'의 대립구도가 신탁통치 찬반을 계기로 '좌익 대 우익'의 구도로 전환되었다는 사실이다. 즉, 남한의 정치지형이 '민주의원'으로 대표되는 우익연합체와 '민족전선'이라는 좌익연합체로 헤쳐 모이게 되었다. 좌우의 대립과 갈등이 본격화되기 시작한 것이다.

이로 인해 친일파는 신분 세탁을 할 수 있었다. 반탁운동이 있기 전 '민족반역자'란 말은 '친일파'를 의미했다. 그러나 모스크바 3상회의의 내용이 잘못 알려지면서 반탁 입장을 고수하지 않는 자는 모두 민족반역자가 되어야 했다. 당시 "신탁통치 배격운동에 협력치 않은 자는 민족반역자로 규정"한다는 구호가 이를 잘 보여준다. 그러다보니, 친일파들은 반탁운동을 계기로 자신들의 과거가 면제되고 오히려 애국자로 행세할 수 있게 되었다.

실제로 조선총독부에 근무한 관리, 경찰 출신의 인사들은 반탁운동에 대거 참여하였다. 반공주의의 일환으로 전개된 반탁운동은 소련을 '악마화'함으로써 과거 친일파의 문제를 은폐하는 효과를 발휘하였다.

악마의 마녀사냥을 가능하게 한 현실적 배경은 식민지 지배에 의한 획일적 권력 구조 및 우익 테러 행위와 밀접하게 관련된다.

가짜 뉴스가 치명적으로 작동하게 하는 신속하고 획일적인 권력구조

신탁통치를 둘러싼 오보사건이 한국의 장래에 결정을 미치게 된 것은 오보 자체로서가 아니라, 오보가 '신속'한 정치적 결정권과 연관이 되었기 때문이다. 동아일보의 허위 기사는 그 자체로서가 아니라 획일적인 결정의 제도적 결함과 맞물려서 생명력을 가졌을 뿐이다. 사실, 동아일보의 허위기사가 없었어도, 또 좌익이 찬탁의 소련의 의중을 바르게 파악했다 하더라도 한국은 두 동강이 났을 것이다. 그 결정은 찬탁이나 반탁하는 민중의 뜻에 따른 것이 아니라, 이미 결정된 강대국 간의 세력 분할에 의해 운명 지워진 것이기 때문이다. 그 강대국의 결정이 그대로 한국에 적용된 것은 바로 한국 자체가 가진 환경, 비민주적, 획일적인 권력 구조 탓이다.

'신속'한 결정은 언론의 거짓말 기사를 조장하는 촉매가 되고, 그 폐단은 멀리 식민지 시대를 이어져 내려온 행정 권력의 집중과 무관하지 않다. 그처럼 이승만, 박정희 독재정권을 거쳐 오늘날까지도 제도 전반에, 그리고 우리 마음속에까지 '빨리' 습성이 자리하고 있다.

숙의(토의) 문화는 '빨리'가 아니라 '천천히' 사안을 검토하는 것이다. 그리고 여러 사람들의 견해가 반영이 되는 것이다. 거짓 뉴스와 독재는 '빨리' 결정에 이를 수 있도록 소수의 손에 권력이 집중되는 것을 선호하고, 반대로 늦게 결론에 이르고 다수가 참여하여 의견을 개진하는 숙의(토의) 민주정치를 싫어한다. 거짓 뉴스의 폐단과 독재의 발호를 막으려면 우리네 '빨리'의 정서를 반성하고 고쳐야 한다. 중요한 것은 '빨리'가 아니라 '공정성'이다. 그 공정성은 '천천히' 숙의(토의)하는 데서 나온다.

시민들의 맞대응 전략은 어디까지인가?

상해 황포탄 저격사건을 두고 입장을 달리한 상해임시정부와 의열단

1922년 3월, 상해 황포탄에서 의열단이 일본의 다나카 대장을 저격했다. 오성륜, 김익상, 이종암이 각각 저격했지만 모두 실패로 끝났다. 이 사건은 상해는 물론 전 중국과 일본, 한국까지 떠들썩하게 만들었다. 일본 총영사관은 자신들이 관할하는 공동 조계는 물론 한국 독립운동에 우호적이었던 프랑스 조계에 압력을 넣어 한국 독립운동을 단속하라고 요구했다.

이에 따라 공동조계와 프랑스 조계의 경찰 당국은 '불온행동' 단속 강화 방침을 공포했다. 골자는 한인독립운동가의 총기류 휴대를 억제하겠다는 것이었다. 주중 미국 공사 샬먼은 "조선인 독립당이 목적을 달성하기 위하여 공산주의자의 행함과 같은 잔혹은 수단으로 나오는 데 대해 미국은 물론 세계 어느 나라든지 찬성치 아니하는 바이다"라고 유감의 뜻을 표했다. 문제는 여기에 우리의 상해 임시정부까지 가세한 것이다.

상해 임시정부는 "세관 부두의 폭탄사건(다나카 저격사건)에 대해 가정부(假政府 임시정부)는 하등의 관계가 없으므로 저들의 행동에 절대로 책임을 지지 아니한다"는 성명을 냈다(동아일보 1922.4.7.). 또 임정 측 관계자는 "독립정부 측과 저들은 하등의 관계가 없으며 조선독립은 과격주의와 공포수단을 취하여 달성할 것이 아니다"라고 말했다고 한다. 이에 대해 의열단은 임시정부가 격려는 못 할망정 '관계없다'고 선을 긋고 나서는 데 격분했다. 이 사건에 관련하여 박재혁, 최수봉이 사형당하고 김익상, 오성륜이 체포돼 혹독한 고문을 받고있는 중에 말이다. 이런 임시정부의 논리에 따르면, 안중근이 하얼삔 역에서 이토오 히로부미를 살해한 것도 욕을 얻어먹을 일이 된다. 이것도 과격주의와 공포수단이 아니라고 하기가 어렵기 때문이다.

이때 의열단은 자신들이 무차별적 테러단체가 아니라 명확한 이념과 목표를 가진 혁명단체임을 내외에 천명할 필요성을 느끼게 되었다. 그래서 김원봉과 유자명은 북경에 있던 신채호를 상해로 초빙해서 의열단의 주의·주장을 담은 선언문 작성을 요청했다. 신채호 역시 의열단의 직접행동을 지지하고 임정의 외교독립론에 부정적이었으므로 이를 흔쾌히 수락했다.

이렇게 탄생한 것이 '의열단 선언문'이라고도 불리는 유명한 〈조선혁명선언〉이다. "강도 일본이 우리의 국호(國號)를 없이 하며, 우리의 정권을 빼앗으며, 우리 생존조건의 필요성을 다 박탈하였다"로 시작하는 〈조선혁명선언〉은 "식민지 민중이 빼앗긴 나라와 자유를 되찾기 위해서 행하는 모든 수단은 정의롭다"고 선언했다.

'강도 일본의 구축'을 위한 혁명뿐 아니라, 의열단은 '민중혁명론'을 제시했다. "구시대의 혁명으로 말하면, 인민은 국가의 노예가 되고 그 위에 인민을 지배하는 상전, 곧 특수 세력이 있어 그 소위 혁명이란 것은 특수세력의 명칭을 변경함에 불과하였다. 그러나 금일의 혁명으로 말하면, 민중이 곧 민중 자기를 위하여 하는 혁명인 고로 '민중혁명'이라 '직접혁명'이라 칭한다. 오직 민중이 민중을 위하여 일체 불평·부자연·불합리한 민중 향상의 장애부터 먼저 타파해야 한다"는 것이다. 같은 민족, 같은 국가 내에 어떠한 차별과 억압이 없어야 한다는 것인데, 이 부분이 바로 〈조선혁명선언〉이 갖고 있는 아나키즘(권력분산주의; 흔히 무정부주의로도 번역됨)적 요소이다.

신채호는 '민중'과 '폭력'을 혁명의 2대 요소로 내세우고, '이민족 통치', '특권계급', '경제약탈제도', '사회적 불균형' '노예적 문화사상'을 파괴대상으로 규정했다. <조선혁명선언>은 "이천만 민중은 일치로 폭력 파괴의 길로 나아갈지니라", 또 "민중은 우리 혁명의 대본영(大本營)이다. 폭력은 우리 혁명의 유일한 무기다. 우리는 민중 속에 가서 민중과 손을 잡고 끊임없는 폭력·암살·파괴·폭동으로써 강도 일본의 통치를 타도하고, 우리 생활에 불합리한 일체의 제도를 개조해 인류로서 인류를 압박하지 못하며, 사회로서 사회를 수탈하지 못하는 이상적인 조선을 건설할지니라"라고 끝을 맺는다.

의열단이나 재중국조선무정부주의자연맹(1924.4월말 결성)은 일제에 대한 무력투쟁을 통해서만 나라의 독립과 인간해방을 달성할 수 있다고 믿었던 독립운동 조직들이었다. 의열단이 <조선혁명선언>의 집필을 맡긴 신채호뿐 아니라, 도산 안창호도 의열단에 탄피제조기를 구입해주었고, 또 임시정부의 별동대로 불리던 <구국모험단> 단장 김성근도 의열단의 김원봉, 이종암 등과 상해에서 합숙하면서 폭탄제조법과 사용법을 배웠으며, 이들은 모두 가까운 사이였다. [이 내용은 이덕일, "의열단 직접행동과 신채호의 『조선혁명선언』", 온누리평화시민대학 창립총회 (2019.11.2. 서울 인사동 천도교 수운회관) 자료집을 참조한 것이다]

여기서 반성해야 할 것이 있다. 상해 임시정부가 주장한 것처럼 "조선독립은 과격주의와 공포수단을 취하여 달성할 것이 아니다"가 맞는 것인지, 아니면 의열단 <조선혁명선언>의 주장처럼 "폭력·암살·파괴·폭동으로써 강도 일본의 통치를 타도"하는 것이 맞는 것인지 하는 점이다.

여기서 '맞대응' 개념을 도입할 필요가 있다. 폭력·암살·파괴·폭동은 언제나 동원되는 수단이 되어서는 안 되지만 '저편'이 그런 수단에 의지할 때는 '이편'도 같은 방법으로 대응하는 것이 맞대응이다.

이런 논지에 반대도 물론 있을 수 있다. 폭력에 대한 비폭력 저항, 또는 기독교의 용서와 사랑의 윤리가 그런 것이다. 그런데 폭력에 폭력으로 저항하는 맞대응의 논리는 두 가지 측면에서 긍정적인 효과를 낳기도 한다.

첫째, 맞대응이 반드시 폭력을 조장하거나 끝없는 폭력으로 이어지기보다 폭력 자체의 억제라는 역설적인 효과를 낳기도 한다. 내가 폭력을 행사하면 상대도 같은 방법으로 대응할 것이라는 기대치가 나의 폭력 행사를 재고하고 억제하는 효과를 가져오기 때문이다. 대응하지 않으면 상대가 기고만장하여 폭력을 더욱 조장하는 결과를 가져올 수도 있다.

맞대응의 두 번째 효과는 보신주의로 흐르는 무기력함을 경계하는 것이다. 폭력의 저항을 거부하는 많은 이들은 희생을 두려워하고 기피한다. 입으로 비폭력 저항을 말하고 용서·사랑의 윤리를 말하지만, 사실 저항도 사랑도 아닌 사리를 추구하는 경우가 비일비재하다. 의열단의 폭력 저항에 대해 부정적이었던 상해 임시정부가 사리를 추구한 것이라고 말하기는 어려우나, 사실 폭력의 저항이 가져올 더 큰 희생을 기피하는 소극적인 경향이 전혀 없었다고 단정하기도 어렵다.

안중근이 이토오 히로부미를 죽인 사건을 두고 "그래, 안중근이 이토오 히로부미를 죽였다고 세상이 달라진 게 뭐가 있나?"라고 반문하는 이가 있다. 그 대답은 이러하다. "안중근이 그를 죽인 것을 보고도 그를 따르지 않고 방관한 많은 사람들 때문에 세상은 바뀌지 않은 것이다". 37년의 일제 식민지배 시기에도 3.1 저항을 제외하고는 이렇다 할 민중의 동요는 거의 없었고, 오히려 학도병, 강제징용, 위안부 등의 인력 차출, 대동아 전쟁에 필요한 물자 징발 등 일본의 강제조치에 대해 조선 민중은 말 없이 그 희생을 감내했다.

해방 후 공권력 및 우익테러에 의한 인명의 희생과 맞대응의 부재

상해 임시정부가 폭력의 과격·공포수단을 배격한 것은 사실 임시정부만의 문제가 아니었고, 더 오래 조선인의 전통에 내재한 봉건적 수동성에서 기인한다. 그리고 그 수동성은 해방 후 정국에서 나라의 운명은 물론 인명에 치명적인 결과를 초래했다.

제주 4.3항쟁, 여수·순천 항쟁, 4.19 의거, 10.16 부마항쟁, 5.18 광주 민주화운동, 1987년의 6.10항쟁, 최근의 촛불혁명 등을 두고 우리 한국인이 대단히 저항적인 민족인 것으로 평가하려는 이가 있다. 그러나 오히려 이런 굵직한 사건들은 우리 저항의 비일상적 일회성을 반영하는 것으로 해석될 수도 있다. 마침내 터져나왔지만 그 숱한 세월을 침묵으로 일관했기 때문이다.

해방 후 남한에서 벌어진 우익 테러에 의해 김구를 비롯한 많은 사람들이 살해당했다. 그 한 예로, 미군정 시기 1946년 11월 결성된 서북청년단은 극우 반공주의 청년 단체로서 우익 테러에 앞장을 섰고, 1948년 남한 단독정부 수립에 반대하여 궐기한 제주도 4.3항쟁의 토벌에도 정부의 군대와 경찰들과 함께 관여했다.

1948년 이후 1960년 4.19 의거가 일어나기까지 이승만 독재체제는 20년 이상 지속되었다. 특히 6.25사변이 일어나자 수많은 이들이 재판도 없이 끌려가서 죽었다. 그 주검은 지금도 경산 코발트 폐광의 갱도에 차곡 차곡 쌓여있단다. 노무현 정부 때 발굴되다가 이명박 정부 들어서면서 중단된 채 국가 공권력에 의해 살해된 남한 사람들의 주검이 여전히 어두운 갱 속에 갇혀있는 것이다. 해방 후 이승만 정권하에서 국가 권력이 저지르는 만행은 식민지배 시기 일본이 저지른 만행보다 덜하다고 결코 말하기 어려운 이유가 여기에 있다. 일본 대신 미국이 배경으로 등장한 차이점이 있을 뿐이다. 그 압제 밑에서 민중은 근 20년을 침묵했고, 4.19가 일어나기까지 그 오랜 세월 동안 결정적인 민중의 저항은 없었다.

4.19 의거로 1년여의 막간을 거친 다음 일어난 1961년 5.16 군사 쿠데타에 의해, 한국은 여전히 독재의 수레바퀴를 벗어나지 못한 채 다시 20년 세월을 보냈다. 1972년 유신체제의 선포로부터 1979년 박정희 피살로 이어지는 세월 동안에도 크고 작은 저항이 없었던 것은 아니나 대다수 민중은 침묵을 지켰다.

식민지배와 독재의 잔재 타인구조 금지 원칙

세상은 소수의 영웅이 아니라 다수 민중이 자각하고 궐기했을 때에 바뀐다. 촛불혁명은 그 산 증거이다. 능력 있는 지도자가 나타나 잘 살게 해주기를 기대하는 것은 어리석은 망상이고 자신의 운명을 남의 손에 맡기는 동시에 자신은 다치지 않으려는 나태하고 비겁한 행위에 불과하다.

지금도 공권력의 오남용을 부추기는 것은 일상생활 속에 그대로 남아있는 민중의 나태함과 무기력이다. 한 예로 한국의 법질서에서는 원칙적으로 '타인구조'가 원칙적으로 인정이 되지 않고 있다. 타인구조란 피해자 아닌 제3자가 피해자를 대신하여 고발함으로써 피해자를 도와줄 수 있는 제도를 말하는데, 한국은 이 타인구조를 제도적으로 막고 있다는 말이다. 피해자가 스스로 자신을 구조할 수 없는 경우에도 그러하다.

이런 타인구조 금지 원칙은 한국인들로 하여금 남의 불행과 억울함에 무관심으로 일관하는 풍토를 조장해왔다. 자기밖에 모르고 남의 처지에 무관심한 인간, 사회 정의 실현에 무감각한 인간을 양산하며, 한국 사회의 이기주의와 야만성을 적나라하게 드러내는 것이 바로 이 타인구조 금지의 원칙이다. 이런 원칙은 합심하여 독립운동을 할까 봐 겁을 내던 일제 식민지배의 잔재, 또 합심한 민중의 궐기를 겁내던 독재 권력의 음모 그 이상도 그 이하도 아니다.

촛불혁명에서 맞대응 전략으로

광화문 촛불혁명으로 박근혜 전대통령을 탄핵하여 몰아낸 이후 전에 보이지 않던 풍경이 등장했다. 이른바 광화문 태극기와 서초동 촛불로 상징되는 민중 시위대이다. 대단한 태극기 부대가 국민이 다수표로 뽑은 대통령을 빨갱이로 몰고 퇴진운동을 벌이고 있다. 박근혜를 촛불로 몰아내었으니, 문재인도 같은 방식으로 몰아내겠다는 뜻이다. 중요한 것은 이런 민중의 시위가 향하는 곳은 법제도에 준한 것이 아니라 초법적인 민중의 뜻을 관철하려는 것이다. 소수든 다수든 간에 민중이 모이기 시작했다.

결국, 광화문 태극기든 서초동 (혹은 여의도) 촛불이든 그 어느 편이 기선을 잡을 것인가는 역사가 증명할 것이다. 다만 분명한 것은 법 위에 민중의 뜻이 존재한다는 것을 사람들이 부지불식간에 깨닫기 시작한 사실이다. 태극기 부대가 난리를 치면 촛불 부대도 가만히 안 있을 것이고, 또 촛불 부대가 검찰 개혁과 공수처 설치 혹은 '조국 수호'를 외치면 태극기 부대는 다시 '조국 빨갱이, 문재인 빨갱이'를 이를 외쳐댈 것이다. 이것이 맞대응이다.

촛불혁명을 계기로 한국 민중은 적극적인 '맞대응'의 길로 들어섰다. 그 맞대응은 태극기와 촛불 부대 간의 충돌에 그치는 것이 아니라, 국가 공권력의 오남용에 대한 민중의 저항권 행사로 이어져야 한다. 민주화의 길에서 가장 비민주적인 기관으로 독버섯같이 남아서, 기준도 없이 꼴리는 대로 수사하지 않거나 표적 수사하는 독재 검찰권력의 횡포, 잣대도 없는 '양심'을 빌미로 헌법과 법률을 개무시하는 법원 판사들에 대해서도 민중은 그에 상응하는 맞대응 전략을 구사해야 한다. 한국 사법 권력의 횡포는 현재 부지기수인 사법피해자만의 문제가 아니라 한국 민중과 민주주의의 앞날을 암울하게 하는 식민지배와 독재의 잔재이다.

민중은 공권력의 부당한 행사에 맞서서 저항해야 하며, 그 맞대응의 수위는 공권력이 잘못 행사되는 정도에 비례하여 결정되어야 한다. 맞대응이란 서로 힘겨루기의 정도가 맞아떨어져야 하기 때문이다. 지난 정권이 탄핵 되기 직전 작성된 계엄령 문건에서 드러나듯이, 혹 공권력이 무력으로 시위를 진압하려하는 경우가 있다면 민중도 무력으로 맞대응하는 것을 불사할 것이다. 그러지 않는 한 시위는 평화의 촛불로 계속될 것이다. 그것은 평화적이므로 촛불을 들뿐, 태극기부대와 같이 억압의 (군부)독재를 연상시키는 얼룩덜룩한 군복을 입고 등장하지도 않을 것이다.

맞대응의 수위는 일정한 것이 아니라 그 상대가 공격해오는 정도에 따라 결정된다. <조선혁명선언>에서 '우리 생존조건의 필요성을 다 박탈한 강도 일본'에 대항하여 "식민지 민중이 빼앗긴 나라와 자유를 되찾기 위해서 행하는 모든 수단은 정의롭다"는 전제하에 폭력을 불사한 의열단의 맞대응이 '과격주의 및 공포수단'을 거부한 상해임시정부의 입장보다 더 적중한 것은 바로 이 때문이다.

촛불혁명은 프랑스 혁명같이 법이나 제도에 의한 것이 아니었고 자생적인 시민·민중의 저항이었다. 프랑스의 인권선언이나 1791년 헌법은 앞선 1789년 혁명의 정신에 따라 후에 제정되었다. 혁명은 법에 따라 이루어진 것이 아니란 말이다. 오히려 초법적 민중의 염원이 새로운 법질서를 가능하게 하는 사실을 증명하는 사례이다.

그리고 저항은 일상화해야 한다. 4.19 의거, 10.16부마항쟁 및 5.18 광주민주화운동, 6.10민주항쟁 같이 10년, 20년 만에 한 번씩 일어나는 일회성의 저항이어서는 안 된다는 말이다. 그 내용도 거시(巨視)적 독재 권력뿐 아니라 더 촘촘하게 일상에 스며있는 공권력의 오남용에 대한 것으로 미시(微視)화되어야 하겠다.

2019. 12. 30.
저자 최자영

들어가며 (초판 머리말)

관료주의와 독선의 나라 한국

너나 할 것 없겠으나 진보 운동권도 예외 없이 빠지기 쉬운 함정이 있다. 독선이다.

최근 문화체육부 도종환 장관이 구설수에 올랐다. 비밀리에 작성한 이름 목록, '블랙리스트'는 이명박 박근혜 정부에서 정권에 비우호적인 문화 예술인을 탄압 규제하기 위해 작성한 것이라는 의혹을 사는 것이다. 국가 예산으로 11개월간 불철주야 민관 합동으로 '블랙리스트' 진상조사위원회가 가동되었고, 도 장관 자신이 공동 위원장직을 맡았다.[1]

그런데 도 장관은 블랙리스트 진상조사위원회의 권고에도 불구하고 연루 공무원들을 사실상 징계하지 않았다. 시인 출신인 도 장관은 전 정권의 블랙리스트에 이름이 올랐고, 야당 의원 시절 블랙리스트 사태를 가장 앞장서서 파헤친 인물이다. 하지만 정권이 바뀌고 장관 취임 1년 3개월만에 블랙리스트 연루자들에게 지극히 소극적 처분을 내리는 데 그쳤다. 문체부 징계 '0명'으로 11개월 진상조사위원회의 활동과 권고가 물거품이 되었다. 도 장관이 블랙리스트 사태에 앞장을 서왔던 상징적인 인물이기에 문화예술계의 충격은 쉽사리 가시지 않고 있다. 문화체육부를 향한 실망과 분노는 청와대로 향하고 있다.

도 장관이 진상조사위원회의 권고를 무시한 데 대해 한 문체부 공무원은 "도 장관이 조직을 위해 큰 결심을 한 것이다"고 분위기를 전했다고 한다. 민중의 뜻이 '조직'의 이해관계 앞에 무력하게 내려앉았다는 말이다. 또 문화체육부는 자체적 법률자문단의 법리 검토를 거친 결과라고 해명하고 있단다. 이른 바 '법리검토'는 민중의 뜻을 무시하는 도구로 이용되었음을 노정한다. 또 있다. 문체부 황성운 대변인은 기자회견에서 "진상조사위는 순수한 자문위원회였기 때문에 의견을 듣는 차원에서 진행됐다고 보면 된다"며 "문체부가 결국 최종 결정을 내리는 것"이라고 말했다고 한다. 그리고 진상조사위에서도 법률 자문을 거쳐 내린 권고 사항을 문체부가 무시한 이유에 대해서는 명확한 답변을 하지 않았다.

민중의 뜻이 조직의 논리 앞에, 법률자문단의 법리검토 앞에 실체 없는 그림자로 내려앉았다. 11개월이나 국민의 피나는 세금 국가 예산을 들여서 가동한 진상위원회는 그저 '의견을 전하는 데 불과한' 들러리 자문의 역할을 하는 데 그치며, 그것도 '명확한 이유도 없이' 관료들은 자체의 "법률자문단의 검토"를 이유로 똑같이 "법률자문단의 검토"를 거친 진상조사위원회의 권고를 헌신짝같이 걷어찼다.

한국이 겪는 질곡의 문제가 바로 여기에 집약되어 있다. 80% 이상의 민중이 원하는 개헌이 국회의 벽에 막혀 진척되지 않고, 양승태 전(前)대법관과 지지부진한 상태에 있다. 문화체육부는 조직의 논리를 내세워 민의를 무시하는 '큰 결심'을 했고, 사법부는 자체의 위신 추락을 염려하여 검찰의 수사를 실상 방해하고 있는 것이다. 명색이 '주권자'인 민중은 권력을 가진 조직의 논리 앞에 냉가슴을 앓고 있다.

민의가 들러리를 서는 것은 사법부의 <시민배심제도>에서도 마찬가지이다. 다른 나라에서도 하니 우리도 흉내를 낸 것인데, 시민배심원은 결정권이 전혀 없다는 것이 다른 나라 배심제도와 다른 점이다. 한국의 시민은 언제나 자문하는 데 그칠 뿐 결정권이 없다. 한국의 위정자들은 주권자인 시민을 '개코'로 아는 것이다. 그들에게 중요한 것은 오직 권력과 조직이다.

이런 조직의 논리는 보수와 진보를 가리지 않는다. 도종환 장관의 예가 보여주고 있듯이 그는 독재 권력에 저항하고 불이익을 당한 운동권 출신의 인물이다. 도 장관의 조그만 일화는 그가 어떤 인물 '이었던가' 혹은 '인가' 하는 것이 아니라, 현재 한국의 권력구조가 빚어내는 만화경이다. 개인이 아니라 집중된 권력의 조직이 만들어내는 '파노라마'이다. 과거에 어떤 전력을 보고 누군가에게 믿음을 가졌다가는 피를 보게 된다는 것이 여기서 얻는 산 교훈이다.

위정자의 권력을 민중의 것으로 되돌려서 결정권을 회복하고, 제 것이 아닌 권력을 잘못 행사하는 위정자를 민중이 직접 벌하는 제도를 세우지 않는 한 민중의 뜻은 무시되기 마련이다. 조직의 논리, '법률검토'의 논리, 위정자들의 '위신'을 추락시키는 일이 없도록 하기 위해, 그것도 아무런 '뚜렷한 이유'도 제시함이 없이, 민중의 뜻은 번번이 무시되곤 한다.

'뚜렷한 이유도 없이' 문화체육부가 진상조사위원회의 결정을 무시하면서, 그것은 자문위원회이기 때문에 의견을 듣는 차원에서 진행되었으며 최종 결정은 결국 문화체육부, 즉 관료가 내리는 것"이라고 관료가 말하는 사태를 보노라면, 현재 한국은 민중이 아니라 위정자가 '주권자'인 나라가 확실하다. 사람에게 믿음을 두는 미련한 짓을 하지 마시고, 권력의 구조를 타파해야 한다는 점을 잊지 마시라. 독재권력에 항거하고 불이익을 당한 도종환이 문화체육부 장관이 되어 한 '큰 결심'이 이런 사실을 반증하고 있다.

이 책은 사람을 믿지 말고 위정자들에게 집중된 권력을 타파하기 위해서 쓰였다.

자본주의와 공산주의 간 대립의 극복을 위한 '절차' 민주정치

19세기 마르크스의 〈공산당선언〉 혹은 〈자본론〉 출현 이후 지금까지 세계는 자본주의와 공산주의 간 이념 대립의 성토장이 되어왔다. 그런데 고대 그리스에는 자본주의와 공산주의 간 이념과 체제의 대립이 없었다. 고금동서를 막론하고 존재하는 빈자와 부자 간 갈등이 그리스에도 있었는데도 그랬다. 이미 기원전 6세기 초 아테네의 국부(國父)로 불리는 솔론의 개혁도 빈자와 부자 간 극한 대립을 극복하려는 것이었다. 이렇듯 빈자와 부자 간 갈등이 있었음에도 불구하고 그리스에는 체제나 이념의 대립이 왜 없었을까?

고대 그리스에는 자본이나 공산이라는 구체적 내용의 대립보다 '절차'의 개념이 발달되었기 때문이다. 문제가 생기면 민중이 모여서 다수로 결정을 하는 방법을 말한다. 민중이 스스로 논의하여 도출하는 결론은 당연히 극단의 대립이 아니라 그 중간의 어느 지점에서 타협이 이루어지게 마련이다. 예를 들어, 그 옛날 기원전 6세기 초 아테네에서는 빈자와 부자 간 극한적 대립이 있었다. 내란 위협의 도가니에서 문제를 해결하기 위해 온 민중은 뜻을 모아 믿을 만한 사람 솔론에게 전권을 부여하게 되고, 솔론은 적정한 선에서 결론을 도출했다. 그것은 양 극단을 피하는 선에서, 토지 재분배는 하지 않고 부채는 말소하는 것이었다.

아리스토텔레스가 정치체제를 민주정치(다수 혹은 빈자), 과두정치(소수 혹은 부자), 군주정치로 구분할 때, 그 핵심은 구체적 사회체제의 내용이 아니라 누가 결정권을 갖는가 하는 절차의 문제이다. 예를 들어 빈자의 민주정치는 공산주의와 같은 말이 아니고, 과두정치는 어떤 특정계층의 경제적 특권과 무관하게, 결정하는 주체가 소수 혹은 부자라는 말이 된다. '빈자의 정치' 혹은 '부자의 정치'는 결정권의 주체를 말하는 것이지, 구체적 체제의 내용으로서 공산, 자본 혹은 토지소유의 특권 등을 말하는 것이 아니다.

절차를 무시하는 사상은 이미 기원전 4세기 초 플라톤에게서 볼 수 있다. 그는 자신의 저서 <국가>에서 일면 공산주의에 유사한 사상을 제시했다. 적어도 지배층인 철학자 통치자와 무사의 두 계층은 사유재산을 소유할 수 없고 가족을 공유한다는 것이다. 이런 그의 사상은 이미 독선의 가치관을 전제로 한 것으로서, 다수의 민의를 수렴하여 정치 사회체제가 결정되어야 한다는 '절차' 민주정치의 개념을 배제하고 있다. 플라톤은 어떤 근거에 의해 그런 체제의 정당성이 보장되는가 하는 '절차'의 문제를 생략하고 있기 때문이다. 플라톤의 정치사상은 당시 고대 그리스 사회에서 현실화되지 않은 예외적인 것이다. 마르크스도 플라톤과 마찬가지로 어떤 정당한 체제나 이념이 누구에 의해서 결정되어야 하는가 라는 절차의 개념을 결여하고 있다. 그 대신 그 시비(是非)를 떠나서 강요된 체제의 사회를 전제로 하고 있다.

그런데 공산주의 뿐 아니라 자본주의도 마찬가지로 강요된 사회체제를 전제로 하고 있다. 공산주의와 자본주의간 싸움은 결정의 번복이 불가능한 강요의 경직되고 집권적인 권력구조에서 치열하게 전개되는 것이다. 그러나 절차 민주정치가 정초되면 자본주의와 공산주의 혹은 사회주의의 이념 싸움을 할 필요가 없다. 민중의 결정은 극단으로 흐르지 않고 타협을 통해 조절이 가능하기 때문이다.

또 민중은 과거의 결정을 번복하여 갱신할 수 있는 권리도 갖는다. 제도의 갱신이 가능하다면 서로 반목하면서 빨갱이(공산주의)나 노랭이(자본주의) 사냥을 할 것 없이 다수결로 다시 결정을 하면 되기 때문이다. 빨갱이가 아닌 사람조차 빨갱이로 몰아붙이는 빨갱이 사냥은 권력이 비민주적으로 집중된 곳에서 일어나는 현상이다. 권력이 분산(아나키)되어 있다면 결정의 주체가 외연으로 확산되어 다원화 되므로 특정인을 빨갱이로 모는 것이 아무런 의미가 없어진다.

이 책에서는 민주정치를 논함에 있어 자본주의와 공산주의의 대립 대신에 절차와 내용 간 대립개념을 제시한다. 그 중 내용은 상황, 시대, 시민의 기호에 따라서 가변적이다. 그러나 민중의 뜻을 모으는 방법으로서의 절차 민주주의는 결여할 수 없는 민주정치의 기초가 된다. 그런 점에서 내용보다 절차가 우선되어야 하는 것이다.

결정하는 주체가 달라지면 결정하는 내용이 달라진다.

'절차' 민주정치는 '내용'으로서의 민주정치와 대응 관계에 있다. 내용으로서 정책 입안에 관한 문제는 절차로서 결정의 주체에 관한 문제와는 다른 문제이다. 절차란 어떤 과정으로 누가 결정권을 행사하느냐 하는 주도권의 귀속에 관한 것이고, 내용이라 함은 기본소득제, 토지공개념, 최저임금 등과 같이 구체적인 정책 내용에 관한 것이다. 결정의 주체에 따라서 그 결정의 내용은 달라지기 마련이므로, 절차의 문제는 내용보다 더 우선적으로 다루어져야 한다.

절차 민주정치에서는 자본주의와 공산주의 간 이념이 대립하지 않아도 된다. 그 대신 민중과 위정자가 대립한다. 위정자들은 대의제의 허울을 썼으나 실은 민중의 뜻을 배반하는 자들이다. 위정자와 민중 가운데 누가 결정권을 갖는가 하는 문제는 아주 중요한 것으로서, 결정하는 사람이 달라지면 그 내용도 달라지기 때문이다.

지금같이 대의제 국회에서 결정권을 갖는다면 민중을 위한 복지정책은 실로 가결되기 어렵다. 국회의원들 다수가 가진 자들에 속하기 때문이다. 그래서 먼저 민중의 결정권을 확보한 다음 나머지는 민주적 방법으로 결정하면 된다. 민중의 결정권만 확보된다면 공산주의나 자본주의체제를 가지고 충돌할 필요도 없어진다. 그 중간 어디쯤인가에서 다수가 원하는 것으로 절충하면 되기 때문이다. 평등과 자유의 가치를 어떻게 양립하게 할 것인가 하는 문제도 같은 맥락에서 해결책을 모색할 수 있다. 평등과 자유를 어떻게 적절하게 복합할 것인가 하는 정도의 문제가 아니라 그것을 결정하는 궁극적 주체에 대한 논의가 우선되어야 한다는 말이다.

어떤 내용의 정책을 실시할 것인가 하는 것은 누가 결정권을 행사하느냐 하는 문제와 직결된다. 국회가 결정권을 가진다면 국회를 구성하는 의원들의 사회경제적 배경에 따라 그 결과가 도출 될 것이다. 국회는 민중의 뜻을 대의(代議)해야 하는 곳이지만, 이런 개념 규정은 형식적인 당위성일 뿐 현실이 아니다. 국회의원의 다수가 사회 경제적으로 유력하고 부유한 계층에서 정당을 배경으로 선출되는 것이므로 서민의 입장을 대변하기 어렵고 당리당략 혹은 지역집단의 이해에 구속된다는 한계를 벗어나지 못한다. 국회의원이 결정권을 행사 하였다면 정치인으로서의 사회성으로 인해 그 내용은 당연히 보다 보수적일 것이다,

그러나 시민의 다수가 서민들로 이루어지므로 민중이 결정권을 가질 경우 국회의원들보다 스스로의 이해관계에 더 충실할 수가 있다. 직접 민주정치를 통해 민중이 투표권을 행사한다면, 그 결정 내용이 보다 더 진보적일 것은 자명하다. 결정권자가 민중이 아니고 다수가 상류층으로 구성된 국회의원들이라면 기본소득제, 토지공개념 같은 법안은 절대로 통과되지 않는다. 통과가 된다면 이미 그 내용이 변질되어 이도저도 아닌 회색법안이 된 다음일 것이다. 본질이 변하지 않으면 그런 법안이 통과되지 않는다는 것은 이미 경험으로 터득한 바이다.

주권자 민중은 국회의원이나 위정자의 판단에 종속되는 존재가 아니다. 많은 사안이 상투적으로 대의체제하에 이루어진다는 전제를 하더라도, 민중이 필요로 할 때 그 권한은 바로 민중 자신에게로 귀속되어야 한다. 한 번 결정으로 권력을 대의체제로 이양했다고 해서 변경이 불가능하거나 무지 곤란한 것이 되어, 민중이 구속을 받고 체제의 노예가 되어서는 안 된다.

직접 민주정치는 국가 영역의 규모와 무관하게 권력의 구조를 바꿈으

로써 가능하다. 위정자들의 결정권의 일부를 민중에게 넘기고, 그들을 감시할 수 있는 체제를 구축하고, 중앙의 권력을 지방정부, 기초자치단체로 분권해야 한다. 민중의 결정권은 국회의원의 사회경제적 배경이 갖는 한계를 극복하고 민중의 이해를 반영할 수 있는 길이기 때문에 민중으로서는 사활이 걸린 문제이다.

이 책은 권력의 구조를 바꾸어서 위정자들의 권력을 민중에게로 넘겨야 하는 이유가 여기에 있음을 밝히는 것이다. 경제적 사회복지정책은 내용에 해당한다. 그 내용에 대한 것은 서로 이견이 있을 수 있으며, 그 자체를 두고 논쟁을 하면 끝이 나지 않는다. 거기다 온 정열을 쏟고 싸우다 보면 정작 갖추어야 할 것을 놓치게 될 것이다. 그것은 주권자 민중의 궁극적 결정권을 확보하는 일이다. 그 첫걸음으로 민중은 국민발안권부터 돌려받아야 한다. 이것은 유신독재에 의해 빼앗겼으나 아직도 국회에서는 돌려주려고 염을 내지 않고 민중의 뜻을 배반하고 있다.

촛불 혁명을 이루어낸 지금 우리에게 '절차' 민주정치의 개념에 대한 깨우침은 각별한 의미를 갖는다. 도합 천만이 넘는 민중의 촛불 시위가 남다른 것은 정치를 위정자들에게 맡겨두기만 할 것이 아니라 민중 스스로 하지 않으면 안 된다는 것을 깨치는 것이기 때문이다. 실로 촛불 혁명 이후 민중이 결정권을 갖는 직접민주정치의 개념이 회자되고 있다. 이것은 '절차' 민주정치의 개념으로 환원되는 것이다. 구체적인 정치, 사회 제도의 내용은 민중의 결정권을 회복한 다음 그 다수의 결정에 따라 도출되는 것이며, 중의를 모아서 나오는 결론은 당연히 중도의 어느 지점에 머물 수밖에 없고 극단적인 이념과 체제의 대립 혹은 보수와 진보 간 대립은 극복될 수 있다.

"촛불혁명으로 탄생한 정부가 민중의 뜻을 외면한다"라는 불평조차도 여전히 수동적인 타성에서 벗어나지 못하고 있음을 뜻한다. 한 번의 거사로 원하는 개혁이 완성되는 것이 아니고, 또 촛불혁명 자체로서 구체적 변화의 방향이 제시된 것도 아니다. 정부의 권력을 감시하는 것은 주권자 민중이어야 하고, 그 감시를 멈추는 순간 그 주권은 상실하게 마련이다. 평화의 촛불이 한 번의 정권교체로 꺼지지 않아야 하는 이유가 바로 여기에 있다.

1987년 헌법이 남긴 사법독재의 잔재 헌법재판소

사법적폐는 물론 구석구석 공권력이 썩지 않은 데가 드물다. 그런데 그 적폐의 중심에 태풍의 눈 같은 헌법재판소가 존재한다. 현재의 헌법재판소는 1987년 헌법에 의해 정초된 것이다. 1987년 헌법은 그 전 유신독재와 전두환 군부정권보다 더 민주화된 헌법이지만 그것은 어디까지나 상대적인 것일 뿐 절대적인 의미가 결코 아니다. 어떻게 직전까지 식민지 지배, 독재로 얼룩진 한 사회가 갑자기 민주화될 수 있단 말인가. 친일과 독재에 협조했던 사람들이 그대로 가부좌를 틀고 있고 기득권 정권도 바뀌지 않고 과거 집권 여당이 그대로 뒤를 잇고 있는 형편에서 말이다.

1987년 독일의 제도를 본 따서 만든 헌법재판소는 하위법률인 헌법재판소법(68조 1항)을 통해서 재판소원을 애초에 금지했다. 이것이야 말로 독일의 헌법재판소와의 결별을 선언하는 것으로서, 애초부터 법률을 진정으로 수호할 의사가 없었음을 증명하는 것이다. 독일 헌법재판소가 재판소원을 인정하는 것은 법관들 사이의 견해의 차이를 통해 독주를 방지하는 자체 견제체제를 갖추고 있다는 말이다. 그런데 한국의 헌법재판소는 재판소원을 금지함으로써 법관들 사이의 갈등구조 자체를 원천적으로 배제했다.

더 심각한 문제는 독립기관으로서의 헌법재판소가 구조적으로 3권 분립의 구도를 벗어나서 절대적 권위로 군림하는 것이다. 권력 간 상호견제의 민주적 원리를 벗어나 있는 헌법재판소는 독재정권의 잔재이다. 헌법재판소의 재판소원 배제는 자신 뿐 아니라 파생적으로 일반법원의 독주까지 초래함으로써 한국 사법부 전체를 비리의 도가니로 몰아넣는 계기가 되었다. 사법부 일반이 3권의 견제구도에서 벗어나서 무오류의 신성(神聖)으로 군림하는 실마리를 제공한 것은 1987년 전두환 정권에 이어지는 노태우 군부출신 정권에 의해 탄생한 헌법재판소이다.

1987년 헌법은 이렇듯 사법부를 초헌법적 존재로 만듦으로서 30년의 사법부 적폐를 양산해오는 데 기여했다. 사법부뿐 아니라 정부 구석구석 양심을 외면한 좀도둑이 없는 곳이 드물다. 1987년 헌법이 거시적으로 독재를 종식시키는 데 주안점을 두었다면, 이제 이루어야 하는 개헌은 미시적으로 공권력을 감시하는 체제를 만드는 것이어야 한다.

작금에 눈덩이 같이 쌓인 사법적폐 척결의 요구에 즈음하여 무엇보다 중앙집권적, 획일적 사법구조를 바꾸는 데 착안할 필요가 있다. 한 사람의 명령으로 하나같이 움직이는 관료조직을 타파하는 것에서 시작되어야 하는 것이다. 대법관 임명방법만 바꾸는 것이 아니라 사법부 자체의 권력구조를 지방 단위로 분권화하고, 시민이 법관 임명에 목소리를 내며 사법재판에 배심원 혹은 참심 재판관으로 임석하여 결정권을 행사하는 것으로부터 개헌은 시작되어야 한다.

이 책은 독자가 가능한 한 쉽게 읽을 수 있도록 풀어쓰려고 노력했다.

다만 우리가 잘못 알고 있는 고대 그리스 사회 구조에 대한 오해를 불식하기 위해, 또 현재 한국의 사법계나 의료계의 문제점 등에 관련해서는 부득이 분석적인 논구(論究) 방식이 쓰이기도 한다. 장(章) 마다 내용의 난이도에서 다소 불균형이 노정되므로 양해를 구한다.

'민중' '시민' '국민' 의 용어는 호환하여 쓰인다. 민중은 그냥 다중의 사람들, 시민은 국가 권력에 대해 견제하고 대항하는 자유롭고 독립된 존재로서, 국민은 국가 구성원으로서의 의미를 지닌다는 차이가 있다. 이 책에서는 가능한 한 민중이나 시민이라는 용어를 선호하고, 다만 헌법 등에서 국민이라는 용어가 보편화되어 있으므로 부득이 국민이라는 표현도 사용한다. 실체가 같으면서도 세 용어가 함께 사용되는 점에 대해서 오해가 없었으면 한다.

'국가' 와 '정부' 의 개념도 주의를 요한다. 흔히 국가와 정부는 호환되어 쓰이므로 이 책에서도 그러하다. 그러나 궁극적으로 이 책에서는 이 두 가지 개념을 구분하고자 했다. '국가'는 그 어떤 형태이든 민중, 시민 혹은 존 롤스가 정의한 '구성원의 집합(association)'으로서의 개념으로, 그리고 정부는 때로 민중과 유리된 위정자들의 권력이라는 뜻으로 쓴다. 전자의 국가는 반드시 권력의 주체가 되는 것은 아니고 그리스의 폴리스와 같이 권력의 당국이 없는 '시민단의 집합'이 될 수도 있다.

'노예(doulos)'의 용어도 문맥상 필요한 경우 그대로 썼으나, 가능한 한 '(예속)노동자'로 호환하여 썼다. 그 이유는 우리가 흔히 알고 있는 바, 로마 공화정 및 로마 제국에서 발달된 전형적인 '고대 노예'의 개념과는 다른 점이 있기 때문이다.

고대 그리스의 노예는 고정된 사회 신분의 의미보다 고용된 '머슴' 이라는 뜻이 강하다. 그만큼 (예속)노동자에게도 자유가 있었다는 점이다. 예를 들어서, 그리스의 상거래는 토지나 인신이 모두 특약이 없는 한, '환매조건부매매'였다. 이것은 토지나 인신을 판 자가 그것을 되살 수 있는 권한을 가지고 있었다. 그래서 경기가 좋으면 대부업자에게서 돈을 빌려서 주인에게 갚고 자신의 몸을 예속에서 풀 수가 있다. 여의치 못하여 대부업자에게 빌린 돈을 못 갚으면 그 돈을 다 갚을 때까지 다시 대부업자에게 예속되게 된다. 국가의 정치권력이 발달되지 않았고 그 대신 공동체성이 강했던 사회였으므로 한 번 노예는 영원한 노예가 아니라 사적인 경제관계에서 '고용되어 일하는 자(둘로스 doulos = worker)'의 의미가 강하다. 현대 그리스에서도 '노동하다(work)'에 해당하는 동사는 '둘레보 douleuo)'를 쓴다.

다만, 남에게 매인 '머슴'들 가운데 자유를 되살 수 있는 형편이 되는 머슴과 그렇지 못한 (종속)노동자 간의 차이가 있을 수 있다. 후자가 더 예속성이 강한 것은 물론이다. 이 때 형편이란 종속노동자의 사회적 배경, 즉 그 땅에 토지를 소유한 가족들이 함께 하는가의 여부와 밀접하게 연관이 된다. 그런 혈연의 배경을 가지고 있는 경우의 종속노동자는 자유를 되살 수 있는 가능성이 더 많기 때문이다.

부족한 글을 여러분이 윤독하여 논리의 비약이나 오자를 바로잡아주셨다. 여전히 부족하지만 여러분의 도움이 없었다면 더 지리멸렬 했을 것이다. 부마항쟁연구소 정광민 이사장님, KBS 방송국 최영송 PD님, 도서출판 휴유(휴머니즘 유토피아) 원종진 대표님, 포항 동주여고 교사이며 부미사(부산의미래를준비하는사람들) 공동대표 권진성님, 백석대학교에서 강의하는 남동생 최동표, 전남대학교에 근무하는 여동생 최혜영 교수에게 모두 감사드린다. 책의 표지 디자인에서부터 편집, 인쇄 등에 두루 도움을 주신 도서출판 <애드가>에게도 깊은 감사를 드린다.

2018년 10월 1일

금정산이 보이는 우거(寓居)에서

저자 씀.

제 1 부
통째로 파묻힌 '절차' 민주정치

제 1 장
정치는 위정자만 하는 것이 아니다

사실 갈등은 자본주의와 공산주의 혹은 사회주의 간에 일어나는 것이 아니다. 무엇을 선택하든지 민중이 논의하여 타협점을 모색한다면 이런 갈등은 해소되는 것이기 때문이다. 갈등의 실체는 제도적으로 그런 타협을 불가능하게 하는 집중된 권력에 있다. 그래서 갈등의 원천은 분권 대(對) 집권, 민주적 절차 대 독재의 강압, 풀뿌리 민중 대 위정자 사이 패권의 쟁탈에 있다는 사실을 인지하는 사고 틀의 전환이 필요하다.

민주정치 발달의 우여곡절을 논할 때면 독재에 대해 비난이 어김없이 등장한다. 그러나 여기에 함정이 있다. 만일 한국 사회의 비민주성이 이들 독재자들만의 탓이라면 이들을 제거함으로써 사회는 정화되어야 했을 것이나 현실은 그렇지 못하다. 시대를 연이어 독재정권이 기생할 수 있었던 한 사람 한 사람이 독재의 연장에 협조하거나 적어도 비겁하게 묵인하고 있었기 때문이다. 한국 민중의 봉건적인 수동성, 권력에 대한 맹종. 그래서 비난의 화살은 우리 자신에게로 돌아오게 된다.

한국 정치의 현주소

빨갱이 사냥

빨갱이 사냥의 숨은 원인은 권력의 집중이다

요즘 SNS(사회네트워크서비스)에 '빨갱이' 사냥이 한창이다. 자기와 다른 노선에 있으면 다 '빨갱이'로 간주된다. '빨갱이'란 원래 '공산주의자'를 뜻한다. 그런데 사실 요즘은 진짜 '빨갱이'를 찾아보기가 힘 든다. 빨갱이의 원조인 러시아나 중국도 완전한 공산주의는 아니기 때문에, 이들도 '빨갱이'로 규정하기가 어렵다. 러시아의 대통령 푸틴은 물론이고 뒤따라 중국의 총서기 시진핑도 다소간 시장경제를 도입하여 적당하게 복합한 중도의 어딘가에 머물고 있다. 그래서 완전한 용공주의자도, 완전한 반공주의자도 존재하기가 어렵다.

이런 세상에 '빨갱이'란 말이 가리키는 것도 아마도 중간점을 두고 볼 때 다소간에 '좌측으로 기울었다'는 뜻일 것이다. 그래서 문제는 순수 '빨갱이' 자체가 존재하는가의 여부가 아니라, 왜 지금 한국에서 '빨갱이 사냥'이 기승을 부리고 있는가 하는 점이다. 정작 러시아와 중국에서도 진짜 빨갱이를 찾아보기가 힘든 마당에 왜 한국에서는 빨갱이를 만들어 몰아붙이려 하고 있는가, '빨갱이 사냥'이 뜻하는 것이 뭘까?

빨갱이 사냥은 권력이 집중되어 있다는 증거이다. 자의적이고 집권적인 권력과 특권을 누려왔던 수구 기득권이 그 권력을 뺏기게 되는 순간, 기득권을 놓지 않기 위해서 빨갱이 사냥이 시작되는 것이다. 빨갱이 사냥은 그 대상이 진짜 빨갱이인지 아닌지가 중요한 것이 아니다. 그 대상이 노동운동가인 경우도 있는데, 노동자의 권익을 옹호하려는 이들이 이른바 공산주의자 빨갱이는 아니다. 그런데도 기득권자의 눈으로 보면 공산주의자와 노동운동가 간의 차이는 무의미하다. 왜냐하면 자신의 특권을 위협하는 자는 다 동색으로 보이기 때문이다.

누가 정말 빨갱이인지 하는 것이 아니라 서로의 이해관계를 민주적으로 절충하여 타협점을 찾아내는 것이 중요하고, 이런 타협을 위한 제도를 마련하는 것이 더욱 중요하다. 걸핏하면 하릴없이 고개를 쳐들고나오는 빨갱이 사냥을 없애는 길은 지방 분권 및 풀뿌리 민주정치를 세우는 것이다. 권력을 분산함으로써 집중적으로 쟁취하여야할 대상을 없애버리게 되면, 어느 누구를 빨갱이로 몰아서 얻는 것이 없게 된다. 공격해야할 대상이 무수하게 분산되면 대통령이나 어느 누구를 빨갱이로 몰아서 얻는 소득이 크게 없어진다. 빨갱이 사냥을 없에는 길은 중앙의 위정자들에게 집중된 권력을 지방과 민중에게로 분산하여 돌려주는 일이다.

'빨갱이 사냥' 극복의 길

'빨갱이 사냥'을 극복하는 길은 권력의 집중을 막고 또 민중 결정권을 확대하는 것이다.

아무리 좋은 것이라도 민중은 정부에서 주는 대로 받아 먹기만 하면 안 된다. 친 민중의 정부가 바뀌어서 친 재벌 정부가 되면 민중에게 나누어주지 않을 수도 있기 때문이다. 결정권을 위정자들에게 다 주어버리고 나면 민중이 자칫하면 찬밥 신세가 된다. 좌, 우, 중도 그 어느 길을 가건. 민중이 직접 나서서 결정을 해야 할 일이다. 물고기를 줄 때는 받아먹고, 안 주면 배곯는 것이 아니라, 물고기 잡는 방법을 배워야하고, 그것은 스스로 정책의 결정권을 갖는 것이다.

어느 정도의 좌, 혹은 우를 할 것인지를 민중 스스로가 결정하게 되면 어차피 적정선에서 타협을 할 수 밖에 없다. 민중이 모여서 스스로 결정한 것이므로 한 정치가, 혹은 정당을 두고 빨갱이로 몰아 마녀사냥 하는 일도 없어지게 될 것이다.

그 결정도 온 나라가 획일적으로 하는 일이 없어야 한다. 각 지방에서 형편에 맞게 그곳 민중의 뜻을 모아서 하면 되는 것이다. 그러면 지방마다 특색이 있고 서로 차별이 있게 된다. 그리고 민중의 결정은 또 번복이 가능하여 한 번 시도하다가 다른 것으로 바꿀 수도 있다. 민주적 결정은 한 번으로 끝나는 것이 아니라 언제나 다른 것으로 교체할 수 있는 가능성을 열어두어야 한다. 싫거나 잘못 되면 바꾸면 되는데, 그 바꾸는 주체는 언제나 민중이어야 한다. 변화는 민중의 민주적인 결정에 의한 것이어야 하는 것이다.

이런 민주적 결정의 절차를 갖추게 되면 대통령을 포함해서 어느 누구라도 특정 개인을 빨갱이로 몰아붙일 필요 자체가 없어진다. 불만이 있으면 민의를 모아서 다시 결정을 하면 되기 때문이다. 이런 구도 하에서는 '빨갱이'나 '노랭이'가 독재하지 못하고, 또 영원한 빨갱이나 영원한 노랭이도 존재하지 않게 된다.

그런데 기득권을 옹호하려고 하는 수구파는 자신의 특권을 유지할 수 있는, 변화하지 않는 체제를 지키고자 하고, 그에 위협이 되는 세력은 불순분자로 보이게 된다. 이들에게는 한 번 정해진 체제는 그것으로서 완료된 것이고, 변화되어서도 안 된다. 변화는 금물이고 변화를 꾀하는 자는 불순분자, 즉 빨갱이로 몰리게 된다. 그들 편에서는 체제의 변화를 막기 위해서 권력은 집중되어 있어야 하는 것이다. 자본주의 체제에서 사회 불평등이 가중될수록 빨갱이 사냥이 더 극성스러운 것은 바로 기득권을 빼앗기지 않기 위해서 하는 마녀사냥 때문이다.

독재와 집권의 부패한 권력은 분권에 반대한다

권력은 집중될수록 더 부패한다. 소수가 권력을 장악하면 다수보다 더 부패하기가 쉽기 때문이다. 반대로 다수가 참견을 하게 되면 감시의 눈이 더 많기 때문에 부패 가능성이 그만큼 더 줄어든다.

분권은 두 가지 측면에서 가능하다. 하나는 중앙의 권력을 지방으로 분산시키는 것이도, 다른 하나는 위정자들의 권력을 민중에게로 분여하는 것이다.

그런데 중앙의 권력을 지방으로 분권하자는 데 반대하는 사람들이 갖는 우려가 있다.

첫째, 지방의 관료적인 행정, 유지들의 갑질도 중앙에 못지않아서, 분권을 해도 그 나물에 그 밥이라는 체념이 있다. 그 때문에 아예 분권의 시도를 포기하는 것이다. 그런데 여기에 중요한 개념의 오류가 있다.

지금 지방의 행정은 집권적 중앙행정의 아류로서 존재하는 것이므로 집권에 의한 폐해가 지방에도 그대로 노정되고 있다. 중앙과 지방이 따로 가는 것이 아니기 때문이다. 그러나 중앙의 권력을 일단 해체해서 각 지방으로 분산하게 되면, 더 이상 지방은 관료적인 '갑질'을 계속하고 있을 수만은 없게 된다. 지금까지 그 지방 공직자와 유지의 '갑질'의 배경이 되어왔던 중앙의 권력이 더 이상 존재하지 않게 되고, 그 대신 촛불을 들었던 경력을 가진 풀뿌리 민중이 두 눈을 부릅뜨고 째려볼 것이기 때문이다. 특히 촛불혁명 이후 민중은 크게 각성이 되었고, 직접민주정치에 대한 관심도 부쩍 늘었다. 교과서가 아니라 질곡에 몰려서 직접 깨친 것이다. 물론 여전히 지역마다 차이가 있긴 하지만.

둘째, 분권의 부작용에 대한 우려는 국방과 관련된 것으로서, 남북이 대치한 예외적 상황에서 분권을 하게 되면 자칫 국방의 공백을 가져오게 될 것이 아닌가 하는 점이다.

바로 이런 우려가 해방 후 한국(남한)에서 독재가 서식하는 환경을 조성해왔다. 남북 대치 상황 혹은 빨갱이 사냥은 해방 이후 한 세기가 다 가려 하는 지금까지 중앙 권력의 집권에 의한 각종 독재의 온상이 되어 왔다.

다른 한편, 위정자의 권력을 민중에게로 돌리자는 데도 염려하고 반대하는 사람이 있다. 민중의 판단이 어리석기 때문에 더 능력있고 도덕적인 소수를 선출하여 대의제를 하는 것이 더 낫다는 논리이다.

그런데 여기에 함정이 있다. 첫째, 민중이 어리석다면, 그런 탁월한 사람을 뽑을 수 있는 안목조차 갖추고 있지 않을 것이기 때문이다. 뽑힌 위정자가 유능한지 도덕성이 있는지 도무지 검증할 수 있는 방법이 없다. 그들을 뽑은 이들이 이른바 '어리석은' 민중이기 때문이다.

둘째, 대의를 하는 소수의 위정자는 쉽게 부패하게 된다는 점이다. 오늘날 한국의 대의제가 작 작동하지 않고 막다른 골목에 처해있음과 같다. 행정부 수반인 대통령부터 권력을 농단하고, 사법부도 마찬가지이며, 국회도 태만하기 그지없다.

현재 한국을 질곡으로 몰아넣고 있는 것은 권력의 집중으로 인한 폐단이다. 입법, 사법, 행정부에 공히 막강한 권력이 주어져있을 뿐 그 권력을 견제할 수 있는 제도적 장치가 갖추어져 있지 않은 데서 기인한다. 또 한국 민주주의 역사가 일천한 가운데, 무엇보다 민중이 스스로 자신의 권리를 찾으려는 노력과 반성을 하지 않았기 때문이다.

밖으로의 국방을 핑계 삼아 안으로 권력을 집중하는 관행은 적폐와 비리를 조장하는 한 더 이상 용납되어서는 안 된다. 외부의 적과 내부의 권력 농단은 거론할 필요도 없이 그 폐해가 막상막하다. 비민주적인 과두정치적 의회권력은 지방 의회로 분산시킴으로써 견제되어야 하며, 어느 정도로 분산시켜야 하는가 하는 점은 위정자가 아니라 민중 자신이 결정해야 할 일이다.

어용 언론

언론 자유의 탄압

언론사의 권력은 바로 집권적 권력 구조에서 생기는 괴물 키메라이다. 헌법에 언론의 자유를 보장하고 있으면서, 개인의 언론 자유는 가능한 한 봉쇄하고 언론사를 통해서만 가능하도록 하고 있다. 개인은 허위사실을 유포하면 물론 처벌을 받지만, 근거있는 사실을 말해도 '사실 적시에 의한 명예훼손'으로 처벌 받는다. 거짓말이나 참말이나 무조건 공중 앞에서 말을 하면 범죄자가 되는 것이다. 반대로 언론사는 근거 없는 거짓을 보고해도 쉽게 처벌되지 않는다. 이것은 마치 국회의원이 직무를 유기해도 처벌되지 않는 것과 유사하다.

주권자의 집합체가 민중이라는 정의는 허울에 불과하고 민중 위에 언론사가 있고 국회의원이 군림한다. 원론적으로 언론의 자유는 언론사의 것이 아니라 민중의 것이어야 한다. 민중의 언론 자유를 방해하는 것은 민중의 힘을 두려워하는 독재 권력의 속성이다. 독재의 혐의는 정계에만 있는 것이 아니다. 언론과 재계가 다 얽혀 있다.

최근 다시 회자되는 장자연 사건에 조선일보사가 연루된 혐의가 있다. 과거 수사과정에서 조선일보 측이 압력을 행사하여 사건을 무마했다는 혐의이다. 언론사는 있는 사실도 없었던 일로 무마하고 또 없는 사실도 공연히 떠들고 한다. 그러나 민중은 입을 벌리지 못한다. 헌법에는 언론의 자유가 있다고 해놓고, '사실적시 명예훼손'이라는 하위 법률을 만들어서 막아놓으니, 민중은 비리를 보고도 단호히 지적할 수가 없다. 주권자인 민중의 언론자유가 온데간데 없이 사라진 것이다. 민중이 함구하고 있으니, 비리의 주체는 두려워하거나 꺼릴 것이 다믁 없어져서, 비리가 판을 친다.

헌법에서 보장하는 언론의 자유는 본질이 흐려지다 못해 통째로 유린될 위기에 처해 있다.[2]

노회찬 국회의원의 "통신비밀보호법 위반"의 죄목에 대한 항변

2018년 7월 23일 노회찬 정의당 현 임기 국회의원이 우여곡절 끝에 타계했다. 경찰은 사체가 발견된지 약 4시간 만에 후딱 자살한 것으로 공식 발표했으나, 타살이라는 의혹을 제기하는 이도 있다.

노회찬 의원은 '안기부 X파일 사건'에 휘말려 통신비밀보호법 위반으로 2013년 유죄 선고를 받아 국회의원직을 상실한 적이 있다. 근거가 없는 허위사실이 아니었는데도, 수사를 촉구한 노 의원은 유죄가 되었으나, 사건에 연루된 뇌물 제공자나 수뢰자는 아무도 처벌받지 않았다.

이른바 '안기부 X파일사건'(혹은 '삼성 X파일과 뇌물 검사 사건')의 개요는 이렇다. 1997년 대통령선거를 앞두고 국내 삼성 그룹 회장의 지시로 그룹 부회장과 유력 일간지 회장 등이 주요 대선후보, 정치인, 검찰 고위인사들에게 불법으로 뇌물을 전달하고자 모의를 했단다. 그 실행 과정을 담은 녹취록이 8년 후인 2005년 공개되었다. 국내 최대 재벌인 삼성을 두려워하여 아무도 감히 그 명단을 공개하려 하지 않을 때, 노회찬 의원은 망설임 없이 명단을 공개했다. 이어서 노의원은 검사들이 제기한 소송에 휘말리게 되었다.

이 사건이 문제가 되자, 당시 법무부장관은 건국 이래 최대의 정계, 경제계, 검찰, 언론의 유착사건이라 규정했고, 주요 관련자로서 주미한국대사와 법무부차관이 즉각 사임했다. 그러나 뇌물을 제공한 경제계나 이를 수뢰한 정치계 인물은 그 누구도 기소되거나 처벌받지 않았다. 거꾸로 이를 보도한 기자 두 사람과 함께, 국회 법사위(법제사법위원회) 회의에서 떡값을 받은 검사 실명을 거론하며 검찰수사를 촉구한 국회의원 한 사람이 기소되었다. 그가 노회찬 의원(17대 국회)이었다. 기소된 지 8년 후 대법원이 통신비밀보호법 위반으로 노 의원의 유죄를 확정하자, 노 의원은 19대 국회의원으로 임기를 시작한 지 10개월 만에 직을 내려놓았다. 2013년 2월 14일의 일이다.

대법원이 내린 유죄선고는 국내 최대의 재벌 삼성 회장이 대선후보에게 거액의 불법정치자금을 건넨 사건이 '공공(公共)의 비상한 관심사'가 아니라는 데 근거한 것이었다. 법원은 이 사건이 '공공(公共)', 즉 공적인 사건이 아니라고 판단했다는 뜻이다. 국회의원직을 내려놓는 마당에 노 의원은 이런 대법원의 판결을 '궤변'으로 규정하고 다음과 같이 반문한다.

"국내 최대의 재벌 삼성 회장이 대선후보에게 거액의 불법정치자금을 건넨 사건이 '공공의 비상한 관심사'가 아니라는 대법원의 해괴망측한 판단을 저는 결코 받아들일 수 없습니다. 국민 누구나가 스마트폰을 사용하는 1인 미디어 시대에 보도자료를 언론사에 배포하면 면책특권이 적용되고 인터넷을 통해 일반 국민에게 공개하면 의원직 박탈이라는 시대착오적 궤변으로 대법원은 과연 누구의 이익을 보호하고 있습니까? 그래서 저는 묻습니다. 지금 한국의 사법부에 정의가 있는가? 양심이 있는가? 사법부는 무엇을 위해, 누구를 위해 존재하는가?"

구조적 비리의 온상 사법부

헌법 및 상위법을 그르치는 하위법 및 특별법

대한민국의 헌법은 있어야 할 말들이 다 들어있어 보기에 그럴 듯하다. 그런데 법률, 명령, 시행령 등의 하위법령이 헌법의 정신을 훼손하는 규정들로 꾸며져 있어서, 대한민국은, 헌법 상으로만 민주국가일 뿐, 왜곡된 하위법령에 의한 통치의 결과, 실제로는 비민주국가이다.

예를 들면, 헌법에서는 정당방위를 인정하고 있으나, 하위법령. 혹은 판례에서는 직접 피해자만 정당방위의 권리를 구현할 수 있을 뿐, 그 외 타인의 조력은 흔히 불법으로 간주된다. 대한민국에서는 타인의 구조가 불법으로 유죄판결을 받곤 하기 때문에, 누구도 불의를 보고도 선뜻 타인을 구제할 수가 없다. 자신이 직접 피해자가 아니기 때문이다. 이런 한국의 법률은 사람들을 이간질하고 서로에게 무관심하도록 만들므로, 그 틈새를 비집고 들어서 배타적 특권과 부당한 이익을 추구하는 계층, 직업이 생기도록 조장하는 것이다.

2007년 개정된 형사소송법에서도 검사의 불기소처분에 불복하여 법원에 재정신청 할 수 있는 범죄의 대상을 모든 범죄로 확대했으나, 이는 직접 피해자가 제기하는 고소에 한정되므로서, 고발은 제외되었다. 직접 피해자가 아닌 자가 타인을 위해 하는 고발 사건은 검사가 부당하게 불기소처분을 해도 재정 절차를 밟을 수 없도록 막아놓은 것이다. 사회 정의를 위해 시민단체가 제기하는 많은 고발 사건이 이 개정형사소송법의 벽에 막혀서 기소되지 못하고 폐기되어 버리고 마는 현실에서도 한국 사회의 비민주성은 드러난다.

법률이 훼손되며 상하위법 간에 공백이 발생되기로는 의료계에서도 마찬가지이다. 예를 들면, 형법(제268조)에는 업무상과실 또는 중대한 과실로 인하여 사람을 사상에 이르게 한 자는 5년 이하의 금고 또는 2천만원 이하의 벌금에 처한다고 되어 있다. 그러나 의료인 결격사유를 규정하는 의료법(제8조 제4호)에는 형법에 있는 업무상과실치사 규정이 누락되어 있다. 그래서 형법에 규정된 내용이 효력이 없다. 특별법 우선 원칙에 의해서 의료인에게는 형법이 아니라 의료법이 우선 적용되기 때문이다.

고(故) 신해철 사건에서 해당 의사가 업무상과실치사와 관련하여 금고형 이상을 선고 받아도, 면허를 박탈당하는 것은 아니다. 이런 상황이라면, 각 직업단체들이 특별법을 만들어서 일반법의 규정이 적용되지 않도록 회피하는 방법을 악의적으로 고안해 낼 수 있어서 법의 사각(死角) 지역이 만연할 소지가 있다.

하위 법령이나 특별법, 판례 등이 헌법이나 상위 법령의 정신을 그르치고 서로 상충하는 경향이 있어도 여전히 유효할 뿐만 아니라 오히려 우선 적용된다면 결국 헌법의 정신은 사장되고 만다. 헌법의 정신이 끊임없이 배반되고, 헌법의 글귀가 마침내 내용 없는 형식으로 전락하게 된다. 그럴수록 약화되는 것은 민중의 힘이다.

이렇듯 헌법을 무시하고 민중의 힘을 약화시키는 것은 다름아닌 독재 근성에 기인한다. 한국에서 독재정권은, 형식적으로는 사라졌으나, 그 독재의 망령은 지금도 사회 곳곳에 도사리고 있다. 이는, 가능한 한 진실을 은폐하고 민중의 주의를 분산시켜 한 눈을 팔게 함으로써 이익을 도모하려는 소수 특권층, 혹은 이익집단의 음모가 뿌리뽑히지 않았음을 뜻한다.

오늘날 헌법을 위반하는 왜곡된 법률, 왜곡된 판례가 곳곳에 산적해 있는 데서 한국의 사회적 양심의 부재가 고스란히 증명된다.

어떻게 이런 한국의 현실이 건재할 수 있는가? 그것은 바로 한국의 시민들 자신의 무관심에 기인하는 바가 크다. 어떻게 불이익을 당하고 있는지에 대한 개념이 스스로 없기 때문이다. 정치는 정치가, 법률은 법률 전문가가 하는 것으로 생각하고 마냥 팽개쳐두는 것은 민중 자신의 잘못이다. 그 무관심이, 부당한 특권의 관례가 각계각층에서 횡행하고, 하위 법률, 혹은 특별법이 상위 법률에 상충하도록 방치함으로써 한국을 비상식적인 나라로 전락하게 만들어왔기 때문이다.

법률의 징벌과 예방의 기능을 원천 봉쇄하는 사법부

양승태 전 대법관은 청와대와 교감하여 사법권력을 농단한 의혹을 사고 있다. 그런데 그 재직 당시, 현직 판사 최민호가 사채왕으로 불리는 최 모 사채업자로부터 2억 6천만 원을 받은 일이 있다고 검찰 조사에서 자백했다. 2015년 1월 18일 새벽이었다. 그러자 바로 그 날 법원행정처에서는 '최 판사 관련 대응 방안'이라는 제목의 문건을 작성했고, 여기에는 '이석기 사건 선고를 1월 22일로 추진'하는 안이 제시되었다.[3]

이석기 전 통합진보당 의원의 내란 선동 사건 판결을 선고하면 최 판사 사건으로부터 "언론의 관심을 돌릴 수 있다"고 분석한 것이다. 문건 작성 이튿날, 대법원은 이석기 사건 선고일을 1월 22일로 확정해 언론에 발표했다. 당시 이 전 의원의 구속 기한이 2개월 연장되면서 선고 연기 가능성이 거론됐지만, 실제로 대법원 판결은 이 문건에 적힌 대로 1월 22일에 선고됐다.

이 사건은 양승태, 최민호, 법원행정처 등 관련자, 혹은 기관에만 한정된 문제가 아니라 한국 사법권력의 구조적 비리를 적나라하게 노정하고 있다. 그 내막을 모르지 않는 법원행정처가 사건을 은폐하기 위해서 다른 사건으로 민중의 관심을 돌리려 했던 것이다. '언론의 관심'을 돌린 다는 것은 의도적으로 판사가 뇌물 받은 사건을 덮고 없는 듯이 하겠다는 뜻이다. 그것도 법원행정처에서 조직적으로 기획문건을 작성하고 또 그대로 실행이 되었다. 마피아가 따로 없다.

문제는 법원행정처 만이 아니다. 거역하는 판사들에게 불이익을 주기 위해 이른바 '블랙 리스트' 판사명단을 작성하는 데 관여한 혐의를 받고 있는 양승태 전 대법원장에게만 있는 것도 아니다. 타당성 없는 판결이 내려지고 있는 줄을 대다수 판사들은 알고 있으면서도 아무런 대책을 내지 않고 타성에 젖어있다. 그리고 스스로 법 위에 군림하면서 사법권력 자체를 농단하는 데 일조, 아니 동참해왔다. 바로 그런 환경에서 의도된 결론의 재판, 블랙 리스트 작성 등이 무리 없이 자행될 수 있었다.

이런 형편에서 민중은 또 어떤 처지에 있나? 그 구조의 판을 깰 생각은 하지 않고 같은 구조 안에 매몰되어 있다. 피해를 보면서도 사법권력의 구조적 폐해를 바로 고칠 생각은 하지 않고 판사들과 같은 사고의 틀에서 벗어나지 못하고 있다. 어떻게 여론(매스컴)의 관심을 끌어볼까 애를 쓴다. 지푸라기 잡듯이 기약도 없이 여론에라도 편승해볼까하는 막연한 기대에 아까운 노력을 쏟아 붓는다. 아니면 청와대에 '국민청원'을 넣는 것이 고작이다. 20만 명이 넘으면 청와대에서 답을 한단다. 청와대에서 비서관이 답을 한다. 정부 관료인 청와대에서 답을 한들 별 뾰족 수가 당장에 생기는 것이 아니다. 청와대 비서관은 전지전능한 신이 아니다. 폐해가 구조적으로 오랫동안 쌓여온 것인데, 청와대에 앉아있다고 그 비서관이 어떻게 척결할 수가 있나. 그것은 한두 명 관료가 아니라 피해자인 민중 자신이 어떤 식으로든 나서지 않으면 해결하기 어렵다.

검찰의 수사를 방해하는 법원

최근 사법농단 의혹을 수사 중인 검찰이 양승태 전 대법원장, 박병대 전 법원행정처장(대법관) 등의 자택 등에 대한 압수수색 영장을 청구했으나 법원에서 줄줄이 기각되었다. 법원은 "주거지 압수수색은 신중해야 하는데, 그 정도로 혐의가 소명되지는 않았다"는 이유를 댄 것으로 알려졌다. 하지만 검찰은 양 전 대법원장과 박 전 처장 등의 컴퓨터 하드디스크가 디가우싱(자성을 통한 영구삭제)된 만큼, 사무실 등지 압수수색을 통한 자료 확보가 필수적이라고 보고 있다. 양 전 대법원장과 박 전 처장은 모두 퇴임 시기 컴퓨터를 백업한 것으로 알려졌다.

아울러 법원은 이규진 전 양형위원회 상임위원(현 판사)과 김민수 전 기획조정실 제1심의관(현 판사)의 자택 등에 대한 압수수색 영장도 기각한 것으로 알려졌다. 특히 김 전 심의관은 지난해 2월 인사 발령 당일 새벽에 2만4500여개 파일을 전부 삭제한 당사자이다.[4] 양 전 원장 등의 이메일 보전 조치 영장도 다시 기각되었다. 법원이 제시한 기각 사유는 "양 전 대법원장과 박 전 처장 등이 범행을 보고하거나 지시받았는지에 대한 소명이 부족하다"는 것, 또 "임종헌 전 법원행정처 차장과의 공모도 소명이 부족하다"는 것이다.[5]

이미 공용서류손상 및 증거 인멸 등 정황이 짙은데도 법원이 영장을 기각한 것을 두고 법조계 안팎에서는 납득하기 어렵다는 반응이 나온다.[6] 판결도 아니고 검사가 수사에 필요한 자료를 확보하려는 절차를 방해하고 나선 것이다. 혐의가 있으면 우선 조사를 시작해야 하는 것이고, 근거 자료를 모아서 수사를 한 다음에야 소명이 보강되는 것인데도 법원은 수사도 하기 전에 완벽에 가까운 소명을 요구하고 있다. 그것도 자료를 폐기한 사실이 드러나는 데도 압수수색영장 청구를 기각한 것은 사실을 규명할 수 있는 근거 자료 자체를 은폐하는 데 공조하는 것으로밖에 비치지 않는다. 또 검찰의 자료 제출 요구와 관련해 법원행정처는 사법정책실, 사법지원실 자료와 인사자료 등은 제출할 수 없다는 최종 통보를 했다고 한다.[7] 이런 법원행정처의 입장도 법원의 기각 판결과 같은 맥락에 있다.

서울지역의 한 판사는 양승태 사법권력 농단에 대하여 "법원이 이번 사태의 책임선을, 대법원 자체조사단 발표 범위 이내로 한정짓고 엄격한 기준을 들이댄 것 같다"고 했다.[8] 사실이 그렇다면, 법원은 법원에 대한 행정부 견제 자체를 거부하고 법원지상주의의 독재 사고방식을 가진 것이 확실하다. 법원 이외의 다른 어떤 권위도 인정하지 않고, 3권 분립의 '균형과 견제'의 원칙을 개무시하는 독재의 잔재를 노정하고 있기 때문이다.

오락가락 재판부

박근혜 전 대통령이 '국가정보원으로부터 특수활동비를 받은 사실을 두고 검찰은 "국정원을 지휘 감독하는 청와대가 돈을 받았다면 뇌물죄 적용이 가능하다"고 주장했다. 그러나 법원은 "뇌물로 볼 수 없다"고 무죄를 선고했다. 박 전 대통령에게 특별사업비를 상납한 혐의로 기소된 국정원장 3인방에 대한 1심 선고에서도 '국고손실 유죄, 뇌물공여 무죄'로 판단했다. 재판부는 검찰이 뇌물로 판단한 강력한 근거인 기치료 비용, 의상비, 사저 관리비 등 박 전 대통령의 '사적 사용'에 대해서도 "피고인이 처음부터 사적 용도로 사용할 의사로 특별사업비 지급을 요구했다는 점을 인정할 증거가 없다. 사후에 어디에 사용했는지는 뇌물죄 성립에 영향을 미치지 않는다"고 밝혔다.

검찰 관계자는 "대통령을 단순 보조하는 비서실 직원(조윤선 전 청와대 정무수석, 안봉근 전 청와대 국정홍보비서관)이 국정원장으로부터 받은 소액의 돈은 뇌물이라고 해놓고서, 대통령이 직접 지휘관계에 있는 국정원장으로부터 받은 수십억원은 뇌물이 아니라는 1심 선고를 수긍하기 어렵다"고 했다. 같은 재판부가 지난달 이병기 전 원장이 조 전 수석에게 전달한 특별사업비에 대해서는 '뇌물'이라고 판단한 것과 대조되기 때문이다.[9]

재판부 판결이 오락가락 일관성이 없다. 뿐 아니라 처음부터 사적으로 사용할 의도로 요구한 것이 확실하게 드러나지 않으면 돈을 받고 난 다음 나중에 개인적 용도로 사용해도 무죄가 된다는 법리이다. 실제로 돈을 기치료 비용, 의상비, 사저 관리비 등 박 전 대통령의 '사적 사용'에 사용한 증거가 있는데도 말이다. 그렇다면 처음부터 사용 용도로 사용하려고 마음먹고 돈을 요구한 것이라면 '뇌물죄'가 되고, 그 의도가 '없었던 것'도 아니고 확증이 안 되는 '불확실한 것'이라면 뇌물죄에 걸리지 않는다는 것이 한국 법원의 논리이다.

이런 사법계의 결정 및 판결이 앞으로 미칠 영향이 더 큰 문제로 다가선다. 공직자가 직권을 이용하여 임의로 돈을 갖다 써도 원래 사적으로 사용할 의도가 '확실하지 않다면'면 뇌물죄가 성립되지 않을 수도 있다. 그러니 직권을 남용하여 돈을 갈취하여 사적 용도로 쓰고도 처음에는 그럴 의사가 없었다고 발뺌하기만 하면 되는 것이다. 이런 변명도 조윤선 비서관 같이 지위가 상대적으로 낮으면 안 먹히는데, 박 전(前)대통령 같이 지위가 높으면 먹힌다. 그러니 지위가 높을수록 간이 굵어져서 벌도 받지 않고 직권을 남용하는 행위를 양산할 전망이다.

한국 사법계의 오락가락 관행은 법률이 원래 가지고 있는 두 가지 기능, 징벌적 기능과 예방적 기능을 모두 작동하지 못하도록 하여 범죄 양산에 촉매의 역할을 한다. 징벌적 기능이 바로 작동하지 않으므로 예방적 기능도 따라서 무색해지는 것이다. 라면 하나 훔치다가는 2-3년 징역을 살아야 되고, 지위가 높아지면 직권을 남용하여 서민은 상상조차 할 수 없는 거액의 공금을 갈취하여 사(私)용도로 써도 뇌물죄에 무죄가 되니 말이다. 지위만 높으면 무서운 것이 없어지게 된다.

주권이 국민으로부터 나온다는 것은 헛소리에 불과하고, 현재 한국에서는 위정자들이 권력을 가지고 농단하고 있다.

아무 내용 없는 허사(虛辭)로서의 '민주공화국'

"대한민국은 민주공화국이다", "대한민국의 주권은 국민에게 있고, 모든 권력은 국민으로부터 나온다."

우리 헌법 제1조 1항과 2항이다. 그런데 '민주공화국'이라는 것은 구체적으로 의미하는 것이 없다. 남한은 '대한민국', 즉 '대한 민주공화국'인데, 북한은 '조선민주주의인민공화국'이다. 실제 내용에서 양자 간 차이가 크지만, 같은 표현이 쓰이고 있다. '민주(주의)공화국'이란 말은 체제가 상반되는 경우에도 같이 쓰이니, 이 말 자체가 구체적으로 무엇을 지칭하는 것이 아닌 것이다.

이탈리아 헌법 제1조에는 "이탈리아는 노동에 기초한 민주공화국이다", 독일 연방공화국 기본법 제1조에는 "인간의 존엄성은 침해되지 아니한다. 이를 존중하고 보호하는 것이 모든 국가권력의 의무이다", 프랑스 헌법 제1조에는 "프랑스는 불분할, 세속적(비종교적), 민주적, 사회적 공화국이다. 프랑스는 출신, 인종, 종교에 구분없이 모든 국민의 평등을 보장한다. 프랑스는 모든 종교를 보장한다. 프랑스의 모든 정부조직은 분산되어 있다."라고 되어 있다. 노동이나 인간의 존엄성, 민주사회주의, 나라가 분할되지 않으나 정부조직은 분산된다 등의 개념은 훨씬 더 구체적이다. 그런데 그냥 민주공화국이라고만 하면 현실적으로 그 외연의 범위가 넓어서, 구체적으로 의미하는 바가 없고 허사(虛辭)에 가깝다.

또 "대한민국의 주권은 국민에게 있다"고 하고 있으나 실제로 국민은 찬밥 신세라, 이것도 허사에 불과하다. 해방 후 미군정 시대를 거쳐, 1948년 헌법이 제정된 다음부터 지금까지 사실 국민이 주체가 되어 무언가를 규정해본 적이 없다. 그저 국민은 떠밀려 살았을 뿐이다. 이승만 독재, 유신독재, 전두환 군부정권 등이 그러하다. 그 이후에도 공권력의 권위주의가 그대로 잔재하여 국민은 그 공권력에 눌려서 '갑'이 아닌 '을'로 살아오고 있을 뿐이다.

결국 헌법에 규정하는 '민주공화국'의 허사가 우리에게 권리를 보장하는 것이 아니기 때문에 그 내용이 채워져야 하는데, 누가 그것을 정하느냐 하는 문제가 남는다. 그 주체는 공권력이 아니라 바로 민중이 되어야 한다.

민주정치의 걸림돌은
독재정권보다 민중 자신의 수동성이다

이 책은 정치이념 틀(프레임)의 전환에 관한 것이다. 민주정치를 논할 때 언제나 독재에 대한 저항 이야기가 등장하고 많은 이가 그에 공감하고 의협심을 느낀다. 이승만 독재에 항거한 4. 19 의거(1960), 유신독재에 저항한 10. 16 부마항쟁(1979), 전두환 군부정권 말기의 6월 항쟁(1987), 박근혜 정부의 국정농단에 대한 촛불혁명(2017-18)이 그것이다.

여기에 함정이 있다. 항쟁과 비판의 대상은 독재정권 그 자체에 정지되어 있고 거기서 더 나아가지 않기 때문이다. 그런데, 만일 한국 사회의 비민주성이 이들 독재자들만의 탓이라면 이들을 제거함으로써 사회는 정화되어져야 했다. 그러나 현실은 그렇지 못하다.

문제의 핵심은 독재정권이 잇달아 연명할 수 있었던 사회적 환경이다. 그것은 바로 한국사회를 구성하는 한 사람 한 사람이 독재 정권의 연장에 협조하거나 적어도 묵인하고 있었던 것이다. 독재정권의 출현을 가능하게 한 것은 한국 민중의 봉건적인 수동성, 권력에 대한 맹종, 또 그런 사회를 가능하게 하는 가치관이다. 그래서 비난의 화살은 우리 자신에게로 돌아오게 된다.

사회의 구석구석을 돌아보면 행정, 사법, 입법 등 각종 공권력이 부패하고 무능하지 않은 데가 드물다. 경찰, 검사, 판사는 물론이고 각종 공권력을 배경으로 완장만 차면 그것을 빌미로 부정부패를 일삼고, 또 민중은 그에 대한 비판은커녕 사리(私利)를 위해 기꺼이 공권력에 기생하고 아부한다.

사회 구성원이 민주정치의 주역으로서 바로 설 때, 비로소 독재가 서식할 땅이 사라지게 된다. 이승만, 유신독재, 전두환, 이명박, 박근혜를 비난하고 야유할 때, 우리는 한국사회를 질곡으로 몰아넣는 참 원인을 애써 망각하려고 하고 우리 자신에 대한 반성을 어물쩍 비켜가려한다. 이것은 모르기 때문이 아니라 알고 있으면서도 현재 자신이 가진 기득권이 침해당하지나 않을까 하는 걱정에서, 아니면 "모나면 정 맞는다 (튀면 희생당한다)"는 생각에서 사회의 근본적 개혁을 회피하는 데서 비롯되는 것이기도 하다.

정치를 위정자들이 하는 것이라고 유보하는 한, 새 정치 개혁은 이룰 수 없다. 정치는 위정자들의 담합의 산물로 변해버리고 민중은 찬 밥 신세로 전락하고 홀대받기 때문이다.

현재 한국에서 새누리당과 민주당 등 두 개 정당이 독점하고 있는 상황에서는 정치가들 끼리 서로 담합해서 양자 모두의 이익을 해칠 수 있는 혁신은 절대로 안 한다. 정치는 둘 만의 게임이 되어버려서, 정권을 잡으면 집권당이 되고 정권을 잃어도 제일 야당이 되어 누리는 이익이 있기 때문이다. 두 당이 합쳐서 언제나 90% 이상 의석을 가져간다. 효과적인 경쟁이 없고 진입장벽도 너무 높고, 두 정당이 각각 특정지역을 거의 완전하게 독식한다.[10]

그러면 이런 양대 정당 독점의 구조적 폐단을 해결하고 소수당에도 기회를 주기 위해서, 대통령 선거에 결선투표제도를 도입한다든가 강력한 제3당을 만들어 국회에 진출시키면 될 것인가? 국회의원 선거도 독일식을 도입하여 정당의 득표에 비례하여 의석을 배분하면 될 것인가? 또 제왕적 대통령제의 문제를 해결하기 위해 국회나 총리에게로 그 권한을 나누어주는 이원집정부제 같은 것을 하면 될 것인가?

그런데 이런 방법으로는 국민의 희망을 저버리는 정치가들의 담합을 근본적으로 막을 도리가 없다. 대통령과 국회, 혹은 대통령과 총리가 반드시 서로 견제하리라는 보장이 없기 때문이다. 제3당의 출현도 국회의원 상호 간의 담합을 근절하는 보증수표가 아니다.

효과적인 방법은 위정자들에게 주어진 권력을 국민이 직접 되찾아서 오는 것이다. 이것이 직접민주정치이다. 촛불혁명 이후 회자되고 있는 국민발안제, 국민소환제, 국민투표제가 대표적인 예이다. 그 뿐 아니라 각종 공권력에 뿌리 깊게 내재해있는 비민주적 권위와 관료주의를 청산해야 한다. 권위적 관료주의는 위정자들에만 한정된 것이 아니라, 바로 우리 자신과 주변 이웃들이 가진 비민주적 가치관이자 행위 양식이다. 특히 그 폐단은 식민지와 독재 시대를 거치면서 사법 및 경찰 등 공권력에 많이 남아있다. 기소독점권으로 권력을 남용하는 경찰 및 검찰, 헌법재판소조차 간섭하기를 포기한 가운데 무소불위의 권력을 행사하는 법관의 자의적 판결 등이 그 예이다. 또 공적, 사적 영역이 혼재해 있는 노동과 의료 관련 제도에서도 비민주적인 권위주의는 그 뿌리를 깊게 내리고 있다.

한국의 전통에는 자유를 위한 찬가가 없다

서구의 자유를 위한 찬가

그리스 인의 국가(國歌)는 약 200년 전 솔로모스(1798-1857)의 시, <자유를 위한 찬가>에서 가사를 따왔다. 1821년 그리스가 터키로부터 독립운동을 시작하여 고난에 찬 항쟁을 이어갈 무렵인 1823년 솔로모스가 그리스 인의 용기를 기려서 지은 시이다. 총 158 연(聯)으로 구성되었는데, 그 중 앞부분의 2개 연을 따서 현재 국가로 부르고 있다. 여기서 '그대'로 의인화된 대상이 바로 '자유'이다.

내 그대를 알지, 소름끼치는
칼날을 통해서,
내 그대를 알지, 폭력으로
땅을 지키는 모습을 통해서

*헬라스(그리스)인의
성스러운 뼈에서 나온 그대.
예전의 용맹이여 다시 이곳에,
만세, 만세, 자유여*

한편 프랑스의 국가는 프랑스 혁명 당시에 지어진 〈마르세이유의 노래〉에서 따온 것이다. 이 노래는 그리스 국가보다 30년 정도 앞선 18세기 말에 처음 불려졌다. 1792년 프랑스는 혁명정부를 위협하는 주변의 봉건왕조와 싸워야 했다. 당시에 스트라스부르에 주둔하고 있던 공병 대위 클로드 조제프 루제 드 릴이 혁명정부의 출정 부대를 고무하기 위해 하룻밤에 작사, 작곡한 노래가 이것이다. 그 후 널리 애창되다가, 남부 프랑스 지중해 연안의 항구 도시 마르세유 의용군이 파리에 입성하여 튈르리 궁[11]을 습격할 때 불려졌던 것을 계기로 이 노래는 현재 '라 마르세예즈(마르세이유의 노래)' 라는 이름의 국가가 되었다.

초기에는 6절까지만 있었으나, 현재 모두 15절로 구성되며, 보통은 7절까지만 불려진다. 이 중 1절과 6절만 여기에 소개하도록 한다. 여기서도 '자유'는 2인칭인 '그대'로 의인화 되고 있다.

*(1절) 일어나라, 조국의 아들딸들아,
영광의 날이 왔도다!
우리를 억압하는 폭군의
피 묻은 깃발이 나부낀다. (반복)

들리는가, 저 들판에서
흉포한 군인들이 지르는 고함을.*

*그들이 지척으로 다가온다,
당신들의 처자식을 죽이려고!*

*(후렴) 무기를 들어라, 시민들이여,
열을 지어라,
나가자, 나아가자!
그 더러운 피로
우리 밭고랑을 적시자!*

*(6절) 조국을 향한 성스러운 사랑이여,
이끌어라, 우리 복수의 팔을,
자유여, 귀한 자유여
그대의 수호자들과 함께 싸우라! (반복)*

*우리 깃발 아래서 승리가
그대의 힘찬 함성으로 재촉되고,
죽어가는 그대의 적들이
그대의 승리와 우리의 영광을 목도하도록!*

지금 그리스와 프랑스의 국가는 '자유'를 위한 찬가이다. 그 찬가는 외세의 침략에 맞서고 또 외세와 연대한 내부의 참주, 압제자에 대한 항거를 기리는 것이다.

이때 자유의 반대편에는 권력, 무력에 의한 억압이 자리한다. 이것은 지금으로부터 약 200년 전 근대 초기의 상황이다. 18세기 말, 19세기 초 당시 그리스나 프랑스의 유럽은 아직 자본주의가 발달되기 전이었고, 격변하는 시대 속에서도 봉건적 제정이나 왕정의 잔재가 여전히 남아서 위엄을 갖추고 있을 때였다.

그러나 지금 자본주의 사회에서 자유란 그 때와는 다른 의미로 다가선다. 참주의 억압에 대한 반대로서가 아니라, 공산주의 혹은 사회주의적 평등에 대조적인 것으로서, 혹은 사유재산에 대한 국가권력의 간섭을 반대하는 것으로서의 의미로 이해되는 자유가 그것이다. 나아가 '자유'가 '민주'와 결합하여 '자유민주주의'로 불리면 이는 흔히 '평등민주주의'와 대비되곤 한다.[12] 그래서 사회주의를 지향하는 사람들은 '자유민주주의'라는 말 자체를 기피하는 경향이 있다. '자유민주주의'를 자본주의와 동의어인 것처럼 여기는 때문이다.[13]

'자유'의 개념 자체가 사유재산을 옹호한다는 뜻을 지닌 것은 물론 아니다. 자유에는 적극적 자유도 있고, 또 소극적 자유도 있다. 전자는 평등의 의미까지도 포함하므로 반드시 사유재산의 절대적 옹호와 궤를 같이 하는 것이 아니다. 반면, 후자는 국가의 개입을 최소화하고 개인의 자유를 극대화하려는 경향을 가지므로 사유재산의 옹호와 맥이 통한다. 그런데 후자의 자유 개념은 자본주의와 공산주의의 대립의 틀 안에서 한정적으로 유통될 수 있는 것이다. 일단 그 틀을 벗어나게 되면 경제적 분배를 중심으로 해서 논의되는 자유민주주의와 평등민주주의의 대립적 개념은 그 의의를 상실한다.

실로 자본주의와 공산주의는 공통점을 가지고 있는데, 그것은 각기 체제를 유지하는 데 국가 권력을 필요로 한다는 점이다. 자본주의는 사유재산을 유지하는 데 필요한 만큼의 야경국가적 권력을, 공산주의는 생산수단 공유의 질서를 유지하는 데 필요한 만큼의 국가 권력을 필요로 한다.

체제는 다르지만 그것을 유지하는 데 필요한 만큼 다소간 물리적 강제력을 갖추어야 한다는 점에서 두 체제는 공통점이 있다. 또 강제력이 작용한다는 점에서 두 체제는 공히 진정한 자유를 누리는 사회가 아니다. 그래서 자유를 위해서는 다소간 국가권력에 기대어 강요되는 자본주의와 공산주의 체제를 똑같이 척결할 필요가 있다.

특히 모든 이가 누려야 할 자유, 혹은 자유민주주의는 자본주의적 사유재산과 무관하게 사회적 억압에 대한 항거로서 이해되어야 할 필요가 있다. 조직적 국가폭력을 배제한 자유의 시민들이 서로 민주적 절차를 거쳐 결정하는 바에 따라 체제를 수립하면 될 것이기 때문이다. 자본주의, 공산주의 혹은 사회주의, 그 어느 쪽이 되든지 민중의 대의를 따라서 수립되는 체제 말이다. 서구 근대 뿐 아니라 고대 그리스 폴리스에서도 자유의 개념은 마찬가지로 국가의 폭력에 반대한 것이었다.

한편, 이탈리아의 정치철학자 보비오는 민주주의와 자유주의의 발달과정을 서로 구분하여 민주주의는 고대, 자유주의는 근대에 발달된 것으로서 각기 별도의 과정을 거쳐 발달되었다고 한다. 그에 따르면, 역사적으로 민주주의와 자유주의가 서로 대립했으나, 19세기에 차츰 평등이라는 이상이 형식적 권리의 평등투표권에 의한 절차적 이상으로 전환되면서 민주주의가 자유주의와 결합되어 자유민주주의가 탄생된 것이라고 한다.[14]

그러나 반드시 그런 것만은 아니다. 고대 그리스 폴리스에서 자유의 개념은 시민 민주주의와 불가분의 관계에 있었다. 아리스토텔레스는 민주정치(democratia)에 대해 다음과 같이 설명한다.

"첫 번째 종류의 민주정은 주로 평등(동등성)이라는 점에 입각하는 것이다. 이러한 종류의 민주정의 법에서 평등은 빈자나 부자 중 아무

도 더 우월하지 않고, 어느 편도 주인이 되지 않으며, 양편이 동등한 상태를 뜻한다. 자유는 주로 민주정에 존재하며, 일부 사람들이 생각하고 있는 것처럼 평등도 민주정에 존재하므로 모든 사람이 정치체제에 고르게 잘 참가한다면 최선의 상태가 될 것이기 때문이다."[15]

이와 같이 고대 폴리스에서 자유와 평등은 똑같이 중요한 개념이었다. 폴리스의 시민들은 서로가 평등한 주체, 즉 법적으로 '이손(ison)', 혹은 '이소티미아(isotimia)'의 관계에 있었다. 폴리스에서는 국가, 혹은 정부의 권력이라는 것이 딱히 발달되어 있지 않았고, 그 대신 서로 평등한 시민단이 중심이 되어 결정권을 행사했다.

자유의 개념에서도 고대 폴리스에서는 소극적 자유와 적극적 자유의 개념을 다 찾아볼 수 있다. 전자의 소극적 자유는 독재 권력에 대한 항거와 그로부터의 해방의 맥락에서 이를 살펴볼 수가 있다. 기원전 6세기 후반, 아테네의 하르모디오스와 아리스토게이톤이 페이시스트라토스 가문의 참주정권에 항거하여 자유를 회복하는 데 공헌한 예가 곧 이에 해당한다. 이 두 사람은 페이시스트라토스 가문의 참주, 두 사람의 공동통치자 가운데 한 사람인 히파르코스를 살해했으며, 그로 인해 죽음을 당했다. 아테네 인은 자유의 상징으로서 이 두 사람의 입상을 세우고 오랜 세월 기념함으로써 다시는 독재가 출현하지 못하도록 경계했다.

후자의 적극적 자유의 개념이 민주정의 원리로서 인용된 것은 플라톤의 〈국가〉에서 볼 수 있다. 민주정의 원리는 자유이다. 여기서는 가난한 사람들이 이겨서 다른 편 사람들 가운데 일부는 죽이고 일부는 추방한 다음, 나머지 시민들에게는 평등하게 시민권과 관직을 배정하게 되면서 관직들도 대체로 추첨에 의해서 할당된다. 이런 정치체제에서는 민주정치체제를 닮은 사람들이 살아가는데, 이들은 무엇보다 자유롭다. 이 나라는 자유(eleutheria)와 직언(直言: parrhesia)으로 가득 차서 하고자 하는 바를 멋대로 할 권리(exousia)가 있다.[16]

자유민주주의는 자본주의와 동의어가 아니다. 또 민주주의와 자유주의를 별도로 구분하고 후자가 근대에 발달되었다고 보는 보비오의 견해도 설득력이 부족하다. 자유민주주의는 평등이라는 이상이 근대 형식적 권리의 평등투표권에 의한 절차적 이상으로 전환되면서 비로소 탄생한 것이 아니라 고대부터 있었기 때문이다. 오히려 민주정의 자유는 독재 권력에 항거함으로써, 혹은 적극적으로 평등을 실현함으로써 실현되는 것이다.

침묵과 순종이 미덕인 나라 한국

서구의 전통과 달리 한국의 봉건적 전통에는 신통하게도 자유의 개념이 없다. 충성은 있고 효도는 있는데 자유의 개념이 실종되었다. 이것은 서구 사람들이 자유에 목숨을 거는 것과 아주 대조적이다.

한국의 충성과 효도는 서구의 자유와 큰 차이가 있다. 전자는 중심(重心)이 타인에게 있고 후자는 자신에게 있다는 점이다. 요즘 서구화된 젊은 세대는 좀 다른 것 같지만, 전통의 사회 환경에서 자란 구세대는 충성과 효도의 가치관 속에서 침묵과 순종의 미덕을 체화하고 살았다.

이런 백성이 사는 나라에서는 봉건 왕조만 통치하기 쉬웠던 것이 아니다. 구한 말 썩어빠진 조정에 대항하여 동학농민군이 반란을 일으켰을 때도 일본이 한국 땅을 삼킬 때도, 다수의 조정신하들과 백성들은 침묵하고 순종했다. 1960년 4.19의거, 2017년 촛불혁명의 거사가 없었던 것은 아니지만 항거는 일상화된 것이 아니었고, 대부분은 침묵과 순종으로 일관했다. 아마 외세에 의한 8.15 해방이 아니었다면 다수가 침묵하는 대한민국에서 해방은 현실화되기 힘들었을 지도 모른다. 몇몇 테러 거사, 해외 임시정부 등은 소수에 의해 움직였고, 대다수는 순종했다.

이른바 '태극기 부대'가 박근혜에 대해서 갖는 향수는 바로 이런 봉건적 가치관의 체화에서 우러나오는 현상인지도 모르겠다. 삶의 가치를 자신이 아니라 자신을 벗어난 다른 타인에게 두고 충성하고 순종하는 미덕 말이다. 이들에게는 아마도 자유라는 개념이 너무 생소해서 우러러보아야 할 권력의 존재가 사라지는 것 자체가 삶의 의미를 통째로 앗아가는 것과 같은 것일 수도 있다.

그런데 문제의 심각성은 '태극기 부대'만 그런 것이 아니라는 점이다. 박근혜가 다른 인물로 대치되는 현상이 그것이다. 누가 대상이 되든, 한 사람을 영웅시하는 것, 한 사람에게 기대를 거는 한국인의 정서 자체가 중심을 자신에게 두지 않고 바깥에다 두는 봉건적 사고방식에 기인한다. 지금 한국 사회에 속칭하여 여러 가지 '~빠'라고 불리는 부류의 존재가 그러하다.

한 사람의 영웅적 존재를 믿고 기대기에는 그는 너무 허약하고 위험하다. 중심(重心)이 한 군데 있으면 여러 군데로 흩어져 있을 때보다 공격을 받아 허물어지기도 더 쉽다. 한 사람만 구워 삼거나 꺾으면 되기 때문이다. 그러나 자유롭고 평등한 시민이 다 함께 스스로 힘을 모아서 온 몸으로 막아낼 때 비로소 안으로는 독재를 막을 수 있고, 밖으로는 외세에 굴하지 않는 공동체로 거듭나게 될 것이다. 이는 마치 인터넷이 발달한 이유와도 같다. 기지를 한 군데에만 몰아둔다면 단 한 번의 공격으로도 치명상을 입게 될 터이므로, 모든 곳을 기지화 하는 것이다.

자유란 자본주의의 질서를 옹호하는 부르조아 계급의 전유물이 아니다. 그것은 오히려 편중된 사회경제적 특권을 타파하여 모든 이가 자신의 권리를 추구해갈 무기인 동시에 부당한 독재 권력과 타인의 침해로부터 자신을 지켜내는 궁극적 보루이다. 이때 독재는 자본주의와 공산주의를 가리지 않는다. 체제와 무관하게 국가의 폭력은 개인을 침해할 수 있기 때문이다. 이념을 가지고 서로 반목할 것이 아니라 힘을 모아 독재 권력에 저항해야 하는 것도 바로 이 때문이다.

자유는 일정한 사회경제체제와 무관하게 억압과 권력에 항거하는 가치이다. 그것은 다른 누구도 아닌 스스로의 희생을 동반자로 삼는다. 스스로 노력하지 않고 잘난 사람 덕에 득을 보려고 한다면 얻는 것은 빈손일 뿐이다. 주인 의식이 없으면 몸과 마음이 다 종살이로 귀결된다. 자유는, 박근혜, 문재인, 김정은, 그 누구를 불문하고, 한 사람의 정치가, 타인을 영웅시해서 얻어지는 것이 아니라, 스스로 결실의 획득과 함께 희생의 주체가 될 각오가 된 사람만이 누릴 수 있는 것이다.

제 2 장
시민과 정부 간 무기의 평등, '절차' 민주정치를 되찾아라!

민중이 가진 징벌권이 솜방망이가 아니라 최고 위정자보다 더 강하고 엄하고 끈질길 때 비로소 위정자들은 상관보다 민중을 두려워하게 된다. 민중이 비전문적이고 비이성적이고 감정적이고 정서가 불안하며 선동에 취약하고 적대성을 갖는다고 한다면, 종국에는 대중이 정치에 참여하는 것 자체가 원천적으로 불가능하다. 이렇듯 무능한 민중은 대의정치를 해줄 정치가조차 뽑을 수가 없게 되고 민주정치 자체가 원천적으로 불가능해진다. 고대 아테네 시민들은 통치자나 피치자가 차이 없이 똑같은 자질을 가지고 있다고 보았다. 아리스토텔레스에 따르면, 시민은 평등하며 조금도 차이가 없고, 또 시민이 교대로 지배도 하고 지배 받기도 한다.

민주정치를 논하기 위해서 국가와 정부, 개인과 집단, 진보와 보수, 선과 악, 계급투쟁과 보편적 이성의 화합, 폭력과 평화 등의 대립개념을 일단 유보한다. 이런 개념들은 추상적인 데가 있고, 그 자체로서 어떤 특정의 대상, 혹은 구체적 실체를 적시하기가 어려울 때가 있기 때문이다. 이런 실체 불명의 모호한 개념들 대신에 이 책에서는 절차와 내용 간 대립개념을 제시한다. 민주주의를 크게 내용과 절차로 구분하는 것이다. 내용은 상황이나 시대, 혹은 시민의 요청에 따라서 가변적이다. 그러나 중의를 모으는 과정을 일컫는 절차로서의 민주주의는 결여할 수 없는 민주정치의 기초를 이룬다. 그런 점에서 내용보다는 절차로서의 민주주의가 우선되어야 한다. 아리스토텔레스 〈정치학〉의 주제는 군주정, 과두정, 민주정의 체제에 대한 것이다. 즉 누가 결정권을 행사하는가 하는 절차에 관한 논의가 중심을 이룬다.

'내용'에 우선하는 '절차' 민주정치

한국 현대사에는 독재자들이 나온다. 이승만 독재, 박정희 유신독재 뭐 그런 것들이다. 그런데 독불장군, 혼자서 장군이 되는 것이 아니다. 독재란 바로 그 출현을 용인, 묵인하는 한국 민중의 봉건적 가치관, 수동적 정서를 온상으로 해서 자란다. 독재를 뿌리 채 뽑으려는 노력은 거시적인 국가권력 차원에서가 아니라 오히려 미시적인 민중 자신의 가치관에서 시작되어야 하는 이유가 여기에 있다. 큰 것이 갑자기 출현하는 것이 아니라 작은 것이 모여서 큰 것이 되기 때문이다.

미시적인 입장에서 민주정치를 논하기 위해서는 국가와 정부, 개인과 집단, 진보와 보수, 선과 악, 계급투쟁과 보편적 이성의 화합, 폭력과 평화 등의 대립개념을 일단 유보한다. 이런 개념들은 추상적인 데가 있고, 그 자체로서 어떤 특정의 대상, 혹은 구체적 실체를 적시하기가 어려울 때가 있기 때문이다.

이 책에서는 이런 실체 불명의 모호한 개념들 대신에 절차와 내용 간 대립 개념을 제시한다. 민주주의를 크게 내용과 절차로 구분하는 것이다. 그런데 내용은 상황이나 시대, 혹은 시민의 요청에 따라서 가변적이다. 그러나 중의를 모으는 과정을 일컫는 절차로서의 민주주의는 결여할 수 없는 민주정치의 기초를 이룬다. 그런 점에서 내용보다는 절차로서의 민주주의가 우선되어야 한다.

이상적 사회를 추구했던 사상가들이 절차와 내용 중 어느 측면에 주안점을 두었던 가를 비교해볼 필요가 있다. 예를 들어 칼 마르크스가 계급투쟁과 그 이후의 프롤레타리아의 독재 혹은 국가의 소멸을 제시했을 때 그는 내용으로서의 이상적 상태를 제시한 것이다. 그러나 혁명으로 달성된 프롤레타리아의 독재가 어떻게 국가의 소멸 상태로 이행될 수 있는지, 그 절차에 대한 구체적 논의가 없다.

이와 달리, 내용이 아니라 절차를 중시한 이도 있다. 전체주의를 두려워했던 '겁에 질린 자유주의자' 프리드리히 폰 하이에크는 자연발생적 힘을 최대한 이용하는 반면 강제력에 최소로 의존하며, 또 경쟁이 최대한 유익하게 작동하도록 의식적으로 사회체제를 만들어야 한다고 했다. 수동적으로 제도를 있는 그대로 받아들여서는 안 된다는 것이다. 그에 따르면, 민주주의는 본질적으로 내적 평화와 개인의 자유를 보호하기 위한 실용적 도구에 불과하며, 자유는 더 높은 정치적 목적을 이루기 위한 수단이 아니라 그 자체로서 높은 정치적 이상이라고 주장했다. 이 때 하이에크는 어떤 상태가 이상적인가 하는 사회제도의 내용적 측면이 아니라 개인의 자유가 무시되어서는 안 된다는 절차적 측면을 중시했다. 자유 그 자체는 어떤 구체적 제도의 내용을 담지하고 있는 것이 아니다.

마르크스는 계급투쟁 이외의 정치적 절차에 대한 구체적 대안을 제시하지 못했다. 그러나 자유 이외의 어떤 구체적 정치제도의 내용에 관련한 이념을 제시하지 못한 하이에크는 시장자본주의를 옹호했던 것으로 이해 혹은 오해를 사고 있다. 각자가 지향한 이상세계가 각기 당대에 던져진 화두를 해결하는 데 있어 그 의미가 전무한 것은 아니나, 절차 혹은 내용 중 어느 한 쪽에 비중을 두는 데가 서로 다르다.

절차와 내용을 겸비한 사상가도 있다. 칼 포퍼는 전체주의를 혐오한 투철한 자유주의자였으나, 무제한의 자유가 자유 그 자체를 파괴한다는 것을 인정하면서 국가가 민주적 간섭주의에 입각해 경제적 사회적 약자를 보호해야 한다고 주장했다. '경제적 사회적 약자를 보호한다'는 개념은 무엇을 실현할 것인가의 내용에 관련된 것이고, '국가가 민주적 간섭주의에 의한다'는 개념은 어떻게 실현할 것인가의 절차에 해당한다. 다만, 이 때 민주적 간섭이 어떤 방법에 의해 어느 정도로 허용될 것인지에 대한 구체적 한계의 설정이 없고, 약자의 보호를 위해서라면 포퍼가 혐오했던 전체주의적 강제도 허용될 수 있는지 하는 점도 분명하지 않은 데가 있다.

이런 포퍼의 입장은 〈자유론〉에서 존 스튜아트 밀이 주장한 바와 닮은 점이 있다. 자유주의 국가론의 철학적 토대를 완성한 존 스튜아트 밀은 한편으로 홉스의 사회계약론을 받아들여 공동사회가 개인의 자유를 제약할 필요가 있다는 점을 인정했으나, 다른 한편으로는 공동사회 혹은 국가가 개인의 자유를 제약할 수 있는 범위를 제한해야 한다고 보았다. 그것은 어떤 경우에도 침해할 수 없는 자유의 영역이 있다고 보았기 때문이다. 인간사회에서 개인이든 집단이든 다른 사람의 자유를 침해할 수 있는 경우는 단 한 가지, 다른 사람에게 해를 끼치는 것을 막기 위한 목적뿐이라고 그는 생각하였다.

이때 밀이 말한 '다른 사람에게 해를 끼치는 것을 막기 위한 목적' 이라는 것도 추상적이다. '다른 사람에게 해를 끼치는 것' 이 구체적으로 어떤 것을 뜻하는가에 대해 각기 의견이 다를 수 있고, 또 이를 빌미로 국가권력이 개인의 자유를 자의적으로 제한하거나 권력을 가진 자들이 자의적으로 그 권력을 원용할 수 있는 단초가 될 수 있기 때문이다.

여기서, 고대 그리스 민주정에서는 자본주의나 공산주의 등 특정의 이념을 중심으로 하는 대립이 전개되지 않았다는 점을 주목할 필요가 있다. 아리스토텔레스는 〈정치학〉에서 국가에 따라서는 권력을 통해 사회, 경제적 평등을 추구하기도 한다는 점을 인정하고 있으나, 그보다는 정치체제가 어떻게 작동하는지 그 절차상의 논의에 중점을 두고 있다.

정치체제는 크게 민주정(복합정), 과두정(귀족정), 참주정(군주정) 등이 나뉘고 또 여러 가지 변종의 정치형태가 이로부터 파생될 수 있다.

그런데 이런 정치체제는 빈자, 부자, 혹은 군주 중 누구에게 정치적 의사의 결정권이 부여되어 있는가 하는 점을 살펴 구분한 것이다. 이는 누가 결정권을 갖는가 하는 절차 관련 논의일 뿐, 그 내용으로서의 사회, 경제적 배분에 대한 논의가 아니다. 그 구체적 내용은 부차적인 것으로서, 결정권자들이 정하는 바에 따라 장차 성립될 것이다.

촛불혁명 이후 개헌이나 정치개혁을 앞두고 토론의 장이 벌어지고 있는 한국에서, 절차와 내용을 구분한다는 새로운 개념의 틀은 특별한 의미를 갖는다. 민주주의를 구현할 수 있는 내용으로서 다양한 견해가 제기되고 있기 때문이다. 특히 2018년 6월 13일 지방선거와 동시에 실시되는 개헌을 희망하면서 사회 양극화를 극복하기 위한 여러 가지 방안이 봇물처럼 쏟아져나왔다.

토지공개념[17]이나 기본소득제[18] 등에 대한 찬반론이 그러하다. 전자는 불로소득을 노리는 부동산 투기를 근절하기 위해 불로 수익의 지대(地貸 rent)를 국가에서 환수하여 토지기본소득으로 국민에게 지급하자는 것이고, 후자는 사회적 부는 사회구성체 모두가 그 형성에 기여한 것이므로 고용되지 않은 자도 권리로서 기본소득을 가져야 한다는 것이다. 당연히 이런 발상을 둘러싸고 논란은 일게 마련이어서 끝을 볼 수 있을 것 같지 않다.

이렇게 민주주의의 내용에 관한 논의는 격렬한 견해의 차이를 동반하게 되므로 난항에 부딪치면 개헌이 한 발자국도 나가지 못하게 된다. 그러나 '누가 결정권을 가질 것인가'의 절차로서의 민주적 제도로 공을 넘기면 그 누구도 그 필요성을 쉬 부인하기 어려워진다. 절차가 먼저 확립되면 내용은 절차에 따라서 점진적으로 논의에 붙이고 다수결로 결정하면 된다. 내용보다 그 절차가 우선되어야 하는 이유이다.

절차 민주정치란 현재 국회의원이 전권을 가지고 있는 입법의 결정권을 민중이 나누어가지는 것을 뜻한다. 이는 대의제도에 직접 민주정치의 요소를 첨가하는 것이다. 그것은 국민발안제, 국민소환제, 국민투표제 등을 말한다.

촛불정국을 전후하여 대통령의 직무유기, 마비된 국회 등에 절망하면서 직접 민주정치와 자치분권에 대한 민중의 관심이 증폭되었다. 직접민주정치란 대의정치에 대조되는 개념으로써 제왕적 대통령뿐 아니라 복지부동하고 태만한 국회의원들에게만 맡겨놓아서는 안 되겠다는 위기의식에서 나온다.

한편에서는 제왕적 대통령제를 극복하기 위해 그 권력을 총리나 국회로 옮겨야 한다는 이원집정부제의 논의가 등장하고 있으나, 무책임한 국회의원도 제왕과 같이 군림하는 것이 대통령과 다를 바가 없다. 민중의 눈에는 대통령, 국회의원을 막론하고 위정자의 권력을 풀뿌리 민중들의 자치분권으로 옮겨오는 일이 필요할 뿐이다.

민중이 결정권을 갖는 '절차' 민주정치

민중이 결정권을 행사하면 중우정치인가?

직접 민주정치에 반대하고 간접 민주정치를 지지하는 사람들이 있다. 이들이 직접 민주정에 반대하는 근거로서 첫째, 민중이 결정하면 중우정치가 된다는 것이다. 민중은 비전문적이고 비이성적이고 감정적이고 정서가 불안하며 선동에 취약하고 적대성을 갖는 존재이므로, 이런 민중에게 권력을 맡기면 중우정치가 되어 국가 사회가 혼란해진다고 한다. 둘째, 고대 그리스는 나라 규모가 작아서 직접민주정치가 가능했으나 현대는 영역이 넓어서 직접민주정치를 시행할 수가 없다고 체념한다.

첫 번째 문제, 민중이 결정권을 가지면 중우정치가 되지 않을까 하는 염려부터 살펴보자. 이런 염려는 민중이 아닌 정치가들은 민중과 다르게 현명한 판단을 내릴 것이라는 논리를 깔고 있다. 그러나 사실은 그런 것이 아니다. 전문 법조인인 법관도 완벽한 판단을 하는 것이 아니다. 나아가 전문가일수록 범죄에 더 능하다는 말도 회자되고 있는 판이다. 변호사, 의사가 그러하다. 법을 잘 알고 있을수록 변호사는 법망을 어떻게 빠져나가는가 하는 것을 잘 안다. 의사도 세계적 통계로 오진율이 30%가 넘는다. 의사의 오진율이 높다고 해서 의사로부터 치료의 임무를 박탈하는 일이 없다. 그 오류는 필요악이다. 그저 개선을 바랄 뿐이다.

법관이 재판을 잘못하는 경우를 대비하여 재심 제도를 둔다. 잘못 판결하면 다시 하는 것이다. 경찰이 수사를 잘못하면 재수사를 한다. 그런데 중우정치를 주장하는 사람들은 민중에 대해서만은 실수 없이 완벽하게 판단 해주기를 바라고 있는 것이다. 그러나 민중도 잘못된 결정을 하면 법관과 같이 스스로 재심도 하고 번복도 가능해야 한다. 민중의 결정은 한 번 만에 완전해야 한다는 법이 없다.

사실 오판(誤判)보다 더 심각한 문제는 부패이다. 부패는 민중보다 소수의 전문가들의 경우 더 심각하다. 최근 회자되고 있는 양승태 전(前)대법원장 사법권력 농단의혹은 법관들의 부패가 심각한 상황에 있음을 노정한다. 이는 양승태 개인이 아니라 사법권력 전반에 걸친 적폐이다. 이런 부패의 가능성은 결정권이 소수의 손에 집중될수록 더 심각하며, 민중에게로 널리 확대될수록 줄어든다.

만일 민중의 자질이 부족한 것이 사실이라면 직접 민주정치뿐 아니라 간접 민주정치도 실시할 수가 없다. 비이성적인 민중이 대의정치, 즉 간접 민주정치를 해줄 정치가를 뽑는 능력을 갖는 것조차 불가능해지고 말기 때문이다. 이렇듯 비이성적이고 불안한 민중이 어떻게 대통령을 뽑고 국회의원을 뽑도록 맡길 수가 있겠는가. 종국에는 대중이 정치에 참여하는 것 자체가 원천적으로 불가능하게 되고, 민주정치 자체의 존속이 불가능해 진다.

또, 두 번째 문제, 나라의 규모가 커서 직접민주정치의 시행이 불가능하다는 것도 올바른 말이 아니다. 영역의 규모와 무관하게, 직접민주정치는 분권적인 권력 구조에 의한 것이다. 말 그대로 간접민주정치에서 정치가가 민의를 대표한다면, 직접민주정치에서는 민중이 직접 권력을 행사한다는 말이다. 그런데 직접 민주정이라고 해서 민중이 다 직접 결정하는 것이 아니다.

직접 민주정치의 나라로 알려진 고대 아테네에서도 이회, 행정부 등 대의 기관이 있었다. 그러나, 민회의 민중이 공직자를 처벌할 수 있는 권한을 직접 행사했고 그런 점에서 그것은 직접민주정치이다. 이것은 현대 국가에도 그대로 적용된다. 사실은 직접 민주정치를 하건 간접 민주정치를 하건 아무 상관이 없다. 그 어느 것이건 공직자가 공권력을 오·남용 했을 때는 가차 없이 처벌하는 권한을 민중이 직접 가지고 있는 것으로 충분하고, 이것이 바로 직접 민주정치의 비밀이다.

여기서 사고의 틀이 180도 전환된다. 민중이 비이성적이어서 직접 민주정치를 도입하면 안 되는 것이라고 할 것이 아니다. 오히려 민중의 뜻을 대의하는 공직자는 그 권력이 개인의 것이 아니므로 그 행사 과정을 시민들로부터 철저하게 검증 받아야 하는 것이다. 그 검증과 처벌의 장치를 제도적으로 마련하는 것이 직접 민주정치의 최소한 요건이다.

국회의원이나 법관, 검사, 경찰들이 양심을 가지고 공정하게 공권력을 행사하도록 기대만 하고 있으면 대책이 없다. 그러면 민중은 권력에 의해 번번이 농락당한다. 주지하듯이, 그들은 더 큰 권력 앞에 사족을 못 쓰고 있지 않은가. '그들'이 아니라 '내'가 그 자리에 있어도 크게 다르지 않을 것 같다. 그러니 권력보다 더 강하고 더 엄하게 민중이 공권력을 검증할 수 있는 제도를 갖추어야 한다. 그래야 권력의 눈치 보지 않고 민중의 눈치를 볼 것 아닌가.

명색이 민중은 주권자인데, 공직자들이 공권력을 남용하고 오리발 내밀 때 그냥 속앓이만 하고 있을 것인가. 주권자는 주권자답게 탈선하는 공직자들을 불러서 엄벌을 해야 한다. 민중에 의해 가해지는 엄벌이 당시 상관으로 있는 자의 권력보다 더 무섭고 끈질긴 것이 될 때에 비로소 공직자는 주권자인 민중을 두려워하리라. 그렇지 않으면 민중은 언제까지나 속앓이만 하게 될 것이고, 위정자는 민중을 하릴없는 '종이 주권자'인줄로만 여기리라.

지금처럼 몇 년이 흐르기만 하면 공소시효가 지나서 모든 책임에서 벗어나는 그런 체제도 고쳐야 한다. 아무리 하찮은 것일지라도 자기 것이 아닌 공권력을 남용한 죄는 공소시효를 없애고 죽고 난 다음에라도 비리가 드러나면 그 후손으로부터 국가에 입힌 손해를 배상하도록 해야 한다. 연좌제가 아니라 그 비리를 통해서 생전에 부당하게 쌓은 재산을 상속받은 한에서 말이다.

위정자도 민중과 같이 전문가가 아니다.

권력을 대의하는 대통령이나 국회의원은 전문성이나 합리성에서 적정한 인간인가? 분명히 그런 것은 아니다. 민중이 비이성적이라면 이들 정치가도 그와 같지 말라는 법이 없다. 정치가도 정치가이기 전에 민중의 일부이기 때문이다. 요즈음 국회의원이나 법관들 하는 행색을 보면 보편적인 상식조차 갖추고 있지 않은 것 같다.

또 정치가들도 스스로는 전문가가 아니다. 그래서 보좌관이나 비서관을 두고 자문을 구해서 직무를 수행한다. 그 주체가 민중이 되면 왜 안 되나. 민중도 필요할 때 전문가에게 자문을 의뢰하면 된다. 그래서 현대 사회가 복잡하고 전문적 지식이 필요하다고 해도 반드시 결정권을 전문가에게 맡길 필요가 없다. 전문적 지식을 갖추는 것과 결정권은 다른 차원의 이야기이다. 반드시 전문가가 정치가가 되어야 할 당위성도 사라지고 또 현실적으로 정치가들이 전문가인 것은 아니다.

오히려 전문가들이 더 일을 망칠 수도 있다. 항간에 떠도는 말에, 법을 잘 아는 변호사들이 법망을 빠져나가는 방법을 더 잘 알고 있다고 한다. 또 최근에는 대법원이 청와대와 교감하여 법관을 고의로 배정하고 미리 판결의 내용까지 미리 재단했다는 의혹이 일고 있지를 않은가. 민주정치의 이상은 각자가 자신의 일에 결정권을 갖도록 하는 것이다. 자신의 이익을 가장 잘 도모하는 것은 타인 전문가가 아니라 바로 자기 자신이기 때문이다.

양승태 대법원장 시절 사법권력 농단 관련하여 법원에서 상고법원을 만들기 위해 국회의원을 상대로 로비한 정황을 부여주는 문건들이 속속 공개되고 있다. 추가로 공개된 문건에는 피의자 체포를 쉽게 할 수 있도록 해 법무부를 설득하자고 돼 있다. 또 신문사에 광고성 용역을 줘 여론을 조성하고, 정치상황에 맞춰 판결을 내리자는 내용에 더하여,

"국민은 이기적 존재들이고 상고법원이 필요하다는 논리는 이성적인 법조인들에게나 통한다."[19]

라는 논리가 등장한다. 바로 이것이 대법원 판사들이 가지고 있는 독선의 편견들이다.

이런 논리는 우연하게 등장하는 것이 아니다. 그냥 몇 명의 대법원 판사들의 월권에 그치는 것이 아니라, 국회, 행정부의 위정자들은 물론 민중들 자신이 스스로를 비하하는 사고방식을 다소간에 가지고 있지 않은 것인지 반성이 필요하다. "국민은 개 돼지"라고 한 어느 공직자의 발언보다 더 심각한 것은 국민 스스로 공권력에 의해 농락 당하면서도 가만히 입 다물고 있는 사실이다. 그런 바탕에서 "국민은 개 돼지"라는 비아냥도 나오게 된다. 위정자나 민중을 막론하고 뼈 속 깊이 스며있는 많은 한국인의 봉건적 의식구조에 대한 반성이 무엇보다 선행되어야 하겠다.

3권 분립 위에 군림해야 하는 주권자 민중

전통적으로 내려오는 한국 민중의 봉건적 사고방식에 기인하는 바가 크다. 공권력을 행사하는 자는 여러 사람이 보고 있으니 왠지 공정하게 하겠지 하는 허망한 믿음 말이다. 그러나 최근 한국에서 벌어지는 일련의 사태는 그런 믿음을 무색하게 한다. 입법, 행정, 사법부가 온통 법 위에 군림하고 있다. 문제는 고위 공직자가 되면 그가 하는 모든 행위가 공직과 관련되는 것으로 미화, 정당화된다는 사실이다. 대통령, 국회의원, 법관, 검사가 되는 자의 경우 사적인 이익 추구의 범법행위가 직무상의 행위와 구분이 잘 안되고 어떤 식으로든 그 행위가 정당화되는 것이다. 그러니 일정한 지위를 가진 자는 개인으로서의 범법 행위가 지위에 따른 업무상의 직권으로 쉬 둔갑하여, 사실상 법 위에 군림하게 되는 것이다.

법원은 법원대로 제왕(帝王)으로 군림하며 독재 권력을 행사한다. 박근혜 전 대통령이 안기부에서 정기적으로 특활비를 받아서 기(氣)치료, 의상비 등 사용도로 사용했다. 그런데 최근 법원에서는 금전을 정기적으로 받앉다는 이유, 그리고 처음부터 그 돈을 사용도로 사용하려 했는지가 불확실하다는 이유로 뇌물죄에 무죄를 선고했단다.

양승태 전 대법원장의 사법권력 농단 의혹을 검사가 수사를 하는데, 법원에서는 수사에 필요한 자료 확보를 위한 압수수색 영장을 거의 다 기각했다. 이미 제출된 자료도 상당하다고 하는데, 수사도 하기 전에 혐의를 설득력 있게 먼저 소명하라는 것이 이유이다. 또 법원행정처에서는 자료 제공을 공개적으로 거부하고 나섰다. 이것은 법원 자체 조사위원회에서 조사하여 결정하는 것 이상으로 행정부의 간섭을 받지 않겠다는 말로 해석되기도 한다.

국회는 국회대로 개헌을 논의하도록 1년 이상 시간이 주어져도 개헌발의조차 할 생각이 없다. 또 헌법재판소가 위헌으로 판정한 국민투표법 제14조 1항(재외국민투표권 관련)을 3년여 보완하지 않은 채 방치하고 있으며, 선거관리위원회에서는 국민투표법이 위헌이라서 국민투표가 불가하다고 유권해석을 내놓았다고 한다. 이렇게 문제가 된 다음에도 국회는 관련 조항을 얼른 고치려고 서두르지도 않고 여전히 내버려두고 있으며, 국민들도 이런 국회에 대해서 관성적으로 포기 수준이다. 또 국회의원특활비 내역을 공개하라는 헌법재판소의 판결도 마이동풍으로 무시하며 공개하지 않으려 한다.

서로 부당한 간섭을 하지 말라고 분립하도록 한 3권이 제각기 독재자같이 직무를 유기해도 견제할 제도적 장치가 없는 것이다. 민중은 국회의원이나 대통령을 뽑기만 할 뿐 위정자들이 민중을 배반하고 직무를 유기해도 벌을 할 수가 없으니 항상 벙어리 냉가슴을 앓으며, 급기야 정치에 대한 환멸, 불신에 가득 차게 된다. 감사원과 국가인권위원회도 원래는 국가권력의 오 남용을 예방하고 시정하기 위한 제도적 장치이지만, 알게 모르게 권력의 시녀가 되었다.

투표를 해서 정권을 바꾸고 국회의원을 바꾸어도 그 밥에 그 나물이다. 위정자들의 부패는 개인의 문제가 아니라 거시적으로 볼 때 문화, 환경, 가치관, 제도의 문제로 귀결된다. "모든 주권은 국민으로부터 나온다"는 헌법 제1조의 규정이 무색하게 국민은 주인이 아니라 철저하게 객이 되어 버렸다.

현재 한국 정치가 이렇듯 비민주적인 현실은 명색이 주권자인 국민이 도무지 주권자 행세를 할 수 있는 제도적 장치가 갖추어져 있지 않은 데 기인한다. 선출직이나 임명직이거나 간에 공직자들이 직무를 유기해도 민중이 거의 관여를 할 수가 없다. 개인의 일에서는 작은 것에도 철저하게 챙기는 영악한 민중이 거대한 이해관계가 걸려있는 공권력에 대해서는 이렇다 할 감시 장치를 갖추고 있지 않은 것이다.

원론적으로 민중은 모든 권력의 원천으로서 3권 위에 군림한다. 대의제의 삼권이 직무를 유기하고 서로 견제와 균형을 이루지 못할 때에 치유책은 직접 민중의 뜻을 수렴함으로써 찾아야 하는 것이다. 대의제 기관으로서의 삼권이 각자도생으로 분열되어 국정의 마비를 초래하고 민주정치 자체의 목적을 훼손되기에 이른 것은 권력의 구심점으로서의 민중의 역할이 제대로 작동하지 않기 때문이다.

직접민주정이라고 해서 민중이 다 결정할 필요는 없다.

민중은 행정, 입법, 사법 등 정부의 3권을 초월하는 주권자이고 모든 권력은 민중으로부터 나온다. 그래서 어느 정도의 권력을 대의제(代議制)로

하고 어느 정도를 직접 민주정치로 하는가도 민중이 스스로 결정한다. 국회가 그 길을 막는다면 대의(代議)를 하도록 위임한 주권자 민중의 적이 된다. 민중은 주권자로서 위정자들이 결정하는 대로 눈치만 보고 살 것이 아니다. 엄동설한에 개고생 해가며 촛불을 들고 대통령을 탄핵하는 지경에 이르기 전에, 일상적으로 공직자에 대한 감시가 이루어져야 한다. 위정자가 아니라 민중이 명실 공히 주권자가 되어야 하는 것이다.

직접민주정과 간접민주정은 어느 쪽을 할 것인가를 두고 싸울 필요도 없다. 둘을 적당하게 섞으면 된다. 지금도 대통령이나 국회의원은 국민투표에 의해 선출되므로 이는 직접 민주정에 의한 것이다. 또 진보와 보수 간에서도 대립 그 자체는 근본적으로 문제될 것이 없다. 인권이 극도로 침탈되지 않는 한, 사회는 극도의 진보와 극도의 보수로 치달을 수가 없고 중의를 모아서 얼마간의 중도에서 머물게 마련이기 때문이다. 문제는 어느 정도의 진보 혹은 보수를 할 것인가 하는 것보다, 그 정도를 '누가 결정할 것인가'에 있다. 그것은 궁극적으로 이해의 당사자인 민중이 되어야 한다.

고대 그리스의 '절차' 민주정치

돌아가면서 통치하고 지배 받는 평등한 시민 민주정치

고대 아테네 시민 민주정치의 지혜를 돌아보자. 그들은 통치자나 피치자가 차이 없이 똑같은 자질을 가지고 있다고 보았다. 다만 돌아가면서 통치를 담당할 뿐이다. 아리스토텔레스에 따르면, 시민은 평등하며 조금도 차이가 없고, 또 시민이 교대로 지배도 하고 지배 받기도 한다.

가족의 지배는 군주정이다. 이는 모든 가정이 한 사람의 지배를 받기 때문이다. 반면 정치적(politike) 지배는 자유롭고 평등한 자에 대한 것이다.[20]

대부분 정치적 지배에서는 통치자와 피치자가 교체된다. 이들은 자연성에서 같은 수준이며 아무런 차이가 없다.[21]

'일찍이 복종할 줄 모르는 자는 좋은 지배자가 될 수 없다'는 것은 옳은 말이다. 이들은 동일하지 않으나 선한 시민은 양편에 다 같이 능해야 한다. 어떻게 자유인으로서 통치하는가, 그리고 어떻게 자유인으로 복종하는가를 알아야 한다. 이것이 시민의 덕성이다. 지배자의 절제와 정의는 피치자의 것과 다르지만, 선량한 사람의 덕성은 양쪽을 다 같이 포함한다. 자유이면서 피치자인 선량한 사람의 덕성은 한 가지 만이 아니라 다른 종류의 덕성을 포함하고 있다. 하나는 그가 지배할 수 있게, 또 하나는 복종할 수 있게 하는 덕성으로서 남자와 여자의 절제와 용기가 다르듯이 다른 것이다.[22]

왕이라는 것은 그 국민보다 현저하게 우월한 것이 아니므로 ... 모든 시민이 다 같이 차례로 통치하고 또 통치를 받고 하는 것이 여러 가지 이유에서 명백히 필요하다. 평등이란 동류의 사람들을 동일하게 취급하는 데 있는 것이며, 정의 위에 기초하지 않는다면 어떤 정치도 유지되어 나갈 수 없다.[23]

통치자와 피치자는 동일한 동시에, 일면 상이하다고 결론지을 수 있다. (따라서 그들의 교육 또한 동일해야 하는 동시에, 일면 상이하기도 해야 한다. 그것은 사람들이 말하듯이 지배하는 법을 배우려는 사람은 무엇보다도 먼저 복종하는 것을 잘 배우지 않으면 안 되기 때문이다.)[24]

고대 그리스인들은 지배를 받는 민중과 통치를 하는 정치가가 인간의 자질에서 다른 점이 있다고 보지 않았다. 또 정치를 함에 있어서 인간의 자질은 모두 평등하다고 보는 것이다. 여기에는 민중과 다른 훌륭한 정치가란 개념이 없다. 그저 그만그만한 사람들이 돌아가면서 나라 일을 맡아서 할 뿐이다.

사실 우리는 고대 그리스, 특히 아테네에서 직접민주정치가 발달된 것으로 이해하고 있다. 그러나 위 예문을 보면 반드시 그런 것만도 아니다. 아리스토텔레스가 시민들이 돌아가면서 통치하고 또 통치를 받는다고 분명히 적고 있기 때문이다.

시민 국가 대(對) 폭력 국가

위 아리스토텔레스의 예문들로부터 또 다른 중요한 정보를 얻을 수 있다. 동등한 시민이 돌아가면서 통치를 하고 또 피지배자가 되기도 한다는 그의 지적은 '국가'가 시민들에 의해 구성된다는 사실을 뜻한다. 국가가 시민 집단과 대항으로 설정되는 것이 아니라는 말이다. 정부의 개념도 마찬가지이다. 시민의 일부가 통치자가 되어 정부를 구성한다. 그래서 좋은 국가를 만드는 것은 훌륭한 자질을 가진 시민들이다.

이런 국가나 정부는 피치자 민중을 폭력으로 강요하는 존재가 아니다. 근 현대에 들어와서 국가의 속성을 폭력으로 규정하고 민중과는 별개의 독립된 개념으로 보는 이론들이 있으나, 이 같은 시각이 모든 국가 형태를 대표하는 것은 아니다. 고대 그리스의 국가는 시민들의 집합 자체였고, 별개의 존재가 아니었다.

보수와 진보의 대립을 초월하는 국가의 폭력

사실 고대 그리스의 역사에서도 시대에 따라 폴리스의 성격이 변해갔다. 시민 자신이 전사로서 폭력의 주체였던 국가에서부터 다소간 국가 자체가 폭력의 주체로 변질되는 과정을 찾아볼 수 있다. 후자에서는 군사력의 주체로서 시민병보다 용병의 역할이 증가한다. 이것은 국가의 군사력이 풀뿌리 민주주의의 기반인 시민의 세력과 유리되어 가는 과정과 궤를 같이 한다.

그 획기적 계기가 되었던 것이 기원전 4세기 후반의 펠로폰네소스 전쟁이다. 그리스 사회의 변질에 즈음하여 역사가 투키디데스는 군국주의적 힘의 성장이 초래하는 사회적 부작용을 인식하고 있었으며, 그로 인해 야기되는 전쟁이 인간사회를 황폐하게 만든다는 교훈을 적음으로써 그의 <역사(펠로폰네소스 전쟁사)>를 후대에 길이 남을 명작으로 승화시켰다.

다소간 중앙집권직 구조를 가진 근현대 국가형태는 시민들의 모임, 즉 시민단을 중심으로 한 고대 그리스 폴리스와는 상이한 권력구조에 입각해 있다. 후자의 경우 권력은 중앙이 아닌 지역 단위, 더 나아가 각 가문으로 분산된다. 시민권은 국가가 아니라 각 가문에서 인정하는 적자의 자격에 뿌리를 둔다. 가문에서 보증하는 시민이란 유사시에 국가를 위해 경제적 부담을 질 수 있음을 뜻한다. 조직적 수세제도가 발달되지 않았던 폴리스에서 모든 권력의 원천은 바로 각 가문에 있었고, 오늘날과 같은 국가가 아니었다. 권력의 원천이 중앙에 있지 않았다는 점에서 폴리스의 권력구조는 분산적, 무정부(아나키 anarchy)적인 것으로 규정할 수 있다.

한편, 오늘날 한국의 정치적 담론은 흔히 보수와 진보 간의 대립으로 대표된다. 보수와 진보의 구분은 여러 가지 측면에서 논의될 수 있는 것이나, 적어도 오늘의 대한민국에서는 사회 경제적 분배와 밀접한 관련이 있다. 보수는 경제적 자유주의, 진보는 사회적 경제 혹은 복지의 확대와 연관이 되고 있다.

그런데 대립하는 양쪽이 모두 간과하고 있는 사안이 있다. 그것은 정치권력 구조상의 문제로서 국가의 폭력성 여부의 문제이다. 사회경제적으로 어떤 체제를 택하느냐와 무관하게 권력의 폭력성은 존재할 수 있다. 그리고 그 국가의 폭력은 보수나 진보 성향의 차이와 무관하게 사회 자체를 비민주적인 것으로 만드는 원천이 되는 것이다. 즉, 자본주의, 자유주의 경제체제나 공산주의, 사회주의는 그 어느 쪽을 막론하고 비민주적인 독재국가가 될 수 있다. 민주국가는 일정한 사회경제 체제와는 별개로 국가권력 구조에서 폭력을 제거했을 때에 존재 가능한 것이다. 민주국가의 한 예가 평등하고 동등한 시민들이 통치자와 피지배자로서 교대하는 고대 그리스의 폴리스이다.

아테네의 대의정치와 민중의 공직자 처벌권

아테네에도 대의정치가 있었다. 우리 국회와 같이 '500인 의회'가 있었고 10명의 장관, 장군 등 민중들에 의해 뽑혀서 나라 일을 대신 했던 공직자들이 있었던 것이다. 그런데 왜 아테네 민주정치가 직접민주정치였던 것으로 우리는 알고 있는 것일까?

그 이유는 다소간 대의정치가 없었던 것은 아니지만, 권력을 제어 감시할 수 있는 권력이 민중에게 주어져 있었다. 이것이 바로 직접민주정치의 비밀이다. 그것은 크게 두 가지 특징을 들 수 있는데, 하나는 특정인에 대한 권력의 집중을 막는 것, 다른 하나는 공권력에 대한 감시 및 처벌권을 민중이 행사하는 것이었다.

무엇보다 아테네인들은 민중이 대중으로서 갖는 감정적 취약성이 아니라 오히려 권력이 특정인에게 집중되었을 때에 초래되는 위험을 경계했다. 인간의 생물적 약점보다는 사회적 제도로서 권력의 집중에 의해 야기되는 부정적 결과를 방지하는 데 관심을 기울였던 것이다. 그래서 그들은 관리의 임기를 1년으로 제한하고 또 연임이나 재임을 허용하지 않았다.

또 공직자가 공권력을 오용 남용 하든가 잘못을 저지르는 경우, 민중이 처벌권을 확실하게 장악하고 있었다. 우리에게 잘 알려진 제도는 도편추방제(陶片追放制)이다. 이 제도는 고대 아테네에서 이렇다 할 뚜렷한 잘못도 없는 정치가를 추방하는 데 쓰였다. 찬성 6000표만 모이면 막연한 의혹이나 그냥 '싫다'는 감정만으로도 민중이 정치가를 10년 동안 추방할 수 있는 가공할 제도적 장치가 도편추방제였다. 마음에 들지 않는다는 이유로 정치가들을 추방할 정도이니, 정치가나 장군이 잘못을 범하게 되면 가차 없이 민회의 결정이나 민중재판소에서 재판을 거쳐 추방해버렸다. 이렇게 국가나 민중에 손해를 야기한 공직자에 대한 처벌은 말할 것도 없고 공직자 아닌 정치가, 또 그에 대한 단순한 의구심만으로도 추방해버리는 절차가 제도적으로 마련되어 있었다.

이런 도편추방제도는 우리 한국의 상황과는 아주 다르다. 공권력을 행사하는 공직자는 사인(私人)과 달라서 각별한 견제장치가 필요하다는 점을 고대 아테네인은 깨닫고 있었으며, 이런 제도적 장치가 그 민주정이 바르게 작동하도록 하는 원동력이 되었다. 그러나 현재 우리는 증거가 있는 사실이라 하더라도 공공연히 대중 앞에서 적시했을 때는 명예훼손죄에 걸리게 되어있다. 사실 공직자의 경우는 비리의 의혹만 있어도 공론화함으로써 훗날을 경계하는 것이 공권력의 오 남용을 방지하는 방편이 될 수 있다. 그런데 사실조차 발설하지 못하도록 하여 원천적으로 막고 있으므로 공직 비리는 더욱 기승을 부리게 되었다.

고금을 막론하고 민중과 정치가의 자질은 서로 구분되는 것이 아니며, 직접민주정 혹은 간접 민주정(대의제도) 중 어느 것을 할 것인가를 두고도 다툴 필요가 없다. 대의정치를 해도 상관이 없으나, 민중을 대의하는 공직자가 그 권력을 올바르게 행사하는지에 대한 감시와 처벌의 권한을 주권자인 국민이 가지고 있어야 하는 것이다. 그러나 현재 한국에서는 민중이 그 공권력을 감시 처벌하는 제도적 절차가 거의 전무하다. 그 결과 행정은 물론 사법적폐, 게다가 입법부 국회는 거의 마비상태에 이르러도 마땅한 대책이 없다. 40개국 전후한 OECD 국가 중에서 한국의 경찰 사법 신뢰도는 꼴찌에서 두 번째 혹은 세 번째를 차지하는 것은 그 단적인 예일 뿐이다.

최근 전(前)대법원장 양승태나 당시 법원행정처가 청와대와 교감하여 판결에 영향을 미쳤을 것이라는 의혹이 제기되고 있다. 그런데 이런 사법공권력의 농단을 목도하고도 검찰은 수사 착수하기를 꺼린다. 또 수사를 시작하여 자료를 내놓으라고 하니 법원행정처에서 못 내놓겠다고 막고 나선다. 사법공권력이 가히 제왕적 권위를 가지고 군림하고 있는 현실이다.

현(現)대법원장을 위시하여 일부 법조 인사들은 양승태의 형사고발 여부를 법원 자체에서 결정할 것이라고 하기도 한다. 형사고발로 인해 사법공권력에 대한 신뢰도가 무너질 것이라며 형사고발을 자제해야 한다고 하는 의견도 있단다. 이 같은 은폐의 관행이 법관들의 오판을 더욱 부추기고 있는 현실이다.

국회는 국회대로 정략에 몰두하여 본분을 팽개치고 있다. 민생법안은 묵혀있다 폐기되기 일쑤이고, 국회가 할 일을 게을리 해서 필요한 개헌을 발안하지 않으면 민중이 스스로 발안하고, 국회의원이 민생법안을 통과시키지 않고 폐기시킨다면 민중의 투표권을 확대하여 민중이 스스로 투표할 권한을 갖고, 공직자가 대소를 불문하고 공권력을 오 남용 하면 국민이 직접 벌을 할 수 있는 절차를 마련해야 할 필요가 있다.

문제는 좋은 정치가를 뽑으려고 한다든가 또 좋은 정치가를 뽑았으니 믿고 맡겨두어도 된다고 생각하는 데에 있다. 좋은 정치가를 뽑는 것 자체가 쉬운 일도 아닐 뿐더러 헛손질 할 때도 있고, 또 그 자체가 원천적으로 이룰 수 없는 꿈에 불과하기도 하다. 또 한 때 좋은 사람이었다 하더라도 누구나 환경에 따라서 쉬 변하기 마련이라는 점에 유의할 필요가 있다. 견제 장치가 없으면 대개 위정자는 오만 방자해 진다. 한 사람 대통령을 우상시 하여 우두커니 보고만 있어도 민중은 결국 아무 것도 얻을 수가 없을 것이다. 아무리 지위가 높아도 한 사람의 힘으로 수레바퀴를 굴릴 수는 없는 것이다.

사람은 너 나 가릴 것 없이 비슷하다는 점부터 깨달을 필요가 있다. 다 같은 자질의 시민이 돌아가면서 공직자가 되고, 그 공직자가 민중의 뜻을 충실하게 이행하도록 하는 방법은 민중이 그 공직 수행을 철저하게 감시하는 것이다. 여기서 모든 시민이 평등하고 자질 면에서 동등다고 생각한 고대 그리스 인의 지혜를 돌아볼 필요가 있다.

민중이 공권력을 감시하다

유신 독재정권 때 빼앗긴 민중 개헌발의권을 돌려주지 않는 국회

유신 독재정권은 민중의 개헌 발의권을 원천적으로 박탈했다. 그 전에는 있던 국민발안권을 유신헌법에서 삭제한 것이다. 아무리 잘못된 헌법이나 법률이 있어도 민중은 입도 뻥긋 하지 못하도록 만들어 놓은 것이 바로 유신독재정권이었다. 그래서 모든 주권은 민중(국민)에게서 나오는 것이 아니게 되었다. 국민발안권조차 빼앗긴 국민이 무슨 주권자가 될 수 있는가.

그런데 독재정권이 주권자 민중의 권리를 빼앗아 간 것보다 더 심각한 문제가 있다. 그것은 현재의 국회의원들이 그 빼앗긴 권리를 찾아서 돌려주려고 노력하기는 커녕, 돌려주도록 요구를 해도 못들은 척 한다는 점이다. 정도의 차이는 있을지 모르겠으나 이런 혐의는 여당, 야당을 가리지 않고 다같이 적용된다. 왜냐하면 올해 2018년 6.13 지방선거에서 동시 개헌을 하자고 시민단체들이 떠들어도 마이동풍, 급기야 '원포인트 개헌(한 가지만이라도 돌려달라)', 즉 '국민개헌 발의권'이라도 돌려달라고 떠들었으나 국회는 여야가 공히 귀를 막았다. 명색이 국민의 대표라고 하는 국회의원들이 가부좌 틀고 앉아서 국민들의 권리를 진작하는 것이 아니라 오히려 이를 방해하고 있는 것이다. 이 같은 사실은 위헌으로 판정된 국민투표법을 개정하지 않고 직무를 유기한 데서 명확해진다. 헌법재판소에서 국민투표법 제14조 제1항 재외국민투표권을 배제한 것은 위헌이라고 결정하고 국회로 하여금 개정하도록 했으나, 국회에서는 이미 3년여가 지나도록 아무런 조처도 취한 것이 없다.

오히려 배짱을 내밀고, 국민투표법이 위헌으로 판정 난 것이므로 국민투표 자체를 할 수가 없는 것이란다. 한 나라의 국회가 그야말로 총체적인 철면피의 몰골이다. 상식으로 이해가 안 되는 것이, 그동안 국회의원으로서의 본분을 다 하지 못하고 직무를 유기했다면, 지금이라도 서둘러 고치려는 시늉이라도 해야 할 것이 아닌가? 그러나 그러지 않는 것은 지금도 여전하다. 6.13 지방선거 동시 개헌이 물 건너 간 다음에도 국회로부터는 국민투표법을 개정하고 있다는 소문이 들리지 않고 마냥 잠잠하기만 하다.

이쯤 되면 국회는 국민의 대표가 아니라 스스로 국민의 적(敵)임을 공언한 셈이다. 헌법에 보장하는 국민 투표권도 행사하지 못하도록 이렇듯 국회에서 훼방을 놓고 초칠을 하는 행색으로 볼 때는 그렇게밖에 이해가 안 된다. 국회의원들에게는 자신의 임무를 부여해준 국민들이 안중에 없는 것이다.

체제나 법률의 결정은 민중의 뜻에 따라 가변적이어야 한다.

진보의 적(敵)은 사실 정책 내용 자체에서 구분이 잘 안 되는 경우가 있다. 다만 기존 체제의 개혁, 변화 자체를 방해하는 사회적 세력인 것은 확실하다. 그 변화가 보수든 진보든 꼭 어느 방향으로 가야한다는 고정된 가치관이나 법칙은 있을 수 없다. 민중 다수의 의사에 따라 보수로도 갔다가 진보로도 갔다가 하면 된다. 문제는 민중의 뜻에 따라 언제나 변화가 가능하도록 제도적 장치를 갖추어야 한다는 말이다.

실로 경계해야 할 것은 한 번 만들어진 것은 고치지 못하거나 아니면 고치기 무지 어렵도록 경직된 절차를 만들어두는 것이다. 이런 경직성은 결정하는 주체가 민중이 아니라 대의제 기구인 국회가 되었을 때 가중된다. 국회의원의 출신성분이 가진 자들 혹은 가진 자들에 부화뇌동하는 세력이 주류를 이루고 있으므로, 자연히 기득권 특권층에 유리한 것은 얼른 통과, 그렇지 않은 것은 묵혀두었다가 판판이 폐기한다.

국회는 직무를 유기하면서도 그 결정권을 민중에게 내주기를 원하지 않는다. 오늘날 국회의 안하무인 특권의식은 그들을 국회로 보낸 민중을 배반하는 것이다. 국회 안에 진보와 보수로 세력이 나누어져 있는 것이 아니라 국회 자체가 바로 보수의 아성이다. 그 아성은 주권자 민중이 결정의 주체로서 제자리를 찾는 절차 민주정치의 도입을 원천적으로 두려워하고 방해하고 있다.

국회는 기득권자들의 특권을 지속시키려 하는 음모를 체제안정이라는 빌미로 감추고 있다. 변화에 대한 거부는 사법부도 마찬가지이다. 위정자들에게 빼앗긴 민중의 권리를 찾는 데는 바로 이런 음모와 논리를 경계하고 방지해야 할 필요가 있다. 헌정 체제나 법률의 경개(更改)가 가능할 경우 사회의 안정성은 어떻게 도모하나 하는 문제가 있다. 한편에 체제 안정, 다른 편에 변화를 어느 정도로 도모할 것인가 하는 것도 위정자, 국회, 법관이 아니라 궁극적으로 민중이 결정한다.

민중이 공직자를 감시하는 절차 민주정치

정치는 대통령, 국회의원 등 위정자들만 하는 것이 아니다. 최소한 공직자의 비리를 감시 처벌할 수 있는 권한은 시민으로서의 국민이 직접 가지고 있어야 한다. 국민이 처벌의 칼자루를 쥐고 있을 때 비로서 "대한민국의 주권은 국민에게 있고, 모든 권력은 국민으로부터 나오는 것"(헌법 제1조 2항)이 현실화 될 것이다.

대통령, 국회의원 등 권력자와 정권만 바꿀 것이 아니라, 그 행위 가운데서 어떤 것이 공적 임무를 그르친 것이 있는지를 미시적으로 들여다보고 또 사적으로 공권력을 남용한 것이 있으면 민간인보다 더 엄하게 벌을 하는 제도를 갖추어야 한다. 공직자는 공직자이기 전에 대한민국의 법을 지켜야하는 국민의 한 사람이다. 특히 상부 감독기관 없이 그 자체로서 독립적인 헌법기관처럼 군림하는 대통령, 국회의원, 법관은 물론이고, 그 외 검찰 등도 그 행정, 판결, 결정 등의 오류에서 그 권력의 크기에 비례해서 처벌의 수위를 가중해야 한다.

공직자를 감시를 할 때 무엇보다 공직자의 공무상 행위와 사적인 이해관계를 서로 구분할 필요가 있다. 일단 국회의원이나 법관이 되기만 하면 주먹구구식으로 일거수일투족이 모두 공직과 관련이 있는 것으로 생각하는 경향이 있어서, 개인 비리를 따로 떼어내서 감시할 생각을 못했고, 그런 체제가 정비되어 있지도 않다. 공직자는 공직자이기 전에 대한민국 법의 적용을 받는 사인(私人)이다. 개인 비리가 그 공직이 갖는 권위로 인해서 그만 파묻혀버리게 되었다. 공권력의 적폐는 바로 이런 한국인의 정서와 제도적 구조의 산물이다. 공직자의 과오가 단순한 업무상 과실인지 아니면 사적 이해관계가 개재된 고의적 비리인지의 여부를 가려서 민중이 감독할 수 있는 체제가 마련되어야 한다.

현재 공직자에 대한 감독은 그가 속한 유관 관청에서 자체적으로 하는 경향이 있다. 법관의 감시를 법원징계위원회, 검사에 대한 감시를 검찰청에서 하는 것 등이다. 그래서 팔이 안으로 굽어서 판판이 솜방망이 처벌로 끝난다. 유관 기관이 그 기관 자체의 공신력을 떨어뜨릴까봐 걱정이 되어 다 까발리지를 못하는 것이다.

공직자에 대한 감시는 주권자 민중의 감시 하에서 철저하게 이루어져야 한다. 또 공권력의 오 남용이 그냥 판단 착오인지, 아니면 권력의 사주, 혹은 뇌물을 받거나 사적 이해관계에 의해 터무니 없이 결정한 것인지의 판단은 민중이 상식에 의해서 한다. 민중이 전문지식을 갖지 못해서 결정권을 행사하지 못한다고 할 것이 아니라, 상식에 어긋나는 법이나 관행은 잘못된 것이니 상식에 맞게 고쳐야 한다. 전문 기술 분야는 민중이 필요로 할 때 자문을 의뢰하면 될 일이다.

이런 제도적 장치는 앞으로의 공직 비리를 예방하는 순기능을 한다. 주권자 민중의 감시권과 징벌권이 제도화되면, 위정자들은 자신의 행위가 민중의 눈에 어떻게 비칠 것인가 신경을 써서 주의를 하게 되고, 오만한 제왕과 같은 행태를 멈추게 될 것이다.

시민과 정부 간 무기의 평등: 민중의 발안, 소환, 투표의 권리

공직자 직무유기 방지를 위한 민중의 감시 및 처벌의 권한

현재 한국에서는 대의(간접)민주정치라는 허울 아래 민중의 뜻을 직접 반영할 수 있는 제도적 장치가 거의 전무하다. 유신독재를 거치면서 국민개헌발의권조차 사라져버렸기 때문이다. 국회와 같은 대의제 기구에 전권을 부여할 것이 아니다. 국회의 결정이 상식을 벗어날 때 민중이 직접 발의해서 표결할 뿐만 아니라, 직무를 유기하고 비리에 가담한 공직자를 직접 소환하여 처벌할 수 있는 권력을 가져야 한다.

인권을 침해하는 식민 지배 및 위정자들의 권위주의의 잔재를 극복하기 위해서는 민중이 법안을 발의할 수 있는 국민발안제, 태만하거나 공권력을 남용한 공직자를 소환하여 책임을 묻는 국민소환제, 국회가 직무를 유기하고 발안된 법안을 묵혀서 폐기할 때 필요한 법안을 민중이 직접 통과시킬 수 있는 국민투표권이 전제되어야 한다. 이런 제도들은 정책의 내용이 아니라 '누가 결정권을 갖는가'의 민주적 절차에 해당한다.

이런 제도들은 현재 결정권 없는 들러리로 운영되는 시민배심제도에 결정권을 부여함으로써 사법 권력을 견제해야 하며, 부족한 인력뿐 아니라 무능과 비리에도 기인한 경찰, 검사의 자의적 수사 권력을 견제하는 시민경찰, 즉 사설탐정제도를 도입해야 하는 것과 같은 맥락에 있다.

국민발안제

국민발안제란 특정법안을 민중이 직접 법안 등을 제안하는 것이다. 미국이나 스위스의 일부 자치주, 유럽 등지에서 시행되는 제도이다.[25] 이것은 그 전 헌법에 규정되어 있었으나 유신독재체제에 의해 빼앗긴 권리이다. 그런데 독재정권이 아닌데도 현재 국회에서는 이 국민발안권을 민중에게 돌려줄 마음이 별로 없다.

현재 국민이 입법 청원을 하더라도 국회의원의 이름으로 대신 발의하여 국회 법사위(법제사법위원회)를 통과하고 나중에 국회에서 법령을 의결한 뒤 공포된다. 그 과정에서 국민의 진의(眞意)가 중도에 왜곡되어 입법 발안 취지가 훼손되어 청원한 국민의 뜻이 제대로 반영되지 못하는 경우가 발생하고 있다. 국민발안이란 국민이 직접 법률안을 발의하고 감독함으로써 정치가 및 국회의원들의 당리당략에 의해 입법안이 중간에 변질되는 것을 막을 수 있다. 국회에서 이루어지는 입법 과정에서 원래 발안자의 의도가 변질되기 일쑤이다.

한 예가 노무현 대통령이 발기했던 로스쿨(법학전문대학원) 안이다. 적체된 고시생을 없애고 법조인 수를 늘려서 민생을 도모하려던 원래의 취지가 무색하게 변질되어, 지금은 돈이 없으면 갈 수 없는 곳이 되었다. 결국 어떤 이상적인 제안보다 더 중요한 것은 그것을 초심대로 밀고나가서 원하는 결과에 이를 수 있도록 하는 것이며, 이것은 대의하는 국회의원이 아니라 민중들 자신에 의해 이루어져야 한다.

고대 아테네인들의 경우 법률의 입안은 여러 가지 경로로 이루어졌다. 의회의 제안, 입법가들에 대한 위임, 민회의 시민 등에 의한 것이 그러하다. 일단 법률이 제안되면 의회의 선행논의 등을 거쳐서 최종적으로 민회에서 결정되었다. 고대 아테네에서는 민중의 뜻에 따라 민회에서 법안이 폐기되거나 통과되는 것이었으므로 오늘날 우리 국회의 논의과정에서 자행되고 있는 법안의 변질은 있을 수가 없는 제도적 구조 하에 있었다.

그러나 우리의 경우 국회 법사위(법제사법위원회)에서 법안이 논의되는 과정에서 갖가지 이익단체들의 로비가 들어가고 그 뿐 아니라 여야 정당의 협상과정에서 '빅딜'과 같은 형식으로 도매급으로 법안이 통과되는 경우도 없지 않은 것으로 보인다. 법안 명칭은 같으나 그 내용이 입법 제안 당시와는 오히려 상반되고 국민의 뜻에도 반하는 변질된 법안이 통과됨으로써 국민의 실망을 자아내는 경우가 없지 않다는 것이다.

국민발안제는 국민의 뜻을 전달할 뿐만 아니라 변질된 법안이 통과될 경우 다시 국민들이 발안할 수 있는 제도적 안전장치를 마련함으로써 이른바 국민을 대표한다고 하는 소수 국회의원들에 의한 자의적 권력의 횡포를 미연에 방지할 수 있는 이점도 동시에 가진다.

국민소환제

국민소환제(recall)[26]는 공직자 임기 만료 전이라도 국민이 부적격하다고 판단하는 경우 일정수의 투표참여율과 일정수의 찬성률에 따라 투표로서 그를 해임하는 것이다.

국민소환제는 공무에 임하여 공권력을 행사하는 자에 대한 견제장치로서 고대 아테네 민주정에서 그 기원을 찾을 수 있다. 공권력에 대한 아테네인의 감시는 관직에 임할 때의 자격심사[27], 관직을 물러나올 때의 수행검사가 있었다. 기원전 4세기 중반 아리스토텔레스의 저작으로 전하는 〈아테네 국가제도〉에 따르면, 의원들은 다음해의 의원들과 9명 아르콘의 자격심사를 한다고 하고, 그 전에는 의회가 최종 심사를 하였으나 아리스토텔레스 당시에는 그 최종 자격심사권이 민중재판소로 넘어갔다고 한다.²⁸ 특히 관직을 마치고 나올 때 확인을 하여 미비한 점이 있으면 벌을 주고 국가에 손해를 입힌 것이 있으면 손해배상을 하도록 했다.²⁹ 이 뿐만 아니라 아테네 민회는 매 달마다 공직자의 공무수행 상태를 감시의 대상으로 했다.

> *의회는 휴일을 빼고 매일 열리고 민회는 각 행정회기[프리타네이아]³⁰마다 4번 열린다. … 첫 번째 주요 민회에서 하는 일은 다음과 같다. 관리들이 잘 통치할 때는 그들에 대한 지지를 표결하며, 먹을 양식과 영토방어에 대해 의논하고, 같은 날 원하는 사람들로 하여금 탄핵을 하게 한다.³¹*

<아테네 국가제도>에서 전하는 위 예문에서 보이는 바와 같이 고전기 아테네인들은 약 한 달 간격으로 4번의 민회를 여는데, 그 중 첫 번째 민회에서는 언제나 공직을 잘 수행한 자에 대해 지지를 표하고, 못한 자들에 대해서는 탄핵을 한다. 공직자가 법을 따르지 않을 때 원한다면 개인도 탄핵할 수 있다. 의회가 이를 유죄로 판결하면 문제는 또 재판소로 이관된다.³² 세금을 받아서 관리들에게 나누는 직책을 맡은 세금 수납관의 경우, 분배한 몫을 나무판에 적어 가지고 와서 의회장에서 읽는다. 이 때 공인이건 사인이건 간에 분배를 잘못한 자를 보게 되면 의회에 대해 문제를 제기하여 잘못의 유무를 가리는 투표를 한다. 의원들은 또 자신들 가운데서 회계관 10명을 추첨하여 각 프리타네이아[행정회기]마다 관리들의 회계를 검열하도록 했다.³³

이와 같이 의회는 물론 민회의 민중은 공직의 수행 상황과 공직자에 대한 감독을 매달 즉, 행정회기가 바뀔 때마다 수행했다. 공권력에 대한 고대 아테네인의 감시는 이렇듯 철저했으며, 근대 국가와는 비교가 되지 않

을 이런 작은 권력에 대해서도 철저한 감시를 통해서만이 민주정이 순기능적으로 작동할 수 있었다.

그러나 현재 대한민국에서 자행되고 있는 공권력의 횡포를 견제하기 위한 시민의 감시체제는 존재하지 않는다. 국가와 시민은 동등한 자격으로 서로 견제함으로써 국가권력, 정치가, 공무원 관료의 횡포를 견제할 수 있다. 부패척결의 첫걸음은 국가기관이나 위정자들을 믿지 않고 견제하는 것이다. 그 견제는 위정자들이 가지고 있는 권력을 필요한 만큼 민중이 반환 받아서 직접 행사하며, 위임한 공권력에 대해서는 철저하게 감시하는 권한을 보유함으로써만이 가능하다.

한 예로, 경찰 인력이 부족하여 제때 다 해결하지 못하는 범죄가 늘어난다면, 국민이 직접 나서서 해결할 수 있는 시민 경찰로서의 사립탐정제도가 필요하다. 그것도 엄격하게 탐정의 숫자를 제한하는 허가제가 아니라, 현재 일본에서 시행되는 바와 같이, 신고제로 해야 한다. 사립탐정은 남의 사생활을 캐는 것이 본업이 아니라 시민의 자위권 및 저항권의 시민 경찰로서 공권력을 보조하는 동시에 감독하는 기능을 갖는다.

또 사법부의 부족한 인력과 그 횡포를 견제하기 위해 시민에 의한 배심재판 혹은 참심재판제도를 도입할 필요가 있다. 법관의 판결 정당성 여부를 감시 징벌 할 수 있는 제도도 도입되어야 한다. 상식을 가진 시민이 재판관으로 임하는 시민 배심제도는 타성적이고 자의적인 공무원의 행정 혹은 사법권을 견제할 수 있다. 또한 전문 법조인에게서 자행되는 실정법의 법리에 따른 말장난을 지양하고, 잘못된 법리는 건전한 상식으로 극복하고 수정하는 역할도 주권자인 시민에 의해 이루어져야 한다.

국민투표제

국민투표제란 현재 국민이 보유한 대통령, 국회의원, 지방의원 등의 범위를 넘어서 그 투표권을 확대하자는 것, 많은 민생법안들이 국회에서 통과되지 못하고 시간만 지나면 그대로 폐기되는 폐단이 있으므로 이런 국회의 직무유기를 보완하여 주권자 국민이 직접 투표권을 갖자는 것이다.

그러면 자연히 국회에서는 차일피일 묵혀지거나, 폐기되는 법안이 줄어지는 효과를 얻게 된다. 지금은 그런 보완조치가 없이 전권을 국회가 가지고 있으므로, 속된 말로 배짱이다. 국회를 통과하지 않으면 돌아가는 것이 없는 줄을 알고서 그 특권으로 주권자 국민에게 봉사하는 것이 아니라 오히려 짓밟고 있다.

이미 2015년 헌법재판소에서는 국민투표법 제14조 제1항 재외국민투표권 관련 조항이 위헌으로 결정했다. 그러나 3년이 다가도록 국회에서 이 조항을 보완하지 않은 사실이 드러났다. 선거관리위원회에서는 이 조항의 위헌성 때문에 국민투표가 불가능하다고 유권해석을 내렸다. 국회의 태만으로 제대로 된 국민투표법도 갖지 못하고 있는 마당에, 국가기관의 유권해석에 의해서도 헌법에 보장된 국민투표권을 유린당하는 사상초유의 사태가 발생하고 있는 것이다. 태만한 국회를 응징할 수 있는 제도가 구비되어 있지 않은 다운데 민중의 기본권이 국회에 의해서 유린당하고 있다.

고대 그리스 정치체제 담론의 변화

아리스토텔레스의 주권 소재 담론과 폴리비오스의 권력남용 방지 담론

아리스토텔레스[34]는 정치체제를 크게 6가지로 구분한다. 왕정, 귀족정, 폴리테이아(politeia:혼합정)가 있고, 또 각각의 정치체제가 타락할 때 왕정은 참주정으로, 귀족정은 과두정으로, 폴리테이아는 민주정(democratia)이 된다. 사실 이런 정치체제 구분론은 아리스토텔레스가 처음이 아니어서, 이미 기원전 5세기 전반 헤로도토스, 같은 세기 후반 투키디데스, 기원전 4세기 전반에 활동한 플라톤에게서도 보인다. 그리고 내용상 편차는 있으나 폴리비오스(203-120 B.C. 경)에게서도 볼 수 있다.

아리스토텔레스는 민주정과 과두정의 구분을 빈자와 부자의 정권으로 각각 정의한다. 즉 권력을 가진 자가 빈자와 부자 중 누구인가 하는 점을 기준으로 정치체제의 차이를 논한다. 그런데 폴리비오스의 정치체제론은 그 전 아리스토텔레스의 것과 큰 차이가 있다. 폴리비오스는 권력의 과도

한 집중과 그에 대한 견제, 권력의 균형이라는 관점에 관심을 두고 있을 뿐, 아리스토텔레스에게서 보이는 빈·부의 상이한 사회경제적 계층 간의 갈등의 요소를 고려하지 않기 때문이다.

아리스토텔레스와 폴리비오스 간의 차이는 양자가 생존한 시대적 배경의 차이와 밀접하게 연관된다. 아리스토텔레스가 생존한 기원전 4세기 말은 헬레니즘 시대로 막 진입할 무렵으로서 여전히 시민단을 중심으로 한 폴리스 체제가 건재했다. 그러나 그로부터 약 200년이 지난 기원전 2세기 중엽에는 로마의 군사력이 이미 지중해를 석권하고 있었고 폴리비오스는 그 로마의 영향을 받았다.

폴리비오스는 펠로폰네소스 반도 아르카디아의 메갈로폴리스 출신이었고, 이곳은 당시 아카이아 동맹에 속해있다. 기원전 146년 로마는 그리스 땅을 마침내 속주로 정초하게 되지만, 그 20여 년 전 이미 로마의 영향권 하에 있던 그리스는 로마에 항거하여 반란을 일으켰다가 실패했다. 이 사건을 계기로 로마는 아카이아 귀족 1000명을 인질로 잡아갔는데, 폴리비오스도 거기에 포함되었다. 기원전 168년 인질이 되어간 폴리비오스는 17년간 로마에 억류되었다.

폴리비오스의 정치체제론은 더 이상 도시국가가 아니라 군사력을 배경으로 성장한 정치권력을 전제로 한 것이었다. 이런 정치 사회적 환경은 과거 위정자나 정부 권력이 발달되지 않고 시민단이 중심이 된 도시국가와는 비교가 될 수 없는 것이었고, 폴리스에서 전개된 빈부 간의 갈등 같은 것은 더 이상 담론의 대상이 되지 못했다. 빈자들의 비중은 점차 사라지고 정치의 무대는 돈(부자), 권력(위정자), 무력(군인)을 가진 자들의 전유물이 되어 갔기 때문이다.

수(數)가 아니라 빈·부의 기준에 따른 아리스토텔레스 정치체제의 분류

아리스토텔레스의 정치체제론에서 보이지만 폴리비오스에게서는 보이지 않는 것이 빈자와 부자 간 갈등이다. 흔히 민주정이 다수, 과두정이 소수에 의한 정치체제라고 알고 있으나 이것은 잘못된 지식이다. 아리스토텔레스에 따르면, 민주정과 과두정의 차이가 단순히 다수와 소수의 통치라는 개념으로 구분해서는 안 된다. 그 대신 민주정은 빈한한 자들, 과두정은 부유한 자들이 권력을 갖는 것이다.

민주정을, 지금 일부 사람들이 익숙해져 있는 것처럼, 단순히 민중이 주권을 잡고 있는 것이라고 규정해서는 안 된다. 왜냐하면 과두정체에서나 다른 어디서나 다수가 주권을 장악하기도 하기 때문이다. 또 과두정부를 소수가 정체의 주도권을 잡고 있는 것으로 규정해서도 안 된다. 왜냐하면 전체가 1,300명이고, 이 가운데 1,000명이 부자이고, 나머지 300명에게, 이들 빈곤한 사람들이 자유인이고 다른 면에서 부유한 사람들과 유사한데도, 관직에 종사할 수 있는 권한이 주어지지 않는다면, 이들이 민주적으로 통치되고 있다고는 아무도 말할 수 없을 것이다. 이와 유사하게, 빈곤한 사람들이 소수이며, 다수의 부자들보다 더 강력한 권한을 장악한다거나, 혹은 다른 부유한 사람들 또한 관직에 참여하지 않는다면 이를 과두정이라고 규정할 수도 없다. 그러므로 차라리 자유인이 권력을 장악하고 있으면 민주정이며, 부자가 권력을 장악할 때는 과두정이라고 말해야만 할 것이다.[35]

아리스토텔레스에 따르면, 모든 정치체제, 즉 군주정(왕정), 과두정(귀족정), 민주정(폴리테이아)이 일정 사회 계층의 이익만 옹호하는가, 혹은 전체민중의 이익을 도모하는가에 따라 좋은 정부도 되고 나쁜 정부가 되기도 한다.[36] 그가 생각하는 바의 좋은 정부는 부자나 빈자 가운데 어느 한 편의 이익만을 옹호하는 정부가 아니다. 반대로, 그는 언제나 부자나 빈자 계층 간의 상반된 이해를 절충하기를 강조하며, '복합성'이야말로 좋은 정부체제의 조건이라고 여겼다.[37]

아리스토텔레스는 누가 권력을 가지고 결정을 하는가에 기준을 두고 정치체제를 구분하였다. 민주정에서는 보다 넓은 사회계층 출신으로 민중에 의해 뽑힌 아르콘들이 세력을 가지거나, 민회의 민중이 영향력을 행사하거나 한다.[38] 아리스토텔레스에 있어서 '민중'이라는 개념은 빈자의 집단만이 아니라, 상류와 하류의 사회경제적 집단을 함께 포함하는 전체 자유인의 사회를 의미하는 것이다. 그러나 과두정에서는 재산자격에 의해 선출되는 아르콘들이 집권하며 빈한한 계층은 참가하지 않는다.[39] 이때는 피선거인의 자격이 재산에 따라 한정된다는 뜻이다.

이처럼 아리스토텔레스에게서 정치체제는 권력의 행사에 참여하는 사람들의 범위를 기준으로 구분된다. 그리고 그것은 단순히 다수와 소수의 차이가 아니라 빈부의 차이에 의한 것이다. 민주정에서는 빈자가 결정권을 가지고, 과두정에서는 재산자격에 따라서 선거권이나 피선거권이 제한된다.

주의할 것은 아리스토텔레스는 권력을 행사하는 주체가 빈자인가 부자인가 하는 데 관심을 가졌을 뿐, 빈자나 부자를 위한 정책을 구체적으로 적시하지 않았다는 점이다. 전자의 주체는 절차요, 후자의 정책은 내용에 해당한다. 이에 아리스토텔레스의 정치체제론의 관심은 절차에 관한 것으로서, 민주정치란 정책의 결정권이 빈민에게 주어져야 한다는 것이다. 즉, 민주정이란 빈민이 직접 결정권을 갖는 것이어야지, 부자가 빈민에 관련한 정책의 내용을 결정해주는 것이 아니라는 말이다. 빈부 간의 갈등에 관한 관심은 아리스토텔레스 뿐 아니라 그 이전의 플라톤, 그리고 더 이전 시대의 역사가였던 헤로도토스와 투키디데스에서도 보인다.

빈부 갈등과 권력균형 담론 간 정치체제론 비교

아리스토텔레스와 폴리비오스의 정치체제론

폴리비오스는 그의 <역사> 제6권에서 정치체제 변화에 관한 이론을 제시하고 있다. 그에 따르면, 정치체제는 왕정, 귀족정, 민주정으로 나뉘고, 그 각각이 타락한 형태로 참주정, 과두정, 군중정(ochlocratia)이 있다.[40] 폴리비오스의 정치체제론은 언뜻 보기에 아리스토텔레스의 것과 닮았다. 그러나 각각의 개념에서 양자는 차이가 있다.

사회나 국가 성립의 원인에 관하여 폴리비오스는 개인의 힘이 약하므로 짐승의 무리처럼 강자 옆에 모이게 되면서 군주정이 발생하게 되는 것이라 여겼다.[41] 군주정 이후로 정체는 다음과 같이 일정하게 순환된다.[42]

처음에는 공익에 봉사하는 자가 왕이 된다. 그러나 그 아들들이 지위를 세습하게 되면서 오만해지고, 시민들의 권리를 침해하게 되면서 왕정은 참주정으로 변질한다. 이 때 민중은 지도자들을 앞세워 참주의 압제로부터 벗어나게 되는데 이것이 귀족정이다. 귀족정에서는 민중의 지도자들이 정권을 잡는다. 이 지도자들은 처음에는 민중의 신임에 부응하고 공동의 이익을 위해 통치한다. 그런데 이들의 지위가 세습되면서 다시 그 후

손들이 권력의 기원과 본래의 목적을 망각하여 오만해지고 권력을 남용하게 되어 귀족정은 과두정으로 변하는 것이다. 이런 상태가 계속되면 다시 혁명이 일어나 민주정으로 넘어간다. 민주정은 한동안은 모든 사람들이 자유와 평등에 입각하여 잘 운영되나 얼마 후 각 개인과 집단이 권력과 영향력을 행사하기 위해 반목하고 서로 싸우게 된다. 이 때 선동정치가가 나타나 (세금과 기부금 등으로) 민중들 자신의 주머니에서 나온 돈으로 민중들에게 지불하면서 추종자를 거느리게 되면서 무정부와 무질서가 초래된다. 그런 다음 마침내 법과 질서를 회복하는 사람에 의해 군주정이 수립되는 것이다.

한편, 폴리비오스는 권력이 남용되지 않도록 하기 위해서는 세 기관으로 분산되는 복합정부가 좋다고 생각했다. 군주정의 요소에 상응하는 1인정, 귀족정에 해당하는 것으로 소수의 대표로 구성된 의회, 다수가 참여하는 민주적 민회가 그것이다. 폴리비오스는 로마의 성공이 바로 이 복합정부의 장점이 어우러져 낳은 결실이라고 여긴다.[43]

그런데 아리스토텔레스의 정치체제론은 폴리비오스와 다른 점이 있다. 아리스토텔레스에 따르면, 여러 가지 정부형태가 존재하는 이유는 다양한 집단들이 도시를 구성하고 있기 때문이다.[44] 가문이 있고, 이들은 부자, 빈자, 중간층으로 나뉜다. 이해관계를 달리하는 다양한 집단은 주로 사회 경제적인 상류, 중류, 빈자 계층과 연관되며, 국가 권력이 이들 가운데 어느 부분에 주어지는가에 따라 정부형태가 달라진다.

아리스토텔레스의 복합정부도 주로 경제적인 중류층이 중심이 되는 정부형태이다.[45] 그에 따르면, 복합정부가 좋은 이유는 갈등이 거의 없기 때문이다. 갈등이라 함은 주로 경제적 사회계층 간 혹은 빈부 간의 대립에 관한 것이라 할 수 있다.

반하여, 폴리비오스의 정치체제론에서는 상이한 사회계층 간의 갈등이 나타나지 않고 권력을 둘러싼 갈등이 중심을 이룬다.

플라톤과 폴리비오스의 정치체제론

플라톤에 따르면 정치체제에는 다섯 가지가 있고 그에 따른 인간형도 다섯 가지이다.[46] 가장 완전한 정부는 '최선자들의 정체(aristokratia)'로서 훌륭하고 올바른 사람이 사심 없이 공익을 위해 통치한다. 그 다음으로 크레타나 라코니아(스파르타)의 것과 같은 명예지배정체(timocratia)와 과두정(oligarchia), 민주정, 참주정이 차례로 나타난다.[47] 명예지배정치에서 통치자들은 노동하는 생산자 민중을 동료로 생각하지 않고 또 공동체의 이익을 위해서가 아니라 개인의 야심과 명예를 위해 통치한다. 명예나 명성은 주로 전쟁을 통해 얻어지므로 지배층은 전쟁을 계속하려 한다.

명예정치보다 더 타락한 것으로 그 다음에 나타나는 과두정치에서는 지나친 부의 소유로 지배층은 게으르고 무용한 존재가 되며, 전체공동체가 빈·부의 두 부분으로 나뉘어져 상호간에 적의가 발생하게 된다. 이때 빈자인 민중은 다시 두 부분으로 나뉘는데, 한 부분은 운명에 순종하는 사람들이고 다른 부분은 그에 반항하는 사람들이다. 부유한 사람들은 점점 수가 적어지게 되며 육체적으로 쇠약하고 사치에 물들게 된다. 이때 빈자들은 부자들의 이런 실태를 깨달으며, 부자들의 권력이 부실하여 튼튼한 기반이 없으므로 마음만 먹으면 부유한 지배층을 제거할 수 있다는 사실을 알게 된다. 이렇게 해서 과두정은 마침내 민주정으로 대치된다.

민주정의 원리는 자유이다. 여기서는 가난한 사람들이 이겨서 다른 편 사람들 가운데 일부는 죽이고 일부는 추방한 다음, 나머지 시민들에게는 평등하게 시민권과 관직을 배정하게 되면서 관직들도 대체로 추첨에 의해서 할당된다. 이런 정치체제에서는 민주정치체제를 닮은 사람들이 살아가는데, 이들은 무엇보다 자유롭다. 이 나라는 자유(eleutheria)와 직언(直言: parrhesia)으로 가득 차서 하고자 하는 바를 멋대로 할 권리(exousia)가 있다.[48]

그러다가 야망의 정치가들이 부자의 재산을 빼앗아 빈자에게 나누어주면서 마침내 재산의 완전한 재분배를 주장하는 과격한 사람이 대중의 지도자가 된다. 그래서 민중과 부유한 사람들 사이에 적의가 증대하고, 이에 대항하기 위해 대중의 지도자는 비상대권을 요구하여 장악함으로써 참주가 된다. 이렇게 민주정이 종식되고 일인정으로 변하게 된다.

참주는 대중의 지지를 얻는 동안은 유연하고 우호적이나 반대와 경쟁에 부딪치면 가혹해지기 시작한다. 마침내 대다수 민중은 참주를 미워하고 그 지배로부터 벗어나고자 하며, 참주는 민중들의 관심을 다른 곳으로 돌리기 위해 전쟁을 시작하고 위험한 반대자를 숙청하는 작업을 계속하게 된다.

플라톤의 정치체제론도 폴리비오스의 것과 차이가 있다. 플라톤의 과두정은 부유층이 집권함으로써 빈부 간 갈등이 발생한다. 그러나 폴리비오스의 과두정은 민중의 지도자인 참주의 압제를 제거하고 집권함으로써 소수 통치자가 오만해지고 권력을 남용하게 된다. 폴리비오스의 과두정 집권자는 처음에 민중의 대표이다. 명예나 부에 있어 민중과 다른 부류가 아니라 처음에는 민중적 지도자였다가 나중에 권력을 남용하는 지배층인 것이다. 이들은 플라톤의 명예정치에서 민중을 친구로 생각하지 않는 소수, 혹은 과두정의 부유한 집권자와는 다르다.

민주정의 개념에서도 양자 간에 차이가 있다. 플라톤의 민주정은 사치에 부패한 자를 제거하고 자유의 원리에 입각하나, 그 지도자는 부자의 재산을 빼앗아 빈자에게 나누어주므로 부자와 빈자 간에 적의가 발생한다. 그러나 폴리비오스의 민주정은 자유과 평등에 말미암아 각 개인과 집단 간에서 권력과 영향력을 행사하기 위한 반목과 싸움이 일어난다. 그래서 마침내 선동정치가의 출현으로 무정부, 무질서 상태로 넘어가며, 이 무질서를 종식시키는 것이 군주정이다.

군주정으로 넘어가는 과정에 있어서도 플라톤은 부자와 빈자 간 갈등을 해소하기 위해 비상대권을 가진 일인자가 나타난다고 여긴다. 그러나 폴리비오스에게서는 민주정이 각 개인이나 집단 간 상호반목으로 인한 무질서를 야기하며, 이를 해결하고 법과 질서를 회복하는 것이 군주정이다.

플라톤의 이론에는 경제적 불평등에 따른 사회적 갈등의 요소가 고려되고 있으나, 폴리비오스의 경우에는 빈부 간 갈등은 언급되지 않고 다만 권력 남용 여부를 중심으로 논의가 전개되고 있다.

헤로도토스와 폴리비오스의 정치체제론

헤로도토스[49]에게서는 페르시아 왕에 반기를 든 3명의 반도들 사이에서 오고간 대화에서 정치체제에 관한 평가가 언급된다. 거사가 성공할 경우 어떤 정치체제를 선택할 것인가 하는 논의이다. 후에 페르시아 왕이 되는 다레이오스는 군주정의 장점을 들고 과두정의 폐단을 지적하고 있다.

그에 따르면, 과두파들이 서로 일인자가 되기 위해 경쟁하고 반목하여 파당 간의 분쟁으로 인해 무질서와 내란 상태가 야기된다. 이 혼란은 일인이 군주정을 수립함으로써 수습될 수 있다.

먼저, 민주정의 결점과 관련하여, 과두정을 지지하는 메가비조스에 따르면, 민주정에서는 민중이 우매하고 방자하며 참주의 오만을 범하게 된다. 또 다레이오스에 따르면 민중의 통치가 사악한 기풍을 낳고 나쁜 사람들은 반목하고 분열되기는커녕 똘똘 뭉쳐서 함께 공동체의 이익에 반하는 음모를 꾸미게 된다. 이때 민중의 지도자가 나타나 이런 상태를 종식하고 군주정을 수립하게 된다는 것이다.

헤로도토스에 따르면, 민주정에서 차라리 참주와 같은 민중의 획일적인 권력행사가 나타나는 반면, 과두정에서는 오히려 분열과 반목이 생긴다. 이런 헤로도토스의 민주정의 개념은 아리스토텔레스의 경우와 유사한 데가 있다. 후자는 타락한 민주정의 한 형태로, 민중이 선동정치가를 따르므로서, 집단적으로 참주에 유사한 군주의 권력을 행사하는 상황을 들고 있기 때문이다.

다만, 정체론에 관한 한, 헤로도토스는 폴리비오스와 다르다. 권력을 독점한 소수에 의한, 폴리비오스의 과두정은 파당 간에 반목, 분쟁하는, 헤로도토스의 과두정과 다르기 때문이다. 민주정의 개념에서도 폴리비오스에게서는 민중이 상호 간의 반목 갈등의 양상을 띠지만, 헤로도토스의 경우에는 민중의 의지가 부자나 공동체의 이익에 반하면서도, 오히려 통일적 권력과 정책의 시행을 구현해가는 것으로 정의되기 때문이다.

투키디데스의 복합정부에 대한 견해

투키디데스는 정치체제에 관해 집중적으로 논의한 적이 없다. 그럼에도 산발적인 견해를 모아보면 폴리비오스와 다른 점이 보이는데, 민중과 과두파의 대립을 경제적인 이해관계에서 고려한다는 점이 그것이다.

기원전 427년 펠로폰네소스 전쟁 시기 미틸레네 인들이 아테네에 대항하여 반란을 일으켰을 때다. 스파르타에서는 살라이스토스란 사람을 미틸레네로 보내어 원조의 뜻을 전달했다.[51] 살라이스토스와 미틸레네 인들은 약속된 함선을 기다렸으나 오지 않았다. 마침내 살라이스토스는 민중을 중무장시켜 공격을 개시하기로 했다. 그런데 무장을 한 민중이 오히려 명령을 거부하면서, 유지(有志 dynatoi)들이 곡식을 내어 분배해줄 것을 요구했고, 그렇지 않으면 적에게 항복하겠다고 협박했다. 유지들은 상황이 여의치 않음을 깨닫고 민중과의 협의 하에 아테네에 항복했다. 여기서 권력을 가진 사람들은 경제적 측면에서 민중과 대립하고 있음을 보게 된다.

또 기원전 411/410년 아테네에서는 일시 민주정체가 중단되고 먼저 400인 과두정부, 연이어 5000인 정부가 들어섰다. 투키디데스는, 5000인 정부에 대해서, 그 이전 400인 정부보다 자격 재산 기준이 낮아져 구성된 것이었다고 보았다. 바로 소수와 다수의 개념이 재산 상의 규모나 자격을 기준으로 나뉜 것임을 보여주는 대목이다. 더 나아가, 투키디데스는 5000인 정부를 '다수와 소수가 이상적으로 복합된 정치체제'로서 극찬하고 있다.[52]

반면, 폴리비오스의 복합정부론은 아리스토텔레스나 투키디데스의 그것과 차이가 있다. 후자들은 복합정부를 부자와 빈자 간의 절충자로서,

혹은 사회경제적 중간계층의 이해관계의 대변자로서 생각했으나, 폴리비오스는 상이한 사회경제적 계층과 무관하게 권력의 견제와 균형에만 중점을 두고 있다.[53] 폴리비오스의 복합정치체제 이론이 근대 입법, 행정, 사법의 삼권분립의 기능적 견제나 균형과 동일한 것은 물론 아니다. 그러나 그 이전 다수가 전제로 삼았던 상이한 사회경제적 세력 간의 갈등을 고려하지 않은 채 권력의 향방을 기준으로 논했다는 점에서 폴리비오스의 정치체제론은 근대 국가의 권력구조적 분립 이론과 일맥상통하는 점이 없지 않다.

위정자의 권력을 대비하는 절차로서의 민주정치

폴리비오스에게서 보이는 권력의 향방에 대한 관심의 이동은 이미 정치권력이 상류층의 전유물이 되어가던 시대적 배경의 차이를 반증하는 것이다. 그리스 폴리스의 정치체제론에서 빈부 간 갈등의 해소에 관심을 두었다는 사실은 정치의 중심에 위정자가 아닌 시민단이 자리했음과, 동시에 상대적으로 공동체적 가치관이 강했음을 뜻한다. 여기서는 권력의 남용이란 문제가 그다지 대두되지 않는다. 자체 무장을 한 시민단 이외의 정부 권력이란 것이 발달되지 않았기 때문이다. 그러나 폴리비오스가 생각한 바람직한 정부는 권력을 남용하지 않는 것이었는데, 이는 곧, 쉬 남용될 만큼 정치권력이 이미 강화되어갔던 사실을 반증한다.

한편에 고대 폴리스의 빈부 간 갈등 해소에 대한 관심, 다른 한편에 로마 팽창시기 권력의 남용을 경계하는 이질적 맥락의 정치체제론의 존재는 민주정치의 향방을 정초해나가야 할 오늘날의 한국에 귀감이 될 수 있다. 민주정치란 권력의 오남용을 견제하는 권력 차원의 담론 뿐 아니라, 특권층과 빈민의 정치적 발언권 및 이해관계가 평등하게 확보될 때 비로소 구체화될 수 있다는 점에서 그러하다.

사회경제적 계층을 기준으로 할 때 국회가 민중을 대신하여 결정하는 체제는 민주정이 아니라 과두정이라 할 수도 있다. 과두정에서는 피선거권이 재산 자격으로 제한되는데, 한국의 경우 법률의 형식으로 재산자격을 규제하는 것은 아니지만 대부분 국회의원으로 선출되는 자는 현실적으로 부를 배경으로 깔고 있기 때문이다. '대의정치'라는 명분에도 불구하고 실제로 국회가 빈자를 포함한 민중 전체가 아니라 가진 자들의 이익을 대의하는 기관으로 변실할 위험이 바로 여기에 있다.

이런 국회의 한계를 극복하는 길은 권력을 부자 혹은 특권층들에게만 맡겨놓을 것이 아니라 빈민도 함께 정치에 참여할 수 있도록 해야 한다. 그 방법의 일환으로, 현재 위정자들에게 독점된 권력 중 일부가 민중에게로 환원되어야 할 것이 있다. 무엇보다 중요한 것은 위정자들이 행사하는 권력을 효과적으로 감시하고 비리를 처단할 수 있는 권력을 민중이 갖도록 하는 것이다.

참 민주정치는, 행정부나 국회, 법원 등 위정자가 빈민을 위해 정책을 결정하는 시늉을 내는 것이 아니다. 오히려 빈민을 포함한 전체 민중이 적어도 주권자로서의 입지를 확보하는 데 불가결한 권력을 직접 행사하고 자신을 위한 정책을 결정하는 권한을 가질 때 그것은 현실화된다. 이때 민주정치의 개념은 결정된 내용이 아니라 그 결정권을 행사하는 주체, 즉 민중이 결정권을 행사한다는 절차 상의 문제로 환원된다.

제 3 장
'내용'과 '절차' 민주정치의 응용

로베르토 웅거는 정책을 추구하는 절차로서 직접민주제와 대의민주제를 절충하는 안을 제시했다. 시민이 중심이 되어 결정해야 한다는 웅거의 주장은 아리스토텔레스의 이론과 맥을 같이 한다. 그러나 구체적으로 그가 제시한 물질적 자원의 최저한계 보장을 위한 정책의 내용은 플라톤을 닮은 점이 있다. 기능에 따라 4개 계층이 사회적 역할을 달리 할 것, 특히 철인(哲人) 통치자와 무사(군인) 등 권력자들에게는 사유재산을 허용하지 않고 공유제로 할 것 등, 플라톤이 〈국가〉에서 제시한 것은 민주적 절차가 아니라 내용에 관한 것이기 때문이다.

기독교적 삶은 내용보다는 절차로서의 규범성을 지니고 있다. 기독교가 사회제도나 부의 분배와 관련된 어떤 구체적 내용을 적시하는 것이 아니고, 사랑과 용서의 정신을 통해 살아가는 방법을 중시하고 있다는 점에서 그러하다. 흔히 기독교도는 이교도와 구분된다. 그러나 기독교도 사이에서도 커다란 차이점이 있는데, 그것은 복종과 저항의 차이로 환원된다.

'절차'와 '내용'을 혼합한
로베르토 웅거의 급진민주정치

로베르토 웅거[54]는 자연과학적 법칙이나 역사적 결정론을 거부한다. 그 대신 '해방된 실용주의,' '심화된 민주주의 공공문화'의 기치 아래 사회구조를 혁신하고 재구성하는, 시민에 의한 자발적, 창조적인 역할을 강조했다.

웅거는 한편으로 주류(主流) 실증주의 사회과학, 다른 한편으로 마르크스의 이론을 다 같이 비판한다. 그에 따르면, 마르크스는 인간해방을 위하여 사회를 분석하며 그 심층구조를 밝혔지만, 법칙주의 역사관에 기울어 사회변혁의 기회를 제대로 포착하지 못했다. 물론 마르크스의 저작에는 발전가능성의 씨앗이 뿌려져 있었지만 '마르크스주의자'들이 이를 발아시키지 못했다는 것이다. 주류 실증주의 과학이 심층적 구조와 표층적 일상 간의 차이를 너무 가벼이 여겼다면, 마르크스주의는 심층 구조를 너무 무겁게 파악했다고 평가한다.[55]

웅거는 사회제도의 가변성(plasticity)과 우연성(contingency)을 강조하는 입장에 서서, 마르크스주의를 '숙명론'으로 규정하고, 그것을 '허위의 필연성'인 것으로 반박한다. 웅거에 따르면, 첫째, 구조들의 예정된 목록은 존재하지 않는다. 그 대신 자연법칙의 불확정성, 인간적 세계의 가변성을 강조한다. 둘째, 웅거는 사회경제적 구조들이 공동의 숙명을 지닌 불가분적 체계라는 점을 부인한다. 사회는 기본적으로 인공물이고, 구조의 부분들도 우연적으로 결합한다는 것이다. 셋째, 어떤 결정적인 파국, 대공황, 전쟁 등이 자연적 이치에 따라 구체제를 무너뜨리고 새 체제를 형성해간다는 관념도 거부한다. 변화의 속도와 방향을 결정하는 것은 자연의 힘이 아니라 인간의 행위인 것으로 보기 때문이다. 대(大)파국 같은 것이 없어도 인간은 구조를 혁신하고 재구성 할 수 있다는 것이다.

한편, 웅거는 실용주의를 그다지 탐탁해한 것은 아니었지만, 자신이 지향하는 바를 급진적 '해방된 실용주의'[56]로 명명했다. 그는 자신의 실용주의를 행위주체성, 초월, 미래지향성, 실험주의의 가치관으로 규정한다.[57] 웅거에 따르면, 민주적 완전주의는 민주적 실험주의와 반대되는 개념으로 자신은 후자를 지지한다. 민주적 완전주의란 현존하는 특정제도들을 완전한 것으로 간주하고 이에 대한 도전을 용납하지 않는 입장이다. 웅거는 이런 사유방식을 제도적 물신숭배나 독단주의로 규정한다. 반면에, 민주적 실험주의는 제도와 사회구조에 대한 운명론을 거부하며, 개인을 해방하고 동시에 그 역량을 강화하기 위한 전략적 관점이다. 실험주의 관점의 민주주의는 보통사람들의 변혁의 잠재력, 자신의 문제를 자주적으로 처리하는 능력, 특권을 주장하는 특정계급이나 집단에게서 그 권력을 탈취해오는 능력에 대한 기대를 실천적, 제도적으로 표현한 용어이다.[58]

구체적으로 웅거는 기존 사민주의(社民主義)가 알맹이를 상실했다고 진단하고,[59] 시장을 민주화하기 위해 사민주의 체제가 안고 있는 문제를 극복해야 한다고 주장한다.[60] 이런 입장에서 웅거는 <주체의 각성>에서 민주적 실험주의 프로그램을 다섯 가지로 제시한다.

① 공공(公民) 생활에서 정치적 동원과 대중적 참여 수준을 지속적으로 향상시켜 정치에 대한 활성의 온도를 높이고, 경직된 사회제도를 유연하게 한다. 그러나 정치의 온도가 너무 뜨거워 반(反)제도적 과열로 나가지 않도록 제도화해야 한다.

② 대의제 민주주의와 직접민주주의를 결합하여 정치의 성취도를 높여야 한다. 직접민주주의를 누적적으로 결합시킴으로써 끊임없이 도전하는 과두지배를 억제하고, 정치 역할면에서 다수 대중이 저마다 느끼는 무기력과 무의미를 쇄신하며, 정치적 경험과 다른 사회적 경험과의 격차를 줄인다. 이를 위해 국민투표를 이용하여 법과 정책의 변화, 사회정책과 예산 수립과정에 지역공동체가 참여케 함으로써, 사적인 관심과 공적인 대의가 융합될 기회를 확대한다.

③ 정치권력의 중심부 기능이 교착 상태에 빠졌을 때 문제를 신속하게 해결함으로써 정치 변혁의 박차를 가하고 사회생활의 정치적 쇄신을 용이하게 만든다. 자유주의적 취지의 통제는 용인하지만, 정치의 활력을 감소시키려는 보수적 의도의 통제는 배척해야 한다.

④ 특정한 영역이나 분야들에서는 기존의 경직된 법률 규범에서 벗어나 새로운 규칙을 실험하고 변화를 추구하는 자유를 허용해야 한다.

⑤ 사회를 더 강렬한 실험주의로 이끄는 능력을 육성하는 조건으로서 개인의 역량과 보장수단을 강화한다. 개인 권리를 보장해주는 제도뿐 아니라 사회상속제(social inheritance)라는 보편 원칙을 발전시킨다. 사회

의 경제적 진보가 허용하는 한도에서, 사회구성원인 모든 개인은 '사회상속계좌'와 '보장최저소득'을 통해 최저 한계의 물질적 자원을 보장받을 수 있어야 한다.[61]

이 중 다섯 번째 방안은 기본권의 문제와 직결된다. 웅거는 권리무용론에 경도된 비판법학자들과 달리 권리개념을 창의적으로 재구성하였는데, 그것은 시장권, 면세권, 타파권(destabilization rights), 연대권 등이다.[62]

웅거에 따르면, 진보주의자들은 흔히 정치적이고 경제적인 제안들에 관심을 집중하면서도 정작 주의를 기울여야 할 사회생활의 미세구조를 방치해버리는 과오를 범해왔다. 정치의 궁극적인 목적은 바로 미시적인 개인의 삶과 개인적 만남의 질(質)이다.

웅거가 지향하는 것은 '심화된 민주주의 공공문화'인데, 이것은 사람들이 서로 관계를 맺는 방식의 내용뿐만 아니라 성질, 즉, 인간관계의 차별성, 완고성, 관습적 힘에 의한 종속성의 문제에 대해서도 대안을 제시해야 한다. 현대사회에서도 가장 큰 영향력을 발휘하는 개인적 관계 양식들 가운데서 가장 완고한 것이 개인적 복종의 구조, 충성-헌신의 상호간 요구를 가능하게 하는 특수한 종류의 결사 양식, 즉 '보호인-피보호인'의 논리라고 한다. 상급자와 하급자 사이, 남자와 여자 사이에서 보호인-피보호인의 논리가 적용되면, 개인적 주체(자아)와 사회적 연대 간의 긴장을 악화시키고 민주주의의 기반을 침식한다. 보호인-피보호인의 논리는 매 순간 타인에 대한 배반과 자신에 대한 배반 사이에서 그 배반을 대가로 자유를 얻을 것인가, 아니면 타인과의 연대를 위해 자기억압을 수용할 것인가의 기로에서 우리 자신에게 양자택일을 강요한다. 웅거에 따르면, 심화된 민주주의는 이런 긴장을 끝낼 수는 없지만 완화시킬 수는 있다.

사람들은 자신뿐 아니라 상대를, 자신의 한정된 역할에서 탈출할 역량을 가진 개인으로 통찰할 수 있어야 한다고 웅거는 주장한다. 민주주의의 진보는 결사가 관행적으로 지닌 맹목적이고 강제적인 힘, 수용과 거부 사이의 양자택일적 성격, 그에 따라 발생하는 상호 간의 간극을 좁혀주어야 한다. 제도의 쇄신은 자기계발과 연대적 화해 속에서 사람들이 위험과 기회에 대해 말하고 실천할 수 있는 과정을 거쳐 완결되어야 한다. 그 과정과 실천은 이타적인 시민으로서의 덕성을 위한 자기 주체 의식의 희생이 아니라 주체의 점진적인 도야를 필요로 한다.[63]

웅거의 견해를 간추리면, 첫째, '해방된 실용주의'의 개념과 '민주적 실험주의'의 관점이다. 웅거는 실용주의를 행위주체성, (현실의) 초월, 미래지향성, 실험주의의의 가치관으로 파악하고, 인간이 사회구조를 혁신하고 재구성 할 수 있다는 데 주안점을 둔다. 이에 상응하는 민주적 실험주의는 제도와 사회구조에 대한 운명론을 거부하고, 개인을 해방하고 동시에 그 역량을 강화하기 위한 전략적 관점이다.

둘째는 기존의 사민(社民)주의가 알맹이를 상실했다고 진단하고, 시장을 민주화하기 위해 민주적 실험주의 프로그램을 다섯 가지 방안으로 제시한다. ① 대중적 정치 참여 수준의 향상, ② 대의제와 직접 민주주의 결합, ③ 변혁적 정치의 모색, ④ 기존의 경직된 법률규범에서 탈피한 실험과 변형 추구의 자유 허용, 그리고 ⑤ 시장권, 면세권, 타파권, 연대권 등 최저한계의 물질적 자원의 보장 등이 그것이다.

웅거 이론에 대한 비판

웅거의 이론은 국가권력에 의한 하향식의 정책이 아니라 미시적인 차원에서 시민의 창조적 역할을 주목한 점에서 그 가치가 크다. 다만, 그런 이상적 상황에 도달하는 과정에서 있을 수 있는 장애물에 대한 폭넓은 방어 기제가 결여되어 있다.

웅거가 지향하는 '심화된 민주주의'에서는 민주주의를 방해하는 요소로서 보호인-피보호인의 논리를 든다. 상급자와 하급자 사이, 남자와 여자 사이에서 보호인-피보호인의 논리가 적용된다면, 개인적 주체(자아) 형성의 추구와 사회적 연대의 요구 사이의 긴장을 악화시키기 때문에 민주주의의 기반을 침식하고 결국 민주주의가 훼손된다는 것이다.

그런데 민주주의에 대한 침해는 웅거가 제시한 상급자와 하급자 사이, 혹은 남자와 여자 사이의 보호인-피보호인의 논리에 의해서만 이루어지는 것은 아니다. 보다 중대한 침해는 바로 국가 권력구조 상에서의 그 권력의 편재로 인한 불평등에 의해 발생한다. 이것은 웅거가 말하는 미시적 인간관계가 아니라 거시적 권력구조 자체의 문제점으로 진단되고 해결되어야 하는 문제이다. 즉, 사회관계 표면에 노출되어 있는 개인적 보호인-피보호인의 논리에 우선하여 반성을 요하는 것은 사회구조 속에 은폐되어 쉽게 각인되지 않는 권력의 억압 기제가 민주주의 실현을 방해한다는 점이다.

국가마다 차이가 없지 않으나, 근대 국가 권력은 속성상 거대하고 폭력적이다. 웅거는 '심화된 민주주의 공공문화'를 지향하지만, '해방된 실용주의'를 지향하는 시민의 반대편에서 현실적으로 그 앞길을 집요하게 방해하는 권력의 존재에 대한 인식, 또 그 권력을 극복하고 그에 저항하는 방안 및 필요성이 결여되어 있다. 보호인-피보호인 논리의 극복은 저절로 이루어지는 것이 아니라 그에 저항할 수 있는 힘과 인내가 구비되었을 때

가능하다.

다른 한편, 민주정치의 다양성을 전제로 하여 '심화된 민주주의'를 지향하는 웅거는 민주주의를 군주제나 과두제와 대조적인 것으로 파악하고 있다. 예를 들어, 그는 "정치에서는 민주주의가 호령하고, 경제와 사회, 온갖 조직에서는 군주제나 과두제가 지배한다면, 어떠한 의미 있는 변화도 기대할 수 없다"고 적었다.[64] 웅거가 문제의 핵심을 민주정치, 과두정치, 군주정치 등 정치체제의 차이에서 찾은 것은 정책을 결정하는 주체가 민중, 소수인, 일인 중 누구인가에 핵심을 두는 절차로서의 기준에 의한 것이다. 고대에 아리스토텔레스가 행한 자유시민의 폴리스의 정치체제 구분과 상응한다는 점에서 웅거의 혜안은 괄목할 만하다.

다만 웅거는 민주적 절차의 규정에 그치지 않고 구체적으로 이루어져야 할 '민주적 실험주의'로서의 내용도 적시하고 있다. 물질적 자원의 최저한계를 보장할 수 있는 방안으로서 그가 나열한 시장권, 면세권, 타파권, 연대권 등이 그것이다. 특히 시장경제를 지지하면서 그는 사민(社民)주의는 정치와 생산의 영역에서 후퇴하여 분배와 재분배에만 매달린다고 진단하고, 다시 시장경제로 복귀하지 않으면 생명력을 상실할 것이라고 경고한다. 시장경제의 제도적 형식의 다원성을 인정하고 거기에서 혁신을 이루지 않는다면, 사민주의가 가진 문제를 해결할 수가 없다는 것이다. 나아가 제도적 실험주의, 고(高) 에너지의 민주제도를 창조하지 못한다면 시장 또한 민주화할 수 없다고도 한다.[65] 다만, 위에서 소개했듯이, 그 개혁 프로그램의 주요한 목표인 시장권[66]에서, 그는 부의 집중과 독점을 막기 위한 것으로서 중앙정부기구가 조성하는 사회자본기금을 기초로 하여 새로운 재산권 제도를 형성할 것을 주장한다.

그런데 웅거가 제시한 민주적 내용의 방안들은 대체적 방향을 제시할 수는 있으나 여전히 추상적인 데가 있어서, 구체적 실천 단계에서 다양한 변용이 가능하다. 그 방안들은 대체적 지향성을 보여주는 것으로서 의미가 있으나, 어떤 실현단계의 구체적 내용을 적시하는 것은 아니라는 점에 그 한계가 있다.

시장권, 면세권, 타파권, 연대권 등은 구체적 적용과정에서 무한한 변용이 있을 수 있고, 상이한 의견들은 적절한 합의절차를 통해서만 수렴 가능한 것이라고 하겠다. 그래서 이런 내용들도 시민의 합의를 거칠 수밖에 없고 결국은 민주적 절차에 의한 의견 수렴과정을 통해서만이 구체적 내용의 정형화가 가능하다. 또 형편에 따라서는 시장권, 면세권, 타파권, 연대권 자체에 대해서도 수정이 가능하다.

내용에 대한 이견과 갈등이 있을 수 있음에도, 민주적 합의 절차 자체에 대해서는 상대적으로 논란이 적을 것이 분명하다. 과두정이나 군주정의 지지자, 혹은 오늘날 한국에서와 같이 국회 등 대의민주정치만 고집하고 직접 민주정치를 지향하는 개헌을 방해하는 사람들을 제외하면 말이다. 그래서 민주정치의 시작은 전자, 곧 내용에서보다 합의가 더 쉽게 도출될 수 있는 후자, 곧 절차에서부터 시작하는 것이 더 효과적이다.

시민이 중심이 되어 결정해야 한다는 웅거의 주장이 아리스토텔레스의 이론과 맥을 같이 한다면, 구체적으로 그가 적시한 정책의 내용은 플라톤을 닮은 점이 있다. 주지하듯이, 플라톤은 <국가>에서 4개 계층이 그 기능에 따라 사회적 역할을 달리 할 것, 철인(哲人) 통치자와 무사(군인) 등 권력자들에게는 사유재산을 허용하지 않고 공유제로 할 것 등을 제시했다.[67]

웅거는 정책을 추구하는 절차로서 직접민주제와 대의민주제를 절충하는 안을 제시했다. 그 상대적인 비율은 물론 시민들이 결정해야 하는 것이겠으나, 웅거는 대의민주정의 경우 선출된 자가 민의를 어겼을 때 이를 처벌할 수 있는 제도적 장치에 대해서는 거론하지 않았다. 다만, 웅거가 구상하는 바, 시민이 창조적인 개혁의 중심에 자리하는 '심화된 민주주의 공공문화' 체제에서는 이와 같은 공권력 남용에 대한 견제가 민중의 결정에 따라서 어렵지 않게 이루어질 수 있는 가능성을 포함하고 있는 것으로 볼 수도 있겠다.

기독교의 두 얼굴: 절차로서의 저항과 복종

예수와 사도들이 연출했던 저항의 삶

종교의 측면에서 기독교는 현재 논의하고 있는 정치체제와 직접 연관이 있는 주제는 아니다. 그러나 기독교적 삶은 내용보다는 절차로서의 규범성을 지니고 있다. 기독교가 사회제도나 부의 분배와 관련된 어떤 구체적 내용을 적시하는 것이 아니고, 사랑과 용서의 정신을 통해 살아가는 방법을 중시하고 있다는 점에서 그러하다.

흔히 기독교도는 이교도와 구분 된다. 그러나 여기서는 그런 구분이 아니라 기독교도 사이에서 커다란 차이점이 있다는 점을 이야기하려 한다. 그리고 그것은 복종과 저항의 차이로 환원된다.

원래 기독교는 저항의 종교였다. 다만 그 저항은 비폭력적인 것으로서, 저항의 대상은 하나님의 말씀에 위배되는 모든 것이다. 폭력이 아주 배제되는 것은 아니지만 근본된 원칙은 비폭력이다. '하나님의 말씀'을 따른 다는 것은 말씀에 어긋나는 모든 세속에 속한 것들에 대한 저항을 뜻한다. 예수나 사도들의 삶이 바로 그런 저항을 규범적으로 예증한다. 굴하지 않는 신념의 예수는 십자가에 매달려서 처형되었고, 성령으로 충만한 사도 베드로와 바울은 로마에서 순교했다. 이들은 하나님의 말씀에 복종하고 그것을 실천하면서 세상 속된 것들에 목숨을 걸고 저항했던 것이다. 이렇게 복종과 저항은 동전의 양면처럼 서로 뗄 수 없는 연관성을 갖는다.

그런데 언제부터인가 슬며시 기독교가 저항 정신을 축소하고 복종을 더 강조하거나 아니면 복종만을 강조하는 경향이 생겼다. 오직 하나님의 말씀에 복종해야 하는 원래의 뜻이 변질되어, 실제로는 세상 권위에 복종하는 것으로 변질되게 된 것이다. 교회에 다니고 '믿는' 사람들은 서로 온화한 얼굴을 하고는 도무지 서로 비판을 하지도, 또 그럴 준비가 되지도 않은 것이 그 증거다.

성직자가 다 복자(福者)나 성인(聖人)의 반열에 든 것은 아니어서 가끔 하나님의 가르침에 어긋나는 비리를 저지른다 해도, 한 집단에 속하므로 우선 양해하고 관용하거나 혹은 덮고 감추는 경향이 있다. 타인뿐 아니라 자신에 대해서도 마찬가지이다. 지역교회에서 설교하는 목사나 봉사하는 교인들이 더러 베드로나 바울 같이 성령에 충만할 것 같아 보이지는 않는다면 그 이유가 바로 여기에 있을 것이다. 하나님의 말씀은 귓전으로 흘리고, 교인들간의 정기적인 친목이야말로 현실적인 이해관계의 터전이요 사회생활의 원동력이 되기도 한다. 현실적 이해관계로 복음의 교리가 왜곡되는 예는 수도 없을 것이다. 1차 십자군전쟁 때에도 로마의 교황 우르바노 2세는 기독교인을 구원하자며 무장봉기를 부르짖었다.

예수의 뜻을 거스르는 관성적 복종의 신도들

서로 사랑을 나누고 허물을 눈감아주는 것 자체야 그다지 나쁠 것이 없을지 모르나, 하나님 말씀에 위배되는 행위조차 차츰 저항하지 않고 묵인하게 된다는 것이 문제다. 너무 하나님의 신성(神性), 혹은 인격체에 대한 복종만을 강조하다보면 마침내 세뇌(洗腦) 되어 체질적으로 어떤 상황에서도 저항하지 못하게 된다. 정작 내면에 불만이 가득 찰 때에도 적극적으로 저항하지 못 하게 된다.

오직 '주(主) 예수'의 신성만을 향한 절대적 믿음이란 곧 '신성'이 아닌 것, 즉 '신성을 가장한 세속'이나 심지어 '세속적 사람들'을 향한 무조건적 복종에 대한 거부를 뜻한다. '하나님의 말씀'에 대한 믿음은 그 말씀에 어긋나는 세속적인 인간에 대한 저항을 당연히 전제하는 것이겠다. 그러나 대상을 구분하지 않고 '복종' 자체에다 방점을 두고 세뇌가 되면 그 누구에게나 복종하는 '미덕'의 함정에 빠지게 된다. 친근한 예로는 '주 예수'에게로서가 아니고, 바로 눈 앞에서 신도를 주 예수에게 인도해주는 목사에게로서의 복종이요, 심지어는 장로나 집사를 향한 복종이라 할 수 있을 것이다. 다소간에 세속적 권력도 더불어 나누어 가졌으므로, 하나님보다는 기독교 성직자에게 어쩌면 더 조심스럽고 두려운 측면도 있을 수 있을 것이다. 더구나 그 속내야 어찌 되었든, '하나님의 말씀'을 내세우고 있는 한, 성직자들에게서 하나님의 속성과 세속의 속성을 가려내기가 어려울 수밖에 없을 바에야 더욱 그러하다.

그래도 진실을 가리는 방법이 없지는 않다. 불의(不義) 앞에 자신을 던져 저항하고 희생할 각오가 되어 있는지, 아니면 '하나님 말씀'을 팔아 기복(祈福)의 기독교를 지향하는지를 가늠하고 반성해 보는 것이다. 예수는 하나님의 말씀에 어긋나는 세상 속된 것에 저항하다가 창연(蒼然)히 도 처형되었다. 그러나 기독교가 로마제국의 권력과 결탁하고 또 교회 조직으로 발달하자 저항의 정신이 쇠퇴하면서 권위에 대한 무조건적 복종의 종교로 변질되어왔다.

십자가의 예수와 은총의 마리아

예수와 사도들이 죽은 후 2천년의 기독교 발달사가 그런 사실을 증명한다. 한 예로, 십자가에 늘어진 채 처형된, 저항의 상징으로서의 예수와 피의 십자가 그리스 정교회와 가톨릭 교회에서는 오히려 아기 예수를 안은, 은혜와 평화의 성모상으로 대치되곤 하는 것이다. 비록 16세기 개신교에서 성모의 의미를 축소, 배척하였으나, 마리아 상은 여전히 건재한다.

신도를 '양떼'에 비유하는 것도 그러하다. 양떼는 온순하기만 할 뿐, 대상이 누구든 저항을 하지 않는다. 이처럼 하나님에 대한 절대적인 복종의 미덕을 강조한 결과는, 의외로 하나님의 뜻에 어긋나는 세속적인 것에 대한 저항 정신조차 길러내지 못하는 역효과로 나타나기도 한다. '말씀' 이나 '주 예수'의 신성에 대한 복종의 정신이 오히려 세속적 기복의 현실이나 성직자 급에 대한 절대 복종 문화로 대체되기도 한 데서 그러하다.

오늘날 개신교는 열손가락으로 헤아릴 수 없을 만큼 많은 분파가 있어 서로 배타, 반목하고 있다. 이런 현상은 신의 말씀이란 진정 무엇을 뜻하는가에 대한 합의조차 기실 이루어지지 않고 있음에 대한 반증이다. 게다가 전통의 봉건적인 복종의 미덕과 함께 일제식민지 지배, 독재의 권위주의 하에서 자라오다보니, 어쩔 수 없이 한국 교회에서는 수동적 복종이 대세를 이루며, 저항정신의 알맹이란 온데간데없이 사라졌다. 교회의 세습을 둘러싼 요즈음 한국 교회의 풍속도는 성직자가 하나님의 말씀보다는 오히려 세속적 가치에 더욱 침몰해있었던 것이니, 그 신도들 또한 맹목적인 복종을 쫓고 있었을 것임을 더 말할 나위 없이 단적으로 보여준다 하겠다.

성직자 스스로 십분 이해하고 있는 바와 같이, '주(主) 예수'와 성직자는 동일하지 않다. 이들이 동일될 수 없는 것임을, 신도 된 이들은 잘 분변하고 가려서 '하나님 말씀'에 따르지 않는 모든 것에 가차 없이 저항해야 한다. 기독교도와 교회의 성패는 소수의 성직자에게 달려있거나 미래로 이연될 일이 아니라 수많은 성도들이 지금 당장에 자신의 분별력과 저항 정신으로 어떻게 판가름하는가 하는 데 달려있다.

이는 잘못된 공권력을 감시하고 그에 저항해야 할 시민들의 운명과도 흡사하다.

제 4 장
국가 폭력이 민주정치를 방해 한다

사회적으로 조직화된 폭력을 생물적인 본능에 의한 폭력과 혼동하여 같은 비중으로 다룬다면 사회적 문제 해결의 초점을 상실한다. 반성은 조직 폭력에 기생하여 전횡을 일삼는 사회적 환경에 대한 것이어야 한다.

정부, 국가, 민중의 개념을 각각 하나의 전체로서 추상화, 획일화 하게 되면, 비리를 자행하는 공직자에 대한 미시적 처벌의 개념이 설 자리를 잃게 된다. 국가 권력 오·남용의 주체는 획일화하고 전체화된 정부나 국가라는 총체적 개념이 아니라 계속 교체되면서 공직을 위임받는 개인이다. 권력의 오·남용을 막기 위해서 굳이 정권의 교체나 혁명을 기다릴 필요가 없다. 공직자에 대한 치밀한 감시, 예방이 필요하며 미시적, 개별적 처벌을 통해 지속적으로 교정되어야 한다.

아리스토텔레스에게서는 국가는 시민의 집합일 뿐, 시민과 분리된 별개의 존재가 아니다. 이것은 국가를 자유롭고 평등한 시민의 집합으로 본 롤스의 견해와 유사하다. 반면, 민주적 절차나 개인의 자유보다 공동선(善)을 더 강조한 샌델은 아리스토텔레스가 말하는 도덕적 공동체와 시민의 덕의 전통을 따르는 것으로 자처했으나, 실은 이상국가의 플라톤에 더 가깝다.

아렌트와 소렐의 폭력론

아렌트의 폭력과 권력

한나 아렌트(Hannah Arendt, 1906-1975)는 20세기 초 <폭력의 세기>, <전체주의의 기원> 등 저서를 남긴 독일 태생의 철학자이다. 그녀는 폭력(violence)과 권력(Power)의 개념을 구분했다. 폭력의 대항(對抗)은 비폭력이 아니라 권력이라는 것이다. 폭력은 목적을 이루기 위한 수단이고 목적을 통해서만 정당화될 수 있는 것인 반면, 권력은 언제든지 사람들이 함께 모여 제휴하고 행동할 때 생겨나는 것으로서 그 자체로서 이미 정당성을 갖고 있는 것이다. 폭력을 사용하는 권력은 이미 권력이 아니며 아무런 정당성이 없다. 그래서 권력 세력이 아니라 폭력 세력이 되는 것이다. 오히려 권력은 폭력에 대항하는 자들에게 있다. 권력은 많은 사람들이 함께 토론하고 함께 행동하는 그 순간에, 바로 그곳에 존재하는 것이다. 제도화된 정치권력은 인민에 기초하는 것이면서, 인민의 의견과 행동에 좌우되는 것이다. 이렇게 아렌트는, 제휴하여 행동할 수 있는 인간의 능력에 조응하여, 그로부터 생성되고, 그러한 능력의 상실과 더불어 소멸하는 것으로 권력의 개념을 설정했다.

아렌트는 사적 영역과 공적 영역을 구분하고, 또 20세기에 어떻게 권력이 아니라 폭력이 난무하게 되었는지를 분석한다. 근대사회는 개별적인 사적 영역이 표준화, 획일화된 사회로 확장되면서, 인간의 고유한 행동능력이 체계적으로 제거되고, 이로 인해 함께 모여서 말과 행동을 통해 서로를 표현하고 집단적으로 교류하는 공적 영역이 소멸되었다. 공적 행동능력을 크게 제약한 것은 사회구성원의 활동에 부과되는 수많은 규칙, 그리고 그 활동을 예측 가능할 수 있도록 하는 사회의 표준화와 획일화, 그리고 비시민적 사적 영역에서의 노동을 주요 활동으로 예찬하고 형상화한 일련의 과정들이다. 이런 것들은 정치적 행동의 중요성과 기회를 없애 버렸음에도, '이성'의 이름으로 정당화되었다고 한다.

아렌트에 따르면, '진보'를 필연이라고 보는 믿음이 창조적이고 자유로운 행동을 억압했으며, 오히려 '진보'를 핑계 삼아 그 외의 어떤 것도 용납하지 않는 폭력을 확산시켰으니, 진보로서의 과학기술은 언제든 인류 전체를 전멸시킬 수 있는 고도의 파괴수단을 만들어냈을 뿐이다. 20세기는 '진보'의 직접적 산물로서, 폭력의 확산과 그 수단의 발전이 이루어졌던 반면, 역설적이게도 폭력의 대립항인 권력은 능력이라는 의미를 상실하고 무력화하게 되었다는 것이다.

이런 상황에서 아렌트는 인간의 행동능력을 복원함으로써 공적 영역으로서의 정치의 새로운 가능성을 발견하고자 하였다. 행동능력은 항상 잠재적으로 존재하고 언제 어느 곳에서도 발현될 수 있다. 각자의 행동능력이 발현될 수 있는 공적인 영역을 새로이 구축함으로써 그 제도적 장치를 통해서 정당성을 가진 권력은 지속 가능하기 때문이라고 한다.

이렇게 아렌트는 정당성 없는 폭력이 난무하는 원인으로서, 공적 영역이 아닌 사적 영역의 확대, 노동에 대한 예찬, 이성과 진보에 대한 믿음 등을 든다. 그러나 이런 것들은 잘 보이지는 않지만 보다 근원적인 또 다른 원인에 따르는 부수적이고 가시적인 현상들에 불과할 뿐이라는 점에 유의할 필요가 있다. 즉, 공적 영역의 축소로 인해 폭력이 난무한다고 치더라도 그 공적 영역이 축소된 근원적, 은폐되어 잘 보이지 않는 구조적인 이유에 천착할 필요가 있다는 것이다. 노동에 대한 예찬도 파생적인 한 이데올로기, 강요된 한 시대의 가치관일 뿐이다.

더 근원적인 문제로 다가서기 위해서 아렌트가 제시하는 권력과 폭력의 이분법은 그 자체로서 이론상 결함이 있다는 점을 이해할 필요가 있다. 폭력은 물론 권력도 한 가지로 통일된 목소리를 내는 것이 아니다. 각각이 다양한 목소리를 담지하고 있는 것이므로 그 자체로서 분쟁과 분열의 소지가 있다는 사실을 아렌트는 깨닫지 못했던 것 같다. 즉, 민중의 공적 소통의 장과 행동에 의해 권력이 결집된다고 하더라도 그 내부에 입장의 차이가 있을 때 그 상호관계를 어떻게 조율할 것인가에 대한 성찰이 그녀에게는 결여되어 있다. 그런 점에서 그녀는 폭력과 권력의 이분법으로 현실을 지나치게 단순화하는 오류를 범하였다. 아렌트는 바람직한 권력을, 공통의 핵을 가진 단일 감각으로 표현되어야 하는 것으로 간주했기 때문이다.[68]

또 아렌트는 민중의 중지를 모은 정당성 있는 '권력'의 개념을 통하여 이른바 '정당성이 없는 폭력'을 척결하려고 했으나, 그것을 실현할 수 있는 구체적인 방법론을 제시할 길이 그녀에게는 없었다. 방법론이 뒤따르지 못했던 근본 이유는 폭력 혹은 권력의 개념 자체가 구체화 되지 않았기 때문이다.

아렌트가 미처 생각하지 못한 것으로서, 행동능력을 진작하기 위해서는 그것을 가능하게 하는 사회적 환경의 구성이 선행 혹은 동행되어야 한다. 그것은 상당부분 중첩, 혼재되어 현실적으로 대립하기가 어려운 이른바 '권력'과 '폭력'을 서로 구분하기 보다는, 오히려 '사회적 폭력'과 '생물적 존재로서의 개인의 폭력'을 구분하는 데서 시작된다.

그 가운데서도 특히 '사회적 폭력'은 그 자체를 담론의 주제로 구성하여 이를 경계하고 제거해야 할 대상으로 삼아야 했다는 것이다. 생물학적으로 개인이 갖는 폭력의 근성은 사회적 차원으로 제거될 수 있는 한계 너머에 있으므로 그저 타인에게 피해를 주지 않는 한의 범위에서 제어될 대상일 뿐이다. 그러나 사회적 폭력은 원심적 분권의 구조를 통해, 혹은 조직적 폭력의 제거에 의해서 그 폐해의 극복이 가능한 것이니, 바로 고대 그리스 시민의 정치체제에서 그 한 모범적 전형을 찾아볼 수가 있다.

아렌트는 고대와 현대를 막론하고 사회를 공적 영역과 사적 영역으로 구분했으나 고대 그리스 사회는 양자가 분명히 구분된 사회가 아니었다. 아렌트가 폴리스와는 대조적인 사적인 영역의 하나로 이해했던 부족(phyle)이나 형제단(phratria)이, 그녀가 공적인 영역으로 이해했던 바로 그 폴리스의 핵심을 이루었다. 폴리스는 이른바 사적 영역을 기초로 하는 하나의 의제적(擬制的: 본질은 같지 않지만 동일한 효과를 주는 것으로 간주되는 것)인 집단이었음을 이해할 필요가 있겠다. 모든 시민권은 폴리스 시민국가가 아니라 각 가문에서 합법적 자식에게 부여하는 것이었고,

가문이 보장하는 시민은 권리뿐 아니라 국가에 대한 의무 부담의 주체가 된다.

폴리스에서는 정치권력 자체가 발달하지 않았으므로 공적, 사적 영역의 구분이 분명하지 않았다. 오히려 아렌트가 말하는 이른바 사적인 영역의 시민들이 공동체의 필요성을 위하여 구성한 민회가 정치의 핵심을 이루었을 뿐이다. 권력의 핵심을 시민단이 가지고 있었는데, 이것은 우리가 이해하는 중앙의 집권적 권력이 존재하지 않았던 것을 뜻한다는 점이 중요하다.

조르주 소렐의 폭력론

조르주 소렐(Georges sorel)은 20세기초 프랑스가 낳은 가장 독특한 사상가로 평가되곤 한다. 흔히 생디칼리즘(syndicalisme: 조합연대운동) 운동의 사상적 지주로 일컬어지지만, 독특한 사상편력을 가지고 있으며 '이념계의 지도자,' '사회사상의 카멜레온,' '분류할 수 없는 사상가' 등으로 평가된다.[69] 소렐은 상류 부르주아의 아들도 아니었고 또 참다운 민중의 아들도 아니었다. 부르주아 출신 사상가였으나, 몰락한 부르주아 계급의 낙오자였을 뿐, 노동자의 삶을 몸소 겪어보지 못했기 때문이다.

조르주 소렐은 아렌트와 같이 20세기 초반에 활동했으나, 그녀와는 다른 시각에서 폭력의 문제를 다루었다. 아렌트는 권력(power)과 폭력(violence)을 구분했으나, 소렐은 무력(force)과 폭력(violence)을 서로 구분한다. 무력이 소수 지배자의 통치 질서를 강제하는 힘이라면, 폭력은 기존질서의 파괴를 지향하는 힘이다.

소렐은 프랑스 대혁명 당시 강압적 공포정치를 주도한 부르주아의 무력과, 총파업을 통해 지배체제를 파괴하고자 하는 프롤레타리아의 폭력을 명확히 구분한다. 프롤레타리아의 폭력이 순수한 계급감정으로 표출되는 것이 총파업이다. 소렐이 사회주의 사상사에서 가지는 독창적인 점은 노동자를 결집하는 행동 이데올로기로서 생디칼리즘을 통한 총파업의 신화를 마르크스주의로부터 이끌어낸 데 있다.[70]

총파업을 도모하는 생디칼리즘을 지지하는 소렐은 부르조아를 모방하는 길로 나아가려고 하는 부류의 프롤레타리아를 비난한다.[71] 그는 당시 19세기의 사회주의자들, 혹은 정통 마르크스주의자로 자처하는 이들, 혹은 이들이 이용하는 정치적 파업의 방법 등을 거부한다. 정치적 파업이란 부르조아와 같은 방식으로 권력을 획득하고 그 권력을 이용하며, 마침내 부르조아 국가를 대체할 사회주의 국가로 나아가야 한다고 생각하는 프롤레타리아들이 쓰는 방법이다. 이것은 생디칼리스트가 추진하는 총파업과 적대관계에 있다. 정치적 총파업은 국가의 권력을 그대로 유지하는 가운데 한 특권층에서 다른 특권층으로 권력의 이동만 이루어지도록 하는 것이다. 생산자 인민에게 새로운 지배자가 등장할 것인데, 이들은 아마도 그 전의 자본가들보다 훨씬 더 멋진 연설을 늘어놓을 것이지만, 훨씬 더 가혹하고 파렴치할 것이라고 한다.[72] 소렐에 따르면, 정통 마르크스주의로 자처하는 자들은 권력과 폭력이 서로 분명하게 다르다는 사실을 깨닫지 못하고 있다.[73] 이 때 권력은 권위를 지향하고 수동적인 복종을 얻어내려 하지만, 폭력은 이런 권위를 타도하려고 하는 것을 말한다.

이에 반해 소렐이 옹호하는 신(新) 학파는 한편으로 프롤레타리아가 부르조아를 모방해야 한다고 생각하지 않으며, 다른 한편 마르크스의 공식에 머물려고도 하지 않는다.[74] 소렐에 따르면, 마르크스는 부르조아의 권력과 프롤레타리아의 폭력 사이의 차이점을 깨닫지 못했는데, 그것은 그가 총파업에 상응하는 개념을 터득할 수 있는 환경에서 활동하지 않았기 때문이다.

소렐에 따르면, 그때까지 민중교육은 전적으로 부르조아적 심성구조 안에서 수행되어 왔으며, 자본주의의 모든 활동은 대중을 자본주의 경제의 조건들에 복속시키고, 사회를 하나의 유기체로 통합하는 데 집중되어 왔다. 이에 소렐의 혁명 활동은 자유로운 인간들을 창조하려 한다. 생디칼리즘의 입장에서는 부르조아의 정치형태를 모방하는 노동조합들의 지배를 받느니, 차라리 당부가 허약하고 무질서한 조직들로 만족하는 편이 더 낫다.

여기서 아렌트와 소렐은 폭력 개념의 이해에서 차이가 있음을 보게 된다. 아렌트는 권력(power)과 폭력(violence)을, 그리고 소렐은 무력(force)과 폭력(violence)의 개념을 상호 구분했다. 양자 간 주요 차이점은 타파하고자 하는 대상에 있다. 소렐의 생디칼리즘은 프랑스 부르조아 혁명 이후에 나타난 국가의 권력 자체(무력 force)를 타파하려는 것이며, 국가 무력을 타파하려는 폭력은 다소간 허약하고 무질서한 조직으로 존재할 수도 있는 것이다. 그러나 아렌트에게서 관심의 초점은 권력 자체의 타파가 아니라 그 권력 발생의 원천적 정당성 여부에 관한 것이다. 앞에서도 보았듯이. 그녀에게서 폭력은 목적을 이루기 위한 수단이고 목적을 통해서만 의미를 가진 것이라면, 권력은 언제든지 사람들이 함께 모여 제휴하고 행동할 때 생겨나는 것이며 그 자체로서 이미 정당성을 갖는 것이다.

아렌트는 노동자의 폭력적 행동의 '생디칼리즘'을 지지한 소렐을 비판적 입장에서 보았다. 그러나 소렐의 '생디칼리즘'은 아렌트의 참여적 다수에 의해 지지되는 '권력'의 개념보다는 민주적 분권이라는 점에서 더

주효하다. 그것은 부르조아 국가권력의 타파를 통해 원심적 권력구조를 지향하기 때문이다.

한편, 아렌트와 소렐은 고대 그리스 시민사회를 다 같이 잘못 이해했다. 이들은 고대 그리스를 남성과 여성 간의 불평등과 노예노동에 기초하여 시민의 자유가 가능했던 비민주적인 사회 등으로 이해했으나 이는 사실이 아니다. 고대 그리스에서, 남성과 여성은 가정에서 불평등했다고 단정하기가 어렵고, 또 시민과 노예의 신분은 유동적이어서, 서로 반드시 배타적인 것이 아니라 중첩되기도 했다는 점은 뒤에서 다시 다루기로 하자.

생물적 폭력과 사회적 폭력

생물적 폭력과 사회적 폭력과 구분하기

아렌트는 생물학적 폭력에 관한 논의를 거부한다. 정치적인 권력 혹은 폭력을 생물학적, 유기체적 산물로 보는 것보다 더 위험한 이론은 없다는 것이다. 폭력이 자연성, 창조성에 의거하여 정당화되기 때문이다.[75] 폭력이나 권력은 자연적인 현상이거나 생명과정의 발현이 아니라, 오히려 정치적 영역으로서 인간의 행동능력, 새로운 것을 도모하는 인간의 특성이다.

그녀는 "정치는 권력을 위한 투쟁이고, 그 권력의 궁극적인 본성은 폭력"이며,[76] 또 흔히 국가는 "정당한, 더 정확하게 표현한다면, 정당한 것으로 의제(擬制) 되는, 폭력의 수단에 기초를 둔 인간의 인간에 대한 지배"[77] 인 것으로 정의한다. 아렌트에 따르면, 정치적 폭력을 '조직화된 폭력'으로 보는 것은 국가를 지배계급의 억압도구로 보는 마르크스적 입장과 같은 맥락에 있다.[78] 다른 한편, 그녀로서는 국가 권력의 부득이한 필요성을 인정한다. 어떤 나라가 인구, 물건, 소유의 측면에서 더욱더 거대해질수록, 행정부에 대한 필요성과 더불어 행정가들의 익명적인 권력의 필요성도 더욱더 증대하는 것이라고 보기 때문이다.[79]

정치적 차원의 권력을 논의하는 곳에서 생물적인 본능에 기초한 폭력을 제외한 아렌트의 의견은 일리가 있다. 그러나 생물적 본능으로 인한 폭력도 사회적인 파생효과를 가지며, 특히 20세기 초 프로이드 이래 인간의 비이성적, 잠재적 본성과 사회적 관계의 상호관계에 관한 많은 이론들이 나타났다. 그래서 생물적 폭력과 사회적 폭력이 갖는 사회적 의미를 짚고 넘어갈 필요가 있다.

무엇보다 생물적인 본능의 폭력과 사회적으로 조직화된 폭력 간은 인위적으로 사회적 불평등을 야기하는 정도가 다르다. 전자는 반드시 사회적 불평등과 연관되는 것이 아니지만, 후자는 인간 사이의 불평등을 조장하곤 한다는 점이 그것이다. 그래서 생물적 폭력보다는 사회적 폭력을 가능하게 하는 정치 사회적 환경에 대한 반성이 우선되어야 할 필요가 있다. 사실 사회적 폭력은 무단히 발생하는 것은 아니고 흔히 부득이한 필요에 의해 조직화 된다. 그러나 한 번 탄생한 조직은 쉬 사라지지 않고 흔히 그 자체의 생리를 따라 전개되면서 억압의 수단으로 변질되는 것이다.

예를 들면, 고대 그리스인이 페르시아의 침략을 받은 다음 에게해와 그 주변 폴리스들에게서 델로스 해상동맹이 만들어졌다.(478 B.C.) 이 해상동맹은 죽기를 각오하고 페르시아인을 몰아내어 온 그리스인의 칭송을 받았던 아테네를 중심으로 에게해의 폴리스들로부터 공세(貢稅: 강제적으로 거두는 금전이나 재물)를 거두어서 운영되었다. 델로스는 아테네 동남쪽에 위치한 키클라데스 제도의 한 섬이다. 이곳에 동맹의 금고를 두고 페르시아의 해상 침략에 대응하고자 한 것이다. 이것은 그리스 역사에서 거대한 조직의 용병이 등장하게 되는 순간이었다. 그 전까지 전투의 주역이었던 중무장보병은 생업에 종사하는 시민들로서 용병이 아니었고, 스스로 무장과 식량을 부담했다. 그러나 델로스 해상동맹에서 해전에 임하는 뱃사공이나 해병은 수당을 받았고, 또 전함도 개인이 마련할 수 있는 것이 아니었기 때문이다.

그런데 일단 발생한 조직적 무력이 원래의 뜻을 그대로 이어간 것은 아니었고, 발생후 30년이 채 못가서 이것은 아테네가 동맹국 성원을 억압 착취하는 도구로 변했다. 아테네는 델로스 섬에 있는 동맹의 금고를 아테네로 옮겨 돈 줄을 장악했는데,(451 B.C.) 이 해를 아테네 해상제국의 출발점으로 잡는다. 기원전 449년에는 그리스인과 페르시아 왕 사이에 평화조약이 맺어졌는데, 그 즈음부터 아테네는 동맹국들이 내야하는 공세를 파격적으로 올리기 시작했다. 저 그리스 세계를 온통 전쟁의 도가니로 몰아넣었던 펠로폰네소스 전쟁은 아테네와 스파르타가 주축이 되어 싸웠던 것인데, 그 주요 원인은 해상제국의 맹주로 변하여 동맹국을 괴롭히는 아테네에 대한 그리스인의 불만이었다.

민주정치의 상징인 아테네가 기원전 5세기 후반 무자비한 군국주의 국가로 변신해 갔다. 같은 시대를 살았던 투키디데스는 아테네인의 탐욕을 경계하고 군사력의 성장과 전쟁이 인간 사회를 파멸로 이끄는 과정을 역사로 기록했다. 그는 밝거나 어두운 면을 함께 가진 인간 자신이 문제가 아니라, 사회적 환경이 인간의 부정적인 성질을 더욱 부추겨서 사회를 질곡으로 몰아가는 것이라는 점을 밝히려 했다. 그 사회적 환경은 다름 아닌 사회 및 국가의 군국주의화를 뜻한다. 인간성은 만고에 변하지 않으므로 그 자체를 나무라서 될 일이 아니다.

조직적 군사력에 기초한 사회적 폭력

바깥으로부터의 외적 침략 뿐 아니라 내부의 사회질서를 유지한다는 구실로 만들어진 경찰 무력이 인민을 억압하는 독재로 이어지는 예도 있다. 기원전 6세기 중엽 약 50년간 아테네에 독재정권이 들어섰다. 페이시스트라토스 가문의 독재였는데, 우여곡절을 거친 끝에 기원전 560년 경부터 510년 경까지 지속되었고, 그 권력은 페이시스트라토스부터 그 아들 히피아스 때까지 이어졌다. 이에 마침내 스파르타 군대가 동원되어 아테네 참주정치는 끝나게 된다.

당시는 이해관계에 따라 시민들이 세 개의 파당으로 나뉘어져 분쟁하고 있었는데, 페이시스트라토스는 그 중 빈자의 편에 서서 그 인기를 한 몸에 모으고 있었다. 그는 부자들이 가진 토지에서 세금을 거두고 가난한 농민들에게는 감세 등의 혜택을 주었다. 당시 국가 당국 혹은 그 권력이라는 것이 시민단과 따로 존재하는 것이 아니었던 폴리스의 정치구조에서 시민들은 국가에 대해 세금을 조직적으로 납부하는 것이 아니었으므로, 페이시스트라토스가 시행한 이 수세 행위는 독재의 상징이 된다. 이에 항거하여 쫓겨난 부자들이 스파르타의 군대를 움직여서 그 독재를 마감하고 민주정치를 회복한 것이다.

여기서 주의할 점은 페이시스트라토스가 집권하게 될 즈음 그가 신변보호를 위해 친위대 무력조직을 갖추게 된 사실이다. 당시 그리스는 시민 개인이 자체 무장을 갖추어서 위기에 대응하는 체제였으므로, 시민들 자체의 수중을 벗어난 국가 무력이 따로 존재하는 것이 아니었다. 그러나 전에 없던 친위대 무력조직의 탄생은 페이시스트라토스의 독재체제를 지속 가능하게 했다.

흥미로운 것은 이 친위대가 바로 발생과정에 시민들의 동의를 얻었다는 점이다. 페이시스트라토스는 어느날 자해를 가한 다음 괴한으로부터 공격을 받은 것처럼 연기를 했다. 그러자 시민들은 페이시스트라토스를 보호하기 위해 친위대가 필요하다는 결론을 내리고 그가 친위대를 보유하도록 허락하게 된다. 그후로 그 친위대의 존재가 반세기에 걸친 독재정치를 가능하게 했다.

페르시아 전쟁에서 기여한 아테네의 공로 때문에 델로스 동맹국들이 아테네를 맹주로 삼아 만들었던 해군 조직이 동맹국들 자신의 믿음을 배반했다. 또 빈자의 인기에 영합했던 페이시스트라토스의 독재도 친위대 조직이 없으면 불가능했던 것이다. 무력조직은 발생 및 그 존재에 합당한 이유를 가지고 있다. 다만 그 무력 조직 자체는 사회적으로 힘의 불균형을 초래하고, 억압의 기제를 형성한다는 점에 유의할 필요가 있다.

정부권력의 오·남용 앞에 침묵하는 공모자 시민들

우리 역사에서는 박정희 유신독재 정권의 공과에 대한 이견이 분분하다. 공이나 과 그 어느 것이든 그 자체에 대한 평가는 일단 유보하도록 하자. 그러나 그 잔재로서의 현 체제가 인권을 유린하고 사회적 억압을 부추기는 기제의 온상이 되고 있다면 그에 대한 반성이 불가피하다. 과거의 공(功)으로 정당화하기에는 그동안 자행되어온 인권의 말살이나 현 체제가 갖는 비민주적 억압의 기제의 폐해가 이루 헤아리기조차 어렵기 때문이다.

같은 논리가 일제 식민지 지배에 대해서도 적용된다. 조선 말기 혼란과 비리로 점철된 정부 권력을 대신하여 일본이 우리나라의 근대화에 일조했다고 주장하는 사람들이 있다. 일제의 공과가 어떠하든 권력에 의한 억압과 인권의 침해가 정당화될 수는 없다. 더구나 그 식민 독재의 잔재인 권위주의가 경찰 사법권력은 물론 산업 노동계에 여전히 횡행하며 시민의 권리를 짓밟고 있음에야 더욱 말할 나위가 없다.

그럼에도 여전히 과거 독재의 공을 내세울 뿐 아니라, 그 개발독재의 비인도적 억압을 정당화하고 향수에조차 젖는 사람들이 있다. 유신독재 때처럼 지금도 사회주의 계획경제 시스템을 받아들이고 능동적인 정부 아래 적절한 보호와 육성, 간섭이 있어야만 한다고 믿는 사람들이다. 이들은 일제 식민지배나 유신 독재 시대에 억울하게 희생당하고 착취당한 민초들, 민중의 자유와 권리는 안중에 없다. 극단적으로 편중된 부의 사회적 불평등으로 인한 '헬 조선'의 산적한 사회적폐에 대한 반성은 전무하다.

일본 식민지 지배나 박정희 유신독재는 국가의 폭력 조직이 없었다면 유지되지 못했을 것이다. 반성은 여기서 시작되어야 하되, 초점은 과거의 공과에 대해서가 아니라 제도적으로 인권 유린이 자행되는 현재의 사회적 폭력에 맞추어져야 한다. 그리하여 사회적 폭력은 조직적 무력에 편승하여 기생하는 국가권력의 오 남용으로 귀결되는 동시에 이를 묵인, 방조해온, 시민들에게 순종을 통한 권력의 공모자로서 책임을 묻는다.

지젝의 폭력론

국가폭력을 거부한 지젝의 평등-민주주의적 코뮌(공산)주의[80]

지젝은 자본주의의 폐해를 극복하기 위한 대안으로 코뮌(공산)주의의 수립에 관심을 기울이고 그 방법으로서 폭력적 저항을 지지했다.[81] 이 코뮌(공산)주의는 그 전의 국가적 폭력을 전제로 한 공산주의를 거부하고 개별 혹은 소집단들에 의한 자생적 폭력을 기반으로 하고 있었다는 점에서 '평등-민주주의적 코뮌(공산)주의'로 규정된다. 지젝은 공산주의 국가에서도 국가 폭력에 의한 범죄가 이루어지고 있음을 고발하고, 그 대안으로 분권적 권력구조에 의한 폭력적 혁명의 개념에 착안했다.

지젝은 자본주의의 구조적 폭력을 공산주의의 범죄와 구분한다. 공산주의의 범죄는 책임소재를 가려내기가 쉬운데, 그것은 잘못을 범한 행위자들의 주관적 악행을 다루는 것이며, 심지어 그런 범죄들의 이데올로기적 근원까지 밝혀낼 수 있다고 지젝은 말한다. 그 기원은 바로 전체주의의 이데올로기, 〈공산당 선언〉은 물론, 루소, 플라톤으로까지 거슬러 올라간다.

지젝에 따르면, 자본주의는 '객관적(구조적)' 폭력의 새로운 형태를 취했으며, 자본주의에 내재하는 구조적 폭력은 자본주의 이전 시대의 어떠한 직접적인 사회-이데올로기적 폭력보다도 훨씬 더 섬뜩한 것이다. 이 폭력은 구체적인 개인들과 그들의 '악의'의 탓이 아니라 순수하게 '객관적'이고, 체계적이며, 익명성을 띤다.

16세기 멕시코의 비극에서 한 세기 전 벨기에에 의해 자행된 콩고 대학살에 이르기까지, 자본주의적 세계화의 결과로 죽어간 수백만 명의 사람들의 경우에는 책임의 소재가 분명치 않다. 이 모든 일이 그저 '객관적인' 과정의 결과물일 뿐이며, 누구도 계획하고 실행한 적이 없었고, '공산주의 선언'과 같은, 무슨 '자본주의 선언' 같은 것도 없었다. 지젝은 한편으로는, 은폐되어 지각하기 어려울 뿐 아니라 누구도 계획하고 실행한 적이 없으므로 '객관적' 과정의 결과물 같아만 보이는 자본주의의 구조적 폭력을, 그리고 다른 한편으로는 가려내기 쉽고 '주관적' 악행에 의해 저질러지는 공산주의 범죄를 서로 구분한다.

다른 한편으로, 지젝은 정치적 투쟁이 경제의 영역을 통해 제대로 이루어질 수 있다는 마르크스의 통찰, 즉 '정치경제학'이 아니라 '순수정치'의 방식으로 이루어져야 한다고 주장한다. 경제가 핵심이지만, 그 개입은 경제적이 아니라 정치적이어야 한다는 뜻이다.[82] 즉, 자본주의의 정치적 형식(자유주의적 의회민주주의)의 문제를 다루지 않는 반자본주의는 미흡한 것이며, 자유민주주의의 정치적 유산을 문제 삼지 않고도 자본주의를 타파할 수 있다는 믿음이야말로 미망의 길로 접어들게 하는 유혹이라는 것이다.

자본주의의 객관적(구조적, 상징적) 폭력을 제거할 수 있는 방법으로 지젝이 제시하는 것은 신적(神的)인 폭력으로서, 그 예는 프랑스 자코뱅의 혁명적 폭력, 파리코뮌, 또 1892-94년의 광산노동자들의 파업 등이다. 신적 폭력[83]= 비인간적 폭력= 프롤레타리아 독재의 등가관계가 성립하며, 그 뜻은 '백성의 소리는 신의 소리' 라는 것이다.

지젝은 기존의 권력관계를 변혁하기 위해서는 신적 폭력이 필요하다고 역설한다. 지젝에게 혁명의 신적 폭력은 '좋은 폭력'이다. 그래서 지젝은 폭력 자체를 거부하는 자를 비판했다.[84] 이것은 정립된 표준으로 타자에게 강요되는 자유가 아니라 온전한 순수 자유 그 자체다.[85] 신적 폭력이란 체계적 폭력에 대응하는 대중들의 폭력적인 자기 방어이며, 기존의 법과 윤리를 중단시키는 해방적인 폭력이 없다면 진정한 혁명은 불가능하다. 사회적 인정으로부터 배제된 민중들이 행사하는 신적 폭력은 '국가권력의 과잉을 겨냥하고, 그 기초를 위협하지만, 이는 국가권력을 장악하거나 이로부터 벗어나려는 것은 아니며, 국가 권력은 여전히 거기에 존재하고 있다고 본다. 지젝이 주장하는 것은 ' 국가권력을 변형시키고 그 기능방식과 토대와의 관계를 근본적으로 바꾸는 것이다. 이는 지배계급이 없는 국가를 말하며, 이를 위해서 지젝은 정치적 대표의 최소화와 민중의 정치참여 확대, 그리고 민주주의 절차만이 아니라, 민주주의 절차의 사용방식이 모든 민중을 위한 것이어야 함을 주장한다.[86]

그러나 지젝에 따르면, '평등 민주주의'는 민주주의적 절차보다 중요하고, 혁명적-민주주의는 오직 테러를 통해서만 '제도화' 될 수 있다. 이 때 혁명적 폭력의 목표는 국가권력을 장악하는 데 있는 것이 아니라 국가권력을 변형시키고 그 기능 방식이나 토대와의 관계 등을 근본적으로 바꾸는 데 있다.[87] 발리바르(Etienne Balibare)에 의하면 지젝의 신적 폭력은 대항폭력에 대한 옹호로 귀착할 위험이 있다.[88]

한편, 코뮌(공산)주의를 선호하는 지젝은 사회주의와 공산주의를 구별한다. 사회주의는 '포함된 자'와 '배제된 자' 사이의 주요 적대관계를 간과, 묵인했다고 보기 때문이다. 사회주의는 공산주의를 향한 디딤돌의 단계가 아닐 뿐 아니라, 오히려 '공산주의에 대한 가장 큰 위협'이 되는 것이다. 그래서 우리는 '사회주의'와 '코뮌(공산)주의' 가운데서 양자택일해야만 한다.[89]

자유주의적 공동체주의자[90]들의 자선행위에 대한 비판적 시각

지젝은 '자유주의적 공동체주의자'[91]들을 비판한다. 지젝에 따르면, 이 범주에 들어가는 유력한 용의자들은 빌 게이츠, 조지 소로스, 구글, 아이비엠, 인텔, 이베이 등의 최고 경영자들, 그리고 저널리스트 토머스 프리드먼 같은 어용철학자들이다.

지젝은 빌 게이츠와 루퍼트 머독이 영웅시되는 상황을 경계한다. 빌게이츠가 빈곤과 질병에 맞서 싸우는 '위대한 인도주의자'가 되거나, 미디어 제국을 동원하는 루퍼트 머독이 '위대한 환경주의자'가 되는 것이 눈에 보이지 않는 객관적 폭력에 대한 성찰을 방해한다고 보기 때문이다. 이들은 걱정이 많은 선량한 사람들이며, 포퓰리즘적 근본주의와 무책임하고 탐욕스러운 자본주의 기업들에 대해 염려한다. 이들의 목표는 돈을 버는 것이 아니라 세상을 바꾸는 것이다. 그 과정의 부산물로 더 많은 돈을 벌게 되지만, 빌 게이츠는 지금까지 액수로만 따져도 인류역사상 가장

거대한 금액을 기부한 인물이다.[92]

지젝은 이에 속지 말아야 한다고 일갈한다. 기부하려면 일단 돈을 벌어들여야 한다. 자유주의적 공동체주의자들은 실제로 사람을 돕기 위해서는 우선 그렇게 하기 위한 방편이 있어야 한다고 주장한다. 이들은 국가주의적, 집산주의적인 모든 시도가 지금까지 형편없이 실패로 돌아갔음을 경험으로 알고 있으므로, 민간기업 주도만이 가장 효율적인 방법이라고 생각한다.

기업 거물들의 선의는 새로운 현상이 아니라 이미 과거에도 있었다. 앤드류 카네기는 자신의 철강소에서 사병(私兵)을 고용해서 노동자 단결을 잔인하게 억압하면서도 많은 재산을 교육, 예술, 인도주의적 대의를 위해 내놓았다. 생각만큼 드물지는 않았지만 여전히 예외적이었던 이런 현상이 오늘에 와서는 보편화된 것에 불과하다고 지젝은 말한다.

오늘날 금융업자이면서 자선가인 조지 소로스는 무자비하고 극단적인 금융투기를 통해 착취를 일삼는 동시에 고삐 풀린 시장경제가 불러오는 파국적인 사회적 결과에 대한 인도주의적 관심을 상징하는 인물이다. 그는 자신의 업무시간의 반은 금융투기에, 나머지 반은 탈공산주의 국가에 무제한적으로 민주주의적 활동지원금을 제공하거나 저서를 집필하는 등, 인도주의적 활동에 할애한다. 지젝에 따르면, 이는 스스로의 투기가 불러올 부작용들과 싸우려는 활동인 셈이다. 또 지젝은 빌게이츠의 두 얼굴이 소로스의 두 얼굴과 꼭 닮았다고 한다. 결국 자유주의적 공동체주의자의 윤리로서는, 자선을 베풀면 무자비한 이윤추구 행위도 상쇄된다. 자선은 경제적 착취라는 얼굴을 감추고 있는 인도주의적 가면이다. 마찬가지로 선진국들은 원조와 차관 등을 통해 미개발 국가들을 '도움'으로써,

그들 스스로가 후진국의 빈곤에 연루되어 있으며, 공동책임이 있다는 핵심적 쟁점을 회피한다. 이는 초자아적[즉, 구조적 (필자주)] 차원에서 이루어지는 거대한 기만이다.[93]

조지 소로스나 빌 게이츠는 자본주의적 절차 그 자체에 내재된 자기 부정을 몸소 보여준다. 그들이 자선사업을 벌이고 공공복지를 위해 막대한 기부를 하는 것은 단순히 개인적 특성에서 우러나온 개성적 행위가 아니다. 진심이든 위선이든 자선행위는 자본주의적 순환이 논리적으로 낳을 수밖에 없는 것이며, 이는 철저하게 경제적인 관점에서 반드시 필요한 것이다. 그래야만 자본주의 체제의 위기를 유예할 수 있기 때문이다. 자선행위는 재기할 수 없이 곤궁에 처한 이들에게 부를 나눠준다는 일종의 재분배 의식을 통해 균형을 재정비하며, 치명적인 부조화의 덫을 피해간다. 즉, 파괴적인 원한의 논리와 국가주도의 강제적인 부의 재분배 처분을 피해간다는 것이다. 이에 더하여 또 다른 한 가지 더 큰 위험을 피해갈 수도 있는데, 지젝에 따르면 그것은 전쟁이다. 이때의 전쟁을 지젝은 "주권적 소비[권력의 행사 (필자주)]를 통해 티모스[가치 (필자주)]를 확고히 하고 일종의 균형을 재확립할 수 있는 다른 방식"으로서 정의한다.[94]

자유주의적 공동체주의자의 '스마트한(날렵한)' 혹은 '마찰 없는' 자본주의

자유주의적 공동체주의자들은 '스마트(날렵하다)'라는 새로운 표현(newspeak)을 사용하여, '마찰 없는 자본주의'의 개념을 제시한다. '스마트'하다는 것은 중앙집권적 관료주의와 대비되는 역동적이고 유목적인 방식을, 상명하복의 권위주의와 대비되는 대화와 협동을, 판에 박힌 일처리와 대비되는 융통성을, 구시대 산업생산방식과 대비되는 문화와 지식을, 고정된 위계질서와 대비되는 자발적 소통과 참여를 두루 일컫는다.

빌 게이츠는 '마찰 없는 자본주의'의 아이콘이다. '마찰 없는 자본주의'란 '노동의 종말'과 함께 하드웨어보다는 소프트웨어가 중요해지고, 캐쥬얼 차림의 젊은 컴퓨터광이 정장을 차려입은 나이든 경영자를 제치게 되는, 탈산업화를 뜻한다. 첨단의 회사 본부에는 외부의 조직적 규율이 거의 없다. 전직 해커들이 회사 일을 주도하느라 장시간 노동하면서, 쾌적한 사내 환경에서 공짜로 주는 음료수를 즐긴다. 빌 게이츠가 아이콘(우상)일수 있는 결정적 특징 중 하나는 그가 성공한 전직 해커라는 사실이다. '해커'라는 용어는 전복(顚覆)적이고 주변적이며 기득권에 저항한다는 등의 모든 의미를 함축하는 것으로 받아들여져야 한다. 해커는 거대한 관료주의 기업의 원활한 운영을 불안하게 하고자 하는 사람이다. 지젝에 따르면, 여기에는 빌 게이츠가 전복적이고 주변적인 성향의 말썽꾸러기 젊은이였다가 어엿한 회장으로 올라선 인물이라는 환상이 깔려있다.[95]

반면, 지젝에 따르면, 권위와 질서, 편협한 애국심에 대한 믿음을 고수하는 구(舊) 우파나, 자본주의에 맞서 전형적 투쟁만을 고수하는 구(舊) 좌파는 둘 다 보수주의자로서, 덧없는 투쟁을 계속하며 새로운 현실에서 동떨어져 있다.

지젝은 '민주적 절차'보다 폭력에 의한 혁명을 지지했다.

지젝에 따르면, '민주적 절차'란 자본주의적 재생산이 제대로 작동할 수 있도록 보장해주는 '부르조아' 국가 기구의 일부이며, 국가란 지배계급에 봉사하는 기구로서 폭력과 분리될 수 없는 것이다.[96] 여기서 그는 알랭 바디우가 제시한 명제로서, "오늘날 궁극적인 적(敵)은 자본주의, 제국, 착취와 같은 그런 어떤 것이 아니라 '민주주의'"라는 견해를 받아들인다.

나아가 폭력이 민주주의와 배치된다는 개념은 잘못된 것이라고 보고, 일차적으로 바디우의 '방어적 폭력'의 개념을 원용한다. 지젝은 자유주의자들의 폭력에 대한 개념을 비판한다. 자유주의자들은 필요하면 폭력을 쓰면서도, 폭력이 결코 합법적이지는 않다는 생각을 가지고 있다고 보기 때문이다. 그러나 지젝은 이런 자유주의자들의 생각을 거꾸로 뒤집어야 한다고 주장한다. 억압받는 사람들에게 폭력은 언제나 합법적인데, 그것은 그들 자신이 폭력에 무방비로 노출되어 있기 때문이다.[97]

지젝에 따르면, 계급 지배 기구로서의 국가의 존재는 폭력과 분리될 수 없다. 이는 종속적이고 억압받는 사람들의 입장에서 보면 바로 국가라는 존재 자체가 폭력이 된다는 뜻이다. 그래서 지배계급과 그들의 국가에 저항하는 모든 폭력은 궁극적으로 '방어적'인 것이 된다. 여기서 지젝은 마르크스의 계급투쟁의 명제로부터 "사회평화는 (국가) 폭력에 의해 지탱되는 것이 아니라 한 계급이 계급투쟁에서 승리하거나 우위를 점하고 있다는 사실의 표현이자 그 효과"라는 주장을 도출한다.

나아가 지젝은 궁극적으로 바디우의 방어적 폭력의 개념조차 불충분하다는 입장에 선다. '방어적 폭력'의 개념은 국가가 자율적 공간을 직접 공격할 때만 작동 가능한 것이 되므로 한계가 있다. 바디우가 제시한 〈반응적 폭력+(통치권력의) 제거(subtraction)〉의 발상은 국가 정치에서 우리 자신을 빼버리고(subtract) 난 다음 국가권력의 틈바구니에서 자율적인 공간을 만들어내야 하는 한계가 있다. 그러나 자본주의는 도처에 깔려있고, 국가를 폐지하고자 하는 시도는 자기파괴적인 폭력 속에서 비극적으로 실패하거나 끝장이 나버렸다. 국가는 더 혼란해지고 '상품을 제공하는 기능도 다하지 못하므로', 국가권력과 거리를 유지하면서 마냥 국가를 내버려둘 수는 없는 것이라고 지젝은 주장한다.

이에 더하여 지젝은 혁명적인 진리-사건[98]이 폭력을 수반해야 하는 당위성에 대해 옹호한다. 진리를 지향한 궐기는 사회적 총체성이 불가능한 지점에서 그 징후가 노정될 때 발생하며, 그 궐기의 주체는 '몫 없는' 자들이기 때문이라는 것이다. 진리를 주장하기 위해서는 작동 불가능의 지점에서 기존 구조를 완전히 제거하고, 그 작동을 정지시켜야 한다.

여기서 지젝은 진리가 혁명이라는 그람시의 주장을 원용한다. 진리를 주장하는 방법은 지금 존재하는 위계적 질서를 뒤흔드는 혁명적 격동을 일으키는 길 뿐이다. 그래서 "진리는 무능하기 때문에 실제 힘을 가진 권력이라면 거짓과 기만을 해야 한다"는 (사이비) 마키아벨리적 지혜에 반대한다. 그 대신 "마르크스주의가 진리인 한 힘을 가진다"고 했던 레닌이 옳았던 것이라고 평가한다.[99]

그러나 지젝이 범했던 근원적인 오류가 이 대목에 있다. 그는 절대적 '진리'인 것으로 간주하는 '평등-민주주의를 향한 프롤레타리아의 폭력적 혁명'이라는 개념은 사실 피상적인 개념으로서 하나의 방향성을 설정하는 데는 유효하나 일정한 구체성을 결여하고 있다. '사회적 총체성이 불가능한 지점'이라든가, 혁명적 주체가 '몫 없는' 자들이라는 개념도 추상적이고 획일적이기 짝이 없다. 그 불가능의 지점에 도달하는 원인도 다양할 테지만, 무엇보다, '몫 없는' 자들을, 획일적 이해관계 하에 구성된 일색의 사회계층으로 설정한다면, 그런 전제 자체가 이미 성립될 수 없다. 지젝이 지향했던 '마르크스'주의도 그 자체로서 다양하게 번안될 수 있기 때문이다. 이는 자본주의가, 그 내용에서 획일적이지 않으며, 다양한 스펙트럼으로 전개되고 있는 것과 같다.

여기서 제기되는 짚고넘어가야할 문제가 있다. 지향해야 할 구체적 내용을 어떤 방법으로 규정할 수 있는가 하는 점이다. 지향점을 향한 사회적 합의를 이끌어내기 위한 절차로서의 민주적 결정과정, 즉, 다수와 소수의 비중을 어떻게 고려해야 하는지 하는 점 등이 다루어져야 한다.

지젝은 소수 주장의 진리를 옹호하다

지젝에 따르면, 진리의 목소리와 반주류(반론)의 목소리는 구별하기가 정말 어렵다. 전자는 소수가 낼 수도 있는 것이며, 후자는 인위적 편 가르기를 해서 진리를 은폐하기도 한다. 여기서 지젝은 로베스피에르의 다음과 같은 말을 원용한다. "진리는 숫자로 환원될 수 없다. 그것은 홀로 고독한 상태에서 경험될 수도 있다. ... 소수파는 진리의 소리를 들을 수 있게 해주기 때문에 언제나 영원히 옳다."[100]

국민공회에서 왕에 대한 심판을 앞두고 있던 당시 로베스피에르와 달리 지롱드 파는 '민주적 해결책'을 제시했다. 어려운 문제의 결정은 '인민의 뜻'에 따라야 하니, 프랑스 전국에서 지방의회를 소집해 왕을 어떻게 처리할 것인지를 물어야 한다는 의견이었다. 그러나 로베스피에르는 '인민의 뜻에 따르는 것'이 인민이 가진 주권의지를 무효로 만들어버릴 것이라고 답변했다. 로베스피에르가 보기에 이 주권의지라는 것은 반란과 혁명의 과정을 통해 이미 프랑스 국가의 본질이 되었고, 혁명은 발생하였으므로 왕은 이미 범죄자가 되었음을 뜻한다. 그래서 왕의 죄를 투표에 부치는 것은 혁명 자체를 의심하는 것이 된다. 그 외에도 지젝은 소수의 진리를 증명하는 예로서 프랑스의 드골 지지자, 그리고 독일 히틀러에 맞섰던 자들을 든다.

지젝은 다수가 아니라 소수의 진리를 옹호했다. 이는 그리스도가 가진 시간적-역사적 특이성을 승인함으로써 기독교에서 영원한 진리가 비로소 경험되고 구현되는 것과 같다. 진리의 토대를 이루는 것은 고통과 용기의 경험이며, 따라서 때로는 다수파라는 숫자나 힘이 아니라 고독 속에서 비로소 진리를 경험할 수 있다. 물론 이것이 진리에 의심할 여지가 없는 기준이 있다는 뜻은 아니라고 지젝은 말한다. 이렇게 해서 진리를 주장하는 것은 일종의 모험이 된다. 진리를 말하는 자들은 대개 처음에는 남들을 이해시키는 데 실패하지만, 투쟁을 통해 적절한 언어를 찾아낸다는 것이다.

그러면 어떤 외부의 지지를 받을 수 없는 이 모험적 차원의 진정한 진리-사회참여는 전체주의 혹은 근본주의의 편협한 시도와 어떻게 구분될 수 있는가? 지젝이 스스로 제기한 이런 문제의 해답으로서 진리는, '객관적 진리'가 아니라 주관적 입장을 의미하는 자기관계적 진리이며 이는 참여적 진리를 뜻한다. 그리고 '예, 아니오'라는 대답으로 결정되는, 그런 종류의 진리 탐구가 아니라, 이론과 실천을 변증법적으로 통일하는 통찰만이 있을 뿐이다. 즉, 진리-효과의 문제로서, 세계를 다양하게 해석하는 것이 아니라 세계를 변화시키는 것, 따라서 마르크스의 이론을 '시험'하는 것은 마르크스 이론이 말하는 프롤레타리아에게 진리-효과가 나타나느냐 하는 데 있다고 한다. 즉 프롤레타리아를 혁명적 주체로 전환시키는 것, 바로 그것이 진리-효과를 뜻하는 것이라고 한다.[101]

지젝의 소수에 의한 진리 및 폭력론에 대한 반론으로서의 절차민주정치

지젝에 따르면, 공산주의는 '가시적'인 폭력의 주체인 국가권력에 의해 부의 재분배나 사회적 균형을 도모하지만, 자본주의는 그렇지 않다. 여기서 지젝은 자본주의가 '보이지 않는' '구조적' 혹은 '상징적' 폭력에 입각해있다는 개념을 도입했다. 그는 자본주의에 내재한 보이지 않는 구조적(객관적, 상징적) 폭력에 저항할 것을 독려하고, 그것을 제거하는 방법은 신적(神的) 폭력, 비인간적 폭력, 프롤레타리아 독재라고 한다.

혁명적 폭력의 목표는 국가권력을 단순히 장악하는 데 그치는 것이 아니라 국가권력을 변형시키고 그 기능 방식과 토대와의 관계를 근본적으로 바꾸는 데 있다. 평등-민주주의는 오직 혁명적 민주주의 테러의 형태로만 '제도화 될' 수 있는 것으로서, 민주주의적 절차보다 상위에 있다고 지젝은 말한다. 여기서 지젝은 한편에 자본주의와 절차 민주주의(자유 민주주의)를, 그리고 다른 한편에 코뮌(공산)주의 및 '평등 민주주의'를 대항으로 설정하고 후자를 옹호했다.

지젝은 자본주의의 폭력은 잘 드러나지 않는 구조적인 것인 데 반해, 공산주의 폭력은 주관적 악행으로서 그 이데올로기의 근원까지 파악할 수 있는 가시적인 것이라고 한다. 그러나 이런 지젝의 논의는 자본주의와 공산주의가 다 같이 군대나 경찰 등 조직적인 물리적 강제력의 기반 위에서만 성립할 수 있다는 사실을 무시하고 있다. 자본주의와 공산주의에서 폭력은 일정한 사회질서를 강요한다는 점에서는 동일하기 때문이다. 자본주의의 폭력은 평등하게 분배된 부가 아니라 불평등하게 편재하는 부를 중심으로 질서를 유지하는 기능을 담당할 뿐이다. 지젝이 말하는 자본주의 사회의 보이지 않는 구조적 폭력은 그 폭력에 뿌리를 두고 기생하는

자본주의적 사유권에서 가시화되고 있다. 두 사회에서 폭력은 구체적으로 사용되는 목적과 방법이 다를 뿐이므로, 구조적(상징적 혹은 잠재적)인가 가시적인가 하는 추상적인 기준으로 구별할 성질의 것이 아니다.

사실 자본주의와 공산주의는 또 다른 공통점을 갖고 있다. 지젝에 따르면, 이들 자유주의적 공동체주의자들의 이데올로기는 새로운 유형의 반(反)세계화 좌파 급진주의자들의 그것과 거의 똑같아졌다. 예를 들어, 포스트모던(탈현대) 좌파의 좌장인 안토니오 네그리의 명제를 빌리자면, 디지털 자본주의는 공산주의의 모든 요소들을 집약하여 담고 있다는 것이다. 일단 자본주의라는 형식만 버리면, 혁명이라는 목표는 실현된 것이나 마찬가지인 셈이다. '스마트' 하다든가 '마찰 없는 자본주의'에 대한 지젝의 논의도 경제적 효율을 목적으로 하는 경영방식에 관련되며, 이런 새로운 기업정신은 공산주의에서 추구하는 기업경영방식과도 다를 바가 없다.

핵심은 폭력의 종류나, 효율을 목적으로 하는 기업적 경영의 방식에서는 자본주의와 공산주의의 차이점을 가려내기가 어렵다는 점이다. 차이가 있다면, 평등과 자유, 말 그대로 경제적인 소유와 분배의 관점에서만 공산주의와 자본주의로 각각 수렴될 따름이다.

결국 "'평등 민주주의'는 오직 '혁명적-민주주의의 테러'의 형태로만 '제도화될' 수 있다"는 지젝의 명제는 다수결의 민주적 절차에 가치를 두지 않고, 오히려 '평등 민주주의'라는 일정한 내용에 더 큰 의미를 부여한 것이다. 그런데 이 같은 진리론은 양면으로 질곡에 이르게 된다. 한편으로는 본질상 테러는 프롤레타리아를 혁명적 주체로 전환시키는 데만 적용되는 것이 아니라 그 자체로서 다수의 평등 대신 소수의 이익을 위한 독재정권에도 그대로 적용될 수 있다는 약점을 배태(胚胎)하고 있다. 다른 한편으로는 지젝이 정당화한 '방어적 폭력'의 개념, 더 나아가 혁명적인 진리를 위한 폭력은 이에 저항(안티테제)하는 상대로부터의 또 다른 폭력을 불러올 뿐, 궁극적 해결책이 되지 못하기 때문이다.

지젝은 마르크스의 이론을 진리로 보았다. 이것이 곧 참여적 진리이자, 이론과 실제를 통합하여 변증법적으로 통일하는 통찰이며, 프롤레타리아를 혁명적 주체로 전환시키는 진리-효과를 뜻한다고 여겼던 것이다. 그런데 이런 진리의 힘은, 지젝에 따르면, 지지자의 수가 다수인지 소수인지 하는 것과 무관하고, 또 그 자각이나 실천이 시간상 미래로 유보될 수도 있다. 이런 지젝의 견해는 프롤레타리아의 혁명을 진리로 정의하고 또 그 목적을 달성하기 위해 폭력을 정당화한 것과 같은 맥락에서 자의적인 것이다.

더구나 지젝이 옹호하는 평등-민주주의가 진리 그 자체, 혹은 진리에 가까운 것이라 하더라도, 그것이 세부적으로 어떤 내용을 담는가 하는 점에 대해서 의견의 일치가 이루어진 바가 없다는 문제점이 남는다. 공산주의나 프롤레타리아 독재의 개념도 마찬가지로서, 이런 개념들을 현실적으로 구체화하는 과정에서도 민주적 논의의 절차는 불가결하다. 그 논의에서 도출되는 결정은 소수가 아니라 다수가 원하는 쪽으로 귀결되는 것이 합리적일 것이다. 왜냐하면, 소수의 결정이 우세하다는 것은 수 이외의 힘의 논리가 개재되는 것이기 때문이다.

그래서 논의의 초점은 오히려 '평등 민주주의'를 지향하기 위한 국가의 강제력은 어느 정도로 허용되고, 또 자본주의에서 옹호되는 바와 같은 소유권은 어느 정도로 허용되어야 할 것인가 하는 점으로 환원된다. 그리고 각 사안에서의 비중은 자본주의나 공산주의에서 마찬가지로 경직되고 획일화된 것으로서 주어지는 것이 아니고, 구체적 상황이나 환경에 따라 가변적이어야 한다. 그리고 그 가변성을 결정하는 것은 바로 이해관계에 얽힌 당사자, 민중 자신이어야 한다는 점이다.

시대와 장소를 따라 사람들이 결정할 내용이나 결정 과정이 어떤 조직적 폭력의 영향력에서도 차단되고 자유로울 때 자유롭고 공정한 절차 민주주의가 성립된다. 자본주의 체제 혹은 특정 계급의 이익을 대변하는 국가의 폭력과 격리되어 있을 때, 국가 혹은 사회가 구비하고 있는 모든 기존 조직적 폭력으로부터 해방될 때, 민주적 결정을 이끌어낼 수 있는 절차의 공정성이 비로소 확보되는 것임을 뜻한다. 민주적 절차의 결정과정에서도 다수가 소수의 뜻을 억압하는 결과를 초래하게 된다. 그럼에도 불구하고, 중의(衆意)를 서로 평등한 민중들로부터 수렴한다는 점에서 적어도 소수가 힘으로 다수를 지배하는 상태보다는 더 긍정적인 결과를 기대할 수 있을 것이다.

자본주의 사회의 자본의 권력이든 공산주의 사회의 국가의 권력이든, 소수가 다수를 지배하는 체제는 반드시 조직적 폭력에 의지하여야 한다. 그러나 다수가 소수를 지배하는 사회에서는 그런 정치적, 혹은 사회적 폭력이 반드시 전제되는 것은 아니다. 그래서 민주적 절차가 확립되는 사회에서는 국가 폭력으로부터도 해방될 수가 있다. 바꾸어 말한다면, 민주적 절차를 확립하기 위해서는 눈에 보이는 가시적 폭력이든, 감추어져 보이지 않는 구조적 폭력이든 각종 폭력을 제거하지 않으면 안 된다. 우리가 무엇보다 먼저 관심을 기울이고 우선적으로 해결해야 할 것이 바로 이 국가 폭력이다.

이런 결론은 지젝의 명제를 완전히 전도해야만 비로소 얻을 수 있는 것이다. 지젝은 "'평등 민주주의'는 민주주의적 절차보다 상위에 있고, 오직 혁명적-민주주의의 테러의 형태로만 '제도화될' 수 있다"고 했으나, 사실은 절차야 말로 평등에 우선시 되어야 한다. 평등의 이상이나 민주주의를 위한 테러에 앞서 절차 민주주의를 통한 민의의 수렴이 우선되어야 구체적이고 현실적인 문제도 비로소 해결이 가능해진다. 지젝은 공산주의라는 일정한 제도를 옹호했고 그 목표 달성을 위해 폭력을 옹호했으나, 폭력을 통해서는 저항은 가능하나 저항 이후의 구체적인 정책의 입안 절차에 대한 것을 제시하지 않고 있다.

그리고 절차를 통한 시민 간의 논의는 일회성으로 끝나는 것이 아니라 필요한 만큼 부단히 반복되는 것이어야 한다. 이는 어떠한 사안도 절대시될 수가 없으며, 사안의 경중에 따라 부단히 개선되고 시행착오를 통해 계속 변경될 수 있음을 뜻한다. 인간 사회에 특정의 절대적 가치의 제도가 반드시 설정되어야 할 필연성은 없다. 환경과 시대의 요청에 따라서 제도는 얼마든지 고쳐나갈 수 있기 때문이다. 이는 프롤레타리아 평등-민주주의의 절대적 진리를 옹호하기 위해 폭력 투쟁을 불사한 지젝과는 그 입장을 달리한다.

주의를 요하는 점이 있다면, 반복되는 민주적 논의와 지속적인 제도의 수정을 방해하는 정치적, 사회적 요인을 제거하기 위해 민중들이 노력을 경주해야 한다는 것이다. 가시적이거나 구조적이거나 간에 자유로운 논의와 결정을 방해하는 폭력은 철저히 경계하고 제거해야만 한다. 이는 테러에 의지함으로써가 아니라 오히려 민주적 절차를 방해하는 테러(폭력)를 배제함으로써 바람직하게 성취될 수 있다.

다만, 다수 민중의 정당한 의지와 처사를 방해하는 폭력이 존재한다면 이를 제거하기 위한 수단으로서 다수 민중은 테러를 사용할 수 있겠으나, 그것은 어디까지나 민주적 다수 의견을 존중하고 수호한다는 정신과 목적에만 근거해야 한다. 절차 민주주의는 지젝의 폭력론과는 지향점이 판이한 개념이다. 테러의 쓰임새가 있다면, 이는 평등의 실현이 아니라 절차 민주주의를 담보하기 위한 저항권의 발로로서 가능하다.

제 5 장

국가권력과 정의론: 롤스, 샌델, 플라톤, 아리스토텔레스

롤스의 절차적 자유주의는 국가권력의 폐단에 대해 경계하는 것이나, 샌델이 지향한 자치집단의 공동선(善)은 공동체 및 국가의 강제력을 전제로 하고 있다.

아리스토텔레스에게서는 국가는 시민의 집합일 뿐, 시민과 분리된 별개의 존재가 아니다. 이것은 국가를 자유롭고 평등한 시민의 집합으로 본 롤스의 견해와 유사하다. 반면, 민주적 절차나 개인의 자유보다 공동선(善)을 더 강조한 샌델은 아리스토텔레스가 말하는 도덕적 공동체와 시민의 덕의 전통을 따르는 것으로 자처했으나, 실은 이상국가의 플라톤에 더 가깝다.

롤스와 샌델의 정의론

절차와 목적을 혼동한 샌델

마이클 샌델은 한 대중 강연에서 자신의 '공동체주의'를 자유주의, 즉, '자유주의적 공동체주의'로 규정했다. 그것은 "정의의 중요성을 강조하고 인권의 보편적 가치를 옹호하기 때문"이란다. 이때 공동체적 가치란 맹목적 애국주의는 아니고, 또 자신이 속해있는 공동체를 벗어난 다른 가치의 존재를 부정하는 것이 아니다. 샌델의 주장은 두 가지 요소를 전제로 한다. 그것은 공동체적 가치관, 즉 공동선(善)이 존재한다는 점, 그리고 그 보편적 가치가 사회 구성원에게 미리 주어진다는 점이다. 전자는 내용이며, 후자는 절차에 관련한다.

한편, 샌델에 따르면, 인간의 자기 이해에는 근본적으로 공동체적 가치가 개입되어 있으므로 이런 사회성을 백안시하는 개인주의는 잘못된 것이다.[102] 그리고 롤스가 주장하는 바와 같은 현대 자유주의는 공동체 가치관이 결핍된 개인주의를 기조로 하고 있다고 한다.[103]

그런데 샌델의 정의와는 달리 롤스의 자유주의도 단순히 공동체의 가치를 초월하는 개인주의라고 단정하기가 어렵다. '방해받지 않은 자아' 혹은 '선택의 자유'에서 출발하는 롤스의 자유주의는 그 초점이 절차적 자유에 있으며, 이것은 방법, 절차를 말하는 것일 뿐, 반드시 목적으로서의 공동체주의의 결핍을 말하는 것이 아니기 때문이다. 샌델은 선택 이전에 이미 공동체로부터 각 사회의 구성원에게 주어진 공동체적 가치관이 있다고 본 점에서 롤스와 차이가 있다. 다시 말하면, 롤스는 가치관의 결정이 개인의 선택의 결과라고 보았으나, 샌델은 공동체적 가치관이 개인의 선택과 무관하게 미리 공동체에 주어진 것이라고 본 것이다.

롤스의 '절차적 자유주의'는 '개인주의'와 동일한 것도 아닌 동시에 '공동체주의'와도 반대되는 개념이 아니다. 그것이 반드시 공동체주의 혹은 개인주의 가운데 한편으로 경도되는 것이라고 정의하기가 어렵다는 말이다. 롤스는 장기적으로 평등사회를 지향했다는 점에서 공동체의 가치를 배반하지 않았다. 그의 절차적 자유주의는 개인의 자아를 출발점으로 하여 공동체 이상으로서의 평등을 지향하고 있기 때문이다. 샌델은 공동체 가치관에서 출발하여 시민의 자발적인 정치 참여를 장려하고 있다는 점에서 롤스와 순서가 다를 뿐이다. 그래서 양자의 차이는 무엇보다 절차, 혹은 방법론상의 차이점으로 환원할 수 있다.

롤스의 자유주의를 개인주의로 비판한 샌델의 오류는 무엇보다 절차와 목적을 혼동한 데 있다. 롤스의 '절차적 자유주의'는 샌델이 말하는 '선택도 하기 전에 공동체에 미리 주어진 가치관'과 대응 관계에 있다. '개인의 선택이 우선인가' 아니면 '공동체의 이름으로 어떤 가치관이 미리 개인에게 부여되는가' 하는 문제는 절차상 순서의 문제이지, 그것이 결과적으로 구현되는 개인주의 혹은 공동체주의의 목적을 규정하는 것과는 무관하다. 개인이 선택을 한 다음의 결과가 반드시 공동체적 가치관을 배반하는 쪽으로 나타나게 될 것인지는 누구도 섣불리 단정할 수가 없다.

다른 한편, 샌델은 롤스의 정의론을 '의무론적 도덕론'으로 규정한다. 롤스가 제시한 '원초적 입장(original position)'과 '무지의 장막(ignorance of veil)'의 개념은 그의 자유주의가 획일적이고 사변적인 철학적 전제에서 출발했으며, 현실성 없는 철학의 원칙이라는 뜻이다. 그러나 롤스 자신은 '의무론'이라는 말을 원천적으로 자주 사용하지 않았으며, 그 의미 또한 샌델이 생각한 개인의 선험적인 도덕론에 그치는 것도 아니다. 롤스의 해명에 따르면, 자신의 '의무론적(deontological theory)' 정의관은 비(非) 목적론적(nonteleological one)인 것이지만, '좋음'과 다른 것이 아니고, 선의 극대화에 반대하는 것도 아니며, 나아가 제도와 행동의 공정성을 그 결과와 분리하여 생각하는 것도 아니라고 한다.[104]

샌델의 공동선과 롤스의 도덕적 의무론

롤스의 '원초적 입장'과 '무지의 장막'

샌델에 따르면, 롤스의 정의관은 '의무론적 자유주의', 또는 '평등주의적 자유주의'로 규정된다.[105] 롤스에 있어 정의의 문제는 사회계약으로 환원되는데, 그 과정은 다음과 같다. 우리가 법을 준수해야 하는 이유, 국가가 국민에게 의무를 강제할 수 있는 근거가 무엇인가. 내가 국민이 되기 이전에 법을 준수하고 국가에 충성하겠다고 약속한 사실은 없다. 다만 그 국가에서 출생했다는 우연적 사실만이 있을 뿐이기 때문에 이와 같은 문제에 대한 대답으로 사회계약론이 제기된다. 사회계약론은 존 로크에서 시작해서, 칸트와 롤스 역시 취했던 입장인데, 로크는 우리가 암묵적으로 합의했다고 하고, 칸트는 가상의 합의에 근거한 사회계약론을 취한다. 그러나 암묵적 합의라는 것은 합의의 실재성을 인정하는 것이어서 우리가 실제로 합의한 사실은 없었다는 점에서 비판을 면할 수 없다. 내가 그 국가에서 존재하고 있다는 사실에서 그 국가의 법률을 준수하겠다고 암묵적으로 합의를 했다는 사실을 추론할 수는 없다. 칸트의 가상적 합의 역시 가상적 합의가 어떻게 국가의 강제력의 근거가 될 수 있는지의 문제가 있다.[106]

롤스는 정의의 근거를 찾기 위해서 '원초적 입장(original position)' 과 '무지의 장막(veil of ignorance)' 의 개념을 도입했다.[107] 정의의 원칙을 논의하는 원초적 입장(계약 상황)에 처한 당사자 조건으로서 롤스는 무지의 베일에 가려있는 합리성이라는 조건을 제시한 것이다. 전자가 인지(認知) 상의 조건이라면 후자는 동기(動機) 상의 조건이다.

롤스는 정의를 고민하는 올바른 방법은 원초적으로 평등한 상황에서 어떤 원칙에 동의했는가를 묻는 것이라고 주장하며 논의를 시작한다. 우리가 집단의 삶을 지배할 원칙을 정하기 위해, 즉 사회계약을 작성하기 위해 한 자리에 모였다. 여기에 모인 사람들은 자신에 대한 어떠한 정보도 갖고 있지 아니하다. 즉 자신의 계층, 성별, 인종 민족, 종교 또는 정치적 신념도 알 수 없고, 자신의 건강, 교육수준, 출신 등에 관해서도 알지 못한다. 즉 무지의 장막(Weil of ignorance)에 가려져 있다. 원초적 입장(original position)에 있는 사람들은 무지의 장막 때문에 평등한 위치에 있게 된다. 원초적 입장에 있는 사람들은 자신의 이익을 최대화하기 위해 합의를 한다. 이때 사람들은 어떤 원칙에 합의하겠는가? 롤스는 공리주의나 자유지상주의를 택하지는 않을 것이라고 한다. 사람들은 무지의 장막 뒤에 있기 때문에 자신이 억압받는 소수가 될 수도, 무일푼의 빈털터리가 될 가능성도 배제할 수 없기 때문이다.[108] 이와 같이 원초적 입장에 있는 사람들은 자신의 이익을 우선시하는 근대적, 합리적 인간이고, 다른 사람 또는 공동체에 관해서는 무관심하다.[109] 이 원칙들은 자신의 이익 증진에 관심을 가진 자유롭고 합리적인 사람들이 평등한 최초의 입장에서 그들 조직체의 기본조건을 규정하기 위해 채택하게 될 원칙들이 된다.[110]

이렇게 무지의 장막 뒤에 있는 사람들은 자신의 처지에 대해서 알지 못하면서 타인에 대해서 무관심한 반면, 자신의 이익을 적극적으로 추구하는 합리성을 띤다. 이들은 무지의 장막이 걷힌 사회에서 자신이 어떤 위치에 있을지 알 수 없으므로, 위험 부담을 감수하지 않기 위해 보수적으로 선택한다. 즉 최대위험 최소화원칙(maximin rule)이 적용된다.

롤스가 말하는 정의의 두 원칙

원초적 상태에 있는 사람들은 정의에 관한 두 가지 합의를 한다. 그것이 정의의 제1원칙과 제2원칙이고, 일종의 사회계약이 된다. 어떤 사회제도가 정당한지 아닌지, 즉 그것이 정의로운지 아닌지의 여부는 이와 같은 가상적 상태에서의 정의의 원칙들(사회계약)을 충족시키는지 여부로 환원되는 것이다. 원초적 입장에서 사람들이 합의하는 제1원칙은 평등한 자유(equal liberty)이고, 제2원칙은 차등의 원칙(difference principle:

최소수혜자에게 최대 이득이 가도록 하는 것) 및 공정한 기회균등(fair equality of opportunity: 모든 사람에게 직책과 직위가 개방되도록 함)이다.[111]

정의의 제1원칙[112]에서 롤스의 자유주의는 평등주의의적 경향을 보인다. 원초적 입장에서 사람들은 최소한의 가치를 평등하게 배분하는 데 합의할 것이라고 생각한다. 반면, 제2원칙에서 사회적, 경제적 이익에 대해서는 불평등이 허용되지만, 자연적 자질이나 사회적 여건과 같은 우연적 요소에 의한 불평등을 최대한 제거하려고 한다.[113] 다시 말해 원초적 입장의 사람들이 합의한 정의의 원칙들은, 우선 언론의 자유와 종교의 자유 같은 기본 자유는 모든 시민에게 평등하게 분배되어야 하며, 그 다음으로 사회적, 경제적 불평등은 그것이 사회의 가장 어려운 사람들에게 유리한 것이어야 하고, 공정한 기회가 보장되어야 허용될 수 있다는 것이다.[114]

차등의 원칙은 재능 있는 사람들에게 불이익을 주지 않으면서 재능과 소질의 불공정한 분배를 교정한다. 재능 있는 사람을 격려해 그 재능을 개발하고 이용하도록 하되, 그 재능으로 시장에서 거둬들인 대가는 사회적으로 가장 취약한 계급으로 돌아가게 하는 것이다. 절대적 평등주의를 배격하고, 개인의 자유를 최대한 존중하는 반면, 그로 인한 사회적 불평등을 차등의 원칙으로 교정해나가는 것이다.

롤스의 정의론은 사회의 기본 구조가 두 부분으로 나누어질 수 있음을 전제로, 자유를 보장하는 부분에 제1원칙을, 사회적 경제적 평등권을 설정하는 부분에 제2원칙을 적용하려 한다.[115] 제1원칙과 제2원칙이 충돌할 경우를 배제하지 않는데, 원칙적으로 그런 경우 제1원칙이 우선한다.[116]

'선(좋음)'보다 우선하는 롤스의 '공정함'[117]

이양수에 따르면, 공화주의를 지향하는 샌델의 자유주의에 대한 공격은 특정 형태의 자유주의에 대한 비판일 뿐, 자유주의 자체에 대한 비판은 아니다. 샌델은 현실불평등을 해소하려는 자유주의의 시도 자체를 높게 평가하고, 스스로도 "정의의 중요성을 강조하고 인권의 보편적 가치를 옹호한다"는 점에서 자유주의자로 자처한다. 그러나 샌델은 한편으로 자유지상주의(libertarianism)를 비난하고, 또 다른 한편으로는 의무론의 형태를 띠고 있는 롤스의 자유주의 정치철학을 공격한다.

칸트의 자율적 인간관을 극대화하면 자유지상주의의 결론에 이른다. 자유지상주의의 특징을 일견하자면, 인간의 자유를 근거로 시장을 옹호하고, 정부규제에 반대한다. 그리고 계약을 집행하고 개인의 재산을 보호하며 평화를 유지하는 최소국가만이 정당하다. 사람들이 다치지 않게 보호한다는 온정주의나 미덕을 권장하거나 다수의 도덕적 신념을 표현하는 도덕법, 그리고 과세를 이용한 소득과 부의 재분배에 대해서도 반대한다. 자유지상주의는 국가의 복지정책에도 반대하는데, 부의 재분배를 위한 과세는 국가의 강압적인 절도행위와 다를 것이 없으며, 자비로운 도둑이 부자의 돈을 훔쳐 가난한 사람들에게 나눠주는 것이 허용되지 않는 것과 마찬가지라는 것이다. 자유지상주의는 경제적으로 정부의 개입에 반대하고 민영화를 주장하는 신자유주의의 철학적 기초라고 할 수 있을 것이다. 그런데 이런 자유지상주의는 롤스의 입장과는 물론 같은 것이 아니다.

내용이 아닌 절차로서의 롤스의 '의무론적 자유주의'

샌델은 존 롤스의 정의관을 '의무론적 자유주의', '평등주의적 자유주의'로 규정한다.[118] 의무론이란 칸트의 인간관과 도덕철학의 근거를 수용했다는 점에 기인한다. 즉, 칸트는 인간을 자율적 존재로 보았는데, 실천이성의 자율성에서 모든 인간을 수단이 아니라 목적 자체로 간주해야 한다는 도덕적 의무가 도출된다. 칸트의 자율적 인간관과 의무론은 동전의 앞뒷면이다.

롤스는 칸트의 형이상학적, 자율적 인간상 대신 무지의 장막을 드리운 원초적 입장에 선 사람이라는 경험적 요소를 사용함으로써, 칸트의 형이상학을 극복했다고 생각한다. 롤스의 원초적 입장에 선 사람들은, 앞에서 소개했듯이, 하나같이 방해받지 않은 자아들이다. 무지의 장막 뒤에 있는 사람들은 자신의 사회적 위치나 경제력, 또는 자신이 속한 공동체의 가치 등에 관하여 알지 못하기 때문에 무지의 장막이 시민들 모두로 하여금 방해받지 않도록 만든다. 실천이성에 따라 자율적으로 행동하는 인간을 무지의 장막 뒤에 위치한 사람으로 환원하여 형이상학을 극복하고 영미의 경험주의적 전통으로 회귀했다고 생각한 것이다. 이는 경험 이론의 영역 안에서 도덕적 힘을 보존할 수 있다는 롤스의 믿음에 기초를 두고 있다.[119]

롤스에 따르면, 사회를 구성하는 다수의 인격은 각각 그 자신의 목표, 관심, 선관(善觀)을 가진다. 이들이 어떤 특정 선관(善觀)을 전제로 하지 않는 원리에 따라 작동할 때 그 사회는 가장 질서 정연하다. 규제의 원칙은 사회복지를 극대화하거나 다른 방식으로 선을 증진시킨다고 해서 정당화되지는 않는다. 오히려 공정함의 개념과 도덕적 범주가 선보다 우선하며, 선과는 아무 관련을 갖지 않는 것이 그 정당화의 기초가 된다.[120]

롤스의 정의론은 그가 말한 것보다 샌델의 비판을 통해서 우리에게 더 많이 알려져 있다. 그런 만큼 롤스의 입장은 본연의 모습 그대로 전달되지 않고 왜곡된 부분이 있다. '의무론적 자유주의'의 개념이 바로 그러하다. 이 개념은 롤스의 사회 정의론을 현실의 쓰임새가 아니라 철학적이고 비현실적인 이론의 출발점으로 환원시키면서 그 의미를 퇴색하는 데 기여하기 때문이다. 샌델이 롤스에게 붙이는 '의무론'이라는 형용은 롤스의 자유주의를 현실적 인간이 아니라 칸트의 도덕론에서 말하는 당위의 인간상으로 환원시킨다.

칸트에게서 '좋음'보다 자율적 인간관, 공정함의 우위에 있고, 이는 곧 롤스 이론의 출발점을 이루게 된다.[121] 샌델에 의하면, 현재 자유주의는 존 로크의 사회계약론에서 출발하여, 이성에 기초한 자율적 도덕법칙을 제안한 칸트를 거쳐 롤스에 의해서 완성되었다. 자율성은 스스로에게 의무를 부과한다. 이것이 칸트가 말하는 도덕법이다. 샌델이 롤스의 자유주의를 의무론적이라고 칭하는 것은 롤스의 이론이 칸트의 인간관과 도덕철학적 색채를 띠고 있기 때문이다.

롤스는 자신의 정의론이 적용될 수 있는 상황의 여건을 제시한다. 즉, 그의 정의론은 특정 조건하에서만 유효한 것일 뿐이어서, 어느 곳에서나 적용될 수 있는 보편적인 것이 아니다. 그 상황이란 자원의 희소성이라는 객관적 조건과 함께 원초적 입장에서 상호 무심한 인간들이라는 주관적 조건을 함께 일컬은 것이다.[122] 상호 무심한 인간들은 칸트의 실천이성을 지닌 자율적 인간관을 공동체나 다른 가치에 우선하여 자유로운 인간관, 즉 '방해받지 않는(무연고적) 인간관'을 제시한다. 방해받지 않은 인간관이란 공동체나 다른 가치에 우선한다. 즉, 자아가 목적에 우선하며 공정함이 좋음에 우선한다.

샌델은, 선(善)이 아니라 의무론적 도덕이 우선한다는 롤스의 자유주의 정의론에는 철학적 가정에 문제가 있으며, 잘못된 철학적 전제에서 출발한 '공공철학'은 결국 거짓일 수밖에 없다고 여긴다.[123] 공정함을 공동선(좋음)보다 우선하는 것은 도덕의 타락을 막지 못하고 공동체에 대한 의무와 유대감을 저해한다고 보기 때문이다. 롤스의 '방해받지 않은(무연고적) 자아'는 칸트의 형이상학적 요소를 그대로 갖고 있으면서도 원초적 입장이라는 이질적인 경험론의 요소를 혼합한 것이어서 태생적으로 모순을 갖고 있다고 샌델은 말한다. 또 국가중립성 개념은 비현실적인 것으로서, 정치적 논쟁에서 특정가치를 완전히 배제하거나, 그것에 대해서 중립적 자세를 유지하는 것은 불가능하다고 한다.

실로 샌델의 정의관은, 자아에 선행하는 목적을 인정하는 '방해 받은 (연고적) 자아', 좋음을 공정함보다 우위에 두는 목적론적, 또는 미덕의 정의관이다. 그는 실천적 측면에서는 공동선을 추구하는 공화주의를 주장한다.[124] 샌델에게서 정의 구현과 인권 옹호는, "선택을 하기 전에 공동체에 의해 개인에게 미리 주어진 가치관"이 있다고 전제하는 데에서 출발한다.

그러나, "개인이 선택을 하는 것이 우선인가?", 아니면, "공동체에 의해 개인은 이미 가치관을 강요받고 있는가?"하는 문제는 절차상의 문제이므로, 결과적으로 "개인주의냐?" 혹은 "공동체주의냐?"하는 가치관, 목적으로서의 내용과는 무관하다. 개인이 선택을 한 결과는 개인주의로도 공동체주의로도 공히 귀결될 수 있기 때문이다. 다시 말해서 롤스의 '절차적 자유주의'는 '개인주의'와 동일한 것도 아니고 '공동체주의'와 반대되는 개념도 아니다. 특히 롤스가 장기적으로 평등사회를 지향했다는 점에서 그러하다.

억압에 저항하는 '방해받지 않은 자아'

자유가 반드시 공정한 것이라거나 목적이 반드시 좋은 것이라는 원칙은 성립되지 않는다. 양자 모두 그렇지 않은 경우도 고려해야 하기 때문이다. 다만 방법론적으로 샌델의 미리 주어지는 획일적 공동선보다는 다원성을 전제로 한 롤스의 절차적 자유주의가 더 적정한 점이 있다.

한편, 의무론의 관점에서 말한다면, 롤스의 도덕론이나 샌델의 공동선은 다소간 강요되는 의무가 있다는 점에서 공통점이 없지 않다. 그러나 전자의 자아에서 출발하고 선택이 가능한 도덕론적 의무론과 후자의 미리 주어진 공동체적 가치관에 의해 강요되는 의무론 간의 차이는 크다. 권력 구조상 전자가 원심적이라면 후자는 오히려 공동체적 가치관을 현실적으로 강제할 수 있는 국가의 폭력을 전제로 하는 경향이 있기 때문이다.

샌델에 따르면, 롤스의 '방해받지 않은(무연고적) 자아'는 칸트의 형이상학적 요소에다가 원초적 입장이라는 이질적인 경험론의 요소를 혼합한 것이어서 모순적이며, 또 도덕의 타락을 막지 못할 뿐 아니라, 공동체에 대한 우리의 의무와 유대감을 저해한다. 그러나, 롤스의 원초적 입장의 '방해받지 않은 자아'는 실은 칸트의 자율적 자아와 똑 같은 형이상학적인 존재가 아니라, 국가의 폭력 등 외부로부터의 강요를 원천적으로 거부하는 존재라는 데 그 의미가 있다.

궁극적 질서, 특히 권리(공정함)는 그냥 주어지는 것이 아니라 부당한 강요에 저항하는 투쟁을 통해서만 가능할 수도 있는 것이다. 이때 자유(공정함)를 지향한 투쟁은 목적(좋음)보다 후순위가 아니다.

롤스의 절차적 자유주의와 샌델의 공동선(善) 간 권력구조의 차이

국가권력에 대한 샌델과 롤스 간 견해의 차이

국가권력에 대한 롤스의 경계와 강요되는 샌델의 공동선

롤스와 샌델은 국가 및 정치공동체의 역할에 대해 상반된 견해를 노정한다. 롤스는 진정한 정치공동체라는 것이 만약 획일적인 포괄적 교설(敎說)에 의해 통합된 정치사회를 의미하는 것이라면 우리는 마땅히 그러한 형태의 정치공동체를 포기해야 한다고 단언한다.[125] 그리고, "자유주의는 공동체로서의 정치사회를 거부한다. 그것이 기본 자유를 체계적으로 부정하고 정부의 독점적인 권력을 억압을 위해 사용할 가능성이 있기 때문"[126]

이라고 하면서, 특정의 포괄적 교설에 기초하여 통합을 추구하는 바의 강제성을 가진 정치적 정의관을 경계한다. 롤스는 만약 우리가 어떤 것 하나만을 완벽한 것으로 인정하게 된다면 끊임없는 갈등과 대립 속에서 헤어나오지 못하게 될 것이며, 인간적 선과 도덕에 대한 문제를 정치로부터 분리시키지 않으면 국가의 강제와 시민의 분열 속에서 비롯되는 사회 혼란을 피할 수 없게 된다.[127]

반면, 샌델의 논의는 이중적이다. 한편으로 그는 "현재 공공철학은 우리 자신의 목적을 선택할 수 있는 능력을 형성하는 자유를 핵심으로 한다"[128]고 말하면서, 이것은 자유주의, 공화주의, 민주주의 모두에 해당된다고 여긴다. 다른 한편, 그는 공화주의에서 자유란 '자치의 공유'를 의미한다고 한다. 정치참여는 개인의 목적을 추구하는 한 방법이므로 자유주의와 배치되지 않지만, 자치의 공유란 자유를 넘어서서 공공선과 정치공동체의 운명을 염려하는 것, 즉 "공공에 대한 지식과 소속감, 전체에 대한 관심, 운명공동체와의 도덕적 연대"를 요구한다는 것이다.[129] 샌델은 자아에 선재(先在)하는 공동선으로서의 목적들을 인정하기 때문에 목적들에 의해 구속을 받는다. 공동체 안에서 자신의 의미를 확인하는 자아가, 공동체의 가치와 목적을 숙고하면서 자신의 행동을 결정하는 것이 자유, 즉 자치가 되는 것이다.

샌델이 전제로 한 개인 대(對) 공동체 간 대립 개념의 극복

샌델이 보기에, 롤스의 자유주의 철학은 그 이론적 전제를 도덕적 주체에다 두고 의무적 도덕론에서 출발하기 때문에 실패했다. 반면, 자신의 정의론은 한 시대의 문제점을 지적하고, 그 안에 존재하는 불평등과 불의를 해결하려 한 데서 의미를 갖는 것이라고 여긴다.

그러나 이와 같은 샌델의 견해는 롤스의 자유주의적 사회 정의론의 의미를 왜곡한 것이다. 롤스의 절차적 자유주의는 개인의 권리, 즉 결정권에서 출발하므로 여기서는 중심이 개인에게 주어져있다. 그럼에도 롤스는 샌델이 말하는 중간 자치, 혹은 국가 공동체를 백안시하는 것이 아니다. 개인은 그런 여러 가지 범주의 사회집단과 배타적인 존재가 아니라는 점에서 그러하다.

같은 맥락에서 샌델은 자신의 공화주의를 전통적인 자유주의 및 민주주의와 서로 다른 것으로서 그 체제를 구분한다. 그런데 이들 구분은 참으로 무의하다. 샌델의 이 같은 정치체제 구분은 개인과 공동체 간의 개념에 대한 그의 자의적인 구분과 마찬가지로 구체적인 내용을 담고 있는 것이 아니다. 자유, 민주, 공화주의는 각각 그 안에 무수한 다양성을 노정할 수 있고 또 서로 명확하게 구분되는 개념들이 아니다. 반면 롤스는 샌델이 하는 것 같은 정치체제의 구분을 애써 하지 않는다. 시민이 결정권을 행사하는 체제에서는 그 시민의 결정에 의해 국가의 정책이나 체제가 정초될 것이고 또 가변적이므로, 반드시 일정한 정치체제를 지향하거나 못 박아 경직시킬 필요가 없기 때문이다.

공동체주의자로서 샌델은 "극단적인 개인화는 오히려 자유의 가능성을 파괴할 수 있다"고 경계한다.[130] 그러나 공동체주의자가 우려하는 바와는 달리, 선택적 자유에서는 극단적 개인화가 불가능하다. 공동체로서의 선택 과정에서 당연히 다수가 민주적으로 참여하여 발언권을 공유할 것이기 때문이다. 선택의 자유가 극단적 개인화로 치닫는 상황이란 결정의 주체가 다수로 확산되는 민주정치가 아니라 오히려 소수 주체에 권력이 집중된 독재정치에서 전개될 가능성이 더 크다.

샌델의 형성적 공화주의(formative politics): 국가권력을 전제로 한 자치

공동선을 추구하는 샌델은 롤스의 절차적 공화주의에 대립되는 개념으로서 '형성적' 공화주의를 제시한다. 절차적 공화정이 시민의 권리를 중시한다면, 형성적 공화주의는 시민의 덕성 함양에 치중한다. 후자는 시민의 자치를 뜻하며, 샌델의 자유는 자치를 의미한다. 자치 시민의 덕성은 자신의 행동을 결정하는 데에서 나아가, 공동체의 정치과정에 참여하여 스스로 결정하고 그것을 수행하는 데에 이르는 것이다.[131] 샌델은 자아에 선재하는 목적들을 인정하기 때문에 목적들에 구속되고 공동체 안에서 자신의 의미를 확인하는 자아가 공동체의 가치와 목적을 숙고하면서 자신의 행동을 결정하는 것이 자유, 즉 자치가 되는 것이다. 이런 자치의 개념은 선재하는 자아가 상이한 목적들 사이에서 자유롭게 선택할 수 있는 능력을 의미하는 롤스에 있어서 자유와는 다른 것이다.

그의 형성적 공화주의에서 개인의 자유는 목적을 선택할 수 있는 기회에서가 아니라, 자치, 즉 공동체의 정치과정에 참여할 수 있는 기회에서 획득된다. 그와 반대되는 예로서, 샌델은 현재 미국의 절차적 공화정은 구성원의 자발적 합의나 동의가 아니라 의존(시스템)과 기술(테크날러지)의 거대한 네트워크에 의해 유지되고 있다고 본다.[132] 반면, 샌델의 형성적 공화주의에서 다수의 시민이 공동체의 정치과정에 참여하기 위해서는 현대의 국가와 같이 거대한 공동체는 적합하지 아니하다. 따라서 샌델은 소규모의 공동체와 국가 권력의 분산을 강조한다.[133]

"자치의 가능성은 주권의 재배치가 아니라 주권의 분산에 있다. 주

권국가를 대신할 만한 가장 유망한 대안은 인류의 연대를 바탕으로 한 단일한 세계 공동체가 아니라 주권을 분산 소유하는 다수의 공동체들과 정치체들이다." [134]

샌델은 국가권력의 측면에서 주권의 분산과 연방제를 옹호하는 한편, 경제권력의 거대화에 대해서는, '지역사회개발법인' [135], '스프롤 버스터(sprawl busters)' [136], '새로운 도시주의' [137] 등을 대안으로 들고 있다. 샌델이 강조하는 소규모 공동체는 그것이 반드시 정치기구나 권력에 의해 형성될 것을 전제로 하지 않는다. 주민들의 자발적 결사체나 경제활동의 결과 생긴 장점도 공동체의 유대를 강화할 수 있다면 충분히 시민의 덕성 함양의 기능을 하고 있다는 것이다. [138]

그런데 샌델에 따르면, 롤스의 정의론이 원초적 입장에서의 합의라는 사회계약을 전제로 하고 있지만, 이것은 진정한 자치를 의미하지 못하고, 현대 국가에서는 절차주의로 인하여 개인이 국가에 의존하고 기대하는 방향으로 변질되었다. [139] 따라서 절차적 공화정은 진정한 의미의 자유를 가져올 수 없다는 것이다. [140] 여기서 샌델은 롤스의 절차적 공화정을 국가의 권력 조직을 전제로 한 절차로서 협소하게 이해하고 있음을 보게 된다. 이런 제한된 시각에서 롤스의 정의론이 진정한 자치가 아니라 국가에 의존하는 방향으로 변질되었다고 보고, 그 대립되는 개념으로 샌델은 자치의 중요성을 부각시키고 있다.

샌델은 자치 및 시민의 자발적인 분권화를 긍정적으로 평가했으나, 다른 한편으로 정치권력에 의한 공공철학의 추구를 지향한다. 그것은 국가권력을 전제로 한 것으로서, 반드시 시민의 자발적인 동력으로만 이루어지는 것은 아니다. 즉, 자치와 분권의 개념이 샌델에게 없었던 것은 아니지만, 그의 정의론은 공동체의 권력과 밀접하게 연계되어 있다. 실제로 샌델에게서는 지방 분권이나 중앙의 집권의 차이가 크게 의미를 갖는 것으로 보이지 않는다.[141]

샌델은 자치를 '공동체와의 도덕적 연대'인 것으로 생각했으나, 자치보다 공동선(善)에 더 큰 비중을 두고 있다. 예를 들면, 샌델은 빈부의 차이로 인한 사회적 장벽을 해소하기 위해 공동철학이 필요하다고 주장한다.[142] 그는 클린턴과 오바마에 대해 그 도덕적 개혁에 기대한다.[143] 또 로버트 케네디에 대해서는 대부분의 자유주의자와 달리 큰 정부와 국민들 사이의 거리를 우려하고 분권화를 선호했으며, 범죄에 강경한 입장을 취했다고 평가한다.[144]

샌델은 스스로 도덕적 연대라고 생각한 예들을 소개했는데, 거기에는 자유지상주의와 공동체주의 정책을 결합한 경우도 있다. 그런데 그 어떤 경우라도 샌델에게서는 국가의 정책 구상이 큰 비중을 차지하고 거기에 주안점을 두고 있다고 해도 과언이 아니다. 결국 샌델의 분권, 자치의 개념은 국가 공동체에 준하여 이루어지는 것으로서 이로부터의 일탈은 허용되지 않는다. 공동선은 개인의 선택 이전에 미리 주어지는 것으로 설정되어 있기 때문이다. 실제로 샌델의 구체적 논의도 미국이라는 국가 차원에서 정당이 추구하는 정책을 중심으로 이루어지고 있다.[145]

샌델은 자치를 말하나 그 자치는 국가 공동체가 요구하는 시민으로서의 가치관을 훈련하는 중간 집단으로서의 자치를 의미할 뿐이어서, 그 중심이 공동체, 국가에 주어져있다. 샌델에게 있어 국가 권력은 불가피하다. 자본주의 사회에서 국가의 권력은 경제적 주체로서 자본가들을 견제하는 또 다른 권력으로서의 기능을 가지고 있는 것으로 파악하기 때문이다.[146]

이 때문에 샌델의 자치, 분권의 개념은 중앙의 정치와 밀접하게 결합되어 있고, 전자는 후자의 산하 조직으로서의 비중을 갖는 것에 불과하다. 또 공동선은 장소나 시간을 가리지 않고 자치 지역이나 국가 조직을 막론하고 획일적으로 개재해야 하며 거기에 어떤 일탈의 가능성은 충분하게 고려되지 않고 있다. 결국 샌델은 국가권력이 자본가의 수족이 되는 상황을 고려하지 못했고, 그 권력 또한 원론적, 의무적 도덕론의 관점에서만 토론했을 뿐이다.

다른 한편, 샌델은 자신의 공동체주의가 아리스토텔레스의 목적론적 전통에 부합하는 것이라 생각했다. 그러나 이상에서 소개한 샌델의 논의는 아리스토텔레스의 입장과는 큰 차이가 있다. 특히 아리스토텔레스에게서는, 그 목적에서 어떤 고정된 실체가 있는 것이 아니라 헌정체제에 따라 그것이 상대적으로 규정된다는 점, 그리고 구체적인 정책 내용이 긍정 혹은 부정으로 평가되는 것이 아니라, 다만 그것을 결정하는 주체가 시민으로 설정된다는 점 등이 그러하다. 시민이 결정의 주체가 된다는 점에서 샌델이 말하는 자치의 개념과 맥락이 닿을 수가 있었음에도, 샌델에게 있어서는 그 자치가 공동체주의와 연계되면서 아리스토텔레스와는 다른 방향으로 접어들게 된 것이다.

자유 시민이 판단의 주체가 되는 롤스의 절차적 공화주의

샌델의 이해와는 달리, 롤스의 절차적 자유주의는 샌델이 지향하는 분권이나 자발적 시민(citizen)의 참여정치를 배제하고 있는 것이 아니다. 롤스의 정의론은 대의제도의 절차에만 적용되는 것이 아니다. 정의가 실현되기 위한 두 가지 원칙과 관련하여 롤스는 시민이 내리게 될 3가지 종류의 판단을 분석한다. 시민은 ① 입법과 사회 정책의 정의 여부를 판단해야 하며, ② 정의에 관한 상반되는 견해를 조정하기 위해서 어떠한 입헌체제가 정의로운 것인가를 결정해야 하며, 나아가 ③ 다수에 의한 입법이 어느 때에 준수되어야 하고 어느 때에 더이상 구속력이 없는 것으로 거부될 수 있는지를 확인해야 한다. 비록 시민은 특정한 헌법을 정의로운 것으로 받아들이며, 어떤 전통적인 절차, 예를 들면 적절한 제한을 가한 다수결의 절차가 합당한 것이라고 생각하지만, 정치과정이란 불완전한 절차적 정의의 하나이기 때문이다.[147] 여기서 주목할 점은 그 판단의 주체가 궁극적으로 국가나 위정자기 아니라 시민 자신이라는 점이다.

샌델의 공동선의 획일성과 롤스의 절차적 자유주의의 다원성

롤스와 샌델이 말하는 다원주의(pluralism)의 차이

롤스와 샌델은 둘 다 다원주의를 말하나 그 내용에서 차이가 난다. 롤스는 획일적 목적의 강요를 거부하고 누구에게도 방해받지 않은 자아가 중심이 된 절차상의 다원주의를 옹호한다. 그러나, 샌델은 획일적 출발점으로서의 원초적 입장을 거부하는 한편, 분권을 통해 시민의 정치적 참여가 다양하게 이루어지는 장으로서의 다원성을 옹호한다. 샌델은 목적으로서의 가치관은 개인의 선택 사안이 아니라 공동체에 의해 이미 주어지는 '방해받은(연고적) 자아' 라는 견해를 지지하는 데서 롤스와 차이점이 있다.

샌델에게 정의는 상대적인 것이 아니다. 다만, 정의 개념은 다양하게 나타날 수 있고, 적용시점에 따라 상이한 평가가 가능하다. 바로 그런 이유로 정의는 한계를 갖는다고 샌델은 말한다. 시점이 달라지면 정의의 기준이 달라질 수 있지만, 같은 시점에서 정의가 상대적인 것은 아니라고 보는 것이다.

그러나, 샌델의 분권 및 자치, 시민의 능동적 참여의 개념은 롤스의 절차적 자유주의와는 다르다. 롤스에 따르면, 자유는 선재하는 자아가 상이한 목적들 사이에서 자유롭게 선택할 수 있는 능력을 의미한다. 바로 이 점에서 롤스의 자치는 샌델이 구상한 자치와 다른 점이 있다. 롤스의 경우에는 어떤 획일적 공동선의 개념과 연관되어 있지 않으므로 지역 자치 간의 다양한 가치관이 상이하게 추구될 수 있는 다양성이 보장된다. 그러나, 샌델의 경우에는 획일적인 공동선이라는 목적은 고정적이고, 다만 그 적용에서 시민들의 다양한 참여가 장려되고 있다. 박홍규는 샌델의 자치 개념에 대한 비판에서 "그(샌델)가 말하는 자치의 내용도 불명확하지만, 나는 자유주의가 그런 자치를 부정한다고 보지 않는다"고 평했다.[148]

롤스의 정의론에서 말하는 원초적 입장에서의 정의론은 강제의 거부라는 점에서 절대적이나, 샌델의 정의론은 목적의 획일성에서 절대적이다. 특히 샌델이 말하는 최선의 자치는 주권 국가들에 필요한 일차적인 정치적 정체성들을 제공하는 정치적 전망 속에서 이루어지는 부차적인 것이다.

"미국의 연방주의에 잠재되어 있는 실현되지 않은 가능성들에 주목할 필요가 있다. (중략) 연방주의는 주권 국가의 대안을 제시하고 있고 주권 국가들에 필요한 일의적(一義的)인 정치적 정체성들을 제공하는 정치적 비전을 의미한다. 연방주의는 최선의 자치는 주권이 분산되고 시민권이 다양한 시민적 참여의 장에서 형성될 때 가능하다고 주장한다. 연방주의의 이러한 측면은 다원주의적 유형의 공화주의 자치를 연상시킨다." [149]

샌델과 롤스 각각에 주어지는 전체주의 경도성 비난

샌델의 공동체주의는 공동체의 가치만을 중시하여 개인의 개성을 무시하고, 다원주의를 배척함으로써, 전체주의를 조장할 수 있다는 비난을 받는다. 그러나 샌델 자신은 오히려 자유주의가 전체주의로 빠질 위험이 있다고 반박하고 있다. 샌델에 따르면, 롤스가 말하는 바 국가의 개입을 최소화하는 최소주의적 자유주의 관용은 인간을 개체로만 남게 하여 그가 속한 공동체 속에서 지니는 위치와 의무에 무관심하다. 그래서 그것이 추구하는 다원주의는 형식적인 차원에 머물러, 높은 차원의 다원주의에 이르지 못한다고 한다. 또 공동체 안의 결속력이 약화되고 공공 영역의 기능이 축소되는 동시에 절차적 공화정의 분위기가 팽배할 때, 전체주의적 해법을 제시하는 대중정치에 빠질 위험이 높다고 한다.[150]

롤스에 대한 샌델의 이와 같은 비난은 롤스의 절차적 자유주의가 원심적 권력구조에 입각해있다는 점을 충분하게 고려하지 못한 데 기인한 것이다. 그가 염려하는 대중정치는 정책이 획일적으로 입안되고 추진될 수 있는 집권적 권력구조에서 흔히 발생하는 것이다. 그러나 절차적 자유주의는 원천적으로 국가에 의한 획일적 정책의 추진이 거의 불가능하다. 어떤 것으로부터도 방해받지 않은 자아의 시민에 의한 반성과 견제가 이루어지기 때문이다. 롤스의 절차적 자유주의는 바로 독점적인 권력의 강압적 사용을 경계하고 특정의 포괄적 교설에 의해 통합을 추구하는 정치적 정의관의 강제성을 견제하는 역할을 한다는 점을 여기서 새길 필요가 있다. 샌델은 자신의 공동체주의와 롤스의 절차적 자유주의가 권력 구조적으로 어떤 차이점이 있는지 하는 점에 대해 충분한 반성을 하지 않았다.

김태균에 따르면, 제2차 세계대전 당시 이탈리아나 독일의 상황은 자유주의와는 거리가 멀었던 것으로 보이기 때문에 샌델의 이와 같은 주장이 설득력을 갖는 데는 문제가 있으나, 이에 대한 논의를 샌델은 더 계속하지 않았다고 한다.[151]

탐욕·악의 및 시민 상호간 갈등의 정치 사회적 의미

불합리한 탐욕이 결여된 롤스의 정의론

평화공존(平和共存)을 바라는 합리적 계약의 당사자 이론

정의의 원칙을 논의하는 원초적 입장(계약 상황)의 당사자가 될 자격 조건으로서 롤스는 무지의 베일과 더불어 합리성이라는 조건을 제시한다. 당사자들은 주어진 목적을 성취하는 데 있어 최선의 수단이 무엇인가를 알 수 있고, 그것을 선택할 수 있는 합리성의 소유자라는 것이다. 이때 당사자들은 합리적인 동시에 지나친 시기심도 지나친 동정심도 갖지 않은 존재인 것으로 가정된다.

정의는 각자가 자신의 정당한 몫을 요구하고, 그것을 누리는 데 관심을 갖는다는 사실에서 출발한다. 사람들이 상당한 정도로 이타적(利他的)인 존재라면, 그래서 자신의 몫을 챙기기보다는 그것을 타인들을 위해 희생하고자 하는 자비심(慈悲心)의 소유자라면, 굳이 정의 담론이 필요하지 않을 것이다. 자신의 이익과 마찬가지로 타인의 이익도 존중하면서 평화공존(平和共存)을 바라는 바람직한 개인주의자들에게 정의 담론은 비로소 적용될 수 있을 것이다.

시기심과 증오에 의해 동기화되지 않는 '방해받지 않은 자아' 이론

'방해받지 않은 자아(unencumbered self)'란 자유롭게 선택하는 독립적인 주체를 말하는데, 이는 존 로크에게서 출발한다. 로크에 의하면, 우리는 아버지의 권위나 왕의 신권에 종속된 존재가 아니라 선천적으로 자유롭고 평등하고 독립적인 존재이다. 다시 칸트에 의하면, 우리는 취향과 욕구의 집합체가 아니라, 이성적 존재로서 스스로에게 부여한 법칙에 따라 지배되는 자율적 존재이다.[152]

롤스는 칸트의 자율적 인간관을 받아들였다. 롤스가 말하는 원초적 상태, 즉 무지의 장막이 가려진 상태에서 우리는 스스로에 관한 아무런 정보도 갖고 있지 않다. 따라서 어떤 것에도 구속되지 않은 자유로운 존재이면서 스스로 정의의 원칙을 설정해나가는 자율적이고 독립적인 존재가 되는 것이다. 이는 현실 세계에서 우리의 위치와 역할, 정체성 등에 구애받지 않는 방해받지 않은 자아가 됨을 의미한다.[153] 롤스에 따르면, 방해받지 않은 자아는 목적에 선행한다. 롤스가 말하는 정의의 원칙들은 이와 같은 방해받지 상태에서 합의에 이르는 것이다.

칸트에 의하면, 우리의 정체성 이전의 실천성이 명령하는 도덕법칙에 따를 뿐이므로, 여타의 감각적인 것, 즉 우리의 사회적 지위, 경제력, 공동체 등에 영향을 받지 않기 때문에 칸트 역시 방해받지 않은 자아 개념에서 출발하는 셈이다. 다시 말해, 칸트와 롤스에게서는 인간의 자유 또는 자율성에서 모든 논의가 시작된다. 인간이 자유롭게 선택할 수 있는 능력은 무엇에도 제약을 받지 않기 때문에 인간의 자유는 어느 것에도 구속되지 않는다. 어느 것에도 구속되지 않기 때문에 인간의 존재보다 도덕적으로 선재(先在)하는 것은 없다. 이것이 바로 방해받지 않은 자아이다. 특정 노석석 가치 또는 목직보다 우리의 존제가 먼저 있게 되는 것이다. 인간의 자유가 경험적인 선악의 개념에 앞서게 되는 것이고, 여기에서 좋음에 대한 공정함의 우위와 국가중립성이 도출된다.[154]

방해받지 않은 자아관은 개인의 평등한 자유에 대해 좀 더 확고한 정초(定礎)를 제공한다.[155] 방해받지 않은 자아에서 중요한 것은 선택된 목적이 무엇이고 그 본질이 무엇이냐가 아니다. 오히려 그 목적을 선택하는 능력, 즉 자율성이다. 이 능력은 자아에 위치해 있으며, 이 자아는 선택된 목적에 앞선다.[156]

이러한 목적에 선행하는 방해받지 않은 자아는 자기이익의 최대화를 추구하는 근대적, 합리적 성격을 가지며, 원초적 합의, 즉 사회계약의 당사자로서 사회가치의 추구에 있어 상호 무관심하다. 그래서 각 당사자들은 이타심은 물론 시기심과 증오심 같은 것들에 의해서 동기화되지 않는다.[157]

부족한 재화의 합리적 분배 이론

롤스에 따르면, 정의의 여건은 "그 아래에서 인간의 협동체제를 가능하게 하고, 그에 필요한 정상적인 조건들"이라고 한다.[158] 그는 자신의 정의론이 적용될 수 있는 정의의 여건을 제시한다. 즉, 그것은 특정 조건하에서만 유효한 것이어서 어느 곳에서나 적용되는 보편적인 것이 아니다. 특정 조건이란 자원의 희소성이라는 객관적 조건과 (원초적 입장에서) 상호 무심한 인간들이라는 주관적 조건을 가리킨다.[159] 상호 무심한 인간들은 공동체나 다른 가치에 우선하여 칸트의 실천이성을 지닌 자율적 인간관, 즉 방해받지 않는 인간관을 지닌다. 방해받지 않은 인간관은 공동체나 다른 가치, 즉 목적보다 자아가 우선하기 때문에 이는 좋음에 대한 권리(공정함)의 우위로 연결된다.

나아가, 정의의 기본 내용이 사회적 재화를 정당하게 나누는 기준이라고 할 때, 나눌 자원이 충분하여 모두에게 각자 원하는 만큼 나누어주어도 부족함이 없다면 더 이상 분배의 기준은 소용이 없을 것이다. 마찬가지로, 사람들이 친근하고 유대가 돈독한 연합체를 구성하고 있다면, 자원이 희소하더라도 유대가 돈독한 공동체의 구성원으로서 서로에 대한 배려를 하게 될 것이므로, 정의의 원칙 또한 개입할 여지가 없을 것이다.[160]

분배에 있어서의 도덕성 배제와 최소수혜자원칙

롤스는 사회적 재화의 분배에 있어서 도덕적 자격[161]을 배제하고, 우리의 재능을 전체의 공동 자산으로 보는 태도를 취한다. 이것은 정의와 운의 문제로 논의될 수 있는 부분이다. 재능을 공동자산으로 보는 입장을 연장해보면, 우리가 갖고 있는 재능은 순전히 우연적으로 우리에게 속한

것이므로, 분배는 도덕적 자격에 대한 포상이 아니게 된다.[162]

여기서 롤스는 도덕적 자격[163]과 별도로 '합법적(정당한) 기대를 요구할 권리'[164]를 구별한다. 합법적 권리는 그에 앞선 규칙의 존재를 필요로 한다. 즉 정의의 원칙이 사회협력의 조건을 정하면, 사람들은 그 규칙에 따라 자기가 벌어들인 이익에 대한 합법적 권리가 생기는 것이다. 따라서 국가가 그 이익에 세금을 부과한다고 불평할 수 없다.[165] 합법적 권리는 조세제도를 포함한 정의의 원칙들 안에서만 인정되는 것이기 때문이다. 성실히 일하고 노력한 대가를 바라는 것은 그런 합법적 권리에 기인하는 것일 뿐, 그 사람이 대가를 가질 도덕적 자격이 있는 지와는 무관하다. 노력을 끌어내기 위해 고안된 제도가 이런 기대를 창출하는 것이지 내가 소유한 어떤 특성에 의해 근본적인 권리나 공적의 요구가 기대를 창출하는 것은 아니다.[166]

이와 같은 입장은 차등의 원칙으로 연결된다. 차등의 원칙은 자신의 재능을 발휘하는 조건을 바꾸려고 하지 않고, 오히려 도덕적 토대를 바꾸고 그 토대 위에서 재능으로부터 나온 혜택을 요구한다. "나는 실질적으로 내 안에 우연히 속해 있는 재능과 능력의 소유자가 아니라 그저 보호자 내지 저장소일 뿐이다. 실행했다는 사실만으로 그로 인해 초래되는 결실에 대해 어떤 특별한 권리를 갖는 것은 아니다."[167] 내가 나의 재능으로부터 나오는 이익을 향유할 아무런 도덕적 자격을 갖지 못하기 때문에, 그것은 차등의 원칙에 따라 최소수혜자에게 이익이 되는 방향으로 분배되어야 한다는 것이다.[168]

합리적 선택과 합의를 전제로 한 롤스의 사회계약론

현재 자유주의는 존 로크의 사회계약론에서 출발하여, 이성에 기초한 자율적 도덕법칙을 생각한 칸트를 거쳐 롤스에 의해서 완성되었다. 롤스의 자유주의 정의론은 자아의 합리적 선택을 전제로 한 계약론적, 구성론적, 정합적 방법론에 의거한 것으로서 그 내용은 다음과 같다.[169]

① 모든 당사자들이 최초의 상황에서 합리적으로 선택하여 만장일치로 합의함으로써 정의의 원칙이 정당화된다는 계약론적 방법이다.

② 계약론적 방법은 동시에 정의의 원칙에 대한 구성주의적 방법을 내포한다. 처음부터 객관적으로 전제하는 정의의 원칙을 이성에 의하여 인식, 발견하는 것이 아니라, 정의의 형식적 조건을 갖춘 여러 가지 대안 가운데서 합리적으로 선택되고 합의된 것을 정의의 원칙으로 봄으로써, 정의의 원칙이 구성된다고 본 것이다.

③ 롤스는 최초의 상황과 원초적 입장에서의 합의를 가정하기 위해 정합주의적 방법을 사용한다. 그것은 최초의 상황에서 선택, 합의 될 정의의 원칙에 관한 반복된 숙고의 과정을 거치는 것이다.

앞에서 소개했듯이, 롤스는 국가 또는 강제력을 지닌 모든 의무 규범의 정당성의 근거를 '원초적 입장(original position)'과 '무지의 장막(veil of ignorance)'[170]에서 찾는다. 무지의 장막 뒤에 있는 사람들은 자신의 처지에 대해서 알지 못하는 가운데, 타인에 대해서 무관심한 채 자신의 이익을 적극 추구하는 합리성을 띤다. 이들은 무지의 장막이 걷힌 사회에서 자신이 어떤 위치에 처하게 될지 알 수 없으므로, 위험을 피하려는 보수적 선택, 즉 최대위험의 최소화원칙(maximin rule)이 적용된다, 원초적 상태에 있는 사람들은 두 가지 정의, 평등한 자유의 원칙(제1원칙), 차등의 원칙 및 공정한 기회균등(제2원칙)에 합의한다.

무지의 장막(베일)을 덮어쓴 사람들은 공리주의 분배원칙이 아니라 롤스가 주장하는 차등 원칙(difference principle)에 따르게 된다. 각 개인은 불확실성 상태, 다시 말하면, 동기가 무엇인지, 어떤 결과가 나올지, 더 나아가 자신에게 결과가 초래될 것인지 모르는 상태에서 최선의 합리적 선택을 한다는 것이다. 롤스의 분배적 정의는 사회제도를 통해 얻은 혜택을 정의롭게 활용하도록 하는 것이다. 도덕적 관점은 정보가 제한된 원초적 입장에서만 가능한데, 그것은 무엇보다 각 개인의 이해관계를 벗어날 수 있게 하기 때문이다. 이것은 공리주의 정의 원칙과 첨예하게 대립하는 것이다.

롤스의 정의론에서 다루지 않는 인간의 끝없는 탐욕

롤스의 정의론은 원론적으로 자유로운 개인 간의 평등한 계약의 당위성을 피력한 점에서 시사하는 바가 크다. '방해받지 않은 자아'들 간의 계약은 외부적으로 주어지는 부당한 세력의 영향을 받지 않는 가운데 이루어져야 하는 것이다. 그런데 롤스는 그렇지 않은 현실에 대한 대책을 구상하지 않았다.

현실적으로 원초적 입장과 무지의 베일 속에서 계약을 맺는 것이 아니다. 오히려 서로 지배-피지배, 억압하고 억압당하는 불평등 관계 속에서 계약을 맺게 된다. 또 현실적으로 자아들은 흔히 본능적으로 한계 없는 탐욕으로 차 있을 수도 있다. 특히 현재 한국 현실의 사회 불평등은 그런 가능성을 여과 없이 보여주고 있다.

롤스는 정의론이 자원이 희소한 상황에 적용되는 것이라고 했다. 자원이 풍부하면 서로 충돌할 필요가 없기 때문이라고 한다. 그러나, 이는 피상적이다. 자원의 풍부 여부를 떠나서 인간의 탐욕은 더 많은 것을 갖기 위해서 불평등을 초래하고, 무엇보다 자원의 존재 여부를 떠나서 지배욕이 발동하게 될 수도 있다. 그래서 롤스의 정의론의 전제가 되는 자원의 희소성 상황은 언제나 적중하지는 않는다.

원초적 입장과 무지의 장막은 그 자체가 당위의 가상적 이론의 전제이다. 현실적으로는 이미 불평등의 상황에서 적나라한 정보에다 동원할 수 있는 방법은 다 동원하여 타인에 대한 지배와 승리를 추구한다. 그래서 롤스가 제기한 바, 평화공존(平和共存)을 바라는 합리적 계약의 당사자 이론, 시기심과 증오에 의해 동기화되지 않는 '방해받지 않은 자아' 이론, 부족한 재화의 합리적 분배 이론, 분배에 있어서 도덕성 배제와 최소수혜자원칙, 합리적 판단에 기초한 자유주의 정의론의 방법론, 합리적 사회계약을 통한 정의의 두 원칙, 차등의 원칙 등은 한꺼번에 비현실적 당위의 이론으로 추락하게 된다.

롤스 정의론의 비현실성은 샌델이 지적한 것과는 다른 곳에서 발견된다. 샌델은 롤스의 원초적 입장과 무지의 장막 이론이 칸트의 의무론적 도덕론에서 출발했다는 점, 그리고 그 '방해받지 않은 자아'의 개념이 공동체 선이라는 목적보다 개인의 입지를 우선으로 하는 자유주의로 환원한다는 점을 비판했다. 그리고, 그 대안으로 공동체적 공화주의를 제시했다. 그러나, 롤스의 의무론적 도덕론과 샌델의 공화주의는 공유하는 합집합의 부분이 적지 않다. 원천적으로 개인과 공동체의 대립 개념 자체가 정곡을 비껴있기 때문이다.

여기서 롤스의 정의론에 대한 비판은 개념 틀 자체를 수정할 필요가 있겠다. 자유, 정의, 공동선 등의 개념이 아니라 현실적으로 존재하는 불평등과 그 사회적 억압에 대한 저항의 필요성 여부로 담론의 틀을 바꾸는 것이다. 불평등과 억압에 대한 저항은 롤스가 말하는 특별한 원초적 여건을 조성할 필요 없이 항시 어디서나 적용 가능하다. 인간은 미래에 자신의 처지가 어떻게 될 것인지를 계산해서 현재 합리적 선택을 하는 그런 타산적인 존재도 아니다. 대개는 현재 생물적 본능이 요구하는 바에 따라 혹은 무의식적 본능에 따라 행동하는 경우가 허다하기 때문이다. 롤스는 "불확실한 상황에서 인간의 선택은 보수적"이라고 하고, 또 "도박의 심리보다는 사회의 기본 욕구를 충족하는 정도에서 선택이 이뤄질 수밖에 없다"라고 했으나, 현실은 흔히 그 반대가 된다. 인간은 절대로 기본 욕구를 충족하는 선에서 그치는 법이 없고, 또 기본욕구라는 개념자체가 기준이 없고 사람마다 같지 않아서 '충족'이라는 개념 자체가 비현실적이다. 롤스는 '무지의 장막' 아래에서 사람들은 "가장 열악한 사람들의 삶이 조금이라도 나아질 수 있는 선택을 할 것"이라고 전망했으나, 이것도 이른바 '먹물들(탁상공론의 지식인을 비하하는 용어)'의 꿈이다.

롤스는 인간의 탐욕스런 본능에 대한 대책을 자신의 정의론에서 완전히 생략해버렸다. 인간은 합리적 계산 이전에 본능적인 욕망의 동물이라는 사실을 그는 간과했다. 그래서 그의 정의론은 도덕론에 머물 수밖에 없었다.

롤스의 절차적 자유주의는 원론적으로 외부로부터의 강압을 거부하고 '방해받지 않은 자아'에 기초한 정의론에서 출발했으나, 인간을 합리적인 존재로 규정함으로써 본질을 놓치고 말았다. 그 강압에 대한 저항을 궁극적으로 개인의 합리적 선택으로 환원시켜버림으로써 사회적 폭력에 의한 비민주적 행태를 수정하기 위한 사회적 저항의 필요성으로 논의를 전개하지 못한 것이다. 이것은 롤스 정의론을 비현실성의 나락으로 추락시키는 핵심적인 오류이다.

투키디데스는 현실적 힘 앞에서 평화공존의 염원이 얼마나 허망한 것인지 하는 것을 증명하고 있다. 해상 제국주의의 패권을 추구하던 아테네가 반란에 일조한 멜로스(밀로스) 섬을 쳐들어가서 그들을 정복하기 직전 토론장에서 오갔던 말[171] 중의 일부이다.

> 멜로스 인: "당신네가 정의보다는 힘이라는 것을 이익으로 생각하니까 우리도 한 마디 하는 건데, 우리가 생각하기에 서로에게 이익이 되는 길로서, 당신네가 공동의 선을 해치지 않는 것, 위험에 처한 사람들에게도 공평하게 하는 것이 옳은 것 아니겠소. 그러면 자신의 입장을 애써 변호하지 않는 사람들도 혜택을 보게 되는 것이지요. 이런 이치는 당신네에게도 바로 관련되는 것이지요. 우리가 억울한 지경을 당하면 다른 사람들도 그것을 본보기로 삼아서 당신들을 괴롭힐 것이니까."
>
> 아테네 인: "우리는 우리 지배권이 무너진다 해도 그런 종말을 겁내지 않소. 공격당하는 쪽이 두려워하는 상대는, 라케다이몬 사람들처럼 다른 사람을 지배하는 자가 아니라… 오히려 지배하는 자를 공격하여 이기려 하는 종속국들이오. … 우리는 더 난리치지 않고 당신네를 지배하고 싶고, 또 그렇게 함으로써 당신네들도 스스로의 안전을 도모하는 것이니 우리 양 편에게 다 득이 되는 것이오."
>
> 멜로스 인: "우리가 예속되고 당신네가 지배하는 것이 우리에게 무엇이 득이 된단 말이오?"

아테네 : "당신네는 더 힘한 꼴 보기 전에 굴복하고, 또 우리는 당신네를 파멸시키지 않음으로써 얻는 것이 있으니까."

멜로스 인: "당신네는 우리가 적이 되기보다 조용하게 친구로 있으면서 어느 편도 들지 않고 있는 것이 싫단 말입니까?"

아테네 인: "당신네 적의는 우리에게 그렇게 크게 해가 되는 것이 아니오. 종속국들이 보기에는 당신네가 갖는 호의가 우리 허약의 상징이며, 당신네가 갖는 적의는 우리 권세의 상징이 되니까. ..."

멜로스 섬은 우리에게 '밀로의 비너스'로 잘 알려진 곳으로, 양팔이 없는 비너스(아프로디테)의 조각이 발견되었던 곳이다. 마침내 전투가 벌어지고 멜로스인이 패배했고, 아테네 인은 그 섬에서 인종 청소를 실시했다. 남자는 다 죽이고 여자와 아이는 팔아서 다른 곳으로 보내버린 후 아테네 인 500명을 그곳으로 식민했던 것이다. 그로부터 약 10여년이 흐른 다음 펠포폰네소스 전쟁(431-404 B.C.)에서 아테네가 스파르타에 패한 다음 스파르타 인은 아테네 인을 그곳에서 내쫓고 흩어져있던 멜로스 인을 고향으로 돌아오게끔 조치했다.

샌델의 공동선에 따른 합리적 인간상의 비현실성

샌델은 롤스가 원초적 입장과 무지의 베일이 합리적 인간을 전제로 함으로써 욕망의 요소를 배제했다고 비판한다. 그런데 이런 샌델 자신도 현실적으로 전개되는 인간의 탐욕으로까지 관심이 확대되지는 않았다. 한편으로 롤스의 원초적 인간과 무지의 장막을 현실성 없는 도덕적 의무론으로 규정하고, 다른 한편으로 공동선에 의해 방해받은 자아가 자발적으로 자치와 정치참여의 주체가 되는 공동체주의 공화정을 구상한 샌델 역시 롤스와 유사한 인간의 합리성을 전제로 하고 있다. 샌델이 우리의 존재보다 앞서는 목적의 실체를 긍정하는 목적론(teleology)에 구속될 수밖에 없다고 한 것이 그러하다. 샌델도 인간의 합리성을 전제한 점에서 롤스와 크게 다르지 않다. 다만 그 합리성이 적용되는 상황이 다를 뿐이다.

현실적으로 전개되는 부의 축적과 인간 탐욕에 의한 불평등은 한계의 설정이 불가능한 상태에 이를 수도 있다. 그런 점에서 합리적 공동선(善)의 추구를 이상으로 제시한 샌델의 정의론도 롤스와 마찬가지로 비현실적이다.

롤스의 '국가 중립성'과 '정치적 자유주의'

민중 연합(association)으로서의 국가 개념과 국가 중립성

롤스는 자아가 목적보다 우선한다는 방해받지 않은(무연고적) 자아관, 그리고 좋음에 대한 공정함의 우위를 전제로 하며, 그것은 자원의 희소성이라는 객관적 여건과 상호 무관심한 인간이라는 주관적 여건 하에서 가능하다. 이와 같은 전제에서 무지의 장막에 가린 원초적 입장에서 사람들이 가상적으로 합의하는 내용이 정의의 원칙이 된다. 여기에서 평등한 자유의 원칙과 차등의 원칙 및 공정한 기회균등의 원칙이 도출된다. 이 원칙들은 하나의 사회계약이 되어 국가를 구성하며, 이 때 국가의 개입이 최소화되는 국가중립성이 요구된다.[172]

사실 국가를 민중의 연합으로 본다면, 국가중립성의 개념은 민중의 중의(衆意)로 전환할 수 있다. 국가와 민중을 대립 개념이 아니라 동일 범주의 개념으로 파악하는 것이다. 시민 연합으로서의 국가에서는 일정한 공동선(善)의 가치관이 미리 존재할 수가 없다. 그 가치관은 시민의 합의와 결정을 통해 도출해내야 하기 때문이다. 여기서 국가중립성은 반드시 시민 간의 갈등의 부재를 뜻하는 것은 아니다. 국가 권력의 간섭을 받지 않고 시민들 간의 의견 조율이 이루어진다는 뜻이므로 갈등의 소지는 언제나 있게 마련이다.

반면, 국가와 민중의 두 개념이 서로 유리되는 순간 국가는 민중의 뜻을 배반하는 소수 정치가들의 독재의 장이 되는 동시에 국가의 정책은 획일화될 가능성이 있다. 이때 국가 개념은 '민중 연합'과 유리되고 때로 민중을 배반하는 '정부'의 개념으로 치환되게 된다. 이런 획일화 과정은 일면 샌델이 추구하는 바, 이상적으로 생각하는 기성의 공동선(善)이 미리 시민에게 주어지는 상황과도 상통하는 점이 있다. 내용이 아니라 그 무엇이건 강제성이 개재된다는 형식 면에서 그러하다.

국가가 합의에 따라 자율적으로 가치관을 선택하는 시민의 연합이라는 롤스의 전제하에서 정의(正義)는 선택의 문제로 환원된다. 우리는 자율적 존재이므로 누구도 무엇이 좋은 것인지에 대해 간섭할 수 없다. 정의는 방해받지 않은 시민 자신이 무지의 장막 아래에서 합의한 것으로서 전술한 내용의 원칙들을 양산한다. 그러한 정의의 원칙들은 무엇이 좋은 인생인지, 무엇이 가치 있는 것인지, 즉 무엇이 선인지에 관해서는 아무런 말을 하지 않는다. 정의는 물론 국가 역시 좋음의 문제에 있어서는 중립을 지켜야 한다. 좋음의 문제는 개인의 자율적 선택에 달려있기 때문이다. 우리는 도덕적 행위자로서, 우리의 목적이 아니라 우리의 선택 능력으로 규정된다.[173] 이와 같이 방해받지 않은 자아관은 좋음에 대한 공정함의 우위와 국가중립성이라는 논리적 결론을 구현한다.

　자유주의가 추구하는 국가중립성은 도덕적, 종교적 신념을 배제하고 공적 이성으로서의 정치적 인간관에 입각하여 정치적 정의(正義)의 문제들을 처리하는 것이다. 정치적 가치의 기본적인 역할은 자유롭고 평등한 존재로서의 시민간의 상호존중을 토대로 이루어지는 사회적 협력의 공정한 조건을 제시하는 것이다. 또 적절한 '중첩적 합의(overlapping consensus)'의 측면에서 정치적 가치와 기타 가치를 모두 포함하는 조화로운 형태를 제시하는 것이다.[174] 국가중립성에 따르면, 사회를 정의롭게 만들어주는 것은 사회가 추구하는 텔로스(telos), 즉 목적에 있는 것이 아니라, 무엇보다 개인의 가치와 목적들이 미리 강제됨이 없이 서로 경합하는 데 있다.

　정의로운 사회는 올바른 법률체계 안에서 시민들 모두가 동등한 자유를 누리며 자신의 가치와 목적을 대등하게 추구할 수 있는 틀을 제공하게 된다.[175] 그것이 바로 국가중립성이 요구되는 까닭이다. 방해받지 않은 자아, 그리고 좋음보다 공정함이 우선하는 것은 정의의 원칙을 도출하는 과정에서 선(善) 관념을 배제함으로써 국가중립성의 이론적 기초를 제공한다고 볼 수 있다. 국가중립성에 대한 롤스의 기본 입장은 이미 〈정의론〉에서 제안되는 원초적 입장에 드러나 있다. 원초적 입장이란 정의의 원칙을 도출하기 위해 개인이나 사회의 특정한 선(善) 관념이 배제되는 상황이다.[176] 그 이론의 토대는 좋음에 대한 공정함의 우선성 주장과도 밀접하게 연결된 것이다.[177] 이와 같이 국가가 다양한 가치와 목적들 사이에서 중립을 지킨다는 말은 국가가 공적인 정책을 결정하는 데 있어 특정한 선(善) 관념에 의존하거나 호소해서는 안 된다는 것을 의미하며, 또한 국가가 시민의 좋은 삶의 방식에 대하여 특정한 도덕적 관점이나 가치관을 장려해서는 안 된다는 주장으로 연결된다.[178]

"한 사회가 장려하고 보상하는 속성의 본질적인 가치는 그 사회의 정의를 평가하는 척도를 제공한다. 우선 속성의 가치는 제도적 장치에 비출 때만 나타나기 때문이다. 롤스가 제도 이전의 덕목을 거부한 것은 좋음보다 공정함이 우선한다는 것을 반영하고, 미리 경쟁하는 선(善) 개념들 가운데서 선택하는 것이 아님을 뜻한다."[179]

롤스는 선에 관하여 국가가 침묵하는 '최소주의적 자유주의(minimalist liberalism)'를 주장하는데, 이것은 칸트주의적 인간관을 전제하지 않고도 가능하다고 보았다. 즉 국가중립성은 칸트의 형이상학에서 출발하는 것이 아니라, 현대 민주주의 사회의 인간들이 대체로 좋음에 대해 서로 다른 의견들을 갖고 있다는 잘 알려진 사실에 대한 실천적 응답이라는 것이다.[180]

롤스의 '정치적 자유주의'와 '중첩적 합의'

롤스에 따르면, "국가는 평등한 시민들에 의해 구성되는 단체(association)로서 이해되어야만 한다."[181] 따라서 국가는 시민들이 추구해야할 좋은 삶을 규정하려고 하기 보다는 모든 시민들이 자신들의 권리가 동등하게 존중받는다고 느낄 수 있는 중립적인 정치체계를 구성하는 데 중심을 두어야 한다. 이러한 주장은 '정치적 자유주의'로 이행한다.

롤스는 신조(信條) 체계로서 주장되는 '포괄적 반(反)완전주의(comprehensive anti-perfectionism)'에서 정치적 영역으로 제한되는 '정치적 반(反)완전주의(political anti-perfectionism)'로 입장을 바꾼다. 전자가 질서정연한 시민들에게 수용되는 데 있어 다소 불안정하고 논쟁적일 수 있는 반면에, 후자는 합당한 시민들에 의해 공적으로 지지받을 수 있는 보다 안정된 반(反)완전주의 개념이라고 할 수 있다. 롤스는 자신이 도덕 개념에 근거하여 공정함으로서의 정의를 정당화 하려고 했던 전략이 안정성(stability) 문제에 있어 취약하다는 것, 즉 논쟁적일 수 있다는 사실에 대한 반성을 통해 모두가 안정적으로 수용하고 합의할 수 있는 정의관으로서 정치적 정의(political conception of justice)로 이행한 것이다. 결정적으로 포괄적 반(反)완전주의는 합리적인 자율성이라는 도덕적 가치에 의존하고 있기 때문에 다른 도덕적 선(善) 관념이나 관습에 있어서는 중립적이라고 할 수 있으나, 그 자체로서는 정의를 정당화하는 자유와 평등, 혹은 선(善)에 관한 이론(thin theory)에 의지하므로 완전히 중립적이라고 볼 수는 없다는 점에서 논쟁의 대상이 될 수 있다.[182]

이는 공정성으로서의 정의의 기초가 '도덕인 자율성'으로부터 '정치적인 자율성'으로 전이되는 것이다. 따라서 정치적 정의를 결정하는 데 있어 우리의 도덕적, 종교적 신념이 고려되어서는 안 된다는 롤스의 신념에는 변함이 없다. 다만 사적인 영역에서 포괄적 교설(教說)들이 관용의 원리에 기초하여 자유롭게 자신들의 선을 추구하고 결정하도록 내버려 둔다는 점이 차이라고 볼 수 있다. 그러나, 이것이 국가의 안정성과 정치적 정의를 위협하는 불관용자들, 이를테면 종교 근본주의자들과 같은 폭력적이고 배타적인 개인이나 집단의 신조 체계를 합당한 것으로 간주한다는 의미는 아니다.

<정치적 자유주의>에서 정치적 정의의 결정에 있어 안정된 토대를 제공하는 '중첩적 합의' 개념은 자유주의 중립성에 근거한 롤스의 신념을 잘 나타낸다. 롤스는 '중첩적 합의(overlapping consensus)'가 '잠정협정

(일시적 타협: modus vivendi)'이 아님을 강조하면서 왜 우리가 포괄적 교설에 의해 통합되는 정치공동체를 거절해야 하는지를 설명한다. 롤스에 따르면, 중첩적 합의에 기초한 정치적인 조화나 안정이라는 것이 진정한 정치공동체의 통합의 이상을 포기하고 공동의 이해관계에 근거해 잠정적으로 타협한 것에 불과하다는 비판은 잘못된 것이다. 왜냐하면 중첩적 합의는 통합을 위한 국가권력의 강압을 허용하지 않으며, 동시에 협상테이블에 앉은 시민들이 개인이나 집단의 이익을 위해 흥정할 여지를 제공하지 않기 때문이다. 롤스가 볼 때, 잠정성에서의 '안정성'이라는 것은 일종의 우연석 절충효과가 깃든 균형에 불과한 것이지만, 중첩적 합의는 "정치적 정의관을 인정하는 모든 사람들이 자신의 포괄적 관점으로부터 출발하여 그것이 제공하는 종교적 철학이나 도덕적 근거에 기초하여 입안하는 것이다."[183] 여기에서 모든 사람들이 비록 자신의 포괄적 관점으로부터 출발하고 있지만, 그 관점은 정치적 정의관에 의해 검증되어야하는 처지에 놓여 있다는 사실을 이후의 비판적 논의를 위해 기억해 둘 필요가 있다.

한편, 자유주의자들은 자유방임 보수주의자들과 마찬가지로 정부가 도덕 및 종교적 문제에 있어 중립을 지켜야 한다고 믿는다. 그들은 좋은 삶에 대한 특별한 관점을 법률로 규정하기보다 개인이 원하는 가치를 스스로 선택할 수 있어야 한다고 주장한다. 그들은 정부가 시민적 덕성을 장려하고 배양하는 것이 아니라 시민의 권리를 보호해야 한다고 믿는다. 정부는 시민들이 바라는 가치를 자유롭게 추구할 수 있는 중립적 권리체계를 제공해야 한다는 것이다.

이때 시민으로부터 권력을 위임받은 권력 대행자로서의 '정부'의 개념은 국가중립성을 논할 때의 '국가'와 동일한 것이 아니다. 국가란 별개로 존재하는 것이 아니라 시민들의 집합(association) 그 자체이기 때문이다. 국가는 이런 자아들의 집합체라는 것으로 이해해야 한다. 민중의 집합으로서의 국가 개념과 그 민중 합의의 절차를 중시한 롤스의 정의관은 바로 풀뿌리 민주정치의 개념으로 연결된다. 이런 개념은 국가 혹은 공동체의 가치관인 공공선이 시민들에게 선험적으로 미리 주어진 것으로 이해한 샌델의 정의론과는 거리가 있다.

민중 합의의 형식을 빌어 작동하는 국가 내에도 갈등의 요소는 언제나 존재한다. 예를 들어, 비록 개인의 권리를 수호하는 중립적인 국가라는 이상을 공유하고 있기는 해도, 개인주의 보수주의자와 자유주의자는 시민의 어떤 권리들이 기본권인지에 대해, 그리고 중립성의 이상이 어떠한 정치적 조정을 요구하는지에 대해 서로 의견을 달리한다. 보수주의자들은 개인의 재산권을 강조하고, 선택의 자유는 가감 없는 시장경제 내에서만 완전하게 실현될 수 있다고 주장한다. 반면, 자유주의자들은 진정한 자유를 누리기 위해서는 일정한 사회적, 경제적 환경이 필요하며, 따라서 복지와 교육, 고용, 주택, 의료보험 등의 권리가 주어져야 한다고 말한다.

샌델에 따르면, 이러한 논쟁은 미국에서 반세기동안 이어졌다. 자유방임적 보수주의자들과 싸우는 자유주의자들은 권리와 자격이라는 개인주의 용어를 이용해 복지국가를 옹호했다. 예를 들어 사회보장제도는 초기에 사회복지 프로그램이라기보다 개인적인 보험제도에 가까웠다. 그래서 국가의 세수입이 아니라 개인소득의 기여에 의해 재정이 마련된다. 여기서 샌델은 사회복지 프로그램과 개인적 보험제도를 구분하고 있는 바, 전자는 전체 시민을 대상으로 하는 것인 반면, 후자는 일부 시민들에게 한하여 적용되는 것이라는 차이점을 가진 것으로 이해가 가능할 것 같다.

롤스와 샌델이 제시하는 공리는 근거가 없다

합리적 판단에 우선하여 선택의 자유를 가진 독립적 자아

 사람들의 많은 욕구를 단일한 체계로 융합해버리는 공리주의자들과 달리, 칸트적 자유주의자들은 인간의 개별성을 강조한다. 칸트적 자유주의자들에게는 두 가지 의미에서 공정함이 좋음에 우선한다. 첫째, 개인의 권리는 공익을 이유로 희생될 수 없다. 둘째, 이러한 권리를 구체적으로 명시하는 정의의 원칙들은 좋은 삶에 대한 특정한 견해를 전제로 해서는 안 된다.[184] 우리들의 많은 욕구를 단일한 욕구 체계로 융합해버리는 공리주의자들과 달리, 칸트적 자유주의자들은 인간의 개별성을 강조한다.[185]

 칸트적 자유주의자들이 말하는 중립적 체계, 다시 말해 경합하는 가치와 목적들 중에서 택일하도록 강요당하는 것을 거부하는 권리체계가 필요한 것은 다름 아니라 우리가 선택의 자유를 지닌 독립적 자아이기 때문이다. 자유주의적 자아에게 무엇보다도 중요한 것, 인격성에서 가장 본질적인 것은 선택되어 주어지는 목적이 아니라 그 목적 자체를 선택할 수 있는 능력이다. 따라서 자유주의적 정의의 관점에서는 우리가 어떤 덕성을 발휘하는지, 어떤 가치를 지지하는지도 중요하지 않다. 사람들을 덕이 있거나 도덕적 가치가 있는 존재로 만드는 특징들은 도덕적 관점에서 볼 때 자의적 요소들이다.

 그러므로, 자유주의 국가는 차별하지 않는다. 자유주의 국가의 정책이나 법은 무엇을 막론하고 특정한 사람이나 특정한 생활방식이 다른 것보다 더 도덕적이라고 전제해서는 안 된다. 자유주의 국가는 인간을 인간

자체로 존중하고, 자신이 선택하는 삶을 누릴 수 있는 평등한 권리를 보장한다.[186] 여기에 연결되는 중요한 두 가지 개념은 자유와 국가중립성이다.[187]

자아의 본질은 그것이 선택하는 목적에 달린 것이 아니라, 선택하는 능력 그 자체에 있기 때문에 자유의 개념 역시, 선택되는 목적과는 무관하게, '자발적으로 목적을 선택할 수 있는 능력'의 정도로 정리될 수 있다. 이와 같이 자발적으로 목적을 선택할 수 있도록 하기 위해서 국가는 좋고 나쁨에 대해서는 침묵한다.

목적에 선재하는 자아의 개념은 두 가지 내용을 지닌다. ① 개인의 권리가 전체의 이익을 위해 희생될 수 없으며, ② 이런 권리를 서술하는 정의의 원칙들은 결코 좋은 사람에 대한 비전을 전제로 삼을 수가 없다는 것인데, 이는 목적론과 대립된다.[188]

목적에 우선하는 바, 선택하는 능력으로서의 자아의 본질에도 불구하고 롤스는 몇 가지 공리로서 원칙을 제시하고 있다. 정의의 제1, 제2원칙, 최소수혜자 원칙 등이 그것이다. 김태균에 따르면, "이 최소한의 가치들은 모든 사람들이 어떤 목적을 달성하려고 하더라도 필수적인 것이다. 최소한의 가치를 평등하게 배분하는 것이 공정함이며, 여기에 좋음이나 더 큰 가치들이 개입할 여지는 없다."[189] 자유주의를 원칙으로 하는 롤스도 이런 정의의 원칙들을 그런 최소한의 가치라고 여겨서 제시하고 있음이 분명하다. 문제는 이 최소한의 가치를 결정하는 주체는 누구이며, 어떻게 결정되는가 하는 것이다. 그것이 롤스에게서는 밝혀져 있지 않은 채 그냥 기본적인 최소한의 공리로서 던져져 있다.

이렇게 던져진 롤스의 공리는 크게 두 가지 종류가 있다. 하나는 롤스의 정의론을 구성하는 기본 원칙들이며, 다른 하나는 그 그 정의 실현의 주체가 되는 자아의 본성에 관련한 것이다.

샌델에 따르면, 자아와 목적과의 관계를 설정하기 위한 해결책으로 롤스는 자아를 '소유의 주체'로 상정하고 있다.

"소유하는 자아는 완전히 분리되지 않고도 그 목적에서 거리를 두기 때문이다. 소유의 주체로서 자아 개념은 상호 무관심의 전제하에서 자리매김 될 수 있다."[190]

"상호 무관심이라는 선세는 동기 유빌 여부에 관련한 것이 아니라 동기 유발 일반을 소유하는 주체의 본성에 관한 가정이다. 그 가정은 자아의 본성(자아가 어떻게 구성되고 일반적으로 또 그것이 당면한 상황과 어떤 관계에 있는 것인지)에 관심을 둘 뿐, 자아의 욕망과 목표의 본성에는 관심을 두지 않는다. 즉, 그 가정은 이해관계와 목적의 주체에 관심을 둘 뿐, 그 이해의 내용과 목적의 내용에는 관심을 두는 것이 아니다."[191]

롤스가 제기한 정의의 두 원칙과 함께 재능과 능력이 가져오는 결실의 분배는 개인의 합리적 판단에 따라서만 이루어지는 것은 아니고 사회적 합의에 의해 결정되어야 하는 것들이다. 예를 들어 최소수혜자에게 이익이 되도록 분배하는 비율도 사회적으로 결정되어야 한다. 그 내용을 구체적으로 결정하는 주체는 개인들의 집합(association)적 동의가 될 것이다. 그 동의는 언제나 다수의 합리적 판단에 의해서만 이루어지는 것은 결코 아니고, 때로 갈등과 저항을 동반하는 소란한 것이 될 수도 있다. 따라서, 롤스의 절차적 자유주의의 의미는 갈등과 분규를 통해 합의를 모색해가는 과정을 아우르는 것으로 이해되어야 한다.

롤스와 샌델의 정의론이 같이 당면한 막다른 골목

샌델은 <자유주의와 정의와 한계>에서 존 롤스의 <정의론>(1971), 특히 롤스의 '평등주의적 자유주의(egalitarian liberalism)'를 비판한다. 샌델에 따르면, 롤스의 정의론이 토대로 하고 있는 자유주의적 인간관은 결국 칸트적 인간관이다. 여기서 칸트적 인간관이란 우리 자아가 구체적인 역사적 상황과 사회적 배경 속에서 형성되고 있다는 사실을 무시하고 있다는 것이며, 자유주의적 자기 이해란 자신이 속한 공동체의 다른 구성원에 대한 유대감이나 그 공동체가 과거에 지은 잘못에 대한 책임에서 무관하다는 입장의 기초가 된다는 것이다.[192]

이와 달리 샌델 자신은 공동체 전체의 조화나 연대성을 강조한다. 공동체주의자들은 스스로 인권이나 자유를 부정하지 않으면서도, 자유주의가 말하는 선택적 자유보다 자신들이 말하는 목적적 자유가 바람직하다고 주장한다. 이에 그들은 미덕과 좋은 삶에 대한 논의, 분배나 복지의 정의를 지향하지만, 그 정의의 내용을 확인할 수 있는 구체적 방법론에 관한 논의가 부족하고 자유의 개념 또한 불명확하다는 비판을 받는다.[193] 즉, 누가 그 내용을 결정하는가에 대한 성찰이 부족할 뿐만 아니라, 목적적 자유의 근거 또한 명확하지 않다는 점에서 비판을 받고 있다는 것이다.[194] 기준이나 원칙에 대한 구체적인 제안이 없이 공동체적 가치나 연대성만 피상적으로 강조함으로써, 정의 문제를 둘러싼 현실의 갈등을 풀어 가는 데 크게 도움이 안 되기 때문이다.

방법론적으로는 오히려 롤스의 자유주의가 사회의 공정한 절차를 규정할 수 있고, 현실제도의 정의 여부를 분명하게 가려줄 수 있는 구체적 원칙을 제시하는 것으로 평가된다.[195] 그러나 롤스의 두 가지 정의의 원칙도 샌델의 공공선(善)의 개념과 같은 한계에 부딪치게 된다. '평등한 자유'나 '차등'의 원칙이 어떤 근거에 의해 성립하며, 그 내용은 누구에 의해 구체적으로 어떻게 규정되어야 하는가 하는 문제가 불분명하기 때문이다.

다수결 원칙이 갖는 한계의 극복

샌델은 다수결을 거부한다

샌델은, 자신의 공동체주의는 월저(M. Walzer)가 주장하는 다수결주의(majoritarianism)도 아니며, 나아가 개인을 무시한 채 공동체만 중시하는 것도 아니라고 한다.[196] 요컨대, "정의로운 사회는 단순히 공리를 극대화하거나 선택의 자유를 확보하는 것만으로는 만들 수 없고", 따라서 "미덕을 키우고 공동선을 고민해야한다"는 것이다.[197] '공동선을 추구하는 새로운 정치'로서 그는 '시민의식, 희생, 봉사,' '시장의 도덕적 한계,' '불평등 연대, 시민의 미덕,' '도덕에 개입하는 정치'를 주장한다.[198] 그리고, "도덕에 개입하는 정치는 이를 회피하는 정치보다 시민의 사기 진작에 더 도움이 된다. 동시에 정의로운 사회 건설에 더 희망찬 기반을 제공한다"고도 믿는다.[199]

이와 같은 샌델의 논의는 양 극단을 반성 없이 연결시키고 있다. 즉 한편으로는 개인을 무시한 채 공동체만을 중요하다고 여겨서는 안 된다고 하면서도, 다른 한편으로는 시민의식이나 그 미덕은 공동선을 추구한다는 것인데, 그것은 '도덕에 개입하는 정치'와 따로 가는 것이 아니기 때문이다. 만일 양 극단을 연결시키고자 한다면 그 어딘가에서 타협점을 찾아야 했음에도 불구하고, 그 타협점의 일환으로서 누구에 의해 어떤 방법으로 타협이 이루어져야 하는가 하는 점이 전혀 규명되고 있지 않다.

특히 그가 다수결주의를 부정하고 있기 때문에 이런 문제는 더욱 심각하다. 그가 하는 다음의 선언은 바로 이런 문제점을 명확하게 제시하고 있다.

"어려운 도덕적 질문을 공개적으로 고민한다고 해서 어느 상황에서든 합의를 끌어낼 수 있다거나, 심지어 타인의 도덕적, 종교적 견해를 평가할 수 있다고 장담하기는 어렵고..."[200]

다수결 합의를 거부하는 샌델은 자신이 주장하는 공동선이 구체적으로 어떤 근거 혹은 과정에서 도출되는지 하는 점에 대해 시사하는 바가 없다. 그래서 샌델의 '도덕에 개입하는 정치'라는 개념이 모호한 데가 있고, 획일적 공동선'의 개념 자체가 자칫 시민이 갖는 정치적 발언의 다양성을 묵살하고 기득 정치권력의 아성을 옹호하는 결과를 초래할 위험도 없지 않다.

샌델은 사상, 신조에 의한 자유나 종교적 자유에는 자의적으로 자유롭게 선택할 수 없는 것도 있다고 보고, 이것을 양심의 자유, 즉 방해받는 자유(연고적 자유 encumbered liberty)라고 규정했다. 즉, 공동체 속에서 자라나 거기에서 선에 대한 사고방식을 몸에 익힌 사람은 그 사고방식으로 자신의 정체성을 구성하게 되므로, 그 선은 자신의 자유의사로 선택할 수 있는 여지가 없다는 것이다.

노동법을 전공한 박홍규에 따르면, 공동체주의자인 월저(Michael Walzer)는 과거 유고슬라비아에서 시행된 노동자 자치관리를 자치의 하나로 보았고,[201] 의료가 전적으로 필요에 근거해야 한다[202]고 했다. 또 월

저는 개인이나 정치권력이 화폐를 통해서 구매할 수 없는 '봉쇄된 교환 (blocked exchange)'으로 14가지를 들었고, 또 봉쇄된 (배타적) 권력 사용(blocked use of power)의 예로서 시민의 노예화, 인신구속, 법 앞에서의 평등 파괴, 사유재산의 자의적 침해 등을 들었다. 월저는 이렇듯 포괄적인 기본적 인권 목록을 만들었으나 샌델은 그 같은 목록을 만들지 않았다.

사실 아리스토텔레스도 그런 목록을 작성하지 않았다. 그러나 샌델과 아리스토텔레스의 입장은 같지 않다. 아리스토텔레스가 소개하고 있는 민주정은 시민이 결정권을 갖는 절차의 민주정치이므로, 구태여 그런 기성의 목록을 작성할 필요가 없었기 때문이다.

샌델은 자신이 추구하는 공동선의 목적론이 아리스토텔레스가 말하는 '텔로스(목적)'에 준하는 것으로 생각했으나, 양자 간에는 차이점이 있다. 샌델과 달리 아리스토텔레스에게서는 개인과 공동체의 대립 개념 자체가 없으며, 목적(텔로스)은 개인이 아닌 집단에 관한 것이라고도 말 할 수가 없기 때문이다.

롤스는 유보하에 다수결을 지지한다

롤스에게서, 다수결 원칙은 절차상의 방편으로서는 종속적인 지위를 갖는다. 다수결의 정당성은 헌법이 성취하고자 하는 정치적 목적에 달려있으며, 정의의 두 원칙에도 맞아야 한다는 것이다.[203] 다수결에 대한 롤스의 이 같은 견해는 절차적 자유주의의 입장을 견지하는 롤스의 놀라운 반전이다. 이른바 헌법이 성취하고자 하는 것과 정의의 두 원칙이 다수결에 우선하는 절대적 공리로서 주어지고 있기 때문이다. 이와 같이 약간의 유보를 두긴 하지만, 롤스는 다수결 원칙의 의미를 인정한다. 그런 점에서 다수결의 가치를 부정하는 샌델과 차이가 있다.

롤스는 한정된 형태의 다수결 원칙이 정의롭고 효율적인 입법을 보장하는 최선의 방법이라고 보았다. 다수결은 롤스가 추구하는 '평등한 자유'라는 정의의 제1원칙과 양립할 수 있으며[204], 당연성(naturalness)을 갖는 것이다. 왜냐하면 소수결 원칙이 허용된다면, 어느 것을 선택하여 결정할 것인가에 대한 명백한 기준이 없으며, 이 때문에 평등이 깨어지고 말 것이기 때문이다. 다만 다수결 원칙은 기본적으로 배경적 정의의 조건들을 만족시켜야 한다. 이런 조건들을 만족시킬 경우에만 정치적 자유, 즉 언론과 집회의 자유와 그 자유들의 공정한 가치도 보장되는 것이다. 다만, 그런 배경적 조건이 만족되는 경우라 하더라도 반드시 정의로운 법령이 제정될 것이라는 보장은 여전히 없다.

어떤 여건하에서 헌법상 입법의 권리가 있는 (적절히 규정되고 제한된) 다수자가 입법 한 것이라 해도 그 법이 정의로운 것임을 뜻하지도 않는다. 구체적 내용에 있어서, 다수결 원칙을 어떻게 규정하는 것이 최선인가, 다수결을 제한하는 헌법상의 규정이 정의의 전체적 균형을 도모하는 효율적이고 합당한 방법이 되는지 하는 문제를 둘러싸고 광범위한 논란이 야기된다.

롤스는 다수결의 원칙에 주어지는 이런 제한이 때로는 확고한 지위를 구축한 소수자들이 불법적으로 사리를 취하는 데 이용될 수도 있다는 점을 인식하고 있었다. 그러나 롤스는 이런 문제가 정의론에 속하는 것이 아니라 정치적 판단의 문제인 것으로 정리하고 논의의 대상에서 제외했다.

바로 이런 롤스의 입장이 절차적 자유주의를 옹호하려 하는 그 자신을 자가당착의 막다른 골목으로 몰아넣는 것이다. 칸트의 자율적 판단의 자아, 혹은 롤스의 '방해받지 않은 자아'는 외부에서 주어지는 강압을 일소하려는 데 그 목적이 있었던 것임에도, 소수 위정자들의 권력의 오남용의 가능성에 대해 스스로 눈을 감아버렸기 때문이다.

롤스는 자신의 정의론이 정치적 판단과 별개의 문제라고 보았고, 또 헌법상의 규정이 정의의 전체적 균형을 강화해주는 효율적이고 합당한 방편이 아니라 소수의 불법적 이득 보존에 이용될 수 있다는 점을 알면서도 유보적 입장을 취했을 뿐, 적극적인 대책 마련을 위해 고민하지 않았다.

롤스는 입법자의 사욕과 악의가 작동하는 정치의 영역을 자신의 정의론에서 축출했다

롤스는 다수결 원칙의 효용성과 함께 그 한계점에 대한 의견을 개진했다. 먼저 효용성에 관련하여 그는 많은 사람들이 이상적으로 논의(또는 필요한 경우의 표결)한 것은 흔히 어느 개인의 숙고에 비해서 올바른 결론에 이를 가능성이 크다는 점을 든다. 일상생활에서 타인과의 의견 교환은 우리의 시야를 넓혀 편파성을 극복하게 하며, 다양한 관점에서 사물을 보게 함으로써 개인적 한계를 자각하는 기회를 제공한다는 것이다.

롤스는 이상적인 절차에 있어서 무지의 베일이 의미하는 바에 따라 그 입법자들이 이미 공평하다는 점을 전제로 한다.[205] 입법자들은 법과 정책이 사회의 일반적 사실에 비추어서 어떻게 평가될 것인가에 대해서 보다 정확한 관념을 갖게 될 것이라고 보기 때문이다. 롤스는 이상적인 민주절차는 이상적인 시장의 형성과 대조할 수 있다고 한다. 시장과 투표는 서로 유사성이 있으나 중요한 관점에서 차이도 있다. 전자는 가능한 한의 효율성을, 후자는 가능한 한의 정의성을 높이 사는 것이다.[206] 정의로운 입법의 기준을 규정함에 있어서 우리는 각자가 올바른 원리를 적용하기 위한 이상적인 조건 아래에서 자신의 최선을 다 한 경우 도달하게 되는 숙고된 집단적 판단이 갖는 비중을 강조해야 한다.[207] 따라서 롤스는 다수결 원칙이란 정의의 원칙들에 의해 미리 규정된 어떤 목적을 실현하기 위한 가능한 한의 최선의 방식으로서 채택된 것이라고 한다.

그럼에도 롤스는 다수결의 결정이 불완전할 수 있다는 점을 지적한다. 때로는 정의의 원칙들이 요구하는 바가 불분명하거나 명확하지가 않기 때문이다. 증거가 복잡, 애매하거나 검토, 평가하기가 어려워서 그런 것만도 아니다. 원칙들 자체의 성격상 어떤 특정한 대상을 선정해주기보다는 일정한 범위의 선택지를 미결상태로 허용하기 때문이다. 결국 정의의 원칙은 어떤 극단을 배제하기 위한 것이다. 결국 차등의 원칙을 적용함에 있어서 우리가 바라는 바는 최소수혜자의 전망 속에 자존감이라는 기본선을 포함시키는 일인데, 차등의 원칙에 부합하도록 이러한 가치를 고려하는 데는 여러 가지 방식이 있다. 이런 차이나 그에 결부된 다른 것들이 지표 속에서 어느 정도 비중 있게 다루어져야 하는가는 특정한 사회의 일반적인 특성에 비추어서 정의의 원칙들은 일정한 한계영역을 설정해야 한다. 그러나 그것은 구체적으로 어느 지점이 선택되어야 하는가를 말해주는 것은 아니라고 한다.

롤스는 바로 이런 상황에 적용되는 것이 정치적 결정의 원칙이라고 한다. 즉 만일 우리가 확인할 수 있는 한에서 정의의 원칙에 양심적으로 따르고자 하는 합리적 입법자에 의해 합당하게 택해질 수 있는 영역 내에 실제로 표결된 법이 존재하게 된다면 다수자의 결정은 절대적인 것은 아닐지라도 실제적인 권위를 갖게 된다. 그것이 준(準)순수 절차적 정의(quasi pure procedural justice) 중의 하나에 속한다. 우리는 허용된 한도 내의 정책을 선택하기 위해서 입법단계에서 실제적인 논의 과정에 의거해야만 한다. 이런 경우는 그 결과가 있는 그대로 정당한 결과를 규정하는 것이 아니므로 순수 절차적 정의의 사례는 아니다. 이루어진 결정에 동의하지 않는 자도 공공 정의 개념에 적합하게 자신의 주장을 설득력 있게 정립하기가 어렵고, 실제로 정당들이 상이한 입장을 취할 것이 명백하다. 입헌 체제(constitutional dedign)의 목적은 사회적 계층들의 이해관계(self-interest)가 허용된 한도 밖에서 정치적 결정이 이루어질 정도로 그릇된 것인지의 여부를 가능한 한 확인하고자 하는 데 있다는 것이다.

여기서 롤스는 다수결의 의미를 헌법에 규정한 소수 입법자들에 관련한 것으로 해석하고 있음을 보게 된다. 그에 따르면, 정의로운 헌법이란 제헌위원회에서 정의의 두 원칙을 지침으로 하는 합리적 대표자들이 합의하게 될 헌법인 것으로 규정된다. 사람들이 법과 정책을 비판하는 경우는 그 법들이 이와 같은 이상적인 절차 아래서 채택되지 않은 것이라고 볼 때이다. 그러나 합리적 입법자들까지도 때로는 상이한 결론에 도달하게 되는 까닭에 이상적인 조건 아래서도 표결은 반드시 필요한 것이라고 한다.

다수결의 가치에 대한 롤스의 이 같은 논의는 소수 입법자의 합리성, 혹은 성실과 선의를 전제로 한 것이다. 정의의 원칙에 양심적으로 따르고자 하는 합리적 입법자에 의해 합당하게 택해질 수 있는 영역 내에 실제로 표결된 법이 존재하게 된다면 다수자의 결정은 절대적인 것은 아닐지라도 실제적인 권위를 갖게 된다고 하기 때문이다.

그러나 롤스는 현실적으로 헌법의 규정에 의해 규정된 입법자들이 성실이 아닌 사욕, 선의가 아닌 악의를 가지고 임했을 때를 대비한 방책이 구체화되어 있지 않다. 입법자가 사리를 탐하는 경우가 있다 하더라도 그것은 자신이 다루는 정의론의 영역을 벗어난 정치의 영역인 것으로 정의하고 문제를 회피했다. 이런 롤스의 입장은 그 정의론이 원천적으로 현실의 정치와 유리된 것으로 여기고 있음을 반증하는 것이다.

롤스는 다수결이 정의의 원칙에 합당해야 한다고 했으나, 실제로 그 내용은 불명확한 데가 있고 또 이견이 있을 수가 있음을 인정한다. 정보의 제약 때문에 합의가 결렬되기도 한다. 또 특정한 사회의 일반적인 특성에 비추어서 정의의 원칙들은 일정한 한계를 가지기도 한다. 그래서 어떤 특정한 대상을 선정해주기보다는 일정한 범위의 선택지를 미결상태로 허용한다. 그래서 다수결의 가치는 다만 극단을 피하는 것일 뿐, 허용된 한도 밖에서 정치적 결정이 이루어질 정도로 그릇된 것인지의 여부를 확인하는 데 그친다.

롤스는 다수결이 갖는 결점에 대한 견제장치로서 정의의 원칙을 준수하고 또 법과 정책에 대해 안목을 갖춘 합리적 입법자들이 다수결의 이상적 주체가 되어야 하는 것으로 가정했다. 그는 인간이 끝없는 탐욕의 존재이며, 권력 주변에는 부정 비리가 판을 치게 된다는 현실을 애써 외면하려 했다. 동시에 권력의 오남용 문제는 자신의 정의론 영역에서 아예 추방하여 정치적인 것으로 회피했다.

여기서 사실상 위정자들의 권력 오남용의 가능성 앞에서 침묵한 롤스와 달리 다수결의 효용성은 그 공권력의 오남용과 부패 방지의 수단이 된다는 점에 유의할 필요가 있다. 그것은 롤스와 주장하는 바와 같은 '평등한 자유'의 정의 원칙에 입각해야 한다든가, 혹은 다수의 숙의가 소수보다 더 올바르고 넓은 시야를 가진 것이라든가 하는 점보다는, 오히려 소수는 다수 민중보다 부패에 연루되기가 더 쉬우나, 결정권자가 다수로 확산될수록 부정 부패에 연루될 가능성이 더 줄어든다는 점을 말한다. 소수 위정자들의 부패를 견제하는 대항마로서 외연으로 확산된 다수 시민의 숙의와 결정의 절차보다 더 강한 제도는 존재하지 않기 때문이다. 이때 다수란 롤스가 은연중에 암시하는 바의 헌법에 규정되고 제한된 자들에 한정된 것이 아니라 가능한 한 넓은 범위의 다수가 되어야 한다.

유사한 맥락에서 다수결의 불완전함에 관한 논의도 롤스의 논의와는 다른 맥락에서 모색될 필요가 있다. 롤스는 다수결에 의한 입법의 옳고 그름을 판단하는 기준은 합리성의 기준을 벗어난 것이라거나 혹은 합리적이라 하더라도 상이한 결론에 이를 수 있다는 점, 또 허용된 한도 밖에서 정치적 결정이 이루어질 정도로 그릇된 것인지의 여부를 타진하는 데 있는 것으로 양해했다.

그러나 이 같은 롤스의 논의는 그런 합리적 기준을 벗어났을 때, 또 용인할 수 있는 한도 밖에서 결정이 이루어졌을 때에 대한 대책을 마련하고 있지 않다. 잘못된 결정에 대한 전략은 재논의와 재결정의 과정을 반복하는 것이다. 재심은 거듭될수록 다양한 의견을 반영하게 되므로 민주 절차에 전혀 오점이 되지 않는다. 전문 법조인들도 오판을 하며, 그 오판에 대해서는 재심의 기회는 허용된다. 오판에는 다수 민중이나 소수 위정자들 간에 차이가 있을 수 없으며, 또 판단의 기준도 바뀌기 마련이다. 대중의 다수결을 중우정치로 매도한다면, 소수의 입법자도 법조 전문가 법관도 예외 없이 그와 같은 정도로 매도되어야 한다. 이것은 다수결의 가치에 대한 롤스의 논의가 반드시 다수에게만 적용되는 것은 아니고 원론적으로 소수결에도 같이 적용된다.

다수의 숙의보다 소수 법관의 결정이 부패에 더 쉽게 노출된다.

샌델은 정의의 절대성을 옹호하면서도 시대의 상황에 따라 그 정의의 내용이 달라질 가능성을 인정했다. 이것이 그가 말하는 정의의 한계이다. 절대적 공리로서 주어지는 롤스의 정의의 두 원칙도 상황에 따라 그 적용의 밀도에 차이가 있을 수 있다. 그렇다면 그 공리를 공리로서 인정하는 주체나 절차는 물론이고 그 변경 등을 주관하는 것은 바로 시민 자신들이 되어야 하며, 이것이 바로 절차적 자유주의에 입각한 대처방안이라고 하겠다. 결국, 모든 정의론의 공리 위에 존재해야 할 것이 곧 시민의 결정이다.

한편, 롤스는 정의의 원칙과 집단적 숙고 등을 다수결의 전제조건으로 깔고 있으나, 현실적이고 사적인 욕망, 사리에 치우친 부당한 입법의 가능성은 충분히 다루지 않았다. 소수의 대의적 입법가들의 권력과 다수 시민의 집단적 숙고는 의사결정 과정의 성격이 상이하다는 점에 대한 인식이 롤스에게는 없었다. 반면, 전자는 소수의 이해관계에 좌우될 위험성이 있으나, 집단적 숙고는 그런 적폐에 노출되는 기회를 상대적으로 줄여준다는 점은 상당히 중요한 의미를 갖는다. 시민들의 집단적 숙고에 의해 부패에 대한 견제장치가 제도적으로 마련되어야 하는 까닭이 여기에 있다.

참고로, 조국 청와대 민정수석은 지난날 미네르바 관련 판결, PD수첩 관련 판결 등을 예로 들면서 법치의 중요성을 강조했다. 조국은 자유주의가 추구하는 국가중립성은 도덕적, 종교적 신념을 배제하고 공적 이성으로서의 정치적 인간관에 입각하여 정치적 정의(正義)의 문제들을 처리하는 것이라고 한다. 정치적 가치의 기본적인 역할은 자유롭고 평등한 존재로서의 시민간의 상호존중을 토대로 이루어지는 사회적 협력의 공정한 조건을 제시하고, 또 적절한 '중첩적 합의(overlapping consensus)'의 측면에서 정치적 가치와 기타 가치를 모두 포함하는 조화로운 형태를 제시해야 한다.[208] 사회를 정의롭게 만들어주는 것은 사회가 추구하는 텔로스(telos), 즉 목적에 있는 것이 아니라, 무엇보다 개인의 가치와 목적들이 미리 강제됨이 없이 서로 경합하는 데 있다는 시각에서, 조국은 4가지 법치 개념을 제시한다. ① 법이란 것이 법 자체가 무조건 옳다는 것이 아니다, 법의 내용을 봐야 한다. ② 법을 제정하는 절차에 있어서 수의 독재가 이뤄지면 안 된다. ③ 법을 편파적으로 집행하면 안 된다. ④ 이상 세 가지가 지켜지지 않으면 법의 치욕이라는 의미의 '법치(法恥)'이다.[209]

그런데 조국이 제시한 이 4가지 조항은 각기 불투명한 개념들로 인해 그 기준의 모호함을 노정한다. ① "법의 내용을 본다"고 할 때 보는 주체가 누구인지, 그 보는 것의 객관적 타당성은 어떻게 평가될 것인지, ② 법 제정 절차에서 수의 독재가 이루어지면, 즉 다수결로 하면 안 된다는 것인지? 그러면 소수결로 해야 하는지? 그도 저도 아니면 어떤 방법으로 해야 하며 그 방법의 타당성은 어떻게 보장하자고 '수'를 든 것인지, ③ 법을 편파적으로 집행하면 안 된다고 했는데, 그 편파 여부는 누가 어떤 기준으로 평가하자는 것인지, ④ 이상의 세 가지가 지켜 지는지의 여부는 누가 어떻게 평가할 것인지 하는 등의 문제들이 그러하다.

이런 문제점들 때문에 법률제도의 타당성은 그것을 결정하는 주체와 방법의 절차적인 문제로 환원되지 않으면 안된다. 결국, 이 모든 결정의 주체는 모든 권력의 원천인 주권자 민중 이외의 누군가 다른 이, 즉 소수의 전문가 법조인, 혹은 대의제도의 국회의원 등이 될 수가 없으며, 그 방법에서도 다수결 이외의 다른 절차 또한 구상할 수가 없다. 민중적 결정 과정에 예상되는 오류 또한 없지 않으나, 이는 법원의 재심과 같이 재논의,

재결정 등의 과정을 거쳐서 수정해갈 수 있을 것임은 앞서 논의한 바와 같다. 민중의 재결정은 당연히 헌법, 법률 뿐 아니라 헌정체제 자체 등 모든 사안을 포함한 것이어야 한다.

욕망과 갈등의 개념을 결여한 롤스의 정의론

빨갱이 사냥과 국가폭력은 정비례한다

공동체주의자 4인방인 매킨타이어(A. MacIntyre), 샌델(M. Sandel), 테일러(Ch. Taylor), 월저(M. Walzer)는 롤스의 자유주의, 특히 그 '방해받지 않은 자아'의 개념을 비판한다. 이들은 자유주의가 '선(good)'보다 '권리(rights)'를 우선함으로써 시민들이 공공선(善)을 추구할 기회를 없애버린다고 주장한다. 그러나 롤스의 자유주의 정의론은 공공선의 대각에 있는 것이 아니라, 오히려 그것을 다른 방향으로 추구한다.

롤스의 '방해받지 않은 자아'는 정치적, 사회적, 문화적, 역사적 맥락에 의해 포획된 존재가 아니라는 뜻일 뿐, 개인주의와도 무관하다. 롤스에 따르면, 자유민주주의 사회란 '자발적으로 공정한 협조 체제(voluntary fair cooperation)'로서, 자유롭고 평등한 시민들이 하나의 '정치적인 독립체(autonomous entity)'를 이루고 공정한 협조의 조건을 규정하는 바, 공적으로 수용된 정의의 원칙을 자발적으로 받아들이는 것이다. '무지의 장막'에 가려진 원초적 상태에서의 사회 계약이란 사회의 우연성으로부터 추출되어야 하며, 자유롭고 평등한 개인들은 과거의 사회적 배경에 기초한 우월한 협상 조건이나 국가 권력의 강요를 배제한 상태에서 정치적 정의 원칙에 대한 의견을 수렴하게 된다.[210] 그 결정은 획일적이지 않으며, 다양성을 담보로 하는 것이다. 롤스는 한편으로 다원주의를 지향하고, 다른 한편으로 공동체가 획일적, 포괄적 교조주의로 통합되는 것에 반대한다. 획일적 교조주의 공동체는 국가 권력의 강제에 의해서만 유지될 수 있는 것이다.

그런데 롤스의 이 같은 원론적 차원의 논의가 현실의 세계 에는 그대로 적용하기가 어렵다. 현실 가능한 이론이 되기 위해서는 인간성이 갖는 다른 측면에 대한 이해가 병행되어야 한다. 여기에 합리적 판단의 존재로서만이 아니라 비합리적 탐욕의 주체로서의 행위자의 개념이 도입되어야 한다. 롤스는 사람이 도덕성을 추구하는 것으로 규정하고 있으나 사실은 끝없는 욕망의 존재라는 점을 인식할 필요가 있다. 그 욕망은 자원의 희소성 여부와 무관하게 일어나며, 자원이 풍부한 곳에서 욕망은 더 강하게 일기도 한다. 이미 2,300년 이전 아리스토텔레스가 <정치학>(1323a 31-34)에서 정치제도를 논함에 있어 인간의 탐욕을 고려하고 있는 것은 시사하는 바가 크다.

후자의 경우 롤스의 자유주의 정의론을 심각하게 위협하는 것은 바로 여러 가지 형태의 사회적 압력, 혹은 국가의 권력이다. 원초적 상태, 무지의 베일, 방해받지 않은 자아 등의 개념은 바로 이런 외부적 힘과 대각 관계에 있는 것으로 파악되어야 한다. 롤스의 정의론은 원론적이어서, 현실적으로 방해받지 않는 자아를 위협하는 외부적 힘에 대한 저항으로서의 대책이 없다. 롤스의 정의론에서는 어떤 현실적 상황에서도 '방해받지 않은 자아'를 보존하기 위한 저항의 개념이 도입되어야 한다.

자유와 평등의 가치관이 서로 충돌하는 경우에도 자유보다 평등이, 아니면 평등보다 자유가 우선하다고 획일적으로 평가를 내릴 것이 아니다. 자유와 평등의 정도도 시민 자신이 결정해야 하는 것이기 때문에, 시민이라는 주체가 결정하는 절차 민주정로 환원되어야 한다. 그리고 그 결정은 언제라도 수정 번복할 수 있어야 한다. 한 번의 결정으로 제도가 영원히 고착되어서는 안 되는 것이다. 그리고 그 결정은 언제라도 수정 번복할 수 있어야 한다. 한 번의 결정으로 제도가 영원히 고착되어서는 안 되는 것이다. 그 가변성도 외부로부터의 강요가 아니라 시민들 자체 결정에 의한 것이어야 한다.

그러기 위해서는 불평등과 체제의 경직을 조장하는 국가 및 사회의 조직 폭력을 경계할 필요가 있다. 롤스가 지향하는 절차 민주주의에 기초하여 다양한 제도의 실험이 가능한 개방의 체제, 절대적 가치가 아니라 다원적 가치 평가가 가능한 체제에서는 빨갱이 사냥은 존재할 수가 없게 된다. 민중이 결정권을 갖는 개방된 체제에서는 원천적으로 빨갱이가 서식하지 못하게 된다. 가치의 평가는 오로지 민중 자신들에 의해 결정에 따른 것이 될 뿐, 미리 재단된 공동선(善) 혹은 공동악(惡)은 존재하지 않기 때문이다. 또 다수 민중에 의해서건 소수에 의해서건 잘못된 판단은 일상적으로 되풀이될 수 있으나, 그런 이유로 한 쪽이 다른 쪽의 결정권을 빼앗아가는 일은 없어져야 한다. 오류는 다음 기회에 수정하면 되는 것이고, 다수이기 때문에 아니면 소수이기 때문에 오류를 더 많이 혹은 더 적게 범하는 것이 아니기 때문이다.

시민과 국가 간 대립이 아니라 시민들 간의 갈등과 저항

샌델은 시민이 정치에 참여함으로써 공동선을 실현해야 한다고 했으나,

그 공동체의 가치관이 시민의 결정이 아니라 이미 선험적으로 주어지는 것으로 가정했다. 그런 점에서 샌델은 공동선의 개념이 부지불식 중에 비민주적인 사회, 정치적 권력에 의해 획일적으로 강요되는 데 이용될 수 있다는 점에 대해 충분하게 고려하지 못했다. 한편으로 자치를 추구하면서도 다른 한편으로 국가권력을 불가피한 존재로 인정하는 샌델의 공동체주의는 참된 해방의 자유주의와는 거리를 갖는 것이다. 다소간 정치권력을 배경으로 하여 인권의 신장을 도모하겠다는 희망은 그 권력 자체에 의해서 방해를 받아 물거품으로 화할 가능성을 배태하고 있기 때문이다.

샌델과 달리 롤스는 공동선이 아니라 궁극적으로 개인의 합리적 선택과 절차적 자유주의에 방점을 두었다. 롤스가 말하는 '방해받지 않은(무연고적) 자아'는 시민이 목적을 자발 적으로 선택할 수 있도록 하는 것이다. 자아의 본질은 그것이 선택하는 목적에 달린 것이 아니라, 선택하는 능력 그 자체에 있다. 그래서 자유의 개념 역시, 기성으로 주어지는 목적으로서의 가치관이 아니라 '자발적으로 목적을 선택할 수 있는 능력'이다. 국가는 좋고 나쁨에 대해서는 침묵 하는데, 이것이 국가중립성이다.

국가중립성 이론은 롤스가 시민의 연합(association)으로 파악했던 국가의 본질과 ' 밀접하게 연관된다. 이때 국가는 시민의 연합과 별개의 존재가 아니라, 바로 '방해받지 않은 자아' 들의 집합 그 자체를 뜻할 뿐이다. 그런데 롤스는 국가중립성 이론과 함께 시민을 합리적인 선택의 존재로만 파악함으로써 비합리적이고 탐욕한 시민들 간의 갈등과 분규의 현실을 간과하는 오류를 범했다. 실제로 국가중립성 이론 자체가 '합리적 판단을 하는' 시민의 집합으로 이루어져있다거나, 또 '탐욕하지 않고 남을 배려하는 덕성 을 가진' 시민으로 구성되어 있다는 뜻은 결코 아니다. 국가가 중립을 지키기만 하면 사회의 갈등이 사라지고 시민들의 합리적 판단으로 롤스가 지향하는 정의가 구현 할 것 같이 생각하는 것은 오해가 된다. 국가중립성이 사회의 계층 간 갈등을 없애주거나, 욕망의 인간을 '합리적 판단'의 존재로 전환시켜주는 마법의 지팡이가 아닌 것이다.

롤스에게는 인간성이 갖는 비합리적 욕망, 그리고 절차적 자유주의를 방해하는 사회적 폭력과 그로부터 야기되는 사회적 갈등에 대한 개념과 대책을 결여하고 있다. 시종 개인의 합리적 선택으로 점철하는 롤스의 이론은 갈등을 부추기는 끝없는 인간의 욕망, 개인을 억압하는 국가나 사회 조직폭력을 어떻게 견제하고 극복할 것인가 하는 데 대한 실천적 전략을 결여하고 있는 것이다. 롤스는 자신의 절차적 자유주의를 인간 욕망의 규제와 폭력에 대한 저항의 전략으로 연결시키지 못했다. 롤스의 원초적 입장과 무지의 베일 이론은 욕망과 폭력의 현실을 도외시한 대표적인 예이다.

롤스는 '국가'가 '방해받지 않은 자아'들의 집합(association) 그 자체라는 사실을 적시했으나, 그 자아들을 합리적 판단의 주체인 것으로 가정함으로써, 그 '자아'들 간의 갈등과 분규가 여전히 존재한다는 점을 무시했다. 그 갈등은 시민과 국가 간이 아니라 시민들 간의 분규의 개념으로 환원되어야 한다. 간섭을 최소화한 '중립적 국가'의 시민들을 합리적 존재로 환원함으로써 롤스는 자신의 이론에서 역동성을 제거하고 비현실적인 탁상공론의 이론으로 만들어버렸다.

국가의 간섭을 최소화하는 롤스의 국가중립성 개념은 민중의 중의(衆意)를 모은 것으로 치환될 수 있다. 그러면 국가와 민중은 서로 대립하는 것이 아니라 동질의 개념에 속하게 되므로, 집단(국가)과 개인 간 이해관계의 충돌은 일어날 수 없게 된다. 그러나 여전히 갈등은 존재하는데, 그것은 국가를 구성하는 자아들 간에 일어난다. 특히 국가(정부)나 사회의 조직폭력이 '자아'들의 일부이면서 과욕과 독재를 지향하는 일부 특권층의 기득권을 보호하는 것으로 이용될 때이다. 시민들 간 의견 대립은 합리적 판단으로만 해결할 수 있는 것이 아니라 저항권 의 실현으로서 해결해야 할 때도 있다. 실로, 정의의 구현은 현실적 힘이 전제가 되어야 하고 특히 '방해받지 않은 자아'를 불가능하게 하는 국가권력 혹은 조직폭력에 대한 견제와 방어로 이어져야 한다.

현대와 고대의 정의론 비교

샌델의 목적과 아리스토텔레스 목적의 차이

샌델은 정의(정의 justice)를 이해하는 방식에 따라 고대로부터 현대까지의 대표적인 도덕, 정치철학을 세 가지 유형, 즉 공리주의, 자유주의, 공동체주의(communitarianism)로 구분했다. 그 중 샌델 자신은 공동체주의를 지지하며, 그 정의는 목적론에 근거한다. 그리고 자신의 '공화주의 공동체(republican community)'가 아리스토텔레스의 정의론으로 환원하는 것으로 자처한다.

샌델에 따르면, 정당한 것(rights, 권리)이 무엇인지를 규정하려면 문제가 되는 사회적 행위(practice, 관행, 제도)의 '목적(텔로스 telos, 목표, 본질)'이 무엇인지 먼저 이해되어야 한다. 동시에 어떤 행위의 목적을 이성적으로 판단하거나 논한다는 것은, 적어도 어느 정도로는, 그 행위가 어떤 미덕에 영광과 포상을 안겨줄 것인가를 추론하거나 논의한다는 것이다. 이런 전제 하에서 샌델은 가능한 한 미덕이 될 수 있는 사회적 행위를 구체적으로 열거한다.

그러나 샌델의 이 두 가지 전제는 아리스토텔레스가 논하는 덕성의 실체를 바르게 이해하지 못한 것이다. 아리스토텔레스에게서는 공리주의, 자유주의, 공동체주의의 3가지가 각기 따로 가는 것이 아니라 서로 연관되어 있다. 즉, 덕성은 행복을 추구하는 것과 무관하지 않고, 또 자유주의는 공동체주의와 무관하지 않다. 다만 그 출발점은 공동체가 아니라 자유롭고 평등한 시민의 도덕성에 있다.

또 이 출발점으로부터 도출되는 사회적 행위로서의 목적은 절대적이 아니라 정치체제에 따라서 달라지는 상대적인 것이며, 그 구체적 행위는 어떤 다른 실체가 아니라 바로 시민 자신의 결정에 의해 결정된다. 샌델은 아리스토텔레스의 목적(텔로스)이 상대적이라는 점을 이해하지 못했다. 그리고 그것을 결정하는 주체는 시민이며, 시민의 결정권자라는 절차 형식이 텔로스의 구체적 내용보다 더 중요하다는 점도 이해하지 못했다. 샌델은 판단의 내용 자체가 중요하다고 생각했고, 그 판단은 자유주의가 지배하는 절차적 공화국에서는 불가능하다고 단언하고 있기 때문이다.

그는 판단, 즉 도덕적 구별은 가능하고 도리어 적극적으로 행해져야 한다고 주장한다. 그러나 그에게서는 그 판단의 주체가 누구이며 어떤 방법으로 판단을 할 것인가 하는 점에 대해서 구체적 소개가 결여된 채 전혀 다루어지지 않고 있다. 샌델은 공동선이 절차보다 우선한다고 여겼고, 마침내 다수결 원칙도 거부했다.

샌델은 자신이 아리스토텔레스의 도덕적 공동체와 시민의 덕의 전통을 따르는 것으로 자처했다. 그러나 전자는 민주적 절차나 개인의 자유보다 공동체의 선(善)을 더 강조하지만, 후자는 절차민주주의를 그 목적에 선행하는 기본으로 깔고 있는 데다, 더구나 그 목적은 상대적이라는 점에서 서로 같이 할 수 없는 차이가 있다. 그의 공동선이 이미 주어지는 것이라는 점에서 샌델은 아리스토텔레스보다는 정형화된 사회질서를 추구했던 플라톤에 더 가깝다. 반면, 롤스는 오히려 민주적 절차에 의거한, 자유롭고 평등한 시민의 합의를 강조한 아리스토텔레스에 보다 더 가깝다. 다만 아리스토텔레스의 합의는 배타적으로 시민들에게만 적용되는 것이므로, 이 또한 롤스의 평등주의적 자유주의와는 차이가 있다.

샌델과 롤스의 합리적 인간과 아리스토텔레스의 욕망의 인간

샌델은 자치와 분권의 중요성을 알고 있었으나, 이를 공동체 및 국가 조직의 종속적 존재로 파악했다. 그는 시민들의 자치와 공동체 도덕 간에 괴리가 있을 수 있다는 점을 간과했다. 즉, 국가 권력이 분권이나 자치를 저해할 수도 있는 경우에 대해 침묵했던 것이다. 샌델에게서는 갈등의 소지가 있는 자치와 공동체 도덕 사이, 혹은 분권과 국가권력 사이의 관계가 같은 목적을 가진 것으로 아무런 반성 없이 의제되고 있다. 반면, 롤스의 자유주의는 결정의 우선성을 '방해받지 않은 자아'에게 둠으로써 샌델에게서 볼 수 있는 논리적 공백, 즉 갈등의 소지가 있는 주체를 획일적 목적을 가진 것으로 의제하는 문제는 생기지 않는다.

롤스가 말하는 절차, 즉 시민의 자유로운 결정의 절차는 원초적 상태와 무지의 장막을 전제로 하는 가운데 방해받지 않은 자아가 중심이 되는 것이다. 이것은 그 어떤 외부적 힘이 부당하게 간섭하는 것을 배제한다는 뜻이다. 다만 롤스에게는 실제로 그런 조건은 갖추어질 수 없다는 현실적

한계에 대한 배려가 부족하다.

또 롤스의 정의론은 자원이 '희소한 상태'를 전제로 해서 전개된 것이다. 이런 롤스의 이론적 전제는 편파적이다. 자원이 희소하지 않고 풍족한 상태에서도 이상적인 사회는 저절로 도래하는 것이 아니다. 롤스가 고려하지 못했던 것은 자원이 풍부한 곳에서도 여전히 정의론은 논의될 필요가 있다는 점이다. 사람은 자원의 유무, 혹은 그 다소 여부와 무관하게 끝없는 욕망의 존재이므로 그 욕망을 사회적으로 제한할 필요가 있다.

아리스토텔레스에 따르면, 인간에게는 본성과 습관과 이성이 있다.[211] 정신과 육체가 다른 것이듯이, 정신에도 합리성과 비합리성의 두 가지 다른 것이 있고, 이것은 각기 이성과 욕망에 상응한다. 육체가 정신에 선행하듯이, 비이성은 이성에 선행한다.[212] 그 증거가 분노, 소망, 욕구는 날 때부터 심어진 것이지만, 이성과 이해력은 성장해가면서 발달하는 것이다. 또 욕망이 너무 커서 먹고 마시고 싶은 욕망을 채우기 위해서 아무리 큰 범죄라도 저지를 수 있고 별 가치도 없는 것 때문에 친구를 희생시키며, 아이나 미친 사람같이 취약하고 왜곡된 정신을 가진 행복하지 못한 이도 있을 수 있다.[213] 뿐 아니라 이성이 과오를 범할 수도 있고, 최고의 이성적 생활에 이르지 못하는 경우도 있고 습관이 끼치는 나쁜 영향을 받을 수도 있다고 한다.[214] 그러니, 아리스토텔레스에 따르면, 인간이 이성을 가지고 있다는 것이 곧 합리적 판단으로 이어지는 것도 아니다. 이성으로 과오를 범할 수도 있기 때문이다. 아리스토텔레스는 인간이 욕망의 존재라는 점을 염두에 두고 중용, 절제, 교육 등에 의한 덕과 선의 함양을 피력했다.[215]

롤스의 정의론이 인간의 욕심에서 비롯되는 비이성적 현실을 충분하게 반영하지 못한 증거는 그의 정의의 제1, 제2원칙은 물론 국가중립성 이론에서도 드러난다. 롤스의 정의의 제1원칙은 원초적 입장에서 사람들은 최소한의 가치를 평등하게 배분하는 데 합의할 것이라는 것, 제2원칙은 이렇게 합의된 가치들은 최소선(thin theory of the good)의 이론에 따라 분배된다는 것이다. 여기서 인간은 욕망이 배제된 채 철저하게 이성적 존재로 환원되고 있으므로 현실과 괴리를 야기하게 된다.

샌델의 공동선 개념은 물론 롤스가 평등하고 자유로운 사람들에 의한 합리적 판단이라는 개념의 틀을 뛰어넘어야 할 필요가 있다. 샌델의 경우, 자치에 우선하여 공리로서 주어지는 절대적 가치의 공동선(善) 및 국가 권력의 근원과 그 정당성 여부가 불분명하다. 또 롤스의 경우 그가 주장하는 바의 이성적 합의만으로는 현실적으로 정의를 구현하는 데 한계가 있다. 끝없는 욕망의 존재들이 남아돌아가는 자원도 배타적으로 전유하는 상태에 대한 대책도 있어야 하는 것이다. 방해받지 않는 자아란 그것을 방해하는 사회적 억압에 저항함으로써만이 가능하다는 점을 주지할 필요가 있다. 그것은 바로 갈등과 혁명의 절차를 포함하는 것이 되며, 그 혁명의 주체는 바로 자유롭고 평등한 다수의 시민이 되는 것이다.

국가 폭력에 대한 반성 여부에서 보이는 차이

국가의 존재와 관련하여 아리스토텔레스에게서는 국가와 시민이 분리되어 있지 않다. 그런 점에서 아리스토텔레스의 국가에서는 시민이 자유롭고 평등한 상황에 있어서 롤스의 원초적 상태와 유사하다. 이들 시민은 서로 간의 이해관계의 충돌을 민주적 제도의 장치를 통해 해결하고 결론을 도출하는 절차를 갖추고 있다. 다만 그런 절차는 시민의 경우에서만 가능할 뿐, 그 외의 (예속)노동자는 배제되고 있다. 이 때 국가는 시민의 집단을 벗어난 별개의 존재가 아니다. 반면, 플라톤의 〈국가〉에서는 철인(哲人) 지배자에게 전권을 부여함으로써 권력의 횡포에 대한 반성이 부족했다. 반면, 그가 사망 직전에 미완성으로 남긴 〈법률〉에서는, 통치자 철인의 패권을 법률로 넘기고 있으므로, 사람이 행사하는 국가 권력에 대한 반성이 표출되고 있다..

샌델은 공동선(善)의 청사진을 제시했으나, 개인에게 미리 주어지는 가치관이 오히려 정의의 실현을 방해하는 사회적 억압으로 전화(轉化)하는 위험성에 대한 반성 의식이 부족했다. 그러나, 롤스는 사회, 혹은 국가 권력이 갖는 부정적 영향에 대해서 경계했다. 공동체가 갖는 조직적 폭력은 긍정적, 혹은 불법적 목적 둘 다를 위해 이용될 수 있다는 점을 인식하고 있었기 때문이다. 합법적이거나 불법적이거나, 아니면 사회적 평등을 위한 것이거나 사적 권력을 도모하기 위한 것이거나, 그 어느 편이거나를 막론하고 사회 혹은 국가가 행사하는 폭력의 존재는 그 자체로서 자유롭고 평등한 시민 중심의 민주적 절차를 방해할 소지가 있다.

국가 폭력이 갖는 부정적인 측면은 시민 민주주의 전통이 연연히 이어져온 서구보다는 한국을 비롯하여 식민 지배를 거친 나라에서 더 심각하다. 국가 폭력, 혹은 봉건주의 전통이 절차 민주주의의 정착을 원천적으로 방해하고, 건전한 시민사회의 발전을 가로막고 있기 때문이다.

플라톤과 아리스토텔레스의 '몫'의 정의론
(올바름 to dikaion, he dikaiosyne)

샌델은 롤스의 자유주의에 반대하면서 스스로 아리스토텔레스의 '몫'의 정의론으로 환원하였다고 자처했다. 그러나 샌델과 아리스토텔레스 사이에는 차이점이 없지 않다. 샌델은 여러 목적에 중립적인 정의의 원칙을 찾아내어 사람들로 하여금 스스로 자신의 목적으로 이를 선택하고 추구할 수 있게 하려는 것이지만, 고대 아리스토텔레스의 정의는 중립적이 아니라, 가치 있는 삶을 의미한다, 정의란 각자에게 마땅한 몫, 정당한 몫을 주는 것이기 때문이다.

샌델과 아리스토텔레스 정의론 사이에 어떤 유사성, 혹은 차이점이 있는지를 알기 위해서는 먼저 플라톤과 아리스토텔레스 사이에 어떤 차이점, 혹은 유사성이 있는지를 알아볼 필요가 있다. 만일 샌델의 정의론이 아리스토텔레스와 비교될 수 있다면, 당대 아리스토텔레스와 입장이 달랐던 플라톤과는 어떻게 비교될 수 있는지도 언급 되어야 할 필요가 있기 때문이다.

플라톤의 정의

플라톤의 정의는 인간의 덕을 말하며, 덕은 어떤 것으로 하여금 그것이 잘 작동하도록 하는 것이다. 그는 정의에 대한 여러 가지 상식적인 개념을 받아들이지 않는다. 예를 들어 정의를, 이른바, 진실을 말하며 빚을 갚는 것, 마땅한 제 몫을 찾아가는 것, 친구에게 '좋음'을 베풀고 적에게 해를 가하는 것 등으로 정의하는 데에 그는 반대한다.[216] 또 정의는 강자의 이익을 말하는 것이라든가,[217] 올바르지 못한 것이 더 강한 것이라는, 이른바 소피스트적 정의도 거부한다.

플라톤이 정의를 마땅한 제 몫 찾기와 관련지울 때도 있는데,[218] 이때 제 몫이란 '각기 맡은 일을 하는 것'[219]으로 이어진다. 또, 그냥 제 몫을 찾아가는 것만이 아니라 나쁜 영향을 주지 않고 '좋음'을 가져올 수 있도록 하는 것을 말한다.[220] 그러므로, 친구이거나 적이거나를 막론하고 사람을 해치는 것은 정의가 아니다.[221] 이 같은 플라톤의 정의 개념에서는 인과응보식의 가치관이 들어있지 않다.

플라톤에 따르면, 정의로운 사람은 지혜를 갖춘 사람(sophos), 좋은 사람(agathos)이며, 올바르지 못한 사람은 무식한 사람, 나쁜 사람이다. 무식한 사람들은 자신보다 많이 알거나 적게 아는 사람과 다투게 된다.[222] 그러나 전문지식을 가진 사람들은 서로 다툴 필요가 없으며, 다만 그런 지식을 갖지 않은 사람 즉 정의롭지 못한 사람들에게만 대항한다. 두 사람의 숙련된 장인이 서로 경쟁할 필요가 없듯이 정의로운 사람들은 서로 불화하지 않는다.[223] 반면 불의는 힘의 원천이 되지 못하고 오히려 정의를

포함한 모든 것에 적대적이며 파당과 분쟁 때문에 불화와 허약을 초래하게 된다.[224]

플라톤의 정치철학도 정의의 이데아에 바탕을 두고 어떻게 정의로운 국가를 만드는가에 관한 것이다. 폴리스는 사람들로 하여금 타고난 기능을 연마하여 수행하도록 한다. 현실과 타고난 능력이 일치하는 데에서 행복이 나온다. 이와 같이 정의는 한 사회를 결속하는 끈이며, 개개인이 천성과 훈련에 따라 생업을 발견하게 되는 조화의 결합력이다. 이성의 철학자 집단, 용기의 전사, 욕망의 생산자집단이 각 집단에 고유한 덕목에 전념함으로써 모든 구성원이 주고받는 일련의 서비스체계가 성립되며, 전문화, 노동 분배, 교환의 원칙이 적용된다.[225] 정의는 모두 각자의 일을 하며 남의 일에 간섭하지 않을 때 이루어진다.[226] 기능에 따라 역할이 배분된 사회에서는 모두가 화합된 한 국가를 구성하게 된다.

아리스토텔레스의 정의

아리스토텔레스도 플라톤과 같이 정의가 사회를 '좋음'으로 이끌어가는 것이라고 한다. 그러나 그가 남의 것을 취하지 않는 것, 자기 몫을 남에게 빼앗기지 않는 것이 정의라고 할 때 그것은 타고난 기능에 따라 '할 일'을 배분하는 플라톤과 달리 불평등을 전제로 한 개인의 재산이나 특권을 전제하는 것으로 나타난다.

아리스토텔레스의 정의는 철저하게 사회계층 간의 불평등을 전제로 하고 있다. 정의는 단순한 정의와 정치적 정의로 구분되는데, 정치적 정의는 자유롭고 동등한 자들 사이에만 적용된다.[227] 그렇지 않은 사람들 사이에는 정치적 정의는 존재하지 않으며, '정의와 유사한 것'이 있을 뿐이다.

즉, 상호관계가 법에 의해 조율되는 법 인격체 사이에만 정의가 존재한다. 법적 정의는 정당과 부당 사이를 구분하는 것이며, 법은 같은 위치에서 서로 불의를 저지를 가능성이 있는 사람들 사이에 존재하기 때문이다.

이러한 아리스토텔레스의 정의는 절대적 기준이 없고 상대적이다. 그에게는 자연적 정의는 존재하지 않을 수도 있으며, 행위나 '좋음'의 문제는 고정적인 것이 아니기 때문이다.[228] 정치가 지향하는 좋은 것(kala), · 올바른 것(dikaia)도 견해의 차이나 변동이 있을 수 있으므로 자연(physis)이라기보다 (관습적) 법(nomos)으로 존재할 가능성이 있다.[229] 더구나 입법가는 좋은 습관을 함양함으로써 시민을 '좋은 사람들(agathoi)'로 만들수가 있다.[230] 예를 들어, 다른 여러 가지 덕의 경우와 마찬가지로, 정의로운 사람이 되는가, 불의의 사람이 되는가 하는 것도 일상적 교제 관행에 의해 만들어진 성품에 기인한다.

아리스토텔레스가 생각하는 정의는 일정한 기준을 설정하기가 어렵다. 이것은 다음과 같은 정의의 규정에서도 보인다. 그에 따르면, 정의는 한편으로 법을 지키는 것이며, 다른 한편으로 극단을 피하는 중용이다. 정의로운 것은 합법적이고 평등한 것이며, 불의는 불법적이고 불평등한 것이다. 합법적인 정의란 자기 몫을 찾아가는 것인데, 그 몫은 사람마다 다르다. 정의는 정치공동체의 공동의 '좋음'을 보호하지만, 불의는 자기 몫 이상을 가짐으로써 공동의 '좋음'을 해치는 것을 말한다.[231]

또한 불의의 사람이란 언제나 제몫보다 많이 갖는 것을 뜻하는 것이 아니고, 나쁜 것에서 작은 몫을 취하는 경우도 있다. 두 가지 '나쁨' 가운데에서 적은 '나쁨'은 '좋음'이기 때문에, 이 경우는 자신에게 마땅한 몫 이상의 '좋음'을 가진 사람은 욕심꾸러기이며 부당한 사람이 된다.

그리고, 정의는 국가의 목적 실현을 위한 공동체적 기여에 비례해서 정치권력을 배분하는 것이다.[232] 아리스토텔레스는 배분적 정의[233]에 대하여, 명예와 부, 그리고 공동체의 분배 가능한 것에 관한 것으로, 능력에 따라 차지하는 것이라고 설명한다. 공동체에 기여를 많이 한 자는 자유와 출생에서 같거나 더 좋은 사람보다, 또 더 부자지만 덕에서 열등한 자보다도 더 큰 몫을 가져야 한다는 것이다.

아리스토텔레스의 정의는 특히 사회적 관계 혹은 정치적인 의미를 강하게 지니며, 판직이 그 사람을 내보여준다.[234] 왜냐하면 관직에서 사람은 다른 사람과 관계를 가지며 공동체의 성원이 되기 때문이다. 덕(arete)과 정의(dikaisyne)의 차이점에 관해, 덕은 단순하게 어떤 종류의 덕을 말하지만, 정의는 다른 사람과의 관계에서 나타난다. 덕(arete) 가운데서 '정의(dikaiosyne)'만이 다른 사람과 관련한 것이다.

중용의 개념 또한 그 기준이 언제나 같은 것은 아니다. 정의로운 행동은 많이 가진 것과 적게 가진 것의 중간(to meson)이다. 정의는 양 극단(ta akra)의 중간이며 불의는 극단을 뜻한다.[235] 나아가 절제와 용기조차도 지나치거나 부족하면 안 되므로, 중용에 의해 가치를 지닌다고 하였다.[236] 이 때 많이 혹은 적게 가진다는 것은 일정한 기준에 의한 것이 아니고, 사람에 따라 다른 것이다.[237]

이렇게 아리스토텔레스에게 있어서는 인간 사이의 차이는 인간과 동물 간의 차이만큼이나 중요한 것이었다. 아리스토텔레스에게 있어서는 상대적으로 자유롭고 동등한 인간들로 구성된 공동체에서만 완전한 의미의 정의가 가능하다.[238]

플라톤과 아리스토텔레스에 보이는 사회적 억압의 비교

아리스토텔레스에 따르면, 사람이란 속물근성이 있고, 욕망이 끝이 없고, 다수가 욕망의 만족을 추구한다. 그래서 평등이란, 재산을 평등하게 하기 보다는 경우 바른 사람들은 탐욕하지 않도록 하고, 비열한 사람들은 힘을 갖지 않게 하는 것이라고 한다.[239] 그래야 숫자가 적은 사람들이 안전하고 곤경에 처하는 일이 없게 된다는 것이다.

여기서 중요한 사실은 천성에 따라 소수의 '경우 바른 사람들'은 탐욕하지 않도록 하고, 다수의 '비열한 사람들'은 권력을 가지지 않도록 해야 하는 것이다. 이 때 탐욕을 제어하는 것은 스스로의 노력에 의한 것이나, 권력에서 배제되는 것은 사회적으로 주어지는 압박이다. 아리스토텔레스는 소수의 안전을 위해서 다수를 권력으로부터 배제하는 방법을 생각하고 있다. 이때 '경우 바른 사람들'과 '비열한 사람들'이 실제로 천성에 따른 것인지의 여부는 부차적인 문제이다.

아리스토텔레스는 사회적 불평등을 진작하는 사회적 억압을 수용했다는 점에서 한계를 갖는다. 그는 한편으로 시민 혹은 노동자 등 사회계층이 억압이 아니라 천성에 의한 것이어야 한다는 점을 피력했다. 그러나 그는 스스로 이상과 현실 사이에 괴리가 있음을 인정한다. 현실적으로 자격 없는 시민이 있고, 또 덕을 갖춘 노동자도 있음을 토로하고 있기 때문이다. 그가 제시한 바, 천성에 의한 사회계층의 구성은 원론적 차원 이상의 것이 아니었고, 사회적 억압에 의해 강요되는 불평등을 제거하려는 어떤 노력도 그는 하지 않았다. 다만, 아리스토텔레스가 민주주의자일 수 있는 것은 정치적 결정에서 폭력이나 강요가 아니라 자유롭고 평등한 시민들이 중심이 되는 절차로서의 민주주의를 지지한 데 있다.

플라톤과 아리스토텔레스는 서로 다른 측면에서 사회의 물리적 강요를 인정하고 있었다. 사회적 역할이 기능적으로 배분되는 플라톤의 이상 사회에서는 획일화된 사회 질서를 유지하는 데 물리적 힘이 전제가 되는 것이다. 주지하듯이, 플라톤의 이상국가에는 획일적인 4개의 사회계층이 있다. 이런 사회는 기존 사회의 질서를 근본적으로 개혁함으로써만이 가능하다.

그러나 아리스토텔레스는 상이한 계층의 존재는 천성에 따른 것이어야 한다는 원칙을 피력했으나 기존 질서를 유지하는 데 더 큰 관심이 있었다. 아리스토텔레스의 정의론은 국가 공동체에 기여할 수 있는 능력을 가진 자, 자유롭고 동등한 자들 사이에만 적용된다는 점에서 사회적 불평등을 전제로 하고 있다.

아리스토텔레스의 사회계층의 구성도 또한 사회적 억압을 전제로 하고 있는데, 그 억압은 절차민주주의가 적용되지 않는 열등 계층에만 적용되는 것으로서 자유롭고 평등한 시민 계층에게는 적용되지 않는다. 사회적 억압은 열등한 자들에게 주어지며, 이들은 권력에서 배제된다.

제 6 장
고대 아테네 민주정치가 군국주의로 변질되었다

근 현대 사상가들은 국가가 가진 근본 속성을 폭력으로 정의하곤 한다. 그러나 시민단이 중심이 되는 고대 그리스의 폴리스에서는 국가가 시민과 분리되어 존재하는 폭력의 존재가 아니었다. 국가 당국 혹은 정치권력이라는 것이 따로 없었다.

고대 그리스 사회는 공동체성이 강했고 생활공동체인 가문, 씨족 등이 기초 단위가 되는 원심적 권력구조 위에 성립되었다. 시민단이 모여 현안을 결정하는 주체가 되었으니, 그것이 '국가 권력'이자 곧 정치권력에 상응하는 것이다.

국가 권력이 없으니 시민권도 국가가 부여하는 것이 아니었다. 시민권의 근원은 국가가 아니라 각 가정, 혹은 가문이었다. 가문에서 적자로 인정하면 시민으로 등록이 되는데, 촌락에 먼저 등록하고 그 명단이 중앙의 폴리스로 올라간다. 그 뜻은 전쟁 같은 게 나면 가정, 가문에서 무장시키고 식량을 지참해서 봉사하겠다는 뜻이었다.

고대 그리스의 원심적 권력구조

시민단의 원심적 권력구조

고대 그리스 하면 시민의 나라 '폴리스'와 함께 아테네와 스파르타를 떠올리게 된다. 폴리스는 주로 기원전 800년경에 광범하게 나타났다가 기원전 338년 코린토스 동맹이 형성됨으로써 쇠퇴했다. 코린토스 동맹은 그리스 동북쪽에 있던 마케도니아가 그리스 도시국가들을 정복한 뒤 결성한 도시동맹이었다.[240] 코린토스에 중심을 둔 이 마케도니아 괴뢰 동맹에 스파르타만은 포함되지 않았다. 스파르타는 더 훗날 기원전 146년 로마에 종속될 때까지 독립해 있었다.

폴리스는 그 규모가 언제나 고정된 것이 아니라 상당히 가변적이었다. 형편에 따라 여러 촌락이 뭉치면 커지기도 하고 또 부질없이 흩어지기도 하였다. 대체로 그리스의 북쪽 내륙보다 해변 및 남쪽 지역에 폴리스가 많았다. 그 중 응집력이 강했던 예가 아테네, 스파르타, 코린토스 등이며,

그 정치사가 오늘날까지 그런대로 상세하게 알려져 있는 것이 아테네와 스파르타이다.

고대 그리스 정치사는 원시 혈연사회와 고대 로마제국 사이의 과도기적 정치형태이다. 자유 시민사회는 정치권력이 발달되기 전의 자연스런 사회형태에 가깝지만, 아테네가 주축이 된 단명(短命)했던 델로스 동맹은 군사제국주의의 출현을 노정한다. 군국주의의 원리로 볼 때 후자는 알렉산드로스의 헬레니즘 제국 및 로마제국의 전례가 된다.

시민사회라고 하면 흔히 노예를 소유한 자유인들이 노예 노동을 착취하면서 참정권을 누린 사회로 이해하곤 하는데, 이는 옳은 이해가 아니다. 신체적으로 예속된 노예가 없는 시민사회도 이론적으로 있을 수 있기 때문이다.

시민사회란 국가의 의무부담과 권리행사의 주체가 시민이란 데에 그 핵심이 있다. 후자의 경우 정치권력을 정부가 아니라 시민이 행사한다는 뜻이다. 이들은 흔히 가부장 혹은 세대주인 경우가 많았고 그 자식을 포함한 가속들은 불완전 혹은 예비 시민권을 갖거나 시민권이 없는 경우도 있었다. 또 시민권이 없다고 해서 반드시 노예가 되는 것도 아니고 예속되지 않은 자유인이 광범하게 존재했는데, 그 한 예가 거류외인(metoikoi)이다.[241]

시민권이란 개념 자체도 유동적인 측면이 있다. 아리스토텔레스는 사람의 수만 많다고 해서 좋은 국가인 것은 아니라고 하고, 경제 규모의 크기를 기준으로 이상적 폴리스로 규정했다.[242] 즉, 모든 것을 다 가지고 있고 아무 것도 결여하지 않은 자족적인 것, 만물을 다 생산할 수 있는 영토규모가 크지 않고 자급자족이 가능한 범위라야 한다는 것이다.

폴리스의 기준을 시민과 같은 사람의 수로 정하지 않은 이유에 대해 그는 사람도 강이나 샘물처럼 자꾸만 바뀌므로 그런 것을 기준으로 삼을 수는 없다고 한다. 이 때 아리스토텔레스가 시민의 기준으로 삼는 것은 심판(krisis)과 행정(arche),혹은 군역에 봉사할 수 있는 기능이다.

한편, 상대적으로 정치권력의 비중이 후대보다 더 적었던 기원전 6세기 초 솔론시대에는 시민과 비시민의 구분 자체가 모호하다는 점에 대해서 일반적으로 동의가 이루어져 있다. 플루타르코스[243]에 따르면, 솔론은 또 조국에서 영원히 추방된 이방인이나 기술을 가지고 전 가족과 함께 도래한 이주민에게만 침정권(methexein tes politeias)을 주고 시민으로 받아들이는 법(ho ton demopoieton nomon)을 만들었다고 한다. 이 법의 목적은 그렇지 않은 다른 이방인을 추방하기 위해서가 아니라, 자신의 조국으로부터 버림을 받거나 뚜렷한 목적을 가지고 조국을 떠난 사람 중에서 확실하게 이곳 아테네 시민이 될 사람들을 유인하기 위한 방편이었다고 한다. 또 페이시스트라티다이(페이시스트라토스 일가) 참주 가문이 추방된 후 클레이스테네스는 이방인과 노동자, 거류외인을 동족으로 등록하였다고도 한다.[244]

시민의 국가에서는 정치권력기구나 조직적 조세제도 같은 것도 발달되어 있지 않았고, 흔히 시민단 자체(민회)나 그 대표(의회나 그 대표행정위원들)들이 국정 결정의 주체가 된다. 아테네 페리클레스의 급진민주정 하에서 도입된 수당 지급제도[245]를 예외로 한다면, 시민들의 국가에 대한 봉사는 무급이었다. 이 같은 사회에서는 절대권력자 중심으로 정치기구와 사회조직이 정비된 오리엔트나 중국 등 동방의 왕국과는 그 권력행사의 방식이 다르다. 당연한 결과이지만, 주권자로서의 자유시민에게는 자체무장을 할 수 있는 능력이 있어야 한다는 점이 가장 큰 특징인데, 이 또한 자기방어 능력을 상실하고 무장이 해제된 동방의 농민 집단과는 아주 대조적이다.

이렇다 할 정치권력이나 조직적인 무력집단이 크게 발달되지 않았던 폴리스에서는 무장한 시민들의 불만은 곧 사회의 근간을 흔드는 불안으로 이어졌다. 그래서 빈부 간에 갈등이 생기면 어떤 식으로든 시민들 간의 합의를 통하여 그 갈등을 해소해야 했다. 피차 무력으로 반대편을 제압하기에는 피해가 막심할 것이기 때문이다.

아테네의 솔론은 빈부 간 내란의 위기에 즈음하여 토지재분배라는 과격한 방법을 택하는 대신 부채를 말소시킴으로써 사회 불평등을 해소하는 방법을 택했다. 이와 같은 방법은 옛날 유대 사회의 희년(禧年: 기쁜 해) 제도와도 유사한 점이 없지 않다. 희년이란 7년을 7번, 그러니까 49년마다 정기적으로 한 번씩 그 기간에 매매되거나 채무로 넘어간 토지를 하나님의 토지로 되돌림으로써 모든 사람이 새롭게 출발하게 한 제도였다.[246]

그리스 폴리스에서 가진 자들은 토지재분배나 부채 말소와 같은 개혁의 가능성에 대해 끊임없이 경계하였다. 이 같은 개혁은 위정자들의 정치권력과 군사력이 강화되는 헬레니즘 군주국 및 로마제국 시대에는 보기도, 듣기도 어려운 조치였다. 그리스의 정치적 갈등은 바로 원심적 권력구도 하에서 도시국가의 시민들 간에 연출되었던 것이며, 그 해결도 다름 아닌 시민들 간의 타협에 의해 해결되었다. 솔론이 빈부 양편의 양해 하에 전권을 위임받아서 개혁을 단행한 것이 그 한 예이다.

기원전 6세기 중엽 이후 4세기경에 걸쳐 그리스 도시국가 간에는 군사동맹이 체결되었고 후대로 갈수록 용병제가 강화되었다. 용병제는 기원전 5세기 초 페르시아 전쟁 및 그에 대항하여 결성된 아테네 중심의 델로스 해상 동맹이 그 결정적 계기가 되었다. 군사력의 발달은 시민사회의 온갖 특징을 말살시켜 갔다. 군사력의 증강과 함께 폴리스 안팎으로 정치권력 하의 사회적 억압도 거세졌으며,[247] 혈연에 바탕한 시민사회의 공동체성은 파괴되고 사회경제적 불평등이 눈덩이처럼 불어났다. 이 같은 전례는 알렉산드로스와 로마의 침략적 제국주의로 이어지게 된다.

폴리스 사회구조는 훗날의 헬레니즘 시대나 로마제국 시대보다 훨씬 단순하다. 개인이 각기 무장을 갖추었던 그리스 시민사회는 사회적 불평등이나, 무력을 전유한 계층에 의한 사회적 억압 등이 후대에 비해 덜했으며, 그나마 사회적 불평등은 상호 간 욕구를 절충하는 타협의 방식으로 해결하였다. 초기 시민사회는 어떤 상투화된 도덕률이나 사회적 강제력에 의해서가 아니라, 인간적인 욕구 실현을 위한 기회의 균등성에 기초하여 강한 공동체성을 확보했다고 하겠다.

상비 행정조직과 공권력의 미발달

고대 그리스의 폴리스(도시국가)에서는 국가 공권력 자체가 상대적으로 강하지 못하였고 시민단이 정책 결정의 중심에 있다. 지역이나 시기에 따라 약간의 차이가 있겠으나 근현대 국가의 일률적으로 편제된 행정조직 같은 것은 없었다.[248] 지역은 중앙 폴리스의 기능에 유사한 자체의 조직 및 기능을 갖춘 가운데 중앙과 상호 협조체제를 이루고 있었고, 지역조직이 폴리스의 것보다 선행하여 존재했다.[249]

국가조직으로 폴리스는 중앙기구 뿐 아니라 하부집단의 혈연이나 지연, 혹은 이익단체의 모임으로 이루어져 있었고, 오늘날 국가가 담당하는 많은 기능이 하부집단에 분산되어 있었다. 전쟁 같이 나라 전체의 이해에 직접 관련되는 사안에서는 전 도시민이 협력하여 대처하였으나, 그 외 다수 사안은 각종 하부 공동체 집단에 위임되어 있었다. 그러므로 도시국가의 구조를 이해하는 데는 국가와 하부조직 간의 기능 배분에 관심을 기울여야 한다. 국가와 지역은 유사한 종류의 사안을 각기 처리하는 권한을 각기 공유하고 있었기 때문이다.

고대 그리스가 근현대와 다른 차이점 가운데 하나는 민법에서이다. 시민사회에서는 국가권력의 강제에 의한 공법보다 개인 간의 민법이 더 큰 비중을 차지했다. 민법은 폴리스에 의한 권리 의무 관계라기보다 오히려 가문, 씨족 등 폴리스의 하부 조직과 관습적 전통에 더 밀접하게 관련된 것이다. 나아가 민법은 전통의 농업사회보다는 상업이 발달된 지역에서 상대적으로 더 발달하였다. 예를 들어 스파르타와 같은 폐쇄적인 농업중심의 나라보다는 아테네, 코린트 및 에게해(海) 연안 상업이 발달한 도시들에서 민법관련 금석문이 더 많이 남아있다.[250]

더구나 고대 그리스 법은 공법과 사법 간 혹은 민법과 형법 간의 구분이 분명하지 않았다. 시민단이 국가권력의 중심이 되는 폴리스에서는 오늘날 국가의 행정 혹은 사법 기관에 의한 공소 개념은 찾아보기 어렵다. 공적인 범죄도 개인의 문제제기 및 기소에 의해서만 공적 담론의 대상이 되었다. 기소의 형식에 있어서도 차이가 있는데, 오늘날 형법에 속하는 살인과 같은 범죄도 고발자가 없으면 재판 자체가 성립하지 않는다. 더구나 아테네의 경우에 국가에 대한 범죄도 개인의 경우와 같이 국가가 아니라 개인의 기소가 있어야 비로소 재판이 성립하며, 국가기관에 의한 공소의 개념은 없었다. 범법자를 체포하는 과정에서도 국가가 능동적으로 색출하고 다니기보다는, 흔히 이해당사자가 직접 혐의자를 체포해 오거나, 아니면 관리를 혐의자가 있는 곳으로 인도하거나 했다.[251]

시민단이 중심이 된 고대 그리스 폴리스의 정치구조는 이와 같이 국가의 공권력이 발달할 수 있는 사회적 환경을 갖추지 못했다.

폴리스 권력 구조의 시대적 변화과정

근 현대 사상가들은 국가가 가진 근본 속성을 폭력으로 정의하곤 한다. 한나 아렌트나 슬라보예 지젝이 그랬고 유시민도 <국가란 무엇인가>에서 그 같이 정의했다. 그러나 국가를 폭력의 존재로 정형화해버리면, 우리가 나아가야할 민주사회 건설은 그 방향을 잃게 된다.

여기에 국가가 전혀 폭력의 존재가 아니었던 고대 그리스의 폴리스 체제를 돌아볼 필요가 있다. 고대 그리스에서는 국가 당국의 권위 자체가 존재하지 않았고, 폭력의 속성과도 거리가 아주 멀었다. 주지하듯이, 폴리스를 이루는 것이 시민단이었기 때문이다. 시민들이 모여야 전쟁도 할 수가 있고 또 돈을 갹출하여 무슨 행사든 할 수가 있는 것이다. 고대 그리스의 직접 민주정에서 민중이 공직자를 감시할 수 있는 권한도 사실 이런 배경에서 가능했다. 즉, 국가는 군대, 경찰 등 조직적 폭력을 소유하지 않았고, 필요한 경우 국가의 주체가 되었던 시민들 각자가 직접 그런 역할을 수행했다.

그러나 사실은 그리스 민주정도 시기와 장소마다 성격이 다르다. 이는 아테네의 경우 국가권력이 폭력화 한 적이 있었음을 뜻한다. 기원전 5세기 후반 페리클레스 당시의 이른바 급진 민주정 시기, 그리고 그 말기 펠로폰네소스 전쟁이 발발하던 무렵이 그때였다. 특히 페리클레스 사후 아테네에는 중우정(衆愚政)의 현상이 나타났는데, 그것은 사실 민주정치 자체가 아니라 아테네 군국주의와 결합된 급진민주정치였고, 핵심은 군국주의였다.

우리가 알고 있는 기원전 5세기 후반 중우정치의 아테네는 델로스 해상제국을 거느리고 있었다. 아테네가 펠로폰네소스 전쟁에서 스파르타에 패배한 기원전 404/403년 이후 마케도니아의 침략으로 주권을 상실하던 기원전 338년까지에 이르는 기원전 4세기 아테네의 민주정은 더 이상 중우정치로 규정되지 않는다.

아테네가 펠로폰네소스 전쟁에서 스파르타에 패배하여 델로스 해상제국이 무너진 후, 스파르타가 아테네 해상제국의 군국주의를 그대로 물려받았다. 그 스파르타는 아테네와 달리 민주정치가 아니라 과두정치 혹은 혼합정체의 성격을 가지고 있었다.

마침내 기원전 338년 스파르타(나중 기원전 146년 로마에게 망함)만 빼고 아테네를 포함한 대부분의 그리스가 북쪽 마케도니아의 군사력에 정복당하게 된다. 민주정치의 아테네는 정치체제가 서로 다른 폴리스와 함께 몰락의 운명에 처했고, 마케도니아의 군국주의적 침략에 의해 그리스의 폴리스들은 정치제제의 차이와 무관하게 일제히 독립을 상실하게 된다. 이 때 스파르타만 종속되지 않고 그 후 약 200년간 로마에 종속될 때까지 독립을 유지했다.

이렇게 그리스 폴리스 역사에서는 한편에 독립, 다른 한편에 군사적 침략에 의한 종속, 이 두 가지의 대조적 상황이 전개되었다. 아테네 민주정치 자체에서도 초기 폭력적 국가권력이 존재하지 않았던 온건 민주정의 시기와 기원전 5세기 후반 급진 민주정치의 시기로 구분된다. 후자는 군국주의에 기초하여 아테네가 동맹국을 지배 수탈하던 델로스 동맹의 맹주로 군림하던 시기였다.

아테네의 '절차' 민주정치

솔론의 개혁과 아테네 민주주의

솔론은 기원전 594/593년 아테네의 최고 공직인 아르콘(장관)이었다. 그는 아테네의 국부(國父)로 존경을 받았고, 고대 지중해 7명의 현자(賢者) 가운데 한 사람이었다. 국부, 즉 '나라의 아버지'라는 것은 요즈음 중국 대륙에서 손문 같은 위치에 있다는 뜻이다. 아테네는 기원전 338년 북쪽에서 마케도니아가 쳐들어왔을 때 그 지배 하로 들어가게 되는데, 아테네 폴리스가 종말을 고하던 그 때까지 아테네에서 만들어진 법은 모두 '솔론 법'으로 불릴 만큼 아테네의 모든 제도는 솔론의 정신에 부합하는 것이어야만 했다.

솔론을 이해하는 데는 먼저 고대 그리스의 폴리스 전반의 정치구조를 알 필요가 있다. 아테네나 스파르타를 포함하여 고대 그리스 폴리스(도시국가)의 공직자는 지금 정치가들과 달라서 나라에서 봉급을 받지 않았다.

무보수로 일하고 그 대신 명예를 얻었다. 요즈음 같은 정부 권력도 없었고, 정치가가 상근하는 것도 아니었으며, 정치를 직업으로 하는 것도 아니었다. 다만 정치가는 나랏일이 있을 때 봉사하고, 시민들이 민회에 모여서 정책을 결정하고, 또 전쟁이 나면 제 돈으로 갑옷을 사고, 먹을 것을 싸들고 싸우러 갔다. 페르시아가 쳐들어왔을 때 마라톤에서 싸웠던 아테네인들도 그랬다. 요즈음 국가 같이 국민들로부터 세금을 거두어두었다가 나라 살림을 살고 또 군인들에게 무기와 군복을 지급하는 그런 제도가 아니었다.

그런데 솔론 당시 아테네에 큰 문제가 생겼다. 빈부간의 갈등이 노골화된 것이다. 가난해진 시민들이 토지를 저당 잡히고 또 자신이나 자신의 몸을 팔아서 남의 집 머슴으로 들어갔는데, 이런 빈자가 전체에서 차지하는 비중이 아주 높아진 것이다. 토지를 저당 잡힌 농민은 해마다 생산물의 1/6(약 17%)을 채권자에게 넘기고 있었는데, 이들은 '헥테모로이(1/6세 농민)'라 불렸다. 요즈음 우리나라에서 전체 국민의 1%, 혹은 토지보유자의 상위 5%가 전체 사유지의 반이 넘는 토지의 소유권을 가지는 것과 상통하는 상황이었을 것이다. 시민이 머슴이 되어 남의 집 종살이를 하는 사람이 늘게 되자 군역을 담당할 시민의 수도 감소한 데 따른 사회 불안이 국가적으로도 문제가 되었다.

이때 빈자들이 궐기하여 1/6세를 거부하게 되면서 아테네는 빈부 간 내란의 위기에 처하게 되었다. 80년대 5. 18 사태 때의 공수부대 같이 국내외의 난리를 강제로 진압할 수 있는 그런 국가의 상비군이 당시에는 없었다. 시민들 자신이 무장을 하고 있었으므로 시민들 간의 이런 갈등은 내란의 위기를 몰고 왔다. 궁지에 몰린 빈부 양측이 우선 피바람은 피하고 보자는 생각으로 타협에 임하게 되었다. 그래서 정직하고 공정하기로 소문 난 솔론에게 사태수습의 전권을 위임하였고, 기원전 594년 비상대권을 위임받은 솔론이 개혁을 단행하게 되었다. 솔론의 개혁에서 괄목할 점은 그 개혁의 전권이 빈부 간 타협에 의해 그에게 주어졌다는 점이다.

솔론은 먼저 그 때까지의 부채를 말소하고, 그 후로는 인신을 담보로 돈을 빌리지 못하도록 했다. 또 저당 잡힌 토지에서 저당석(저당잡힌 상태를 표시하는 돌)을 없앰으로써 토지를 부채의 속박으로부터 해방 시켰다. 그러나 빈자들이 원하는 대로 과격한 평등 토지분배는 하지 않음으로써 빈자와 부자의 요구를 적절하게 조정했다.

솔론의 개혁 가운데 무엇보다 중요한 것은 국가에 대한 부담을 지우는 데 비례평등의 원칙을 도입한 것이었다. 소득에 따라서 주민을 4등급으로 나누고 각 등급마다 국가에 대한 의무부담을 달리 정하였다. 이들은 재산 능력에 따라 국가가 필요로 할 때 봉사했고, 빈곤한 제4계층(테테스)은 국가에 대한 경제적 부담을 지지 않았으나, 민회에 참석하고 재판관으로 임장했다. 이 원칙은 훗날까지 남아 아테네 민주정의 주요원리가 되었다. 아테네의 모든 법이 솔론 법으로 불린 것이 바로 그런 이유 때문이다. 이렇게 고대 아테네 민주정에서는 재산이 있는 자가 국가 운영의 경비를 부담했다. 반면 민중은 부담 없이 참정권을 가졌다.

링컨이 케티스버그에서 한 연설에서 "민중의, 민중에 의한, 민중을 위한(of the people, by the people, for the people)" 정치를 강조했듯이, 민주정치에서는 "민중에 의한(by the people)" 참여도 중요하고 또 "민중을 위한 (for the people)" 사회 경제적 평등도 중요하다. 솔론의 개혁에서는 이 두 가지가 다 나타나는데, 이는 솔론이 가졌던 전권이 어떤 참주적 권력에 의해서가 아니라 민중의 결정에 의해 부여되었다는 점과 무관하지 않다. 그리고 바로 이 때문에 그의 개혁은 민중적 동력을 통하여 민중의 형편에 맞게 민중의 평등을 추구할 수 있었던 것이다.

오늘날의 대의정치는 빈부의 입장을 균형 있게 반영한 것이라고 보기 힘들다. 대의제 국회는 빈곤한 사회 하층이 소외된 채, 주로 가진 자의 이해관계를 반영하거나 정당간 투쟁의 장으로 작동하고 있기 때문이다. 빈곤하고 정치에서 소외된 하류층의 이해를 직접 정치에 반영하기 위한 제도로서 직접민주정치의 요소를 강화해야 할 까닭이 여기에 있다. .

재산 바꾸기 소송

요즘 변호사나 혹은 고만고만한 사회지도층 인사들이 수입에 어울리지 않는 적은 세금을 냄으로써 탈세한 정황이 드러나곤 한다. 공직 후보자 청문회를 하는 과정에서 그러하다. 그런데 고대 아테네의 직접민주정은 탈세가 거의 불가능했다. 그것은 아테네 민주정치의 작동방식에 기인한다.

자유 시민의 폴리스에서는 국가에서 세입으로 세금을 먼저 거두어 놓았다가 세출로 씀씀이를 정하여 쓰는 제도가 아니고, 일이 있을 때마다 필요한 경비를 시민 개인에게 직접 부담을 시켰다. 전쟁이 나면 시민이 각기 준비해둔 무구(武具)를 갖추고 먹을 양식까지 챙겨서 나아가 전투에 임했다. 페르시아 전쟁이 나고 난 다음 그리스에서는 대(對) 페르시아 상비 해군을 두게 되었다. 그 해군 창설의 중심에 아테네가 있었는데, 그 경비는 에게해의 아테네 동맹국 폴리스들과 아테네의 부유한 사람들이었다.

아테네에서는 부유한 시민의 목록을 만들어두었다가, 국가의 행사나 전쟁을 치를 때에는 그 경비를 부자들에게 부담시켰다. 축제를 열거나 비극

경연대회를 개최할 때는 그 비용을 담당하는 부유한 기부자들이 있었다. 해전에 없어서는 안 되는 전함도 부자들이 돌아가면서 유지, 보수를 책임져야 했다. 배가 부서지면 수리를 하는 데서부터, 사공들과 해군에게 수당을 주기까지 한 명의 부자가 1년 동안 감당을 하고나면, 그 후 다른 부자에게 하자 없는 배를 넘겨주어야 한다. 이런 체제에서는 서로 재산이나 수입을 숨기려는 시도 자체가 불가능에 가깝다. 왜냐하면 네가 아니면 내가 비용을 부담해야 하는 상황이니 서로 상대의 재산상황을 꿰뚫고 있을 수밖에 없어서이다.

그 한 예가 '재산 바꾸기 소송'이다. 전선(戰船)을 제조, 유지하는 경비를 부자들이 '선주 (船主 trierarchos)'가 되어 부담했는데, 선주로 지명된 부자는 그런 부담을 지는 것이 자못 탐탁하지 않았다. 사재(私財)에서 경비를 지출해야 했으므로 선주들 가운데는 전쟁 자체를 기피하려는 경향까지 있었다. 많은 돈을 쓰면서 대 페르시아 전쟁을 계속하기보다 차라리 항복해버리는 편이 낫다고 생각하게 되는 것이다. 그래서 아테네 민중은 조국을 배반하기로 마음 먹고 전쟁 대비나 조국 방어에 소극적인 부자들을 색출해서 도편추방 하곤 했다. 그런 혐의의 마땅한 증거가 없어도 그런 의혹만으로도 민중은 의심이 가는 자를 도편추방 할 수 있었다.

전쟁에 즈음하여 한 집단 내 빈부 사이에 갈등이 노정되는 예는 다른 곳에서도 볼 수 있다. 19세기의 프러시아-프랑스 간 전쟁(1870년)에서 프랑스가 개전 즉시 프러시아에 항복하자, 가난한 노동자 계층이 그 신속한 항복에 반발하고 '파리 코뮌'을 형성하여 저항했다. 재산을 보전하고 싶었던 부유한 시민들의 이기심 때문에 프랑스가 프러시아에 재빨리 항복한 속셈이 노동자들의 눈에 훤히 들여다보였던 것이다 아무튼 아테네에서는 일단 선주로 지명되면 그 부담을 피할 수 없었으나, 주변에서 더 부유한 사람을 찾아내어 자신의 부담을 전가하는 방법이 하나 있었다. 이렇게 엉뚱하게 '적발'된 사람이 고분고분 그 부담을 넘겨받는 일은 흔하지 않았다. 양자 간에는 자연히 소송이 일게 되고 여기서 '재산바꾸기 소송'이 벌어지게 된다. 재산이라는 것이 원래 가치를 측정하기 어려운 토지, 또 여러 형태의 재산권이 있어 객관적으로 판단하기 어려운 것이라 분쟁은 쉽게 해결이 나지 않았다. '적발'된 사람이 수긍하고 선주로서의 부담을 그대로 전가받으면 문제가 없지만 보통은 그렇게 간단하게 해결되지 않는다. 자기 재산이 더 적어서 억울하다고 판단되면 상대편과 재산을 맞바꾼 다음 선주의 임무를 수행할 수가 있다. 그래서 이런 재판을 '재산 바꾸기 소송'이라고 한다.

이런 체제에서는 탈세가 불가능하다. 이웃에서 모두 눈에 불을 켜고 상대의 재산상태를 주시하고 있기 때문이다. '재산 바꾸기 소송'은 국가사회에서 필요로 하는 경비를 능력이 있는 사람들에게 부담시키는 민주적인 원칙에서 비롯한다. 국가 행사의 비용을 행사의 수혜자가 아니라 국가의 능력자가 부담하는 이런 원칙은 이미 솔론에 의해 그 초석이 마련된 것이었다.

추첨제

대부분 공직자나 민중재판소의 재판관은 추첨제로 뽑았다. 아테네의 민주정치에서 빠뜨릴 수가 없는 제도의 하나가 추첨제이다. 아테네에서 추첨제가 본격화된 것은 기원전 487년으로 이때부터 최고 공직자인 아르콘들이 추첨으로 뽑히게 된다. 이것은 490년 마라톤 전투와 480년 살라미스 전투 사이로, 페르시아와의 전쟁을 치르면서 국가의 기능 및 권력이 전보다 강화되는 시기였다. 다만 군사작전을 수행하는 장군(스트라테고스)은 전투 경험이 축적된 유능한 군인이어야 하므로 연임 중임이 무제한 가능하였으며 추첨이 아니라 선출되었다.

흔히들 기원전 487년경부터 시행된 관리 추첨제로 인해 공직자의 위상이 하락하였다고 보기도 한다. 누가 지명 될지도 모르고 또 임기가 1년으로 연임이 불가능한 데다 중임도 어려웠기 때문이다. 그러나 공직자의 기능이 전에 없이 강화되면서 공직의 남용에 대한 견제의 필요성도 확대되자 이를 따라 추첨제도 확산되었다. 전쟁을 계기로 하여 그 전까지 지역에 분산되어 있던 갖가지 기능이 중앙관리의 손으로 이전되고, 국가의 역할이 확대되자, 추첨제는 이와 같은 공권력이 소수의 손에 집중되고 좌지우지되는 일이 없게끔 하는 예방책이 될 수 있었기 때문이다. 권좌를 둘러싸고 이루어지는 뿌리 깊은 연고주의나 고착화한 비리를 차단하는 데 추첨제는 효과가 있었다.

사실 아테네에서는 그 이전에도 국가의 관리가 추첨제로 뽑힌 적이 있었다. 이미 기원전 6세기 초 솔론 시대에 국가 최고 관리인 9명의 장관(아르콘)이 추첨으로 뽑혔다. 4개 부족에서 각각 10명의 후보를 내고 그 가운데서 10명을 추첨으로 뽑는 것이다. 아테네인들은 조그마한 공권력이라도 무작위 선출을 통해 권력이 행사되도록 했다. 추첨의 후보자들은 부족에서 뽑혀서 올라오므로 무능한 사람은 아니었다. 국가의 하부조직인 부족 등은 국가에 준하는 다양한 조직을 갖춘 자치체제였다. 요즈음 식으로 말하면 지방분권이 잘 되어 있었던 것이다.

재판소의 민중 재판관은 사건의 비중에 따라 201, 301, 501, 1001 등으로 그 수가 달랐으나 그 어느 것도 적은 수가 아니다. 각각 다른 사건이 10개 재판정에서 동시에 진행되었는데, 추첨 대상자들은 당첨 여부를 알 수 없을 뿐만 아니라 10개의 재판정 가운데 어디로 들어가게 될 것인지도 미리 알 수 없었다. 이와 같은 추첨제는 이른바 사전 '로비'로 인한 부작용을 최소화할 수 있었다.

아테네인들은 다소간 국가의 권력·기능이 강화되는 순간부터 그 권력이 불평등하게 행사되지 않도록 재빨리 이와 같은 조처를 취하였다. 인간이면 하나 예외 없이 누구나 빠지기 쉬운 '제 팔 안으로 굽기'나 '제 편들기'에 대비하여 제도적 장치를 마련한 것이다. 아테네인들은 너무 영악해서 사람을 믿지 않았다. 부자이거나, 학식과 도덕을 겸비한 것 같은 외양과 무관하게 사람은 남을 위해 희생하기보다 쉬 자신의 이익을 우선시한다는 것을 그들은 잘 알고 있었다.

희생의 성인(聖人)은 아마도 예수에 버금가는 신의 반열에 올라서야 할 것이다. 권력을 쥐고 있는 판에 아는 사람이라고 연줄을 대어 왔는데 외면을 하면 야박하다고 원한을 사고 말 일이다. 또 권력을 쥔 자는 은연중에 빼기는 일인들 왜 없을까. 그래서 학연, 지연 등 고리 삼고 연줄에 연줄을 이어 이익 집단이 형성되곤 한다. 그러나 어느 정도의 자격을 갖춘 다수 가운데서 추첨으로 관직을 뽑거나, 재판관을 무작위로, 그것도 '로비'가 미리 들어가지 않도록 당일 재판정 앞에서 추첨으로 선정하는 방식 등은 그와 같은 인간적 유대에 의한 불평등을 최소화하는 길이다.

추첨제는 특정 가계가 권력을 승계하는 세습제나 소수의 집단이 이익을 독식하는 연고주의에 치명상을 입힌다. 최고의 지도자는 가리기가 힘들고, 다양한 능력은 기준을 정하기가 쉽지 않으므로, 최고의 능력자를 뽑는다는 것이 곧잘 '제 편 뽑기'로 이어진다. 그런데 행운의 여신이 누구에게 미소를 지을지 알 수 없는 상황에서는 꼼수 자체가 무의미하므로 사람들은 독선과 아집을 포기하게 된다. 추첨으로 뽑히니 마지막 순간까지도 결과를 예측하기 어려워 어떻게 '로비'를 할 수도 없게 된 것이다. 저마다 새롭게 추첨된 신진의 위정자들은 예기치도 못한 색다른 안목과 새로운 가치관을 선보일 수도 있었다.

열이면 열, 거의 예외 없이 빠져들었을 인간적 욕심과 독선의 함정을 아테네인들은 추첨제를 통해 슬기롭게 견제한 것이다. 아테네는 사리(私利)를 멀리하는 도덕적인 인간상을 이상으로 삼기보다는, 너와 내가 똑같이 보통의 평등한 인간임을 인정함으로써, 오히려 위선 독선의 싹을 애초에 제거할 수 있는 제도적 장치를 마련했던 사회였다.

만일 우리나라가 대통령이나 국회의원을 이렇게 추첨제로 뽑는다면 대선에 따른 홍역과 흑색선전을 미연에 없앨 수가 있고, 또 선거에 드는 비용도 절약된다. 미리 각 지역의 능력자를 후보로 선정하고 그들을 모아서 추첨기만 돌리면 되기 때문이다. 3선, 4선, 5선의 의원 앞에 눈도장 찍으려 줄서는 풍속도도 사라지게 될 것이다.

투키디데스의 폭력과 전쟁에 대한 경계[252]

군국주의와 인간 욕망에 의한 질곡

고대 그리스의 역사가였던 투키디데스의 〈역사〉는 기원전 5세기 말 아테네와 스파르타를 주축으로 해서 벌어졌던 그리스 내전, 펠로폰네소스 전쟁을 주제로 한 역사서이다.

투키디데스는 현실주의적[253] 국제관계를 지향했던 것으로 오해하는 경우가 종종 있다.[254] 현실주의라 함은 힘의 균형을 위해 군사력의 유지 및 팽창을 지지했다고 보는 것이다. 특히 멜로스 대담[255]에서 보이는 약자에 대한 강자의 힘의 지배의 원리가 바로 투키디데스 자신의 가치관을 보여주는 것이라고 해석하기도 한다.

그러나 사실은 정 반대이다. 투키디데스는 군국주의와 전쟁이 갖는 부정적 면을 부각시키고, 특히 아테네 델로스 해상제국의 경영이 초래하는 파멸적 귀결에 대해 경계했다. 그는 <역사>의 서두에서부터 각 지역 폴리스의 힘, 즉 군사력의 성장 과정에 관심을 기울였고 그 군사력이 그리스 세계를 파멸로 몰아갔던 사실을 교훈으로 남기려 했다.

펠로폰네소스 전쟁은 다른 어떤 전쟁으로도 비교할 수 없을 만큼 괄목할 만한 규모를 지니고 있다. 이는 바로 투키디데스가 펠로폰네소스 전쟁을 기록한 동기이기도 하였다. 펠로폰네소스 전쟁의 거대한 규모에 대하여 투키디데스는 다음과 같이 밝히고 있다.

사람들은 전쟁이 벌어지고 있을 때는 언제나 그것이 가장 대단한 것이라 생각하고, 전쟁이 끝나면 지난날의 것이 더 컸던 것처럼 생각하는 경향이 있지만, 이번 전쟁의 정황을 고려할 때 이번 전쟁은 지난날의 어떤 전쟁보다 더 큰 것이었음이 명백하다.[256]

이어서, 겉으로 드러나지는 않지만 아테네 세력의 성장과 이로부터 느낀 스파르타의 위기감을 그는 이 전쟁의 숨은 원인으로 지적하면서,[257] 아래와 같이 힘의 지배에 관한 관심을 피력하였다.

미노스가 해군을 창설하자 해상의 교류가 더 안전해졌다. 당시 식민지로 삼은 섬으로부터 미노스가 해적들을 쫓아냈기 때문이다. 연안의 거주자들이 전보다 더 많은 재산을 갖게 되고 영속적 주거지를 갖기 시작했다. 더구나 일부는 부자가 되어 도시 주변으로 성벽을 쌓기 시작했다. 이익을 탐하여 더 약한 도시는 더 강한 도시에 종속되고, 또 강자는 부를 독점하여 더 약한 도시를 종속시켰기 때문이다. 그 후 트로이아 원정은 이런 상황에서 이루어졌다.[258]

투키디데스는 폴리스 간 관계가 현실주의적 힘의 지배에 의해 이루어진다든가, 비이성적 요인이나 예측 불가능한 우연(tyche) 등에 의해 영향을 받는다든가 하는 사실만을 전달하려 한 것이 아니라, 후대를 위한 교훈을 제시하려고 했다.[259] 그 교훈은 불변하는 인간성과도 관련이 있다. 그가 남긴 교훈의 깊이는, 인간성 자체를 묘사하는 데 그치지 않고 인간성 중에서 긍정적인 면을 조장하려고 했다는 점에 있다.

투키디데스는 인간성이 두 가지 상반된 성질, 즉 긍정적인 면과 부정적인 면을 가지고 있다는 사실에서 출발한다. 전자는 협동과 평화와 조화사회를, 후자는 과도한 욕망과 무의미한 적개심, 힘의 논리를 조장하는 것이다. 투키디데스의 교훈은 지나친 욕망과 힘의 논리를 추구하는 부정적 인간성을 지양하는 것이었고, 그 방법은 전쟁이라는 환경을 피하는 것이다.

투키디데스에게서는 우연에 의해 극적으로 전황이 전개되기도 한다. 그런데 우연은 단순히 예측 불가능한, 미지의 존재에 불과한 것이 아니라, 투키디데스가 제시하려 한 교훈에 정합적인 역할을 하는 요소이다. 우연이 전쟁이라는 상황에서 갖는 의미가 조명되고 있기 때문이다. 그것은 우연의 영향이 평시에는 미미할 수도 있으나 위기의 전쟁 시에는 치명적인 결과를 초래한다는 점이다.

벼랑 끝에 몰린 전쟁이라는 상황에서는 잔혹하고 부정적인 인간성이 더욱 조장되는 것처럼, 평시에는 별 의미가 없는 우연도 전쟁 시에는 인간에게 파멸을 가져다주기도 한다. 인간성이나 우연을 바꿀 수는 없으나 전쟁을 피함으로써 인간은 질곡의 상태를 벗어날 수 있다. 평시에는 그 환경으로 인해 긍정적 인간성이 더욱 조장되기 때문이다. 이런 점에서 투키디데스는 반전주의자로 규정할 수 있다.

방어전쟁에서 정복전쟁으로의 변질

투키디데스는 무력이 행사되는 불가피한 범위를 침략에 저항하는 방어에 두었다. 이때 방어의 개념이 방어를 빙자한 침략적 제국주의로까지 확대되는 것은 물론 아니다. 투키디데스는 침략과 방어의 두 가지 상황을 대조적으로 묘사하고 있다.

투키디데스에 따르면, 페르시아 전쟁 이후 아테네가 패권을 장악했던 것은 동맹국의 성원과 호의에 힘입은 것이었으나, 세월이 흐를수록 동맹국들의 호의는 아테네를 등지고 스파르타에게로 돌아섰다.[260] 이것은 아테네가 사활을 걸고 페르시아를 막아낸 방어적 전투에서 점차 제국주의적인 힘의 원리에 기초한 정복 전쟁을 추구하는 것으로 변질해가는 것과 궤를 같이 한다.

페르시아의 침략으로 도시의 자유가 침해받았을 때 아테네는 방어 전쟁을 수행해야 했다. 이때 주저하지 않고 용감하게 전쟁에 임해야 할 필요성에 대해 투키디데스는 다음과 같이 기록하고 있다.

(코린토스 인이 스파르타 인에게 말한 것) 그러니 평화 대신 전쟁을 지지하는 데 망설이지 말아야 하겠습니다. 사실, 부당한 지경에 처하지 않으면 조용한 것이 신중한 사람이지만, 부당한 일을 당할 때 평화를 버리고 전쟁을 택하며, 적시에 다시 평화를 찾는 것은 덕이 있는 사람입니다. 전쟁이 가져다주는 행운에 자만하지도 않고, 고요한 평화에 안주하여 부당한 일을 당하고 있지도 않습니다. 행복한 삶을 위해 전쟁을 주저하는 사람이 안일하게 있으면 자신을 주저하게 만드는 그 안일함의 행복을 순식간에 잃게 되는 한편, 전쟁에서 성공을 거둔 사람은 그 자긍심이 불확실한 것에 바탕하고 있음을 망각하게 됩

니다. 실제로 어설프게 계획된 많은 사안들이 상대의 미비함으로 인해 성공하기도 하며, 더 많은 경우에 잘 조직된 것처럼 보이는 사안이 굴욕의 실패로 끝나기도 했습니다. 누구나 어떤 계획을 구상할 때와 같은 정도의 자신감을 실천에서도 가지는 것은 아닙니다. 우리는 안전하게 계획을 구상하지만, 그 실천에서는 두려움 때문에 그르치곤 합니다.[261]

그러나, 그 후 아테네는 방어가 아니라 무한한 힘을 추구하는 전쟁으로 전환했으며, 이는 완전한 파멸의 길로 치닫게 될 위험이 있는 것이었다. 펠로폰네소스 전쟁 당시 아테네의 고명한 장군이었던 알키비아데스가 한 다음의 말은 아테네의 끝없는 제국주의 정책 추구의 경향을 잘 보여주고 있다.

어느 정도 지배할 것인가 하는 것은 우리 뜻대로 정하는 것이 아닙니다. 이런 상황에 처해있으므로 하는 수없이 어떤 것은 잡아야 하고 잡은 것은 놓치지 말아야하는 것이지요. 우리가 다른 이들을 지배하지 않는다면 우리 자신이 남의 지배를 받게 될 위험에 처하게 될 테니까요. ... [6-7] 국가가 무사안일에 젖으면 저절로 퇴색하고 기술이 퇴보하지만, 쉼 없이 싸우는 나라는 새로 경험이 늘고 또 이론만 아니라 실제로 방어하는 기술을 익히게 됩니다. 활동이 왕성하던 나라가 가만히 있게 되면 급속히 퇴보하는 법입니다. 좋지 않은 것이라 하더라도 현재의 관습과 법률을 크게 벗어나지 않도록 나라 일을 돌보는 것이 가장 안전한 법이지요.[262]

힘의 지배에 의한 반목과 갈등은 양대 축을 이루는 경쟁국 사이뿐 아니라, 자신의 동맹국을 억압하고 지배하는 데도 나타난다. 에게 해(海) 남단의 멜로스 섬에는 아테네 측의 이오니아인이 아니라 스파르타의 도리스인들이 살았다. 멜로스인은 델로스 동맹국인 미틸레네가 아테네에 항거할 때 도왔으므로 아테네의 미움을 샀다. 기원전 416년, 아테네는 멜로스로 와서 델로스 동맹에 가입하여 공세를 바칠 것을 요구했다. 멜로스가 포위된 채 아테네와 협상을 벌일 때 양자 간에 오고간 다음의 대화는 투키디데스가 전하는 것으로, 아테네 측의 힘의 논리를 적나라하게 보여준다.

아테네 인: "우리는 우리 지배권이 무너진다 해도 그런 종말을 겁내지 않소. 공격당하는 쪽이 두려워하는 상대는, 라케다이몬 사람들처럼 다른 사람을 지배하는 자가 아니라… 오히려 지배하는 자를 공격하여 이기려 하는 종속국들이오. … 우리는 더 난리치지 않고 당신네를 지배하고 싶고, 또 그렇게 함으로써 당신네들도 스스로의 안전을 도모하는 것이니 우리 양 편에게 다 득이 되는 것이오."

멜로스 인: "우리가 예속되고 당신네가 지배하는 것이 우리에게 무엇이 득이 된단 말이오?"

아테네 : "당신네는 더 험한 꼴 보기 전에 굴복하고, 또 우리는 당신네를 파멸시키지 않음으로써 얻는 것이 있으니까."

멜로스 인: "당신네는 우리가 적이 되기보다 조용하게 친구로 있으면서 어느 편도 들지 않고 있는 것이 싫단 말입니까?"

아테네 인: "당신네 적의는 우리에게 그렇게 크게 해가 되는 것이 아니오. 종속국들이 보기에는 당신네가 갖는 호의가 우리 허약의 상징이며, 당신네가 갖는 적의는 우리 권세의 상징이 되니까. …" [263]

전쟁과 폭력을 향한 인간 본성의 지양

투키디데스에 따르면, 사회는 두 가지 상반된 상황을 연출할 수가 있다. 하나는 관대함에 따른 단순하고 솔직한 상황이고, 다른 하나는 배신과 불신으로 점철되는 반목과 의구(疑懼)의 상황이다.[264] 이 두 가지 상반된 상황은 안팎을 가리지 않고 같이 연출된다.

또 투키디데스는 평화와 번영의 시기에는 인간이 좀 더 나은 양식을 지니기도 하나, 전쟁의 시기에는 부정적인 본성이 폭력의 상태를 좀 더 가중된다는 점을 다음과 같이 서술하고 있다.

그리고 내란으로 인해 도시에는 많은 가공할 일들이 일어난다. 그런 것은 다소간에 더 가혹하거나 더 느슨해지며, 또 매번 상황의 차이에 따라 다양한 형태로 달라질 수는 있으나, 사람의 본성이 변하지 않으므로 언제나 일어나는 것이다. 사실, 평화와 번영이 깃들 때는 나라나 개인이나, 부득이한 상황에 처하지 않으므로, 더 나은 양식(良識)을 가지게 된다. 그러나 전쟁은 일상생활의 편안함을 점차 없애가는 폭력의 교사이며 질곡에 처한 형편에 어울리도록 대중의 기질을 변화시킨다.[265]

위 예문을 통해 볼 때 투키디데스의 역사서술의 목적은 단순히 인간이 가진 본성을 내보이는 데 그치는 것이 아니다. 오히려 인간의 맹목적 욕망에 의한 전쟁의 상황이 부정적 인간의 본성을 더 부채질하게 되는 현상을 고발하고자 했던 것이다.

우연(tyche)과 지혜 판단(gnome)

투키디데스는 작품의 서두에서 서술의 원칙을 밝히고 있다, 허황한 신화나 듣기 좋은 말이 아니라 가능한 한 정확한 검증을 통해 실제 있었던 사건, 또 인간의 본성 때문에 언젠가 다시 일어나게 될 일을 기록한다는 것이다.[266] 그래서 역사가들은 투키디데스가 과학적인 역사서술가인가라는 문제를 둘러싸고 논의를 거듭해왔다. 여기에 한 가지 걸림돌은 투키디데스의 역사에 적지 않은 역할을 하고 있는 뜻밖의 우연(tyche)의 요소이다.

투키디데스의 역사 서술뿐 아니라 일반적으로, 힘의 지배의 논리, 도덕적 자제 여부, 우연의 요소 등이 역사에 영향을 미친다는 점은 당연한 것이라 하겠다. 다만 투키디데스는 우연을 논할 때, 모든 인간의 행위 혹은 사건에 우연이 개입할 수 있다는 사실만을 말하려 했던 것이 아니다. 그는 과도한 욕심으로 일을 도모할 때에는 우연에 의한 결과가 평시보다 더 치명적일 수도 있음을 경계한 것이다. 그런 점에서 우연의 역할은 네메시스(오만)와 히브리스(징벌)의 구도와의 연관 하에 조명되기도 한다.[267]

투키디데스에서 우연은 인간이 과도한 힘을 추구할 때 그 계획을 좌절시킴으로써 낭패하게 하는 것이다. 지나친 욕망에 의한 거대 사업은 우연에 의해 좌초하곤 한다. 그래서 계산할 수 없는 미지의 요소가 욕망을 제어하고 인간을 겸손하게 만드는 역할을 하게 된다. 투키디데스의 역사에서 우연은 지나친 욕망과 전쟁의 추구를 경계하는 요소로 등장한다.

약자나 열악한 환경에 놓인 자는 악운과 행운을 가릴 겨를이 없다. 일부러 우연에 의한 악운이 아니더라도 곤경에 처한 상황은 같기 때문이다. 투키디데스가 논하는 운은 계산에 의해 더 많은 욕심을 부릴 때 작동하여 치명적 결과를 초래할 수 있는 요소로 등장한다. 이와 같은 사실은 지나친 정복전쟁을 삼가면 승리할 수 있음을 피력하는 페리클레스의 연설문에 나오는 다음과 같은 구절에서 확인할 수 있다.

우리 선조는 지금 우리가 가용(可用)하고 있는 물자 같은 것도 없었

고, 오히려 그나마 조금 가지고 있는 것조차 팽개친 채, 페르시아 인에게 대항했습니다. 그리고 운(tyche)보다는 지혜(판단 gnome)로, 힘(dyname)보다는 용기(tolme)로 이민족을 막아내어 오늘의 번영을 일구었습니다. 그들보다 못난이가 되지 않도록 어떻게 해서든 적을 막아내어, 후손들에게 더 적은 것을 물려주어서는 안 될 것입니다.[268]

페르시아 전쟁의 곤경에 처한 아테네 인은 우연의 요소보다는 지혜로, 그리고 페르시아 군이 가진 것보다 열세에 놓인 그들은 힘 보다는 막무가내 밀어붙인 용기로 적을 이길 수가 있었다. 투키디데스에 따르면, 지혜와 용기 앞에는 미지의 힘으로 인간의 운을 좌우하는 우연도 빛을 잃게 되고, 또 겉으로 굉장하게 보이는 힘도 꺾을 수 있는 것이다. 지혜와 함께 한 용기는 만용이 아니라 중용이며, 과분한 공격전이 아니라 사활을 건 방어전으로서의 의미를 갖는다. 페르시아 침공에 대항하던 그리스 인의 경우가 그랬다.

평화적 환경과 공정적 인간성의 조장을 위한 노력

투키디데스에 따르면, 펠로폰네소스 전쟁의 숨은 원인은 괄목 성장한 아테네의 세력에 대한 스파르타 측의 두려움에 있었다. 그가 이 전쟁을 기록하게 된 까닭은, 이것이 그 이전 어떤 전쟁보다 오래 걸렸고, 또 준비과정이나 전투 규모도 가장 컸던 때문이다. 또 미틸레네나, 멜로스 섬의 사건에서 드러나는 아테네인의 주장에는 힘의 지배 논리에 의한 현실주의적 입장이 반영되어 있다.

그러나 투키디데스가 남긴 교훈은, 힘에 의한 지배나 제국주의적 침략을 어쩔 수 없다고 여겨 단념하는 것이 아니라 그 극복할 길을 모색하는 데 있다. 침입을 받는 경우에 전쟁은 부득이한 방어전으로 이루어질 수 있다. 그러나 타성에 젖어 욕망과 이익에 탐닉하는 힘의 지배 논리로 발전하지 않도록 경계해야 한다. 과도한 욕심은 물론이거니와, 사회적인 힘의 지나친 결집과 그로 인한 크고 오랜 전쟁이 모두 경계의 대상임을 그는 교훈으로 남긴 것이다.

다만, 현실적으로 방어전쟁의 한계가 어디인가 하는 점은 설정하기 쉬운 일은 아니며, 이 때 현명한 중용의 판단이 필요하다고 하겠다. 대내 외적으로 공히 권력이나 폭력에 의해 억압받는 사람이 없이 그 구성원이 얼마나 평등하고 자유로운 상태에 있는가 하는 점은 그러한 판단의 한 기준이 될 수가 있을 것이다. 이런 상태를 민주정치라고 일컬었을 때, 민주정치는 비로소 투표권 등의 형식을 너머 그 실제 내용에 입각하여 정의가 내려졌다 할 수 있을 것이다. 이런 국내의 실제적인 민주화 여부는 대외적인 국제관계에도 그대로 영향을 미치게 될 것이니, 20세기 초반 J.A. 홉슨이 제시한, "민주정부는 국제 화합으로, 독재체제는 국제 갈등으로"라는 명제는 이러한 취지와 관련하여 참고해 볼 만하다.

대규모 전쟁과 폭력에 기초한 부정적 인간성의 확산을 경계했던 투키디데스의 교훈은 중앙집권 대신 지방분권을 통해 권력의 세분화 및 군비축소를 지향해야 하는 오늘날의 숙제와도 맥락을 같이 한다. 고대 플라톤은 바람직한 사회를 구현하기 위하여 시민의 수를 5040인으로 제한하고, 이를 초과하는 사회의 대규모화를 경계했다. 비록 그 시대와 오늘날은 간극이 크나 여전히 그 의견은 시사하는 바가 있다.

제 7 장
보수와 진보의 대립을 극복하는 풀뿌리 민주정치 아나키즘

아나키즘은 인민의 자유를 억압하는 국가권력의 타파를 주요 목적으로 할 뿐, 어떤 일정한 경제적 소유, 도덕적 재생, 협동의 미덕을 반드시 동반하는 것은 아니다. 아나키즘의 고전적 예는 그리스 폴리스에서 발견된다. 그곳에는 시민 자신을 떠난 국가 당국의 권위라는 것이 존재하지 않았다. 좌우를 초월하는 풀뿌리 권력 구조는 촛불혁명 이후 우리나라에서 갑자기 회자되기 시작한 직접민주정의 개념과 맥을 같이 한다.

진보와 보수 간 이해의 대립보다 더 우선되어야 하는 것은 위정가가 가진 대의제도의 권력을 다소간 민중이 되찾는 것이다. 진보 혹은 보수 여하를 막론하고 모든 민중이 다 모여서 밀고 당기는 토론과 결정의 절차가 보장되어야 한다. 그래서 유시민이 제기하는 "누가 다스려야 하는가"가 아니라, "누가 결정권을 갖는가"라는 질문이 의미를 갖는다.

아나키즘(권력분산적 구조)과 고대 그리스 민주주의

아나키즘을 사회경제적 제도와 혼동하다

고명한 마르크스나 러시아의 아나키스트 바쿠닌에게 공히, 혁명의 궁극적 목표는 인민(대중, 혹은 시민)이 억압의 족쇄에서 해방되는 사회, 국가 없는 사회이다. 그러나 양자 간에는 차이가 있다. 마르크스는 국가 없는 사회 건설 이전에 잠정적으로 프롤레타리아 독재의 필요성을 인정한 반면, 바쿠닌은 바로 국가가 폐지되어야 한다고 주장한다. 바쿠닌이 보기에 프롤레타리아 독재가 아무리 잠정적이라 할지라도 국가의 형태를 띠는 한 그것은 권력의 교체에 불과할 뿐 결국 인민은 수탈과 노예화의 도구로 전락할 수밖에 없다고 보았기 때문이다.[269]

조직의 문제에서도 양자 간에는 차이점이 있다. 자주와 혁명완수라는 목표를 위해 자본가 계급, 국가, 종교 등을 공격할 때, 또는 노동자가 혁명의 대열에 동참하는 방식을 정할 때, 마르크스는 조직과 규율을, 바쿠닌은 노동자의 자발성과 자유로운 연합을 지향했기 때문이다. 또 혁명의 주체세력으로서 마르크스는 공장근로자를, 바쿠닌은 농민을 중시한 것도 다른 점이다.

바쿠닌은 자본주의 경제, 부르조아 사회, 자유주의 국가에 대해 통렬하게 비판을 가한 점에서 근본적으로 마르크스적이었으나, 구체적 전략에서 이렇듯 마르크스와 차이점이 있었다. 바쿠닌은 노동계급의 혁명적 행동주의를 통해 '생산수단의 사회적 공동소유'를 기반으로 하여 자유와 평등이 보장된 사회를 대안으로 제시했다. 국가권력에 비판적이었던 그의 아나키즘적 사상은 생산수단의 사회적 공동소유를 기반으로 한 경제적 집산주의로 정의된다. 바쿠닌은 국가권력을 근원적으로 거부한 점에서 마르크스와 다른 점이 있으나, 집산주의적 체제, 즉 생산수단의 사회적 공동소유도 원천적으로 국가권력에 버금가는 집단적 제재를 전제로 한 것으로서 경제적 평등을 위해 자유의 이념을 훼손할 위험이 있다.

이런 바쿠닌의 집산주의적 아나키즘은 경제적 소유구조와 무관하게 아나키즘적 권력구조를 가진 고대 그리스 사회와 차이가 있다. 고대 그리스 아테네에서 자유시민들은 보다 완전한 평등과 자유의 이념을 구현했다. 권력의 중심이 정부에 있는 것이 아니라 시민단이 모든 결정의 주체가 되었다는 점에서 그들은 아나키적(권력분산적 구조)이다. 전통의 가문을 중심으로 하여 자연스레 형성된 생활공동체 위주였으므로 소유관계의 설정에서도 강제의 요소가 적었다. 여기서는 생산수단의 소유 형태가 계획적, 강제적으로 결정되는 것이 아니라 전통의 관습에 의해 이루어졌다.

고대 아테네에서는 정부 혹은 사회의 어떤 권력에 의해서도 경제적 소유관계에 대한 획일적 강제가 존재하지 않았다는 점에서 그리스의 아나키즘은 바쿠닌이 주장하는 집산주의 아나키즘과는 차이가 있다.

아나키즘의 유형

개인적 아나키즘과 사회적 아나키즘

절대 권력을 옹호했던 홉스는 이기심과 지배욕이 인간의 본성이라고 보았다. 인간의 자연 상태는 욕구를 충족시켜줄 재화의 부족으로 전쟁사태가 야기되며, 이런 최악의 상태를 피하기 위해서 법과 제도에 의한 구속과 강제가 불가피하다고 주장했다.

그러나 국가권력 집중에 근본적으로 적대적인 아나키즘은 인간을 완벽한 존재로 보지는 않지만, 강제적인 통제와 제약이 없이 스스로의 노력에 의해 바람직한 사회를 창조할 수 있다고 믿는다. 개인의 자연스런 사고와 행동을 억압하는 강제와, 그 지배 수단이 되는 제도들이야말로 척결되어야할 우선적인 과제였다. 각자가 외적인 강제와 내면적인 압박으로부터 해방되어 주체적으로 생활해 나갈 때 오히려 조화로운 질서가 수립되며, 개인의 무한한 잠재력이 최대한 발휘될 수 있다고 보기 때문이다. 그래서 아나키즘은 인간을 속박하는 일체의 강제적인 권위와 제도의 폐지를 역설한다.

그런데 실제로 아나키즘은 다양한 스펙트럼을 가지고 있다. 편의상 크게 두 가지 부류로 구분할 수 있는데, 개인적 아나키즘과 사회적 아나키즘이 그것이다. 전자는 주로 토론과 저작활동을 통한 자기발견이나 대중의 계몽에 주안점을 두는 철학적 아나키즘에 머무르며, 고드윈, 쉬티르너, 월프(R.P. Wolff), 워렌, 턱커 등이 여기에 속한다. 반면, 후자는 무산대중의 자발적 행동을 중심으로 한 실천적 아나키즘으로, 프루동, 바쿠닌, 크로포트킨 등에 의해 대표된다.

개인적 아나키즘

개인적 아나키즘은 사회가 자율적인 개인의 단순한 집합이라는 원자론적 입장을 취한다. 개인이야말로 자기 자신의 주관자이며, 그 밖의 어떤 힘도 개인을 압도해서는 안 되는 것이다. 각자는 일체의 외적 강제나 권위의 속박으로부터 벗어나 자율성을 확보함으로써 자유와 독립의 기회를 활용하고, 자신이 원하는 바를 이룰 수 있다.

개인적 아나키즘 중에서도 유럽 아나키즘과 미국의 아나키즘은 서로 유사성이 있음에도 기본적으로 차이가 있다. 전자가 개인의 절대성 옹호와 권위의 부정이라는 개인적 아나키즘의 철학적 기반 위에서도 이상적 질서와 가치의 수립에 다소간 비중을 두는 데 비해, 후자는 개인의 사유재산의 자유로운 사용에 대한 국가 간섭의 배제라는 경제문제에 더 많은 관심을 갖기 때문이다.

유럽의 개인적 아나키즘의 예로서, 고드윈의 목표는 순수한 이성의 존재로의 복귀를 위한 개인의 윤리적, 도덕적 재생이었다. 또 쉬티르너는 '개인적이며 구체적인 나'인 유일자 이외에 모든 것을 인간소외의 원천으로 파악한다. 그래서 현존하는 이념과 제도는 바로 이런 나를 소외시키는 고정관념이며, 이에 대한 철저한 부정을 통해 자신의 이해에 의해서만 행동할 것을 촉구하는 에고이즘을 지향한다.

개인적 아나키즘의 또 다른 한 주류인 미국의 아나키즘에는 에머슨(R. W/ Emerson), 소로우, 휘트먼(W. Whitman), 워렌, 엔드루스, 스푸너(L. Spooner), 턱커 등이 있다. 이들은 개인의 자유를 제약하는 정부와 자본주의의 독점화 경향을 비난하면서도 무력에 의한 사회개혁 내지는 혁명에 반대하고, 개인의 재산권을 옹호한다. 미국 독립 이전부터 개인주의 전통이 강한 토양에서 자란 이들은 기본적으로 인간의 '에고이스트'적 행동을 따르며, 도덕화의 개념은 무의미하고 불필요하다고 생각한다. 이들에 따르면, 사회적 조화는 각자 순수한 이기심을 최대한 허용함으로써 각자의 자유로운 행위에 의해 이루어질 수 있다.

사회적 아나키즘

사회적 아나키즘은 유기체적 사회관에 입각하여 개인이 타인의 행복을 위해 노력하는 공동체적 연대성에 초점을 둔다. 이들은 인간을, 고립된 개인의 단순한 집합으로서보다는 상호간의 긴밀한 유대를 통해 결속된 총체로서 파악한다. 이들에 따르면 인간관계란 상호부조와 협동의 행위로 표현되는 동정심과 애정의 관계였다. 인간은 사회적 동물로서 상호 결합하는 능력을 갖고 있으며, 그 토대 위에 마련된 공동체 안에서 개인의 가치와 독립을 최대한 실현시킬 수 있었다고 보는 것이다.

크로포트킨은 자연계가 야수로 들끓는 야만적 정글이라는 개념에 의문을 갖는다. 동물들 사이에서 이루어지는 자발적 협동이 치열한 생존경쟁보다 더 중요한 역할을 하며, 상호부조의 습성을 지닌 동물이 오히려 적

자생존 한다고 한다. 만물의 영장인 인간에게도 이 원리가 적용되지 않을 리가 없다는 것이 바로 크로포트킨의 아나키즘의 전제가 되었다. 이런 입장은 바쿠닌이 인간이 사회전체의 집산적 행동을 통해서만이 인간의 가치를 실현시킬 수 있다고 보았던 것과도 유사한 맥락에 있다.

사회적 아나키즘도 개인을 자유의 주체로 파악하는 데는 이론(異論)이 없으나, 자기충족적인 개인 경쟁심과 적대감으로 채색된 부르조아 사회의 환상에 불과하다고 본다. 개인적 아나키스트는 개인의 자유를 간섭이나 강제로부터의 배제라는 소극적 의미로 생각하지만, 사회적 아나키스트는 사회구성원으로서의 필요와 욕구충족의 기회라는 적극적 의미로 파악하고, 각자가 모든 이의 복지를 증진시키는 일에 참여하는 연대성의 공동체를 통해서만이 자유로워질 수 있다고 주장한다. 따라서 사회적 아나키즘은 기본적으로 상호부조와 연맹주의 원리에 입각한 미래사회를 설계한다. 그래서 보편적 가치기준이나 개인의 완성보다는 사회적 변화와 개혁에 더 큰 비중을 둔다.

사회적 아나키즘은 개인적 아나키즘과 달리 생산수단의 공유 혹은 사회화를 위한 실천성과 무산대중에 의한 사회혁명을 지향하는 계급성을 지님으로써 19세기 중반 이후 노동운동과 사회주의 운동에 많은 영향을 미쳤다. 여기에는 프루동의 상호부조적 아나키즘(mutualist anarchism)[270], 바쿠닌의 집산적 아나키즘(collectivist anarchism) 혹은 크로포트킨 등의 코뮨적(공동체적) 아나키즘[271], 그리고 아나코-생디칼리즘[272] 등의 분파가 있다.

아나키즘은 생물적 근성, 도덕성, 경제적 소유관계와 무관하다

인간의 생물적 본성은 사회제도의 논의에서 분리되어야 한다.

홉스가 국가의 절대권력을 옹호한 이유는 이기심과 지배욕이 인간의 본성이라고 보았기 때문이다. 이기심과 지배욕의 인간은 자연상태에서 욕구를 충족시켜줄 재화의 부족으로 전쟁 상태가 야기되고, 이런 최악의 상태를 피하기 위해서 법과 제도에 의한 구속과 강제가 불가피하다는 주장이다. 그러나 국가권력에 근본적으로 비판적인 아나키스트는 강제적인 지배와, 그 지배 수단이 되는 제도들이야 말로 척결되어야할 우선적인 과제라고 본다. 아나키즘에 따르면, 인간은 완전한 존재는 아니지만, 강제적인 통제와 제약이 없이 스스로의 노력에 의해 바람직한 사회를 창조할 수 있다.

인간이 이기적 욕망의 존재이므로 질서를 유지하기 위해 강제적 지배권력이 필요하다는 홉스의 논리는 정합적이지 않다. 인간성이 이기적이고 부정적이라는 사실과 절대 권력의 지배를 받는다는 사실은 서로 연관지우기 어려운 다른 차원의 문제이기 때문이다. 인간의 생물적 본성에서 파생되는 문제는 사회 제도의 구성과는 일단 별개 차원으로 다루어야 하는 것으로서, 이 두 가지를 직접 연관시키는 것 자체가 문제가 된다. 인간성이 긍정적이면 긍정적인 대로 또 부정적이면 부정적인 대로, 인간 상호 관계를 원만하게 조율할 수 있는 사회적 제도를 만들어가야 하는 것이다.

지배 권력자는 이기적 욕망의 존재가 아닌가? 똑같은 인간으로서 그가 권력으로 지배하는 사회도 마찬가지로 실로 최악의 상태가 되지 말라는 법이 없다. 오히려, 같은 욕망의 소유자인 일부 인간이 막강한 권력을 휘두르게 되면 그렇지 않은 민초들보다 더 치명적인 결과를 가져올 수가 있다.

다른 한편, 지배 권력에 저항하고 개인의 자유를 옹호하는 아나키스트들의 이론도 그것이 극단적인 에고이즘으로 연결된다면 문제가 된다. 이기적 욕망의 개인이 반드시 바람직한 사회를 건설할 수 있다고 보기도 어렵다.

아나키즘은 도덕성 혹은 경제적 소유관계와 무관하다

아나키즘은 말 그대로 오직 권력구조상의 분권을 의미할 뿐, 반드시 인간의 도덕성, 혹은 일정한 경제적 소유관계의 설정과 연관되는 것이 아니다.

개인적 아나키즘과 관련에서, 한편에서 고드윈이 말하는 순수한 이성의 존재로의 복귀를 위한 개인의 윤리적, 도덕적 재생의 문제라든가, 다른 한편에서 개인의 이기심에 기초한 자유주의를 옹호하고 사유재산에 대한 국가 간섭을 배제하는 미국의 '에고이즘' 등은 모두 아나키즘의 본질이 아닌 것이다. 도덕성이나 이기심에 기초한 경제적 자유주의는 그 어느 쪽도 아나키즘의 본질적 속성과 무관하다.

사회적 아나키스트들이 추구하는 이상에도 같은 논리가 적용된다. 크로포트킨의 아나키즘이 전제로 하는 자발적 협동, 상호부조의 습성의 원리, 혹은 바쿠닌의 집산주의도 아나키즘의 본질이 아니다. 특히 사회적 아나키즘이 갖는 오류는 유기체적 사회관에 입각하여 동정심과 애정을 가진 개인이 타인의 행복을 위해 노력하는 공동체적 연대성에 초점을 둔 데 있다. 현실적으로 상호부조의 원리보다는 오히려 이기심이 더 강력한 삶의 원동력이 된다는 점을 생각하면, 사회적 아나키즘의 전제는 비현실적인 데가 있기 때문이다.

아나키즘은 단순히 권력의 분산을 통해 각 개인이 서로 견제하는 현실적 환경을 마련하고 타인의 자유를 침해하지 않는 한계점을 설정함으로써 질서 유지와 자유의 향유를 가능하게 하는 것을 뜻한다.

고대 그리스 시민 민주주의 아나키즘

고대 그리스 폴리스는 권력의 중심(重心)이 없는 아나키적(권력분산적) 정치구조에 입각했다. 폴리스는 획일적 경제구조나 사회구조를 가진 것은 아니었고, 장소와 시대에 따라 다양성을 연출한다. 그리스인은 권위와 폭력의 참주정치를 가장 경계했고, 폴리스의 민회, 혹은 지역 촌락의 민회(데모스)에서 민중의 토의를 통해 현안을 해결했다.

시민들은 도덕적 인격의 집합체가 아니라 치열하게 서로의 이해관계를 다투던 보통 인간들에 불과하다. 민주정은 이런 이기적인 욕망의 주체들이 토론과 타협을 통해 서로의 이해관계를 조율하던 한 가지 정치체제에 다름 아니었다.

그리스 도시국가의 자유 시민이 형성한 사회는 권력이 중앙에 집중되어있지 않고 또 군대, 경찰 등의 조직적인 무력이 구비되어 있지 않은 구조에 특징이 있다. 이른바 직접 민주정이 실시된 것으로 알려져 있는 고대 그리스의 폴리스 정치 역시 국가 규모의 대소와는 무관하게 권력이 분산되어 있었다는 구조상의 특징과 관련지어 이해되어야 한다. 그리스 폴리스는 규모가 작아 직접민주정이 가능하나, 오늘날 국가는 규모와 영역이 크고 넓어서 그 적용이 불가능하다는 견해가 있으나 이는 궤변일 뿐 근거가 없다.

실례를 들어보자. 우리 남한 크기의 반 정도에 조금 못 미치는 스위스는 현재 직접 민주정의 나라이고, 하의상달 식으로 민의(民意)가 중심이 되는 분권형 권력구조에 입각해있다. 스위스의 사례는 근대국가가 반드시 집중적인 구조 위에서만 성립될 수 있다는 인식이 재고되어야 함을 우리에게 일깨워준다.

도시국가 민주정의 주역이었던 시민권자들은 자신의 권리를 오늘과 같은 정부로부터가 아니라 자신이 태어난 집안으로부터 받는다. 즉, 각 가문에서 적법한 자식으로 인정을 받게 되면, 그 촌락의 명부에 이름을 올리게 되고, 그 명단은 다시 중앙 폴리스로 전달되게 된다. 그러면 유사시에 그 목록에 준하여 정치, 경제적 결정의 주체가 되어 권리를 행사하고, 유사시에는 병역의 의무를 이행하였으니, 시민국가의 자유 시민으로서 각기 무장을 하고 전쟁에 임하면 되었다.

고대 폴리스의 직접 민주정치는 국가의 규모가 작았기 때문에 시행되었던 것이 아니라, 정부의 권력 대신 시민이 직접 행사하는 정치권력이 컸기 때문에 성취할 수 있었던 것이다. 고대 그리스 시민은 권력의 속성이 타락하기 쉬운 것임을 간파했고, 1인에게 권력을 위임할 때면 10인의 감시체제를 마련해야 하는 줄도 알고 있었다. 고대 그리스 시민국가의 구조를 이해한다는 것은 곧 이런 그리스 인의 지혜를 이해함을 뜻한다.

이 점에서 근대 국가의 우리는 고대 그리스 시민과는 사뭇 딴 판이다. 우리는 10인의 위정자에게 권력을 위임한 채 1인 시민의 감시체제도 마련하고 있지 않기 때문이다. 그래서 공권력은 위에서부터 말단에 이르기까지 부패할 대로 부패한 상황에 이르렀다. 부패에 물들지 않으며 청렴하려고 생색을 냈다가는 오히려 따돌림 당하다가 한직으로 내쫓기고 마는 세태에 이르게 되었다.

그리스 폴리스의 민주정치는 시민단이 직접 정책을 결정하고 재판을 하는 시민중심의 정치구조로서, 위정자 혹은 당국의 공직자가 중심이 되는 체제가 아니었다. 오늘날 국회의 대의제는 막다른 골목에 다다랐다. 다수 국회의원이 임기동안 소임을 다하기는커녕, 임기 수를 늘릴 요량만 앞세워 차기의 표수만 헤아리며 몸을 사리기만 하녀, 국회무용론이 대두되고 있는 지경이다. 대의제 국회의원을 믿고 있을 수만 없는 상황이니, 차제에 국민이 입법을 발안하고, 공직자를 소환하며, 주요 사안에 직접 투표할 국민 투표제에 대한 논의가 활성화되고 있으나 국회는 두 귀를 다 막고 있다. 국회 뿐 아니라 썩을 대로 썩은 행정관료, 경찰, 검찰, 사법 등 공권력의 남용을 시민이 철저하게 감시할 수 있는 제도가 동시에 마련되어야 하는 것은 부언할 필요가 없다. 이것이 다름 아닌 <권력통제형 직접민주정치>이다.

좌우를 초월하는 풀뿌리 권력 구조는 촛불혁명 이후 우리나라에서 갑자기 회자되기 시작한 직접민주정의 개념과 맥을 같이 한다. 이는 바로 고대 그리스 시민 민주정의 정신을 이은 것이며, 집중된 정부 권력을 타파하는 아나키즘 전통을 구현하는 것이다. 이때 아나키즘은 어떤 일정한 경제적 소유, 도덕적 재생, 협동의 미덕을 반드시 동반해야 하는 것이 아니고 권력 분산 자체만을 이야기하는 것이다. 그 이외의 제도는 고대 그리스인들처럼 시민의 타협에 의한 결정으로 정초해가면 된다.

보수와 진보 간 대립을 극복하는 '절차' 민주정치

민주정치 실현은 진보인가?

유시민이 불평등한 것으로 잘못 이해한 고대 그리스 사회

유시민은 고대 그리스 도시국가(폴리스) 체제를 시민과 노예 간, 남성과 여성 간의 불평등에 기초한 것으로 규정하고, 역사는 불평등을 극복하고 민주사회로 나아가는 진보의 과정으로 이해했다. 사실 고대 그리스 시민사회를 불평등한 것으로 이해한 것은 유시민뿐 아니다. 거슬러 올라가면 18세기 루소가 그러했고, 20세기에는 한나 아렌트도 그랬다.

또 고대 그리스 사회제도는 미흡한 점이 있지만 아리스토텔레스의 목적

론적 국가론은 의미가 있으며, 지금도 자본주의 사회에서 복지국가의 이념을 구현해가는 데 응용할 수 있다고 보았다. 유시민은, 그 자유주의 국가론에서, 기껏해야 악을 저지르지 않는 국가가 아니라 기본소득 등을 적극적으로 보장하는 복지국가의 이념의 틀을 제시하고 이를 일종의 진보의 과정으로 해석한다. 그러나 유시민의 생각과는 달리, 민주정치 실현은 반드시 진보로만 보기 어렵다. 오히려 고대 그리스의 민주, 자유의 원리로 복귀하는 것일 수도 있기 때문이다.

고대 그리스 사회는 유시민이 생각하는 바와 같은 그런 귀족중심 사회, 노예제 노동에 얹혀 기생하는 시민사회, 남성만 권리를 가지고 여성이 송속된 그런 사회가 아니었다. 이런 점에 관해서는 이 책 제11장에서 다룰 것이므로, 여기서는 요점만 간단하게 소개하는 것으로 하자.

고대 그리스 시민은 귀족이 아니었고 농민이었다. 그 중에는 직접 노동을 하지 않아도 되는 부농도 있었겠으나, 근본적으로 시민은 농민이었으며, 일을 하는 상공인도 있었다.

또 시민은 노예를 거느리기 때문에 시민이 되는 것이 아니라, 자신이 직접 일을 해도 시민이 되는 데는 지장이 없었다. 살다가 먹을 것이 궁해지면 남의 집 삯일을 하기도 한다. 그러면 시민이면서 '예속노동자(노예)'가 되는 것이다. 이 때 노예라는 것은 반드시 영원한 신분의 예속을 뜻하는 것은 아니고, 단순히 남의 밑에서 일을 한다는 뜻이다. 그 조건은 상황에 따라서 다양하다.

고대 그리스의 시민은 국가권력에 종속되지 않았다는 점에서 자유롭고 평등한 사람들이었다. 즉 시민의 자유는 노예가 아니기 때문에 자유롭다는 것이 아니라, 국가권력이 존재하지 않았기 때문에 권력으로부터 자유롭다는 말이다. 권력을 행사하는 국가 당국이라는 것이 없었으므로, 결정의 주체는 시민단, 즉 시민들의 모임인 민회였다. 민회가 중심이 되었다는 것은 국가의 관료적 기구, 혹은 위정자가 중심이 되지 않았다는 말이다.

이렇게 말하면, 혹자는 "아, 그때는 나라 규모가 적어서 직접민주정이 시행될 수 있었으나, 지금은 나라가 너무 커서 그것이 불가능하다"고 말하기도 한다. 그런 것도 아니다.

민회가 중심이 되는 직접 민주정은 나라의 규모와 전혀 무관하고, 권력 구조상의 문제이다. 즉 중앙이나 지방을 가리지 않고 위정자들에게 집중된 권력을 민중에게로 분산하는 것을 말한다. 여기서 유의할 점이 있다. 민중의 권력이 반드시 민중이 정책을 제안하거나 실행하는 것만을 뜻하는 것이 아니라는 점이다. 민중이 여가가 없으면 머슴을 부리듯이 위정자들에게 맡겨도 된다.

그러나 그 머슴이 일탈을 하는 것을 감시하고 처벌하는 권한을 갖는 것이 직접민주정치의 핵심이 된다. <권력통제형 직접민주정치>는 나라의 규모와 전혀 무관하다. 민중이 권력을 오용, 남용하는 권력자를 통제하지 못했을 때, 바로 오늘 한국의 현실과 같은 질곡에 빠지게 되는 것이다.

또 시민의 자유는 남성의 여성에 대한 지배 권력을 뜻하는 것이 아니다. 여성은 남성과 같이 자유로웠고, 남성과 같은 시민이었다. 여성이 반드시 남성에게 종속적인 지위에 있었던 것이 아니라는 뜻이다. 권력이 국가에 있지 않고, 촌락, 가문 등으로 분산되어 있었으므로, 가문에서 여성들은 남성들과 마찬가지로 상속권을 행사했다. 여성이 사회경제적 권리를 가졌다는 점에서 그들은 시민이었다.

국가에 대해 남성이 부담해야 하는 군역은, 오늘날의 남성과 마찬가지로, 권리라기보다 될 수 있으면 피하고 싶은 의무에 속한다. 또 투표를 한 다음 결정한 사안에 대해 경제적 의무를 부담해야 하는 것도 마찬가지로 의무 사항이었다. 여성들이 군대에 가지 않고 투표 등 참정권이 없다는 것은 남성에 대한 종속이 아니라 오히려 특혜에 속하는 것이다.

유시민의 자유주의 국가론

유시민은 국가에 대한 논의를 네 가지 종류로 구분했다. 국가주의, 자유주의, 마르크스 국가론, 목적론적 국가론이 그것이다. 그 중 국가주의 국가론은 이념형 보수, 자유주의 국가론은 시장형 보수, 마르크스 국가론은 진보인 것으로 그 성격을 규정했다.

그런데, 자유주의 국가론은 그렇게 단순하지가 않다. 유시민 자신도 밝히고 있듯이, 산업화된 민주주의 국가에서는 이것이 보수정치세력의 국가론으로 널리 인정되지만, 꼭 그런데 한정된 것만은 아니기 때문이다. 자유주의 안에도 차이가 있어서, 국가가 악을 저지르지 못하도록 권력을 분산하고 견제하는 데 중점을 두는 쪽이 있는가 하면, 반대로 자유주의적 기본 질서를 튼튼히 하면서도 시장에서 벌어지는 불의를 바로잡고 선을 실현하는 데 국가가 적극 나서야 한다고 보는 쪽도 있다. 전자는 보수, 후자는 진보로 규정된다. 라스키는 포퍼보다 진보적이며, 포퍼는 하이에크보다 진보적이다. 그렇지만 실로 진보와 보수를 가르는 울타리는 고정되어 있지 않고 넘나들 수 없을 만큼 높지도 않다고 한다.[273]

그런데 유시민이 규정한 보수적 자유주의 국가론의 두 가지 구분은 그 분류기준에 있어서 일관성이 없어 보인다. 첫째 '국가가 악을 저지르지 못하도록 권력을 분산하고 견제하는 것'은 권력의 구조적 차원, 즉 분권을 말한 것이나, 둘째, '자유주의적 기본 질서를 튼튼히 하면서도 시장에서 벌어지는 불의를 바로잡고 선을 실현하는 데 국가가 적극 나서야한다'는 것은 국가의 기능적 측면에서 바라본 것이다. 다만 후자를 '분권'에 대립되는 개념인 '집권'으로 이해한다면 이 두 가지는 정합적으로 대립항을 구성한다. 그렇게 해석한다면 유시민은 분권이 아닌 집권적 권력구조를 지향하는 것이 된다. 그런데 집권적 권력구조는 그 자체가 자유주의를 배반하고, 자칫 권력의 독주, 심지어 독재로 이어질 가능성을 가진 것이다. '자유주의적 기본 질서를 튼튼히 하는 것'과 '국가가 적극적으로 나서는 것'은 서로 양립하기 어려운 '대립개념(안티테제)'이 될 수 있다.

또 하나의 문제는 '국가가 악을 저지르지 못하도록 권력을 분산'하는 체제에서는 두 번째에서 말하는 '자유주의적 기본 질서를 튼튼히 하면서도 시장에서 벌어지는 불의를 바로잡고 선을 실현하는 것'이 불가능하다는 뜻이 된다. 이 두 가지가 서로 다른 것으로 구분되고 있기 때문이다. 그러나 국가가 나서지 않는다는 것이 바로 뿔뿔이 흩어진 개인이 근시안적으로 자신의 이익만 추구하는 그런 자유주의를 말하는 것이 아니다. 국가, 즉 정부권력이 나서지 않는다는 것은 그 대신 시민의 합의를 통해서 정책을 입안하고 추진한다는 뜻이 들어있다. 그런 점에서 '국가가 악을 저지르지 못하도록 권력을 분산하고 견제하는 것'과 '시장에서 벌어지는 불의를 바로잡고 선을 실현하는 것'은 서로 발전적이고 상호보충적인 항목의 나열에 불과할 뿐, 동일한 맥락에서 대조, 혹은 비교될만한 대상이 아니다.

진보 개념의 정의

이어서 유시민은 '진보주의자들이 생각하는 진보는 무엇인가' 라는 질문을 던진다. 그에 따르면, 가장 좁은 의미의 진보는 자본주의를 극복하는 것이고, 가장 넓은 의미의 진보는 인간 능력의 지속적 발전이며 기본적으로 인간을 자유롭게 만드는 것이다.

여기서도 두 가지 명제들의 개념이 자못 모호하다. 문제는 '인간을 자유롭게 한다' 고 할 때 무엇으로부터 자유로운지가 명확하게 규정되어 있지 않다는 점이다. 문맥에서 보면, 보수적 국가론의 첫 번째 규정인 '국가가 저지르는 악으로부터의 자유', 즉 국가권력으로부터의 자유라는 개념이라기보다는, '시장에서 벌어지는 불의를 바로잡는' 복지 정책 같은 '적극적 자유'의 개념으로 규정할 수가 있을 것 같다. 유시민은 국가의 폭력은 불가피하다고 보는 입장에 있기 때문에, '국가가 저지르는 악으로부터의 자유' 라는 개념은 원천적으로 결여되어 있기 때문이다.

유시민은 자본주의의 극복을 진보로 보는 가장 좁은 의미의 진보로 규정하고, 그 예로서 김상봉 교수의 주장을 소개한다. 김상봉에 따르면, 재벌기업이 국가기구를 포위하고 장악해서 국가를 유사 기업으로 바꾸어버릴 것이다. 그래서 진심으로 시민의 자유와 민주주의를 지키고 싶다면 국가를 사적 이익 추구의 도구로 전락시킨 재벌 기업을 해체시켜야 한다는 것이다.[274] 이와 관련하여 유시민은 자본을 민주적 통제 아래 둔다는 것은 포퍼가 말한 '민주적 간섭', 혹은 재벌총수도 법을 어기면 처벌을 받아야 한다는 로크식의 '법치주의'[275]는 아닐 것이며, 오히려 '사회주의' 혹은 '공산주의' 일 것이라고 해석한다.[276]

김상봉의 진보론에서는 아예 '정부권력에 대한 비판'이 배제되고 초점이 '재벌기업의 해체'에 있다. 재벌기업이 국가기구를 포위하는 것만 경계를 하고 국가기구의 권력 자체가 잘못 행사되는 것에 대한 염려가 없기 때문이다. 재벌기업이 국가기구를 포위하는 것만 아니고, 국가 권력이 재벌기업을 포위할 수도 있다. 박근혜 대통령의 청와대가 재벌기업에게 압력을 행사하여 금전을 받아낸 혐의를 받고 있는 것이 그 한 예이다. 사회주의, 공산주의, 자본주의, 그 어느 체제를 막론하고 국가 권력은 잘못 쓰일 수가 있기 때문에 권력구조에 대한 반성은 불가피하다. 정부권력에 대한 비판이 빠진 것은 김상봉 진보론이 갖는 맹점이다.

실제로 한국 현대사에서는 국가의 독재권력과 재벌의 성장은 궤를 같이 한다. 정경유착으로 독재권력이 없었으면 재벌은 성장하기 어려웠을 것이다. 김상봉이 말하는 국가기구와 재벌기업을 이원화해서 말하는 것 자체가 모순이다. 강력한 국가권력 자체가 소멸할 때 재벌도 약화된다라는 논리도 성립가능하다. 재벌이 국가권력을 배경으로 해서 각종 이권을 울궈내고 특혜를 받는 것도 국가 권력이 약화되면 불가능해진다. 거기에 평등하게 중소기업이 들어설 자리도 생기게 된다.

한편, 소스타인 베블런(Thorstein Bunde Veblen, 1857-1929)[277]과 에드워드 H. 카(Edward H. Carr, 1892-1982)는 사회제도에서의 진보가 필연적인가 하는 문제를 둘러싸고 이견을 노정한다. 베블런에 따르면, 인간의 삶은 다른 종(種)과 마찬가지로 생존을 위한 투쟁이고 선택적 적응의 과정이다. 사회 환경도 인간의 사고방식도 모두 시간의 흐름 속에서 끊임없이 진화한다. 그에 따르면, "인간이 만든 제도와 인간 특성에서 일어나는 진보는 최적의 사유습성(the fittest habits of thought)이 자연선택되는 과정이다." 베블런에게 진보는 어떤 당위적(인위적) 요구나 지향성에서 나오는 것이 아니다. 그것은 피하거나 멈출 수 없는 것으로, 사회와 삶의 방식, 사유습성의 실제적이고 불가피한 진화를 의미한다.

베블런과 달리 역사가 에드워드 카는 진보를 실증적 개념의 진화로 보지 않았다. 진보는 자동적, 불가피한 도전이 아니라 인간 능력의 계속적 발전에 대한 믿음이다. 진보의 목표는 정해진 것이 없고 역사의 흐름 속에서 나오는 것으로, 역사를 벗어난 어떤 원천에서 나오는 것이 아니다.

사회제도에서의 진보는, 에드워드 카가 규정한 것처럼, 발전에 대한 소망과 희망의 영역으로 두는 것이 좋을 것 같다. 인간의 욕망 자체가 불변히는 것인데, 그 욕망에 뿌리를 둔 사회제도에 진보를 가정한다는 것 자체가 비현실적인 면이 없지 않다.

다른 한편 이남곡이 말하는 진보는 필연이 아닌 당위의 개념으로서 개진되고 있다. 그에 따르면, 진보는 인간의 행복을 위해 자유를 확대해가는 과정이며, 자유를 억압하는 모든 것에서 인간을 해방시키는 것이다. 인간의 자유를 억압하는 것은 불합리한 제도, 물질의 결핍, 낡은 생각 등 세 가지이다. 이 때 불합리한 제도란 인간을 억압하고 자유를 박탈하는 노예제도, 신분제도, 계급제도, 독재, 자의적인 국가폭력 등이며, 이에 맞서서 인간은 수많은 사회혁명과 점진적 개량을 통해 자유를 증진해왔다고 한다.[278]

유시민은 기본적으로 진보의 개념을 지지한다. 특히 이남곡의 진보에 대한 정의를 진보와 진보주의를 이해하고 실천하는 데 적합한 '중용적 입장'으로 해석한다. 그것이 특정 사상이나 이론, 어떤 구체적 국가정책이나 제도에 대한 특정한 견해와 고정적으로 결합하지 않는다고 보기 때문이다.[279] 그러나 양자 간에는 명확한 차이점이 있다. 유시민의 진보는 복지의 확대라는 내용에 있고, 이남곡의 진보는 자유라는 원리로서의 민주주의에 있기 때문이다. 이남곡의 자유와 해방을 향한 진보 개념은 유시민이 구체적으로 정의하고 있는 바의 시장자본주의와 사회주의의 절충, 복지의 정도에 따른 '중용'의 개념이 아니다. 유시민은 기본소득, 보조금 지급을 통한 소득의 재분배, 보편적인 사회적 서비스 등, 특정 사회복지제도의 지향을 진보로 규정하고 있다.

이남곡이 말하는 자유와 해방이라는 원칙으로서의 민주주의는 사실 고대 그리스 민주정치의 특징이기도 하여, 오히려 복고적이므로, 반드시 진보라고 규정하기가 어려운 점이 있다. 그런 점에서 진보라는 개념보다 현 상황의 개선이라고 말하는 것이 더 정확한 표현이 될 수 있겠다.

진보와 보수 위정자들 간 연합정책 개념의 극복

보수, 진보, 중도의 개념 규정은 사회경제적 정책에서 자유시장과 사회주의적 정책 중 어느 편에 더 치우치는가에 따른 것이다. 유시민의 <국가란 무엇인가>는 복지국가의 주요기능을 세 가지 기본적인 방향으로 제시했다. 이는 국가가 어느 정도로 사회에 간섭해야 하는가 하는 데 따른 것이다.

① 국가의 규제를 통해 일정한 수준에서 시민들을 경제적으로 보호하는 것,

② 조세징수와 보조금 지급을 통해 소득을 재분배하는 일,

③ 시장가격보다 훨씬 저렴한 가격으로 서비스와 공동장비를 국민에게 제공하는 것.

구체적으로 말을 바꾸자면, ① 개인 또는 가족에게 노동의 시장가치나

재산수준과 관계없이 최저소득을 보장하는 것, ② 질병과 노령, 실업 등 개인과 가족이 감당하기 어려운 위험에 대한 불안을 줄이는 것, ③ 계급적 귀속이나 사회적 신분을 가리지 않고 모든 시민에게 일정한 수준의 사회적 서비스를 보장한다는 것이다.

나아가 유시민은 결국 진보는 순수, 즉 배타적이 아니라 다양성을 인정해야 하며, 앞으로의 전망으로 보수와의 연합정치를 제시했다.[280] 여기서 유시민이 말한 진보와 보수간 연합은 시민들이 아니라 정책을 결정하는 대의제 위정자들에게 해당되는 것이다. 유시민의 이론에는 직접민주정의 개념이 결여되어 있기 때문이다.

"누가 다스리는가"가 아니라 "누가 결정권을 갖는가"

복지 정책의 추진을 위해 유시민은 "누가 다스려야 하는가"의 문제를 제기했다. 그리고 그 해답은 시민이 정치가를 잘 뽑아야 한다는 것이다. 그러나 정치가를 잘 뽑아야 한다는 것은 원론적 차원의 이론이고, 잘못 뽑을 가능성은 언제나 열려있다. 그래서 "누가 다스려야 하는가"라는 질문은 무의미하며, 이것은 "누가 결정권을 갖는가"라는 질문으로 대체되어야 한다.

진보와 보수 위정자 간의 타협이나 연합보다 더 우선해야 하는 것은 위정자가 가진 대의제의 권한을 다소간 민중이 되찾는 것이다. 그러기 위해서 모든 민중은 진보 혹은 보수 여하를 막론하고 다 함께 모여서 밀고 당기며 치열하게 토론하는 민주적 절차가 선행되어야 한다. 거기서 다수결의 민주적 절차에 입각하여 수렴되는 결론은 반드시 일정한 복지정책에 국한될 필요는 없고 그 대안이 무한하게 열리게 된다.

시민이 수동적인 곳에서는 건강한 정치문화가 뿌리내리기 어렵다. 민주사회에서는 시민의 능력이 곧 국가의 능력임에도, 정부 권력이 주도하는 곳에서는 시민들에게서 건전한 토론문화나 의사결정을 기대할 수 없겠기 때문이다. 편의성을 극대화하기 위해 강력한 행정력을 구사하는 경우에도 건강한 시민이 있음으로서 위정자의 권력은 견제, 제압되어 월권하지 못한다. 시민이 배제된 채 소수의 위정자들이 득세하는 곳에서는 시민은 마침내 권력의 노예가 되고 탐욕스럽고 가증스런 거짓 선전에 쉬 현혹되고 휘둘리고 만다.

그래서 시민이 스스로 토론하고 단련할 수 있는 공론의 장을 여는 것이 중요하다. 어떤 정책이 입안되고 시행되어야 한다면 그 이유가 무엇이며, 그 결과는 어떤 것인지에 대한 시민 자신의 이해와 경험이 필요하다. 정치에 대한 민도가 높아지지 않으면 위정자의 선정(善政)에 의해 한 순간 혜택이 돌아온다 해도, 나쁜 정치가가 들어서게 되면 그것은 어느새 물거품 같이 사라져버리고 말 것이다. 민중은 위정자의 향방에 놀아나는 꼭두각시가 아니라 결정권을 갖는 주체로서 확립되어야 한다.

민중이 결정권을 갖는 곳에서는 지방 및 기초자치단체의 정치적 역할과 독립성이 증가한다. 정부의 정책은 전국에 걸쳐 획일적으로 시행될 것이 아니라, 기초자치단체의 특성과 다양성을 존중할 필요도 있다. 그래야 기초자치단체들끼리 서로 경쟁함으로써 시민이 얻는 반사이익도 있기 때문이다. 국가 기구들 간에도 경쟁체제가 필요하다.

제 2 부
한국사회의 독선과 권위주의

제 8 장

국가폭력과 권위주의 유산

한국 현대사에서 자유 시민의 권리는 (비밀)경찰, 군부 등 국가폭력에 의해 실제로 침해되었다. 그보다 더 심각한 것은 그 국가폭력의 잔재가 지금도 여전히 정부의 행정, 사법 뿐 아니라 일상생활 속에 그대로 온존(溫存)해 있음이다. 굴곡의 역사가 앗아간 시민의 권리를 찾기 위해서, 시민과 정부 간 '무기의 불평등(권력의 편중)'을 척결하고 주권자 민중의 정치적 결정권을 되찾는 것이 시급하다.

헌법재판소 및 국가인권위원회에서 재판소원 및 청원을 금지함으로써 사법부의 안하무인 방종을 조장한다. 불기소처분에 불복하는 재정신청은 기소 전 소추과정에 속하는 절차인데도 이마저 재판으로 의제하여 헌법소원에서 배제하고 있다. 법관은 헌법 제103조에 따라 '양심'에 따라 재판한다는 빌미로 자의적으로 재판할 뿐 아니라, 가능한 한 정보공개를 꺼리고, 청구취지와 판결의 이유를 적시함이 없이 해당 법조문만 인용하는 '깜깜이 판결문'을 작성함으로써 '국민의 알 권리'를 침해하고 있다.

해방 후 국가 공권력이 인권을 말살하다[281]

국가와 시민 간 '무기(권력)의 불평등'

 서구의 시민적 정의론 담론은 군국적 제국주의의 희생물로서 식민 지배를 거친 한국에서는 그대로 적용되기 어려운 점이 있다. 현대 자본주의체제가 갖는 구조적 문제는 차치하고 한국 근·현대의 역사적 경험들이 음으로 양으로 시민의식의 발달을 저해하고 있기 때문이다. 한편으로, 많은 한국인 민초에게 여전히 뿌리 깊게 남아있는 봉건적 권위주의의 타성이 있고, 다른 한편으로는 일본 식민치하, 해방 이후 미군정과 이승만 정부, 유신독재 등을 거치면서 정부의 조직 폭력에 의한 인권의 침해와 관료주의에 의한 권력의 적폐가 있다.

 정부 권력에 의한 자유 시민 권리의 침해는 (비밀)경찰, 군부 등 국가폭력에 의해 실제로 자행되었고, 또 최근 국방부 기무사의 계엄령 기획 문건에서 드러나듯이, 촛불정국 말기에 자칫 민중 학살이 자행될 뻔 하지 않앉을까 하는 의혹도 일고 있다.

그런데 그보다 더 심각한 것은 그 정부 폭력의 잔재가 지금도 여전히 국가 행정, 사법 뿐 아니라 일상생활 속에 그대로 온존(溫存)해 있음이다. 굴곡의 역사가 앗아간 시민 민주주의를 건설하고 자유시민의 정의론을 적용하기 위해서, 국가와 민중 간 '무기의 불평등(권력의 편중)'의 척결이 무엇보다 시급한 이유가 여기에 있다.

정부 권력에 의한 시민 자유의 침해를 척결하기 위해서 정의론은 단순히 자본주의의 폐해에 의한 경제적 담론을 넘어서 정부의 폭력과 관료적 행정의 부당한 행사에 대한 반성으로까지 확대되어야 한다. 국가 공권력의 오·남용으로 인해 인권의 침해가 이루어졌으며, 그 인권의 침해는 자생적인 민중운동의 말살로 연결되기 때문이다. 그 주요한 계기가 된 것은 해방 직후 미군정 및 그에 협조한 이승만 정권을 중심으로 한 공권력이 경찰이나 우익테러 조직을 통해 자행한 인권의 침해이다.

해방 후 자생적 시민운동에 대한 미군정의 탄압

1945년 8월 15일 일본의 무조건 항복은 조선의 해방과 함께 미군이 점령군으로 남한을 접수하는 계기가 되었다. 9월 8일에는 미 제24군이 인천에 상륙하고 다음날 사령관 하지(John R. Hodge) 중장이 일본인 조선총독으로부터 항복문서를 서명 받았다. 이로써 38선 이남은 바로 미군의 지배 하에 들어갔다. 공식적으로 주한미군 사령관은 이른바 "적국(敵國) 영토의 군사적 점령자로서의 관례적인 권한을 부여" 받게 되었다.[282]

3년 후 같은 날인 1948년 8월 15일 이승만 정부가 수립되었는데, 그로부터 열흘이 채 못 된 1948년 8월 24일 서울에서 체결된 〈한.미 군사안전

잠정협정〉은 점령군으로서의 미군의 군사 작전권과 지위를 인정했다. 미군이 점령을 종결하고 정권을 이양할 때까지 군사 및 안전보장에 대한 조치에 대해 통수권자인 한국 대통령과 주한미군사령관 간에 합의가 이루어진 것이다. 또 9월 11일에는 〈재정 및 재산에 관한 한.미 협정〉이 체결되었다. 이것은 일본인이 급기야 버리고 간 재산에 대해 미군이 관할권을 행사하는 등의 내용을 담은 것으로서, 미군에 의한 한국 점령의 경제적 기반이 이런 방법으로 조성되었다.

미군정 권력의 확립은 조선총독부 권력을 완전히 와해시키는 일로서 완성되는 것이 아니었고, 조선인의 지치조직체인 인민공화국(인민위원회)를 와해시킴으로써만이 달성될 수 있었다. 건국준비위원회는 1945년 8월 15일부터, 한 정부 형태로서의 지방인민위원회(조선인민공화국)는 미군이 진주한다는 소식이 알려지자 9월에 급조되었다. 이들은 일본의 패망을 독립국가 수립과 동일하게 인식하고 정부 형태의 조직 구성을 통해 통치권을 인정받으려 했다. 그러나 조선인민공화국의 의도와는 반대로, 미군정은 인민공화국(지방인민위원회)을 전혀 인정하지 않고, 해산을 명령했다. 지방의 인민위원회는 해당 지역에 배치된 미군 전술부대에 의해 강제로 해체되기도 했다.

남한지역 통치에 들어간 미군정은 노동조합, 농민조합 및 인민위원회를 통한 자생적 민중운동에 직면하게 되자, 이를 철저하게 진압했다. 이런 상황에 대처하여, 미군정이 펼친 정책들은 크게 세 가지로 요약된다. ① 민중들의 혁명적 운동에 대응한 자본주의적 사적 소유 체제의 확립과 미군정의 물적 토대 구축, ② 민중운동의 탄압과 자본주의적 질서유지를 위한 폭압적 국가기구의 창설, ③ 하위동맹자로서 부르조아 계급 및 그 정치세력 육성 등이 그것이다.

이 세 가지 정책유형들은 사실상 상호 보완된 전체로서의 성격을 갖는다. 이들 정책은 서로 맞물려 남한지역의 혁명적 변동을 역전시키고 자본주의체제로서의 미군정체제 수립을 의미한다. 또 민중들의 혁명적 시도를 무산시키려는 대응책으로서의 성격을 갖는 것이다.[283]

미군정 당시 노동자·농민 운동의 결과의 예로서 노동자·농민의 전국적인 조직체, 즉 전국노동조합평의회(전평)와 전국농민조합총연맹(전농)을 들 수 있는데, 이들은 각각 1945년 11월 5일과 12월 8일에 결성되었다. 전평은 해방직후 석방된 일제하의 직업적 운동가를 중심으로 산업별 노동조합의 전국적 종적 조직체를 지향하여 전국 15개 산별노조 18만 명의 조합원으로 출발했다. 그리고 1-2개월 후에는 전국 223개 지부, 1,757개의 지방조합, 약 55만의 조합원 규모로 성장했다. 반면, 전농은 12월 8일 330만의 지역농민조합을 대표한 556명의 대의원이 모여 결성되었다. 전농은 빈농·중농을 중심으로 동리분회를 기본조직으로 한 지역별 조직을 원칙으로 하는 농민조합의 전국적 연맹체의 성격을 갖는다. 전평과 전농의 결성으로 노동자·농민 운동은 전국적으로 통일된 방침 아래 목적의식적인 운동을 전개할 수 있는 계기를 갖게 되었다.[284]

그러나 미군정은 '자본주의적 사적 소유체제'를 수립을 수립한다는 미명하에 자생적인 노동자·농민 운동을 저지했다. 미군정이 제정한 주요법령 가운데 군정법령 제2호 및 제33호, 그리고 제9호 및 제52호[285] 등은 노동자들의 자주관리운동 및 농민들의 토지획득운동 등 일체를 부정하고, 또 물러간 일본인의 재산을 말하자면 '불법적으로 탈취한' 민중의 손에서 빼앗아 미군정의 재산으로 귀속시키려는 것이었다.[286] 12월 6일 발효된 〈(미)군정법령 제33호〉를 통해 자주관리의 금지와 미군정 접수관리가 확정된 이후, 미군정은 '위로부터의 자주관리운동', 즉 사실상 자본주의적 질서 수립을 위해 '아래로부터의 운동', 특히 '혁명적 자주관리운동'을 부정하고 새로운 관리인을 선임했다. 여기에 저항하여 노동자들은 인민위원회를 중심으로 저항을 전개하는 등 여러 사회에서 미군정의 접수·관리를 거부하는 투쟁을 벌였다.

그 투쟁은 미군정의 물리력 동원에 의해 1946년 5월 조선피혁에서의 분규해소를 마지막으로 거의 종식되었다.[287] 이와 더불어 미군정은 노동운동의 탄압을 위해 <조정위원회 설치령>에 이어, 47년 7월 23일 전평의 존재 자체를 위협하는 <(미)군정법령 제97호> <노동문제에 관한 공공정책의 공포, 노동부 실시령>을 발표했다.

해방 후 일체의 산업체는 미군정 재산관리처에서 선임하는 관리인의 관할로 넘어갔으며, 동양척식주식회사 및 일본인 소유의 토지는 미군정이 세운 신한공사의 관리 하로 들어갔다. 농민들은 다시 신한공사의 소작농으로 전락하게 되었다. 미군정은 농민들의 3·7제 투쟁에 대응하여 소작료 3·1제(법령9호)를 제정했다.

미군정의 이런 정책들은 노동자·농민운동의 물적 토대를 미군정 지배의 물적 토대로 전환한다는 의미를 갖는다. 일제하의 공·사 독점자본, 동양척식주식회사 및 일본인 소유 토지는 고스란히 미군정이라는 상부구조를 지탱하는 물질적 기반으로 전화되었다. 이와 더불어 조선은행 등의 금융자본이 미군정에 귀속되었고, 미군정의 적자를 메우는 무제한 화폐발행과 미국의 원조물자 또한 미군정 지배의 물적 토대를 구성하는 요소가 되었다. 이런 과정에서 필연적으로 민중세력과 미군정 간의 충돌이 야기되었는데, 그에 따라 수많은 유혈충돌이 발생했다.[288]

지방마다 시차는 있지만 이런 사태는 지방 미군정이 수립되면서 대부분의 지역에서 재현되었다. 민중세력의 운동을 분쇄하고 미군정체제의 유지를 위해 각 지역에서 미군의 물리력에 의해 민중조직이 와해된 이후 일제하의 지방행정기구가 재수립되고 경찰기구가 재조직 되었다. 동시에 과거 일제 파시즘 유지에 충성하던 관리, 경찰은 예속적 자본주의체제의 수립·유지에 충성하게 되었으며, 이들을 통해 일제하의 민중억압적인 관행들이 하나하나 재생되었다.[289]

미군정의 탄압은 미군정의 직접적 탄압과 우익테러단체 지원을 통한 탄압으로 나뉜다. 미군정은 47년 2월에 법령 55호 '정당등록법'과 법령 72호 '군정위반에 관한 범죄', 법령 88호 '신문 및 기타 정간물 허가에 관한 건' 등의 법을 통해 좌익세력 활동의 범죄요건을 구성했다. 미군정의 물적 토대가 확보되고 경찰, 군대 등의 국가기구가 수립됨에 따라 물리력이 허용하는 한도까지 좌익세력을 검거할 수 있는 여건이 조성되었다.

문제는 미군정의 탄압이 '합법적' 테두리 내에서 물증을 필요로 한 것이라면, 우익테러단체는 그런 요건조차 필요 없거나, 증거 발견이 어려운 경우 편리하게 사용되는 수단이었다는 점이다. 한 예로, 45년 11월 21일 조직된 '대한독립촉성전국청년총동맹(독청)'은 40여개의 우익청년단체들이 이승만의 지원 하에 일원화된 조직이었다. '독청'은 수도경찰청 내에 사무실까지 제공 받았으며, 중앙과 지방의 대부분의 우익테러를 주도했다. 이와 함께 '독청'을 모체로 하여 전평에 대항하는 우익어용노동조합인 '대한독립촉성노동총연맹(대한노총)'이 46년 3월 10일 급조되었다.

이들은 경찰과 합동으로 미군정하에서, 불법으로 규정된 바 있는 예비검속, 예방구금 등 일제로부터 물려받은 온갖 관행을 되살려 좌익정치세력으로부터 노동자·농민들에 이르기까지 광범위하게 폭력을 행사했다.[290]

이승만 독재정권 하의 우익테러

1948년 친일, 친미 분자가 득실거리는 제헌국회는 이승만을 임시의장으로 선출한 뒤 헌법기초 작업에 들어갔고 몇 달 뒤 국회에서 대통령을 선출하는 제도를 골자로 하는 헌법이 제정되고 이승만이 초대 대통령으로 선출된 끝에 8월 15일 대한민국 수립이 선포되었다. 그리고 유엔은 미국의 요청에 의해 대한민국을 한반도의 유일한 합법정부로 승인한다. 이렇게 대한민국은 민주가 짓밟힌 곳에서, 난자된 주권의 시체더미 위에서, 그리고 미국의 사생아로서 오욕의 운명을 안은 채 태어났다.

그 즈음 미국의 남한에 대한 영속적 지배는 각종 조약과 협정에 의해 보다 확고해지고 합법화되었다. 1948년 8월 15일 정부수립이 있은 지 9일 만인 1948년 8월 24일 남한에서는 미국의 계속적인 군사지배권을 보장하는 '과도기간 잠정적 군사 및 안전에 관한 행정협정'이 체결되었다. 그 내용은 ① 주한미군사령관은 한국군을 계속하여 조직, 훈련 및 무장할 것을 동의한다, ② 주한미군 사령관은 한국군의 조직, 훈련, 장비를 위해 필요한 한국군 및 경찰파견대에 대한 전면적인 작전통제를 행사하는 권한을 보유할 것으로 합의한다, ③ 한국 대통령은 주한미군사령관이 필요한 중요한 지역과 시설에 대하여 통제권을 보유할 것에 동의 한다 등이다.

아울러 1948년 9월 11일 〈한미 재정 및 재산 이양에 관한 법정〉이 체결되어 미국인과 미국회사들이 그때까지 이 땅에서 누려오던 온갖 특권이 그대로 유지되도록 보장해주었고 미 군정시절 자신들의 과도한 통치비용으로 인해 발생한 모든 부채를 이승만 정권에게 떠넘길 수 있게 되었으며 남한에 주둔하고 있는 미군 기지를 위한 토지공여 및 시설유지 비용을 전부 한국정부가 부담하도록 했다.[291]

이승만 정권이 미국의 요구대로 움직여나가자 미국은 자신의 뒤를 이어 줄 한국군과 경찰을 더욱 강화하기 위한 시간을 벌 목적으로 내외의 격렬한 비판에도 불구하고 철수를 지연시켰다. 1948년 말 소련군이 북한에서 완전히 철수하자 주한 미군도 어쩔 수 없이 1949년 6월 500명의 군사고문단을 남겨놓은 채 철수하게 되었다.

그러나 그로부터 군사 고문단의 지휘아래 각종 억압기구들이 속출하기 시작했다. 국방경비대를 국군으로 재편성하고 6만여 명의 공개경찰 외에 비밀경찰을 조직, 강화했고 갖가지 테러집단을 규합해서 '대한청년단'[292], '민보단'[293]을 만들고, 1949년 하반기에는 20여만 명으로 구성되는 '호국단'을 조직했다. 나아가 민중압살을 제도적으로 뒷받침할 목적으로 국가보안법을 제정하기에 이르렀고 민중의 항거에 언제든지 군대를 동원할 수 있는 계엄령을 제정하고 즉각 발동시켰다. 그리고 병역법, 징발법, 신문지법, 우편물취체법 등 민중을 결박하기 위한 왜정시대와 미군정시대의 제반 악법들이 이름만 바꾼 채 영향력을 발휘했다.[294]

이렇듯 미군정 치하에서 친일 청산도 이루어지지 못한 가운데 이어진 독재와 폭력으로 얼룩진 해방 후의 역사는 멀리는 제주 4·3 항쟁, 가까이는 박정희 유신독재로 그대로 이어지고, 마침내 5.18 광주 민주화운동으로 재현되었다. 이와 같은 한국의 현대사는 한마디로 외세 및 정치권력과 군대, 경찰 등 국가의 무력조직이 민중의 자주적 운동을 억압하는 데 있어서 서로 뗄 수 없는 한 쌍의 원앙으로 자리하고 있음을 보여준다. 다시 말하면, 조직폭력이 뒷받침 되지 않고는 민중의 뜻을 무시하는 권력이 존재하기 어려운 사실을 보여준다.

해방 이후 정부수립 당시의 이와 같은 역사는 한국의 민중에게 의식이 부족하다기 보다 현실적, 물질적 국가조직의 폭력 앞에서 민중의 힘이 너무나 무기력하다는 것을 뜻하며, 그렇게 포기하다보니 의식마저 타성에 젖어서 수동적이고 무감각해진 상태에 이르게 된 것이라고 하겠다. 따라서 한국사회의 자유와 평등, 정의감, 소통 그 모든 것을 이루기 위한 전제조건으로서 시민의 자유와 창조적 기풍을 원천적으로 말살하는 국가 조직에 의한 인권의 침해, 혹은 공무원의 공권력 오용 및 남용부터 감시하고 제거하는 것으로부터 쇄신의 작업은 시작되어야 하겠다.

검사도 못 믿는다, 판사도 못 믿는다[295]

　식민지배와 독재 등 권위주의적 국가행정의 잔재는 지금도 사법, 경찰 등 각 분야에 잔재하며 자유시민에 의한 민주사회의 건설을 방해하고 있다. 한국사회에 뿌리 깊게 내재하는 권위주의는 한국인 개개인의 시민 정신이 부족했기 때문이라고만 치부하기는 어렵다. 식민지배에 이어서 해방 이후에는 국가 공권력에 의한 테러가 조직적으로 시민의 자생적 민주운동을 말살했기 때문이다. 8.15해방 직후 우후죽순처럼 왕성했던 시민의 자발적인 참여는 미군정과 이승만 독재에 의한 경찰조직 및 우익 테러에 의해 근절되었다. 20세기를 점철하면서 만성화한 국가의 조직폭력에 대한 반성과 그 척결을 위해서는 시민적 저항권을 원용하고 시민과 국가권력 간의 이른바 '무기의 평등'에 입각한 사회적 여건 조성의 구체적 대안을 마련할 필요가 있겠다.

　무엇보다 지금도 사법, 경찰 등 국가 권력 전반에 남아있는 권위주의에 대한 반성이 필요하다. 헌법재판소 및 국가인권위원회에서는 재판소원 및 그 청원을 금지함으로써 안하무인 사법부의 제왕적 방종을 조장해왔다. 또 법관이 헌법 제103조에 따라 '양심'에 따라 재판한다는 빌미로 자의적으로 재판하며, 또 가능한 한 정보공개를 꺼리고, 청구취지와 판결의 이유를 적시함이 없이 해당 법조문만 인용하는 '깜깜이 판결문'을 작성함으로써 '국민의 알 권리'를 침해하는 것은 권위주의의 소산으로서 극복해야 할 과제이다.

헌법재판소법 제68조 1항에 보이는 재판소원 금지의 위헌성

헌법재판소법 <제68조 ① 항>에서는 공권력에 의한 기본권 침해를 구제하는 것을 목적으로 하고 있다고 하면서도, 법원의 재판을 거친 것은 원칙적으로 그 대상에서 제외한다고 한다. 헌법재판소법 <제68조 ① 항> 및 <제72조 [사전심사] ③ 항의 1>에 따르면, <다른 법률에 따른 구제절차가 있는 경우 그 절차를 모두 거치지 아니하거나, 또는 법원의 재판에 대하여 헌법소원의 심판이 청구된 경우>는 헌법소원에서 배제하고 있다.

제68조 1항은 기본권 보호라는 헌법재판소 본래의 목적을 중화, 무산시키고 사실상 공권력에 의한 기본권 침해의 구제를 상당부분 불가능하게 하는 결과를 초래하는 것으로서 이 조항은 위헌성이 있다. 이 조항의 가치는 헌법재판소가 법원의 재판을 거친 사안은 그 공정성이 보장된다는 것으로 의제(擬制)하는 것이지만, 상식적으로 보아도 현실은 전혀 그렇지 못하기 때문이다. 그러므로 헌법재판소는 재판이 공정하지 않을 수도 있음을 알면서도 묵인하고, 방조하고 있으므로 직무유기의 혐의가 있다. 더구나 헌법재판소가 법원에 의한 재판을 언제나 합리적인 것으로 의제하고 '법원의 재판'을 헌법소원의 대상에서 제외함으로써 법원에 의한 공권력

의 행사를 방조하는 것은 미래 법원으로 하여금 무소불위의 권력을 행사하도록 하는 결과를 초래할 위험이 있는 것이다.[296]

더구나 '공권력에 의한 기본권 침해의 구제'의 현안에 대한 헌법재판소의 입장은 소극성을 넘어서 그 고유 기능을 원천적으로 포기하는 것이라 할 수 있는 표현이 판례에 나타난다. <96헌마172: 헌법재판소법 제68조 1항에 대한 위헌소원 관련 판례 내용>에서 헌법재판소는 이 조항이 합헌이라고 판시하면서, 그 사유로 "최종심급에 의한 권리침해의 가능성은 언제나 존재하는 것"이기 때문에 "이러한 침해가능성에 대한 안정장치는 법치국가적으로 불가피한 것이 아니고 또 궁극적으로 가능한 것도 아니다"라는 취지 등을 다음과 같이 적고 있다.

"사법부도 헌법의 일부인 기본권의 구속을 받기 때문에 법원이 행정청이나 하급심에 의한 기본권 침해를 제거해야 하는 것은 당연한 것이다. 기본권의 보호는 제도적으로 독립된 헌법재판소만의 전유물이 아니다."

"최종심급에 의한 권리침해의 가능성은 언제나 존재하는 것이기 때문에 이러한 침해가능성에 대한 또 다른 안정장치는 법치국가적으로 불가피한 것이 아닐 뿐만 아니라 궁극적으로 가능한 것도 아니다."

"법원의 재판을 헌법소원심판의 대상에 포함시켜야 한다는 견해는 기본권보호의 측면에서 보다 이상적이지만, 이는 헌법재판소의 위헌결정을 통하여 이루어질 문제라기보다 입법자가 해결해야 할 과제이다." 등.[297]

이런 헌법재판소 입장은 헌법재판소 본래의 기능을 외면하고 입법촉구

등 가능한 조치의 노력도 원천적으로 포기한 것이라 하겠다. 이런 원천적 포기는 자신에게 주어진 권위를 스스로 격하, 축소시킴으로써 사법권력의 횡포를 묵인, 방조하는 관례를 낳게 되었다. 이는 헌법 제10조(2문)에 규정하고 있는 바, "국가는 개인이 가지는 불가침의 인권을 확인하고 이를 보장할 의무를 진다"라는 기본권 보장의 조항을 명백히 위배한 것으로서 위헌이다.

국가인권위원회 법 제30조 제1항 제1호 법원재판 제외의 위헌성

국가인권위원회법(2001. 5. 24. 법률 제6481호로 제정된 것) 제30조 제1항 제1호 중 "법원의 재판을 제외 한다"에 관련하여 헌법재판소의 위헌 확인 관련 결정이 있었다.[298] 헌법재판소는 관련조항 합헌 결정을 내리면서 그 이유로서 "국가인권위원회는 제대로 운영되고 있는 기존의 국가기관들과 경합하는 것이 아니다" 등의 취지를 다음과 같이 적시했다.

가. 법원의 재판을 국가인권위원회에 진정할 수 있는 대상에서 제외하는 것이 국민의 기본권을 과도하게 침해하는지 여부:

① 국가인권위원회는 제대로 운영되고 있는 기존의 국가기관들과 경합하는 것이 아니라 보충하는 방법으로 설립되고 운영되는 것이 바람직하며, 법원의 재판을 포함하여 모든 인권침해에 관한 진정을 빠짐없이 국가인권위원회의 조사대상으로 삼아야만 국가인권기구의 본질에 부합하는 것은 아니다. 입법례를 살피더라도 국가인권기구가 각 나라의 실정에 따라 진정대상을 제한하는 것이 보편적이다.

② 구두심리절차와 엄격한 증거방법을 모두 채택하기 어려운 국가

인권위원회가 법원의 재판의 당부를 판단하는 것도 곤란한 측면이 있으며, 국가인권위원회가 법원의 재판을 진정대상으로 삼는다면, 분쟁 또는 인권침해의 해결과정이 무한정 반복되고 지연될 가능성마저 있게 된다.

③ 이러한 사정을 종합하면 법원의 재판을 포함한 모든 공권력의 행사 또는 불행사를 예외 없이 국가인권위원회에 진정할 수 있는 대상으로 삼아야만 국가인권기구의 본질에 부합한다거나, 입법자가 법원의 재판을 국가인권위원회의 조사대상에 포함시키지 않은 것이 국민의 기본적 인권보장을 다하지 못한 것이라고 단언할 수는 없어, 법 제30조 제1항 제1호 중 '법원의 재판을 제외 한다' 부분이 청구인의 기본권을 과도하게 침해하는 것이라고 할 수 없다.

이렇게 헌법재판소가 기존의 국가기관들이 "제대로 운영되고 있다"고 전제하고 있는 것은 국가기관들이 어떻게 잘못 운영되고 있는지에 대해서 원천적으로 검증할 의사가 없음을 증명하고 있다.

또 헌법재판소가 공정한 재판에 관심을 갖기보다는 오히려 "분쟁 또는 인권침해의 해결과정이 무한정 반복되고 지연될 가능성"에 대해 염려하고 있음을 보게 된다. 분쟁이 무한정 반복되지 않도록 하려 하는 것은 공정성을 담보로 하는 것이 아니고 오히려 그 공정성을 희생시켜서라도 분쟁을 조속하게 마무리 짓는 것이 좋다는 가치관에 입각해있기 때문이다.

국가인권위원회가 법원의 재판을 심의 대상에서 제외하는 것이 합헌이라고 판결한 이유로서 헌법재판소는 인권위원회가 '제대로 운영되고 있는 기존의 국가기관들'과 경합할 필요가 없다고 적고 있다. 실제로 국가기관들이 '제대로 운영' 되고 있는가? 현실은 그에 대해 부정적이다. 제대로 운영되고 있다면, 한국이 40여개 OECD 국가 중에서 경찰이나 사법기관에 대한 신뢰도가 꼴찌에서 두 번째에 머물고 있지는 않았을 것이다.

분쟁을 빨리 종식시켜야 된다는 국가 인권위원회 및 헌법재판소의 가치관은 그 즉시 사회적으로 영향을 미쳐서 법원의 판사들로 하여금 불공정한 재판에 그 권력을 더욱 남용하도록 부채질했다. 이는 '분쟁이 끝없이 지속되는 것'을 방지할 뿐만 아니라 '불공정한 재판' 또한 끝없이 묵인하고 조장하는 결과를 초래했다. 헌재는 물론 국가인권위원회에서까지도 법원의 재판에 대해서 그 정당성의 시비를 가리려고 하지 않고 조속한 분쟁의 종식만을 지향하여 인권을 사각지대로 내몰고 있기 때문이다. 끝없이 지속될 분쟁을 걱정하기보다는 불공정한 판결에 대해 경계해야 한다. 행정의 편의를 위해 분쟁을 신속하게, 불공정하게 해결하느니 아예 해결 안 하는 것이 낫다. 불공정한 재판은 인간의 존엄성을 해친다는 원론적 차원이 아니라 앞날의 범죄를 더 양산하는 위험을 낳는 것이기 때문이다. 재판은 신속하지 않더라도 공정성이 우선되어야 하는 이유가 여기에 있다.

재정사건을 헌법소원에서 배제하는 헌법재판소의 위헌성

재정사건의 배제가 초래하는 헌법재판소의 헌법수호기능의 훼손

헌법에는 모든 이가 재판을 받을 권리가 있음을 천명하고 있으나, 검사의 기소독점권으로 인해서 억울한 데도 검사의 벽에 가로막혀서 재판조차 받아보지 못하는 경우가 비일비재하다. 이런 불편은 기소편의주의[299]와 기소독점권의 결합에 의한 검찰 권력의 전제화와 맞물려있다.

유럽의 경우를 보면, 실제로 사인소추는 그 비중이 크지 않으나, 그 이념적 가치에 무게를 두어 이를 여전히 존속시키고 있다.[300] 영국에서는 사인소추가 헌법상 전통적 권리로서 인정되고 있다. 즉, 피해자로서의 개인은 물론 기타의 시민이나 단체를 불문하고 누구라도 형사절차를 개시할 수가 있다. 독일에서도 범죄 피해자 등이 형사사법에 직접 관여하는 제도로서 소송참가(Nebenklage)[301] 및 부대절차(Privatklage)[302]와 더불어 사인기소(Privatklage)[303]가 인정되고 있다.[304] 한편, 프랑스에서는 범죄의 피해자가 소추재량권을 가지고 있는 검사의 권한행사에 대해 실질적인 제어를 행사할 수 있는 점에서 형사절차에서의 피해자의 지위는 실로 강력하다.[305] 프랑스에서는 범죄의 피해자에게 당사자로서 형사절차에 관여할 수 있는 권리가 인정되고 있다.[306] 형사사건에 관해 검사의 공소제기가 없는 경우에 피해자는 검사의 원조를 받지 않거나, 더 나아가 검사의 의사에 반해서도 기소할 수 있다.[307] 이런 상황은 검사가 기소독점권을 가지고 있는 우리나라와는 판이하다.

그런데 이런 검찰의 자의적 권력 남용을 더욱 조장하는 것이 헌법재판소의 관행이다. 헌법재판소에서는 이른바 법원의 판결을 거친 사건은 헌법소원 대상에서 제외하는 것은 물론이고, 검사의 불기소처분에 불복하여 법원의 재정 절차를 거친 사안까지도 이것을 재판의 범주에 넣어서 헌법소원 대상에서 제외하고 있기 때문이다. 후자는 검사의 처분의 적합성을 판단하는 절차로서, 본안의 소송과 다른 범주의 것이다. 이런 헌법재판소의 처사는 법원의 재판의 공정성에 대한 관찰기능 뿐 아니라 검찰의 기소독점권 행사의 정당성에 대한 심의기능까지도 포기함으로써 경찰-검찰 및 법원의 총체적 공권력 남용을 방조하는 결과를 낳게 한다.

재정 절차의 제도적 변천과정

지난 2007년 형사소송법의 전면개정[308]과 함께 재정신청의 대상범죄가 모든 범죄로 확대되었다.[309] 그러나, 고발사건을 제외함으로써[310] 개정형사소송법에서의 재정신청 범위 확대의 의미가 반감되었다는 지적이 있어왔다. 이것은 고소인이 아닌 고발인으로서의 시민단체를 중심으로 한 재정신청이 검찰권에 대한 통제장치로서 재대로 기능하지 못한다는 뜻이다.[311] 김태명은 대상범죄를 고발사건까지 확대하고, 2007년 개정이전의 형사소송법에서와 같이 불기소처분을 내린 검찰이 아닌 법원이 정한 특별검사로 하여금 공소유지를 담당하게 해야 한다고 주장한다.[312]

그런데 개정형사소송법이 안고 있는 문제점은 이런 지적에만 그칠 일이 아니다. 더 근본적인 문제점은 개정 이전에 제기가 가능했던 불기소처분에 대한 헌법소원[313]이 개정 후에는 이에 대한 제기가 불가능하도록 헌법소원의 출로가 막혀버렸다는 데에 있다. 한편으로 모든 범죄를 대상으로 재정신청의 대상을 확대하면서, 다른 한편으로는 검사의 불기소처분에 불복하여 일단 법원에 재정신청을 한 경우, 검찰의 불기소 처분 취소를 청구하는 헌법소원을 낼 수 없도록 형사소송법을 개정한 것이다. 이것은 법원의 재정 결정을 최종의 완벽한 것으로 의제, 곧 동일시하여 더 이상의 구제가 불가능하도록 제도적 장치를 마련한 것이다.

그런데 현재 대한민국의 사법 실태는 검사의 기소독점권에 의한 폐해만큼, 법관의 판결도 민중의 신뢰를 얻고 있지 못하다. 특히 정치, 언론, 재벌 등 각종 권력 앞에서는 검찰이나 법원을 가릴 것 없이 사족을 못쓰는 듯한 형국이다.[314] 2007년 형사소송법 개정 당시 재정신청 대상범죄의 확대요구가 빗발쳤던 이유가 검찰권의 남용에 대한 실효성 있는 견제수단의 확보라고 간단히 말할 수 있다면,[315] 지금은 법원에 대해서도 그 공권력의 남용과 판결의 부당성을 견제할 수단이 필요해진 것이다. 김태명은 "검찰이 독재정권과 군사정권을 거치면서 '공익의 대표자', '국민전체에 대한 봉사자'가 아니라 '정치의 주구(走狗 앞잡이)', '권력의 칼'이라는 비판을 받아 왔고, 군사정권을 청산한 이후는 물론 여야 간의 정권교체가 이루어진 이후에도 그 사정에는 큰 변화가 없었다"고 하나, 지금 양승태 전 대법관의 사법권력 농단 등을 볼 때 법원도 이에 예외가 아니다.

검찰이 '정치인 고위공직자 재벌기업' 등의 영향에서 벗어나기 어렵듯이 실제로 사법 권력도 같은 처지에 놓여있다는 점을 고려할 필요가 있다. 검찰의 기소권 행사가 공정하지 못하고 "그랜저 검사, 스폰서 검사 등에서 '봐주기 수사', 국무총리실 민간인 사찰사건 등에서 '부실수사', 정연주 전 KBS 사장 사건 등에서 '편파수사' 같은 의혹이 강하게 존재한다"면, 사법권력의 법원도 그런 데서 자유롭지 못하다. 그래서, 재정신청의 범위를 확대하는 것만이 능사가 아니라, 그 재정신청의 결과 내려지는 결정이 얼마나 공정한 것인지에 대한 반성이 필요한 것이다.

'자유심증주의'를 빌미로 한 불공정한 판결

민사소송법 202조 및 형사소송법 308조 등에는 법관의 자유심증주의에 대해 규정하고 있다. 법관에게 주어진 이런 재량권은 정보비공개 관행과 함께 법관의 자유심증주의와 맞물려 한국 법조계를 더욱 부패와 불공정의 도가니로 몰아넣는 경향이 있다.

민사소송법 202조에는 '법원은 변론 전제의 취지와 증거조사의 결과를 참작하여 자유로운 심증으로 사회정의와 형평의 이념에 입각하여 논리와 경험의 법칙에 따라 사실주장이 진실한지 아닌지를 판단 한다'로 되어 있다. 그런데 형사소송법 308조에는 민사소송법에 보이는 '사회정의와 형평의 이념에 입각하여 논리와 경험의 법칙에 따라'라는 규정이 아예 사라지고, 오직 '증거의 증명력은 법관의 자유판단에 의한다'고 되어 있다.

형사소송법 308조의 '자유심증주의' 규정은 민사소송법 202조의 경우와 마찬가지로 '사회정의와 형평의 이념에 입각하여 논리법칙과 경험법칙의 제약을 받는 것'으로 보는 것이 타당하다.[316] 그러나 더 근본적인 문제는 의견을 존중하는가 안하는가, 혹은 논리와 경험법칙의 제약을 받는가 안 받는가 하는 것이 법관 등 판단하는 자의 자의적 선택에 맡겨져 있을 뿐, 강제되지 않으므로 그 타당성을 전혀 담보할 수가 없다는 데 있다. 현실적으로 이 자유심증주의를 규정하는 조항들은 검찰과 법관의 이해나 입장에 휘둘려 피상적이고 당위성이 부족한 판결에 대해서도 이를 정당화할 수 있는 법적 근거로 작용하고 있다.

'불필요한 분쟁을 야기하지 않는다'는 빌미의 정보 비공개 관행

헌법 제21조 "모든 국민은 언론, 출판의 자유와 집회, 결사의 자유를 가진다"에 근거하여 판례는 국민의 '알 권리'를 도출해내고 있다. 그러나 현재 법원은 물론 각급 행정기관 등에서는 정보 공개는 오히려 기피되는 경향이 강하여, 비공개를 고수하므로, 이로 인해 국민의 기본권이 침해될 여지가 있다. 정보 비공개 원칙은 현실적으로 자의적일 수 있는 법관의 판결 가능성에 대해, 책임을 회피할 수 있는 공공연한 빌미를 제공할 수 있기 때문이다.

실로 대한민국은 수사나 재판의 공정성을 확보하기보다 수사, 재판이 끝없이 이어질 것이라는 사실을 더 두려워한다. 말하자면, 수사나 판결이 공정했던가를 반성하기보다, 오히려 '재판이 끝없이 이어져서 사회적 비용을 초래할 것을 두려워하여' 그 순환 고리를 단절하기를 원하는 것이다. 그럴수록 이 불합리한 수사나 재판 제도를 효과적으로 작동시켜주는 한 방법이 바로 비공개를 명분으로 내세운 정보의 은폐이다.

정보를 공개하지 않는 이유는 '불필요한 분쟁을 야기하지 않기 위해서' 혹은 '재판 중에 있는 사건에 부정적인 영향을 주지 않기 위해서' 등으로 정당화된다.

여기서 반성해 볼 문제는, ① 그래서 야기되는 분쟁이 필요한지 불필요한지를 누가 어떤 기준에 의해서 판단할 수 있는가 하는 점과, ② 재판 중의 사건에 부정적이라 함은 분쟁 중인 쌍방 간의 어느 편에 미치는 부정적인 영향을 말하는 것인가 하는 점이다. 결국 정보의 비공개란 이를 통하여 어느 한편, 대개는 권력, 조직, 금력이 있는 '실세'의 지위에 속하는 편에 편리하고 유리한 대로 분쟁이 귀결되도록 기여하게 할 위험성이 있다.

청구취지 및 상소취지, 판결의 이유 등을 생략하는 판결문의 위헌성

정보공개를 기피하는 경향은 사법계에도 뿌리 깊게 존재하는 권위주의에 다름아니다. 한 예로 사법권력의 위헌적 행사와 관련하여 법관은 결정문에 청구취지 및 상소취지, 판결의 이유 등을 작성하지 않고 각하, 혹은 기각 판결을 내리는 관행이 있다. 이런 관행은 청구취지를 정당하게 반영했는지에 대한 의혹과 불만을 야기하게 된다. 청구 취지와 판결의 근거가 되는 이유를 적지 않고 해당법조문과 결정문(주문)만 적는 것은 어떤 경위로 그런 결론이 나게 되었는지 그 판결의 정당성에 대한 감시를 원천적으로 불가능하게 한다.

더구나 한국의 현재 사법체제에서는 대법원의 판결을 취소 혹은 무효화하는 등 수정할 수 있는 절차나 기구가 아예 마련되어 있지 않다.[317] 헌법재판소조차도 법원의 재판을 헌법소원에서 배제하고 있기 때문이다. 그에 대한 유일한 예외가 이미 헌법재판소에 의해 위헌 등으로 판정된 법조문을 적용하여 판결의 부당함이 명백한 경우이다.[318] 이런 경우에도 헌법재판소는 일반 법원의 권위와 충돌을 회피하려는 경향이 있는 것 같다. 판결을 취소 혹은 무효화하기보다 위헌성을 확인하는 데 그치고, 결국 해당 하급 법원 자체에서 처리하도록 하자는 데로 의견이 수렴되기 때문이다.[319] 뿐 아니라, 판사가 사실관계를 전도하여 진실을 왜곡한 경우는 그냥 그대로 묻혀서 지나간다. 기본적인 사실심이 허위로 이루어지면 그 자체가 위헌임에도 그것을 구제할 방법이 없는 것이다. 엉터리로 했든 말든 일단 재판을 거치기만 하면, 대법원과 헌법재판소는 법률심을 한다는 명분을 내세워 사실심을 돌아보지 않기 때문이다. 그래서 벙어리 냉가슴 앓는 사법피해자 민초들이 많이 생긴다.

법관이 청구 혹은 상소 취지, 판결 이유 등을 적지 않는 것은 민사소송법 제208조 제1항 제3조를 위반한 것으로서 명백한 위헌이다. 민사소송법 제208조(판결서의 기재사항 등), 제 ①항 각호의 사항 중에는 <(3호) 청구의 취지 및 상소의 취지, (4호) 이유> 등을 판결서에 반드시 적도록 하고 있다. 그런데 같은 민사소송법 제224조 제1항 단서에는 위 208조 4호에 해당하는 이유를 적는 것을 생략할 수 있다고 되어 있다. 또 소액사건심판법 제11조의 2, 제3항에는 "판결의 이유를 기재하지 아니할 수 있다"고 되어 있다.

제 8 장 국가폭력과 권위주의 유산

이런 법조문 간의 상호충돌 배반은 하위법을 통해 상위법의 취지가 끊임없이 잠식되고 있음을 증거하고 있다. 상충하는 취지의 법률들이 있는 경우 재판관들은 가능한 한 책임을 회피하는 쪽으로 선회하게 된다고 예측할 수 있고, 민초들의 권리 침해는 그만큼 더 심각해진다.

특히 소액이라고 판결이유를 적지 않아도 된다는 것은 민초들의 권리를 안하무인으로 무시하겠다는 취지에 다름아니다. 이런 법률의 존재는 한국 입법자들의 철학의 빈곤을 적나라하게 보여준다. 작은 것을 무시하는 관행이 큰 것도 통제하지 못하도록 사법적폐를 조장한다는 사실조차 깨닫지 못하고 있기 때문이다.

이유를 적지 않는 '깜깜이' 판결은 사법기관 자신이 피고로 연루되는 사안의 경우, 혹은 합리적인 근거가 부족하거나 결여되는 등 판결의 정당성을 확보하기 어려울 때는 판결의 이유가 공개됨으로써 일어날 수 있는 문제나 파장의 소지를 미연에 차단하며 재판을 서둘러 종식시키는 방편으로 더욱 악용될 소지가 있다. 이처럼 '깜깜이 판결'이 관행처럼 굳어져 횡행하는 것은 국민의 알 권리를 침해하고 있는 바, 이는 권위주의의 추태이다. 더구나 '이유를 생략할 수 있다'는 허용조항이 해당 판결의 취지 내지 합리적인 판단 근거 자체를 생략하라는 것이 아닌데도 불구하고 이러한 관련 사항들이 판결문에서 아예 언급조차 되지 않는 것은 위헌일 뿐만 아니라 법치 자체를 무력화시키는 악습이다.[320] 사회적 경비를 절약하고 분쟁을 신속하게 해결한다는 빌미로 해대는 주먹구구식 '깜깜이 판결'은 사법권력의 남용을 부채질하고 권위주의의 악령을 되살리며, 민주정치의 정초를 더욱 요원한 것으로 만드는 것이다.[321]

헌법 103조에 대한 법원의 전도된 해석

헌법 제103조에 법관은 "헌법과 법률에 의하여 그 양심에 따라 독립하여 심판한다"고 되어 있다. 그런데 이 조문 중에서 '독립'이라는 말에 특별한 의미를 두어서 종종 남의 간섭을 받지 않고 법관이 자의적으로 판결할 수 있다는 뜻으로 오인하곤 한다. 제도적으로 법관의 판결에 대해 아무런 견제장치가 없는 한국의 현실에서, 이 헌법 103조의 자의적 해석은 법관의 자의적 판결의 경향을 더욱 조장해왔다.

불합리한 판결을 내린 것으로 법관에 대해 진정이 들어와도 징계는 하지 않고 법원 자체의 '법관징계위원회'는 조직의 방패가 되어 판사의 비리를 오히려 은폐하는 경향이 있다. 판결에 불복하는 민원인의 진정에 대해 '헌법103조에 따라 법관은 법과 양심에 의해 독립적으로 판단한다'는 한 마디 이외에 아무런 설명이 없으며, 사실심의 오류 의혹에 대한 질문은 철저하게 무시되고 죄다 묻혀버린다는 것이다.[322]

헌법 제103조에서 말하는 '독립'은 다른 권력이나 기관에 의해서 부당하게 영향을 받지 않는다는 뜻일 뿐, 기준도 없이 마음대로 재판하라는 것이 아니다. 또 판결의 부당함에 대해서 민원이 들어오는데도 법관이 그 판결의 근거를 제시하지 말라는 뜻이 아닌 것이다. 이는 전문 법조 지식을 필요로 하는 것이 아니고 누구나 상식에 의해서도 판단할 수 있는 일인데도, 법조계는 '모르쇠'로 일관한다. 그리고 '부당한 권력으로부터의 독립'을 거꾸로 뒤집어서 권력으로부터는 독립하지 못하고 오히려 힘없는 국민을 우롱하고 판결의 근거를 제시하지 않는 수단으로 전락시켜왔다. 이는 바로 조선조 후기 이래 강화되어온 봉건적 권위주의의 전통과 맥을 같이 하는 것이다.

참고로, 독일 기본법 제20조 제3항에 법관은 법(헌법)과 법률에 구속된다고 되어 있는 것[323]은 우리나라 법관의 이른바 '양심'과 '독립'을 빌미로 하여 자의적으로 재판하는 관행과 대조적이라고 하겠다.

경찰 및 검찰 등 공권력에 의한 비민주적 인권침해

식민주의와 봉건적 권위주의는 한국의 경찰 및 검찰청 내부에서도 그 잔재가 남아있다. 무엇보다 한국의 현재 경찰 인력은 물리적으로 발생하는 범죄를 다 처리하는 데 태부족이다. 그렇다면 범죄예방 혹은 처리를 위해서 부족한 경찰 조직과 예산을 확충해야 하는데, 실은 경찰인력을 무한히 확장할 수도 없는 노릇이다.

그 유일한 대안은 이른바 시민 경찰의 도움을 비는 수밖에 없다. 즉, 시민 스스로 자신의 문제를 해결할 수 있도록 권력을 나누어주는 것으로서, 시민과 경찰이 양자 간의 협조에 서로 의지하는 것이다. 현재 우리나라의 경찰은 그 봉건적 권위주의로 인해 경찰 스스로 다 해결하지 못하면서도 해결할 것 같이 허세를 보이고 있다. 또 시민은 시민 나름대로 경찰이 다 해결해주었으면 좋겠다는 희망을 가지고 또 그렇게 믿고 싶어서 그런 경찰의 권위주의에 속고 있거나, 혹은 그러한 권위주의를 적어도 양해, 혹은 묵인하고 있다. 시민 민주사회는 권력에 맹종하는 봉건적 권위주의를 청산하고 스스로 정당방위를 행사할 수 있을 때 도래한다. 시민이 당면한 문제를 스스로 해결해야 한다는 의식을 가지고, 또 그런 의식에 수반되는 정당한 행동권, 즉 정당방위가 사회적 제도로서 인정될 때 경찰 인력의 부족에 따른 문제도 해결이 가능해진다.

헌법에는 정당방위가 인정된다고 명시되어 있으나, 현실적으로 그 정당성이 인정되는 범위가 극도로 제한되어 있어 사문화되다시피 했다. 한국 사법계에서 정당방위의 인정 범위가 극도로 제한되어 있다 함은 피해자 이외에 타인이 개입하는 것이 제한적이어서, 금지되다시피 하고 있다는 뜻이다. 그러니 여성이 폭행이나 강간을 당해도 주변인이 아무도 나서서 도와주려고 하지 않는다면, 이런 사법제도가 미칠 문화의 영향도 고려해 보지 않을 수 없을 것이다. 피해자도 아니면서 잘못 나섰다가는 그대로 쌍방폭행에 걸려 유죄선고를 받기 일쑤라고 하기 때문이다. 광주에서 일어난 한 사건의 예로, 여성이 맞아서 발목뼈가 부러져도 지나가던 행인들은 아무도 도와주려고 나서지 않았나. 그런데 해당 사건의 〈연합뉴스〉 기사에는 "쌍방폭행 시비 걱정돼 안 말렸다면, 신고라도 빨리 했어야" 했다라고 한다.[324] 그런데 실은 신고하는 동안 가해자는 도주해 버렸고, 내동댕이쳐진 핸드백은 지나가던 운전자가 집어가 버렸다고 한다. 이는 동물농장, 아니 동물농장도 그보다 더 열악하지는 않을 것같다.

문제는 누군가 폭행을 당하고 있으면 신고를 빨리 하라고 할 것이 아니라, 주변 사람들이 달려들어 구조해주도록 타인구조권을 인정해야 하는 것이다. 현재 사법계의 관행에서와 같이 정당방위의 개념을 피해자에게만 한정하는 것은 부당하다.

참고로, 고대 민주주의의 온상인 그리스에서는 오늘날도 개인의 저항권이 활성화 되어 있어 개인 간의 문제는 일차적으로 이해관계인 자신들이 해결하도록 하고 있다. 이때 이해관계인이란 피해자에 국한된 개념이 아니라 정의실현의 유대감을 상호 공유하는 주변인을 포함한다. 그래도 해결이 안 될 때에 경찰이 개입하도록 함으로써 경찰은 보완적 입장에 위치해있다. 즉 경찰만이 질서와 치안 유지의 책임을 지는 것이 아니라, 일차적으로 시민들이 자체 해결하고 경찰은 2차적 해결기구의 역할을 갖는다.

이런 관점에서 요즈음 논의되고 있는 사립탐정 제도의 입안과 관련해서도 반성의 여지가 없지 않다.

한국에서 무시되고 있는 사립탐정의 범죄 예방적 기능

노회찬 의원의 사망과 사립탐정의 예방적 기능

불법정치자금 수수의혹을 받고 있는 노회찬 의원이 며칠 전에 타계했다. 2018년 7월 23일 신당동 아파트에서 투신했다. 이곳은 자신의 집이 아니라 어머니와 동생 등 가족들이 사는 곳이다. 노 의원이 사망한 바로 당일 경찰은 '자살'로 규정하고 유서도 자필로 된 것이며, 부검은 하지 않겠다고 발표했다.[325] 노 의원이 투신한 시각이 오전 9시 넘은 시각, 경찰이 자살로 규정하고 부검하지 않겠다고 발표한 시각이 오후 2시 조금 넘은 시각, 약 4시간 만에 결론을 내렸다.

그런데 노의원의 죽음을 둘러싸고 몇 가지 타살 의혹이 제기되었고, 경찰이 사실이 아닌 거짓을 발표하고 말을 바꾼다는 의혹마저 제기되고 있다.[326]

처음에 경찰은 그 아파트에 CCTV도 없다, 사망자의 휴대폰도 없다고 발표했다. 그러나 유서 논란이 일자 경찰은 휴대폰이 외투 안에서 발견되었다고 하고, 또 경찰이 자필이라고 발표했던 유서가 사실은 자필이 아니라 휴대폰 문자로 친 것이라고 말을 바꾸었다는 것인데. 그 문자가 발신조차 되지 않고 휴대폰에 임시 저장된 미발송 문자였으며, 그것도 식구가 아니라 비서실장 앞으로 발송예정이었다는 것이다.

또 노 의원의 몸체가 떨어진 자리가 아파트 현관에서 8m 떨어진 곳인데, 16-17층에서 스스로 낙하할 경우 그렇게 멀리 떨어져나가는 것이 도무지 불가능하다는 점, 또 낙하 도착점이 낙하 출발점의 수직 아래가 아니라 부자연하게 사선으로 비껴 위치한 점, 산 채로 떨어졌다면 피투성이가 되어 있어야 할 유체가 두개골이 깨어진 두부(頭部) 손상을 제외하고는 뚜렷한 혈흔이 보이지 않는다는 점, 이미 죽은 상태에서 떨어지면 피가 튀지 않는다는 점, 그리고 또 경비원이 얼굴을 알아보았다고 하니, 얼굴이 손상되지 않고 말짱했다는 점 등의 의혹이 제기되고 있다. 이런 의혹들을 두고 타살 의혹을 제기하는 측에서는 시신 부검과 함께, CCTV와 죽기 직전의 휴대전화 통화내역을 밝히도록 요구하였으나 당국은 이를 묵살했다.[327]

이런 타살 의혹들이 이른바 '공연한 것'일 수도 있다. 노의원 죽음이 99% 자살이 맞는 것이라 치자. 그러나 마지막 1%의 가능성을 두고라도 수사하고 싶은 사람이 있으면 수사를 할 수 있는 자유가 주어지는 사회가 되어야 한다. 자살인지, 타살인지, 궁극적으로 사실이 어떠한가와 무관하게, 일단 의혹이 제기되면 수사가 시작되어야 한다. 문제는 그 수사를 아예 시작하지 않았고, 또 할 의향조차 없었던 것으로 보인다는 것이다.

경찰이 자살로 보고 수사의 필요가 없다고 판단되어 사건을 종결했다고 치자. 그런데 경찰의 판단이 '신의 목소리'가 아니다. 자살인지 타살인지 가리기 위해 수사하고 싶은 사람이 있으면 할 수 있는 자유가 주어져야 한다. 공적 자금을 투입할 여지가 없으면 국가가 하지 않아도 된다.

하고 싶은 개인이 제 돈 들여 하면 되기 때문이다. 이것이 민주주의 사회이다. 주권자는 민중이고 관료가 아니기 때문이다. 그런데 국가가 권력을 전유하고 주권자 민중의 뜻을 가로막고 있다.

현재 한국은 민주주의가 아니라 관료주의 사회이다. 경찰이 '수사 끝이다' 하면 끝이 나버리고 더 이상 나아갈 수가 없다. 노 의원의 죽음과 무관하게 모든 사안에서 그러하다. 경찰의 판단이 마치 신의 명령과 같이 군림한다. 판사의 판결이 '무오류(無誤謬)'의 신성(神聖)으로 간주되는 것과 같다.

제기되는 의혹에도 불구하고 노 의원 죽음을 그대로 방치하는 것은 행여 있을 수 있는 범죄예방에도 도움이 되지 않는다. 1%의 가능성도 놓치지 않고 수사가 이루어지는 사회라면 부당한 타살 음모를 원천적으로 방지할 수가 있기 때문이다.

급기야 경찰도 믿을 수 없으니 각자도생 해야할 판이 되었다.

탐정제도의 목적을 '사생활 조사'로 한정한 헌법재판소의 몰지각함

'신용정보의 이용 및 보호에 관한 법률' 제40조 제4호, 제5호 등이 신용정보업자 이외에는 탐정 또는 이와 유사한 명칭을 사용하지 못하게 함으로써 청구인의 직업선택의 자유와 평등권 등을 침해한다고 주장하며, 2016년 6월 13일 헌법소원심판이 청구되었다. 그로부터 2년이 지난 2018년 6월 28일 헌법재판소는 "사생활 등을 조사하는 이른바 '탐정', '정보원' 등 명칭 및 탐정업을 금지한 것은 적법하다"고 판단하고 각하, 기각 처분했다.[328]

탐정업이 '사생활 등을 조사하는 것'이라고 규정한 헌재의 문제인식은 거의 '초딩' 수준이다. OECD국가 중 사립탐정이 허용되지 않는 곳이 유일하게 대한민국 밖에 없다. 한국이 처한 이런 상황은 우연한 것이 아니라, 시민의 저항권 자체를 인정하지 않는 사회적 풍토와 맞물려 있다. 이는 5.18 광주시민의 봉기를 북한군 도발, 혹은 그 사주를 받은 것으로, 또 촛불혁명 시민을 북한군 도발에 준하여 위수령과 계엄을 선포하려고 했던 위정자들의 인식과도 맥을 같이 한다.

문제는 사생활 침해가 아니다. 사립탐정은 공권력의 부족함을 메꾸고 또 그 공권력을 견제하기 위해 필요한 것인데, 헌재는 그것조차 인식하지 못하고 있음을 증명했다. 사립탐정 제도는 시민 저항권의 당연한 발로이다. 뿐 아니라 경찰, 검찰이 다 감당하지 못하는 수사를 사립탐정의 힘을 빌어서 철저하게 조사함으로써만 범죄를 미연에 방지할 수 있는 교두보를 확보할 수 있다. 범죄는 미진한 수사 관행으로 인해 더 창궐하는 것이기 때문이다.

사립탐정업의 목적은 '사생활 등을 조사하는 것'이 아니라 공권력에 대한 협조와 그 감시를 위한 시민 저항권 발로에 있다. 이 당연한 저항권를 헌재에서 가로막는 것은 헌재의 기득권 추종성과 보수성을 백일하에 드러낸 것이다. 입법은 앞으로 국회에서 분명히 이루어져야 할 것이나, 적어도 헌재가 '사생활 침해'를 이유로 사립탐정 금지가 위헌이 아니라고 주장한 것은 헌재 자체의 수준미달을 백일하에 드러낸 것이니, 최소한 시민 저항권과 관련한 탐정업의 원래 취지를 왜곡한 것이다.

헌재는 결정권을 행사함으로써 오히려 스스로 민중적 평가의 대상이 된다. 납득하기 어려운 결정에 민중이 승복하기 어려운 지경이라면, 촛불혁명 이후 변화일로에 있는 직접 민주정치에 대한 국민의 자각을 헌재는 따라가지 못하고 있는 것이다.

경찰 사법 인력이 부족하여 시민 수사대의 협조가 필요한 한국

한국의 현실은 판사는 물론이고 경찰, 검찰 인력이 부족하여 공권력이 일어나는 범죄를 다 해결할 수가 없다. 그래서 재량권이라는 것을 내세워 공익에 우선하는 것을 중심으로 처리한다. 공익에 밀리면 수사를 안 해도 공직자에게 죄가 돌아가지 않는다. 재량권이 허용되기 때문이다. 국민은 다 같이 세금을 내는데 정부의 경찰은 민중을 보호하기 위해 사건을 다 수사할 능력이 안 된다. 그래도 어쩔 수 없는 형편이니 국민이 양해하고 수용한다 치자. 그러나 부족한 경찰, 검찰 인력을 보고 그 많은 범죄, 공권력 비리를 다 수사해달라고 시민들이 마냥 앉아서 손만 벌리고 있을 수는 없다. 공권력과 수사력이 다 미치지 못한다는 점을 솔직하게 인정하고 시민의 자발적 수사대와 협력해야 하는 이유가 여기에 있다.

시민 저항권의 발로로서 시민이 스스로 자신을 보호하려는 사립탐정제도를 정부가 금지하는 것은 당연한 기본권인 시민 저항권을 심각하게 침해하는 것이다. 시민 자신이 스스로 힘을 모아서 자신의 문제를 해결하려고 하는 것을 국가가 원천적으로 방해할 권리는 없다. 이는 국가가 국민의 기본권을 침해하는 것이다. 국가가 다 하지 못하니 시민들 스스로 하도록 길을 열어야 한다.

사생활과 공적 생활의 연계성에 대한 헌법재판소의 몰지각함

사생활과 공적 생활이 구분이 되지 않을 때도 있다. 사생활도 공적 생활에 연계가 되어 있으면 그것은 이미 사생활이 아니다. 국민의 뜻을 배반하고 사익을 추구해온 공직자라면 그의 사생활은 이미 사생활이 아닌 것이다. 사생활이 드러나기를 겁내는 자의 다수는 분명히 뭔가 도둑질해서 쌓아놓은 것이 많은 기득권 보수층이다. 가진 것 없어 훤히 들여다보이는 빈자는 사생활이 드러날까 봐 걱정할 것조차 없기 때문이다. 헌재에서 걱정하는 '사생활 보호'의 논리는 바로 보수 기득권층의 입장을 대변한 것이기 쉽다. 헌재의 이번 기각 결정은 사생활이 드러날까 봐 겁을 내는 보수들이 여전히 대한민국에 많다는 것을 뜻한다. 드러나면 안 되는 사생활, 그것은 개인의 생물적 성욕에 관련한, 보다 사적인 일탈 같은 것만 있는 것이 아니다. 개인의 활동은 모두 사생활로 은폐되어야 하는 것이 아니다. 공권력을 행사하는 공직자의 생활은 다 사생활이 아니라 공개되어야 하는 부분이 있다. 공직자 재산공개 제도 같은 것이 그 예이다. 사생활의 개념 자체가 획일적인 것이 아니고, 다 은폐되어야 하는 것이 아니라는 말이다. 한 국가 최고의 위헌 결정기관으로서의 헌재가 내건 '사생활 보호'의 논리는 사생활이 공적 영역과 어떻게 연관되는가 하는 점에 대해 원천적으로 몰지각 상태에 있음을 백일하에 드러내고 있다.

탐정법의 진정한 목적은 사생활 침해가 아니라 공권력 견제이다. 사립탐정에 의한 사생활 침해를 걱정하는 자는 아마도 단순한 사생활이 아니라 공권력이나 기타의 방법으로 부정축재나 부패에 연루된 사실을 걱정하는 것이리라. 공직자의 사생활이 이미 개인만의 것이 아니고 공공의 영역으로 맞물리는 부분이 있으므로, 시민은 그에 대해 파헤칠 권리가 있다.

제 머리 못 깎는 법관, 검찰, 경찰 등 공권력의 비리

법관, 검찰, 경찰 등 공권력의 비리는 공권력 자체에서 해결이 잘 되지 않는다. 시민은 공권력 자체가 해결하지 못하는 비리를 캐서 자신의 이익을 보호할 당연한 권리를 가진다. 한국의 봉건적 전통은 국민의 '무장해제'에 뿌리를 두고 있다. 총만 못 들게 한 것이 아니라 마음까지 세탁을 하며 부당한 공권력에도 마냥 순종만 하도록 길들여 저항 정신을 말살시켜왔다. 조선 봉건제, 일제 식민지, 해방후 미군정, 이승만 독재, 유신독재 등의 역사가 그러하다.

그것은 지금도 '타인구조 금지'로 제도화되어 버젓이 사회정의의 실현을 방해하는 것이다. '타인구조 금지'는 헌법에도 보장하고 있는 정당방위 조항을 무색하게 하고, 시민의 상호연대를 방해하므로서 불의 앞에도 침묵하게 하는 대표적인 악법이다.

헌법 제30조에는 "타인의 범죄행위로 인하여 생명, 신체에 대한 피해를 받은 국민은 법률이 정하는 바에 의하야 국가로부터 구조를 받을 수 있다"고 한다. "국가로부터 구조를 받을 수 있다"라고 하는 것은 두 가지 의미를 갖는다. 하나는 국가로부터 구조를 받지 못하는 경우도 있다는 것이고, 다른 하나는 그럼에도 시민들끼리 서로 타인을 구조해주는 것은 금지된다는 사실이다.

형법 제21조 1항에는 "자기 또는 타인의 법익에 대한 현재의 위난을 피하기 위한 행위는 상당한 이유가 있는 때에는 벌하지 아니한다"라고 되어있다. 이 조항에서는 '자기'가 아닌 '타인'의 법익도 지킬 수 있는 것처럼 서술되어 있으나, 실제로는 '자기'를 제외한 '타인'을 위한 구조 행위는 그 합법성을 인정받지 못하고 거의 다 유죄판결을 받는 현실에 있다.

사법경찰, 검찰, 법원 등 국가 사법 관료의 숫자가 한정되고 범죄나 소송 건수는 천정부지로 치솟으므로 국가에서 다 감당할 수가 없다. 치안에

이 같은 공백이 있음에도 주권자인 시민은 목석처럼 가만히 있어야 하고 '타인'을 위한 정의를 실천하지 못하도록 사법 관행으로 금지하고 있는 것이다. 피해 당사자에게서만 자력 구조 행위가 정당화되고, 타인이 나서서 거들어주면 불법이 된다.

실제로 길가에 강간, 폭행을 당하고 있어도 피해자 아닌 행인이 나서서 도와주지 않은 경우가 적지 않다. 도와주었다가는 판판이 '쌍방폭행죄'로 유죄선고를 받기 마련이라는 것이다. 그래서 직접 피해 당사자가 아닌 타인은 불의의 사건을 목도하면서도 외면하게 한다.

이런 관행은 시민 간 연대를 막고 콩가루로 분열시키려는 식민지 지배와 독재정권의 음모이다. 사립탐정제도는 시민이 연대하여 공권력의 비리를 캐고 정의를 실현해가는 필수적 장치이다. 이는 실로 새로운 제도가 아니라 이미 부분적으로는 언론사의 취재활동에서 두루 실천되고 있다. 이것이 공권력이 아닌 사립탐정의 일이다. 공공기관으로서 언론사는 공권력의 비리를 캐어도 되나, 시민은 연대하면 안 되며, '탐정' '정보원' 등의 용어도 쓰면 안 된다는 것은 관료적인 발상으로 눈 가리고 아웅하는 모습과 다를 바 없다.

2007년 사립탐정법을 시행하여 사립탐정 천국이 된 일본

일본은 2007년에 법제화한 탐정업이 10여년이 지난 지금은 '사립탐정 천국'이라 할 정도로 성업을 이루고 있다. 개인 사립탐정 개업건수가 개인 변호사 개업건수를 상회하고 있다고 한다. 일본의 사립탐정은 합법적인 정보서비스업으로 생활 속에 깊숙이 뿌리를 내리면서 그 순기능이 사회적으로 인정되고 있다. 어찌 불법적으로 개인 사생활만 캐고 있겠는가.

사립탐정제도에 반대하는 변호사들

한국의 변호사들이 사립탐정법을 제정하는 데에 반대한다고 한다. 그 이유는 사립탐정제도가 전직 경찰들의 밥그릇 챙기기에 불과하기 때문이라는 것이다. 전직 경찰들의 밥그릇 타령을 늘어놓기 전에, 변호사들은 혹시 자신들의 밥그릇을 걱정하고 있었던 것은 아닌지 돌아볼 필요가 있다. 법조인들만이 법을 잘 아는 것이 아니다. 법은 상식인을 지키기 위한 것이므로, 상식으로 보아 아닌 것은 아닌 것이다. 법조인들의 이해에 따라 법이, 때로는 검은 것을 희다하고, 흰 것을 검다 하는 데에 이용되기도 하나, 그 궤변이야 상식인들이 반드시 꿰고 있어야 하는 것은 아닐 것이다. 그저 관성에 젖은 공직 법조인과 같이 관성에 젖은 변호사들이라면 사립탐정과 서로 경합시키면 될 것이다. 그러면 법도 상식을 되찾을 것이다. 상식에 벗어나는 법은 법이 아니다.

사립탐정을 엄격한 허가제로 자격을 규제하려 하는 전직 경찰관 출신들

OECD국가 중에서 사립탐정 없는 데가 대한민국 밖에 없다고 하니, 국회에서도 몇 번 공청회를 열었고 계류 중인 사립탐정법도 있는 것으로 알려져 있다. 그런데 사립탐정의 자격을 전직 경찰 출신으로 엄격하게 제한해야 한다는 제안이 그 내용에 담겼다고 한다. 사립탐정 제도 자체가 부족한 공권력을 보조해서 협력하려는 취지인데, 탐정의 규모를 엄격하게 제한한단다. 더구나 타성에 젖은 전직 경찰관 출신으로만 이를 구성하기 위하여 그냥 신고제가 아니라 엄격한 허가제로 한단다. 이런 구도 아래에서는 명색만 사립탐정일 뿐, 오히려 시민의 숨통을 조이는 관료적 공권력을 판박이로 옮겨 그 규모만 확대시켜 놓은 듯할 것이다. 스스로 인력부족으로 사건을 다 처리하지도 못하면서 권력이라고 이를 시민에게 나누어주기에만 이다지도 인색하다니. 주권자 민중을 물로 보고 봉으로 안 것이다. 이런 숨 막히는 곳에서는 명탐정 '셜록 홈즈'는 나올 수가 없다. 요즘 신판 셜록 홈즈는 마약중독치료 대상자로 나온다. 법은 상식이다. 상식을 엄청 벗어난 공권력의 비리를 상식을 가진 주권자 시민이 수사에 나설 것이다. 참고로, 현재 일본은 특별한 자격 없이 관련 협회에서 제공하는 연수를 받은 후 신고제로 사립탐정제를 운영하고 있다.

사립탐정의 월권을 두려워하는 솜방망이 처벌의 대한민국

사립탐정이 월권하여 부당하게 사생활을 침해하면 엄벌로서 다스리면 된다. 그러면 모두 조심할 것이다. 월권할까 봐 걱정이 되어 사립탐정제도 자체를 금지한다면 구더기 무서워 장 못 담그는 꼴일 것이다. 그리고 그런 훼방으로 얻을 이득은 용감한 시민들의 수사로 들쑤셔질까 봐 걱정스러운 비리, 부패 세력들의 몫일 것이다. 문제는 사립탐정의 월권에 있는 것이 아니라 공직자를 엄하게 처벌하지 않는 대한민국 사법체계의 관행에 있다.

주지하듯이 대한민국은 아래로 갈수록 법이 엄격하고, 위로 갈수록 처벌이 솜방망이이다. 돈이나 권력을 가진 자에 대한 처벌을 두려워하다보니, 오히려 시민들이 사립탐정으로 나서서 권력을 나누어받고 수사를 시작하면 성역이 침해받을까 봐 걱정들이 될 법도 할 것이다. 두 가지가 묘하게도 다 거꾸로 놓여 조화를 이룬 꼴이다. 국가의 백년지계를 위해서라면 사립탐정을 금지하고 솜방망이로 처벌할 일이 아니지 않겠는가. 사법기구 스스로가 반성하여, 사립탐정은 허용하고, 범법자는 지위 고하를 막론하고 엄하게 처벌하는 관행을 만들어가야 할 것이다.

주권자 국민의 당연한 권리는 금지되는 것이 아니다

주권자 국민은 법관, 경찰, 검찰, 각종 공직자 위에 군림한다. 사립탐정제도는 헌재는 물론 어떤 공권력도 금지할 사항이 아니다. 이는 당연한 주권자 시민의 권리로서 부여된 것이고, 그 시민이 저항권을 행사하여 공권력을 감시하기 위한 것이다. 관성에 젖은 변호사들은 전직경찰관 밥그릇 챙기기라는 구실로 사립탐정제도의 본질을 흐리지 말고, 전직경찰관 출신들은 또 밥그릇을 챙기려고 사립탐정의 자격을 전직경찰관 출신으로 좁히려 하지 말 것이다. 사립탐정은 상식을 가진 시민들이 당연한 권리로서 부족한 공권력을 메꾸는 동시에 전분야의 사회를 감시하는 제도로서 존재해야 한다. 신고제로 사립탐정의 숫자를 늘리면 제도의 운용에 필수적인 이용 수수료도 경쟁이 되어 싸 질 것이다. 중요한 것은 정보의 공개, 성역 없는 수사를 위해 시민이 직접 나선다는 사실이다.

한국이 일본보다 고소건수가 더 많은 구조적 원인: 부실한 수사 관행으로 인한 악순환

우리나라에서는 전체 사건에서 최근 6년간 연평균 33%에 이를 정도로 고소 고발사건이 차지하는 비중이 크고, 이에 따라 고소 고발사건에 대한 불기소율 또한 일반사건에 비해 상당히 높다.[329] 이것은 한편으로는 고소 고발로 인한 피해자가 그만큼 양산되고 있음을 의미하고, 다른 한편으로는 그만큼 고소인 고발인의 불만도 커지고 있다는 것을 의미한다.

사실 한국의 고소건수는 일본에 비해 턱없이 높다. 그 이유는 바로 앞서 서술한 바, 가능한 한 기소율과 함께, 이른바, '불필요한 분쟁'을 줄이려고 하는 검찰이나 법원의 관행에 있다는 점은 의미하는 바가 크다. 2007년 형사소송법개정 이전인 2005년 법무부 자료에 따르면, 피고소자 수는 59만739명으로 일본의 155배나 됐지만 기소된 인원은 17.1%인 10만931명에 불과했다.[330] 2000년 이후의 통계에서 2004년과 2009년 고소인 수가 60만 명을 넘어섰으며, 그 외에는 2016년까지 50만 명 대에서 증감을 거듭해왔다.[331] 반면, 일본의 전국 검 경에 접수된 고소 사건 건수는 2014년 해결된 사건을 기준으로 9180건이었던 것으로 검찰청 통계연보에 기록돼 있다. 고소 사건은 한 해 1만 건을 넘지 않는다. 고발 건수도 3,000건 이하였다. 미해결 사건을 포함하더라도 접수된 고소 및 고발 건수는 많이 잡아야 연간 1만 5,000건 이하이다. 연간 약 8500명당 한 건의 고소 또는 고발 사건이 접수된 셈이다.

일본에서는 경찰 등 일본 수사 당국은 형사범죄를 구성하지 않을 것으로 보이는 사안이나 미미한 사기, 횡령 등 경제사범 등의 안건에 대해서는 접수 및 수리를 하지 않는다. 일본 검찰 등 수사기관은 고소 고발 신청을 엄격히 심사해 3분의 2가량을 반려하거나 자진 철회하도록 하는 것이 통례라는 연구 결과도 있다. 일반 민원인도 고소 고발을 하기 전 변호사 상담 및 각종 중재 등을 통해 스스로 분쟁을 해결하고자 노력한다. 사기, 횡령 등 경제문제 등에 대해서는 피해자 측이 기소가 가능한 증거를 찾아 수사 당국을 납득시킬 경우 고소 고발 접수를 받는다. 일본 경시청 관계자의 말에 따르면, "국가 수사기관의 수사 능력이 한정돼 있는 상황에서 민사적으로 해결할 수 있는 사건들은 일차적으로 개인 간 조정에 맡기고, 국가 수사 및 사법기관은 형사사건에 집중하자는 의도에서 나온 관행"이라고 한다.[332]

여기서, 일본에서 반려되는 사건들은 소액의 민사사건으로 형사사건이 아님을 알 수 있다. 그리고, 민사라 하더라도 기소 가능한 증거가 있을 때는 고소, 고발 접수를 받는다. 더구나 일차적으로 개인 간의 조정이 가제가 아니라 합의에 의해 해결되고 있다는 사실이다. 더 중요한 사실은 일본의 수사기관은 수사능력의 한계를 자각하고 이미 2007년에 사립탐정제도를 도입했다.

반면, 우리나라에서 이처럼 고소 고발이 많은 것은 부실수사를 남발하는 검찰의 잘못된 관행에 기인하는 바가 적지 않다. 우리나라는 형사범죄와 민사범죄를 가리지 않고 사건을 은폐 축소하기 위해 불기소하는 경향이 있어서 구조적으로 사법 기능이 부실하게 작동한다는 사실이다. 뿐 아니라 민간인이 스스로 문제를 해결할 수 있게 하는 민간 조직도 허용하지 않는다. 처리도 다 하지 못하는 권력을 꾹 쥐고 앉아서 그 모자라는 인력에 맞추어서 수사를 선별하기 위해 사건의 수를 축소하려다 보니 부실한 수사, 재판이 될 수밖에 없는 것이다.

한국이 일본보다 고소 건수가 높은 상황은 위에서 언급한 것처럼 우선 스스로 문제를 해결할 수 있는 기회가 적고, 이에 더하여 구조적으로 사회 자체가 보다 불안정한 데서 범죄 발생률이 높았기 때문인 것으로 보는 것이 타당할 것이다. 그리고 범죄 발생률과 연관된 구조적인 사회 불안정성은 주로 법률의 예방적 기능이 잘 작동하지 않은 데 기인한 것이라고 할 수 있다.

공정한 재판보다는 '불필요한 분쟁'을 줄이려는 신속한 재판을 중시하는 검찰과 법원의 관행이 오히려 수사인력이 미치지 못하는 구석구석에서 범죄가 벌어지도록 부추기게 된다. 동시에 피해자의 입장은 경시되고, 억울한 사람들이 많아지다 보니 고소도 잦아지게 된다. '불필요한 분쟁'의 개념이 법률의 예방기능을 무색하게 하면서, 한국은 부족한 공권력으로 효과적으로 대처할 수 없을 만큼 범죄건수가 날로 증가하고, 이는 곧 부실한 수사, 재판으로 이어지는 악순환에 이르게 될 것이다. 이는 원천적으로 한국의 사법적폐를 고치지 않으면 해결하기 어려운 문제이다.

사립탐정제도는 시민을 국가 기구를 보충하는 인력으로 효율적으로 이용할 수 있게 할 것이다. 국가 사법 인력의 부족을 메꾸기 위한 사립탐정제도는 범죄의 예방 기능도 아울러 갖는다. 공(公)과 사(私) 양쪽이 협조하여 공정하고 철저한 수사를 담보한다면 범죄는 줄어들 수밖에 없고, 범죄가 줄어지면 고소율도 자연히 동반 하락하게 될 것은 자명하다.

적폐의 중심에 태풍의 눈 같은 헌법재판소

한국의 헌법재판소는 독일의 것과 다르다.

한국에서는 외국의 사례를 본받아서 제도를 만들어왔다. 8.15 해방 이후 갑자기 근대국가로 출범하면서 다른 도리가 없었던 것이다. 가까이는 일본, 멀리는 독일, 요즈음 와서는 또 영미법으로부터도 영향을 받는다.

그런데 그냥 그대로 들어오는 것이 아니라 한국의 풍토에 맞게 변질된다. 자유민주의 역사가 얕고 그 대신 식민지 지배, 관료주의, 독재의 전통이 강해서 거기에 맞게 변형된다. 치자나 피치자가 모두 그런 전통에 물들어서 치자는 독선을 하고 피치자는 관성적으로 순종하는 그런 풍토 말이다.

그 변질된 예를 사법부에서도 볼 수 있는데, 그것이 시민배심제도, 또 현재의 헌법재판소 같은 것이다. 전자는 영미법에서 영향을 받은 것인데,

영미에서는 배심원이 유무죄를 판단하는 결정권을 갖는다. 그러나 한국에서는 아무런 결정권이 없고 그냥 자문으로 재판관은 참고만 한다. 이런 것은 시민에게 권력을 나누어주는 데 익숙하지 않은 관료주의의 독선에 의한 것이다.

현재 한국의 헌법재판소는 1987년 헌법에 의해 정초된 것이다. 1987년 헌법은 그 전 유신독재와 전두환 군부정권 때보다 더 민주화된 헌법이겠지만 그것은 어디까지나 상대적인 것일 뿐 절대적인 의미가 결코 아니다. 어떻게 직전까지 식민지 지배, 독재로 얼룩진 한 사회가 갑자기 민주화될 수 있단 말인가. 친일과 독재에 협조했던 사람들이 그대로 가부좌를 틀고 있고 기득권 정권도 바뀌지 않고 기존 집권 여당이 그대로 뒤를 잇는 형편에서 말이다. 민주를 위협하는 인적 조직은 타격을 받지 않고 그대로 유보되었고, 이것이 알게 모르게 1987년 헌법이나 하위 법률의 제정에 영향을 미쳤다.

이런 시대적 배경을 깔고 헌법재판소는 1987년 독일의 헌법재판소를 모범으로 만들어졌단다. 그런데 독일과 한국의 헌법재판소는 같은 것이 아니다. 이름만 같을 뿐 조직과 기능이 아주 다르기 때문에 독일의 것을 모방한 것이라고 하기가 어렵다.

독일의 헌법재판소는 전문 분야별로 기능이 나뉘어져 있으나 한국의 것은 한 데 합쳐져 있고 9명의 헌법재판관이 거의 전권을 가지고 심리를 한다. 마치 9명의 독재관 같다.

또 독일의 헌법재판소에서 다루는 현안은 약 95%가 헌법소원이며, 그 대부분이 재판소원이라고 한다. 그러니 일반법원에서 이루어지는 부실한 재판을 감독하여 사법적폐를 없애는 데 기여하고 있는 것이다. 그러나 한국에서는 정 반대로 애초에 재판소원을 법률로서 금지했다. 하위법률인 헌법재판소법(68조 1항)을 통해서 재판소원을 애초에 금지했다. 이것이야 말로 독일의 헌법재판소와의 결별을 선언하는 것으로서, 한국에서는 애초부터 법률을 진정으로 수호할 의사가 없었음을 증명하는 것이다. 재판소원 뿐 아니다. 2007년 개정형법에서는 재판을 받은 것도 아닌 재정사건까지 헌법소원에서 배제했다. 그 전까지 허용되었던 것인데도 말이다. 그래서 검찰의 부당한 불기소처분에 대한 제어장치도 궁극적으로 사라져버리는 결과를 낳았다.

독일 헌법재판소가 재판소원을 인정하는 것은 법관들 사이의 견해의 차이를 통해 독주를 방지하는 자체 견제체제를 갖추고 있다는 뜻이다. 그런데 한국의 헌법재판소는 재판소원을 금지함으로써 법관들 사이의 갈등 자체를 원천적으로 배제하고 금기시한다. 그래서 사법부는 난공불락의 하자 없고 절대적인 권위로 군림한다. 또 재판소원 배제는 헌법재판소의 독주 뿐 아니라 파생적으로 일반법원의 독주까지 초래함으로써 한국 사법부 전체를 비리의 도가니로 몰아넣는 계기가 되었다.

독일은 잘못된 재판에 대해 법관을 징벌할 수 있는 제도와 절차가 갖추어져 있으나, 한국은 신성시되는 법관에게 책임을 물을 수 있는 체계적인 절차가 갖추어져 있지 않다. 헌법재판소 뿐 아니라 일반재판소의 법관도 잘못된 판결에 대해 책임을 지는 절차가 효과적으로 마련되어 있지 않다. 오늘날 한국의 사법적폐는 이 같이 미비한 공권력 규제의 공백에서 발생한다.

'신속'하지만 '불공정'한 재판을 부추기는 한국 헌법

윤남근 고려대 법학전문대학원 교수에 따르면, 헌법재판소에 재판소원이 허용될 경우 나타날 부작용을 크게 두 가지로 꼽았다. 1. 극심한 소송지연의 문제 (신청 폭주로 인한 재판의 형해화, 3심급 혼란, 소송지연), 2. 헌재는 국회의 입법권 남용을 방지하는 것이지, 법원의 재판에 간섭하면 안 된다는 것 등이다.

윤남근이 법원의 3심급 재판에 대해 헌재가 관여하면 안 된다고 한 이유는 재판이 폭주하여 지연되므로 경제성, 신속성이 없다는 것이다. 이 경제성, 신속성 논리 때문에 지금까지 한국 재판에는 공정성에 대한 개념이 무시 되었다.

오늘날 양승태 대법원장의 사법권력 농단 사태, 뿐 아니라 한국 민중의 사법부 신뢰도가 OECD 약 40개국 중에서 끝에서 2, 3위에 머물고 있는 실태는 바로 재판의 공정성 개념이 무시되었기 때문이다. 헌법 자체에서도 신속성만 이야기하고 공정성 개념이 누락되어 있다.

한국 헌법은 지금까지 재판의 중요한 목적이라고 할 '공정성'에 대한 개념을 누락함으로써, 그 민중은 원천적으로 사법부의 신속하지만 '불공정'한 재판의 희생물이 되어 왔다.

삼권분립의 견제 장치를 초월한 독재의 헌법재판소

더 심각한 문제는 독립기관으로서의 헌법재판소가 구조적으로 3권 분립의 구도를 벗어나서 절대적 권위로 군림하는 것이다. 헌법재판소의 기능이 제4의 행정-사법 기관으로서 사법부의 삼심제와 충돌이 된다는 염려는 부차적인 것이다. 그보다 근원적인 문제는 애초에 헌법재판소를 독립기관으로 하고 관료인 헌법재판관의 권위를 국회 위에 설정한 것, 아니면 적어도 그에 필적하는 권위를 갖도록 한 것이 국회의 입법권을 침해하는 것이다. 그래서 삼권분립의 견제 구도를 위협한다. 9명의 헌법재판관 관료의 결정은 상대적으로 다수의 토론장인 국회와는 차이가 있다. 국회의 입법은 원론적으로 다수에 의한 토론과 숙의의 과정을 거치는 것이기 때문에 9명 행정-사법 관료의 결정과는 그 성격이 다르다. 9명 관료에 의한 결정은 자의적, 독재적인 판단의 위험성이 더 강하기 때문이다.

반면, 그리스에서는 국가의회(Council of State)는 최고 행정재판소인 동시에 아주 우수한 헌법재판소로서의 기능을 갖추고 있는 것으로 평가 받는다. 헌법재판소가 독립되어 있지 않는 나라는 위헌시비를 판단하는 기관이 없다는 뜻이 아니라 기존의 국회나 재판소에서 담당한다. 그것은 다수의 숙의를 거칠 수 있는 장치를 담보하는 것일 뿐 아니라 한국의 헌법재판소 같은 절대적 권위를 가지고 군림하지 않는다는 것을 뜻한다. 이때 헌법재판소는 절대적 권력의 독립기구가 아니라 삼권분립 체제 안에 편입된 일상적 기구가 된다.

반면, 권력 간 상호견제의 민주적 원리를 벗어나 있는 한국의 헌법재판소는 독재정권의 잔재이다. 헌법재판소의 재판소원 배제는 자신 뿐 아니라 파생적으로 일반법원의 독주까지 초래함으로써 한국 사법부 전체를 비리의 도가니로 몰아넣는 계기가 되었다. 사법부 일반이 3권의 견제구도에서 벗어나서 무오류의 신성(神聖)으로 군림하는 실마리를 제공한다.

삼권분립의 견제를 벗어나서 제왕같이 군림하는 한국의 사법부

윤남근은 헌법재판소의 기능에 대해 다음과 같이 말했다.

"국회가 만든 악법이 직접 법원을 압박하지 못하도록 필터링 역할을 함으로써 사법부의 독립을 지원해야 할 헌재가 법원의 재판에 직접 관여하겠다는 것은 헌재 스스로의 존재 의의를 약화시키는 것이기도 하다."

이런 윤남근의 말에 따르면, "헌법재판소는 국회의 입법만 견제하는 한편, 사법부의 독립을 보장하여 법원의 재판에 관여해서는 안 된다"는 것이다. 그러니, 헌법재판소는 입법부만 견제하고 사법부는 간섭하지 말라는 뜻이다.

그러다보니, 실제로 3심급 법관의 판결이 분명한 증거를 완전히 무시한 엉터리라고 해도 그 권위는 신성한 것이 되었다. 법관의 잘못된 판결에 대해서 아무런 견제나 질책 기관이 하지 않았기 때문이다. 오늘날 한국 사법부가 노정하는 질곡은 바로 사법부 법관을 견제할 수 있는 제도적 장치가 부재한 구조적 모순에서 오는 것이다.

사법부 절대 권력 척결을 위한 사법 분권화의 전망

1987년 헌법은 이렇듯 사법부를 초헌법적 존재로 만듦으로서 30년 간 사법부 적폐를 양산해오는 데 기여했다. 그 적폐의 중심에 태풍의 눈 같은 헌법재판소가 존재한다. 사법부뿐 아니라 정부 구석구석 양심을 외면한 좀도둑이 없는 곳이 드물다. 1987년 헌법이 독재를 종식시키는 데 주안점을 두었다면, 이제 이루어져야 할 개헌은 공직자 좀도둑을 감시하는 체제를 구축하는 것이어야 한다.

작금에 눈덩이 같이 쌓인 사법적폐를 척결하기 위해 무엇보다 중앙집권적, 획일적 사법구조를 바꾸고, 특히 법관 관료조직을 타파하는 것에서 시작되어야 한다. 사법부 자체의 권력구조를 지방 단위로 분권화하고, 시민이 법관 임명에 목소리를 내며 사법재판에 배심원 혹은 참심 재판관으로 임석하여 결정권을 행사하는 것으로부터 개헌은 시작되어야 한다.

제 9 장
의료계에도 스며있는 권위주의 잔재

의료과실의 개념에서 우리나라는 독일과 큰 차이가 있다. 독일의 의료법에서는 중과실 뿐 아니라 의사들의 약한 과실도 치명적인 결과를 가져올 수 있다는 점에 대해 주목한다. 그러나 한국 의료계는 사망이나 중장애에 이르는 중과실만 대수로 여기는 경향이 있다. 또 독일에서는 의사들의 실수로 인한 대처방안으로서 책임보험 가입을 권장하고 있고 실제로 그것이 활성화되어있다. 그러나 한국은 대형병원, 개인병원 가릴 것 없이 의료인 책임보험제도를 가능한 한 회피하고 있다.

한국에서 의료사고의 입증책임은 상식 밖으로 의료적 전문지식도 없는 환자에게 주어져있고, 의사들은 의료 정보를 집단적으로 은폐하며 '침묵의 공모'를 도모하고 있다. 의료인에게로 입증책임을 전환하는 문제는 의료인 책임보험제도와 밀접하게 연관된다. 책임보험의 안전장치가 없는 한국의 의료인은 자연히 의료 정보의 개방을 꺼리기 때문이다.

현재 의료분쟁조정중재원에서 시행되는 감정제도에서는 감정단이 제시하는 단 한 가지 감정 소견밖에 나오지 않는다. 이것은 직권주의 발상에 의한 것으로 다양한 감정 소견을 구할 수 있는 환자는 권리를 박탈하는 것이다.

살인, 강간의 형사범죄에도 의사 자격증은 취소되지 않는다

2000년 한국 의료법 개악

의사, 치과의사, 한의사(이하 '의료인'으로 줄임) 등 의료인의 경우 의료행위에 관련된 일정 범죄를 제외하고는 일반 형사범죄(횡령, 배임, 절도, 강간, 업무상과실치사상 등)나 일반 특별법위반 등으로 금고 이상의 형사처벌을 받더라도 의사의 면허에 영향이 없다.[333]

그러나 2000년 한국 의료법 개정 이전에는, 의료인이 업무상과실치사나 일반 형사범죄로 금고 이상의 형사처벌을 받을 경우 면허취소가 가능했다. 일본은 지금도, 2000년도 이전의 한국 의료법과 마찬가지로 해당 의사가 벌금형 정도의 형사처벌만을 받더라도 면허취소, 의료업 정지(3년 이내) 처분이 가능하고, 이는 의료 선진국 독일이나 미국 대부분의 주의

경우에서도 마찬가지이다.[334]

그런데 2000년도 의료법이 개정되면서, 형법 상 몇 개 범죄(허위진단서 작성, 위조사문서행사 등) 및 지극히 한정적인 의료법령 관련 법률 위반에 한해서만 면허취소가 가능하도록 개정한 것이다. 것이다. 그래서 현행 의료법 규정상 의사는 업무상과실치사로 사람을 사망하게 해도 '의사'를 할 수 있고, 시체[335]를 유기하고 달아났다가 붙잡혀도 의사직을 유지할 수 있으며, 성범죄자도 아무런 제약 없이 의사가 될 수 있고, 심지어 강간을 저질러도 의사 면허가 유지된다.

한국 의료인의 이런 특혜성의 관련 장치는 전문 의료지식의 배타적 독점과 정보 은폐의 관행과 궤를 같이 한다. 2000년 의료법 개악은 될 수 있는 대로 사회적 규제를 피하고자 하는 의사 집단의 이기적 요구가 관철된 것으로서 현재까지 여러 가지 부작용을 낳고 있다. 사람들의 감시를 피하여 은근슬쩍 이루어진 입법은 결국 비상식적인 관행을 낳도록 했고, 의사들의 방만하고 무책임한 직업의식과 함께 환자 측의 피해를 유발하는 질곡의 사회를 초래하게 된 것이다. 2000년에 개악된 한국 의료법을 돌아보는 것은 의료법에 한정된 것이 아니라 그 배경으로서 사회 구석구석 민주 시민 의식이 아직 정착되지 못했음을 노정하기 때문이다. 오늘 한국이 처한 의료계 상황은 상식을 벗어난 집단 이기주의의 산물로서 결국 사회 자체를 혼란에 빠뜨리게 되는 계기를 돌아볼 기회를 제공해줄 것이다.

또 현행 의료법 제8조 제4호에는 다른 의료관련 법령을 위반한 경우를 대통령령에 위임하여 규제하도록 규정되어 있으나, 현재 대통령령에 규정된 다른 의료관련 법령은 없다. 대통령령에 누락된 사례로 대표적인 것은

〈정신건강증진 및 정신질환자 복지서비스 지원에 관한 법률(구 정신보건법)〉이나 〈장기 등 이식에 관한 법률〉이다. 어것은 의료관련 법령임에 틀림이 없으나 누락되어 있다. 더구나 의료인의 결격사유, 혹은 면허취소 사유와 같은 중요한 사항을 대통령령에 위임하는 법률 형태가 이대로 바람직한가 하는 데 대한 반성이 필요하다. 이를 법률 자체에 분명하게 규정하도록 하는 당위성 여부에 대해서도 생각해볼 필요가 있다.

형평성의 결여와 의료법의 공백

법조인도 모르는 의료법의 공백

현행 의료법 제8조(결격사유)는 2000년 경 무리하게 개악되는 과정에서, 법률의 기본적인 입법 방식도 지키지 못했고, 그나마 규제하고 있는 내용에도 허점이 많다. 2000년 의료법이 개정된 후 적지 않은 비윤리적 의료인들에 대해 정부는 아무런 규제도 가하지 못해왔다.

이와 관련한 법조인의 인식과 관련하여, 신해철의 사망과 관련한 형사 제1심 재판부는, 2016년 11월 25일 판결 선고일에 많은 기자들이 착석한 가운데, 피고인에 대한 양형 이유를 설명하면서(업무상과실치사 유죄 판단), "과실의 정도라든지, 중대한 피해 정도를 고려해보면 이 사건은 결코 가볍게 다룰 수 없다. 피고인에 대해서 의사직을 계속 유지할 수 있는 가벼운 형을 내리는 건 적절하지 않다. 피고인에 대해 금고형을 선고하기로 한다."고 설명했다.[336] 비록 최종판결문에서는, 이 같은 문구가 유지되지 않았으나, 이를 통하여, 해당재판부는 '금고형 선고시 의사직 유지 불가(면허취소 등의 행정처분), 벌금형 선고시 의사직 유지 가능(행정처분 없음)'이라는, 정확하지 못한 의료법 지식을 전제로 피고인의 양형을 산정하였음을 추단할 수 있다. 이 때문에 위 판결 선고 직후 보도된 기사에서도 "고(故) 신해철 집도의 실형 모면, 의사직은 불가, 서울동부지방법원⋯ 금고 10월에 집행유예 2년 선고"라는 '오보'가 나오기도 했고, 판결 선고 직후 고소인 및 고소인의 대리인측에서 '반대취지의 보도자료를 제공'하자, 실제로 이러한 반대 취지의 기사가 실리기도 했다.[337]

의사 면허 취소 및 정지의 관리체계의 공백

편의와 효율화를 빌미로 한 입법 취지의 사기성

이처럼 의료사고가 반복되고, 환자를 상대로 범죄를 저질러도 의사면허가 유지될 수 있게 된 것은 지난 2000년의 의료법 개정 이후의 일이다. 당시의 법 개정은, 김대중 정부시절인 1998년 각 산업에 대한 대대적인 규제 정비에 들어가면서 의료업계의 규제완화 조치의 일환으로 정부가 주도했던 것이다. 의료법 개정의 배경으로서 당시 보건복지부는 "국민의 의료이용 편의와 의료서비스 효율화 도모"를 기치로 내걸었다. 의료서비스 효율화를 위한답시고 의사면허취소 사유를 의료행위와 관련된 것으로만 한정시킴으로써 법적 허점이 생긴 것이다.

변호사는 금고 이상의 형을 선고받으면, 그 형의 집행이 종료되지 아니하였거나 집행을 받지않는 것으로 확정되고 나서도 5년간 결격 사유가 되지만, 의료인은 금고 이상의 형을 선고 받아도 그 형의 집행을 종료하거나 집행을 받지 아니하기로 확정되기만 하면 즉시 결격사유가 해소된다는 점에서 상당한 차이가 있다. 변호사뿐 아니라 세무사, 법무사 등 다른 직업군들에서 기간의 차이가 있을 뿐, 규정되어 있는 결격사유가 의료인에게만 규정되지 않고 있다. 변호사의 결격사유로 규정된 집행유예, 선고유예 등의 형도 의료인에게는 결격사유가 되지 못한다.

의사면허 취소 절차도 곳곳에 허점

면허를 취소하거나 자격을 정지하는 사유가 발생할 경우, 이에 대해 실제로 취소 또는 정지되는 절차도 허점투성이이다. 면허취소 사유에 해당되면 사법기관이 해당 의사에 대한 행정처분을 관할 보건소 등 보건당국에 알려줘야 한다. 그런데 사법기관이 이를 보건당국에 통보해줄 의무는 없다. 또한 의료사고로 재판이 진행 중이면 재판이 끝날 때까지 어떠한 행정조치도 취할 수가 없다. 실제로 지난 2007년 통영 수면내시경 성폭행 사건 의사의 경우, 확인결과, 의사면허가 취소되지 않았다. 해당 의사 황모씨의 경우 1심에서 징역 7년을 선고받았다가, 2심에서 징역 5년형으로 감형되었는데, 당시 사법 당국은 면허를 취소해주도록 해당보건소로 행정처분을 의뢰하지 않았고, 이 때문에 황모씨는 형을 마친 뒤 여전히 의사로 활동하는 것으로 알려졌다.

자격정지가 가능한 성범죄에 대한 보건복지부의 행정처분 소극성

보건복지부의 소극적이고 안일한 행정은 의료인 성범죄 관련 행정처분에서 더욱 분명해진다. 인재근(더불어민주당) 의원 보고서에 따르면, "최근 10년 동안 성범죄와 관련된 의사는 747명인데 반해 행정처분은 고작

5명에게 대하여 자격정지 1개월이 전부였다."[338] 현행의료법에 따르면, 의료인이 성범죄를 저질렀을 경우, 보건복지부는 의료인의 '비도덕적 진료행위'에 대해 형사적 처벌과는 별도로 면허에 대한 자격을 정지 시킬 수 있으나, 보건복지부는 고작 5명에 대해 자격정지 1개월의 행정처분을 한 데 그친 것이다.

행정처분 상 면허취소는 규정이 없으며, 면허정지 처분은 가능하나 기준이 명확하지 않다. 의료법상 행정처분 근거가 없는 상황과 관련하여, 박호균 변호사는 법적 근거에 따라 행정처분을 할 수 밖에 없는 보건복지부를 탓할 일이 아니라고 평가했다. 인재근 의원실이 실태를 지적한 것은 바람직한 일이나, 보건복지부에 앞서서 의료법을 제대로 개정하지 못하고 있는 현 국회 역시 책임을 져야 할 일이라는 것이다.

이런 법의 공백상태에 대해 보건복지부는 책임이 없는가? 법이 미비하면 주무 부서인 보건복지부가 그 필요성을 진작에 강력하게 주장하고 나섰어야 했을 것이다. 역할을 다하지 않고 가만히 있었다는 것은, 의료인과 또다른 고유의 역할도 망각한 채 보건복지부가 의료인과 한 통속이었음을 뜻한다.

면허 취소도 무색하게 100% 재교부

그나마 의료인의 면허는 취소되더라도 취소의 원인이 된 사유가 없어지거나 개전(改悛)의 정이 뚜렷하다고 인정되면 면허를 재교부할 수 있는 것으로 규정하고 있다.(1-3년 이내에 재교부 가능: 의료법 제65조 제2항) 그래서 면허를 취소해도 일시적인 처분에 불과하고, 영구적인 처분이 아닙니다. 2016년 10월 인재근 의원실 보도자료에 따르면, "의료인이 면허 취소 후 재교부를 신청하면 승인률 100%로 자격관리가 허술하게 이루어지고 있다"고 밝혔다. 보건복지부로부터 제출 받은 '의료인 면허 취소 후 재교부 현황' 국정감사 자료를 분석한 결과, 최근 10년간 의료인의 면허 재교부 신청은 총 94건으로 모두 재교부 승인이 난 것으로 드러났다고 한다.[339]

형법, 의료법 및 시행령 간 괴리에 의한 법의 공백

특별법 우선의 원칙에 의해서 의료법이 형법에 우선하기 때문에 오는 법률상 공백이 있다. 이런 법의 공백을 이용해서 의료인들은 그들의 면책 범위를 넓혀왔고, 이것이 관행이 되어 오늘날의 의료인 형사범죄자는 그 자격도 박탈되지 않고, 직업 및 영업도 방해 받지 않은 채 업무에 그대로 종사하고 있는 형편에 있다. 또 의료인의 품위 손상에 형사 범죄는 죄다 빠져있는 실정이다. 마치 의료인에게는 형사범죄란 없다는 전제를 깔고서 만든 법률 같다.

의료법 제8조 제4호 형법조항 중에 형법 제268조(업무상과실치사)[340] 규정이 누락되어 있다. 그래서 고(故) 신해철 사건에서 해당 의사가 업무상 과실치사와 관련하여 설사 금고형 이상을 선고 받았다 하더라도, 면허에 영향이 없고 의료행위를 계속할 수 있다.

의료법 제66조 제1항 제1호에 "의료인의 품위를 심하게 손상시키는 행위를 한 때" 자격정지가 가능한 것으로 규정하고 있지만, 동법시행령 제32조(의료인의 품위손상행위의 범위)에 형사처벌 관련 규정이 없어, 실제로 형사범으로 면허가 취소될 가능성은 거의 없는 형편이다.[341]

이 같은 법률상 공백을 없애기 위해서는 무조건 특별법 우선이 아니라,

일반법에 있는 규정이 특별법에 누락된 경우에는 서로 자동 보완되도록 할 필요가 있다.

위협받는 환자들

환자는 의사의 정보를 알 수 없다.

신해철 집도의로 알려진 강모씨는 지난 1월 법정구속되기 전까지 지방의 한 병원에서 외과과장으로 여전히 수술을 하고 있었다. 강씨의 소재를 파악할 수 있었던 건 강씨를 상대로 재산가압류가 들어가 있었기 때문이며, 취재가 시작되었을 때 해당 지역의 주민들은 강씨가 어떤 사람인지 전혀 알지를 못했다. 환자의 생명을 책임지는 의사의 정보가 그만큼 환자들에게 공유되지 않았다.

또 지난 2012년 우유주사 시신유기로 세상을 떠들썩하게 해서 알려진 산부인과 의사 김모씨 역시 최근까지도 의정부의 한 요양병원에서 근무하고 있었던 것으로 확인되었지만, 해당 병원이 폐업하면서 이후의 행방은 더 이상 확인하기 어려웠다.

지난 2007년 경남 통영에서 수면내시경을 받으러 온 환자를 상대로 성폭행한 의사 황모씨 역시 의사면허가 취소되지 않았다는 사실을 확인했을 뿐, 지방에서 여전히 의사로서 활동하는 것으로 알려졌다.

언론을 통해 크게 이슈화되어도 그때뿐이고, 이후 지역을 옮기면서 자신이 아닌 다른 의사의 이름으로 심평원(건강보험심사평가원)에 수술내역을 신고하면 소위 문제 의사의 행방은 쉬 찾을 수가 없게 된다.

실수 아닌 과실

신해철 집도의로 알려진 강모씨는 신해철씨 외에도 숨진 환자가 4명이 더 있었다. 반복된 의료사고로 잇따라 환자가 숨진다면 이는 단순한 실수가 아닌 심각한 과실로 보이고, 추가 의료사고의 개연성은 더 높아진다. 환자의 생명권이 심각하게 위협 받는다.

생명경시 풍조

의사는 형사처벌을 받더라도 면허에 아무런 영향이 없고, 더구나, 60세가 넘은 고령의 환자는 의료사고로 사망하더라도 소액의 위자료 정도의 민사책임 문제만 발생한다. 통상 일실수입(逸失收入: 잃어버린 장래 소득)은 60세 정년을 한도로 인정하기 때문이다. 이런저런 이유로 환자를 대하는 의료진의 인내심이 시험을 받기가 쉽다. 금전만능주의와 맞물려, 의료현장이 윤리의 불감증으로 이어지기 쉬운 까닭이 여기 있다. 그중에서도 환자가 노인들이라면, 왕왕 생명의 가치는 더더욱 가벼이 여겨지는 경향도 있다. 특정 의료인에 대한 불신들이 모여 의사집단 전체에 대한 불신으로 확산하고, 환자의 인권, 인간의 존엄과 가치에 심각한 훼손이 실제로 의료현장에서 빈번히 발생하고 있음에도, 이 같은 문제점에 대한 인지나 제도적 장치는 턱없이 부족한 것 같다.

한국 의사들의 집단이기주의와 의료법 재개정 거부

의사만 예외일 수 없다.

의사들이 주로 이용하는 사이트인 '닥플'에서 지난 2012년 8월 의사 877명을 대상으로 '살인이나 강도 등 중범죄를 저지른 의사의 면허 제재'에 대한 의견을 물은 적이 있다. 결과는 의사들 직업 이기주의의 극치로 나타났다. 면허를 제재해야 한다는 의견은 9%인 78명에 불과했고, 절대 다수인 86%의 753명은 어떤 경우에도 의사면허에 대한 제재는 안 된다고 답했다.

의료법 재개정 시도의 좌절

현행 의료법의 허점을 보완하기 위한 의료법 개정 노력은 의사들의 반대에 부딪쳐 번번이 무산되었다. 2007년 당시 민주당 강기정 의원은 성폭력 범죄를 저지른 의사의 면허취소사유와 면허재교부 제한을 골자로 한 법안을 발의했고, 2012년 산부인과 의사의 시신유기 사건 직후 당시 민주통합당 이언주 의원은 살인과 사체 은닉을 저지른 의사의 경우 면허를 취소하자는 법안을 발의했다. 그 후에도 성범죄를 저지른 의사에 대해 의사면허를 취소하자는 법안이 계속 발의되었으나 이들 모두가 의료계의 반발로 폐기되었다. 신해철법으로 불리는 의료사고 피해구제 및 의료분쟁 조정 등에 관한 법률은 의료사고 피해자가 사망하거나 중증 상해를 입은 경우 병원 측의 동의 없이도 중재를 시작하도록 하는 내용이다. 문제의 의사에 대한 면허를 취소하거나 정지하는 등, 연속적이고 추가적인 법률안은 아직 개정의 길이 요원하다.

의료인의 자격과 직업 및 영업 규제 관련 외국의 사례

일본은 벌금형만 받아도 면허취소나 3년간 의료업 정지처분을 받는다. 최근에는 민사책임을 지는 경우에도 행정처분을 하는 경우가 늘어나고 있는 경향이라고 한다. 미국에서는 예외없이 면허를 교부받기 위해서는 선량하고 도덕적인 성격이 필요하고, 형사사건에서의 유죄 전력은 면허 교부자체가 불허되는 중요한 사유이며, 심지어 유죄판결의 근거가 된 범죄가 의료행위와 관련이 없다고 하더라도 효력은 마찬가지이다.[342]

독일의 경우는 형사상 책임에 더하여 직업법적 추가제재(Berufsrechtlicher berhang)가 가해진다. 의사가 형사범죄와 관련되면 일반 형사처벌과는 별도로 보안처분으로서의 직업금지 명령이 가능하고, 이외에도 의사의 직무를 수행하는 과정에 형법위반으로 확정판결이 났다거나, 혹은 법원명령에 따라 의사의 직무수행에 부적합하다거나, 그렇게 의심할 만하다고 판단되면 면허의 취소나 사전정지가 가능하다.(연방의사법 제5조 제1항, 제2항, 제6조 제1항 제1호)[343]

형사판결은 그것이 무죄의 경우이든, 유죄의 경우이든[344], 동일한 사실관계에 대한 직업법원의 추가제재를 방해하지 않으며, 직업법원의 제재는 이중처벌금지(독일기본법 제103조 제3항)와 무관하다. 하지만 직업법원을 통한 추가적인 제재가 비례성의 원칙에 합치하고 가능한지는, 해당 의사를 자신의 직업적 의무를 지키도록 독려하기에, 그리고 의사의 직업적 명성(명예)를 보호하는 데 형사법원의 형벌이 충분한지 여부에 달려있다. 독일연방헌법재판소는 이와 관련된 첫 결정에서 형법과 직업법 사이에 법적 근거와 목적의 본질적 차이로부터 "형벌과 처분은 원칙적으로 서로 배제되지 않는다"는 결론을 도출해냈다.[345] 독일연방헌법재판소는 형사제재가 같은 사실관계라는 이유로 직업법적 제재를 불필요하게 만들고 배제시키는지 여부는 "일반적으로 답할 수 없고 신중한 심사를 필요로 하는 개별 사건마다 판단을 필요로 하는 문제"라고 판단한다.[346] 형벌과 징계의 상이성, 형사소송과 직업법적 절차의 서로 다른 목적에도 불구하고 공권력에 의한 이중 제재가 이루어지고 두 절차에서 적어도 부분적으로는 양형요소로 고려될 수 있다는 점을 고려해야 한다. 그래서 일반형법에 따라 벌금형 또는 자유형을 통해 선행된 제재가 직업법원의 제재에서 과징금의 양정(量定: 헤아려 정함)에 적절하게 고려되어야 한다고 여긴다. 이것은 직업법원의 제재가 형사소송에 선행하는 경우도 마찬가지이다.[347]

형사법원에 의해서 판결이 내려진 범죄의 높은 불법성과 책임의 내용이 항상 직업법원을 통한 견책이나 과징금 부과를 요하는 것은 아니다. 따라서 추가적인 직업법적 제재는 점진적으로 증가하는 의무이행촉구의 필요성과 직업적 명성(명예)의 보호 필요성이라는 두 개의 전제조건과 관련된 아주 강하게 제한되는 예외에 해당한다.

한국 의료계는 왜 책임보험을 넣지 않는가

한국 조정중재원과 독일

이명박 정부 들어서 갑작스레 설립된 조정중재원

한국의료분쟁조정중재원(이하 '조정중재원')은 2011년 4월 7일 입법된 <의료사고[348] 피해구제 및 의료분쟁조정 등에 관한 법률>(이하 '의료분쟁조정법')에 근거하여 2012년 4월 9일에 설립되어 현재 6년째 운영 중에 있으며[349], 의료사고와 관련하여 상담과 감정, 분쟁의 조정과 중재까지 전반의 업무를 통괄하여 처리하고 있다.

그런데 이 의료분쟁조정법 및 조정중재원은 직권중재제도에 기초한 것으로서 권위주의적인 문화 환경에서 독자적인 제도로 탄생하고 발전한 것이다.[350] 조정중재원에서는 감정과 조정(중재)의 기능을 한꺼번에 장악한 채 현재 서울 단 한 군데 기관에서 무소불위의 권력을 행사하고 있기 때문이다. 여러 기능이 한 기관에 집중된 이 같은 제도는 다른 나라에서는 좀처럼 찾아보기 힘든 것으로서, 봉건적 수동성, 독재적인 권력 집중의 잔재가 여전히 남아있는 한국에서나 가능한 제도이다.

2011년 이명박 정부 하에서 의료분쟁조정법이 서둘러 국회를 통과한 배경으로서 외국환자 유치를 위한 것이었다는 견해가 있었다.[351] 해외환자 유치사업을 추진하려는 데 의료사고 제도가 정비되어있지 않아서 외국인들이 한국에서의 진료를 꺼린다는 것이다. 실로 이명박 정부는 외국인 환자 유치를 통해 국부를 창출하고자 하는 <의료선진화위원회 의료제도개선안>을 입안하고 외국인 환자에 대한 의료사고 보상을 위한 제도를 정책적으로 정비하였으므로, 이런 정책적 배경 하에서 의료분쟁조정법 및 조정중재원이 급작스레 설립되었다고 할 수 있다.

의사들의 입증책임을 대신한 한국 의료조정중재원 감정의 문제점

현재 한국에서 의료사고에 대한 입증책임이 진료를 한 의사가 아니라 환자에게 거의 주어져 있다. 이런 비상식적 관행에 관련하여 시민단체 등에 의해 입증책임에 대한 논의가 20여년간 이어져, 마침내 2007년 국회에 제출된 세 가지 법안에는 입증책임을 의료인에게로 전환한다는 구상이 포함되어 있었다. 그러나 정작 이명박 정부 하에서 만들어진 의료분쟁조정법에서는 관련 규정이 완전히 빠져버렸다. 입증책임을 환자에게서 의료인에게로 전환하는 대신 조정중재원 내 감정단의 감정 제도가 자리를 잡게 되었다. 더구나 의료인에게 폭넓은 형사면책 조항을 둠으로써 의료인에게 면죄부만을 부여한 법안이라는 평가를 받기도 한다. 이는 의료분쟁 조정법과 조정중재원설립은 환자보다는 의료인 중심의 직권주의에 기초하고 있음을 보여준다.

입증책임 전환의 규정을 완전히 삭제한 것은 적지 않은 모순을 초래했다. 다양한 의견으로 개진될 수도 있는 입증의 책임을 감정단의 권위를 빌어서 단순하고도 신속하게 해결하겠다는 의도를 깔고 있기 때문이다. 입증책임을 의료인에게 귀속시키는 제도와 감정단의 감정 제도는 기능이나 비중 면에서도 서로 호환될만한 성격의 제도가 아니다.

감정은 오류를 범할 수도 있는 것인데도 그것을 조정중재원에서 선언적으로 처리하여 단 하나의 감정결과를 내어 처리한다는 것 자체가 권위적이다. 현재의 체제와 같이 모든 기능이 서울에 소재한 조정중재원 단 한 곳에 집중되어 있을 때 조정중재원의 독주 가능성은 더욱 높아진다. 감정단의 독단적 감정결과는 개별적으로 산재하는 환자보다 조직적으로 집중되는 보건의료인의 이해관계에 유리하게 작동하기 쉬운 폐단을 지니고 있기 때문이다.

한국에서처럼 의사들은 '침묵의 공모'로 일관하는 상황에서 전문적 의료지식이 없는 약점을 가진 한국의 환자들은 조정중재원의 감정의 결과가 미흡하다고 생각해도 속수무책이다. 그래서 미흡한 결과를 두고 어쩔 수 없이 조정에 합의하는 경우가 없지 않다.

그러면서도 한국의 의료인들은 조정중재원의 감정단이 환자 측의 입증부담을 상당히 완화시켜준 것이라고 긍정적으로 평가한다.[352] 의료인들이 져야할 입증책임을 환자에게 다 지우고는 조정중재원을 통해 그것을 완화시켜 준 것이 마치 큰 은혜를 베푸는 것인 양한다.

의료인 책임보험 가입의 필요성

보건의료인의 책임보험이란 의료사고에 즈음하여 그 위험부담을 보험사로 전가할 수 있는 제도를 말한다. 의료인 책임보험 가입도 입증책임전환의 구상과 함께 이명박 정부 출범 직전 국회에 제출된 3가지 법안에서 공히 소개된 것이었으나 조정중재원의 설립으로 무산된 두 가지 중 하나이다.

사실 의료인 책임보험제도와 입증책임 전환의 문제는 서로 밀접하게 연관된 것이다. 우리나라의 의사들이 의료지식의 개방을 꺼리고, 예상 가능한 경제적 손실 부담에 더욱 민감해질 수밖에 없는 것은 책임보험 가입률이 저조할 뿐만 아니라, 가입했다 하더라도 제도가 실제상황에 맞게끔 원활하게 작동하지 않는 데 기인하는 바가 크다.[353] 의사들이 책임보험을 들지 않은 상황에서 의사와 환자 사이에 공정한 중재가 이루어지기를 기대하기에는 무리가 따른다. 실제로 우리나라의 적지 않은 의사들이 의료지식이 여과 없이 의료소비자에게 개방될 경우 의료인과 의료소비자 간의 분쟁이 증가함으로써 의료인에게 지워질 부담에 대해 우려하고 있다.[354]

책임보험제도의 안전장치가 없는 한국의 의료인은 당연히 조정중재원의 감정 결과에 대해 더 민감할 수밖에 없게 된다. 그 소견의 향방에 따라서 보상, 혹은 배상 금액이 결정되기 때문이다. 그러나 의료인 책임보험은 의료사고로 인한 책임을 보험회사로 전가함으로써, 의료분쟁 해결 과정에서 초래될 수 있는 의료인의 시간적 손실을 덜게 해 주고 이후 발생할지도 모를 경제적 부담으로부터도 벗어나게 해 준다. 더구나 입증 책임을 진다해도 진실을 밝힘에 불필요한 두려움을 한층 더 덜어낼 수가 있다. 의료인이 자신의 책임을 보험회사로 전가하는 다원적인 구조를 갖추게 되면, 조정중재원의 감정 결과에 신경을 곤두세우거나 그 감정단의 결과를 의료인 측에 좀 더 유리하게 도출해내도록 부당한 '로비'를 하는 데 목을 매지 않아도 되는 것이다. 그러면 의료인들이 의료사고에 연연하지 않고 편안하게 본분에 매진할 수 있게 되고, 의료 공급자와 소비자 간의 공정한 관계도 성립될 수 있다.

책임보험은 시장경제 체제를 전제로 하는 것이므로 자연히 그 구조가 다양하게 외연으로 확대된다. 그래서 조정중재원에 집중된 배타적 기능을 분산시킴으로써 의료 환경을 민주적 분권체제로 전환할 수 있는 중요한 계기가 된다.

독일의 감정 및 중재기구의 다원성 및 개방성

한국 조정중재원의 감정단 또는 조정위원회는 거의 유일무이한 감정 및 조정 기구로 군림하고 있으나, 배타적 감정결과에 대한 이견이나 불만을 수용, 반영할 수 있는 제도적 장치를 결여하고 있다. 보다 더 심각한 문제는 의사들이 진실을 말하지 않는 의료계의 환경은 이러한 조정중재원의 독주를 더욱 부추기고 있다는 점이다. 그러나 독일의 의료중재원 혹은 감정원은 투명성에 있어 우리나라의 조정중재원과는 큰 차이가 있다.

독일에서는 1970년 이후 의료과실 분쟁이 증가함에 따라 의사들이 민사소송에 피소되는 경우가 급증했을 뿐 아니라, 무엇보다 환자들이 주로 진료기록 등 병원서류를 열람하거나 무료로 이용할 수 있는 제도적 장치 아래 전문가 감정을 받기 위한 목적으로 의사를 형사고발 하는 사례도 늘어나게 되었다. 이에 따른 대책으로 독일 연방 각 주 의사협회는 1975년에서 1976년 사이에 의료분쟁을 법정 이외의 방법으로 해결하기 위한 노력의 일환으로 각 연방주를 담당하는 의료중재원과 의료감정위원회를 개설하기에 이르렀다. 1975년 4월, 바이에른 의사협회가 처음으로 독일 보험회사인 HUK연합과 계약을 체결하고 의료배상문제를 취급하는 의료중재원을 개설하였고, 1975년 12월 노르트라인 의사협회가 의료감정위원회를 개설하였으며, 그 후 전 독일에 걸쳐 의료중재원과 3개의 의료감정위원회가 개설되게 된 것이다.[355]

독일의 의료중재제도가 우리나라의 조정중재원과 다른 점은 크게 다음과 같은 네 가지가 있다. 첫째, 환자가 아니라 의사가 입증책임을 부담한다. 동시에 공식적으로 감정을 받을 수 있는 길이 열려있다. 의사들은 자기 앞에 제공된 자료에 대해 진실을 말하도록 제도화되어 있고, 또 형사 고소만 하면 병원의 진료기록을 구득할 수 있는 것은 물론, 감정까지 무료로 받을 수가 있는 것이다. 의사들이 침묵하는 가운데 입증책임을 전문지식도 없는 환자에게 떠넘기는 우리의 현실과는 너무 다르다.

입증책임이 의사에게 있고 또 무료로 감정을 받을 수 있는 독일에서는 의사들이 형사 고발을 저지하기 위해서 자발적으로 조정 기구를 만든 것이다. 이와는 반대로 전문 의료지식을 구하기가 참으로 어려운 우리나라의 환자들은 자신에게 지워진 입증책임을 완화하기 위해서 조정중재원을 찾는다. 딱히 다른 곳에서 감정을 받기가 어렵기 때문에, 아쉽고 열등한 입장에서 환자들은 마지못해 조정중재원을 찾게 되는 것이다.

둘째, 독일에서는 감정위원회와 의료중재원의 역할이 구분되어 있다. 뿐만 아니라 그 역할도 제한적이다. 그러나 우리나라 조정중재원에서 감정과 조정을 겸하고, 또 의료사고로 인한 구체적 손해액까지 산정하고, 조정이 성립할 경우 재판상 화해와 동일한 효력이 부여되는 현실과는 아주 다르다. 독일의 경우 의사협회가 의료중재원을 개설하여 의료배상문제를 다룰 때, 보험사인 HUK연합과 계약을 체결했다.

즉 이해관계가 얽힌 의료공급자와 소비자가 바로 부딪치는 것이 아니라 보험회사를 완충지대로 중간에 설정하고 있는 것이다. 의료중재원에서는 의료행위에 의사의 과실이 있는지 여부를 전문가의 시각에서 집중적으로 판단해서 의료과실이 있다고 인정되는 경우, 보험회사에 대해 환자 측의 피해에 대해 중재를 권유하고 그 방법을 제안하는 것을 목적으로 한다.

셋째, 의료감정위원회는 전문가의 감정을 통하여 의료과실 여부를 판단한 후 의료과실이 인정된다고 판단될 경우 환자에게 일정한 손해배상을 청구할 수 있도록 근거를 제공해주는 역할을 한다.[356] 다만, 의료중재원은 연방주별 각 의사협회와 보험회사인 HUK 연합 사이의 계약에 기초하여 설치 운영되기 때문에 HUK 연합의 의사배상책임보험에 가입한 의사만이 참여할 수 있는데 반하여, 감정위원회는 의사협회에서 독자적으로 설치, 운용하고 있어서 의사협회에 가입한 모든 의사가 참여할 수 있다는 점이다.[357]

넷째, 독일 내에서는 1개의 의료중재원이 전국을 관할하는 것이 아니라, 연방주별로 의료중재원과 의료감정위원회가 설치되어 있다. 예를 들어, 북독일 의료중재원(Norddeutschen Schlichtungsstelle)[358]의 경우 독일 16개 연방주 중에서 9개 주(Bund)[359]의 의사협회를 관장하고 있고, 그 이외의 다른 연방주에 대한 의료분쟁해결에서 선도적 역할을 담당하고 있다.

하노버에 본부가 있는 북독일 의료중재원은 의사협회에 의해 설치된 사법(私法) 상의 단체이며, 독일 민법(BGB) 제1025조 이하에 규정되어 있는 중재재판소와는 완전히 다른 지위의 조직체이다. 중재재판소는 당사자들의 동의를 토대로 중재인을 구성하고 중재 절차는 민사소송의 성격을 가지며 중재재판정은 당사자들 사이에서 판결과 같은 효력을 갖지만, 각 연방주별 의사협회에서 의료관계법에 의해 설치한 의료중재원은 이와 같은 민사소송법의 규정이 준용되지 않는다. 따라서 독일에서 의료중재원의 중재결정에 대하여 당사자 사이에서 중재결정에 대한 자발적인 합의에 도달하지 않는 한 어떠한 법적 구속력도 없다.[360]

이렇듯 독일에서는 의료중재원에서는 의료 과실이 있다고 인정되는 경우, 보험회사에 대해 환자 측의 피해와 관련한 중재를 권유할 뿐이고, 의료감정위원회는 전문가의 감정을 통하여 의료과실 여부를 판단한 후 손해배상을 청구할 수 있도록 근거를 제공해주는 역할을 할 뿐이다. 사실의 규명은 조정이나 손해배상과는 별개의 사안이 되는 것이다. 조정이나 손해배상의 과정에서 의견이 맞지 않는 것은 사실의 규명과는 무관한 것으로 그에 아무런 영향을 주는 것이 아니다.

의료정보의 접근성에서의 한국과 독일의 차이

한국의 의료정보 은폐의 관행

한국에서는 조정중재원에서 획일적으로 이루어지는 감정 결과에 대해 만족하지 못하는 환자나 의료소비자들이 다른 기관에 의뢰할 수 있는 제도적 장치가 법적으로 마련되어 있지 않다. 뿐 아니라 의료 지식을 가진 의료인들은, 가능한 한 정보를 은폐하려고 하고, 자신은 물론 타인의 진료 결과에 대해 침묵하는 것이 관행이다. 처벌규정이 있는데도 이런 관행은 실제로는 좀처럼 근절되지 않고 있다.

한 예로, 현재 한국 의료법 제22조 제3항 및 제23조 제3항에서 의료인은 진료기록부 등을 거짓으로 작성하거나 고의로 사실과 다르게 추가 기재 또는 수정해서는 안 되며, 누구든지 정당한 사유 없이 전자의무기록에 저장된 개인정보를 탐지하거나 누출, 변조 또는 훼손해서는 안 된다고 규정하고 있다. 그러나 대부분의 의료기관은 법적인 근거가 없다는 이유로 수정 후 기록만 열람하게 하거나 복사해주고, 수정 전 기록은 보여주지 않는다. 이러한 폐단은 관행이라는 명목 하에 아직도 근절되지 않고 있다. 따라서 의료 소송 중인 환자나 의료소비자는 불리한 입장에 놓일 수밖에 없다.

심지어 조정중재원의 감정단에 수집된 증거나 감정 결과에 대해서조차 의료인 측에서는 오히려 '악용'될 염려가 있으므로 이들을 인정할 수 없다는 태도이다.[361] 여기서 '악용'될 염려라는 것은 수집된 증거나 감정 결과가 형사소송에 이용되어 의료인 측에 상당한 부담을 주게 될 가능성을 뜻한다. 그래서 마침내, 감정 절차가 환자 측의 증거 확보 과정으로 전락하는 것을 방지하기 위한 제도적 장치가 마련되어야 한다고 주장하기까지 이르렀다. 환자가 형사 사건의 증거 수집을 위한 수단으로 조정중재원의 감정단을 이용함으로써 이 제도가 악용될 소지가 있다는 말이니, 그 방법인 즉 조정위원회에 감정서가 제출된 후에 조정 신청을 철회하면 민형사상 소제기가 가능해지지 않느냐는 것이다.[362] 그래서 한국의 조정중재원에서는 조정을 맡으면 환자들로부터 먼저 민 형사상 소제기를 하지 않겠다는 각서부터 받는다.

같은 맥락에서 의료인들은 감정서 등이 향후 민 형사 소송 절차에서 중요한 증거자료로 활용될 수 있으므로 열람이나 복사가 허용되는 범위를 제한할 필요가 있다고 주장한다. 또 조정중재원의 감정단에서 나온 결과는, 형사 고소에 이용할 수 없도록 막아놓음으로써[363], 달리 감정을 받을 길이 없는 우리나라의 의료소비자들이, 그나마 감정단에서 사실로 확인된 자료나 정보조차도 이용할 수 없도록 제한되고 만 것이다.

우리나라에서는 외국인 의료진의 감정 의견에 대해 법적 효력을 인정하지 않는 경향이 있다. 이것은 의료소비자 앞에서 집단적으로 침묵하는 한국 의료진의 관행과 어울려서 소비자들을 더욱 절망의 나락으로 몰아넣는다. 대한의사협회에서 천명한 의사윤리강령[364], 제3조에는 "의사는 환자를 인종과 민족, 나이와 성, 직업과 직위, 경제상태, 사상과 종교 등을 초월하여 성심껏 돌보며 의료혜택이 온 인류와 국민에게 공정하고 평등하게 베풀어지도록 최대의 노력을 기울인다."고 되어 있다. 인류와 국민에게 공정하고 평등하기 위해 노력할 의료진이 해외 의료진의 감정 의견을 법적으로 인정하지 않겠다는 것은 무슨 심산인지.

독일의 의료정보의 개방성

독일에서는 의료인의 과실에 대한 증명책임이 원칙적으로 환자에게 있지만, 중대한 진료의 하자 등이 있는 경우에는 의사에게 입증책임이 전환된다. 또 상대적으로 약자인 환자를 보호하기 위한 조치로서, 의사가 자신의 무과실을 입증하지 못하면 의사에게 책임을 묻는 입증책임전환의 원칙 역시 중요한 개념을 이루고 있다.[365]

또 독일에서는 입증책임이 환자에게 있다고는 하나 환자는 의료정보에

접할 권리가 있고 의사는 언제나 진실을 말하도록 법률상 제도화되어 있다. 이런 독일의 의료 정보 개방성은 '침묵의 공모'로 일관하는 한국의 의료 정보 은밀성과는 큰 차이가 있다.

독일의 의료법에서는 의사는 누구나 어떤 자료를 가지고 와도 진실을 말하도록 입법화되어 있고, 그렇지 않으면 법에 저촉된다. 독일의 대학병원에서는 누구든지 자료를 가지고 오면 그에 대한 의견을 자문하도록 되어 있다. 국적을 불문하고 누구에게나 문이 열려있고, 특별히 수수료를 챙기는 것도 없다. 형식적인 서류를 요구하는 법도 없고, 그냥 들고 오는 자료에 대해서 정중하게 의견을 말해주고 질문에 대답을 해주는 것이다.

나아가 독일은 최근 입법을 통해서 의사들에게 진료과실에 대해서까지 공개의무(Offenbarungspflicht)를 부과했다. 독일 민법(BGB) 제630조 제2항 제2문은 환자로부터 문의가 있거나 '건강 상의 위험을 방지하기 위해' 의사에게 자신뿐 아니라 타인의 의료과오에 대한 정보 제공의무가 있다고 규정하고 있다. 이는 의료인의 기본권(의료과실을 밝히기 꺼려하는 본능)과 환자의 생명권이라는 법익교량(비교)의 원칙에서 입법자가 환자의 기본권을 더 존중하는 결정에 따른 것이라는 평가를 받고 있다.[366]

사소한 의료과실도 치명적 결과를 가져올 수 있다!

의료사고에서 의료인의 과실의 크기 정도를 판단하는 데서도 한국과 독일은 서로 그 경중을 구별하는 관점 상의 차이점을 갖는다. 한국에서는 2007년 참여정부 말기 이 법을 논의하는 17대 국회 과정에서 '의료사고의 과실이 약하다 판단되면' 기존의 형사처벌 대상을 면제해 주기로 하는 '형사처벌특례조항'을 삽입했었다. 같은 맥락에서 최근 2016년 11월

30일부터 시행에 들어간 〈개정 의료분쟁조정법〉의 '자동개시제도'에서도, '사망, 의식불명 및 중상해 등'의 피해에 한하여 조정이 자동 개시되도록 하고 있다. 의료사고에 대해 약과실과 중과실을 구분하는 이런 접근 방식은 의료과실에 대한 개념에서 우리나라가 독일 과는 큰 차이가 있음을 보여준다. 독일의 의료법에서는 중과실 뿐 아니라 의사들의 약과실도 치명적인 결과를 가져올 수 있다는 점에 대해 주목하고 있다. 그리고 의사들의 실수로 인한 후속조처로서 책임보험 가입을 권장하고 있는데, 아래에 예시한 독일측의 관련법조문에서 그 자세한 관점을 살펴볼 수 있다.

① *[의료법 69조: 의사의 의무 Professional liability] 의사들의 사소한 실수도 환자들에게 치명적인 피해를 초래할 수 있다. 의료기관을 찾을 수밖에 없는 환자들에게 의사들이 끼친 중대 실수에 대한 면책을 요구할 수는 없다. 연방대법원(Federal Supreme Court)의 상임재판소(Permanent Jurisdiction)에 따르면, 의사들과 병원 (hospital repository)은 사소한 실수의 결과까지도 보상할 수 있는 책임보험을 드는 것이 바람직하다.*[367]

② *[의료법 70조] 의사의 책임, 가능한 손해와 피해의 청구 조항에 관한 계약상의 내용(contractual situations)은 '입증책임과 계약 파기(157-161조)'에서 논한다. 즉 환자들이 정보를 얻고 동의한 사실에 대한 입증책임이 의사들에게 있다.*[368]

③ *환자들의 불평-고발과 의료지식 획득 과정에서의 무료의 혜택 (의료법 249조)*

a. 의사를 고발하는 절차에서 환자들은 무료의 혜택을 누린다.(병원

과 보험업자들이 건수 당 수백 유로에 달하는 비용을 지불해야 함)

　b. 환자는 미래 재판에 쓰일 전문 의료지식을 무료로 획득할 수가 있다.

　c. 의사들은 재판이 진행되는 동안 경우에 따라서는 동료전문가들로부터 더 기꺼이 비판을 수용할 자세가 되어 있다.

한국의 의료소비자들이 처한 현실은 위 독일 의료법의 규정에 보호되는 독일 의료소비자들의 현실과는 현저하게 대조된다. 의료사고의 경중에 관한 개념에서 독일에서는 의사들의 작은 실수가 미치는 결과에 대해서도 엄격하게 고지하며 이를 미연에 방지하는 데 주력하고 있는 데 반해 우리나라 의료인은 실수의 대소를 막론하고 가능한 한 책임을 회피하는 데만 관심을 집중하는 입장에 있음을 보게 된다. 한국 의료인의 이런 책임 회피적 관행은, 실수에 따른 책임의 이행을 대신 보장할 수 있는 책임보험에 가입하지 않으려는 현실과 맞물려 있다.

감정 및 조정 기관의 지역적, 기능적 분산의 필요성

조정중재원은 조정과 중재의 권한을 독점하고, 또 감정과 중재의 막강한 권력을 장악함으로써 구조상 독주의 가능성을 배태하고 있다. 이를 개선하기 위한 방법의 하나로서 현재 서울 한 군데만 설치되어 있는 조정중재원을 지역적으로도 분산하는 방안을 고려해 볼 수도 있다.[369]

그러나 궁극적으로는 지역적 분산의 차원을 넘어서 조정중재원에서만 감정이나 조정이 이루어져서는 안 된다. 특히 감정의 투명성과 객관성을 보장하기 위해서는 한정된 기관 및 한정된 소수에 의해서가 아니라 의사면허를 가지고 있는 모든 의료인이 감정의 주체로 참여할 수 있어야 하며, 나아가 국내 의사뿐 아니라 기회가 닿는 한 국외 의사들의 관점과 비판도 외면하지 않고 수용할 수 있는 체제를 갖추어야 한다.

이렇게 개방적인 체제를 갖추었을 때 조정중재원의 감정단 자체의 감정도 비로소 그 공정성과 객관성을 제고할 수가 있다. 감정의 결과가 공개적인 검증 대상이 되고, 개방적인 토론과 비판의 문화가 정착할 때, 조정중재원의 독단은 사라지게 된다. 주지하듯이, 의료계의 민주주의도 의료권력에 대한 시민의 철저한 감독과 감시, 견제에 의해서만 이루어질 수 있다.

민주적 감정기구의 한 예로, 미국에서는 일정한 감정기관을 설치하는 것이 아니라 일정한 교육과정을 거친 감정인을 양산한다. 미국의사협회(American Medical Association, AMA)는 2004년 12월 감정인 자격의 부여에 관련한 정책을 채택한 바 있다.[370] 이에 따르면, 의료전문가증인(감정인)은 상당한 교육과 훈련을 받고, 의료소송에 이르게 된 사고가 발생하기 전 5년 이내의 기간에 피고와 동일한 분야에서 실무경험을 가지고 있어야 한다는 것이다. 미국은 시험을 통해 감정인 자격을 부여하며, 의료와 장애를 평가하는 의사들에게 적용될 국가적 단일 기준을 확립하기 위해 합동품질보증기구인 의료감정전문의 위원회(The American Board of Independent Medical Examiners, ABIME)를 두고 있다.[371] 미국의 감정제도는 집중화된 일정 기구를 중심으로 감정 기능을 전유하는 것이 아니라 감정인을 양산함으로써 감정의 공정성과 객관성을 도모하는 민주적, 분권적 구조에 입각해 있다.

그 외에도, 조정중재원 자체에서 행하는 재심에 불복할 경우 소구(訴

求)할 수 있는 상급심의 제도적 장치를 조정중재원 외부에 마련할 필요가 있겠다. 실로 독일에서는 진료과실뿐 아니라 조정기관이나 감정기관의 판단과실도 공개하고 있으며, 또 드물지만 재판을 통하여 조정기관이나 감정위원회의 결정과는 달리 판결한 판례도 있다.[372] 이와 같은 절차는 소송절차와는 다른 것으로, 이를 통해 시간과 경비를 줄일 수 있다는 이점을 가지고 있다.

조정중재원 성과 및 의료사고 실태 통계 도출의 필요성

동시에 의료사고에 대한 경각심을 높이고 체계적인 대응책을 마련하기 위해, 의료사고 전반에 관한 현황을 한 눈에 살펴볼 수 있는 공식적 통계를 확보하도록 제도화할 필요가 있다.

독일에서는 조정중재원 자체의 결과에 대한 평가 뿐 아니라 의료사고 현황에 대해 공식적으로 통계를 내고 있으며, 또 실제로 독일의 북라인(Nordrhein) 주 등에서 진료과실로 인정된 사례의 비율은 수 년 동안 의학적, 법률적으로 검토한 사례의 평균 약 1/3에 이른다고 한다.[373]

반면, 한국에서는 최소한의 공식적인 의료사고 통계조차 행해지지 않고 있다. 한국 의료분쟁조정법 제5조 1항, 국가, 보건의료기관 개설자 및 보건의료인의 책무에는, '국가는 의료사고를 예방하기 위하여 조사, 연구, 통계작성 및 공표 등 법적, 제도적 기반을 마련하여야 한다'고 되어 있으나, 실제로 체계적인 의료사고 관련 통계는 이루어진 바가 없다.

의료정보의 은폐는 의료인을 방만하게 만드는 결과를 초래할 뿐만 아니라, 장기적으로 의료인들의 무책임한 진료 문화를 조장하게 됨으로써 소비자들을 이중적 고통의 나락으로 몰아넣게 된다.

의료인 중심의 한국과 환자 중심 유럽의 의사윤리강령

한국에서는 국가차원의 의사윤리강령 자체가 없다. 의료인들의 권익 보호와 상호간의 친목을 앞세워 집단적 이해관계를 도모하는 목적으로 설립된 대한의사협회에서 제정(1997년)한 강령 혹은 지침(2001)이 있을 뿐이다. 의사와 의료소비자 간의 관계에 관련하여, 그 내용을 유럽의 의사윤리강령과 비교해보면 다음과 같다.

한국 의사윤리지침 (2001)

제40조 ③ 의사는 의학적으로 인정되지 않는 시술을 시행하는 경우를 제외하고는 동료 의사의 의료행위에 대하여 비난하여서는 아니된다. 그러한 경우에도 의사는 동료 의사에 대하여 인격적으로 모욕하거나 비방하는 행위를 하여서는 아니된다.

제42조(동료 의사의 오류에 대한 대응) ① 의사는 동료 의사가 의학적으로 인정되지 않는 의료행위를 시행하거나 이 지침에서 금지하고 있는 행위를 하는 등 의학적·윤리적 오류를 범하는 경우 그것을 바로잡도록 노력하여야 한다.

한국 의사윤리강령 (1997년 제정; 2006 개정)

제2조 의사는 학문적으로 인정된 전문적 의학지식과 양심에 따라 진료를 하며, 상호간에 우애, 존경, 신의로써 대하고, 품위와 명예를 지킨다.

제6조 의사는 응급환자가 아닌 자에 대하여 진료방해, 과잉진료요구 등 정당한 이유가 있는 때에는 진료를 거부함으로써 건강한 진료문화의

발달에 기여한다.

유럽 의사윤리강령(1987.1.6)

제28조 단체규칙이 환자의 입장을 고려하여 제정되었다. 그 목적은 의사들 간의 부당한 경쟁의 희생물이 되지 않도록 하는 것이다. 그러나 의사들은 자신의 동료들에 의해 인정된 전문 지식을 합법적으로 발언할 수 있다.

제30조 만일 의사가 의료윤리의 위빈과, 자신이 알고 있는 직업적 지식에 대해서 권위 있는 전문가 집단에게 의견을 밝히는 것은 신뢰의 의무를 저버리는 것이 아니다.

위에 소개한 한국과 유럽의 의사윤리강령 간에는 다음과 같은 차이점이 있다.

(1) 한국 의사윤리지침에 따르면, 의사들은 일정한 경우를 제외하고는 '동료보건 의료인의 행위에 대해 비난하지 않는다'고 되어 있으나, 유럽에서는 필요한 경우 '합법적으로 발언'하거나 '의견을 밝힌다'고 함으로써 후자의 경우 집단이기주의에 매몰되지 않고 적극적으로 의견을 개진하도록 되어 있다.

(2) 한국의 경우, '동료 보건 의료인들이 의학적, 윤리적 오류를 범하는 경우 그 것을 바로잡아야 한다'고 되어 있으나, 이것이 환자에 대한 의무나 범사회적 의무로 규정되어 있는 것이 아니라 동료 의료인로서의 상호 간의 관계를 전제로 설정되어 있을 뿐이다. 그러나 유럽에서는 "윤리강령 제정의 목적이 의료인이 아니라 환자의 이익을

도모하기 위한 것임을 분명히 밝히는 동시에 환자들이 '의사들 간의 부당한 경쟁의 희생물이 되지 않도록 하는 것임을 천명하고 있다. 또 '공인된 지식을 전문가 집단에게 밝히는 것이 신뢰와 의무를 저버리는 것이 아니다' 라고 함으로써, 의사 들 서로 간에도 다른 의견을 밝힐 수 있도록 하고 있다. 그것도 '노력'하는 수준이 아니라 실제로 시행하는 것이다.

(3) 이와는 판이하게 한국의 의사윤리강령에는 놀랍게도 '의료인 상호 간에는 우애, 존경, 신의로써 대하고, 품위와 명예'를 지키는 한편, 환자에 대해서는 유사시 진료를 거부할 수 있는 의료인의 권리를 천명하고 있다. '응급환자가 아닌 자', '진료방해, 과잉진료요구 등'이라는 단서가 달려있으나, 그 정황을 판단하는 것은 1차적으로 의료인에게 달린 것이며, 환자 측의 권익을 고려한 것이 아니다.

의료인들간의 이익집단인 대한의사협회에서 만든 의사윤리 강령과 지침, 위에서 살펴본바, 환자에게 져야하는 의사와 의료계의 적극적인 책임을 충분히 담아내지 못하고, 의료인 입장을 고려한 방어적인 경향성을 가진 것이다. 환자에 대해서는, 최선의 진료, 능력 구비, 도덕성 등 일부 추상적인 문제에 대해서만 다루고 있을 뿐, 그 내용이 소극적이며 빈약하다.[374] 그래서 한국 의사윤리 강령 및 지침은 다음과 같은 내용을 포괄하도록 개정되어야 하겠다.

1) 환자의 권익을 보호하기 위해 가장 심각한 문제는 환자 측 의료정보 알 권리의 법률적 보장, 자기 진료나 타인의 진료를 막론하고 의료인 측은 환자 측에 요구에 대해 의료정보와 알고 있는 지식을 제공할 의무를 법률적으로 규정해야 하겠다. 유럽의 〈의사윤리강령〉처럼

한국에서도 의사들은 "알고 있는 직업적 지식에 대해서 권위 있는 전문가 집단에게 의견을 표할 수 있어야"하고 또 "자신의 동료들에 의해 인정된 전문 지식을 '합법적으로' 발언할 수 있어야"한다. 의료인의 솔직한 의견 개진을 법률적으로 보장하고 의무화함으로써, 의료인 간의 의견 충돌을 야기하는 길만이 의료인의 카르텔, '침묵의 공모' 관행을 타파할 수 있다

2) 성실의 의무를 위반했을 때는 환자의 목숨을 위태롭게 할 수 있으므로, 의료인은 본래의 사명을 망각한 데 대해형사처벌 받는 절차를 제도적으로 갖출 필요가 있겠다. 그냥 막연하게 '바로잡아야 한다'라고 피상적으로만 규정할 것이 아니다. 이런 모호한 규정은 지침을 형식화하고 의료인이 동료의 잘못을 바로 잡지 않는 경우가 있다 해도 어떤 법적인 책임은 지는 바가 없다는 뜻으로 풀 수 있다. 동료의 친목을 해치지 않는 방향으로, 즉 사적이고 은밀하게 공유할 뿐, 환자의 알 권리나 사회적 책임을 무시하는 경향으로 발전할 수 있기 때문이다. 현실적으로 의료인들은 관행상 동료의 잘못된 시술을 묵인하는 경향이 있다. 그래서 어떻게 알리고 어떻게 바로 잡는지, 바로 잡지 않는 경우 어떤 처벌을 받게 되는지 등에 대한 절차를 구체적으로 마련할 필요가 있겠다.

3) "동료 보건 의료인들의 행위에 대하여 비난하지 않는다"라고 하는 것은, 환자에 대한 윤리보다 의사 동료 자체간의 방어적 카르텔을 더 견고하게 하는 경향성을 조장한다. 비록 "의학적으로 인정되지 않은 시술을 행하는 경우를 제외하고는"이라는 단서가 붙어있으나, "의학적으로 인정되지 않은 시술"이라는 개념 자체가 모호한 것으로서,

여기에는 '과잉진료' 관행 등이 의료계의 고질적 문제가 되고 있으나, 이것은 딱히 "의학적으로 인정되지 않은 시술"이라고 규정하기도 어려워, 그런 막연한 규정만으로 견제할 수 있는 것이 아니기 때문이다.

4) 국민건강을 볼모로 하는 의사윤리강령은 의료인과 환자의 입장을 균형 있게 반영해야 할 것으로 국가적 차원에서 다시 제정하여야 하며, 거기에는 환자의 권익을 제대로 보장하고 부각시킬 필요가 있다.

제 3 부
유시민, 국가란 무엇인가에 대한 보론(補論)

제 10 장
유시민에게는 민중이 결정하는
'절차' 민주정치가 없다

유시민의 견해는 공권력을 가진 자들이 악을 저지를 때 시민이 속수무책으로 감내할 수밖에 없다고 체념하고 있음을 보여준다. 정권이 바뀔 때까지 기다려야 하기 때문이다. 대통령이나 국회의원이 악을 저지를 때 국민은 기껏해야 정부를 교체할 가능성을 가지고 있을 뿐이다. 정권이 교체되기만 할 뿐, 그 공권력을 오용, 남용한 자들에 대한 마땅한 처벌의 방법에 대한 구상이 없다. 더구나 정권교체와 직접 관련이 없는 사법부의 법관 등, 임명직 공직자들의 비리에 대해서는 아예 대책이 없다.

"누가 다스려야 하는가"

소크라테스의 사형을 제안한 것은 민중 재판관들이 아니었다.

대통령이나 국회의원이 악을 저지르거나 태만할 때 민중이 속수무책으로 체념하고 정권이 바뀔 때까지 기다려야 한다고 보는 이들이 있다. 유시민이 그러하다. 그는 국민은 기껏해야 정부를 교체할 가능성을 가지고 있을 뿐이라고 생각하기 때문이다. 그에게는 정권이 교체되기만 할 뿐, 그 공권력을 오용, 남용한 자들에 대한 마땅한 처벌의 방법에 대한 구상이 없다. 더구나 정권교체와 직접 관련이 없는 사법부의 법관 등, 임명직 공직자들의 비리에 대해서는 아예 대책이 없다.

다른 한편, 유시민은 민중이 결정권을 행사하는 민주주의를 경계하고, 그것은 원래부터 중우정치로 흐를 위험을 내포하고 있다고 한다. 현대의 대의 민주정치와 달리 고대 그리스 도시국가 아테네 시민들의 직접민주정치는 시민들이 참여해서 국가의 의사를 결정하는 것이었다. 그런데 유시민은 이를 두고, 아테네 시민은 민주적 절차를 거쳐 철학자 소크라테스를 죽였고, 이 사건은 "인류 역사에서 달리 예를 찾기 어려울 만큼 '어리석은' '민주적 의사결정' 이었다"고 한다.

그런데, 소크라테스의 처형은 유시민의 생각과는 달리 민중 재판관들에 의해 제안된 것이 아니었다. 그래서 그의 죽음이 민중의 '어리석음'이나 '민주적 의사결정'에 의한 것이라고 할 수가 없다.

소크라테스에게 내려진 사형의 형량은 민중 재판관들이 아니라, 아니토스를 포함한 원고 측이었다. 원고가 피고 소크라테스에 대해 사형의 형량을 제안했던 것이고, 재판관들은 원고와 피고가 각각 제안하는 형량 가운데서 하나를 선택할 권한 밖에 가진 것이 없었다. 소크라테스는 오늘날 민사 재판 같이 원고에게 패소했기 때문에, 그리고 원고가 그의 형량으로 사형을 제안했기 때문에 죽은 것이었다. 그래서 그 죽음은 민중 재판관들이 아니라 사형을 제안할 만큼 지독했던 원고 측의 악의에 의한 것이었을 뿐이다.

민주정치의 요람인 고대 아테네에서는 국가 권력 기관이 발달되지 않았고 정치는 물론 사법도 시민들이 모여서 스스로 결정을 했다. 그곳에서는 '법학적성검사' 같은 것이 없었던 것은 물론이고, 전문 법조인 재판관 자체가 없었다. 서로 자유롭고 평등한 시민들로 구성된 폴리스에서는 어떤 이를 범죄자로 규정하고 단속할 수 있는 국가 공권력이 발달되어 있지 않았고, 소송 당사자를 제외한 아무도 다른 누구의 형량을 결정할 권한이 없었다.

법정은 서로 평등하기민 한 민중 재판관들로 이루어졌고, 이들이 1차 재판에서 유·무죄 여부를, 2차 재판에서는 형량을 결정했다. 1차의 유·

무죄 결정은 두 가지 중의 하나를 선택하는 단순한 사안이므로 다수결이 가능했다. 그러나 2차 형량의 결정은 재판관들이 아니라 원고와 피고가 직접 제안하는 것이었고, 민중 재판관들은 그 두 가지 제안 중의 하나를 선택하는 데 그쳤다. 재판관들에게는 형량을 결정하는 권한 자체가 없었고, 형량의 결정권조차 소송 당사자들에게 있었던 것이다.

민중 재판관들은 1차 재판에서 소크라테스에게 유죄를 선고했으나, 그의 형량까지 결정할 권한은 없었다. 2차 재판에서 원고와 피고가 각각 형량을 제안했는데, 피고인 소크라테스는 자신에게 소액의 벌금을, 원고인 아니토스 측은 피고 소크라데스의 치형을 요구했다. 두 가지 제안 가운데서 하나를 선택해야만 하는 민중 재판관들은 아니토스의 제안을 선택했을 뿐이고, 그 사형의 형량에 대한 1차적 책임이 민중 재판관들에게 돌아가는 것이 아니다.

정부 공권력이 발달되지 않았던 고대 아테네의 민주정치 하에서 501명의 민중 재판관들은 큰소한 차이로 소크라테스를 유죄인 것으로 판단했으나, 그 사형의 형량에까지 비난을 받아야 하는 것은 아니다. 형량은 소송 당사자들이 제안하는 것이었으므로, 소크라테스의 처형은 민중 재판관들의 어리석음, 즉 '중우적' 결정에 의해 초래된 것이라 할 수가 없다.

아테네에서는 민중의 민회가 확실하게 공직자 처벌권을 가지고 있었다.

사실 아테네의 정치는 민중의 직접 결정으로만 운영된 것이 아니었다. 아테네에는 민회가 있어서 민중이 직접 결정을 한 것이 사실이지만, 그렇다고 대의제가 전혀 없었던 것은 아니다. 우리의 국회 같은 500인 의회도 있었고, 또 장관들도 10명이나 있어서 대신 나라 일을 돌보았다. 다만 이들은 기원전 5세기 후반 페리클레스가 등장하여 수당제를 도입하기 전에는 보수를 받지 않았을 뿐이다. 그러니 우리가 직접민주정이라고 알고 있는 아테네에서도 직접민주정치는 간접민주정치와 혼재해 있었다.

다만, 시대마다 약간의 차이가 있기는 하지만, 민주정이 개화된 것으로 알려진 기원전 5세기 후반에는 민중이 직접 결정하는 민회에 권력의 중심(重心)이 있었다. 민중의 민회가 최종적, 그리고 최고의 결정권을 가지고 있었고, 공직자들의 비리나 잘못도 민중이 민회 혹은 민중재판소에서 처단했다.

민중의 직접 결정과 간접적 대의제가 공존한 고대 아테네의 정치체제를 두고 우둔한 민중에 의한 직접 민주정치로만 매도하는 것은 사실에도 어긋날 뿐 아니라 핵심을 놓치는 것이다.

오늘날 전문 법조인의 판결에는 흠결이 없을까?

소크라테스의 처형이 민중의 '어리석은 결정'인 것으로 매도하고 대의민주정치를 옹호한다면, 지금 우리 법정에서 이루어지는 법관들의 판결은 흠결이 없는가? 이른바 전문 법조인에 의한 판결이 공정하게 이루어지고 있다고 민중들이 신뢰하고 있을까?

반드시 그런 것은 아니다. 삼성 이재용에 대한 정형식 판사의 집행유예 판결이나, 양승태 전(前)대법원장이 청와대와 결탁하여 사법권력을 농단한 혐의에 대한 민중의 불만이 그 예이다.

판결의 오류 가능성은 오늘날 법조인 판사나 고대의 민중 재판관을 가리지 않고 인간이라면 비켜갈 수 없는 것이다. 오류 가능성의 관점에서 보면 고대 그리스 민주정치 시대보다 현재 우리나라 법관의 경우가 더 심각한 것이 확실하다. OECD국가 중 한국 국민의 경찰 및 사법 신뢰도가 꼴찌에서 두세 번째에 머물고 있는 실정이 이런 사실을 반증한다.

불완전한 인간으로서 피할 수 없는 부득이한 판단의 실수는 어쩔 수가 없는 것이지만, 문제는 소수의 독단과 부정부패에 의해 고의적으로 왜곡된 판결이다. 고대 아테네 다수의 민중 재판관들보다 오늘날 관료 법관의 재판이 오히려 더 위험하다. 1인 혹은 3인의 재판관에게 배타적 권력이 집중되어 있어서 부정한 이해관계나 압력으로부터 영향 받을 수 있는 소지가 더 크기 때문이다.

수백 명 다수 재판관들에 의한 고대 그리스 민중의 참심새판에서는 석어도 외압의 영향은 크지 않다. 재판관들은 재판 당일 추첨을 통해 재판정을 배당받기 때문에 사전의 '로비'도 거의 불가능하다. 그런 점에서, 오늘날 전문가집단의 법조인 재판보다 고대 그리스 민중 재판의 경우 공정성이 훨씬 더 강했다.

더구나 아테네 민중의 참심재판에서는 한 개의 재판정에서 한 가지의 사건만 다루어진다. 이 때문에 사건이 폭주하여 날치기 졸속으로 처리하는 일도 없었으며, 무오류(無誤謬)를 참칭하며, 군림할 사법부의 권위주의도 없었다.

또 판결을 맡을 소수 재판관이 이해 당사자들의 '로비'에 무방비로 노출되는 일이 없었다. 재판 당일 재판정 앞에서 바로 추첨하여 재판정과 담당 재판관들이 결정되었다는 점에서, 아테네의 민중 재판소는 판결의 절차가 분권적이고 민주적이었다고 일컬어지는 것이다.

법은 법조계 전문가의 전유물이 아니라 '상식'이다.

한국이 당면한 사법적폐는 단순히 판결의 주체가 전문가 법조인인가 민중 배심원인가 하는 선택의 문제에만 관련되는 것이 아니다. 오히려 식민지 지배와 독재 잔재인 권위주의가 사법적 공권력의 오·남용을 조장하고 있기 때문이다. 사실 현재 우리 사법계는 권위주의의 타성에 더하여 업무 폭주, 외부의 로비 등 갖가지 상황으로 사실심이 제대로 이루어지지 못하고 있다. 그러나 잘못된 판결에 대한 검증이나 처벌 장치가 거의 전무한 상황이다. 이런 현실은 그 부작용으로 사법부의 권위주의를 더욱 부추기고 있다.

한 예로, 삼성 이재용에 대한 정형식 판사의 판결에 불만하여 청와대를 향한 국민의 청원이 20만을 넘어섰다. 청와대가 그 국민의 뜻을 법원행정처에 전달하자, 법원에서는 그 전달한 행위를 두고 청와대가 사법권 독립을 침해한 것으로 반발한다고 한다. 해당 판결 자체의 잘잘못은 차치하고라도, 그 오류의 가능성을 제시하는 것조차 못마땅해 하는 것이다. 권위주의에 가득 찬 사법부는 국민 앞에도 안하무인이다. 이는 법관의 판결을 무오류의 종교적 신성으로 환원하는 것이고, 법관들이 오만한 제왕으로 군림하고 있다.

사법 권력은 법의 울타리를 벗어나서 존재하는 것이 아니다. 삼권분립은 행정, 입법, 사법이 각기 따로 독립하여 각자 도생하라는 것이 아니라, 서로 부당하게 간섭하지 말며 서로 견제하라는 뜻이다. 또 법은 법조계 전문가의 전유물이 아니라 '상식'이다. 상식을 벗어나는 법은 잘못된 것이므로 고쳐야 한다. 현재 한국 사법부는 법조인만이 전문 법률 지식을 가지고 있다는 권위주의에 빠져 이 점을 간과하고 있다.

"누가 다스려야 하는가"

소크라테스의 재판에서 볼 수 있는 사법적(私法的) 절차의 문제는 사법(司法)뿐 아니라 행정에도 적용된다.

유시민은 "누가 국가를 운영해야 하는가?"라는 질문이 필요하고 또 중요한 것이라고 하면서, 그 운영의 주체를 정치가로 규정한다. 그는 국가의 의지가 정부를 구성하는 사람들의 행동으로 드러나며 그들이 어떤 생각, 소망, 의지를 지녔는가에 따라 통치를 받는 대중의 삶이 크게 달라진다고 한다. 그래서 사람들의 관심은 자연히 "누가, 어떤 사람이 국가를 운영해야 하는가"라는 질문으로 귀결된다는 것이나.[375]

유시민은 시종 "누가 다스려야 하느냐"는 질문이 중요하다고 한다.[376] 유시민의 견해는 국가가 불가피하게 폭력의 존재이며, 그 폭력의 국가권력은 정치가에 의해 행사되는 것이라는 전제를 깔고 있다. 그리고 똑똑한 시민(국민)의 정치 참여를 지도력 있는 정치가를 뽑는 것과 동일시한다.[377] 국민이 직접 의사결정 절차에 참여하는 것이 아니라 다만 정치가를 뽑는 것이다. 이런 구조에서는 국민이 직접 정치적 의사를 반영하는 직접민주정의 절차가 개입할 여지가 없다.

유시민은 "누가 다스려야 하는가" 하는 질문을 플라톤과 아리스토텔레스가 생존하던 기원전 4세기 그리스 폴리스에서도 그대로 적용하여, 국가권력을 장악한 자가 절대적 권력을 행사한 것으로 간주한다. 특히 플라톤의 〈국가〉에 소개되는 트라시마코스에 대한 유시민의 논의는 자신이 제안하고자 하는 정치가의 역할에 어울리는 것이다.

트라시마코스는 정의가 더 강한 자의 이익이라고 주장한다.[378] 이런 주장에 대해 플라톤이 반론을 편다. 이 반론을 두고, 유시민은 플라톤이 스스로에게 해가 되는 논쟁을 하고 있다고 평한다. 플라톤이 트라시마코스의 견해에 편승하는 것이 철학자가 왕이 되어야 한다는 자신의 주장에 설득력을 더할 것이기 때문이라 여긴 것이다. 현실적으로 지식이나 덕이 아니라 완력이 더 중요한 권력의 원천이었기 때문에 플라톤의 현자 지배론이 제기된 것이라고 유시민은 말한다. 힘이 지배하고 있으므로, 지혜로운 자, 덕 있는 자가 왕이 되어야만, 국가가 강자의 이익을 정의로 하지 않고 공동체에 보편적으로 적용할 수 있는 선과 미덕을 실현할 수 있는 것이라는 이상을 플라톤이 주장하게 되었다는 것이다.[379]

플라톤과 트라시마코스 사이의 대화에 대한 유시민의 논의에서는 현자의 지식에 의한 지배와 현실적인 힘의 지배가 대립 항으로 설정되어 있다.

유시민이 말하는 대의민주정치

유시민은 "누가 다스려야 하는가"에서 정치가의 역할을 강조한 만큼, 대의민주정치를 옹호한다. 보통선거제도가 국가 통치를 담당할 훌륭하고 유능한 인물과 정당을 선택하는 방법으로 가장 적합하고 효율적이라고 단언하기는 어렵지만, 그렇다고 해서 민주주의 정치제도를 비난할 수는 없다는 것이다.[380] 이 때의 민주주의 정치제도라 함은 문맥에서 볼 때 대의정치를 뜻한다. 여기에 국민이 직접 정치에 참여하는 직접민주정치의 개념은 들어있지 않고, 국민은 다만 국가를 운영하는 정치가들의 객체로서 피치자에 불과하니, 이들 간에는 신분과 계층이 서로 나뉘어 있다. 참고로 직접민주정치에서 국민과 정치가는 똑같이 동반자적인 주체들로서, 상황에 따라 수행하는 역할이 다를 뿐이다.

선거를 통해 반드시 훌륭하고 유능한 사람을 뽑을 수 있는 것은 아니지만, 사악하거나 거짓말을 잘 하거나 권력을 남용하거나 지극히 무능하거나 또는 그 모든 결점을 다 지닌 최악의 인물이 뽑히더라도 권력을 휘두르며 나쁜 짓을 마음껏 저지르지는 못하게 만드는 데 민주주의 정치제도의 목적과 강점이 있다고 하겠다. 이런 목적을 이루기 위해 제도화된 권력분산과 상호견제 장치가 민주주의 정치제도의 핵심이 된 것이라고 한다. 그 예로서 유시민은 법치주의(권력자가 헌법과 법률이 부여한 권한 범위 안에서 합법적 수단으로만 통치함), 헌법(언론 출판 표현 집회 시위의 자유 등 국민의 기본권은 법률로도 그 본질적 내용을 침해할 수 없도록 함), 삼권분립(입법부와 사법부를 분리하여 서로 감시하고 견제하도록 함), 감사원과 국가인권위원회 등의 독립적 국가기관(국가권력의 오 남용을 예방하고 시정함), 복수정당제 등을 든다.[381]

　유시민은 이런 것들을 민주주의 정치제도의 장점으로 받아들인다면 그 약점도 수용해야 한다고 한다.[382] 그리고 대한민국을 "사악하거나 무능한 지배자들이 너무 심한 해악을 끼치지 않도록 하는" 민주주의 정치제도를 갖춘 나라로 규정하고 있다. 이 제도들을 제대로 지키고 발전시키는 것이 어떻게 하면 훌륭한 사람을 대통령으로 뽑을지를 고민하는 것보다 훨씬 중요하다는 것이다. 뽑아놓은 대통령과 국회의원들이 마음에 들지 않는다고 해서 민주주의가 좋지 않은 제도라고 불평할 수 없다고 한다. 그들이 일시적으로 악을 저지른다고 해도 위축될 이유가 없다. 민주주의 정치제도는 원래부터 그런 위험을 적절하게 관리하기 위해 만든 것이기 때문이다. 국민은 언제든, 임기가 정해져있는 정부를 해고하고 새로운 정부를 세울 수 있다. 평화적이고 합법적으로 국민이 정부를 교체할 가능성이 열려있는 한, 그 나라의 정부는 민주정부이다. 이 가능성을 말살하면 독재정부가 된다는 것이다. 그리고 유시민은 압도적 민심의 압력이 국회의 대통령 탄핵을 이끌어낸 2016년 12월 9일, 우리는 대한민국이 민주주의 국가임을 재확인했다고 한다.

그런데 이와 같은 유시민의 견해에는 시민들이 공권력을 오 남용하는 공직자를 견제할 수 있는 장치가 없다. 지금같이 국회가 마비되어도 국민은 그에 대한 마땅한 조치를 취할 절차가 구비되어 있지 않다. 한 마디로 국회의원 천국이다. 또 위에서 언급했듯이, 사법부는 물론 국민의 뜻조차 거부하고 삼권분립에 의한 견제를 거부하며 완전히 독립된 사법 신성(神聖)의 나라를 추구하고 있다. 행정부 수반도 마음만 먹는다면 언제나 나라를 온통 사유화하는 아귀로 둔갑할 수 있다는 것을 우리는 대통령 탄핵사태를 경험하면서 배운 바이다. 그런데도 권력을 남용한 자에 대해 개별적으로 즉각 책임을 물어 단호하게 대처하고 처벌할 수 있는 절차가 마련되어 있지 않다.

유시민의 견해는 공권력을 가진 자들이 악을 저지를 때 시민이 속수무책으로 감내할 수밖에 없다고 체념하고 있음을 보여준다. 정권이 바뀔 때까지 기다려야 하기 때문이다. 대통령이나 국회의원이 악을 저지를 때 국민은 기껏해야 정부를 교체할 가능성을 가지고 있을 뿐이다. 정권이 교체되기만 할 뿐, 그 공권력을 오용, 남용한 자들에 대한 마땅한 처벌의 방법에 대한 구상이 없다. 더구나 정권교체와 직접 관련이 없는 사법부의 법관 등, 임명직 공직자들의 비리에 대해서는 아예 대책이 없다.

유시민은 압도적 민심의 압력이 국회의 대통령 탄핵을 이끌어냈으므로 대한민국이 민주주의 국가임이 확인되었다고 일갈하나, 이런 말은 촛불혁명의 의미를 무색하게 하는 것이다. 국회나 헌법재판소로부터 대통령 탄핵을 유도한 것은 그 자체가 아니라 민중이 촛불을 들었기 때문이라는 사실의 의미를 간과했기 때문이다. 사실 촛불을 들지 않았다면 그 탄핵은 기약할 수가 없었던 것이다. 의결기구인 국회나 헌법재판소 등이 민주적 기관이라는 사실을 증명하는 것이 아니다. 오히려 민주주의는 대의정치가나 공직자를 철석같이 믿고 가만히 있으면 안 되고, 민중이 발 벗고 나서야만 한다는 사실을 증명한 것이다. 만일 공권력을 지닌 그들 기관이 민주적이었다면 그 많은 민중이 엄동설한 밤늦도록 바깥에서 촛불을 든 채 떨고 있지는 않았을 것이기 때문이다. 촛불혁명은 분명히 혁명이지 합법적인 민주적 절차에 의해 정권이 교체된 것만을 의미하는 것이 아니다.[383]

시민이 참여하고 운영하는 민주국가

'국가'의 개념은 획일적인 것이 아니다

유시민은 <국가란 무엇인가>의 개정신판 서문에서 다음과 같이 썼다.

"나는 '사람들 사이에 정의를 세우고 모든 종류의 위험에서 시민을 보호하며 누구에게도 치우치지 않게 행동하는 국가가 훌륭한 국가라고 생각한다. 국가는 수천 년 전에 생겨났으며 오로지 악만 행하지도, 오직 선만 행하지도 않았다. 오늘날에도 모든 국가들이 악과 선을, 불의와 정의를 동시에 행하고 있다. 그렇지만 국가는 과거에 비해 악을 더 적게, 선을 더 많이 행하는 쪽으로 진화해왔다고 믿는다. 이것이 문명과 역사와 인간의 진보라고 생각한다."

여기서 유시민은 몇 가지 오류를 범하고 있다. 첫째, 통시대적으로 국가의 개념 자체를 획일화하고 있다. 수천 년 전에 생겨나서 지금까지 계속되는 것이라 하기 때문이다. 둘째, 모든 국가들이 악과 선, 불의와 정의를 동시에 행하지만, 과거보다 현재 국가가 진화한 것이라고 보는 것이다. 현재 국가가 과거에 비해 악을 더 적게, 선을 더 많이 행한다고 믿기 때문이다. 또 다른 세 번째 오류는 국가 권력구조의 폐해와 사회경제적 제도의 폐해를 혼동하여 논의를 전개한다는 점이다.

우리가 흔히 이해하고 있는 '국가'란 근대에 들어와서 새롭게 체제를 갖춘 근대국가이다. 서양의 중세 이래 각 시대의 정치체제나 동양의 고대 이래 전제국가는 근대국가와 다른 사회구조 위에 서 있었다. 또 서양 로마제국이나 동양의 전제국가를 다소간 정치권력이 집중된 국가라고 정의할 수 있다면, 서양의 고대 폴리스나 중세 봉건적 정치체제는 국가라는 단일 개념으로 정의하기 어려운 복합적 요소를 가지고 있었다. 그것은 정치권력보다는 원심적 권력구조의 사회경제적 구성요소들을 기초로 형성되었기 때문이다.

국가들이 악과 선, 불의와 정의를 동시에 행한다는 개념이나, 현재의 국가가 과거보다 악을 더 적게, 선을 더 많이 행한다고 보는 개념은 반성을 요한다. '국가들이 악과 선, 불의와 정의를 행한다'고 할 때 그 국가는 '국민', '시민', 혹은 '백성'의 개념과 대척점에 놓이게 된다. 여기서 국가는 선을 행하는 시혜자, 혹은 악을 행하는 가해자가 되고, 그 대척점에 피지배자인 국민, 시민, 백성은 수동적으로 국가의 은혜를 받는 수혜자, 혹은 피해를 입는 피해자가 되는 것이라고 한다면, 이는 꼭 그런 것만은 아니기 때문이다.

사실 독재나 전제국가에서는 권력을 전횡하는 소수는 다수 국민에게 시혜자가 될 수도 있고, 또 같은 정도로 피해를 가할 수도 있다. 그러나 적어도 공화국, 여럿이 돌아가면서 임기제로 공직을 차지하는 정치체제에서는 국가권력을 행사하는 주체가 바로 시민의 일부이다. 그래서 국가권력이 잘못 행사되고 있다면 그것은 위정자가 된 일부 시민들이 권력을 잘못 행사하고 있기 때문이고, 또 피지배의 입장에 있는 다른 시민들은 이를 반성 없이 수용하고 방관하고 있기 때문이다. 결국 국가가 국민들에게 악이나 선을 행한다는 것은, 국가라는 인격체가 따로 있어서 행한 것이 아니라, 시민 자신이 그것을 행하거나 묵인한다는 말이다. 여기서 국가의 문제는 시민 자신의 문제로 환원된다. 그래서 국가와 국민을 서로 대척점에 놓는 것은 오류이다.

실제로 현재의 국가가 과거의 국가보다 악을 더 적게, 혹은 선을 더 많이 행한다는 개념은 희망에 불과할 뿐, 실제로 근거가 없다. 이 말은 마치 현재의 인간이 과거보다 악을 더 적게, 혹은 선을 더 많이 행한다는 개념과 같이 공허한 것이다. 인간성은 만고에 변하지 않는다는 것을 이미 기원전 5세기, 그러니까 지금으로부터 2,500년 전 그리스의 역사가 투키디데스가 그 〈역사〉의 첫 부분에 실토하고 있다. 국가의 악은 시간이 흐르면서 줄어드는 것이 아니다. 시민이 감시의 눈을 게을리 하는 순간부터 점증하기 때문이다.

한국에는 '권력 통제형' 직접민주정치 절차가 없다

유시민은 더 훌륭한 국가에서 살고 싶은 시민들에게 아리스토텔레스를 빌어 다음과 같은 말을 전한다.

"훌륭한 국가는 우연과 행운이 아니라 지혜와 윤리적 결단의 산물이다. 국가가 훌륭해지려면 국정에 참여하는 시민이 훌륭해야 한다. 따라서 시민 각자가 어떻게 해야 스스로가 훌륭해질 수 있는지 고민해야 한다." [384]

그러나 유시민은 훌륭한 시민의 국정 참여를 정치가의 선출에만 한정시킴으로써 아리스토텔레스의 참 뜻을 왜곡했고, 가까이는 촛불혁명의 함의도 간과해버렸다. 그것은 훌륭한 시민이 국정에 직접 참여하는 것이 아니라 그저 대의할 위정자를 선출하는 데 그치는 것으로 보았기 때문이다. 민중의 직접 참여나 대의제 그 어느 것을 하든, 적어도 위정자가 오류를 범했을 때 민중이 직접 그들을 처벌하는 권한의 필요성에 대해서도 유시민은 간과했다.

또 유시민은 국가와 국민을 대척점에 놓은 채 논리를 전개하고 있다. 그의 이 같은 입장은 박근혜 정부의 무능함과 시민들의 탄식을 대조시키는 점에서도 노정된다. 유시민은 대통령 탄핵 이후 해결해야 할 여러 문제들이 있는데, 이것을 해결하는 주체를 정부로 설정하고 있다.[385] 즉, 정부가 '시민들의 소망과 요구를 편견 없이 경청하고 최선을 다해야 한다'는 것이고, 그렇게 될 때에 '국민이 민주주의를 포기하지 않고 기꺼이 정치에 참여'하게 될 것이라고 한다.

이 때 유시민이 말하는 '국민의 참여'는 '직접 참여'가 아니라 '정부를 통한 간접 참여'를 뜻한다. 그런데 만일 정부 자체가 편견을 가지거나 최선을 다하지 않을 때도 국민이 직접 정치 참여를 포기해야 하는가? 그런 것은 아니다. 또 반대 경우로서, 정부가 정치를 잘 할 때는 국민이 직접 정치에 참여하지 않아도 되는가? 그런 것도 아니다. 왜냐하면 정부가 정치를 잘한다는 개념 자체가 불명확하기 때문이다. 또 잘 한다고 방치하면 금방 나빠지기도 하는 것이 인간지사이다.

그래서 정부 시책의 선악 여하를 막론하고 그 어떤 정부이든, 국민은 직접 민주주의를 포기함이 없이, 정치에 참여하고 간섭해야 하는 것이다. 형편에 따라 번번이 <정책 제안형>을 실천하지는 않는다 하더라도, 적어도 <권력 통제형> 직접민주정치의 절차는 갖추어야 한다.

유시민은 정부권력을 유일한 대안으로 절대시하고 있다. 정부를 향해 사회의 문제를 다 해결하기를 바라거나, 혹은 사회가 잘 못 된 것이 정부가 정치를 잘못했기 때문이라고 탓하는 것이다. 그러나 정부의 권력은 전지전능의 신과 같은 만능이 아니다. 정부가 아무리 선의와 능력을 가지고 있다고 해도, 사회 각계각층이 썩어있으면 어떻게 정화할 도리가 없다. 반대로 사회가 맑으면 정부가 아무리 부패해도 사회 자체가 혼탁해지지 않는다. 맑은 국민이 그런 정부를 거부하고 저항할 것이기 때문이다.

박근혜 정부의 국정농단 의혹, 대통령과 대법원장 간에 이루어진 사법권 농단 의혹 등은 사회 부패의 원인 제공자가 아니라 하나의 결과물에 불과하다. 오늘날 한국의 부패는 근원적으로 한국인의 의식 속에 뿌리박은 권위주의와 사리를 탐하는 편의주의적 사고방식에 기인한다. 경찰, 검찰, 사법기관의 온갖 부패, 대통령의 일탈, 전 대법원장 양승태의 사법권력 농단 의혹 등은 개인의 문제가 아니다. 주변에서 그런 권력의 부패 앞에 눈을 감는 고착화한 정서, 그런 사회적 환경이 선행된다고 해야 할 것이다.

이와 같은 성찰은 궁극적 주권자로서의 시민들의 역할에 대한 반성으로 귀착된다. 정치는 정치가나 정부만 하는 것이 아니라 시민이 앞장서서 정부의 정책 방향을 선도하고 또 그 권력을 감시해야 한다는 것이다. 시민이 주도하고 공권력을 감시하는 체제는 크게 두 가지 환경의 설정이 필요하다. 하나는 시민에 의한 공권력 감시체제의 구축을 위해 시민이 직접 결정권을 행사할 수 있는 절차로서의 〈권력 통제형〉 직접 민주주의 제도를 장치하는 것이며, 다른 하나는 시민을 쉽사리 통제하고 억압하는 국가의 조직 폭력을 약화시키는 것이다.

중앙정부 및 지방정부의 권력을 나누어 풀뿌리 자치분권으로

직접 민주주의 절차는 현재 위정자들에게 주어진 권력의 일부를 국민들이 되찾아서 행사함으로써 확립되는 것이다. "대통령의 권력을 국회나 총리, 아니면 부통령 등에게로 나누어주어야 한다"고 할 것이 아니라, 이들 모두가 가진 권력의 일부를 민중에게로 가져오는 것이다. 이런 과정은 권력의 지역적 확산과도 연관이 되지만, 더 중요한 것은 권력의 주체가 달라지는 것을 뜻한다. 위정자의 권력을 민중에게로 옮기는 것을 뜻하기 때문이다. 그 과정은 중앙이 아니라 지방으로, 또 더 나아가 기초자치단체로 권력을 분산시키는 것이다.

이는 단순한 '지방분권'이 아니라 '자치분권'을 뜻한다. 사실 위정자들이 중심을 이루는 중앙정부와 지방정부는 일면 한 통속인 경우가 많기 때문에, '지방자치'의 개념만으로는 불충분하다. 최근 여기저기서 드러나고 있는 지방의원들의 일탈이 그런 것을 반증한다.

국회의원들이 사적인 정략에 골몰하여 국민의 뜻을 대의하는 제 역할을 하지 못할 때, 부득이 시민이 직접 입법안을 발의하여 그 후속 과정을 감시하고, 비리공직자에 대해 소추권을 가지며, 중요한 사안은 직접 투표하여 결정하는 권한을 갖는다. 특히, 국가권력기구에 대한 시민의 감시는 대소를 막론하고 모든 공무원에게 대해 이루어져야 한다. 경찰, 검찰은 물론 법관에 이르기까지, 모든 공직자가 그 대상이 되어야 한다. 공권력의 오용 및 남용에 대해서는 그 사안의 막중함을 고려하여 공소시효를 없앨 필요도 있다. 공권력에 대한 이 같은 감시 처벌권은 대의제가 아니라 국민이 직접 결정 과정에 참여하는 절차 민주정치의 제도화에 의해 비로소 가능하다.

한편, 시민이 결정의 주체가 되는 절차 민주주의 확립을 위해서는 국가 무력(武力) 조직에 대한 경계와 감시가 불가피하다. 일세 식민지 시대는 물론 해방 이후 자생하는 풀뿌리 민주 운동을 송두리째 제거하여 씨를 말린 것은 암살 및 테러였으며, 그 가운데 적지 않은 것이 경찰과 군부에 의해 직접 자행되었다. 국가 폭력에 의해 인권이 유린된 예는 멀리는 여순항쟁, 4 · 13제주항쟁, 5 · 18 광주민주화운동, 10 · 16부마항쟁 등에서 시민을 짓밟은 군부의 만행에서뿐 아니라, 최근에는 댓글부대를 운영하고 불법사찰을 일삼은 안기부의 소행 등에서도 볼 수 있다.

자유민주주의는 좋은 말이나 의지로만 되는 것이 아니라 그것이 먹혀들 수 있는 물리적 환경이 우선되어야 한다. 그것은 국가의 무력조직이 시민을 억압하지 못하도록 국가와 시민 간의 무기의 평등에 의해서만이 달성될 수 있다. 시민이 가진 무기란 독재에 항거하는 폭력적 항거에만 그치는 것이 아니다. 그것은 권위적, 비합리적인 공권력의 부패를 고발하고 감시할 수 있는 제도를 일상화하는 것이다. 이러한 감시는 선출직 고위공직자만 대상으로 삼는 것이 아니라, 대소를 막론하고 모든 대의제 권력에 대해 이루어져야 한다. 소도둑이 된 다음이 아니라 바늘 도둑때부터 없애야 하기 때문이다.

정부 자체가 선한 정부와 악한 정부, 혹은 민주적 정부와 비민주적 정부로 나누어지는 것이 아니다. 선과 악은 너무나 추상적인 개념이므로 구체적으로 적시하는 바가 없기 때문이다. 정부는 어떤 단일체로 존재하는 것이 아니므로 그 민주적 성향 여부도 획일적으로 논할 수가 없다. 그런 획일적 개념으로 접근한다면, 아무런 해답도 구하지 못할 것이다.

근본적인 이해관계의 대립은 자본주의와 공산주의 혹은 사회주의 간에 일어나는 것이 아니다. 오늘날 직접 민주정치의 전형 스위스를 보자. 그곳에는 자본주의와 공산주의 간 대립이라는 현안이 존재하지 않는다. 무엇을 하든지 시민이 논의하여 민주적으로 결정하기 때문이며, 양 극단으로 치닫는 경우는 드물다.

지금은 세상 아무 데도 순수 자본주의, 혹은 순수 공산주의는 존재하지 않는다. 그런데도 그 중 하나가 선 혹은 악으로 간주된다면, 그곳은 독선과 독재가 지배하는 곳임을 스스로 드러낼 뿐이다.

유시민의 국가 폭력론

국가론 구분 기준의 일관성 부족

유시민은 본질과 역할에 따라 국가론을 크게 4가지로 구분한다. 국가주의 국가론, 자유주의 국가론, 마르크스 국가론, 목적론적 국가론이다.

첫 번째 국가주의 국가론은 절대권력을 옹호했던 토마스 홉스가 대표한다. 두 번째 자유주의 국가론은 존 로크, 애덤 스미스를 거쳐 프리드리히 하이에크에 이르기까지 소위 고전적 자유주의자와 신자유주의 철학자들이 오랜 세월에 걸쳐 만든 이론이다. 세 번째 마르크스주의 국가론은 프롤레타리아 독재를 거쳐 궁극적으로 국가의 해체를 지향하는 것으로서, 19세기 중반 칼 마르크스가 창안한 이후 150여 년 동안 헤아릴 수 없이 많은 지식인과 정치인을 끌어당겼지만 이제 그 위력을 상실했다고 한다. 그리고 네 번째, 목적론적 국가론은 고대 그리스 철학자 플라톤과 아리스토텔레스에 의한 것이다.[386] 유시민은 이들 유형 중에서 국가주의 국가론

을 이념형 보수로, 자유주의 국가론을 시장형 보수로 규정하기도 한다.[387]

유시민에 따르면, 국가주의, 자유주의, 마르크스주의 국가론은 나름의 철학적, 논리적, 경험적 근거와 설득력을 가지고 있으며 안전하고 자유롭고 평등한 삶을 갈구하는 인간의 본능적 욕구를 반영하고 있지만, 그 어느 것도 모든 사람을 온전하게 만족시키는 대답이 되지 못하고, 어딘가 부족해 보인다. 그리고 이 부족함을 채우기 위해 검토하는 또 다른 관점이 이른바 '목적론적 국가론'이다. 이것은 고대 그리스 철학자들의 형이상학에서 발원한 국가론이다. 유시민에 따르면, '최고로 발전한 인간공동체'의 본질과 목적을 더 완전하게 이해하려면, 역설적이지만 무려 2,000년 전 고대 그리스의 위대한 철학자들을 사로잡았던 목적론의 도움을 받을 필요가 있다는 것이다.

그런데 네 번째 국가론은 앞에서 거론한 세 가지 국가론과 일면 다른 점이 있다. 즉 구분의 기준에 일관성이 부족하다. 앞서 논의된 세 가지 국가론은 국가권력의 구조에 있어서 절대 권력을 지향하거나, 아니면 다소간에 개인의 자유를 지향하거나, 아니면 국가 자체의 궁극적 소멸을 지향하는 점에서 서로 차이가 있다. 그러나 네 번째 국가론은 그와 같은 권력 구조에 관한 문제가 아니라 국가의 목적을 중심으로 논의되고 있기 때문이다. 국가론의 준거에서 이와 같은 부조화가 있으나, 이 목적론적 논의는 유시민이 얻고 싶어 하는 결론에 기여하는 바가 있다. 그것은 국가가 폭력을 행사하는 것이 불가피하므로, 그 폭력을 좋은 목적을 위해 쓰도록 하자는 것이다.

국가의 목적과 선(善)의 쓰임새에서 보이는 아리스토텔레스와 유시민의 차이점

아리스토텔레스에 따르면 국가의 목적(텔로스)은 으뜸가는 선을 추구하는 것이다.[388] 국가의 목적을 실현하는 길은 종국적으로 시민 각자가 훌륭해지는 것이다. 훌륭한 국가는 우연한 행운이 아니라 지혜와 윤리적 결단의 산물이다. 시민 각자가 훌륭하지 않아도 시민 전체가 훌륭할 수는 있겠지만, 시민 각자가 훌륭하다면 전체도 훌륭할 것이기 때문이다.[389]

유시민에 따르면, 이와 같은 아리스토텔레스의 국가론은 국가주의 국가론이나 마르크스 국가론과는 어울리지 않는다. 즉 국가주의 국가론에서의 홉스의 국가는 선을 실현하는 훌륭한 국가가 아니라 단순히 생존을 위해서 만들어진 국가이다. 또 마르크스의 국가는 본질적으로 계급지배와 착취라는 악을 저지르는 도구에 지나지 않으므로, 훌륭한 국가라는 것이 불가능하다. 즉, 아리스토텔레스는 훌륭한 국가, 선을 행하는 국가, 정의를 실현하는 국가를 원했으나, 홉스나 마르크스 국가론을 신봉하는 사람들에게는 이것이 부적절하거나 비현실적인 것으로 보일 것이라고 한다.

그런데 이와 같은 유시민의 견해는 국가 혹은 선(善)의 개념을 너무 편협하고 경직된 것으로 파악하는 데 기인한다. 그에 따르면, '단순히 생존'을 목적으로 하는 홉스의 국가론은 선의 추구라는 목적에 있어서 소극적이고, 또 궁극적으로 국가자체의 소멸을 지향한 마르크스는 훌륭한 국가의 전망을 결여한 것이다. 이 같은 평가는 목적을 복지정책에 두는 국가를 적극적으로 지향하고 싶은 유시민의 관점에서 그렇게 보이는 것이다. 이때 유시민의 국가는 복지정책을 강력하게 추진하기 위해서 '조직된 권력'의 물리적 강제력을 갖춘 것이어야 한다.

그러나 선(善)의 개념을 넓힌다면, 홉스의 질서유지라는 국가의 기능도 그런 목적에서 반드시 배제되는 것은 아니다. 또 국가의 개념을 확대한다면, 마르크스의 국가론도 국가 자체를 악으로 본 것이 아니라 국가의 권력에 의해 인간이 억압되는 상태를 지양하고자 했을 뿐이다. 즉, 과도기로서의 프롤레타리아의 독재 상태와 마찬가지로 그 독재가 궁극적으로 소멸되는 상태도 풀뿌리 민주정치가 이루어지는 국가의 한 형태를 의미하는 것으로 볼 수 있기 때문이다. 마르크스가 극복하려 했던 국가는 지배와 착취의 도구로서의 국가였을 뿐, 그 억압적 권력이 소멸된 다음의 국가가 국가로서의 실체를 상실하는 것인지의 여부는 단정하기가 어렵다. 또 국가가 폭력을 상실한다고 해서 유시민이 추구한 바의 복지가 반드시 배제된 사회라고 단정하기도 어려운 점이 있다. 즉 국가 권력 구조의 형태가 달라지는 것일 뿐, 상이한 형태는 모두 넓은 의미에서 국가에 포함될 수 있기 때문이다.

다른 한편, 유시민은 플라톤과 아리스토텔레스의 목적론적 국가론은 전체주의로 흐를 위험성을 내포한 이론인 것으로 규정한다. 이들이 민주정치가 중우정치와 참주 정치 사이를 오가면서 빚어낸 폐해를 목격했기에 민주정치보다는 철인(哲人)정치를 선호했기 때문이라는 것이다. 유시민은 선이 무엇인지 아는 사람이 국가권력을 쥐고 자기가 생각하는 선을 실현하기 위해 권력을 행사해야 한다는 주장은 민주주의 원리에 정면으로 배치되는 것이라고 한다. 포퍼가 그토록 맹렬하게 플라톤을 비판한 것은 바로 그 때문이었다는 것이다.

그럼에도 유시민은 국가의 목적이 선을 행하는 것이라는 생각 자체를 배척해야 할 이유가 없다고 한다. 주권재민 사상과 법치주의, 권력의 분산과 보통선거제도가 확립되고 정착된 곳에서는 철인정치는 원천적으로 불가능하기 때문이라는 것이다. 자유주의자 포퍼와 하이에크가 혐오했거나 두려워했던 것과 달리, 이런 제도적 장치를 갖춘 곳에서는 목적론적 국가론이 집단주의나 전체주의로 번져나갈 위험이 없다. 그래서 선의 실현에는 관심이 없고 악의 저지만을 목표로 삼는 고전적 자유주의 국가론에만 집착할 이유가 없다고 한다. 그래서 우리가 자유주의 국가의 토대 위에 아리스토텔레스의 목적론적 국가를 세울 때가 되었다고 유시민은 말한다.[390]

이렇게 기초 위에 유시민은 국가의 한 목적으로서 복지국가론을 제시하고 그 기능을 세 가지로 제시한다. 첫째, 국가의 규세를 통해 일정한 수준에서 시민들을 경제적으로 보호하는 것이다. 둘째, 조세 징수와 보조금 지급을 통해 소득을 재분배하는 일이다. 셋째, 시장가격보다 훨씬 저렴한 가격으로 서비스와 공동장비를 국민에게 제공하는 것이다.

유시민의 복지국가는 조직화된 권력으로 시장법칙을 세 가지 방향에서 수정한다. 첫째, 개인 또는 가족에게 노동의 시장가치나 재산수준과 관계없이 최저소득을 보장하고, 둘째, 질병과 노령, 실업 등 개인과 가족이 감당하기 어려운 위험에 대한 불안을 줄이며, 셋째, 계급적 귀속이나 사회적 신분을 가리지 않고 모든 시민에게 일정한 수준의 사회적 서비스를 보장한다.

유시민은 한편으로 플라톤과 아리스토텔레스의 목적론적 국가론은 받아들이면서도, 다른 한편으로는 법치주의, 권력의 분산 등의 제도를 통해서 자신이 전체주의로 흐를 가능성이 있다고 본 철인(哲人) 정치의 위험에 대처할 수 있다고 보았다.

이와 같은 유시민의 논리는 두 가지 점에서 재고해볼 필요가 있다. 하나는 플라톤과 아리스토텔레스의 정치철학 노선이 상호 같은 입장에 있는 것이 아니라는 점이고, 다른 하나는 전제정치의 위험성과 관련하여 양자가 같은 입장에 있지 않다는 점이다.

플라톤과 아리스토텔레스의 정치철학은 노선이 같지도 않았고, 이에 아리스토텔레스는 철인정치를 주장했다고 보기도 어렵다. 더구나 플라톤도 후에 〈법률〉에서, 〈국가〉에서 주장한 철인 중심의 정치 이론을 수정하고 법치를 주장하는 쪽으로 선회했다.

또 유시민은 플라톤과 아리스토텔레스는 민주정치보다 철인정치를 선호했고, 그 철인정치는 전체주의로 흐를 위험이 있다고 규정했으나, 권력구조에서 볼 때 양자의 위험성은 같지 않다. 아리스토텔레스는 철인정치와 무관하며, 민주 정치사상을 배격하지 않았다. 그보다는 오히려 국가의 속성을 폭력으로 보는 유시민의 국가에서 그런 위험이 더 명백해지는 측면이 있기 때문이다.

유시민은 철인의 전체주의를 막을 수 있는 장치로서 법치주의나 권력의 분산을 제시하고 있으나, 그런 개념은 아리스토텔레스에게서도 배제되는 것이 아니다. 또 아리스토텔레스의 목적론은 플라톤과 달라서, 어떤 구체적 내용을 담지하는 것이 아니다. 그것은 전체적, 획일적으로 시행되어야 할 기정의 것이라기보다는 훌륭한 시민들이 중의를 모아서 결정하고 추구해나갈 어떤 것일 뿐이다.

한편, 유시민은 플라톤의 철인정치만큼, 혹은 그보다 더 자신의 사회복지론에 전제주의로 흐를 위험성이 있다는 점을 오히려 간과하고 있다. 유시민이 지향하는 국가는 근본적으로 폭력적 권력을 전제로 하고 있기 때문이다. 국가권력을 통해서만 원하는 복지 정책을 추진할 수가 있다면,

그 국가는, 전제주의로 흐를 경향성에서, 플라톤의 철인정치의 국가보다 그 위험성이 작다고 보기 어렵다. 플라톤의 국가론은 유시민과 달리 반드시 폭력적 권력을 전제로 한 것이 아니기 때문이다.

유시민과 아리스토텔레스는 권력을 행사하는 주체의 설정에서도 차이점이 있다. 유시민이 말하는 국가권력은 민중과 대항적으로 존재하는 것으로서, 위정자가 행사하는 폭력적 권력이다. 그러나 아리스토텔레스의 목적론에서 국가의 선은 폭력적 권력을 업은 위정자나 관료조직에 의해 실현되는 것이 아니고, 훌륭한 자질의 시민 자신에 의해 이루어진다. 그러므로 적어도 공권력의 폭력이나 관료주의에 의한 폐해는 이론상 존재하지 않거나 최소화된다.

유시민은 자신의 국가 목적론이 선을 추구한다는 점에서 아리스토텔레스의 것과 일맥상통한다고 자처했으나 양자 사이에는 큰 차이가 있다. 즉 국가 폭력을 전제로 한 유시민의 국가론에서는 이상적인 위정자가 뽑혀서 복지사회를 위해 그 권력을 사용했으면 하는 희망을 담고 있다. 그러나 그 같은 권력은 저질스런 정치가에 의해 잘못 사용될 가능성에 언제나 노출되어있다. 더구나 후자의 위험성이 있음에도, 유시민의 국가론에는 이에 대한 대비책이 충분하게 논의되고 있지 않다.

무엇보다, 유시민에게는 공직자의 미시적 비리를 개별적으로 감시·처벌하는 제도적 장치가 마련되어 있지 않다. 권력이 오·남용 되는 경우, 시민은 정권을 교체할 수 있다고 유시민은 말한다. 그러나 이 말은 곧, 정권을 교체할 때까지 시민은 그 권력의 비리를 참고 견뎌야 할 뿐, 그 비리를 매의 눈으로 감시할 수 있는 체제도, 그 즉시 시정이나 퇴출을 명령할 수 있는 제도도 구비되어 있지 않다는 뜻이다. 민중은 시민에게 온갖 피

해를 다 끼친 가해 정치가를 그냥 하릴없이 견디고 바라보고 있어야만 하는 것이다.[391]

자유주의 국가론에 보이는 국가권력에 대한 경계

유시민이 이해한 바에 따르면, 국가주의 국가론이 인민의 안전과 평화를 보장하려는 적극적 이론인 반면, 자유주의 국가론은 국가가 악을 저지르지 못하도록 하는 것을 목표로 삼은 소극적 이론이다.[392] 나아가, 그는 자유주의 국가론에서는 국가가 개인을 위해 존재하는 것이나, 다만 국가가 개인을 위해 존재하는 경우에도, 다수의 이해관계를 표현하는 국가와 개인 간의 균형의 지렛대는 사상가마다 같지 않다고 여겼다.

이에 유시민은 자유주의를 자유 시장경제와 동일한 것으로 이해했다. 그에 따르면, 불과 200년 전만 해도 자유주의자는 불온하고 위험한 존재로 여겨졌다. 전제군주가 자의적, 즉흥적 명령으로 개인의 자유를 억압하고 국가권력을 휘둘렀던 시대의 자유주의 국가론은 개인의 자유와 인권을 확대하고 불합리한 의식과 제도의 혁신을 북돋우는 진보적 이론이었다. 그러나 자유주의는 민주주의 제도와 문화가 성숙하고 법치주의가 정착된 후에는 점차 보수화되어, 좋은 일을 하는 진보적 국가와 대립 항으로 설정되고 있는 것이다. 치안과 국방을 포함한 공공재 공급 이외의 영역에서 국가는 뒤로 물러서야 하고, 되도록 많은 것을 시민들 자신이 선택하고 개인들이 자유롭게 거래하는 시장에 맡기는 것이 좋다고 주장하는 이론은 오늘날 보수적이라는 평가를 받을 수밖에 없다고 한다.[393]

그런데 여기에 논리의 비약이 있다. 유시민에 따르면, 자유주의 국가론은 처음에는 전제군주의 자의적, 즉흥적 명령에 항거하여 개인의 자유와 인권을 확대하는 것이었으나, 그 다음에는 개인의 자유와 시장거래를 지향하는 것으로서 점차 보수화되었다고 설명한 점이 그러하다.

그러나 유시민이 자유와 시장경제를 지향한 자유주의 국가론으로 분류한 사상가들은 실로 민주주의 제도와 문화가 성숙하고 법치주의가 정착된 사회를 전제로 한 것이 아니다. 정 반대로 이들은 여전히 국가권력의 횡포를 염려하였으며, 따라서 그 견제장치에 관심을 가졌기 때문이다. 실로 시장경제는 민주주의 제도와 문화가 성숙하고 법치주의가 정착된 곳에서만 이루어지는 것이 아니다. 한국의 독재 정권 하에서 어떤 식으로든 경제개발이 되었으나, 그것은 민주주의와 법치주의를 전제로 한 것이 아니었다.

그러면 유럽의 시장경제는 그런 것을 전제로 한 것인가 하면 반드시 그런 것도 아니다. 시장경제도 사회적 환경에 따라 여러 가지 다양성을 노정한다. 만일 17-18세기 유럽의 시장경제가 진실로 민주주의와 법치주의에 입각한 것이라면 반드시 부르조아 중심의 시장경제가 발달되어야 한다는 법이 없다. 부르조아 시장경제는 부르조아 계층의 이해관계에 입각한 민주 및 법치주의에 입각해있다고 정의를 해야 한다. 이것은 일종의 불평등 체제를 뜻하며, 그 부르조아 민주정이야 말로 그 하부구조로서의 국가폭력을 전제로 해서만이 성립될 수 있다. 다시 말하면 시장경제 발달의 전제로서 유시민은 전제군주로부터의 해방을 들었으나, 그것은 또 다른 불평등 권력 구조를 잉태한 것일 뿐이다.

자유주의 국가론자들은 국가 권력의 폐해에 대해 끝없이 경계했다. 이들은 국가 권력의 폐해에 대해 끝없이 경계하고 있는 데서 반증된다. 자유주의 국가론을 선호하는 사람들은 국가 권력 자체를 경계했고, 작은 국가, 또는 작은 정부를 선호한다.[394] 이런 사실은 당시 사회가 일반적인 민주화, 법치화가 실현되었다는 사실을 말하기보다, 특정 계층을 위한 민주주의와 법치주의가 이루어졌음을 뜻한다.

유시민이 보기에 진보적 국가는 홉스나 마키아벨리의 국가론과 공통점이 있는데, 그것은 강력한 폭력을 구비하고 일정한 국가의 목적을 추구하는 것이다. 유시민이 이상적이라고 생각한 국가는 불가피하게 물리적 강제력을 갖추고 적극적으로 복지를 실천하는 것이다. 이런 국가도 일종의 민주주의와 법치주의에 입각해있다. 지적해둘 것은, 유시민은 시장경제와 진보적 복지정책의 국가를 대립 항으로 설정하고 있으나, 양자는 국가의 권력구조 면에서 반드시 대응관계에 있는 것은 아니다. 시장경제와 복지정책은 경제적 제도에 관한 것일 뿐, 그 자체가 국가권력 구조에 조응하는 것이 아니기 때문이다.

실로 자유주의 국가론자들은 국가 권력의 존재 자체를 정당시했던 국가주의 국가론자들과 달리 다소간에 국가의 부당한 권력 행사에 대한 경계와 저항을 지향한 점에서 공통점이 있다. 이들이 국가권력의 부작용에 대해 경계한 것은, 유시민의 해석과는 달리, 그 자체로서 민주주의와 법치주의가 충분히 실현되지 않았다는 뜻이다. 그리고 이런 문제는 권력 구조적 측면에 속하는 것으로서, 개인주의 혹은 시장경제의 지향성과는 다른 차원의 문제이다.

권력자의 준법을 강조한 로크, 국가 기능 제한을 통한 권력의 견제를 지향했던 아담 스미스와 밀, 혹은 국가 자체를 억압의 기제로 간주하고 거부한 소로 등은 국가권력의 부당한 행사에 대해 경계를 했다.

로크는 시민들의 동의로 성립하여 법에 따르는 통치를 주장했다. 즉 국가를 누가 어떻게 통치하도록 하는 것이 좋을지에 대해서 강력한 폭력을 주장한 홉스와는 생각이 달랐던 것이다.[395] 로크는 사회계약을 어느 한 사람이나 추상적 공동체가 아니라 사회의 다수파에게 권력을 부여하는 것으로 해석했다.[396] 그에 따르면, 최고 권력인 국가의 입법권을 장악한 사람은 즉흥적이고 임의적인 명령에 의해서가 아니라 국민에게 공포되어 널리 알려지고 항구적으로 확립된 법률에 의거하여 통치해야 한다. 법치주의는 통치 받는 자가 아니라 통치하는 자를 구속한다. 법치주의를 일탈하면 권력은 정당성을 상실하며, 정당성이 없는 국가권력에 대해서는 복종할 의무가 없다.[397]

반면, 자유방임주의자로 알려진 아담 스미스는 사회적 부의 증진을 지향할 것과, 국가에 의한 자의적 간섭과 특권을 철폐할 것을 제안했다.[398]

이어서 루소와 밀은 개인의 자유를 중시했다. 루소는 국가가 개인의 자유를 침해할 때는 그 권력에 저항할 수 있다고 주장했다. 정부가 주권자인 국민의 자유를 부당하게 침해하면 국가를 수립한 사회계약이 파기되며, 모든 시민은 자유로운 상태로 되돌아간다. 정부가 주권을 찬탈하는 순간에 시민은 복종을 강요당해도 복종할 의무가 없고 저항권 또는 불복종투쟁을 할 수 있다는 것이다.

〈자유론 On Liberty〉에서 자유주의 국가론의 철학적 토대를 완성한 밀은 "어떤 경우에도 침해할 수 없는 자유"를 피력했다. 다만, 홉스의 사회계약론을 받아들여 공동사회가 개인의 자유를 제약할 필요가 있다는 것을 인정했다. 그러나, 개인이든 집단이든 다른 사람의 자유를 침해할 수 있는 경우는 딱 한 가지인데, 그것은 다른 사람에게 해를 끼치는 것을 막기 위한 것이다.[399]

소로(Henry David Thoreau, 1817-1862)는 자유주의자가 악을 저지르는 국가에 별나게 대처하는 방식을 보여주었다. 그는 "시민정부에 대한 저항 Resistance to Civil Government"이라는 글에서 "가장 좋은 정부는 가장 적게 다스리는 정부"라고 했고, 궁극적으로는, '가장 좋은 정부는 전혀 다스리지 않는 정부'라는 말을 믿었다. 소로는 세금을 내지 않았고 정부에 충성하기를 거부했다. 자신이 낸 세금으로 정부가 하는 짓을 보고 자기 나름의 방식으로 정부에 선전포고를 한 것이다.[400] 그는 정부가 훌륭한 혜안과 정직성이 아니라 강력한 무력으로, 또 인간의 지성과 양심이 아니라 감각에 호소하려 한다고 개탄했다. 그리고 사람을 부당하게 가두는 정부 하에서 의로운 사람이 진정 있을 곳은 역시 감옥이라고 여기며[401], 자신은 누구에게 강요받기 위해 태어난 것이 아니므로 스스로의 방식대로 숨을 내쉬고 살아갈 것이니 누가 더 강한지 두고 보자고 일갈했다.[402]

국가, 정부, 민중의 개념은 각기 획일적으로 구분할 수 있는가?

홉스의 사회계약론에 따르면, 국가는 무소불위의 권력을 정당하게 행사하는 세속의 신(mortal god)이다. 사회 내부의 무질서와 범죄는 물론, 외부의 침략과 위협으로부터 인민의 생명과 안전, 재산을 보호해야 하기 때문이다. 국가는 합법적인 폭력을 행사하는 주체이며 국가의 폭력은 어떤 경우에도 정당하다.[403] 유시민에 따르면, 그 후 400년 가까운 세월이 흘렀지만, 국가의 본질에 대한 홉스의 이론은 여전히 강력한 힘을 지니고 있다고 한다. 우리가 알고 있는 모든 현대적 국가 이론의 출발점이기 때문이란다.[404]

국가의 절대권력을 옹호하는 유시민은 홉스의 주장을 뒷받침하는 사례로서, 민간선박과 선원을 납치해 몸값을 받아내는 해적들 때문에 유명해진 소말리아와 시리아 내전의 예를 든다. 그는 소말리아의 내전을 부정적 입장에서 보고, 그 내란이 '모두가 두려워하는 공동의 권력'이 없기 때문에 벌어지는 혼란으로 규정했다. 소말리아 국민들의 삶은 군사독재 정권이 강권통치를 자행했던 때보다 훨씬 더 비참했고, 국내 난민들의 삶은 들짐승의 삶과 별로 다르지 않았다고도 한다. 이런 소말리아의 상황은 국가 없이는 '만인이 만인에 대해 늑대와 같이 경쟁하는 자연상태'에서 벗어날 길이 없다는 홉스의 이론에 힘을 실어주기에 충분한 증거가 된다고 유시민은 말한다.[405]

유시민은 홉스의 절대권력 이론이 질서유지라는 기능에서 필요한 것이라 보며, 국가의 권력은 '모두가 두려워하는 공동의 권력'이어야하는 것으로 정의한다. 그리고 '인민'은 질서를 유지하는 국가권력의 피통치자로서 인민과 절대적 국가 권력은 상호 대척점에 놓이게 된다.

다른 한편, 루소는 국가와 정부는 서로 다른 것으로 분리한다. 정부란 국가와 주권자를 연결하는 중개단체, 즉, 법률의 집행과 사회적, 정치적 자유를 유지할 책임을 맡은 중개단체이다. 정부 또는 군주는 주권자인 국민에게 고용되어, 맡겨진 권력을 주권자의 이름으로 행사하는 대리자에 불과하다.[406] 대리자인 정부가 주권자인 국민의 자유를 부당하게 침해한다면 국가가 해체될 수 있다.[407]

유시민은 루소의 이론을 좇아서로 국가와 정부가 다르다는 것은 오늘날 상식에 속한다고 말한다.[408] 양자를 구분하는 것은 중요한 의미가 있다는 것이다. 정부가 국가 대신 행동하는 것이지만, 같은 국가라 해도 정부가 바뀌면 그 성격과 행동양식이 달라질 수 있기 때문이란다. 유시민에 따르면, 간혹 국가가 악을 저지른다고 해서 반드시 국가를 폐지할 필요는 없고, 그 대신 정부 또는 정부를 구성하는 사람들을 교체함으로써 많은 문제를 해결할 수 있다고 한다. 국가는 영속하게 하고 정부를 교체함으로써 국가의 기능과 작동방식을 바꿀 수 있다면, 굳이 폭력으로 권력을 탈취하여 사회의 기본질서를 일거에 바꾸는 사회혁명을 할 필요가 없다는 것이다.

자유주의자들이 사회혁명을 반기지 않는 것은 바로 이런 생각 때문이라고 유시민은 말한다.[409] 민주주의 사회라면 어디서든지 국가가 영속하는 가운데 주기적인 선거를 통해 정부가 교체된다는 것이다. 유시민은 혁명보다는 평화적으로 정부를 교체함으로써 국가권력의 부작용의 문제를 해결할 수 있다고 보았다. 여기서 유시민은 정부를 하나의 획일적 집단으로 파악하고, 반대편의 획일적 집단, 즉 시민과 대응의 관계에 놓고 있다.

그런데 유시민이 가진 개념의 구도에서는 한편으로 정부 내의 다양한 경향성의 혼재, 다른 한편으로 민중 가운데 존재하는 다양성이 무시된다. 사실 유시민 뿐만 아니라 루소도 정부, 국가, 민중을 각각 하나의 전체로서 추상적, 획일적 개념으로 설정했다는 데서 양자에게는 유사한 점이 있다.

유시민의 절대권력의 국가에는 민중이 결정하는 직접민주정치 절차가 없다
그런데 유시민은 한편으로, 루소의 견해를 좇아, 상황에 따라서 국가와 정부는 다른 것이라고 하지만, 다른 한편으로는 양자는 실로 다른 것이 아니라고도 말한다. 국가와 정부의 구분은 이론적 문제일 뿐, 실제로

는 다르지 않다는 것이다. 그는 국가의 행위는 모두 정부의 행위이며, 정부가 있어야 국가의 의지가 실천될 수 있다고 보기 때문이다. 행동하는 것은 엄밀하게 말해서 국가 그 자체가 아니라 국가정책을 결정할 권능을 얻은 사람들이기 때문이란다.

국가의 행위는 모두 정부의 행위라고 보는 유시민의 국가론에는 위정자의 권력만 있을 뿐, 민중이 결정권을 행사하는 절차로서의 직접민주정 개념이 결여되어 있다. 유시민의 견해와는 달리, 국가는 위정자의 행위로서만 구성되는 것이 아니라 정부와 민중이 함께 존재해야 하며, 그 어느 편도 독재하지 못하도록 양자 간 권력의 배분이 균형 있게 이루어져야 한다.

국가와 정부를 동일시하는 입장에 선 유시민은 질서를 유지하는 통치자로서의 국가권력과 피치자로서의 민중을 획일적으로 이원화하고 있다. 그러나 유시민이 생각하는 바와 달리, 국가는 한편에 획일적 정부, 또 다른 한편에 획일적 국민의 대칭으로 구성된 것이 아니라 각기 다양한 경향성으로 분산된 존재들의 총체로서도 파악되어야 한다. 그 속에는 한편에 공권력의 공직자가 다양한 개별로서 존재하며, 다른 한편에는 다양한 지방정부, 풀뿌리 민중의 주체들이 있고, 또 있어야 한다.

민중의 이해관계는 통일된 것이 아니다. 권력 자체가 일부 민중의 이익을 위해 다른 일부 민중의 이익을 해치는 것이 되고, 내홍(內訌)이 전개되기도 하기 때문이다. 다시 말하면, 국가권력과 민중이 서로 대립 항이 되는 것이 아니라, 민중 가운데 권력을 등에 업은 민중의 침탈적 권력과 그에 반항하는 민중으로 나누어진다고 해야 할 것이다.

다양한 개체로서의 공직자의 비리는 획일적인 정부의 교체만으로 해결되고 근절되는 것이 아니다. 오히려 개별 공직자의 비리에 대해 즉각 상시로 처벌이 이루어져야 한다. 국가 권력 오·남용의 주체와 처벌의 대상은 획일적인 정부나 국가라는 추상적인 개념이 아니라, 공화정에서 끊임없이 교체되면서 공직자가 되는 시민의 일부가 되어야 하기 때문이다.

소로는 정부 권력의 부당함에 저항하여 불복종하고 세금의 납부를 거부했다. 그런데 정부 권력에 대한 그의 저항에서는 공권력에 대해 시민이 직접 감시·처벌한다는 적극적 권력 통제의 개념이 결여되어 있다. 그의 불복종은 소극적 저항이었을 뿐이다.

자유주의 국가론자들과 유시민에게 미비한 미시적 감시의 제도

20세기 칼 포퍼는 지배자의 권력이 갖는 폐해를 지적했다. 그는 플라톤이 "누가 다스려야 하느냐"는 질문을 던지므로서 정치철학을 오도했다고 비난한다. 그래서 그에 따르면, "사악하거나 무능한 지배자들이 너무 심한 해악을 끼치지 않도록 어떻게 정치제도를 조직할 수 있는가" 하는 것이 정치철학이 다루어야 할 올바른 질문이다.

그러나 유시민은 포퍼의 명제를 정면으로 거스르고, 다시 "누가 다스려야 하는가"라는 질문으로 돌아가서 그 '다스리는' 주체를 정치가로 설정했다. 그리고 정치가들이 범하는 악을 견제하는 장치로서 삼권분립 등의 원리에 의존하고 있다.

자유주의 국가론자인 홉스, 루소, 존 스튜어트 밀 등은 국가권력의 필요성을 인정했으나 동시에 그 폐단에 대해서도 경계했고, 권력에 대한 견제장치를 다소간에 구상했다. 홉스에게서는 국가 권력이 시민의 생명, 안전, 재산을 지키지 못할 때, 루소에게서는 국가가 개인의 자유를 침해할 때 시민의 저항권을 인정하고 있다. 밀도 다른 사람에게 해를 끼치는 것을 막기 위한 단 하나 예외적인 경우에 국가가 개인의 자유를 침해할 수 있다고 했다. 그런데 이들과 유시민이 갖는 공통점이 있다. 그것은 국가 혹은 국가권력의 개념을 추상적, 획일적으로 파악하고, 자유 시민과 대항관계에 놓는다는 점이다.

그러나 국가와 시민은 항상 대척점에 놓이는 것이 아니다. 민주국가에서는 시민의 일부가 국가의 공권력을 행사하는 것이므로 국가는 시민이 구성하는 사회의 일부로 보아야한다. 국가 권력은 자유 시민과 대립되는 것이 아니고, 시민의 일부가 행정관료, 입법부, 사법부의 구성원이 된다. 즉 공권력의 남용은 다른 누가 아니라 바로 공직자가 된 일부 시민들 스스로에 의해 자행되는 것이다.

그래서 시민은 자신과 대항관계에 있는 국가에 권력을 일임한 다음 태만할 것이 아니라, 자신들 중의 일부가 공직에 임하는 정부체제에서 그 공권력이 남용되지 않도록 직접 공직자를 감시 처벌해야 한다. 그 점을 게을리 하는 순간 시민은 권력의 노예가 되고, 사회는 공권력 남용의 적폐로 피폐하게 될 것이며, 그 책임은 바로 자신에게로 돌아오게 된다.

민주사회에서 자유롭고 평등한 시민은 돌아가면서 지배하고 또 지배받는다

개인의 자유를 절대적으로 존중한 존 스튜아트 밀에 따르면, 단 한 가지 예외적인 경우에 국가가 개인의 자유를 침해할 수 있다고 한다. 그것은 다른 사람에게 해를 끼치는 것을 막기 위한 것이다.

그런데 문제는 '다른 사람에게 해를 끼친다'든가, '국가권력이 그것을 막는다'고 할 때 어떤 상태가 '해를 끼치는 것'이고 또 어느 정도로 '국

가가 막을 권한이 있는지'에 대한 구체적 한계의 기준, 혹은 누가 그 기준을 결정할 것인가 하는 절차가 불분명하다. 특히 국가권력 자체에 의해서 개인의 자유가 침해되는 경우에는 어떻게 할 것인가 하는 점에 대한 배려가 밀의 이론에서는 실종되어 있다.

한편, 유시민은 '누가 다스려야 하는가' 라는 질문에서 그 주체를 '정치가' 라고 답을 하고 있다. 그리고 정치가의 잘못된 공권력 행사에 대해서는 삼권분립에 의한 견제, 혹은 정권의 교체 등으로 대처할 수 있다고 한다. 그러나 유시민이 생각한 이런 구도에서는 공권력을 잘못 행사한 공직자를 미시적, 개별적으로 감독, 징벌할 수 있는 장치가 결여되어 있다.

이런 시각에서 본다면, 포퍼가 제시한바, "사악하거나 무능한 지배자들이 너무 심한 해악을 끼치지 않도록 어떻게 정치제도를 조직할 수 있는가"가 하는 문제의식이 더 적정한 명제로 다가온다. 포퍼에게서는 정치가나 정부, 혹은 국가 등의 획일적이고 추상적인 개념이 아니라, '사악하고 무능한 지배자'로 적시되고 있기 때문이다. 이런 지배자는 공권력을 오·남용한 개별 인격체이며, 그가 일차적으로 책임을 져야 한다. 그러기 위해서는 주권자인 민중은 범법한 공직자를 개별적으로 감시하고 징벌할 수 있는 장치를 제도적으로 마련해야 하는 것이다.

국가 권력의 행사를 둘러싼 이런 미시적 차원의 논의는 궁극적으로 '자유롭고 평등한 시민이 돌아가면서 지배하고 또 지배 받는다'는 아리스토텔레스의 명제로 귀결된다. 국가 공권력과 시민을 서로 대척점에 있는 것으로 파악해서는 안 된다. 시민의 집합을 떠난 추상적인 국가 혹은 정부는 존재하지 않으며, 국가 권력은 시민의 일부에 의해 행사되고, 동시에 그 권력의 오·남용도 시민들에 의해 감시, 처벌 되어야 하기 때문이다.

권력의 오남용과 고대 아테네 공직자 감시제도

사람들은 자기 재산이나 주변에서 벌어지는 일에 대해 철저하게 점검하고 챙긴다. 재산이나 생명을 선뜻 남에게 맡기려 하지 않는다. 사람이란 속을 알 수 없고, 또 가변적이기 때문이다. 자식도 못 믿는 세상이다.

그런데도 정치권력의 경우에는 일일이 점검하기를 포기한다. 공적 권력이 어느 정도 상식적 수준에서 행사될 것이라고 기대하는 것이다. 그러나 사실은 그렇지 않은 경우가 얼마든지 가능하다. 한국에서 대통령의 권력이 잘못 쓰인 데 대해 화난 민중이 촛불을 들고 마침내 정권 교체를 이루었고, 대통령은 체포되어 구금 중에 있다.

문제는 공권력의 오용, 남용이 대통령에게만 한정된 것이 아니라는 점이다. 공권력이 광범하게 썩어서, 공직자는 신뢰보다는 경멸의 대상이 될 지경에 이르렀다. 국회는 마비되어 하는 일 없이 보수만 챙긴다고 원성을 사고, 40개국 전후한 OECD 국가 중에서 한국의 경찰, 사법 신뢰도는 꼴찌에서 두세 번째 간다.

고대 그리스에서는 대소를 가리지 않고 공직자에 대한 철저한 검증과 처벌이 시민들에 의해 이루어졌다. 아리스토텔레스의 <아테네 국가제도>(43)에 따르면, 공직자에 대해 임명시 자격검정, 퇴직 시의 수행평가 뿐 아니라 비리 의혹이 있으면 매달마다 민회에서 고발할 수가 있었기 때문이다. 공직자를 뽑기만 하고 내버려두는 것이 아니 법을 어길 때는 민중이 그를 처벌할 수 있었다. 그것도 임기 1년을 기다리지 않고 바로, 공직자의 감시와 처벌은 민중의 민회에서 이루어졌다.

시민에 대한 인권의 침해는 거시적 독재권력에 의해서 뿐만 아니라, 시민 자신들로 구성된 정부 내 각 공직자 개인의 미시적 권력 남용에 의해서도 이루어진다. 특히 일제 식민지 지배, 해방 후 미군정, 이승만 독재 정치 등이 낳은 권위주의의 잔재가 정부 구석구석에 잔재해 있는 한국의 현실에서는 그 정도가 더욱 심각하다. 공직자의 권위주의를 극복하기 위해서는 자유시민에 의한 국가행정 전반에 걸친 능동적 감시가 필요하다. 감시의 대상은 행정관료 뿐 아니라 사법부와 입법부도 포함되어야 하겠다.

직접 민주정치란 고대에 규모가 작은 나라에서만 시행 가능했던 제도가 아니다. 나라의 규모와 전혀 상관없으며, 민중이 번번이 직접 나서서 결정권을 행사하지 않더라도 공직자를 감시 처벌하고 또 국회의 결정을 거부할 수 있는 권한을 가지면 된다. 오늘날 스위스는 직접민주정의 대표적인 사례이다. 민중에 의한 개헌발안제와 공직자를 감시하고 응당한 처벌을 가하는 국민소환제, 그리고 태만한 국회가 방기한 법안은 국민이 직접 투표하여 결정하는 국민투표제 등은 직접 민주정으로 입문하는 길이다.

고대 그리스 아테네에도 500인 의회 등 간접 민주정의 요소가 없었던 것이 아니다. 그럼에도 그 체제가 직접민주정치로 알려져 있는 이유는 공직자를 고소, 고발하며, 처벌할 수 있는 권한을 민회가 가지고 있었기 때문이다.

아리스토텔레스의 〈아테네 국가제도〉에 따르면, 아테네에서는 1년 임기의 관직에 대해서, 취임할 때 자격검사(dokimasia), 퇴임할 때 수행검사(euthyne), 그 외 임기 중에도 한 달에 한 번씩 공직자에 대한 고발조치가 이루어졌다. 매달 4회 열리는 정기민회 중 첫 번째 민회에서 공직자의 비리를 고소, 고발하는 절차가 공식적으로 제도화되어 있었다. 민중이 공직자의 권력 오용을 철저하게 감시 처벌할 수 있었다는 점에서 고대 아테네 민주정은 직접민주정치였던 것으로 정의할 수 있다.

오늘날 근대국가의 대의제에서는 그 권력의 오용 및 남용을 방지하기 위해 국민에 의한 공직자 소환제도가 불가피하다. 그리고 이는 고위공직자 뿐 아니라 하위공직자에게도 적용되어야 한다. 바늘 도둑이 소도둑 되는 법이라, 작은 싹일 때부터 솎아내어야 썩은 등걸을 캐내는 수고도 덜 수 있다. 무수히 뿌려진 비리의 씨앗들은 자라면 일시에 근절하기가 어렵다.

지금까지 국민의 뜻을 무시하고 적폐를 양산해온 국회, 행정부, 사법부는 이제 권력의 울타리로 밀려나야 한다. 이제 민중이 권력의 중심에 설 때이기 때문이다. 직접 민주정과 대의제 간접 민주정 중에서 어느 것을 해야 할 것인가 하는 것이 문제가 아니라, 그 어느 쪽이든 공직자가 민의를 어길 경우, 그 공권력의 대소를 가리지 않고 철저한 감독권과 처벌권을 민중이 가질 수 있는 제도를 마련해야 하는 것이다.

아테네 민주정의 특색은 추첨제를 통해 특정인에게 권력을 집중시키지 않는 동시에 공직자를 철저하게 감시했다. 공직자 감시 및 처벌 제도로 잘 알려진 재도가 도편추방제이다. 시민이 공권력을 감시하며 칼자루를 들었던 기원전 5세기 100년간의 역사에서 도편추방된 것으로 알려진 공직자는 약 10명 안팎이다.

도편추방제도는 아테네 민주정이 타락해서 만들어진 게 아니라 타락하기 전 예방책이었기 때문이다. 잘하겠지 믿기만 하고 공직자를 내버려둔다면, 대통령 뿐 아니라 국회도 엉망진창이 되지 말란 법이 없다. 뒤늦게 도편추방 할라치면 한 해에도 수백 명을 헤아릴지도 모를 일이다. 지위고하를 막론하고 공직자를 감시하기 위한 소환제는 예방효과를 노릴 필요가 있다. 소도둑을 잡기보다 바늘도둑을 예방하는 것이 사회적 경비를 절감할 수 있다.

총제적인 사회의 부정부패를 척결하는 풀뿌리 민주정치

유시민은 정치가들의 사악함 혹은 무능을 민주사회의 위험으로 들었으나, 사실 사악함은 정치가들에게 한정되어 있지 않고, 각계각층에 널려있는 사회 총체적인 문제이다. 그 범위나 정도가 다를 뿐, 부패는 정치권력뿐 아니라 사회 곳곳, 개인 각자에게서 흔히 찾아볼 수 있다.

국가를 위정자와 민중으로 이분화 하여, 권력을 행사하는 위정자들만 부패했다고 생각하는 것 자체가 오류이다. 재계, 의료계, 법조계, 버스회사 비리, 노동자 문제 등 비리와 부패는 끝도 없이 만연해 있다. 도대체 사회가 총체적으로 안고 있는 이 많은 문제들을 대통령과 정치가만 바로 뽑으면 해결될 것이라고 생각하는 것 자체가 환상이다.

제대로 작동하지 않고 직무를 유기하는 행정부, 입법부, 사법부는 말할 것도 없지만, 비리가 공권력에만 한정된 것이 아니라는 점이 더 큰 문제이다. 한편으로 식민지배와 독재의 잔재로서의 독선은 한국인 의식 깊숙한 곳까지 파고들어있고, 다른 한편으로 부정과 부패 앞에 '소름끼칠' 정도로 침묵하며 포기하고 체념하는 분위기가 사회에 만연하다.

국회의원들에게 맡겨서 개헌을 하고 새 법을 만들어 사회 비리를 척결하겠다는 생각은 환상이다. 이들은 마땅히 해야 할 일도 3년이 지나도록 내던져놓아서, 법 조항 하나도 고치지 못하여 국민투표 자체가 불가능하다고 사보타쥬(방해)하고 있는 실정이다. 사법부가 어찌 이에 질까? 판결 오류 가능성 자체를 원천적으로 부정하니, 국민의 원성조차 법치유린에 불과한 실정이다. 삼권분립에 의한 상호견제가 민주적으로 작동하지 않는 상황이니, 대통령, 국회의원을 비롯하여 정치가 몇 명 잘 뽑는다고 사회문제가 해결될 리가 없을 것은 자명하다.

여기서 국가와 정부, 혹은 정치가와 국민을 가르는 이분법적 논리는 무색해진다. 국가와 그 주권자 국민은 상이한 존재가 아니며, 그 국민은 정부를 비롯한 모든 공권력과 사회적 비리를 감시하고 처벌해야 마땅한 존재가 되지 않으면 안 될 까닭이 여기 있다.

유시민의 민주주의 논의는 국가를 폭력조직으로 획일화하는 가운데, 집권과 분권, 혹은 대의제와 직접민주제 간의 적절한 혼합이라는 개념 자체를 애초에 결여하고 있다. 그 혼합의 정도는 시대와 장소, 각 사회의 형편 등에 따라서 다를 수 있다. 이는 사회현실과 직결된 문제로서 권력의 분포 상황에 따라 정치가의 역할도 달라질 터이기 때문이다. 더 중요한 것은 대의정치 요소를 가미한다 하더라도 대의제 공권력의 오 남용에 대해서는 주권자인 국민이 철저하게 검증, 처벌할 수 있는 제도적 장치가 우선되어야 한다는 점이다. 그것도 정권이 교체되기만을 기다리는 것이 아니라, 비리를 자행한 그 즉시 처벌되어야 하며, 비리를 자행한 공직자 각 개인에 대해 개별적으로 처벌이 이루어져야 한다.

제 11 장

고대 그리스 사회신분에 대한 오해 풀기

고대 그리스는 오늘날 근현대 국가와 달리, 정치를 담당하는 주체가 전문 정치가들이 아니라 일반 시민단이었다. 사회는 공동체성이 강했고 생활공동체인 가문, 씨족 등이 기초 단위가 되는 원심적 권력구조, 풀뿌리 분권 구조 위에 성립되었다.

정부 권력이 미미하니 시민권의 원천도 정부가 아니라 각 가정, 가문에 있었다. 가문에서 적자로 인정하면 시민으로 등록이 된다. 가정에서 적자로 인정된 여성도 남성과 같이 시민권을 가졌다. 여성의 시민권은 참정권이나 군대복무를 기준으로 한 것이 아니라 여성이 가정에서 갖는 사회경제적 권리에 기반을 둔 것이다. 고대 그리스는 정치의 개념이 오늘날보다 훨씬 광범해서 국가 혹은 사회적으로 이루어지는 축제나 의식 등도 포함했다. 적어도 여성은 그런 의식에 참가하는 한, 비정치적인 존재가 아니었다. 공동체성이 강했던 고대 그리스 사회는 노예의 개념도 반드시 시민과 배타적인 것이 아니었다. 시민이라도 형편에 따라 남의 집 재산관리인, 혹은 머슴으로 들어가면 예속노동자, 즉 노예로 불렸다.

폴리스의 정치구조와 사회신분에 대한 오해

고대 그리스 폴리스의 정치, 사회에 대한 오해는 어제 오늘의 이야기가 아니다. 멀리는 18세기의 루소부터 시작이 되어 지금은 그 오해가 국내외를 막론하고 다양하게 번안이 되고 있다. 20세기에 들어서 한나 아렌트, 조르쥬 소렐, 유시민 등에 보이는 몇 가지 오해와 그에 대한 간략한 비판을 한 다음, 폴리스의 올바른 이해를 도모하기 위해, 폴리스의 정치구조, 시민권은 국가가 아니라 가문에서 주어진다는 점, 여성이나 노동자(노예)의 사회적 지위 등에 대해 살펴보도록 하자.

루소

루소는 〈사회계약론〉에서 이상적인 민주주의로서 직접민주주의의 장점을 거론하면서, 이를 실현하기 위해서는 다음 네 가지 전제가 필요하다고 여긴다. 첫째, 인민들이 용이하게 함께 모일 수 있는 아주 작은 규모의 국가, 둘째, 그와 같은 민주주의에서 사안이라는 것은 굉장히 간단한 것들이어야 하고, 셋째, 사회적 지위와 재산 따위에서의 평등이 상당 정도 보장되어 있는 수준을 전제로 하고, 넷째, 사치가 없거나 극소한 상태를 전제로 한다는 것이 이것이다. 이러한 점을 고려하면 실질적으로 직접민주정치는 신의 국가에서나 가능하지 연약한 인간들에게는 적정하지 않다고 루소는 주장한다.[410]

루소의 이 같은 이해는 성경과 경전의 글귀만큼이나 소중하고 가치 있는 정통의 지식으로 사회과학 저서에 널리 인용되어 왔다. 그러나 루소의 이해는 직접 민주정치의 본질과는 자못 거리가 멀다. 직접민주정치란 원천적으로 국가의 규모와는 무관하고, 사안의 단순성 여부, 참정권자의 사회적 지위와 재산상의 평등 여부, 사치성의 극소화 여부 등과 무관하기 때문이다.

고대 그리스에서 그 예를 살펴볼 수 있듯이, 직접민주정의 본질적 원리는 바로 권력 구조가 분산되어 있다는 측면에서 정의되어야만 한다. 직접민주정치에서는 민중의 권력이 수직적, 수평적인 특성을 띤다. 수직적이라 함은 민중의 권력이 대의제를 거쳐 굴절되는 것이 아니라, 주권자로서 공공기관의 의사결정에 직접 개입한다는 뜻이다. 수평적이라 함은 대등한 민중간의 평등한 교류를 지향하므로 중앙집권 지향적이 아니라 지역분권 지향적인 점에서 평형적, 혹은 분산적임을 뜻한다.

이미 18세기 루소는 영국 대의제나 간접민주정치의 비민주성에 대해서 다음과 같이 지적했다. 이런 지적은 오늘의 한국에 적중한 것이다.

"영국 국민들은 스스로 자유롭다고 하나 이런 믿음은 근본적으로 잘못된 것이다. 의원을 선출할 경우에만 자유롭지, 일단 선거가 끝나면 그들은 노예상태로 되돌아갈 뿐 아무 것도 아니다."

아렌트

아렌트는 고대와 현대를 막론하고 사회를 공적 영역과 사적 영역으로 구분했다. 그리고 고대 그리스 폴리스의 경우 폴리스는 공적 영역이 되고 필레(phyle: 부족)와 프라트리아(Phratria: 형제단) 등 혈족에 의존하는 사회는 사적 영역이 된다. 그녀의 말을 빌리자면,

> 프라트리아와 필레와 같이 혈족에 의존하는 모든 조직단위를 해체함으로써 폴리스의 토대가 구축된다는 것은 아리스토텔레스의 의견이라기보다는 단순한 역사적 사실이었다.[411]

그러나 이런 아렌트의 언급은 폴리스의 구조를 근본적으로 잘못 이해한 데서 비롯된 것이다. 그녀가 폴리스와는 대조적인 사적인 영역의 하나로 이해했던 부족(필레)이나 형제단(프라트리아)이 바로 그녀가 공적인 영역으로 이해했던 폴리스의 핵심을 이루었기 때문이다. 폴리스의 시민이란 폴리스 자체에 시민 등록부 같은 것이 구비되어 있는 것이 아니고, 부족, 혹은 형제단을 구성하는 하위집단인 데모스(촌락), 혹은 가문 내부에서 합법적인 자식으로 인정받음으로써 성립된다.[412] 또 아렌트가 말하는 형제단과 부족은 반드시 협의의 혈연조직이었던 것만은 아니고 일종의 '의제적' 혈연조직으로서, 경우에 따라서는 '데모스'와 같이 지역적 촌락 단위로 구성되기도 했다.

폴리스 시민사회는 정치권력 자체가 발달하지 않았으므로 공적, 사적 영역의 구분이 분명하지 않았다. 오히려 아렌트가 말하는 이른바 사적인 영역의 시민들이 공동체의 필요성을 위하여 구성한 민회가 정치의 핵심을 이루었을 뿐이다. 권력의 핵심을 시민단이 가지고 있었는데, 이것은 우리가 이해하는 바와 달리, 중앙에 집중된 권력이란 것이 존재하지 않았다는

데 그 의의가 있다는 점이 중요하다.

집권(集權)에 대조적인 개념은 분권이다. 흔히 분권이라고 하면 지역분권을 떠올리기 십상이다. 지역분권이란 중앙에 집중되므로서 편중되는 권력구조를 개선하여, 그 권력을 지방으로 분산시킴으로써 중앙과 지방간의 불균형을 해소시키는 데 의의가 있다. 그러나 진정한 의미에서의 시민사회의 분권은 중앙과 지방의 불균형한 권력 뿐 아니라 위정자나 정치기구 자체가 가지는 권력을 나누어서 시민들이 공유함으로서 비로소 이룰 수 있다는 점이 중요하다.

즉, 중앙과 지방의 불균형도 물론 시정해야 하겠으나 더 근원적인 문제는 정치권력 자체의 독주가 시정되어야 한다는 것이다. 지역분권이 된다고 해도 중앙이나 지방 차원의 정치권력의 독주가 없으리라는 보장은 여전히 없기 때문이다. 중앙이나 지방의 권력 행사의 폐해 자체를 줄이고 견제할 수 있는 것은 바로 시민들 자신이 자신의 권리 행사의 필요성을 자각하고 실천하는 것이다. 시민이 권력의 주체가 되어 위정자의 권력을 견제했던 사회의 한 예가 고대 그리스 시민 사회이다.[413]

권력구조에 관련하여서도 아렌트는 고대 폴리스와 근대 이래 공화국의 차이를 오해하고 있다. 아렌트에 따르면, 현대 국가의 권력구조는 고대 폴리스의 그것과 다르다. "어떤 나라가 인구, 물자, 범위의 측면에서 더욱더 거대해질수록, 행정부에 대한 필요성과 더불어 행정가들의 익명적인 권력의 필요성도 더욱더 증대할 것"[414]이라고 한다. 이와 같은 아렌트의 논의는 현대국가에서 시종일관 집중되어온 '권력'은, 다수의 동의를 통해 정당성을 갖는 것이라는 자신의 명제로 연결된다. 현대국가와 고대 도시국가가 권력구조 측면에서 다르다고 본 그녀의 관점은 루소가 고대 폴리스 사회를 이해했던 것과 같은 맥락에 있다.

또 아렌트는 '근대 공화국의 지배'는 인민의 지지에 기초한 것이라고 보고, 이것이 고대 도시국가와 다른 점이라고 여긴다. 즉 고대 도시국가는 '노예노동에 적합한 정부'에서의 인간에 의한 지배구조였던 것으로 보는 것이다. 이때 고대 도시국가에는 그리스의 아테네 뿐만 아니라 로마도 포함된다. 아렌트에 따르면, '이소노미아(법적 평등)'를 원칙으로 한 아테네인과, 자신의 정부형태를 '키비타스(시민국가)'로 부른 로마인들은, 노예의 노동 위에 군림하는 '인간(곧, 시민)'으로서 지배하였으므로, 그 정부의 본질은 (지지나 동의에 근거한) 명령-복종 관계에 의한 것이 아니다.

아렌트에 따르면, 고대 도시국가에서 권력과 지배, 혹은 법과 명령은 근대 이래의 것과는 다른 것이다. 인민의 권력에 근거한 근대 공화국의 지배는 '노예에 적합한 정부'라고 여겨졌던 '인간'의 지배를 불식시키게 되었기 때문이다. 즉, 고대 '인간'의 지배가 근대에 와서 법에 의한 복종으로 바뀌는데, 이것은 일반시민이 실제로 동의하는 법으로서, 칼로 위협하여 주머니를 털거나 총으로 은행을 털 때에 범죄자가 기대하는 무조건적인 복종이 아니라, 인민의 지지에 기초한다는 것이다.

고대 폴리스에 대한 아렌트의 이와 같은 논의가 범하고 있는 오류는 근본적으로 권력 구조를 잘못 이해한 데 기인한다. 폴리스의 권력구조 상의 담론은, 시민과 노예 간의 지배-피지배 관계가 아니라 '시민단'으로 구성된 국가의 개념에서 이루어져야 하는 것이다. 국가가 '시민단'과 별개로 권력의 주체가 되는 것이 아니라, '시민단' 그 자체가 국가의 핵심이 된다. 폴리스의 국가는 의제적인, 즉 동일시한 개념에 불과할 뿐, 근대 공화국의 권력에 준하는 실체가 따로 있는 것이 아니다.

폴리스의 시민이 노예를 갖든 안 갖든 그것은 정치권력의 구조와는 아무런 상관이 없다. 시민 자신이 농민, 수공업자로서 다소간에 노동에 종사했고, 또 경제적으로 형편이 열악해지면 스스로 노동자(노예)로 남의 집 머슴살이를 하기도 했다. 시민과 노동자의 사회계층이 칼로 두부 자르듯이 명확하게 구분이 되지 않는 경우도 있다.

시민이 노예노동을 착취하여 정치에 종사한 사회계층이라고 하는 인식은 아마도 아리스토텔레스가 <정치학>에서 서술하는 훌륭한 시민의 정의에서 오는 것일 수도 있다. 훌륭한 시민은 스스로 시간을 빼앗기는 생업에 종사하면 안 된다는 것이다.

그러나 아리스토텔레스의 이런 정의는 자연성에 따른 기능적 역할 분담의 이상적 상황의 의견을 진술한 것일 뿐, 현실의 사회적 억압에 의해 발생한 불평등한 사회계층의 존재를 전제로 한 것이 아니다.

아렌트는 근대공화국이 인민의 지지에 기초한 법이 지배하는 반면, 고대 폴리스는 '인간'이 지배한 것이라고 한 점도 맞는 말이 아니다. 고대 아테네에서는 인민, 즉 시민이 모여서 동의를 통해 법을 만들고 결정을 하곤 했기 때문이다. 루소가 지적했듯이 근대 공화국의 대의제는 인민을 노예로 만들 가능성이 있는 것이지만, 대의제의 비중이 상대적으로 작았던 고대 폴리스에서는 오히려 인민(시민)의 뜻이 더 잘 반영되고 작동되는 민주정치였다.

또 폴리스의 시민은 남성이 중심이 되고 여성은 참정권이 없으므로 종속적인 노예에 유사한 것으로 잘못 이해되는 경우도 있다. 아렌트도 이에 예외가 아니었다. 더구나 공적인 영역과 사적인 영역을 구분하고 공적인 영역으로서의 반성적 의식과 개인 간의 소통을 통한 정치적 행동을 가치 있는 것으로 평가했던 아렌트는 그리스 시민사회의 가정을 불평등한 관계에 입각한 사적인 공간으로 규정하고 다음과 같이 폄하했다.

> 가정이 가장 불평등한 장소인 반면, 폴리스는 오직 (시민간의) 평등만을 고려한다는 점에서 가정과 뚜렷이 구분된다. 자유롭다는 것은 삶의 필연성이나 타인의 명령에 예속되는 것도 아니며 또 타인에게 명령하는 것도 아니다. 더욱이 자유롭다는 것은 지배하거나 지배받는 것을 의미하지도 않는다. 따라서 가정의 영역 내에 자유는 존재하지 않는다. 왜냐하면 가정의 지배자인 가장은 가정을 떠나, 모든 사람이 평등한 정치적 영역으로 들어갈 수 있는 힘을 가지는 한에서 자유로운 것으로 간주되기 때문이다. 확실히 정치적 영역의 이러한 평등성은 우리의 평등의 개념과 아무런 공통점이 없다.[415]

그리스 시민사회의 국가(폴리스)와 가정의 관계에 대한 이와 같은 아렌트의 이해는 사실을 전도한 것이다. 무엇보다 자유를 '지배하거나 지배받는 것을 의미하지도 않는다'고 한 것은 아리스토텔레스의 '자유인'의 명제를 완전히 뒤집는 것이다. 아리스토텔레스는 분명히 자유인을 '돌아가면서 통치하고 지배받는 것'이라고 정의하기 때문이다.

또 가정이 가장 불평등한 장소라든가, 가장이 가정을 떠나서 모든 이가 평등한 정치적 영역으로 들어간다'라고 본 것도 오류이다. 무엇보다 폴리스에서 이루어지는 참정은 폴리스 공동체의 필요에 의해 시민이 자신의 재산과 인력을 제공하여 봉사하는 것이 그 대체를 이루기 때문이다. 이 때문에, 참정은 권리의 행사라기보다는 의무의 부담이라는 측면이 강했다. 즉 가장 뿐 아니라 가정의 구성원인 자식들도 유사시에 국가의 부담을 평등하게 진다는 뜻이다.

고대 그리스 여성의 사회적 지위에 대한 올바른 이해는 당시 시민사회를 이해하는 데 중요한 의미를 지닌다. 그것은 여성조차도 시민의 일원으로서 분권적 사회구조 내에서 구성원의 중요한 일부로 존재했다는 점을 일깨워주기 때문이다. 진정한 의미의 분권은 수직, 혹은 수평적 정치조직 간에서만 이루어지는 것이 아니라, 시민 개인에게로까지 확대되어야 하는 것이며, 거기에 여성도 예외가 아니었다.

소렐

고대 그리스 사회의 권력구조에 대한 오해는 소렐에게서도 발견된다. 소렐에 따르면, 사회당 후보자들은 가장 수가 많고 가장 가난한 계급에게 단일한 집단으로 뭉치라고 요구하며, 이 집단의 대변인을 자처하고 나선다. 그런데 이런 상황은 고대 그리스 도시국가들의 상황과 그리 멀리 떨어져있지 않다. 의회사회주의자들은 고대 그리스의 대중 선동가들, 즉 부채탕감과 토지 분배를 줄곧 외치며 부자들에게 온갖 공공부담금을 물리고 많은 재산을 빼앗을 수 있도록 음모를 꾸미는 대중선동가들과 너무나 유사하다.[416] 나아가 소렐은, 군중(인민)과 과두주의자 등 두 계급 사이의 갈등이 가장 명료하게 표현되는 것이 바로 다음과 같은 아리스토텔레스의 말이라고 여긴다.

> 군중이 바로 입법자인 민주정치 체제에서 대중선동가들은 줄곧 부자들을 공격함으로써 항상 국가를 두 진영으로 분열시킨다. … 과두주의자들은 '나는 인민의 영원한 적이 될 것이며, 내가 할 수 있는 모든 악행을 인민에게 할 것'이라고 하는 공약을 중지해야 할 것이다

(정치학 8권, 7장, 19)

소렐에 따르면, 오늘날의 역사가들은 종종 고대사회들이 우리 사회들보다 더욱 통일성을 지니고 있었다고 생각한다. 〈정치학〉 제2권에서 아리스토텔레스가 플라톤의 학설에 맞서 내놓은 근거를 살펴보면, 그리스 철학자들은 가장 절대적인 통일성을 확보하는 것이야말로 폴리스를 위한 최선의 덕이라는 생각을 가지고 있었다는 것이다.[417]

그러나, 고대 그리스 사회는 구조적으로 근현대 국가와 차이가 있으므로, 아리스토텔레스가 말하는 민중과 과두주의자 간의 투쟁을 현대적 계급투쟁으로, 또 그의 〈정치학〉에 언급되는 통일성의 개념을 근대국가의 권력 집중에 비유하기는 어렵다.

유시민

유시민도 고대 폴리스가 불평등체제였고, 시대가 지날수록 더 진보하여 민주주의가 발달된 것으로 이해했다. 이런 견해는 고대 시민이 노예노동에 기초한 특권층으로 본 아렌트의 견해와 일면 유사성이 있다. 유시민의 다음과 같은 서술에서는 폴리스의 국가 및 민주주의 개념에 대해 그가 지니고 있는 곡해의 일면을 엿볼 수가 있다.

"고대 그리스 도시국가의 민주주의는 우리가 아는 민주주의와는 다르다. 그것은 특정한 사람들만을 위한 정치제도였다. 귀족과 자유민들만의, 그것도 남자들만의 민주주의였다. 플라톤과 아리스토텔레스는 노예제도를 옹호하고 성 평등을 명확하게 부정했다. 그들이 주장한 정의 관념은 명백한 한계와 오류를 내포할 수밖에 없었다. 게다가

그들은 국가를 개인보다 앞세웠다. 정의나 선의 개념을 먼저 국가에서 찾은 다음 그것을 개인에게 적용하려 했다. 개인을 국가라는 전체를 구성하는 일부분으로 간주한 만큼, 그들의 국가론은 집단주의 또는 전체주의 성향을 가질 수밖에 없었다."[418]

고대 아테네 민주정은 노예노동에 기반 한 것이 아니라 시민도 삯일하면 노동자로 불렸다.[419] 노동자(둘로스 doulos)는 일꾼(worker)이란 뜻이고, 지금도 '일하다(work)'는 '둘레보(douleuo)'라고 말한다. 또 고대 그리스에서는 공동체성이 여전히 강한 사회였고, 귀족 개념은 우리가 생각하는 사회경제적 특권층이라기보다 덕성을 가진 사람이다.

더구나 유시민은 플라톤과 아리스토텔레스의 노예제도와 여성의 지위에 대한 견해를 올바르게 이해하지 못했다. 노예제와 관련하여 플라톤의 〈국가론〉에 소개되는 4계층에서는 노예가 없다. 그에게서 노예는 범죄를 지은 자에게 부여되는 죄과이자, 형벌로서 예외적으로 존재할 뿐이다. 아리스토텔레스의 노예계층도 당시의 현실적 피억압 계층으로서의 노예제도를 긍정한 것이라기보다, 자연성에 따른 기능적 노예를 말한 것에 불과하다. 아리스토텔레스가 '자연성'으로서의 기능적 노예의 존재를 피력할 때, 그것은 법과 관습, 힘에 의해 약한 자를 지배 착취하는 관행에 대한 비판으로서의 의미를 가진다.

여성의 지위에 관련해서도 플라톤은 남성에 비해 여성을 비하하지 않았고 오히려 남성의 동반자로서 여성 교육의 필요성을 강조했다. 아리스토텔레스에게서도 여성은 남성과 동등한 자유인으로 규정되며 다만 자연성에서 남성의 관리 하에 놓여 있을 뿐이다. 이때 관리 받는 위치에 있는 여성의 지위는 미성년 자식의 지위에 준하는 것으로 묘사되고 있어서, 반드시 불평등 차원에서만 볼 것이 아니다. 여성도 가문 내에서 재산권이 있었고, 그 사회경제적 기반으로 인해 시민으로 불렸다.

한편, 고대 그리스는 오늘날 근현대 국가와 달리, 정치를 담당하는 주체도 전문 정치가들이 아니라 시민단이었다. 국가라는 권력 자체가 존재하지 않았고 개인의 집합으로서 시민단이 존재했을 뿐이므로, 집단주의 혹은 전체주의가 발달되었다는 말은 애초에 할 수가 없다.

고대 그리스 사회는 공동체성이 강했고 생활공동체인 가문, 씨족 등이 기초 단위가 되는 원심적 권력구조 위에 성립되었다. 국가 당국 혹은 정치권력이라는 것은 따로 없었다. 시민단이 모여 현안을 결정하는 주체가 되었으니, 그것이 '국가 권력'이자 곧 정치권력에 상응하는 것이다.

국가 권력이 없으니 시민권도 국가가 부여하는 것이 아니었다. 시민권의 근원은 국가가 아니라 각 가정, 혹은 가문이었다. 가문에서 적자로 인정하면 시민으로 등록이 되는데, 촌락에 먼저 등록하고 그 명단이 중앙의 폴리스로 올라간다. 그 뜻은 전쟁 같은 게 나면 가정, 가문에서 무장시키고 식량 지참해서 봉사하겠다는 뜻이었다. 이런 정치 사회제도는 철저한 분권에 입각해있는데, 우리 같은 지방분권도 아니고 풀뿌리 분권이다.

시민과 노동자(노예) 계층은
반드시 배타적인 것이 아니었다[420]

흔히 고대 그리스 사회를 구성하는 사회계층은 시민과 노예라고 정의하곤 한다. 그리고 억압된 노예노동에 기초하여 참정권을 행사한 자유 시민의 그리스 도시국가는 진정한 민주주의 사회가 아니었다고 비판하기도 한다. 심지어 시민을 귀족으로 잘못 파악하는 경우도 있다. 이런 이원적 사회계층 구조의 모형을 통해 고대 그리스 사회가 조명되는 경향이 있었고, 아렌트도 예외가 아닌 것으로 보인다.

아렌트는 시민과 노예 계급을 이분화하고, 나아가 시민은 노동에 종사하지 않고 정치적 활동을 하는 이로, 노예는 생계를 위해 노동하는 이로 규정했다. 다음의 말이 그런 그녀의 입장을 단적으로 보여준다.

생계만을 목적으로 하고 삶의 과정을 유지하는 데 이바지하는 모든 활동은 정치적 영역에 등장할 수 없었다. 이것은 무역과 수공업을 포기하

고 이를 근면한 노예와 이방인에게 넘겨주는 매우 위험한 거래의 대가였다.[421]

그러나 아렌트의 이런 이해와는 달리, 고대 그리스 폴리스, 특히 우리가 알고 있는 아테네에서는 시민 자신이 농민이었고 수공업자였으며 상인이었다.

일찍이 아테네의 국부로 알려진 현자 솔론은 기원전 594년 민중으로부터 전권을 위임받고 개혁에 착수했다. 가난으로 토지를 저당 잡힌 이들이나 자신의 몸을 팔아 예속된 자들을 위해 토지의 저당석(저당 잡힌 사실을 표시하는 돌)을 없애고, 또 부채를 말소하여 자유를 찾도록 해주었고, 이후로는 인신을 담보로 하여 차금(借金)하는 것을 금지하는 법을 만들었다. 그리고 소득의 정도에 따라 4계층으로 구분하여 국가의 부담을 달리하였고, 그 가운데 가장 가난하여 임금노동자가 다수를 이루었던 테테스(Thetes) 계층에 대해서는 그 부담을 면제했다.[422]

솔론은 그 당시까지 토지를 가진 농민에게 주로 인정되던 참정권을 수공업자들에게도 인정해주고, 나아가 토지 등 뚜렷한 생계가 없는 자식에게 수공업이나 무역에 종사하도록 교육하지 않는 아버지를 처벌하는 법을 만들었던 것으로 전하기도 한다. 이것은 참정권을 가진 자와 스스로 생계를 영위하는 자는 반드시 별개의 신분으로 서로 구별되는 것이 아니었음을 뜻한다.

또 아렌트에 따르면, 노예에 대한 주인의 지배는, "항상 노예가 수적으로 우세했지만, 우세한 강제수단에 근거했던 것이 아니라, 우수한 권력의 조직화, 즉 노예주들로 조직화된 연대에 근거했다."[423] 아렌트는 이런 주장의 근거로 크세노폰의 〈히에로 Hiero〉(4.3)를 들었으나, 크세노폰의 이 구절의 의미는 바르게 이해하지 못했던 것으로 보인다. 그녀는 이 문장의 의미를 "시민들 가운데 그 누구도 폭력적인 죽임을 당하지 않기 위해서 노예 및 범죄자들에 대항하여 시민들이 서로서로 경호원으로 행동할 수 있도록 인정해주는 데 있다"로 풀이 했다. 그러나 원래의 의미는 그런 것이 아니고, "노예가 시민을 죽일 수 있다는 의미가 아니고 노예로부터의 경제적 수입이 없거나, 나쁜 사람(kakourgoi)으로부터 죽임을 당하는 등, 어쩔 수 없는 상황에서 죽는 사람이 없도록 서로 보살펴주어야 한다"는 뜻이다.[424] 즉, 노예들이 시민을 죽이는 것이 아니라 나쁜 사람들이 시민을 죽이는 경우를 언급한 것 이외에, 노예는 주인들에게 경제적 의무를 제공한다고 했을 뿐이니, 노예와 시민 사이의 어떤 폭력적 계급 대립의 개념은 이 구절에는 들어있지 않다.

아렌트의 견해와는 반대로 고대 그리스의 사회계층이 시민과 노예로 이분화되어 있었다고 보기 힘든 정황이 있다. 무엇보다 자유인이 형편에 따라 노예(노동자)로 고용되기도 했던 것으로 보이기 때문이다. 노동자(doulos)와 자유인(eleutheros)의 개념이 서로 배타적이지 않고 맡은 역할에 따라 유동적이었던 사실을 보여주는 것은 크세노폰에 나오는 다음의 구절이다. 에우테로스는 전쟁이 끝난 후 집으로 돌아온 사람인데, 물려받은 재산도 없으므로 아티카에 정착하여 직접 일을 하고 살아간다. 소크라테스는 일을 할 수 있는 힘이 언제까지고 있는 것이 아니므로 힘으로 하는 일 말고 다른 일을 구하라고 그에게 충고하면서 다음과 같이 대화가 오고간다.

소크라테스 : … 나이가 많아서도 할 수 있는 일을 당장에 구하는 게 좋겠오. 더 부자로 도움을 필요로 하는 사람에게 가서 그 지배인으

로 일하면서 수확을 거들고 재산을 관리하는 것 말이오.

　에우테로스 : 나는 노역(douleia)을 참아내지는 못할 것이오.

　소크라테스 : 그러나 나라를 통치하고 공무에 종사하는 것은 예속적(douloprepesteroi)이기 보다는 더 자유로운(eleutherioteroi) 것으로 보이는데요.

　에우테로스 : 한마디로, 소크라테스, 나는 어떤 사람 밑(hypaitios)에서 있고 싶지 않소.[425]

　위의 예문에서도 '노역(douleia)'이란, 자유인도 타인이나 국가에 종속되어 일하면 '노역'의 상태에 있는 것으로 간주되었음을 뜻하며, 그 노역의 반대말은 '자유(eleutheria)'이다. 더구나 이 때의 노역은 부자의 수확이나 재산을 관리하는 '지배인'의 직무로서, 관리자급에 상당할만큼 중요한 역할에 해당하는 것이다. 관리자급의 역할을 맡는 노예의 존재는 아래 예문에서도 보인다.

　어떤 오이케테스는 2미나, 어떤 이는 1미나, 또 다른 이는 5미나, 또 다른 이는 10미나 이상이며, 니키아스는 광산업을 한 명의 노예에게 위임했는데, 그 노예를 구하기 위해 1탈렌트를 지불하였다.[426]

　원래 자유로웠으나 형편에 따라 일시 혹은 장기적으로 예속 혹은 고용되는 것도 모두 노동자(doulos)로 불리는 것을 보여주는 예는 다음과 같다.

　우리 부모는 잘 보호받지 못하고, 아이들은 우리가 원하는 것만큼 잘 교육받지 못하고, 작은 빚 때문에 예속되어(douleuontas), 어떤 이는 고용(theteia)되고, 어떤 이는 능력이 되는대로 생계를 위해 일하고[427]... 당신네 아이들은 여기 있었다면 이들로부터 모욕을 당했을 것이고, 외지로 갔다면 도움을 받지 못하고 작은 빚(계약)에도 노예(edouleuon)가 되었을 것이다.[428]

또 니코스트라토스는 도망간 오이케테스를 찾으러 갔다가 한 삼단노선에 억류되어 아이기나로 끌려가 팔렸다가 보석금을 주고 풀려난다.[429] 이는 자유인도 가끔 신체가 예속되어 매매의 대상이 될 수 있으며 보석금이 있어야 예속의 상태를 벗어날 수 있음을 보여준다.

또 그리스 인들이 보기에 이방인에게서는 왕을 빼놓고는 다 예속 노동자들이다. 아래의 독백은 이방인의 나라에서 왕을 제외한 모든 이가 예속 노동자로 호칭되고 있음을 볼 수 있다.

신들이 나를 고향으로부터 이곳 이방인의 나라로 데리고 와 친구들로부터 떼놓았다. 나는 자유인(eleutheron)으로 태어났으나 예속노동자(doul)가 되었다. 이방인들은 한 사람만[즉, 왕(저자 주)] 빼놓고는 다 예속노동자(doula panta)이다. 내 운명이 의지할 단 하나의 지주(支柱), 어느 날 내 남편이 와서 슬픔에서 나를 해방시켜줄 것이라는 희망도 사라졌다. 그가 죽어버리고 없기 때문이다.[430]

이 때 예속노동자의 개념은 동양의 백성의 개념에 상응한 것으로서, 우리가 상식적으로 생각하는 개인 주인에게 예속되어 자유를 상실한 서양의 고전적 노예를 가리키는 것이 아니다.

그리스에서는 생래의 자유인도 노동자의 상태로 바뀔 수가 있고 반대로 예속된 자도 재산을 모아 자유를 얻을 수가 있다. 그리스 도시에서는 자유인 태생으로서 집안이 가난하여 남의 집 일에 종사하는 경우도 있는데, 이럴 때는 자유인의 신분을 유지하기도 한다. 이런 가변적인 신분의 사회에서는 신분에 관련한 분쟁의 소지가 생기게 된다. 비문에 거주지를 기재한 피해방자가 아티카에서 주인과 다른 구에서 생활하고 있었다.[431] 또 '따로 거주하는 자(choris oikountes)'는 주인과 떨어져 생활하면서 수입금 중 일부를 주인에게 상납하는 종속노동자를 말한다.

> 이들 제화공인 오이케테스 장인(demiourgoi)들은 각기 하루 2오볼로스를 (티마르코스에게) 상납(apophora)했으며, 작업장 지배인은 3오볼로스를 가져왔다.[432]

> (아테네 아크로폴리스 북녘에 있는) 디오스쿠로이의 신전에 지금 임금 노동자(misthophorountes douloi)들이 모여 있다.[433]

소농 중심의 소폴리스 사회, 그리고 거대한 정복전쟁이 없는 그리스 사회에서는 대규모 노예 노동력이 필요한 경우가 많지 않았다. 그러나 예외적으로 집약적인 노동을 필요로 하는 업종이 있었는데, 광산업이 그 하나이다. 광산업도 크게 두 가지로 나누어볼 수 있는데, 하나는 인신이 예속된 안드라포돈에 의한 강제노동이고, 다른 하나는 노동력을 파는 오이케테스에 의한 것이다.

둘로스인지 아닌지 명확하지 않는 것과 관련하여 크레타 섬 고르틴의 경우에는 다음과 같은 법조문이 남아있다.

> 자유인이라고 하기도 하고 노예라고 하기도 하는 경우에는 많은 사람이 증언하는 쪽이 이긴다. 노예에 대해서 양자가 서로 자기 것이라고 증언하고 소송하는 경우에는 증인이 증언을 하면 그 증언에 따

라 판결한다. 양자 모두 증인이 있거나 모두 없는 경우에는 서약한 재판관이 판결한다.(고르틴법, I, 15~17)

실제로 〈아이스키네스의 연설문〉(I, 62ff. 66ff.)에는 '헤게산드로스(Hegesandros)가 폴리스의 '공공 오이케테스(demosios oiketes)'인 피탈라코스(Pittalakos)를 '노역(douleia: 즉 노역의 상태 혹은 그 의무를 진 것)'으로 끌고 가려 한다'고 되어있다. 더구나 피탈라코스는 노역(douleia) 소송에 걸렸다가 풀려나왔다. 피탈라코스는 부유한 데다 가정을 가지고 있었다. 따라서 이 때 '노역'은 완전한 인신예속을 의미한다기보다 일정한 사람에 대해 종속노동을 제공해야할 의무에 관한 혐의를 받고 있었던 것으로 풀이할 수 있겠다.

또 〈리시아스〉와 〈데모스테네스〉에는 각각 다음과 같이 노예인지 자유인인지에 관해 분쟁이 있음을 보여주는 내용이 나온다.

> 일부 증인에 따르면, 판클레온(Pancleon: 자신은 플라타이아 출신으로 데켈레이아에 입적[demoteuomenos]해 있다고 말하지만 소송인은 그것이 사실무근이며 그는 노예라고 주장함)은 자신이 자유인이라는 것을 증명해줄 형제를 데리고 말했지만 … 가보니 그런 사람은 없고 한 여인이 나와서 그가 자신의 노예라고 말했습니다. 그녀는 판클레온이 자신의 노예라고 주장하는 니코메데스와 다투면서 판클레온을 데리고 가는 것(agein)을 가만 두고 보지 않을 것이라고 말했습니다.[434]

> 피테아스는 공적 생활을 시작하기 전에는 민중의 편이었다가, 그 후에는 그 반대가 되었다. 누가 다음과 같은 사실을 모르는 사람이 있

겠는가? 그가 당신들에게 봉사하기 위해서 공직에 들어섰을 때, 그는 노예(doulos) 혐의를 받아 쫓기고 있었고 외국인 혐의로 고소된 상태에 있었으며(graphen xenias pheugonta), 한 때 그를 팔아버릴 뻔한 사람들을 위해 지금은 나를 비난하는 글을 썼다. 게다가 그 때 다른 사람들의 잘못으로 비난하던 것을 지금은 그가 스스로 하고 있으니, 두 명의 정부를 데리고 다니는데 그들은 흥청망청 하면서 그를 파멸로 몰아간다. 그는 전에 5그라크마를 번 것보다 더 쉽게 5탈렌트를 쓰고 다닌다. 특히 당신들 데모스를 위하여 행정에 참가하여 모든 이를 모욕했을 뿐 아니라, 당신들을 위하여 델포이에 선조를 위한 제물을 바쳤던 것이다.[435]

피탈라코스의 경우는 공공 오이케테스(머슴)이면서 동시에 어떤 개인에 대한 노동자 혐의를 받는 것이다. 판클레온은 자유인인지 예속민인지가 불명확한 경우이다. 더구나 판클레온에 대해서는 두 사람이 동시에 판클레온에 대한 소유권을 주장하면서 다투는 것을 볼 수 있다. 또 공직에 임한 피테아스는 노동자와 외국인 혐의를 받고 있었다.

위 사례들 가운데 리시아스와 에우리피데스는 각각 기원전 5세기 후반 펠로폰네소스 전쟁 후반기 변론가, 비극작가이다. 이들을 통해 볼 수 있는 모습은 당대뿐 아니라 이미 그 이전에 형성된 사회적 환경을 보여주는 것이다. 기원전 5세기에 들어와서 페르시아 전쟁(5세기 전반)이나 펠로폰네소스 전쟁(5세기 후반)을 거치면서 전통적 사회의 동요와 함께 사회계층 간 유동성도 더 커졌던 것으로 생각해볼 수 있겠다.

위의 사례들은 신분이 단선적이 아니라 중첩적일 수도 있음을 보여준다. 어떤 사람이 노역의 상태에 있어도 태생의 원래 신분을 중첩적 혹은 잠정적으로 가지고 있다. 이런 경우에는 완전한 노예로만 규정하기가 곤란하며, 출신신분으로의 완전한 복귀 가능성이 높을 때는 특히 그러하다. 반면 그 같은 이중신분이더라도 신분복귀의 가능성이 적은 사람은 말 그대로 예속성이 강한 노예라고 말할 수가 있다고 하겠다. 팔리거나 전쟁포로가 되어 친지가 없는 곳으로 간다든지, 고아로 자라거나 너무 가난하여 다른 사회이동의 여지가 거의 없을 때는 그야말로 예속성이 강한 전형적인 노예라고 할 수가 있다. 이런 상황은 평생 가난에서 벗어나지 못하여 남의 집 머슴살이하던 우리네 상황과 유사하며, 지난날 조선시대 뿐 아니라 지금의 노동자도 사실 크게 다르지 않다.

실로, 노예와 자유인 간의 구분이 명확하지 않았던 것은 고대 아테네의 거래 형식으로 환매조건부매매에 기인하는 바가 크다. 경제적 곤경으로 인신이 예속되거나, 혹은 노역에서 풀려나는 것이 그다지 어렵지 않게 계약이 이루어진 것은 특약이 없는 한 매도인이 환매권(prasis epi lysei)을 가지고 있었기 때문이다. 이것은 인신이나 물건을 판 사람이 일정 기간 혹은 언제라도 형편이 될 때에는 대가를 지불하고 판 물건을 되살 수 있었음을 뜻한다. 특약이 없는 한 대부분 거래에 관습적으로 이런 원칙이 적용되었고, 그 환매 가능한 기한도 한정되어 있지 않았다.

경제적 곤경으로 인신이 예속되는 것 뿐 아니라 그 노역에서 풀려나는 것도 그다지 어렵지 않게 계약을 통해 이루어진 것은, 특약이 없는 한, 매도인이 '환매권'을 가지고 있었기 때문이다. 형편에 따라 자유인이 남에게 종속노동자로 바뀌기도 하고 또 자유인으로 다시 돌아오기도 했으며, 종속노동의 형태도 비중 있는 역할의 관리인부터 독립적으로 상행위에 종사한 예속인에 이르기까지 다양했다. 그래서 노예 즉 노동자의 사회적 지위나 역할을 한 마디로 간단하게 정의하기는 어렵다고 하겠다.

자유시민이 주가 된 고대 그리스 사회의 노예는 훗날 조직적 군사력에 기초하여 거대 정복국가를 수립하게 되는 로마 제국 하에서의 전형적인 고대 노예제도와는 사뭇 다른 데가 있다. 로마 제국 하의 노예제도는 그리스의 자유 도시국가와 사회, 정치적 환경이 달라서 신분구조의 고착화에 강압의 여지가 컸다. 또 로마에서도 그리스와 유사한 환매권 제도가 있어서 기왕에 팔았던 토지나 인신을 되사거나 자유를 회복할 수도 있었지만, 그리스와는 중요한 차이점이 있다. 그리스의 경우는 특약이 없는 한 환매권의 시효에 제한이 없었으나 로마의 경우는 그 시효가 제한되어 있있던 것으로 전하기 때문이다. 한정된 기간 안에 환매권을 행사한다는 것은 현실적으로 어려웠을 것이므로 로마의 경우 일단 신분이 예속되면 벗어나기가 더 어려웠던 것이라 하겠다.

한편, 그리스의 노예 혹은 예속노동자를 두고, 그 유래와 충원과정, 그 의무와 권리, 노예와 자유인의 차이 등에 대해 체계적으로 논할 수가 없다. 근본적으로 노예와 시민은 반드시 배타적이지만은 않은 사회계층이었고, 형편에 따라 그 유동성이 컸기 때문이다.

아테네 여성도 시민이었다[436]

아테네 여성도 시민

고대 그리스 폴리스에서 남성은 전사로서 전쟁에 나가고 관직에 임하거나 투표를 했으나, 여성에게는 이 같은 참정권이 없었다. 그래서 여성을 다소간에 종속적인 노예에 유사한 것으로 잘못 이해하고 있는 경우가 생기기도 한다.

민회에 참가하여 투표하고 전쟁에 나아가 군역을 치른 남성에게만 시민권이 있는 것으로 이해하는 것은 편파적인 것으로서, 시민권의 개념은 물론 고대 사회를 포괄적으로 이해하는 데 방해가 된다. 투표를 하고 군역을 치르는 등 국가에 대한 의무를 협소한 의미의 참정권이라고 정의한다면, 이런 권한은 포괄적인 시민권의 개념과 구분되어야 한다.[437]

실로 정치권력 자체가 발달되지 않고 사회적인 혈연(가문), 혹은 의제적 혈연집단(씨족, 부족 등)이 폴리스의 근간을 이루었던 고대 그리스는 사회경제적 권한이 바로 시민권의 자격으로 연결되었고, 그런 점에서 여성도 시민이었다. 실제로 당대 사료에는 여성과 남성이 같이 시민권을 갖는 것으로 언급되고 있다.[438] 그 자격은 대개의 경우 남성도시민/여성도시민 (astos/aste)으로 표현되며, 또 남성시민/여성시민(polites/politis)으로 표현되기도 한다.

무엇보다 자유민의 상징인 시민권을 부여하는 권한은 국가가 아니라 가문이 행사했다. 가문 내에서 일정한 권리를 가지는 합법적 자식들이 시민권자가 되기 때문이다. 합법적 자식은 가문에서 동리(면이나 읍)에 신고를 하고, 그러면 동리에서는 중앙의 폴리스에 그 명단을 전달한다.

이런 절차는 전쟁 등의 이유로 국가가 필요할 때는 가문에서 필요한 무기와 양식을 조달해서 국가에 봉사하겠다는 보증의 표식이었다. 그러니 국가는 이렇게 의무를 부담하는 많은 가문들로 구성되고, 그 가문을 대표하는 시민들이 권력의 주체가 되어 의회, 민회, 재판소 등에서 결정권을 행사했다. 국가의 실체가 바로 시민단의 모임이었다. 의회나 장관 같은 대의제 기구가 존재했으나, 오늘날 같은 국가나 정부와 같은 공권력의 주체 같은 것은 없었다.

고대 사회는 관료정치가 차지하는 비중이 오늘날 근대국가보다 적었다. 경우에 따라서는 가문, 씨족, 부족, 혹은 촌락 공동체나 사회단체 등 다양한 범주의 사회조직이 갖는 비중이 나라의 정치적 사무보다 오히려 더, 혹은 그에 못하지 않게 컸다고 할 수 있다. 고대는 이른바 다핵적인 사회로 정의할 수 있다. 혈연적 집단이 지니는 정치적 비중을 두고 말하자면, 집권화한 중앙정부의 관료집단이 미치는 정치적 영향력이 막대한 근대국가는 독자적 지역 간의 연대의 성격이 강했던 고대사회에 비길 바가 아니다. 고대 여성을 시민 혹은 도시민으로 부를 수 있는 것은 바로 이런 사회조직에서 기득권을 갖는 여성과 그렇지 않은 여성을 구분한다는 의미를 갖는다.

이와 같은 문제의식은 고대 그리스 여성의 사회적 지위 뿐 아니라 시민이 중심이 된 폴리스의 정치 사회 구조를 바르게 이해하는 데도 도움이 된다.

자유인으로서의 여성의 지위

여성이 시민이 일원이었던 사실은 아리스토텔레스의 〈아테네 국제〉에 전하는 페리클레스의 시민권법에서 잘 드러난다. 아리스토텔레스의 〈아테네정치제도〉(XXVI,3)에 따르면, 페리클레스는 "시민들(politai)이 너무 많아서 양쪽 모두가 도시민(astoi)인 부모에게서 태어난 자식에게만 도시(polis)의 일에 참가하도록 했다"고도 한다. 그 후 이 법의 적용은 상황에 따라 유보되기도 하였다.[439]

그런데 '아테네 여성(Athenaia)'은 이런 참정권자 범위의 변동과 직접 관련이 없이 아테네에서 전통적으로 사회적, 경제적 권한을 가지고 있었던 일정 부류의 여성들을 가리킨다고 할 수 있다. 남성시민/여성시민(polites/politis), 특히 남성도시민/여성도시민(astos/aste)의 개념은 완전 시민권이나 참정권자에 국한하지도 않으며, 참정권과 직접 관련이 없이도 쓰일 수 있다고 하겠다. 가문이나 씨족 등 여러 가지 집단에서 사회적, 경제적 권한을 가진다는 뜻에서 충분히 시민(aste)이라고 할 수 있으며, 정치권력을 기준으로 해서 볼 때는 불완전 시민권을 가진 것으로도 볼 수가 있기 때문이다.

민회에서 투표를 하거나, 징집되어 군역을 치르는 등 일상적 의미에서의 참정권이 없는 여성이 시민(aste, politis)으로 불릴 수 있는 것도 고대가 '다핵적'인 사회였기 때문이다. 고대는 정치권력이 갖는 사회적 비중이 오늘날보다 더 작았다. 또 시대나 지역마다 '시민'의 범위가 다를 수 있고, 같은 시대, 같은 사회에서도 시민을 규정하는 기준은 다를 수 있다. 솔론 때와 같이 이방인을 시민으로 받아들이는 등 시민집단이 배타적이 아닌 경우에는, 시민과 비시민의 구분 자체가 큰 의미가 없어지기도 한다.

관직에 임할 수 있는 권한을 시민권의 기준으로 삼았던 아리스토텔레스는 불완전 시민권자와 관련하여 다음과 같이 말하고 있다.

> (관직에 참가하지 못하는) '가난한 노동자(banausoi)'는 시민이 되지 못한다면 무엇으로 분류되어야 하는가? 이들은 거류외인도 아니고, 이방인도 아니다. 그렇지만 가만히 생각해보면 이 사실은 어떤 모순되는 상황이 아닐 수도 있는 것이 아닐까? 왜냐하면 노동자(doulos)도 피해방자유인(apeleutheroi)도 이와 같은 일정계층에 속하는 것이 아니기 때문이다. 폴리스 구성에 없어서는 안되는 사람들이 모두 시민이어야 하는 것은 아니다. 아이들도 어른이 되기 전에는 어른과 같은 완전한 시민이 아니며 다만 불완전한 시민권자라고 할 수 있다.'[440]

아테네에서, 한편의 정치조직과, 다른 한편의 가문, 씨족 및 그 외 여러 가지 사회집단의 이원적 구조가 병존해온 현상은 이미 클레이스테네스 개혁 당시부터 볼 수가 있다. 아리스토텔레스의 〈아테네 국제〉(XXI, 4)에 따르면 클레이스테네스는 새로운 데모스를 창설하고 난 다음에도 기존의 게네(gene 씨족)⁴⁴¹, 프라트리아이(phratriai 형제단), 히에로시나이(hyeroxynai 제사공동체) 등의 집단이 그대로 전통의 권한을 지닌 채 존속하도록 허용하였다고 한다.

이상에서 시민으로서의 자격을 표현하는 데 쓰이는 남성도시민/여성도시민(astos/aste)과 남성시민/여성시민(polites/politis)은 어원상 상호간의 의미의 차이를 설정할 수 있겠다. 말 그대로, '도시민'을 뜻하는 전자가 재산권, 가문/동류집단(genos), 데모스(촌락) 등에서의 민사적 권한에 깊이 관련하는 것이라면 후자는 '정치체제(politeia)' 즉 정치적 권력의 발달과 더 깊은 연관성을 가진다는 사실이다.⁴⁴² 이 때 민사와 정치의 분야는 배타적이 아니고 서로 공분모를 갖기도 한다. 사실 여성과 관련하여서는 여성시민이라는 말보다 도시민, 혹은 여성자유인이라는 말이 더 흔하게 사용된다.

여성시민, 혹은 자유인 여성도 다 형편이 같은 것이 아니었다. 데모스테네스의 한 변론문에 나오는 화자(話者)에 따르면, 그 어머니는 여성시민(politis)이지만 가세가 기울어 시장에서 장사를 하고 다녔으므로 품위 있게 살지 못하여 시민이 아닌 것으로 오해를 사게 되었다고 한다.⁴⁴³ 또 후대 디온 크리소스토모스는 다음과 같이 전한다.

> 많은 도시여인들(astai gynaikes)아, 의지할 데 없고 빈곤하여 이방인(xenos)에게서도 아이를 낳고 노동자(doulos)에게서도 낳는데, 알고도 하고 모르고도 하지 않느냐? 이들(그 소생)은 아무도 노동자가 되지 않을 것이니, 그냥 아테네 시민이 되지 못할 뿐이다.⁴⁴⁴

> 시민의 신분이 그를 먹여 살리거나 특별한 혜택을 부여하는 것이 아니므로, 가세가 기울어 능력이 없어지고, 실제로 시민에 상응하는 체

모나 의무·권리를 감당할 수 없게 되면, 출신과 무관하게 현실적으로 퇴출당하게 된다. 이것은 스파르타의 경우, 공동식사(syssitia) 비용 등 일정한 의무를 부담할 능력이 없으면 참정권을 박탈당하게 되는 현상과 같다. 참정권을 박탈당한 사람이 당장에 예속노동자(노예)가 되는 것은 물론 아니고, 참정권 없는 자유인 계층이 광범하게 존재했다.

시민이란 그 자체 내에서도 다양한 경제적, 문화적 편차를 설정할 수 있는 이질적 집단이었다. 또 남성시민과 마찬가지로 여성시민을 각기 동질의 집단으로 획일적으로 그 사회적 지위를 논한다는 것은 불가능하다. '여성'이란 단일한 사회계층도 존재하지 않고 그 안에 다양한 계층으로 분리된다. 여성 뿐 아니라 시민, 거류외인, 노동자로 지칭되는 부류의 개념들이 다 마찬가지이다.

남녀 간의 사회적 관계의 가변성

남녀의 사회적 비중은 환경에 따라 가변적이었다. 비극과 산문에는 남녀 간의 갈등이 가끔 노정된다. 그 갈등의 현안은 전쟁을 지향하는 군사적 패권주의와 그에 반대하는 평화주의의 대립으로 나타나기도 한다. 패권을 추구하는 남성의 사업이 번창할수록 생활에 미치는 정치의 영향력이 커지면서 가정을 지키는 여성의 입지가 줄어들게 된다. 가정 내 남성과 여성의 관계는 정태적인 것이 아니라 끊임없는 상호갈등 속에 존재한다.

이와 같은 갈등은 피상적으로 남녀 간의 것으로 표현되지만, 이것은 대체적인 경향을 말할 뿐이다. 전쟁의 추구를 통해 새롭게 주어지는 남성의 권위 강화의 기회가 획일적으로 남녀 간의 대립을 야기한다고 말하기는 어렵다. 전원의 목가적인 생활을 추구하는 남성이 있는 반면 권력 지향적 이데올로기에 충실한 여성이 있을 수 있기 때문이다. 일부 여성들은 자신의 주변 남성의 성공을 통하여 대리만족을 느끼며 다른 여성 혹은 다른 계층의 여성에 비해 우월 의식을 느끼는 경우도 있기 때문이다.

기원전 5세기 후반 아테네의 경우, 본능적 사랑, 가정의 영역으로 들어올수록 남성과 여성은 더 평등한 지위를 누리게 되나 정치의 영역으로 이행할수록 실제로 여성은 남성에게 더 종속적으로 나타난다. 그러나 큰소리치는 남성들이 추구하는 사업의 결과가 신통하지 못할 때 여성들은 즉각 반발하게 된다. 이렇게 아테네 여성의 현실적 사회 지위는 상황에 따라 달랐다. 같은 시대, 같은 장소라 해도 남성과 여성간의 관계는 정태적인 것이 아니라 언제나 긴장과 대립 속에 놓여 있었던 것으로 파악되어야 하겠다. 그리고 사료에 비치는 상반된 여성의 모습은 바로 이와 같은 현실의 갈등과 각각의 지향성의 차이를 반영하는 것으로 이해할 수 있다.

고대 아테네에서 여성의 순종과 침묵을 조장하는 사료들이 있다. 이는 현실 그 자체라기보다 이를 권장, 강요하는 사회적 필요성을 보여주는 경향성으로서의 의미가 더 크다. 또 이것은 여성에 대한 남성의 항상적 우월을 의미하는 것이 아니라, 방종과 규제, 사치와 검소의 생활윤리의 대립으로 환원될 수 있다. 여성의 사회적 열등성을 보여주는 것으로 해석되는 여성의 행동 규제에 관련된 입법들도 사실은 남성에 대한 규제를 함께 포함하고 있기 때문이다.

아리스토텔레스에 보이는 자연성의 노예와 사회적 억압에 의한 노예

'자연성'에 따른 노동자의 사회적 역할

흔히 아리스토텔레스는 여성을 남성에 비해 열등한 것으로 파악하고, 또 자연성에 따른 노예제도를 인정한 차별주의자로 이해되곤 한다. 그러나 이런 이해는 올바른 것이 아니다. 아리스토텔레스는 주인과 노동자, 아버지와 자식, 남편과 아내 간의 관계를 철저하게 기능적으로 설정하고 있다. 기능적이라 함은 힘의 지배-피지배 관계로 파악하지 않는다는 뜻이다. 중요한 것은 아리스토텔레스가 '자연성'으로서의 노동자를 말할 때 그 자연성은 기존 사회제도에 존재하는 현실적 '노예제도'와 같은 것이 아니다. 오히려 그는 법과 관습, 힘이 센 자가 약한 자를 폭력으로 지배하는 노예제도를 부당한 것으로 규정한다. 아리스토텔레스가 노동자의 '자연성(physis)'을 강조할 때, 그것은 관습이나 힘에 의해 예속적 지위에서 노동력을 착취당하는 계층에 대한 대립항으로서의 의미를 갖는다는 점은 괄목할 만 하다.

아래 예문에서 아리스토텔레스는 만물이 기능과 능력에 의해 규정된다는 점을 밝히고 있다.

만물은 그들의 기능과 능력에 의해 규정된다. 그래서 무엇이든 그들의 적합한 성질을 상실했을 때는 같은 것이라고 말해서는 안 될 것이니, 명칭만이 같다고 할 수 있다.[445]

그리고 주인과 노동자, 남성과 여성 간의 관계도 바로 이런 기능적 관점에서 설명되고 있다.

그래서 자연은 자유인과 노동자의 몸도 다르게 만들어서, 후자는 노동의 필요에 따라 강건하게 만들고, 전자는 올곧게, 그리고 그런 노동에는 부적합하지만 정치적 생활에 적합하도록 만들었다. 정치적인 것은 다시 전쟁과 평화의 서로 다른 시기로 그 쓰임새가 나뉜다. 그런데 이와 반대되는 경우가 가끔 있다. 즉, 어떤 이는 자유인의 몸, 또 어떤 이는 자유인의 정신만을 가지고 있는 경우가 그러하다. 실로 어떤 이들이 신상(神像)만큼 뛰어난 육체를 가지고 있다면 나머지 사람들이 뛰어난 육체를 가진 사람들의 노동자가 되는 것은 당연하다고 할 것이다. 그리고 육체의 경우가 이러하다면, 정신의 경우에도 이 같은 논리가 적용되는 것이 훨씬 더 타당하다. 그러나 정신의 미는 육체의 미만큼 그렇게 구별하기가 쉬운 것이 아니다. 아무튼, 이렇게 자연성(physis)에 따라 어떤 이는 자유인, 또 어떤 이는 노동자가 되며, 노동자가 노동하는 것은 편리하고 올바른 것이다.[446]

나아가 아리스토텔레스는 노동자에 대한 주인의 지배와 자유인에 대한 정치적 지배는 '자연성(physis)'에 따른 것으로서, 주인, 노동자, 자유민 등이 모두 자질 혹은 지식에 따른 것이라고 규정한다. 주인 사이에도 또 노동자들 사이에서도 각기 맡은 바 일에 따라 명예와 긴요함에 있어서 차이가 있음이 다음과 같다.

'주인의 지배(despoteia)'와 '정치적 지배(politike)'는 같은 것이 아니며, 또한 모든 지배(archai)가 일부 사람들이 주장하는 것 같이 서로 같은 것은 아니다. 자연성에 따라 자유민에 대한 지배(arche)가 있고 노동자에 대한 지배가 있다. 가족의 지배는 온 집안이 한 사람의 관할 하에 있으므로 일인정(monarchia)이며, 정치적 지배는 자유롭고 평등한 자에 대한 것이다. 주인은 지식을 가지고 있기 때문이 아니라 그 자질로 인해 주인이 되는 것이며, 노동자나 자유민의 경우도 이와 같다. 그럼에도 주인과 노동자의 지식이 각각 있을 수 있는데, 후자는 시라쿠사이에서 교수에 의해 교육된다. 그곳에는 보수를 받고는 일상의 일들을 아이들에게 가르치는 이들이 있다. 또 더 심화된 학습이 이루어질 수 있는데, 예를 들면 요리나 그 같은 가사에 관련한 것이다. 각기 일의 종류가 달라서 더 명예로운 것이 있고 또 더 긴요한 것들이 있어, 다음과 같은 속담이 있다.

"노동자에게도 서열이 있고, 주인 사이에도 서열이 있다." [447]

주인의 기능은 노동자를 획득하는 것이 아니라 그들을 부리는 데 있으며, 그 지식은 특별한 권위를 갖는 것이 아니다. 다만, 주인은 여유가 있다면 스스로 가사와 노동자를 관리하지 않고 대리인 집사를 둘 수도 있으며, 자신은 정치와 철학 등에 종사하는 기능을 가지고 있음이 다음과 같다.

노동자의 지식은 가사에 관련된 모든 분야에 걸쳐있고, 주인의 지식은 노동자를 부리는 데 쓰인다. 주인의 기능은 노동자를 획득하는 데 있는 것이 아니라 그들을 부리는 데 있다는 말이다. 이런 지식은 특별하게 중요하거나 권위를 가진 것은 아니다. 노동자는 업무를 어떻게 시행해야 하는지를 알아야 하며, 주인은 그 업무를 어떻게 지휘하는가를 알아야 한다. 그래서 직접 수고를 하지 않아도 되는 능력을 갖춘 이들은 집사(epitropos)를 두고 이런 일을 하도록 하고, 자신은 정치와 철학에 관심을 갖는다. 노동자를 획득하는 지식은 그들을 보유하고 지휘하는 지식과 다른 것으로서, 전쟁이나 사냥과 같은 것이다. 노동자와 주인에 관련해서는 이런 정도로 정의를 해두도록 하자.[448]

주인이라고 마냥 노는 것이 아니라 노동자를 지휘하는 일을 알아야 하고 또 해야 한다. 주인과 노동자는 각기 단일한 개념의 대립항으로 설정된 것이 아니다. 각 계층은 힘이나 권위에 의한 지배-종속 관계가 아니라 각 계층 내부에서도 다양성을 가지면서 맡은 바 기능과 형편에 따라 협조하며 공존한다.

예를 들면, 주인 가운데도 직접 노동자의 업무를 지휘하는 사람이 있는가 하면, 여유가 있어 관리인을 따로 두고 대리하게 할 수도 있다. 즉, 여유가 없는 주인은 노동자를 지휘하는 일을 해야 한다는 말이 된다. 그러니 주인이라고 해서 다 같은 형편에 있는 것이 아니고, 우리가 잘못 알고 있는 것처럼, 일을 하지 않고 마냥 정치에만 관심을 기울이고 있는 것도 아니다.

또 아리스토텔레스는 예속노동이 성립되는 과정에서 상이한 근원이 존재함을 밝히고 있다. 하나는 자연성에 의한 것, 다른 하나는 인위적인 법, 관습에 의한 것으로 전리품 같이 얻어지는 것이다. 후자는 폭력, 힘의 우월에 의해 약한 상대를 노동자, 하수인으로 만드는 것이므로, 몹쓸 짓이라 비난을 받기도 한다.

'반대되는 주장이 각각 일면에서는 일리가 있다는 점은 어렵지 않게 볼 수 있다.' 노동하다(douleuein)와 '노동자(doulos)'의 용어는 의미가 모호하다. '노동자(doulos)'와 '노동하는 자(douleuon)'는 법적으로도 성립되기 때문이다. 내가 말하는 바의 법은 일종의 (관습적) 동의로서, 전시에 있어 전리품은 무엇이든 승자에 속하는 것으로 간주되는 것이다. 그러나 변론인이 위법의 제안을 하는 경우같이 많은 법률가들은 이와 같은 (승자의) 권리를 비난한다. 한 사람이 폭력의 권력을 기지고 힘에서 우월한 것을 빌미로 힘이 약한 상대를 노동자, 하수인으로 만드는 것은 몹쓸 짓이라고 보는 것이다. 지식이 있는 사람들 가운데서도 의견이 갈린다.[449]

이렇게 아리스토텔레스는 주인과 노동자를 자연성에 의거한 것으로서 설정하며, 서로 공통된 이해관계를 가진 친구로서 규정한다. 반면 관계 설정이 인위적인 법과 힘에만 의존한다면 그 반대가 된다고 한다.

"주인과 노동자 사이의 관계가 자연성에 의한 것이면 그들은 친구로서 공통된 이해를 가진 것이고, 그 관계가 법과 힘에만 의존한다면 그 반대이다." [450]

아래 예문에서는 자연적인 차이도 없는데 힘에 의해 노동자가 되는 것은 정의로운 것이 아니라고 한다.

어떤 자는 주인의 지배가 일종의 지식으로, 처음에 말했듯이, 주인의 지배, 정치가의 지배, 군주의 지배가 다 같은 관리기술이라고 본다. 또 다른 이는 주인의 지배는 자연에 배치되는 것으로서, 노동자와 자유인 사이의 구별은 법률이나 관습에 의한 것일 뿐, 그들 사이의 자연

적 구별은 없다는 견해이다. 즉, 누구는 주인이 되고 누구는 노동자가 되는 것이 법률에 의한 것일 뿐, 둘 사이에는 자연적인 차이가 없으며, 그 관계가 힘에 의존한 것이므로 정의로운 것이 아니라는 것이다.[451]

... 전쟁의 원인이 부당한 경우도 있고, 또 (예속)노동자에 적합하지 않은 자를 누가 (예속)노동자라 부를 것인가? 가장 고귀한 자인 경우에도 자신이나 그 양친이 우연하게 포로가 되고 또 매매되었다면 (예속)노동자 혹은 (예속)노동자의 후손이 될 것이다. 그래서 그리스 인은 같은 동포가 포로로 붙들리면 (예속)노동자로 부르는 것을 꺼리고, 야만족에게 국한하여 이 용어를 사용한다. 그리고 그들이 (예속)노동자란 말을 사용할 때는, 처음에 우리가 언급했듯이, 천성으로서의 노예를 뜻한다.[452]

뿐 아니라 시민들 가운데서도 시민으로서의 자격이 없는 사람들도 있다.

누가 진정한 시민인가 아니라 정의(正義)의 문제로서 실제 시민이 된 자가 정당하게 또는 부당하게 시민이 되었는가의 여부에 있다. 분명히 관직을 차지하고 있지만 그렇다 해도 관직을 가져서는 안 되는 자가 있다. 이들을 우리는 지배는 하지만 부정하게 지배하는 자라고 표현한다.[453]

다른 한편, 아리스토텔레스에게서 노동자는 반드시 남에게 예속당해 있는 사회신분으로 이해되는 것이 아니라, 다양한 종류가 있다. 때로 비천한 신분의 수공인(手工人)을 지칭하기도 한다. 극단적 민주정체 하에서 이들 노동자는 참정권을 갖기도 한다.

수행하여야 할 노동자(둘로스)의 임무에는 여러 가지 형태가 있다. 일이 여러 가지이기 때문이다. 이들 형태의 하나는 수공인(手工人)인데, 명칭 그대로 그 손으로 일을 하기 때문이다. 비천한 공장(工匠)이 이에 속한다. 고대에 어떤 국가에서는 노동자들은 극단적인 민중정치가 이루어지기 전에는 통치에 참여하지 못했다. 확실히 선량한 자, 그리고 정치가 및 시민은 그들 자신의 임시적 필요 이외에는 천한 자들의 장인의 기술을 습득하지 않는다. 만일 시민이 습관적으로 이런 일을 한다면 지배자(데스포테스)와 노동자(둘로스)의 구분은 사라질 것이다.

또 자유인들 사이에서도 지배-피지배 관계가 형성된다.

(위 예문에 이어서) 이상은 우리가 말하는 지배가 아니다. 자유인 그리고 출생에 의하여 동등한 자 사이에서 행사되는 이와는 다른 종류가 있다. 즉, 지배자는 복종을 통하여 학습하는 결과를 갖는 하나의 입헌적 지배이다. 마치 기병대장의 명령에 복종함으로서 기병대장의 임무를 습득하고, 또 보병대장의 명령에 복종함으로써, 또 대대나 소대를 지휘함으로써 보병대장의 직책을 습득하는 것과 같다.[454]

이상에서 보통 '노예'로 번역되는 둘로스(doulos)는 맥락에 따라서 다양한 의미로 쓰이며, 어떤 고정된 사회신분을 지칭하는 것이 아니다. 전쟁포로와 같이 자유가 없이 매매되는 대상에서부터 참정권을 갖는 수공인에 이르기까지 그 범위는 광범하다.

아버지와 자식, 남편과 아내의 관계는 불평등하지 않았다

아리스토텔레스는 주인과 노동자, 아버지와 자식, 남편과 아내 간의 관계를 힘의 지배가 아니라 순전히 기능적 관계로 파악하고 있다. 남편이 아내를 관리하는 것은 위계적이거나 힘에 의한 억압이 아니라 연장자나 장년이 연소자나 미숙한 자를 관리하는 것과 같은 것이다. 반면 아버지가 자식을 관리하는 것은 왕과 같이 한다. 이것은 부부간의 관계보다 더 위계적이다. 자식이 아버지와 불평등 관계에 있다고 말할 수 없는 만큼, 아내도 남편에게 종속되어 있다고 말하기 어렵다는 것을 알 수 있다.

집안의 관리는 세 가지 부문이 있다. 앞에서 소개했듯이, 하나는 주인으로서의 관리이다. 다른 하나는 아버지로서의 것, 그리고 세 번째는 부부간의 것으로서, 아내와 아이들을 지배하는 것이다. 이 둘은 다 자유인으로서, 지배하는 방법이 달라서, 아내에게는 정치적으로, 아이들에게는 왕과 같이 한다. 자연성에 반하여 제도가 만들어진 경우를 제외한다면, 남성은 본래 여성보다 지배하는 데에 적합한 부류이며, 이는 마치 연장자나 장년이 연소자나 미숙한 자보다 우월함과 같다.[455]

위 예문에서 노동자에 대한 주인으로서의 관리 이외에 자식에 대한 아버지로서의 관리, 아내에 대한 남편으로서의 관리가 언급된다. 여기서 눈여겨볼 것은 자식과 아내는 둘 다 자유인의 신분이며, 또 남편이 아내를 관리하는 것은 노동자의 경우와 같은 주인으로서가 아니라 '정치적(politikos)'인 것으로 설정되어 있다. 남편과 아내는 누가 누구를 관리하든 자유롭고 평등한 사람들 사이의 관계이며, 이는 아버지와 아들의 관계와 같다.

아리스토텔레스에 따르면, '정치적'이라는 것은 자유롭고 평등한 사람들, 즉 자유인들 사이에서 일어나는 통치관계로 규정하고 있다.[456] 남자와 여자는 둘 다 제각기 다른 덕성을 가지고 있는 자유인이다.

  자유이면서 피치자인 선량한 사람의 덕성은 한 가지 만이 아니라 다른 종류의 덕성을 포함하고 있다. 하나는 그가 지배할 수 있게, 또 하나는 복종할 수 있게 하는 덕성으로서 남자와 여자의 절제와 용기가 다르듯이 다른 것이다.[457]

제 12 장
현대 그리스 분권과 집권 간 갈등

그리스의 행정체계는 3단계로 되어있다. 중앙정부, 지방정부, 기초단체이다. 그리스 중앙정부의 기능은 시기마다 차이가 없지 않으나, 한국과는 판이하다. 기본적으로 그리스는 지방 자치의 전통이 강해서, 기본적으로 예산은 각 지방정부에서 짜고 중앙에서는 올라오는 예산에 대해 추인을 하는 한편, 지역 간 불균형을 조정하는 역할을 한다. 그래서 각 지방정부는 예산편성에서도 중앙정부의 지시를 획일적으로 따르지 않고 고유의 특색을 갖는다.

1990년 우익 신민주당이 자치구 및 마을공동체 발언권을 폐기한 이래 일련의 과정을 통해 그리스의 중앙 및 지방정부의 권력 집중은 꾸준히 이루어져 왔고, 그 집권의 과정은 중립 사회당 정부에서 그대로 이어받았다. 행정의 효율성과 긴축재정의 긍정적 효과를 노린 권력의 집중은 그에 따르는 부작용을 낳았다. 권력집중의 폐해는 중립, 우익 여부를 가리지 않고 위정자들의 부패와 함께 국가 공직자의 관료주의화로 모습을 드러내게 된다. 더 심각한 것은 그런 폐단이 권력 집중에서 오는 부정적 효과라는 사실을 위정자들 자신도 명확하게 인식하지 못하고 있었다는 사실이다.

정부의 권력이 강해질수록 시민의 자치에 따른 다원성은 축소된다. 또 다원성보다 효율성을 지향하는 구조적 획일화의 틈바구니에서 사적 이익을 위한 권력의 유용(流用)이 훨씬 용이해진다. 효율적 행정을 통해 거두는 이득은 다수가 아니라 소수에게 전유될 위험이 있기 때문이다.

누가 그리스 경제위기의 주범인가?

중도 사회당(PASOK) 정부와 우익 신민주당(ND)간 책임공방

2009년 10월 총선에서 중도 사회당(PASOK: 범그리스사회주의운동)이 승리하면서 게오르기오스 파판드레우가 그리스 총리로 당선되었다. 그는 2004년 3월 이후 약 5년간 집권했던 우익 신민주당을 꺾은 다음 2011년까지 총리 직을 역임했으며, 그리스 경제위기는 바로 그가 취임하던 즈음에 시작되었다.[458]

2004년 카라만리스 총리로 출범했던 우익 신민주당(ND) 정권은 집권 2기에 들어선 다음 조기 실시한 2009년 총선에서 패배했다. 경제위기와 부패 추문 같은 악재에다 2009년 8월 말 아테네 대형 산불에 대한 정부 책임론에 시달리자, 조기 총선 실시의 도박을 선택했다가 사회당으로 정권을 넘겨주게 되었다.[459] 경기침체로 실업률이 치솟고, 재정적자가 국내총생산(GDP)의 발표 당시 비율 6%[후에 확인된 실제 비율 15.7%]를 넘어서면서, 고위 인사의 잇따른 부패 의혹과 불만에 따른 폭력 시위 등이 정권 교체의 원인으로 작용했던 것이다. 사회당은 선거에서 경기부양, 임금 및 연금 인상, 부유층 증세, 관료주의 혁파, 소기업 지원 등을 약속하면서 승리를 거두었다.

이오르고스 파판드레우 총재는 대표적 정치 명문가의 후손으로, 할아버지와 아버지에 이어 3대째 총리에 올랐다. 손자 이오르고스 파판드레우와 같은 이름을 가진 할아버지 이오르고스 파판드레우는 기간의 장단을 불문하고 세 차례[460]나 총리 직을 지냈고, 아버지 안드레아스 파판드레우도 80년대 2번, 90년대 중반 1번, 총 3차례 총리직을 역임했다.[461]

2009년 총리가 된 손자 이오르고스 파판드레우는 처음에 공공부문 임금 인상 등 재정지출 확대를 공언했다. 일부에서 긴축 필요성을 제기했지만 경기침체기에는 적극적 재정정책이 필요하다는 것이 그의 주장이었다. 중도 정당(PASOK)을 이끌면서 국제 좌파 정당들의 모임인 사회주의인터내셔널 의장까지 지낸 그는 그리스를 덴마크형 복지국가로 만든다는 포부를 가지고 있었다.

그러나 취임 초 물려받은 국가부채가 실제로 그 규모가 훨씬 큰 것으로 드러나면서 정부 재정이 부도 위기에 몰리기 시작했다. 2010년 5월 1일 그는 유럽연합(EU)과 국제통화기금(IMF)에서 1100억유로(약 163조원)의 구제금융을 받기로 한 사실을 발표했다. 그로부터 공공부문 임금 동결과 연금 삭감, 증세, 고용 유연화 등의 불안이 그리스를 덮쳤다. 이오르고스 파판드레우 총리의 말에 따르면, 자신이 집권하기 전 우익정부의 당시 총리는 재정적자 규모가 GDP의 6.5% 수준이라고 발표했으나, 몇 개월 후 자신이 확인한 결과 실은 그 규모가 15.7%나 됐다고 한다.[462]

아직 정권을 잡은 지 얼마 되지 않았기 때문에 당시 파판드레우 총리는 경제위기에 대한 책임을 피해갈 수 있었다. 직전의 보수 정권, 신민주당의 5년 반 동안의 통치에 파국의 책임을 돌렸기 때문이다. 그러자 우익도 지지 않고 맞장을 떴다. 살림을 망치기 시작한 것은 우익 정권 자신이 아니라, 이미 안드레아스 파판드레우 총리, 이오르고스 파판드레우의 부친이 3차례 총리를 지낸 1980년대와 1990년대 중반 때부터였다는 것이다. 이 시절의 부실기업 염가 매각, 선심성 정책, 부패구조가 오늘날 그리스에 부담으로 돌아오고 있다는 것이고, 또 당시 총리였던 안드레아스 파판드레우는 미군 철수와 북대서양조약기구(NATO) 탈퇴, 생사수단 사회화 등 비동맹·진보 노선을 내세워 집권했지만 친미 노선을 버리지도 않았고 급진적 사회개혁에도 착수하지 않았다는 비난이 그것이다.

경제위기를 맞아 신민주당이 중도정부 집권 시의 사회주의 정책을 경제위기의 주범으로 낙타하는 가운데, IMF, 유럽연합, 유럽은행 등은 지원 조건으로 긴축재정을 실시하도록 강요했다. '흥청망청인 그리스인'들을 돕는 데는 세금을 쓸 수가 없다는 것이었다. 안드레아스에게 자문을 해줬던 제임스 페트러스 빙햄턴 뉴욕주립대 교수도 <알자지라> 인터넷판 기고에서 파판드레우 가문의 통치를 두고, "그리스의 비극적 어릿광대극"이라고 비하했다. 민족주의와 사회민주주의 가치를 내걸고 대대로 집권했지만 강대국과 기득권층의 이익을 지켜주는 결과만을 낳았다는 것이다.

안드레아스 파판드레우 총리의 평등 사회주의 정책

파판드레우 가문의 사회당 집권에 대한 우익 신민주당의 부정적 평가를 말 그대로 다 받아들일 수는 없다. 사실 1981-1989년까지 이어진 두 차례 안드레아스 파판드레우 총리의 사회당 집권을 통해서 그리스에는 빈부 간 격차가 줄어들었고, 무엇보다 도농 간의 격차가 현격하게 해소되었으며, 경제적인 평등이 다소간 실현된 것이 사실이기 때문이다. 그렇지 않았다면 이 시기의 정부를 비난하기 위하여 우익이 '선심성 재정', '과잉복지', '무상복지'의 정책을 공격하지도 못했을 것이다. 더구나 아래에서 살펴보듯이, 이 시기에는 권력 분권을 통해 자치를 강화하는 민주정책을 시행했다.

미국 하바드 대학에서 경제학 박사학위를 받은 후 여러 대학에서 교수를 역임한 안드레아스 파판드레우는 사회주의 정책을 다소간 성공적으로 수행했다. 우익이 어떻게 매도하든 그는 그리스 인의 신임과 인기를 한 몸에 모으고 있었고, 그 인기에 편승하여 그는 1993년 다시 총리로 뽑혔고, 그 임기를 다 마치지 못하고 1996년 타계했다. 13년 후 그의 아들 이오르고스 파판드레우가 다시 총리로 등단하게 된 것 또한 그 부친 안드레아스에 대한 그리스 인의 성원에 힘입은 바가 크다.

2기의 사회당 집권을 마친 다음에 치루어진 1989년 선거 때만 해도 사회당의 인기는 탄탄했다. 당시 사회당 집권정부는 두 가지 큰 스캔들에 휘말려들었다. 먼저 파판드레우의 오른 팔로 불렸던 사회당 정부 법무부 장관이 은행에서 뇌물을 받아 스위스 은행에 예치해둔 계좌를 가지고 있었던 것이다. 문제가 일자 장관은 계좌가 공개되기 직전에 그 돈을 제공한 측에 되돌려주었다. 훗날 이 장관은 재판을 받는 도중 재판정에서 사망했다. 이 뇌물 사건은 당시 집권 사회당에 치명적인 악재로 작용했다. 또 다른 스캔들은 안드레아스 파판드레우 자신에 관한 것으로, 그는 여행길 비행기에서 만난 승무원 디미트라 리아니를 정부로 두고 있었다. 당시 그의 아내 마가렛은 미국 국적 출신으로 이오르고스 파판드레우의 생모였으며, 별거 중이었으나 정식으로 이혼을 하지는 않은 상태였다. 마가렛이 페미니스트로서 남편 안드레아스 파판드레우를 정치적으로 공격하고 다녔다. 1989년 선거에 패배한 다음 안드레아스 파판드레우는 마가렛과 정식으로 이혼하고 디미트라와 혼인한다. 그 때 안드레아스의 나이 70세였다.

이처럼 열악한 상황에서도 1989년 선거에서 단지 1개 의석뿐인 박빙의 차이로 우익 신민주당에 정권이 넘어갔던 것은 사회당에 대한 민중의 대단한 지지를 증명한다. 그 1개 의석조차도 신민주당에서 이탈한 전력을 지닌 중도 우파에서 그의 선서운동을 대폭 후원하며 간신히 늘어늘임으로서 얻은 것이었다. 그리고 4년 후인 1993년 정권은 다시 사회당으로 넘어갔고 안드레아스 파판드레우는 수상으로서 다시 돌아왔다. 그는 임기를 마치지 못하고 1996년에 사망했으나, 1993년에 시작된 중도 정부는 2004년까지 약 10년 넘게 지속되었다.

이오르고스 파판드레우의 정치적 실패를 가져온 관료주의

2009년 이후 짧은 2년 간의 총리직을 수행한 바 있는 아들 이오르고스 파판드레우는 훗날 회고에서 개혁 추진에 가장 힘들었던 점으로 "당의 공감대를 얻는 것과 공무원의 관료주의를 뚫는 것"을 들었다. 또 "그리스 위기를 통해 한국을 비롯해 다른 나라가 배워야 할 점이 있다면"이라는 한국기자의 질문에 그는, "정부는 진실을 말해야 한다. 국민에게 자기 생각을 말할 기회를 주고 그 말에 귀 기울여야 한다. 야당에 대해서도 마찬가지다. 유일한 후회가 있다면 그건 바로 더 많은 국민에게 다가가지 못하고, 국민을 참여시키지 못한 것이다. 국민과 거리를 둬서는 안 된다."[463]

고 했다.

이오르고스 파판드레우가 겪은 질곡은 그의 부친 안드레아스 파판드레우 당시와 다른 상황에서 야기된 것이라는 점을 눈여겨볼 필요가 있다. '국민들과 다가서지 못한 위정자'와 '정치에 참여하지 못한 국민'으로 대변되는 '관료주의'가 그것이다. 이런 현상은 안드레아스 파판드레우 집권 당시에는 크게 부각되지 않았던 점이다.

여기서 1990년 초 한 번의 신민주당의 집권 이후 그리스에 일어난 변화도 함께 주목해볼 필요가 있다. 그것은 행정의 효율성을 지향한 권력구조의 개편으로, 자치구와 마을공동체의 기능을 폐기하고 중앙정부와 지방정부 차원으로 권력을 집중하고 있었던 사실이다.

그런데 행정권력 집권의 시도는 효율성을 얻는 대신 부작용을 동반하는 것이었다. 한편으로는 지역 자치구와 마을공동체에서 이루어지던 민중의 자치를 훼손하고, 다른 한편으로 권력을 가진 중앙정부의 부정과 부패를 조장하는 경향이 있었기 때문이다. 권력의 집중으로 인한 이런 부작용에 대한 인식을 다수 그리스 정치가들은 놓치고 있었다. 이오르고스 파판드레우는 민족주의와 사회민주주의 가치를 내걸었으나, 빙햄턴 교수의 평가에 따르면, 결국 강대국과 기득권층의 이익을 지켜주는 결과만을 낳았다.

그의 정치적 실패가 집권화의 권력구조에 크게 기인한다는 사실을 이오르고스 파판드레우 총리 자신은 깨닫지 못했던 것으로 보인다. 스스로 추진한 정책이 함정이 되어 자신이 추구한 사회주의 정책과 국민과의 거리 좁히기 시도를 방해하고 있었다는 사실 말이다. 또 그는 자신의 정치적 실패로서 국민과의 거리를 좁히지 못한 사실과 '관료주의'의 폐단을 들고 있으나, 스스로 총리가 된 정권 하에서 추구한 바의 칼리크라티스 법령에 의한 지방 자치의 말살, 집권의 시도가 바로 그 실패에 일조한 사실을 깨닫지 못했던 것 같다. 만일 그런 인식이 있었다면 그는 아마도 그런 법령을 추진하는 데 망설이기라도 했을 것이기 때문이다.

2010년에 통과된 칼리크라티스 법령은 긴축재정과 행정의 효율성을 높인다는 명목으로 지역 자치구와 공동체 마을의 기능을 박탈하고 이를 지방정부로 이관하며 동시에 중앙 집권을 촉진하기 위한 것이었다. 이런 변화는 1990년대 이래 중도, 우익 정부를 가리지 않고 그대로 이어져왔던 것이다. 안드레아스 파판드레우가 사망한 다음 같은 중도 정부 하에서 1997년에 시행된 카포디스트리아스 법령도 같은 맥락에 있다.

카포디스트리아스 법령과 칼리크라티스 법령이 통과된 것은 둘 다 우익이 아니라 중도 정부 하에서였다는 점은 암시하는 바가 크다. 즉 사회주의를 지향하는 중도 정부가 권력구조를 획일화하려는 시도를 했으며, 이런 다소간의 집권화는 전례 없는 그리스 정치가들의 부패를 촉진하는 계기를 제공하게 되었기 때문이다.

그리스 민중들은 정치가들의 부패는 중도와 우익을 가리지 않는 것으로 생각하고 있다. 특히 2004년 아테네 올림픽 경기 개최에 즈음하여 외자를 끌어들이는 과정에서 정치가들이 외국 자본가들로부터 수뢰하는 등의 사례가 터졌고, 연이은 정부의 집권의 시도는 2004년 3월-2009년 10월까지 5년여 우익 정부의 부정·부패를 자초하는 계기가 되었다.

파판드레우 부자의 정치적 성공과 패배를 가른 것은 1990년대와 2000년대 약 20년간에 걸쳐 일어난 그리스 정치권력 구조의 지각변동에 기인한 바가 적지 않다. 지역 자치구와 마을 공동체의 정치적 기능을 통폐합하고 또 그 기능을 중앙정부 산하의 지방정부로 이관한 것이 그것이다.

그간의 과정에서 헌법의 조문이 변칙적으로 해석되거나 수정되고, 확대된 중앙 및 지방 정부 권력이 관료들의 부정·부패에 이용되는 현상이 수반되었다.

도농간의 격차를 해소하고, 민주적인 분권에 입각하여 사회주의 경제정책을 실시했던 부친 안드레아스 파판드레우의 집권에 대한 부정적 평가는 선심성 재정이라는 것이 중심이 된다. 그러나 한두 명의 예외를 제외한다면, 아직 정치가들의 부패는 만연하지 않았다. 또 아직 지역 자치구 및 마을 공동체 등을 중심으로 한 분권적 권력구조였으므로 관료주의의 폐해도 상대적으로 적을 수밖에 없다.

그리스 분권과 자유 민주의 역사적 전통

그리스에서는 중앙이 아니라 각 지방정부에서 예산을 짠다

그리스의 행정체계는 3단계로 되어있다. 중앙정부, 지방정부, 기초단체이다. 그리스 중앙정부의 기능은 시기마다 차이가 없지 않으나, 한국과는 판이하다. 기본적으로 그리스는 지방 자치의 전통이 강해서, 기본적으로 예산은 각 지방정부에서 짜고 중앙에서는 올라오는 예산에 대해 추인을 하는 한편, 지역간 불균형을 조정하는 역할을 한다. 그래서 각 지방정부는 예산편성에서도 중앙정부의 지시를 획일적으로 따르지 않고 고유의 특색을 갖는다.

그리스 지방자치정부의 권력은 중앙에 권력이 집중된 한국과는 판이하다. 한국에서는 중앙정부와 지방정부 간 수세 권한의 비율이 80:20정도이며, 중앙에서는 거둔 세금을 교부금이라는 형식으로 다시 지방으로 내려 보낸다. 교부금은 중앙정부가 지방정부를 획일적으로 통제하는 수단이 되곤 한다.

그리스 지방정부의 독립성은 언어의 사용에서도 드러난다. 한국에서는 경기지방 언어를 표준말로 하여 맞춤법을 통일하고 있으나, 그리스에는 표준말이라는 개념이 없이 각 지역의 언어가 다 동등한 지위를 갖는다.

분권과 집권 간 갈등

그리스 분권의 전통은 하루 이틀에 갑자기 이루어진 것이 아니다. 자유와 민주의 도도한 전통은 고대 이래 역사에 깊이 뿌리를 박고 있어서 쉽게 사라지는 것이 아니고 근대에도 그 족적을 유감없이 노정한다. 1821년 펠로폰네소스 반도에서부터 시작된 터키로부터의 독립운동은 약 100여년이 지난 1923년경에 들어서야 나침내 오늘날의 그리스 영토로 마감된다. 그 100여년을 줄기차게 투쟁하여 마침내 쟁취한 그리스인의 독립은 한국의 경우와는 달라도 너무 다르다. 그리스 인의 지방자치는 그 기나긴 여정의 항쟁에 근거한 것이라 섣불리 건드릴 수가 없다.

우리와 다른 것은 분권뿐 아니다. 제2차세계대전 직후 동족 간 내란(1945-1949)을 거쳐 지하로 숨어있던 공산당을 1975년 헌법에서는 합법화했다. 이런 조치는 우익 집권당의 당수 카라만리스 치하에서 이루어졌기 때문에 더욱 상징적이다.

실로 그리스 분권과 민주의 전통은 갈등 없이 주어진 것이 아니다. 독립이 시작된 후 약 두 세기에 걸친 역사에서 집권과 분권 간의 부침이 완만하게 진행되었고, 2009년 경제위기를 전후하여 중앙정부와 지방정부에 의한 집권의 시도가 성공적으로 이루어졌다.

그리스의 중앙 권력과 지방 권력은 같은 차원에서 강화가 이루어졌다.

집권과 분권의 갈등은 중앙과 지방 간에도 없었던 것은 아니지만, 오히려 중앙정부와 지방정부를 한 축으로 하고 그 대항으로 분권의 지방자치단체가 존재하는 구도로 이루어졌다.

이 때 지방정부라 함은 이전의 자치구 및 공동체(마을)가 가졌던 행정권을 다소간에 빼앗아서 중앙정부 관할 하에 재조직한 집권적 지방 행정권을 말한다. 분권에 대립되는 개념으로서, 그리스의 권력 집중 과정에서 지방 정부는, 중앙 행정부와의 관계 뿐 아니라 지방 내 기초자치단체와의 관계에서도 권력 구조상 이중적 갈등을 연출하는 양상을 띠었다.

주의를 요하는 것은 지방정부의 권력 강화 과정에서도 행정과 결정권이 분리되어 있었다. 지방단체의 장은 행정 주무관(general secretay)에 불과하고 관할 의회 등에서 완전한 결정권을 가지고 있었다.[464] 이런 사실은 중앙이나 지방에서 기관이나 단체장이 실제로 행정과 결정권을 동시에 장악하고 있는 한국의 실태와 극명하게 대조가 된다. 한국에서 이루어지는 공권력의 폐해가 그리스보다 상대적으로 더 심한 것은 1인에게 집중되는 권력구조에 기인하는 바가 크다.

그리스 분권의 전통

그리스는 근세 오토만제국의 지배(1453-1821 일부지역 독립)를 받을 때부터 제한된 범위로 자치를 부여받았다. 오토만의 이슬람 제국의 통치는 그런 점에서 융통성이 있었던 셈이다. 그것은 자치공동체에 바탕을 둔 지역행정체계로서, 농업 기반 지역경제에 적합한 것이었다. 그런데 1821년 터키로부터 독립운동을 시작하고 근대 정부가 정초되는 과정에서부터 그리스는 분권과 국가의 집권 사이의 갈등으로 점철된다.

그리스 정부가 들어서기 직전에 만들어진 그리스 헌법은 지역자치와 민중의 참여를 원칙으로 했다.[465] 그러나 초대 그리스 수상 이와니스 카포디스트리아스[466]는 이런 분권의 전통을 탈피하고 프랑스식 집중행정 형태를 따라 그리스 국가를 조직하려 했다. 그 목적은 지방귀족들의 정치적 영향력을 약화하려는 것이었다. 그 와중에서 그는 암살되었고, 그 후 혼란을 피하기 위해 독일 바이에른 왕자 오토를 그리스의 국왕으로 모셔오게 되면서 그리스는 왕정으로 출범한다. 오토 왕 통치기에 자치군(municipality), 주(prefecture), 도(province)로 구성된 분권적 행정체제가 형성되었고 그 후에도 유지되었다. 이 체제는 약간의 중단과 수정[467]의 과정을 거치면서 대체로 20세기까지 계속되었고, 일부 자문의 기능 등으로 민중의 참여가 인정되었다.

자치정부 원칙에 기초한 행정체제로의 전환점은 19세기 말 20세기 초 서구의 자유주의 경제정책을 그리스로 이식하는 데 공헌한 엘레브테리오스 베니젤로스 수상 하에서 이루어졌다.[468] 베니젤로스의 지방행정 체제는 1단계 자치지방행정 단체인 자치군(郡:municipality)과 공동체(community)로 구성되고, 이것은 형식적으로 중앙정부에 의해 임명되는 주지사(prefect)가 관할하는 주(州:prefecture) 산하의 단위이다. 그 후 발칸 전쟁(1912-1913) 이후 새로운 지역[469]을 해방시켜 편입함으로써, 새로운 영토에도 분권체제에 입각한 행정제도를 도입했다. 이 체제는 1974.7.24일 민주정이 수립될 때까지 계속되었고 현재 그리스에서 유효한 1975년 헌법에도 영향을 미쳤다.

그 사이 1954년의 <자치군 및 공동체 법령>[470]은 자치의 취지를 상당한 정도로 훼손했다. 이 법령이 발효한 25년 동안 중앙정부가 지방 자치정부를 가까이 조종하려 했고, 그 역동적이고 민주적인 잠재력/주도권을 억압하는 경향이 있었다. 1954년 헌법 <자치군 및 공동체 법령>은 1975년 헌법에 의해 수정을 거쳐 잔존했다. 그 주요 내용은 ① 중앙정부의 통제와 감독 하의 54개 주(province)로 구성된 분권 체제(제101조)이다. 이 54개 주는 실권이 없이 중앙정부와 지방 자치단체 사이에 형식적으로 존재하는 지방의 단위이다. ② 명시적으로 자치군과 공동체를 인정하는 민주적 자치정부 체제로서, 제1단계 이상의 지방정부(즉 제1단계와 중앙정부 사이에 위치한 제2단계 지방정부)를 둘 것인지를 입법자에게 위임하는 것이었다. (제102조)

1975년 헌법 102조에 따르면 오늘날까지도 자치정부 기관은 독립적 입법의 권한은 없고, '지방 사무'를 자치적으로 관할한다. 이 '지방사무'의 개념이 불명확한 점이 있으므로 중앙집권과 지방분권 사이의 갈등에서 이를 둘러싼 이견이 노정되었고, 이 문제는 훗날 2006년에 가서야 <자치구와 공동체 수정법령>(3463/2006)[471]을 통해 개념을 명확하게 규정함으로써 일단락되게 된다.

한편, 지방정부는 행정에서도 중앙으로부터 독립성이 강하지만, 특히 재정의 독립성이 강했다.[472] 중앙정부의 행정권이 강화되는 가운데서도 재정정책은 분권적 지방의 기관을 중심으로 독립적으로 이루어지며, 일부 예산 재원이 중앙정부에 의해 조달되는 경우에도 그러하다. 지방의 재정 자치권도 마침내 2001년 개정헌법에서 경제적 자치를 규정하는 특정조항(102조 5항)이 헌법상으로 정초되었다.

이렇듯, 분권화된 지방정부의 체제는 중앙정부 산하의 지방 하부조직으로 그 직접 감독 하에 있지만, 실제로 민중주권, 직접참여, '지방사무'의 자치의 이상을 반영하며, 두 단계로 구성된 분권정부는 상당한 수준의 독립을 향유했다. 행정체제는 1980년 법령(1065/1980)에 의해 개선되었는데, 이 법령은 지방 자치군(郡)과 공동체의 내부 행정조직과 그 지리적 분포에 관한 상세한 규정들을 제공한다. 법령에 따르면, 국가는 재정적 독립을 확보하고 또 지방정부기관의 임무 수행과 권능 행사에 필요한 입법적, 규제적, 재정적 수단을 채택하고, 동시에 이들 기금의 운용에서 투명성을 확보한다. 중앙 혹은 관구로부터 지방정부 공무원에게 모든 권한을 이양하는 것은 해당 자금의 이양을 동반한다. 지방정부에 의해 직접 이루어지는 지방 수입의 결정과 수금에 관한 사항은 법에 의해 특정하도록 한다는 것이다.[473]

지방자치는 특히 1980년대 중도 사회당 정부에서 괄목할 만한 발전을 이루었다. 1984년 안드레아스 피핀드레우 수상의 중도 사회당 정부 하에서 통과된 법령(1416/1984)에 의해 행정적 자치가 승인되었기 때문이다.[474] 분권화된 행정은 중앙정부와 지방정부 사이에 19개 도(道: province)를 설정했으나, 이 도(道)는 또한 오직 상징적인 권한만 가진다.[475] 그 후 1986년 법령(1588/1986)은 13개의 새로운 단위로 13개 관구(region)를 도입함으로써 그리스의 분권정부를 재구성했다. 또 1994년 법령(2218/1994)은 54개의 기존의 주를 단순한 분권 단위에서 주민의 직접 선출에 의한 공무원에 의해 관할되는 실제 자치정부로 변모했다.

자유의 그리스에서는 우익정부가 공산당을 합법화하다.

'자유와 민주'의 그리스 인은 지방 자치뿐 아니라 정치적 노선의 자유마저 허용하여, 공산당을 합법화했다. 이 조치는 좌익이 아닌 1975년의 우익 집권 때에 이루어졌다. 1975년은 국민의 투표에 의해 그리스 역사상

왕정을 폐기하고 처음으로 공화정이 들어섰으며, 그 때 제정된 헌법은 부분 개정을 거치면서 지금도 유지되고 있다.

1975년 공화정 수립은 1967-1973년의 이오르고스 파파도풀로스의 우익 독재가 타도된 다음 이루어졌다. 1973년 11월 17일 아테네 공과대학교 학생들은 독재정권에 항거하여 궐기했고 출입이 금지된 대학교정으로 군인들이 침입하면서 유혈사태가 벌어졌다. 그 피의 대가로 마침내 1974년 국민투표를 거쳐 우익 공화정부가 탄생하게 된다. 당시 총리 콘스탄티노스 카라만리스는 1945-1949년까지 치열하게 벌어졌던 좌·우익 간 내란을 거치면서 지하로 스며들었던 공산당을 합법화했다. 이로써 야 4반세기 만에 그리스에서는 좌·우익 간 진심의 화해가 이루어지고 좌·우 노선을 불문하고 정치적 활동의 자유가 허용되었다. 카라만리스는 좌·우를 불문하고 그리스 인들의 존경을 받았으며, 그 후 두 번(1980-1985, 1990-1995)이나 그리스 대통령으로 임직했다.

경제위기에 즈음한 긴축재정과
중앙 통제 강화의 시도

미국에서 파생된 글로벌 경제위기

    2009년 그리스의 경제위기는 2008년 리먼브라더스의 파산과 함께 미국에서 발생한 글로벌 금융위기에 기인한 바가 크다.[476] 미국 발 경제위기의 영향은 유럽에도 미쳤고, 그 중에서도 그리스는 가장 큰 피해를 입은 나라 중의 하나였다. 그리스는 1981년에 EC(유럽경제공동체)에 가입하고, 또 2000년 1월 1일부터 유로(Euro)화를 공동통화로 하는 유로존(유로 공동체)에 가입해 있어서 독자적인 화폐정책을 구사할 수도 없는 형편이었다.

    그리스의 개혁은 두 가지 과제, 즉 정부의 소비 축소와 행정기능의 효율성을 각각 도모하는 것이었다. 효율성이란 근대화, 합리화와 함께 국제

사회와 EU의 기준에 부합하는 것을 목적으로 한다. 그러니 현재 그리스는 당장의 재정위기로 인한 긴축재정뿐 아니라 그것을 극복하기 위한 방안으로서의 권력구조 개편이라는 이중의 과제와 당면해 있다.

그리스는 전통적으로 집권화보다 기초자치단체에 의한 분권화의 전통이 강하다. 이때 집권화된 권력에는 중앙정부의 권력뿐만 아니라 지방정부의 그것도 포함된다. 또 행정 권력은 재정과는 별개여서, 공공지출에 있어서의 중앙정부의 획일적인 관할권이 약하다. 그래서 행정 권력이 집중된다고 해서 그것이 바로 중앙정부의 지방정부에 대한 획일적인 하향식 권력구조의 성립을 의미하는 것은 아니다.

그리스의 1, 2단계 분권 지방정부의 전통적 기능

그리스는 하향식 통치체제보다 자치 분권과 시민 민주주의가 상대적으로 발달된 곳이다. 2009년 이래 경제위기에 처해 어려움을 겪고 있으나 경제위기를 극복하는 방안도 중앙이나 위정자에 의한 하향식 통치로서가 아니라 중앙과 지방 간 구조적인 입장의 조율에 의해 이루어진다.

지방도 획일적인 권력구조를 가지고 있는 것이 아니다. 각 지역은 전통적으로 자치구와 마을 공동체 등 자치 분권의 기초단체들이 있다. 원래 자치권을 가진 이들을 명목상으로 규합하는 느슨한 행정 구역으로서 도(prefecture), 혹은 주(province)가 있었으나, 이것은 형식적인 구분 단위로서의 기능만을 갖는 것이었다.

흔히들 정부 당국과 시민사회가 함께 구조적 결점과 재정적 불안을 극복함으로써 개혁의 취지를 실천하고 거버넌스의 각 단계에서 효율성과 결정의 투명성을 도모할 수 있기를 기대한다고들 한다. 그러나 이런 원론적인 차원의 기대는 권력구조상에서의 내적인 갈등을 간과하고 있다. 그리스의 경우 정부의 중앙 권력 강화의 시도 하에서 지방정부는 중앙 정부의 규제와 지역 자치구 및 공동체가 갖는 전통의 기능 사이에서 머물러있다. 또 지방정부 산하에는 자치의 전통을 이어서 기초자치단체들의 의견을 대변하는 각종 위원회들이 분야별로 조직되어 있으며, 이것은 중앙에서 관할하는 또 다른 각종 위원회들과 이원적인 구조를 이루고 있어, 각기 지방정부의 결정에 영향력을 행사한다. 2009년 경제위기에 즈음하여 그리스는 EU의 감독을 받게 되었는데, EU의 일괄적 관할도 지역발전을 원칙으로 하는 프로젝트들이 적지 않아서 중앙의 권력을 강화하는 쪽으로만 진행되는 것이 아니다.

위에서 잠깐 소개했듯이, 그리스에서 행정조직은 재정권과는 분리되어 있다. 지방정부가 다소간 중앙정부의 행정의 규제를 받는 상태에 있으나, 재정은 그로부터 독립된 체제로 이루어진다는 것이다. 즉 행정의 규제가 곧 재정의 규제를 뜻하는 것은 아니고, 지방정부의 재정권은 중앙정부와 별개로 분권의 전통을 여전히 고수하고 있다. 재정의 통합방안에 대한 찬반의 논의 및 그것이 헌법과 국가 주권에 미치는 영향 등에 관한 정치적 논의는 따로 진행되고 있으나, 여전히 중앙정부는 지방의 재정권에 대해서는 통제권을 행사하지 못하고 있다. 이에 지방은 자체의 예산을 독자적으로 편성하고, 중앙은 다만 이를 추인하고 지역 간의 불균형을 시정하는 기능을 갖는다.

이런 그리스의 현실도 세금의 약 80%를 중앙에서 관리하는 한국과는 너무 다르다. 결국 지방에서 쓰는 돈을 교부금이라는 형식으로 중앙의 손을 거쳐 다시 지방으로 내려 보냄으로써 지방이 중앙의 눈치를 보게 하는 것, 그것을 빌미로 지방을 중앙의 구미에 맞게 길들이기 하는 것이 바로 중앙권력의 비민주적 관료주의를 더욱 강화하는 첩경이 되어왔기 때문이다.

자치구 및 마을 공동체를 희생한 중앙 및 지방 정부의 집권

자치행정의 폐기에 따른 지방행정구역의 개편

그리스의 지방행정구역 개편은 1981년 EC(European Economic Community:현재의 EU)에 가입하면서 유럽 정책을 효과적으로 실천하기 위해 추진되었다. 이는 행정과 지방정부의 구조적 개혁을 통하여 재정의 효율성과 정부 비용의 절감을 도모하는 정책과 궤를 같이 한다. 그리고 이런 시도는 자연히 지역의 자치구 및 마을 공동체 등 분권적 전통의 집단과 지방정부기구 간의 구조적 갈등을 야기하게 된다. 그러나 적어도 1980년대 사회당 정부의 집권시기에는 지방자치를 훼손하는 정책은 실시되지 않았다.

1990년 신민주당에 의한 전통의 자치구 및 마을 공동체의 발언권 폐지에 이어서 그리스의 권력 집중을 정초한 1997년 카포디스트리아스 법령과 2010년 칼리크라티스의 두 개 법령은 모두 사회당 정부 하에서 입안되었다는 사실은 시사하는 바가 크다. 행정의 효율성을 지향하는 한편, 그것이 가져올 권력 집중으로 인한 비민주적 관료주의 양산에 대한 자각이 사회당 정부에서도 없었던 사실을 노정하기 때문이다.

제1단계 자치행정단위의 발언권 폐기(1990년)

2001년 수정 이전 그리스 헌법은 '자치구(municipalities)'와 '공동체(communities)'를 제1단계 자치행정단위로 분명히 규정(헌법 제102조 1호)하고 있었다.[477] 그러나 최고행정법원인 동시에 헌법재판소로 기능을 갖는 국가의회(Council of State)[478]는 지방정부기관의 강제적 합병안이 헌법의 규제를 통과하도록 했는데, 이와 같은 방향의 조심성 있는 초기 발단은 1990년 이미 시작되었다. 약 8년간(1981-1989)의 중도 정부 집권 이후 막 정권을 접수한 우익 정부 하에서 국가의회 전체회의에서 당시 자치구와 공동체가 헌법상에서 갖는 지위의 보증이 폐기되었기 때문이다.[479] 그 이론적 근거에 따르면, 자치구나 공동체의 유지는 '지방적 현안(local affairs)'의 헌법적 범위에 들지 않고, 국가 권력의 범주 내에 종속하는 일상적 의미의 현안일 뿐이다. 그 결과 헌법적 기준에서 볼 때, 지방정부기관은 기존의 시민들, 주민 혹은 행정기관들의 동의를 요하지 않고, 동시에 이런 결정이 반드시 기존 기관들의 존재 불가능(폐지)을 뜻하지도 않게 되었다. 즉, 폐지는 하지 않되, 지방정부에서 갖는 전통 자치구 및 공동체의 발언권은 배제한다는 것이다.

지방정부 기구로서의 광역 관구의 도입 (1994)

지방정부 개혁의 합헌성에 바탕하여 국가의회는 지방정부기구에 대한 중앙정부의 관할권을 보호하기 위해 강력하게 개입했다. 헌법과 관련하여 보조적 역할에 그쳤던 그리스 법원도 궁극적으로 정부의 입장을 지지했다. 그러나 '국가의 이익'을 지방정부기구에 대한 중앙정부의 이익으로 정의하면서, 그리스 법원은 사법적 주체성과 중앙집권적 목적성이라는 강력한 두 가지 경향의 분규에 얽히게 되었다.[480]

단순한 '분권의 단위'에 불과했던 주(州:prefecture)가 광역의 '관구(region)'로 바뀌면서 제2단계 지방정부단위로 확립된 1994년 개혁은 전통적으로 광범한 권한을 가진 중앙정부에 위협이 되었다. 법령 2218/1994는 그 이전 분권적 주(prefecture)의 모든 권한을 지방정부기구로 새로 설립된 주(prefecture)로 다 이전하고, 그 초기에는 국가사무와 지역사무도 구분하지 않았고 다만 아주 협소한 예외들을 인정했을(제3조 1항 부칙 1) 뿐이다.

일부 학자들은 이런 권한 이전이 지역 당국을 보증하는 헌법에 어긋나며, 또 국가(공공)사무와 지역사무를 구분하는 헌법에도 어긋난다는 점을 지적했다.[481] 처음에 국가의회 측에서는, 헌법상 보증되는 지방정부에 대한 감독권은 지방정부에 대한 공공(국가)행정의 우위를 뜻하는 것이라고 여겨, 지방정부의 입법적 권능의 범위를 대폭 제한했다.[482] 그래서 그냥 단순히 권한을 이전하는 것이 아니라, 객관적 준거에 의해 제2단계 지방정부기구의 입법 권한의 목록을 작성할 필요성까지 생기게 되었다. 다른 한편, 1998년 국가의회 총회는 이런 작업을 폐기했다. 분권 행정은 이전의 정책을 번복하여 최소한의 권력만 유지시키는 것을 포함하여 중앙정부,

분권 행정단위, 제1단계, 제2단계 지방정부기구의 기능의 범위를 축소 혹은 확장하는 광범한 입법 재량권을 강조했다.[483]

카포디스트리아스 프로그램 (1997)

1981년 그리스는 EU에 전격 가입하게 된다. EU 정책과 의무에 부응하여 EU 다른 성원국들과 보조를 맞추어야 할 필요가 생겼고, 그에 따라 그리스 지방 자치정부와 분권체제의 재정비가 불가피했다. 1994년의 제한적 개혁은 이런 기준에서 볼 때 불충분한 것이었고, 1997년 카포디스트리아스 프로그램(2539/1997법령)은 그 대응조치로서 도입되었다. 이 법령에 의해 병합을 통해 제1단계 분권정부(공동체와 자치군)의 수를 축소하고 내부 행정체계를 강화하며 효율적 규모로 거듭나게 했다.[484] 다만, 카포디스트리아스 프로그램은 분권정부를 병합하여 그 수를 축소했으나, 권력 구조상의 변화는 수반하지 못한 것으로 평가된다. 이것은 경제위기를 맞은 직후인 2010년 칼리크라티스 법령에 의해 이루어지게 되는데, 이 법령은 분권자치단체의 기능을 폐기하고 중앙정부와 지방정부의 집권을 각각 도모한 것이었다.

제1단계 자치단체의 병합

카포디스트리아스 개혁 당시 두 단계로 구성된 지방정부는 완전히 상호 독립적 관계에 있었다. 제1단계는 완전한 자치를 누리는 900개 자치군과 134개 공동체로 구성되었다. 제2단계는 50개 자치의 주(州 :prefecture)로 구성되고, 그 중 3개는 광역 주(州)로서 넓은 지역을 포괄했다. 이들 집단은 그 결정과 조치의 합법성이 문제가 될 때에 한하여 '관구(regions)'들에 의해 감독을 받는다.

그런데 카포디스트리아스 프로그램을 통해 이전에 존재했던 5,700개 공동체와 300개 자치군이 1034개 자치군 및 공동체로 축소되었다. 제1단계 자치정부의 경우 잔존한 공동체는 지방 선거인명부에 올라있는 시민에 의해 4년마다 선출되는 공동체장, 부공동체장, 공동체의회에 의해 관할된다. 공동체장은 전체 선거인수의 50% 득표로 선출된다. 자치군은 군수(mayor), 부군수(vice-mayor: 넓은 지역의 자치군은 다수의 부군수들), 자치군 의회, 군수 산하 운영위원회에 의해 관할된다.

과거 자치정부 체제에서 탈피하기 위해 카포디스트리아스 프로그램은 자치군(郡)의 하부조직으로 자치구(municipal district)를 두어서, 지방 공동체들이 선출한 '지방의회'와 '자치 대의원들(municipal deputies)'들이 참석하도록 했다. 이들 단체의 업무와 선거 절차는 공동체장과 공동체 의회 관련 규정에 따르도록 했다.

군수(mayor)과 공동체장(presidnet of community)은 행정권을 담당하고, 자치군과 공동체 의회는 (군수에게만 배타적으로 귀속된 권한을 제외한) 지방사무에 관련하여 모든 결정과 조치에 대한 결정권을 가지며, 지자체 크기에 따라 11-41명의 의원들로 구성된다. 자치군 의회는 군수와 함께 자치군 경제사무를 관할할 권한을 가지는 반면, 지방의회(local council)와 자치군 대의원들은 자문의 기능만 갖는다.

그런데 문제는 '지방 사무'의 헌법적 개념에 대해 명확하게 규정한 법령이 없다는 점이었다. 그래서 중앙정부 혹은 지방정부 관할권을 둘러싸고 분쟁이 일어났다. 2006년 <자치구와 공동체 수정법령>(3463/2006)은 이 점에서 큰 발전을 하여, 지방사무를 7개의 범주로 규정했다. ① 발전. ② 환경. ③ 생활의 질. ④ 노동. ⑤ 사회적 보호와 유대. ⑥ 교육, 문화, 체육. ⑦ 민간인(공민) 보호가 그것이다.

제2단계 분권 지방정부

제2차 지방분권 단위에 대해서도 카포디스트리아스는 이와 유사한 맥락에 있다. 선출된 주지사(prefect), 주(州)의회, 주(州)운영위원회로 구성되는데, 선거절차와 기능면에서 유사하다. 세 개의 광역주(supra-prefectures)[485]는 산하 소속 주(州)들을 조정하고 약간 상이한 구조에 입각해있다. 분권자치보다 집권을 지향하는 측에서 지적하는 문제점은 전체적으로 자치 주(州)의 권력이 한정적이어서 지방행정의 본질적 부분을 충족하지 못한다는 점, 그리고 주가 가지고 있는 약간의 기능이 자치군(郡)과 관구의 기능과 중복된다는 점 등이었다.

한편, 분권정부 체제에 속하는 13개 관구(prefecture)가 있는데 그 구조는 자치주(州)와 아주 다르게 중앙정부에 귀속되었다. 관구의 최고 권위는 관구의 서기장(general secretaty)이었는데, 그는 내무부[486] 장관의 추천에 의해 각료의회에서 임명된다. 관구는 관구의회와 관구발전기금에 의해 구성된다. 관구의회는 대표의 성격을 가진 다수 회원의 집단이며, 자치정부, 상·산업 분야로부터의 대표를 포괄하며, 관구발전기금의 감독을 받는 관구 주관의 사업에 대해서는 결정권을 가진다. 관구는 행정과 예산 상의 자치권을 가지지만, 중앙정부에 귀속된다는 점에서 지방정부와 차이점이 있다. 실제로 관구와 관구의 장관은 각료의회를 지역에서 대변하는 대리인이다.

카포디스트리아스 법령을 둘러싼 위헌 시비

지방정부는 획일적 행정권이 미칠 수 있는 중앙정부의 산하 조직으로 탈바꿈했고, 또 자신은 전통의 자치구와 공동체의 권력을 이양 받아 이들을 자신의 관할 하에 흡수하려 했다. 이 과정에서 한편에서는 중앙정부와 지방정부가, 다른 한편에서는 지방정부와 자치구 및 공동체가 서로 주도권 경쟁을 벌였다. 특히 자치구 및 공동체가 된서리를 맞으며 그 권력이 지방정부로 이양되었으며, 이에 따른 위헌 시비도 끊이지 않았다.

실로 카포디스트리아스 법령은 대부분 기존 자치구와 공동체를 더 거대한 단위로 병합했고 압도적 다수의 공동체를 폐지함으로써, 그 합헌성에 대한 문제가 제기되었다.[487] 그런 가운데서도 1999년 수차례 집회에서 국가의회 측 다수가 앞서 언급한 1990년의 주장을 반복했고, 동시에 그 적용을 일괄병합계획으로 확대할 것을 주장했다. 국가의회에 따르면, 시행 전 입법의 합헌성에 대해서는 법원이 평가할 권한이 없으므로, 지방정부 기관의 병합을 도모하는 입법을 저지할 수는 없고, 지엽적인 사안에만 사법적 감독이 허용된다고 한다. 동시에 지엽적인 감독조차 하지 못하도록 헌법은 높은 진입장벽을 설정했다. "국가의회에 대한 '무효 적용'은 행정당국의 '강제적' 법령에만 가능하다고 하며(헌법 제95조 1항, 부칙 a), 또 관련 법령은 카포디스트리아스 법령에 대한 행정 당국의 단순한 해석이 아니다"라고 유권해석을 내렸다. 동 법령을 발표 하면서 국가의회 총회 (full bench)는 이에 대한 불만을 그 긍정적 취지를 고려함이 없이 각하했다.[488]

칼리크라티스 프로그램 (2010)

칼리크라티스 프로그램 도입의 배경

중도 사회당 정부는 원래 1997년의 카포디스트리아스 프로그램(2539/1997법령)에 이어서 '제2 카포디스트리아스 프로그램'을 구상했으나 이것은 실천되지 못했다. 또 약 10년 후 카라만리스 우익정부(2004-2009)에서는 더 광범한 행정개혁을 통하여, '국가재건'이라는 포괄적이고 야심찬 정치 프로그램으로 자치정부와 행정체계를 재조직하려 했다. 이 구상도 완전히 시행된 적이 없으나, 2006년의 <자치군 및 공동체 법령>(3463/2006법령)이 도입되는데 영향을 주었다.[489] 이어서 2009년 경제위기에 당면한 파판드레우 사회당 정권 하에서 칼리크라티스 프로그램(3582/2010법령)이 통과되게 된다. 칼리크라티스는 '좋은 국가'라는 뜻으로서, 두 사람의 파르테논 건축가 가운데 한 사람의 이름을 딴 것이다. 칼리크라티스 법령은 2011년 1월 1일 이후 완전히 가동되었다.

제1단계 공동체의 완전 폐지와 중앙정부 및 지방정부의 집권

그러나 칼리크라티스 법령은 1034개 자치군과 공동체를 325개 자치군으로 만들면서 제1단계 공동체를 완전히 폐지했다. 또 자치 주(州:prefecture)와 잔존한 도(province)도 폐지하고, 13개 관구를 분권정부(decentralized government)에서 지방정부(local government)로 바꾸면서, 그 자리에 7개의 분권 행정구(decentralized administration)를 설치했다.

칼리크라티스 프로그램은 지방선출직의 임기를 4년에서 5년으로 연장하여 유럽의회 선거와 시기를 맞추었다. 동시에 자치군(municipality)과 관구(region) 의원에 대한 선거권자 연령을 18세로 낮추고, 지사와 관구 서기장 선거권자 연령은 21세로 이원화함으로써, 청년들이 지방 현안에 적극 참가하도록 했다. 그 결과 2006년부터 42%로 낮아진 선거참여율이 50%까지 회복되었다. 또 합법적 이민자들에게도 자치군 의원들과 부군수의 선거 및 피선거권을 부여했다.

칼리크라티다스 프로그램에 따라 1단계 자치정부에서 325개 자치군(municipality)을 두고, 그 각각은 인구 2,000명 이하의 '지역공동체(local community)'와 2,000명[섬의 경우는 예외적으로 1,000명 기준] 이상의 '자치공동체(municipal community)'로 구성된다. 이 새 법에 따라 자치군(郡)은 군수와 부군수들, 자치의회(자치군 규모에 따라 13-47명), 경제사무위원회, 생활의 질 위원회, 행정위원회에 의해 운영된다. 자치군 가운데서 인구 10,000명 이상은 지역사회단체를 대표하는 위상의 심의위원회를 둔다.

칼리크라티스 프로그램에 의해서 자치군 선거에서 50% 이상을 득표한 정당은 자치군 의석의 3/5을 차지한다. 또 그 전에는 군수가 경제사무위원회(전임 군수의 운영위원회) 의원 전원을 자치군 의회의 다수당에서만 임명했으나, 지역행정에서 재정의 투명성을 진작하기 위해 칼리크라티다스 프로그램은 이 위원회가 다수당과 소수당 모두에 의해 구성되도록 했다. 더구나 행정위원회는 군수, 행정권한을 보유한 부군수들, (군수와 행정위원회에만 배타적으로 귀속된 사무를 제외한) 모든 자치사무에 대해서 결정권을 가진 자치의회, 환경보호, 생활의 질, 도시 및 농촌 계획에 대해 건의 권한을 가진 생활품질위원회로 구성된다.

또 기존의 13개 자치 '관구(local region)'가 과거 분권성부인 주(州: prefecture)의 기능을 양도받아서 2단계 지방정부로서의 위상을 갖게 되었다. 자치 관구의 단위는 해당 지역에서 선출된 서기장(general secretary), 부서기장들(vice-general secretaries; 과거 각 주 단위로 선출됨), 관구 의회, 행정위원회, 경제 및 사회 사무위원회, 상인, 기업, 노동자단체로 구성된 심의위원회, 기업과 시민을 위한 지역옴부즈맨(고충처리단)에 의해 관리된다.

1단계와 2단계의 자치 관구는 서로 완전히 독립적이다.[490] 자치 관구의 주요 행정 목표는 EU발전정책의 실행, '지역발전계획' 및 녹색 개발과 경쟁을 위한 계획의 강화이다. 특히, 아티카(아테네를 포함한 지역)와 테살로니키/중부 테살로니키의 거대 2개 행정 관구가 환경보호, 생활품질, 도시와 농촌 계획의 진작을 위해 도입되었다.

7개 분권 행정구(administration) 도입

또 칼리크라티스 법령을 통해 분권행정 차원에서 7개 분권 행정구

(administration) 제도가 도입되었다.[491] 이로써 분권 단위의 수가 약 반으로 줄어들었는데, 이는 실질 예산의 감소 뿐 아니라 지방정부 단체 간 기능의 중복 문제에도 관련되는 것이다. 서기장은 분권행정구의 최고권위자로서 내무부의 위촉을 받아서 각료회의에서 임명된다. 행정구 의회가 있는데, 자치군(郡)과 자치 관구의 대표는 자문의 역할만 한다. 과거 분권의 관구에 속했던 기능들은 분권의 행정구로 이양되었다. 그 목적은 1, 2단계의 지방정부의 모든 조치와 결정을 감독하며, 특히 합법성과 투명성을 제고하려는 것이다. 이런 목적으로 각 지자체에 서로 독립된 '지방정부 감독청'을 신설하여 감사원의 감독을 받도록 했다. 2010년 칼리크라티스 법령이 통과되어 시행하던 당시에 실현되지는 않았으나, 2013년 헌법개정을 기대하며 헌법 제101조를 폐기함에 의해 지방자치제도를 완전히 폐지하자는 제안도 있었다.

칼리크라티스 법령의 합법성 논쟁

2001년의 그리스 헌법 개정은 제102조를 수정하여 지역현안의 행정이 제1, 제2단계의 지방정부기구에 의해서 행사되는 것이라고 명기하는 한편, 자치구와 공동체가 제1단계 지방정부 단위라는 사실의 명시적 언급을 삭제했다. 이에 따라 칼리크라티스 프로젝트에 의해 추진된 강제적 병합과 함께 공동체를 폐지하는 것 역시 그리스 헌법 정신에 대체로 부합하는 것으로 간주 되었다.[492]

그러나 일부 학자들은 지방정부기구의 실질적 축소는 헌법에 보장된 지역주의를 훼손하며 민중 주권까지도 침해하는 것이라고 주장한다.[493] 그럼에도 법령의 형태를 차용한 입법의 불법성여부를 명확하게 따질 수 있는 근거가 희박하여, 지방정부 기구와 개인들을 법적으로 보호하는 데는 현실적인 공백을 노정한다. 이런 결점을 보완하려는 필사의 노력으로 이런 법령이 〈인권에 관한 유럽 협약 European Convention on Human rights〉(제6조 1항 13)과 〈지방자치정부에 대한 유럽헌장 European Charter of Local Self-Government〉(제11조)을 위배된다는 점을 밝혀 내게 되었다. 이렇듯 우여곡절을 거치면서 칼리크라티스 개혁에 의해 추진된 합병의 합헌성 문제는 국가의회에 제출되게 된다.

더구나 개정 헌법 제102조는 기존의 지방정부 제2단계의 자치조직도 보장하지 않는다. 자치적 도(prefectures)와 잔존한 주(provinces)를 폐지하고 13개 광역행정구(regions)를 분권 단위에서 지방 정부로 전환했기 때문이다.

권력집중의 과정과 그에 따른 득실

1990년 우익 신민주당이 자치구 및 마을공동체 발언권을 폐기한 이래 그리스의 중앙 및 지방정부의 집권 정책은 중도 사회당 정부에서도 그대로 이어받았다. 행정의 효율성과 긴축재정의 긍정적 효과를 노린 집권은 그에 따르는 부작용을 낳았다. 권력집중의 폐해는 중도, 우익 여부를 가리지 않았고, 위정자들의 부패와 함께 국가 공직자의 관료주의화로 모습을 드러내게 된다. 그러나 그런 폐단이 권력 집중에서 오는 부정적 효과라는 사실을 위정자들 자신도 명확하게 인식하지 못하고 있었다.

다소간에 집중된 구조 하에서 아들 이오르고스 파판드레우가 부친 안드레아스를 모방하여 사회주의적 경제정책을 시행하려고 해도 그것은 성공을 기약하기 어려운 것이 되었다. 결국 그는 자신의 의도와 달리, 강대국과 기득권층의 이익을 지켜주는 결과만을 낳았을 뿐이다. 결국 중도와 우익 양대 정당에 실망한 그리스 인들은 2015년 1월 25일 실시된 총선에서 40세 최연소 총리 알렉시스 치프라스가 이끄는 급진좌파연합(시리자)

을 집권당으로 정초하는 데 표를 던지게 된다.

1980년대 사회주의 경제정책에 의한 다소간 복지의 증대는 자치분권을 바탕으로 하고 또 그에 따른 비효율성을 담보로 한 것이었다. 반면, 그 후 효율성을 지향한 집권의 획일적 경제정책은 쉽게 관료주의 폐해와 수익의 불평등한 배분을 초래했다. 분권과 집권이 모두 나름의 결함을 가진 것이지만, 복지의 비효율성이 갖는 부정적 측면이 강조되고, 획일적 경제정책이 초래하는 수익 불평등의 사회적 문제점은 부각되지 않고 은폐되곤 한다.

실로 관료주의라는 비난은 개혁이 있기 전 분권의 자치군 및 지방공동체를 비난하는 데에도 쓰였다. 관료적 폐단의 내용이 다르다. 분권의 구조에서는 "현대 기술과 전자 협치(거브넌스)에 부적당한 관료적 심성의 미숙련직원"으로 정의된다.[494] 이때 관료적 심성이란 현대 기술에 적응하지 못하는 관성적 무능력을 뜻하는 것이다. 그러나 고비용, 기능의 중복을 지양하고 효율과 긴축재정을 도모하기 위한 집권의 구조에서 이루어지는 관료주의 폐단은 불평등한 특권의 수혜자를 생산하는 데 기여한다. 불평등의 폐해는 권력이 집중되었을 때에 더 커진다. 구조적으로 집중된 권력은 그 자체로서 관료주의와 함께 권력형 부정·부패의 가능성을 배태한 것이나, 분권의 구조 하에서는 그런 폐해 자체가 최소화된다. 서로 평등한 권력을 나누어갖기 때문에 상대를 견제할 수 있는 무기가 평등하기 때문이다.

또 집권적 구조의 관료주의는 위정자들이 민중을 무시하여 양자 간에 괴리가 발생할 수가 있다. 민중에게 주도권이 있는 것이 아니라 권력을 가진 위정자들이 따로 놀고, 그들이 민중에게로 다가서는 것처럼 생색을 낼 때에도 알맹이 없는 전시용인 경우가 적지 않다. 그러나 자치 분권의 구조에서는 위정자가 실제로 결정권을 가진 민중의 마음을 사지 않으면 안 되게 되어 있으므로 양자 간 거리는 자연히 최소화되며 관료주의가 발을 붙일 형편이 못 된다.

분권이라 함은 중앙정부에 대한 지방정부에 의한 분권이 아니라 풀뿌리 자치분권을 뜻한다. 그리스 집권의 사례에서 드러나듯이, 중앙정부와 지방정부 권력의 집중 과정은 따로 가는 것이 아니라 같은 맥락에서 이루어지기 때문이다.

여기에 이오르고스 파판드레우가 한국 기자에게 말한 것 이상으로 그리스가 우리에게 주는 교훈이 있다. 정부의 권력이 강해질수록 시민의 자치에 따른 다원성은 축소된다는 것이며, 또 다원성보다 효율성을 지향하는 구조적 획일화의 틈바구니에서 사적 이익을 위한 권력의 유용이 훨씬 용이해진다는 것이다. 효율적 행정을 통해 거두는 이득은 다수가 아니라 소수에게 전유될 위험이 있기 때문이다. 개발독재를 통해 빈부의 차이가 증가하고 재벌이 등장하는 한편 노동자의 권익이 실종해온 한국의 역사가 이런 역학의 산 증인이다.

결언

결언

행정부도 국회도 사법부도 다 민의를 대변하지 못한다.

촛불 혁명 이후 대통령 탄핵 사태를 맞으면서 '제왕적 대통령제'에 대한 비판이 일었다. 국회에서는 그 권력을 의회로 가져와서 국회가 총리 임명에 어떤 식으로든 영향력을 미쳐서 대통령 권한을 견제해야 한다고 목소리를 높였다. 행정부와 국회가 균형을 잡아서 이원(집)정부 같은 것을 꾸리자는 것이었다.

그런데 의회제도의 문제점에 대해서는 이미 20세기 초 칼 슈미트에 의해 제시된 바 있다. 공법학자들 사이에서 의회주의 비판은 오랜 전통을 가지고 있고, 칼 슈미트의 반(反) 의회주의론은 이런 전통에서 특히 중요한 위치를 차지한다. 19세기 부르조아적 법치국가를 철두철미 비판했던 슈미트는 의회와 의회주의를 타협에 기초한 '자유주의'적 제도로 폄하하고, 그 대신 '국가주의' 경향의 정치 법 이론을 지향했는데, 그는 바로 독일 나치의 어용학자였다.

그런데 슈미트의 이론에 대한 반동으로서 의회주의를 강화하고자 하는 시도도 슈미트의 국가주의 만큼, 그보다 결코 더 적지 않은 문제점을 낳는다. 집행부의 독재에 대한 대안으로서 의회주의는 미흡하기가 이를 데 없기 때문이다. 현대의 정당국가적 경향으로 국회가 위정자들의 이해관계의 투쟁의 장으로 변해버렸다는 점은 결코 그 의미를 축소하거나 간과할 수 없는 사실이다. 특히 한국의 국회처럼 민의를 수렴하는 기능이 현저히 결여될 때는 더욱 그러하다.

한국 국회의 문제점은 크게 두 가지이다. 하나는 행정부의 늘러리로 전락한 경우, 다른 하나는 의회 자체가 민중의 뜻을 대변하지 못하고 특권층의 전유물, 보수의 아성으로 변해버리는 경우이다.

전자의 예로서, 오랫동안 행정부 독재를 경험해온 한국사회에서 의회는 집행부의 요식(要式) 상 들러리에 불과하여 결과 없는 단순 토론장으로 전락했다. 집행부의 기능적 효율성의 원리에 밀려 남으로써 의회 민주주의의 이념적 정당성의 원리가 제대로 관철되지 못한 것이다. 정책 결정의 중추세력은 집행부에 포진해있었고, 결국 국민과 국회는 입안 과정부터 배제되었다.

후자의 예로서는 촛불정국 이후 국회의 향방에서 드러나는 바, 국회는 다수 민중의 개헌 의지를 묵살하고, 유신독재 시절 빼앗긴 국민개헌발안권마저 돌려줄 생각이 없다. 근자에 2018. 6.13 지방선거 동시 개헌 요구는 묵살되었고, 딱 한 가지 국민개헌발안권만이라도 돌려달라는 '원 포인트 개헌'의 민의마저 외면했다. 더구나 국민투표법 제14조 1항 재외국민 투표권과 관련하여 위헌으로 헌법재판소의 판결에 의해 보완을 요구받았으나, 3년여 세월이 흐르도록 팽개쳤다. 국민투표권을 방해하고 있는 한국의 국회!! 거기다 한국의 선거관리위원회는 국민투표법이 국회에서 보완이 안 되어 위헌이므로 투표 자체가 불가능하다고 유권해석을 내놓았다. 공권력이 일사불란하게 국민을 무시하고 있다. 국회가 직무를 유기하고 투표법이 위헌이라 국민 투표가 불가능하다고 하고 그에 대해 아무도 책임지는 이가 없다.

사법 권력이 민중을 농간하는 정도도 이미 상식을 벗어났다. 하루가 멀다 하고 터져 나오는 양승태 전(前)대법관의 비리는 민중의 말문을 막는다. 이런 권력의 비리는 개인적인 것이 아니다. 그 주변 법관들도 다 침묵하고 있는 것을 보면 사법부 전반의 해묵은 관행인 것이다. 사법적폐는 피아(彼我), 위정자나 민중을 가리지 않고, 또 어제 오늘의 일도 아니고, 한국인의 의식 깊이 스며있는 식민지배와 독재의 잔재에서 비롯된 것이라는 점이 나아갈 앞길에도 먹구름을 드리우고 있다.

시민과 정부 간 무기의 평등이 이루어져야 한다

현재 한국의 국회는 그냥 민의를 외면하고 있는 것이 아니라 민의를 배반하고 있다. 적어도 민중개헌발의권을 돌려주지 않는다는 점에서 그러하다. 행정부 수반 대통령이 조국과 민중을 배반한다고 해서 그 행정부의 권력을 의회로 돌릴 수 없는 이유가 여기에 있다. 의회도 민의를 배반하기는 행정부에 못하지 않기 때문이다.

누구를 탓할 것도 없이 이 모든 사태의 책임은 민중 자신에게로 돌아온다. 수동적, 봉건적, 비정치적 근성에서 쉬 벗어나지 못하고 있기 때문이다. 감시받지 않는 권력은 타락하기 마련이라는 점을 모두 잊고 사는 탓이다. 귀찮아서 정치를 외면하고 남이 코 닦아주기를 바라고 있었기 때문이다.

국민주권이 의회를 중심으로만 실현되는 것이 아닐진대, 3권을 공히 국민주권 하에 두고 국민의 뜻을 받들도록 하는 제도적 보완이 필요하다. 그것은 바로 권력을 남용하는 대통령 및 산하 행정부 공직자, 경찰 및 사법부 관료, 국회의원 등에 대한 조사와 처벌권을 민중이 직접 행사함으로써만 가능하다. 이것이 위정자, 3권의 대의제 공직자를 견제할 수 있는 민중의 무기가 될 것이다.

공권력에도 분권을 통한 경쟁체제를…

뿐 아니라 공직자가 복지부동하지 않도록 공직에 대해서도 경쟁의 구도를 도입할 필요가 있다. 공직자나 사인(私人)을 불문하고 개인에게 도덕적 청렴을 요구하는 것 같이 허무한 것이 없다. 그것은 공허한 메아리를 하릴없이 기다리는 것이다. 주권의 칼자루를 위정자들에게 넘긴 민중이 그 처분에 목을 내놓고 스스로 칼날 위에 서있는 것과 같다.

참 민주정치는 위정자가 권력을 전유할 것이 아니라 시민들이 함께 발언권과 저항권을 행사할 수 있도록 제도적 공간을 마련하는 데서 시작한다. 경찰, 검찰의 수사에 대한 경쟁체제로서의 사립탐정 제도, 또 법관의 전횡을 견제할 수 있는 시민배심제 혹은 참심제가 그 예이다. 현재로서는 OECD국가 중에서 유일하게 한국에 사립탐정이 허용되지 않고 있고, 또 시민 배심원단은 결정권 없이 자문하는 데 그치므로 빛 좋은 개살구에 불과하다. 주권자 시민이 들러리가 아니라 실권을 가지고 정부의 권력을 견제할 수 있을 때에 한국 사회를 망가뜨리는 적폐의 주범, 공권력의 오·

남용이 수그러들게 될 것이다.

시민과 정부 간 무기의 평등

고대 그리스 폴리스의 관료는 원칙적으로 보수가 없고 비(非) 상근이었다. 시민이 평소에 자신의 비용을 들여서 공직에 봉사하였고 전시에는 스스로 무구를 갖추고 전쟁에 나가서 목숨을 바쳤다. 요즘 말하면 국가의 모든 기능이 상근 '프로'가 아니라 비상근 '아마추어'에 의해 가동되었다. 이때 '아마추어'라 함은 '프로'(프로페셔널)보다 능력이 뒤떨어진다는 뜻이 아니고, 그냥 상근이 아니라는 말이다. 기원전 490년 그리스 동부 해안 마라톤에서 페르시아 군대를 물리쳤던 '마라톤의 영웅'들은 자신의 땅과 자유를 지키기 위해 목숨을 걸고 온몸으로 싸웠던 '시민 아마추어' 병사들이었다.

'전문직'의 능력과 누가 결정권을 갖는가 하는 것은 다른 차원의 문제이다. 전문 지식을 가지고 있다고 해서 그가 반드시 공직자가 되고 결정권까지 가져야하는 것은 아니란 말이다. 또 전문가도 각기 의견이 다를 수 있어서, 그 가운데 어느 것을 채택할 것인가도 결정을 해야 한다. 그 결정권자는 스스로 전문가가 될 필요까지는 없는 것이다.

이런 논리는 바로 선출직, 임명직을 불문하고 공직자에게도 적용된다. 스스로 전문가가 아니라도 여러 전문적 의견 가운데서 판단하고 선택하면 된다. 위정자도 '프로'가 아니라는 말이다. 여기에 공직자와 민중의 차이가 없고, 다만, 권력을 누가 행사하는가 하는, 결정권의 문제가 있을 뿐이다. 이 같은 논리는 권력의 위정자들뿐 아니라 국방의 의무를 지는 군인들에게도 똑같이 적용된다. 목숨을 걸고 싸우는 것은 중요한 일이니 군인들은 '프로'만 될 수가 있다고 말하는 사람은 아무도 없을 것이기 때문이다. "민중은 불합리하니 권력을 행사하는 데는 부적당하나, 군인이 되어 희생은 해야 한다"는 식의 사고방식은 아무래도 공평치가 않다. 민중은 주권자이므로 궁극적으로 모든 결정권의 중심에 서야 하며, 그 누구에게도 그 권력을 빼앗길 수가 없다. 사람은 누구나 자신의 이익을 스스로 가장 잘 도모할 수가 있기 때문이다.

폴리스에서 공직은 원칙적으로 무보수였으나, 기원전 5세기 후반 페리클레스 시대 아테네에서는 예외적으로 공직에 대한 수당제가 도입되었다. 시민이 민회에 참석하거나 재판소에서 재판관으로 봉사하면 1일 수낭을 받았다. 그러나 이것은 고대 그리스 폴리스의 보편적인 현상이 아니었고, 또 비상근 시민들도 그 일회성 공직 봉사에 의해 일일 수당을 받았다는 점에서 상근, 즉 지금의 상근 공직자에게 지급되는 보수와는 개념이 같지 않다. 또 폴리스의 '귀족(aristokrates)'은 고대 중국 혹은 중세 서양의 봉건귀족 같이 반드시 농민에게 세금을 받아서 생활하는 사회 특권층을 뜻하는 것이 아니다. 반대로 보수를 받지 않고 나라를 위해 봉사를 많이 해서 존경을 받는 것, 즉 덕성으로서의 귀족이라는 뜻이 강하다

스스로의 의지를 실천한 '시민 아마추어'들의 나라 폴리스는 현재 '공직자 아마추어'들의 나라인 한국과는 아주 다르다. 대의(代議) 체제인 국회는 민의를 그냥 외면하고 있는 것이 아니라 숫제 배반하고 있기 때문이다. 적어도 민중개헌발의권을 돌려주지 않는다는 점에서 그러하다. 행정부 수반 대통령이 조국과 민중을 배반한다고 해서 그 행정부의 권력을 의회로 돌릴 수 없는 이유가 여기에 있다. 민의를 배반하기는 국회도 행정부와 막상막하이다.

누구를 탓할 것도 없이 이 모든 사태의 책임은 민중 자신에게로 돌아온다. 수동적, 봉건적, 비정치적 근성에서 쉬 벗어나지 못하고 있기 때문이다. 감시받지 않는 권력은 타락하기 마련이라는 점을 모두 잊고 사는 탓이다. 귀찮아서 정치를 외면하고 남이 코 닦아주기를 바라고 있었기 때문이다.

국민주권이 의회를 중심으로만 실현되는 것이 아닐진대, 3권을 공히 국민주권 하에 두고 국민의 뜻을 받들도록 하는 제도적 보완이 필요하다. 그것은 바로 권력을 남용하는 대통령 및 산하 행정부 공직자, 경찰 및 사법부 관료, 국회의원 등에 대한 조사와 처벌의 권력을 민중이 직접 행사함으로써만 가능하다. 이것이 위정자, 3권의 대의제 공직자를 견제할 수 있는 민중의 무기가 될 것이다.

공직자나 사인(私人)을 불문하고 개인에게 도덕적 청렴을 요구하는 것같이 허무한 제도가 없다. 공허한 메아리만 하릴없이 기다려야 할 것이기 때문이다. 주권의 칼자루를 위정자들에게 넘긴 민중이 그 처분에 목을 내놓고 스스로 칼날 위에 서있는 것과 같다. 그렇게 할 것이 아니라 공직자가 복지부동하지 않도록 공직에 대해서도 경쟁 구도를 도입할 필요가 있다. 공권력과 민중 간 경쟁체제를 구축하면, 공직자가 자의적으로 공권력을 남용하기가 어려워질 것이다.

참 민주정치는, 권력을 전유한 위정자로부터가 아니라, 시민들이 함께 발언권과 저항권을 행사할 수 있도록 마련한 제도적 장치로부터 시작한다. 경찰, 검찰의 수사에 대한 경쟁체제로서의 사립탐정 제도, 또 법관의 전횡을 견제할 수 있는 시민배심제도가 그 예이다. 현재로서는 OECD국가 중에서 유일하게 한국에 사립탐정이 허용되지 않고 있고, 또 시민 배심원단은 결정권 없이 자문하는 데 그치므로 빛 좋은 개살구에 불과하다. 주권자 시민이 들러리가 아니라 실권을 가지고 정부의 권력을 견제할 수 있을 때에 한국 사회를 망가뜨리는 적폐의 주범, 공권력의 오·남용이 수그러들게 될 것이다.

경직된 사회 체제를 변화 가능한 것으로

빨갱이 사냥은 구조적으로 권력이 집중되어 있는 현실에서 나온다. 그 권력은 하나의 기성 제도의 가치를 절대시하고 변화를 허용하지 않기 때문이다. 고정된 가치관이 그 이외의 모든 것을 불순한 것으로 몰아붙인다. 제도는 물론 체제도 연성적으로 변화가 가능해야 하고, 그 변화 결정의 주체는 다름 아닌 민중이어야 한다. 헌법 제1조, 모든 주권은 국민에게서 나오기 때문이다.

고대 그리스 인의 민주정에서는 좌와 우를 가지고 다투지 않았다. 어느 정도의 좌, 어느 정도의 우를 택할 것인가는 다수 민중의 뜻에 따라 결정되었기 때문이다. 좌우(左右) 간의 대립과 증오는 그 자체가 아니라 제도 자체가 독선적으로 경직되어 있음을 뜻한다. 경직된 제도의 유보는 다수 민중을 위한 것이 아니라 이미 기득권을 가지고 있는 특권층을 위한 것이다. 좌와 우가 서로 싸우느라 힘을 소진할 것이 아니라, 제도의 변화를 막고 있는 독선적이고 편중된 권력에 대항하여 힘을 모아야 할 것이다.

기성의 권력은 정치권력이든 돈이든 여러 가지 형태로 존재한다. 그 기득권자들은 좌와 우 간의 끝나지 않을 소모전을 회심의 미소를 띠고 바라볼 것이다. 진정한 경계의 대상은 변화를 거부하는 기성의 권력이다. 그 권력은 폭력적이고 파괴적인 봉기, 테러가 아니라, 위정자들이 전유하고 있는 '절차'로서의 결정권을 민중이 되찾음으로써 타파할 수 있다. 단발성의 의분에 찬 봉기는 아무런 제도적 변화를 동반하지 않는다.

촛불 시위는 한국 민중의 정치적 자각을 상징한다. 평화적이면서도 도도한 대세는 분명 위정자들로 하여금 전율을 느끼게 하는 것이다. 촛불혁명이 남다른 것은 정치를 위정자들에게 맡겨둘 것이 아니라 민중 스스로 하지 않으면 안 된다는 것을 깨닫게 하는 것이기 때문이다. 그런데도 아직 촛불의 주인공들은 이 교훈을 가슴 깊이 새긴 것 같지 않다. 왜냐하면 "촛불혁명으로 탄생한 정부가 민중의 뜻을 외면하고 적폐를 해소하려고 하지 않는다"는 불평들이 들리기 때문이다. 이 불평은 여전히 한국의 민중은 수동적인 타성에서 벗어나지 못하고 있다는 사실을 반증한다.

촛불정국으로 탄생한 '문정부'도 정부의 위정자들이다. 누구를 가릴 것 없이 그들은 민중이 아닌 위정자들이라는 사실을 잊으면 안 된다. 정부의 정책을 감시하는 것은 주권자인 민중 자신이어야 하고, 그 감시를 멈추는 순간 그 주권은 상실하게 마련이다. 한 번의 거사로 원하는 개혁이 완성되는 것이 아니다. 또 촛불혁명 자체로서 변화의 구체적 변화의 방향을 제시하는 것이 아니다. 이제 그 방향을 잡기 위해 지혜를 모으고 맞서서 위정자들을 감시해야 한다. 우선 민중의 뜻을 관철할 수 있는 제도적 기반으로 국민개헌발안권부터 쟁취해야 한다. 평화의 촛불이 꺼지지 않아야 하는 이유가 여기에 있다.

변화를 말하면 사회 안정성을 해치게 될까봐 걱정을 하기도 한다. 변화와 사회 안정성 가운데 어느 것을 어느 정도로 유지해야 하는가 하는 점도 주권자인 민중이 결정할 일이지, 위정자나 법관들이 자신의 이해관계에 맞추어, 혹은 배후 세력에 의해 조종 받아서 재단할 일은 아니다. 민중

주권이 현실화하지 못하고, 하나의 기성 가치관에 얽매일 때 이미 한국은 허울뿐인 형식의 민주정치로 전락한 것이다.

공직자 범죄 공소시효 없애기와 타인구조를 통한 사회 연대

민중의 권력이란 모든 것을 직접 민주정치로 해서 현실화 되는 것이 아니다. 국회의원, 행정부관료, 사법부 관료를 임명하여 대리하게 하면 된다. 그러나 수시로 자기 것이 아닌 공권력을 오용, 남용한 의혹이 있을 때는 지체 없이, 지위의 고하를 막론하고 공직자를 조사하고 처벌할 수 있는 절차가 마련되어야 한다. 이는 공직자 범법 예방을 위한 효과를 지닌다. 공직자의 처벌은 공소시효를 없애야 하고, 범법을 통한 이득은 상속된 범위에서 그 자손에게서까지도 환수되어야 한다.

민중은 자신을 보호, 방어할 권리로서 저항권과 정당 방위권을 행사하도록 보장되어야만 한다. 이것은 뿔뿔이 흩어진 개인으로서는 추진할 수가 없고 연대를 통해서만 가능하다. 그래서 현행법에서 금지되어 있는 타인구조권도 인정되어야 한다. 곤경에 처한 남에게 무관심하고 배타적이고 근시안적으로 자기 것만 챙기게 한다면, 한국사회는 날이 갈수록 독재 권력의 불의와 독재정권에 침묵하는 비겁한 인간을 양산하게 될 것이다.

사적 공간과 공적 공간, 사소와 중대 간 구분의 오류

한나 아렌트는 폭력과 권력의 개념을 구분하는 동시에, 사적 공간과 공적 공간을 구분한다.[495] 그녀는 개별적인 사적 영역이 확장되면서 인간의 고유한 행동 능력이 체계적으로 제거되고 정치적 행동의 중요성과 기회를 박탈당해버렸다는 것이다. 그 결과로 정당성 없는 폭력이 난무하게 되었다. 이런 상황에서 아렌트는 인간의 행동능력을 복원함으로써 공적 영역으로서의 정치의 새로운 가능성을 발견하고자 하며, 폭력의 대립항(項)으로서 정당성을 가진 권력을 지향한다.

그런데 아렌트의 이런 개념 구분에는 모호한 데가 있다. 폭력과 권력의 구분은 물론 사적 영역과 공적 영역의 구분도 그 기준이 분명치 않기 때문이다. 아렌트가 공적 영역의 대표적 사례로 들었던 고대 그리스 시민사회는, 아렌트가 생각한 것과 정 반대로. 그야말로 사적공간과 공적 공간의 구분이 되지 않는 대표적 사례이다. 정부의 권력이란 것이 발달되지 않고 시민단이 중심이 되어 결정권을 행사했던 폴리스는 시민의 기능 자체가 국가가 아니라 각 가정으로부터 나왔기 때문이다. 시민권의 출처가 국가가 아니라 바로 가정이었다. 나라의 필요에 부응할 수 있는 시민의 기반이 바로 각 가정이나 가문의 경제력이었기 때문이다. 그래서 사적 공간 없이 폴리스의 공적 공간은 유지될 수가 없었다.

사적 공간과 공적 공간의 구분이 갖는 이와 같은 개념의 오류는 현재 한국의 행정에도 그대로 적용된다. 한국의 행정에는 재량권이 주어지는데, 거기에 사적인 것과 공적인 것의 구분이 응용된다. 재량권이라 함은, 공무원 인력이 모자라서 사안을 다 처리할 수가 없는 현실을 감안하여 공익 관련 사안을 우선적으로 판단하는 권한을 말한다. 쉽게 말하면, 경찰, 검찰, 법관은 물론이고 일선 관공서의 인력이 절대적으로 부족하니 공익의 순서에서 밀리는 사안은 이를 합법적으로 무시할 수 있게 된다. 범죄라도 사적인 것이라고 하여 다루지 않아도 정부의 공무원은 문책을 피해 갈 수 있는 여지가 마련된 것이다.

이런 재량권은 사적인 범죄에 노출된 국민의 입장에서는 심각한 문제가 된다. 더 심각한 것은 많은 국민이 이런 '재량권'이 초래하는 어마어마한 공권력의 공백에 대해서 인식조차 하지 못하고 있다는 점이다. 그 큰 이유는 정부가 그에 대해 쉬쉬할 뿐, 대(對)국민설명회의 필요성조차 느끼지 못하기 때문이다. 설명은 커녕 국민안전처 같은 경우는 반대로 빈틈없이 뭔가를 다 해줄 수 있는 것처럼, 일이 생기면 112 아니면 119에 신고를 하라고 한다. 그러나 출동률이나 사건해결의 적절한 기회('골든' 타임) 확보 비율은 실로 기약이 없다. 인력이 절대적으로 부족하고, 또 그러다보니 관성이 생겨서 태만해지기까지 한다.

그런데 그보다 더 원천적인 문제가 있다. 사적인 것과 공적인 것, 혹은 사소한 것과 중대한 것을 구분하여 후자들을 우선시하는 사고방식이다. 이것은 범죄가 커질 때까지 기다렸다가 대응하겠다는 뜻인데, 그러면 대응 자체가 원천적으로 불가능해진다. 인력은 부족하고 간과되는 작은 범죄들이 우후죽순처럼 양 사방에서 돋아날 것이고, 그 작은 범죄들은 바로 큰 범죄로 이어지곤 하기 때문이다. 중대 범죄 혹은 공익을 우선한다는 것은 범죄를 원천적으로 해결하겠다는 의지가 없다는 뜻이다. 결국 작은 범죄들이 모이고 모여서 범죄 천국이 되어 더 이상 손을 쓸 수조차 없을 정도로 커지게 된 결과가 바로 지금 한국이 처한 현실이다.

인력이 부족하여 작은 범죄를 간과할 수도 있다는 '재량권'이 큰 범죄는 빠짐없이 다 다루겠다는 것도 아니다. 큰 범죄를 다 다룰 만큼 인력도 따라주지 않는다. 경찰, 검찰, 법원의 수사나 재판이 부실하게 이루어지는 것은 결국 일손이 부족하기 때문이다. 최근 대법원장 김명수가 자신의 입으로 그런 사실을 실토를 했다.[496] 인력이 부족해서 대법관 일인당 연간 평균 배당 사건수가 3,600건 이상이므로 충실하게 심리가 이루어지지 못하고 있다는 것이다. 결국은 사적, 공적인 것을 가리지 않고 한국에서는 범죄가 제대로 수사되거나 재판이 원활히 이루어지지 못하고 있는 셈이니, 이런 상황은 부메랑이 되어 범죄의 창궐에 기여한다.

작은 것과 큰 것의 구분 자체가 갖는 오류는 한국 의료계에도 적용된다. 한국에서는 2007년 국회에서 의료법을 논의하는 과정에서, '의료사고의 과실이 약하다 판단되면' 기존의 형사처벌 대상을 면제해 주기로 하는 '형사처벌특례조항'을 삽입한 적이 있다. 같은 맥락에서 2016년 11월 30일부터 시행에 들어간 〈개정 의료분쟁조정법〉의 '자동개시제도'에서는, '사망, 의식불명 및 중상해 등'의 피해에 한하여 조정이 자동 개시되도록 하고 있다.

의료사고에 대해 약과실과 중과실을 구분하는 이런 접근 방식은 의료과실에 대한 개념에서 우리나라가 독일과는 큰 차이가 있음을 보여준다. 독일의 의료법에서는 중과실 뿐 아니라 의사들의 약과실도 치명적인 결과를 가져올 수 있다는 점에 주목한다.[497]

의료사고의 경중에 관한 개념에서 독일에서는 의사들의 작은 실수가 미치는 결과에 대해서도 엄격하게 고지하며 이를 미연에 방지하는 데 주력하고 있는 데 반해 우리나라 의료인은 실수의 대소를 막론하고 가능한 한 책임을 회피하는 데만 관심을 집중하는 입장에 있음을 보게 된다. 한국 의료인의 이런 책임 회피적 관행은, 실수에 따른 책임의 이행을 대신 보장할 수 있는 책임보험에도 가입하지 않고 있는 의료인의 현실과도 맞물려 있다.

약과실과 중과실 자체는 서로 구분하기도 힘이 들거니와, 중대한 실수를 예외적인 중증장애나 사망에 이르는 것으로만 한정하는 의료법은, 의료인들에게 대부분 의료과실을 대수롭지 않게 여기게 만들 위험성을 내포하고 있다. 지나간 실수에 대한 징벌적 차원에서가 아니라 앞으로 있을 의료인의 방심을 조장하는 계기가 되지 않게 하기 위해서, 이런 풍토는 경계할 필요가 있다.

작은 것부터 경계하지 않으면 작은 것이 결국 큰 일이 되고 만다. 작은 것들이 많으니 큰 것들도 더불어서 너무 많아져 대처 자체가 불가능해지는 것이다. 대중매체를 타면 어쩔 수 없이 수사에 들어가고 그런 몇 가지 큰일을 응징한다는 것이 눈 가리고 아웅 하기에 지나지 않게 된다. 결국 작은 것, 큰 것을 가리지 않고 처벌과 응징이 엉성해질 것이니, 징벌효과도 없고 예방효과도 없어지게 되는 것이다.

대처방법은 전도되어야 한다. 작다고 무시하지 말고 작은 것부터 바루어나가야 하는 것이다. 작은 것, 큰 것을 가리지 말고 원천적으로 대처해야 한다는 말이다. 작은 것을 무시하는 것은 권위주의의 소산이며, 미시적인 것을 무시하는 권위주의가 사회를 망가뜨리는 지름길이 된다. 정부는 공권의 인력이 부족하여 미치지 못하는 사각지역이 있다는 사실을 국민 앞에 솔직하게 고지하고, 고답적 권위주의를 버리고 시민과 서로 협조할 수 있는 방법을 강구해야 한다. 국민, 시민이 스스로 안전을 도모할 수 있도록 자체 안전, 방어 의식을 강화하는 한편, '정부와 시민 간의 협치(가버넌스)'를 모색해야 하는 것이다.

같이 읽기 안내

이 책에서 고대 그리스 사회에 관련한 내용을 가능한 한 쉽게 읽힐 수 있도록 축약한 부분들이 있다. 혹 더 궁금한 내용이 있으면 다음의 글을 참고로 하실 수 있도록 소개를 드린다.

저서

- 최자영, 『고대 그리스 법제사』 (아카넷, 2007.8.30 [대우학술총서 588]) [2007년도 문화체육관광부 역사부문 우수도서]
- 최자영, 『고대 아테네 정치제도사 : 아레오파고스와 민주정치』 (서울 : 신서원, 1995, 5), 401쪽. [1995년 문화체육부 역사부문 우수도서]

논문

- 최자영, 고대 그리스 법제사 (아카넷, 2007.8.30 [대우학술총서 588]) [2007년도 문화체육관광부 역사부문 우수도서]
- 최자영, 고대 아테네 정치 정치제도사: 아레오파고스와 민주정치 (서울 : 신서원, 1995, 5), 401쪽. [1995년 문화체육부 역사부문 우수도서]
- 최자영, "고전기 아테네 여성(Athenaia)의 시민권과 사회적 지위 – 남성 · 여성간 대립개념의 궁극적 극복에 대한 전망 – ", 서양사론 90(2006. 9), pp.127~159.
- 최자영, "전쟁의 원인과 국제관계에 대한 투키디데스의 분석 – 긍정적 인간성과 평화의 지향에서 보이는 현대적 의미, ' 대구사학 101(2010.11), pp.1~26.
- 최자영, "아렌트와 소렐의 폭력론 비판: 대안으로서의 고대 그리스 시민사회," 서양고대사연구 45(2016.6), pp.9~64.
- 최자영, '투키디데스와 폴리비오스의 역사관', 西洋古典學硏究 9(1995), pp.83~128. [헤로도토스, 투키디데스, 플라톤, 아리스토텔레스, 폴리비오스의 정치체제 관련 논의가 〈Ⅵ. 폴리비오스의 정치체제론〉에 있음]
- 최현실, 최자영(공저): "한국 시민 사회 정의 실현을 방해하는 국가와 시민 간 '무기의 불평등'", 한국민족문화 65 (2017.11), pp.1-43.

미주

1 인터넷노컷뉴스, 2018. 9. 18. <http://www.nocutnews.co.kr/news/5033085>, 검색일: 2018.9.18.

2 "언론 자유 지수 70위- 어느 정도 민주화가 되었다는 나라, 헌법에도 언론 자유가 보장되어 있으니 그런 줄 알았다. 그런데 그게 아니다. 국제 언론 감시 단체 '국경 없는 기자회(RSF=Reporters Without Borders)'가 발표한 '2016 세계 언론 자유 지수 (Press Freedom Index)'에 따르면 한국은 180개 조사 대상 국가 중 70위를 기록했다. 한국은 박근혜 정부 출범 첫해인 2013년 50위, 2014년 57위, 2015년 60위를 기록한 데 이어 4년 연속 하락세를 기록했다. 조사가 시작된 지난 2002년 이후 역대 최고 랭킹은 노무현 대통령 재직 때인 지난 2006년 31위, 반대로 가장 낮은 랭킹은 이명박 정권 시절인 지난 2009년 69위였다." (중앙일보 NY판, 2016.7.20. 5)

3 인터넷SBS, 2018.8.2. <https://news.sbs.co.kr/news/endPage.do?news_id=N1004874703>, 검색일: 2018.8.4.

4 인터넷한겨레, 2018.7.21. <http://www.hani.co.kr/arti/society/society_general/854270.html>, 검색일: 2018.7.30.

5 인터넷KBS NEWS, 2018.7.25. <https://www.youtube.com/watch?v=2LvCrHoBQHc>, 검색일: 2018.7.30.

6 인터넷한겨레, 2018.7.21. <http://www.hani.co.kr/arti/society/society_general/854270.html>, 검색일: 2018.7.30.

7 인터넷KBS NEWS, 2018.7.25.<https://www.youtube.com/watch?v=2LvCrHoBQHc>, 검색일: 2018.7.30.

8 인터넷한겨레, 2018.7.21. <http://www.hani.co.kr/arti/society/society_general/854270.html>, 검색일: 2018.7.30.

9 인터넷한겨레, 2018.7.20., <http://www.hani.co.kr/arti/society/society_general/854223.html>, 검색일: 2018.7.30.

10 <https://www.youtube.com/watch?v=RE0z_JqfKKA> [유시민 강연 - 한국정치가 망한 이유]

11 1871년까지 파리에 존재하던 궁전의 이름으로, 그 위치는 센느 강변의 오른쪽 강둑, 루브르 박물관과 서쪽으로 인접한 곳에 있었다.

12 노베르토 보비오가 생각한 자유와 민주의 관계는 가능성, 불가능성, 필연성의 틀에서 세 가지로 전개된다. ① 자유주의와 민주주의는 양립 가능하다. 그러나 이런 양립가능성이 자유주의적이지만 비민주적인 국가나, 민주주의적이지만, 비자유주의적인 국가의 가능성을 배제하지는 않는다. 전자는 보수주의적인 자유주의, 후자는 급진민주주의에 해당한다. ② 자유주의와 민주주의는 대립적이다. 보수적인 자유주의자처럼 민주주의가 극한까지 실현되면 이는 자유주의 국가의 파멸로 치닫거나, 아니면 급진민주주의자처럼 민주주의는 최소국가론을 포기한 사회국가(복지국가)에서만 충분히 실현될 수 있다. ③ 자유주의와 민주주의는 자유주의 이상을 충분히 실현할 수 있다. 오직 자유주의 국가에서만 민주주의가 효과적으로 작동할 수 있다. 이 중 양립의 불가능성을 대표하는 경우로 프롤레타리아 독재가 있고, 필연적 관계를 대표하는 경우로는 사회민주주의가 있다.(cf. Noberto Bobbio, Liberalism and Democracy (London/N.Y.: Verso, 1990), 37-49쪽). 오늘날의 자유민주주의는 공식적으로는 ③을 명분으로 내세우면서, 실제로는 ① 중 자유주의적이지만 비민주적인 국가로 전개되고 있다고 한다 [김성우, "급진 민주주의와 그 윤리적 기초에 관한 지젝의 헤겔주의적 비판," 시대와 철학, 제25권 1호(통권 66호)(2014), 9-10쪽].

13 '자유민주주의'는 '신자유주의' [혹은 보수적 자유주의(저자주)]에 상응하는 것으로서 세계자본주의의 정치적 보충물이며, 그 자체 또한 다양한 형태를 갖는다. Cf. S. Zizek, In Defenxe of Lost Causes (London/N.Y.: Verso, 2008, 337-338쪽); 김성우, "급진 민주주의와 그 윤리적 기초에 관한 지젝의 헤겔주의적 비판," 10-11쪽

14 Noberto Bobbio, Liberalism and Democracy (London/N.Y.: Verso, 1990), 37-49쪽; 김성우, "급진 민주주의와 그 윤리적 기초에 관한 지젝의 헤겔주의적 비판," 10쪽

15 아리스토텔레스, 정치학, 1291b 31-37.

16 플라톤, 국가, 8.577a-b

17 〈민생개혁 개헌 한마당 자유의견발표 자료집: 양극화대응 4차 산업시대 주도목적 개혁 개헌과제〉 2017.12.16. 국회의원회관 2층 2세미나실 (국민주도 헌법개정 전국네트워크 주최, 원혜영 의원실 주최; 국민주권 개헌행동, 사회민주장 주관; 개혁연대 민생행동 기

획), 9–36쪽.

18 〈민생개혁 개헌 한마당 자유의견발표 자료집〉, 64–66쪽.

19 인터넷JTBC, 2018. 8. 1. 〈https://news.v.daum.net/v/20180801155727010?s=tvnews〉, 검색일: 2018.8.1.

20 아리스토텔레스, 정치학, 1255b 19–21.

21 아리스토텔레스, 정치학, 1259b 4–6.

22 아리스토텔레스, 정치학, 1277b 12–21.

23 아리스토텔레스, 정치학, 1332b 24–27.

24 아리스토텔레스, 정치학, 1332b 42–1333a2.

25 http://cafe.daum.net/tjdwn4d[권진성, "광장(직접)민주주의 이념을 개헌 내용으로 담자!" (검색일: 2017.7.14)] 이하 국민발안제 내용은 여기에 의거한 것임.

26 참고로, 우리나라는 일부 시민단체에서 지자체 단위 정치적 압력으로서 실시한 경우가 있으나 법령의 부재, 투표 참여율 저조, 행정당국의 비협조, 국민의 인식부족 등으로 모두 성공하지 못했다.

27 아리스토텔레스, 아테네국제, 55–57 [번역본 참조, 최자영, 최혜영 옮김, 고대 그리스 정치사 사료: 아테네, 스파르타, 테바이 정치제도, 신서원, 2003].

28 아리스토텔레스, 아테네국제, 44.

29 아리스토텔레스, 아테네국제, 54–59.

30 일년은 10 행정회기로 구성된다. 전체 10개의 부족이 1개 행정회기의 돌아가면서 맡으며 행정부를 구성한다. 첫 번째 네 부족은 36일씩, 그 뒤에 여섯 부족은 35일씩 맡는다. Aristoteles, 위의 책, 43.

31 아리스토텔레스, 아테네국제, 43.2–3.

32 아리스토텔레스, 아테네국제, 45.

33 아리스토텔레스, 아테네국제, 48.

34 아리스토텔레스, 정치학, 1289a 28–38.

35 아리스토텔레스, 정치학, 1290a 30~1290b 2.

36 A.W. Gomme, A Historical Commentary on Thucydides, v.2(Oxford, 1956), pp.109, 379.

37 아리스토텔레스, 정치학, 1291b 30~37, 1297a 7ff, 1298b 18~22.

38 아리스토텔레스, 정치학, 1291b 39~1292a 4. 민주정치도 여러 가지가 있어서 한편으로 법이 지배하고 우량한 사람들이 선출되어 법을 따라 통치하기도 하고, 다른 한편, 법이 무시되고 민회의 민중의 직접 결정권을 행사하기도 한다. 이 양극 사이에 도 다른 다양한 형태의 민주정치 형태가 존재한다.

39 아리스토텔레스, 정치학, 1292a 39~1292b 10.

40 Polybios, 6.3.5-6.4.

41 Polybios, 6.5.7.

42 Polybios, 6.3.5 이하.

43 Polybios, 6.10.13~14.

44 아리스토텔레스, 정치학, 1289b 27 이하.

45 아리스토텔레스, 정치학, 1296a 10이하, 1294a 35이하.

46 플라톤, 국가, 8.544a-545b.

47 플라톤, 국가, 8.544a-569c.

48 플라톤, 국가, 8.577a-b

49 헤로도토스, 3.80-82.

50 아리스토텔레스, 정치학, 1292a 40이하.

51 투키디데스, 3.37.2-38.1.

52 투키디데스, 8.97.2.

53 C.M. McIlwin, The Growth of Political Thought in the West (N.Y., 1932), p.100 [K. von Fritz, The Theory of the Mixed Copnstitution in Antiquity: A Critical Analysis of Polybius' Political Ideas (N.Y., 1954), p.184에서 재인용]

54 하버드대학의 법철학자였던 로베르토 웅거는 급진민주주의자, 민주적 실험주의자, 자유사회주의자, 사회민주주의 혁신가, 마오주의자 또는 프티부르조아 사회주의자로 다양하게 불린다. 그는 68세대 뉴레프트 법학자로서, 사민주의(社民主義) 보수화 프로그램인 '제3의길'을 거부했다. 시장질서에 안주하고 경쟁의 희생자에게 보상적 원리를 가동하는 '인간주의적' 정책에 만족하지 않았고, 정치, 경제, 사회의 고착된 질서를 타파하고 대중의 이익과 이상에 부합하는 사회를 영구적으로 창조하자고 주장했다. 참고. 로베르토 웅거(Roberto M. Unger), 민주주의를 넘어, 이재승 옮김(LPBook, 1998), "옮긴이 해제", 389-390쪽.

55 웅거는 마르크스의 필연성론을 완결성 테제, 불가분성 테제, 법칙적 진보 테제 등으로 구분하여 반박한다. 완결성 테제는 봉건주의, 자본주의, 사회주의라는 생산양식에서 보듯이 세계사에서 경제구조들의 목록이 확정되었다는 입장이다. 불가분성 테제는 봉건제든 자본제든 그 구조의 각 부분들은 불가분적 일체로서 공동운명을 지닌다는 것이다. 따라서 정치는 한 체제 안에서의 단순한 땜질이거나 체제 전복 중 어느 하나라고 한다. 법칙적 진보테제는 사회구조의 내적 긴장과 갈등이 폭발하여 예정된 경로에 따라 구조가 변혁된다는 논리이다. 로베르토 웅거, 민주주의를 넘어, 402-404쪽.

56 로베르토 웅거의 저서, 주체의 각성, 이재승 옮김(앨피, 2013)에서는 '해방된 실용주의' 라는 부제를 달고 있다.

57 로베르토 웅거, 주체의 각성, 94쪽; 민주주의를 넘어, 415, 417쪽.

58 로베르토 웅거, 민주주의를 넘어, 419쪽.

59 로베르토 웅거, 민주주의를 넘어, '옮긴이 해제,' 424-425쪽. 웅거는 사민주의의 전통적인 방침을 여섯 가지로 요약한다. ① 노동자들에게 각자의 직업에서 기득권을 인정함으로써 생산과 노동시장의 불안정에 맞서 노동자를 보호한다.(이 원칙은 내부자와 외부자를 차별함으로써 역사적으로 높은 수준의 실업을 야기했다고 웅거는 지적한다) ② 자본지상의 불안정, 특히 기업의 통제를 받는 시장의 위협에 맞서 생산적 자산의 소유자들을 보호한다. ③ 소규모 토지 보유농을 포함하여 소상공인의 사업을 국내외적인 경쟁에서 보호한다.(이런 방침은 프롤레타리아보다는 프티부르조아 계급의 열망에 부합한 것이다) ④ 가족-대기업이든 중소기업이든-을 경쟁의 압력에서 보호함으로써 업적주의와 연고주의를 화해시킨다. ⑤ 중앙정부와 지방정부 사이에, 그리고 대기업과 조직노동자 사이에 사회적 동반자 관계를 통해 경제정책의 분배를 두고 협상을 추구한

다.(하지만, 사회의 많은 영역이 미조직노동자들로 이루어졌다) ⑥ 조세와 이전이라는 평등주의적 재분배정책은 높은 수준의 사회적 권리를 유지한다.(로베르토 웅거, 주체의 각성, 367쪽 이하 참고)

60 웅거는 기존 사민주의가 안고 있는 문제를 세 가지로 제시하고 있다. 첫째, 선진적인 경제 부문에 대한 진입장벽이 높다. 진입장벽 때문에 실험주의적 협력과 노하우를 가진 선진부문과 그렇지 못한 후진부문 간의 격차는 심각하게 벌어진다. 격차를 그대로 방치하고 조세 이전 정책이나 가족기업의 보호정책에만 치중한다면, 경제적 효율성을 저해하고 일할 역량이 있는 사람에게 기회를 박탈하고 에너지와 재능을 대규모로 탕진하므로 공공재정에 장기적으로 엄청난 부담을 야기한다.(로베르토 웅거, 주체의 각성, p.374) 둘째, 사민주의적 체제에는 연대가 현저하게 결핍되어 있다. 현재의 사민주의에서 국가의 주요업무는 잘 나가는 사람에게서 돈을 거두어 빈곤층에게 배분하는 것이다. 웅거는 연대를 이루기 위해서는 돈만 내놓을 것이 아니라 인생의 일부를 내놓아야 한다. 기동할 수 있는 성인은 생산경제뿐만 아니라 돌봄경제 안에서도 역할을 수행해야 한다. 셋째, 사민주의 체제가 작은 삶의 경계를 탈출할 수 있는 기회를 개인에게 제공하지 못한다. 인간이 더욱 원대한 삶을 살기 위해서 교육이 필수적이며, 국가는 개인에게 세계 어디서도 통할 수 있는 경제적 수단과 교육적 수단을 제공해야 한다는 것 등이다.(로베르토 웅거, 민주주의를 넘어, "옮긴이 해제", 425-429쪽)

61 로베르토 웅거, 주체의 각성, 348-355쪽; 민주주의를 넘어, "옮긴이 해제", 420-422쪽.

62 ① 시장권은 웅거의 개혁 프로그램의 주요한 목표로서, 부의 집중과 독점을 막기 위한 것으로서 새로운 재산권체제 형성을 말한다. 즉, 중앙정부기구가 사회자본기금을 조성하고, 이를 다양한 투자펀드들에게 분배하고, 투자펀드는 확정된 조건에 따라 노동자나 기술자 개인이 아닌 팀에게 사회자본(social capital)을 제공한다. 팀은 이자를 투자펀드에 지불해야 하고, 비정규직 노동자를 채용할 수 없으며, 이익을 분배한다. ② 면제권은 국가와 사회의 다양한 압제 앞에서 개인을 거의 절대적으로 보호해주는 권리로서, 시민권, 복지권이 포함되며, 삶의 모든 영역에서 최저권리라 할 수 있다. 개인에게 최저보장수입을 제공하고, 재충전의 안식년 기회를 부여한다. ③ 타파권은 사회구조의 경직화에 맞서 분할과 위계제의 형태를 해체할 것을 정부에게 요구할 권리를 개인에게 부여한다. 만약법이 직간접적으로 개인의 면제권을 위협하는 경우에는 실정법을 무

효화할 수 있다. 반트러스트법, 일터에서의 고충절차, 보건 및 건강입법이 여기에 포함된다. ④ 연대권은 공동체적인 생활에 관한 법적 권리를 확립해준다. 사회적 관계에서의 의무, 즉 배우자 간의 의무, 자녀에 대한 부모의 의무, 환자에 대한 의사의 의무, 학생에 대한 교사의 의무 등인데, 여기에는 법과 사회적 윤리가 중층적으로 나타나며, 법적 절차보다는 중재로 다룬다. 참고, 로베르토 웅거, 민주주의를 넘어, "옮긴이 해제", 422-423쪽.

63 로베르토 웅거, 민주주의를 넘어, 343-349쪽.
64 로베르토 웅거, 민주주의를 넘어, "옮긴이 해제", 389쪽.
65 로베르토 웅거, 민주주의를 넘어, "옮긴이 해제", 428-429쪽.
66 로베르토 웅거, 민주주의를 넘어, "옮긴이 해제", 422쪽.
67 플라톤과 아리스토텔레스에 관한 내용은 같은 장 뒷부분의 〈국가권력과 정의론〉 참조.
68 한나 아렌트, 인간의 조건(1958), 이진우, 태정호 옮김(한길사, 1996), 271쪽 이하.
69 조르주 소렐, 폭력에 대한 성찰(1908), 이용재 옮김(나남: 2007), "옮긴이 해제": "조르주 소렐과 〈폭력에 대한 성찰〉", 401쪽. 그는 1892년경인 45세 무렵부터 1922년 사망할 때까지 사색을 이어간 사상가로서의 그의 삶은 5년 간격으로 다섯 단계로 나뉜다. 제1기는 사회주의자요 마르크스주의 이론가, 제2기는 우선회하여 독일 사회민주당의 베른슈타인(E. Bernstein)의 뒤를 따라 개량적 사회주의로 선회하고, 정통 마르크스주의를 표방하는 게드(Lules Guesde)파와 멀어졌다. 이 때 그는 개량적 사회주의를 이끌고 유대인 대위 드레퓌스의 무죄를 주장하는 장 조레스(Jean Jaur s)와 같이 친(親)드레퓌스 진영에 가담하고, 이 문제에 중도적, 방관자적 입장을 위하던 게드파의 프랑스노동당으로부터 거리를 두었다. 제3기(1903-1908)에는 조레스로 대변되는 의회사회주의 진영에 대해 극도의 비판적 입장에서 진정한 '프롤레타리아 사회주의', 즉 당시 노동총동맹이 주도하던 혁명적 생디칼리즘의 대변인으로 자처했다. 그러나 제4기(1909-1913)에는 혁명적 생디칼리즘의 발전 가능성에 대해 약간의 거리를 유지하기 시작하면서 조르주 발루아(Georges Valois)의 이른바 '통합민족주의' 노선에 경도되어 생디칼리즘과 민족주의의 이론적 융합을 모색하기도 했다. 친(親)드레퓌스 진영의 투사 소렐이 이제 반유대주의자가 된 것이다. 제5기(1915-1921)는 제1차 세계대전의 발발로 전쟁의 참상을 접하면서 그 는 극우파로부터 선회하여 1917년에 발생한 러

시아의 볼쉐비키 혁명과 레닌에게서 프롤레타리아 사회주의의 궁극적 표현을 발견 한다.(ibid. p.403ff.)

70 조르주 소렐, 폭력에 대한 성찰, "옮긴이 해제": "조르주 소렐과 <폭력에 대한 성찰>", 409쪽 이하.

71 조르주 소렐, 폭력에 대한 성찰, 250쪽 이하.

72 조르주 소렐, 폭력에 대한 성찰, 247쪽 이하.

73 조르주 소렐, 폭력에 대한 성찰, 249쪽.

74 조르주 소렐, 폭력에 대한 성찰, 249쪽 이하.

75 한나 아렌트, 폭력의 세기, 62쪽 이하.

76 C. Wright Mills, The Power Elite (N.Y., 1956), p.171.

77 Max Weber, "Politics as a Vocation" in Gesammelte Politische Schriften (München, 1921), pp.396-450의 첫단락. 베버는 Brest-Litovsk에서 한 트로츠키의 "모든 국가는 폭력에 기반한다"라는 언급을 인용하고 "그리고 그것은 정말로 진실이다"라고 한다. [Hannah Arendt, 폭력의 세기, p.63에서 재인용]

78 한나 아렌트, 폭력의 세기, 112쪽 이하.

79 한나 아렌트, 폭력의 세기, 125쪽 이하.

80 지젝은 국가권력에 의한 획일적인 공산주의에 반대하고 프롤레타리아 혁명 전선의 개별화, 다변화를 지지했으므로 그의 평등-민주주의적 프롤레타리아 혁명 노선을 기존의 국가권력에 의한 공산주의와 구분하여 '코뮌(공산)주의'로 표현하기로 한다.

81 슬라보예 지젝 Slavojiek, 폭력이란 무엇인가 - 폭력에 대한 6가지 삐딱한 성찰, 이현우, 김희진, 정일권 옮김(도서출판 난장이, 2011), 39-41쪽.

82 슬라보예 지젝, 폭력이란 무엇인가, 12-13쪽.

83 지젝의 '신적 폭력' 개념의 기원은 벤야민에게서 볼 수 있다. 벤야민(Walter Benjamin)은 기존의 법질서를 옹호하는 '법 보존적 폭력'에 대한 대응 개념으로 '법 정립적(rechtsetzend) 폭력'을 말한다. 후자는 기존의 법질서를 통해 승인된 것이 아니라는 점에서 불법적 폭력으로 규정될 수 있으며, 더 나아가 이는 단지 기존의 법질서

에 반할 뿐만 아니라, 바로 이런 점에서 새로운 법질서 형성의 동기 혹은 계기가 된다는 점에서 법 정립적이다. 벤야민은 법 정립적 폭력과 법 보존적 폭력 사이의 대립관계를 넘어선, 즉 법 정립과 보존 사이의 '변증법적 부침'에서 벗어난 '신적 폭력'이라는 제3의 폭력 개념을 제시한다. 이 신적 폭력은 일차적으로 법 정립적 폭력도 아니고, 법 보존적 폭력도 아니다. 이런 점에서 신적 폭력은 법을 만들거나 유지하는 것과 무관하며, 따라서 법질서 자체를 초월해 있다. 또한 법질서는 근본적으로 허락과 금지의 영역을 나눔으로써 합법과 불법의 영역을 규정한다는 점에서 법을 정립하거나 보존한다는 것은 이렇게 행위의 경계를 정한다는 것과 마찬가지이다. 따라서 법질서를 초월해 있는 신적 폭력은 이러한 경계 자체도 초월한 것이며, 이렇게 법 정립의 부재 속에서 행사되는 신적 폭력은 결국 현존하는 모든 법질서와 이에 따른 경계설정을 무화시키고 파괴한다. 발터 벤야민, ■역사의 개념에 대하여, 폭력비판을 위하여, 초현실주의 외, 최성만 옮김(길, 2008), 111쪽쪽; 문성훈, "벤야민, 지젝, 아감벤 쏙력 개념과 세계화 시내의 인정 투쟁," 현대유럽철학연구 43(2016.10), 101, 113-114쪽,

84 슬라보예 지젝, 폭력이란 무엇인가:폭력에 대한 6가지 삐딱한 성찰, 이현우,김희진,정일권 공역(난장이 2011), p.102; 허우성, "몫이 없는 자를 위한 신적 폭력". 철학과 현실 (2011.9), 259쪽.

85 정혜욱, "지젝과 데리다의 폭력론," 새한영어영문학회 학술발표회 논문집(2010), 94쪽.

86 슬라보예 지젝, 「민주주의에서 신의 폭력으로」, 아감벤 외, ■민주주의는 죽었는가■, 김상운 양창렬 홍철기 옮김(난장, 2010), 192-196쪽; 문성훈, "벤야민, 지젝, 아감벤 폭력 개념과 세계화 시대의 인정 투쟁," 129쪽,

87 슬라보예 지젝, 폭력이란 무엇인가, 15-16쪽.

88 김정한, 폭력과 저항: "발리바르와 지젝," 사회와 철학, 21(2011.4), 363쪽.

89 슬라보예 지젝, 폭력이란 무엇인가, 19-20쪽.

90 이것을 우리나라에서 '자유주의적 공동체주의'로 번역을 하기도 한다. 그러나 여기서는 혼선이나 오해를 피하기 위해서 자유주의와 관련한다는 점에서 '공산주의' 대신 '공동체주의'라는 말을 쓰기로 한다.

91 지젝에 따르면, 전지구적 자본주의의 대안을 추구하는 새로운 사회운동 전개한 브라

질의 포르투 알레그레와 스위스의 전지구적 자본주의를 지향하는 다보스, 이 두 도시는 최근 세계화를 대표하는 쌍둥이 도시이다. 포르투 알레그레 모임의 추진력이 다소 시들해지자, 그 중 일부가 다보스로 갔고, 그 중의 일부가 '자유주의적 공동체주의자'를 자처하며 포르투 알레그레와 다보스 간의 대립을 지양하면서 전지구적 자본주의를 유지하면서도 그 결실을 향유할 수 있다고 주장한다. 즉 이들에게는 포르투 알레그레는 필요하지 않고 다보스를 '포르투 다보스'로 만들려고 한다.(슬라보예 지젝, 폭력이란 무엇인가, 43-44쪽) '다보스 포럼'으로 불리기도 하는 세계경제포럼(World Economic Forum, WEF)은 저명한 기업인 · 경제학자 · 저널리스트 · 정치인 등이 모여 세계 경제에 대해 토론하고 연구하는 국제민간회의이다. 독립적 비영리재단 형태로 운영되며, 본부는 스위스 제네바 주의 도시인 콜로니(Cologny)에 위치한다. '세계경제올림픽'으로 불릴 만큼 권위와 영향력이 있는 유엔 비정부자문기구로 성장하면서 세계무역기구(WTO)나 서방선진 7개국(G7) 회담 등에 막강한 영향력을 행사하고 있다. 1971년 1월 경제학자 클라우스 슈바프가 창설한 '유럽경영포럼(European Management Forum)'으로 출발했다가 1987년 '세계경제포럼(World Economic Forum)'으로 명칭을 변경하였다. 스위스 다보스에서 열린 첫 회의에 400명의 유럽 경영인들이 참가했고, 1973년부터 참석 대상을 전 세계로 확장하였으며 1974년 1월부터 정치인을 초청하기 시작했다. 1981년부터 매년 1월에서 2월 사이 스위스 그라우뷘덴 주에 위치하는 휴양 도시 다보스에서 열리므로 '다보스 포럼'으로 불리기도 한다.

92　슬라보예 지젝, 폭력이란 무엇인가, 48-54쪽.

93　슬라보예 지젝, 폭력이란 무엇인가, 50-52쪽.

94　슬라보예 지젝, 폭력이란 무엇인가, 53-54쪽.

95　슬라보예 지젝, 폭력이란 무엇인가, 44-46쪽.

96　슬라보예 지젝, 폭력이란 무엇인가, 300-301쪽.

97　다만 억압받는 자들이 반드시 폭력을 사용해야 하는 것은 아니고, 적을 상대로 폭력을 사용할 것인지의 여부는 언제나 전략적인 고려의 문제라고 한다. 슬라보예 지젝, 폭력이란 무엇인가, p.302.

98　이 때 '진리-사건'은 지젝이 지향하는 평등-민주주의 실현을 위한 프롤레타리아의 폭력적 혁명을 말한다.

99 슬라보예 지젝, 폭력이란 무엇인가, 300-306쪽.

100 슬라보예 지젝, 폭력이란 무엇인가, 307-312쪽.

101 슬라보예 지젝, 폭력이란 무엇인가, 311-312쪽.

102 김선욱, "추천사", 마이클 샌델, 정의의 한계, 이양수 옮김(멜론, 2012), 8-11쪽.

103 샌델, 공공철학, 6869쪽.

104 존 롤스, 정의론, 황경식 역(이학사, 2003), 51쪽.

105 마이클 샌델, 정의의 한계 74-76쪽.

106 마이클 샌델, 정의란 무엇인가, 197쪽.

107 무지의 장막은 다음과 같은 역할을 한다. 첫째, 공정한 정이이 여건과 관련된 일반적 지식 배제의 목적을 갖고, 둘째, 계약당사자의 동기와 관련된 합리성과 자기이익에 충실한 개인들을 나타내기 위한 역할을 한다.(이충한, 57쪽) 나아가 원초적 입장이라는 경험적 상황에서도 자신이 처한 위치를 무시하고 가상적 합의를 생각해볼 수 있게 하는 사고실험을 가능하게 한다.

108 도박을 좋아하는 성향의 사람들은 자신이 왕이 될 지도 모른다는 희망으로, 땅 한 조각 없는 노예가 될 위험을 감수하고서라도 봉건제를 선택할 수도 있을 것이다. 하지만 롤스에 의하면 무지의 베일 때문에 자신이 도박을 좋아하는 성향을 갖고 있는지도 모르기 때문에 보수적인 선택을 할 수밖에 없다 (마이클 샌델, 정의란 무엇인가, 213-214쪽)

109 마이클 샌델, 정의란 무엇인가, 198-199, 211-212쪽; 김태균, 마이클 샌델의 정의론에 관한 연구, 21쪽.

110 존 롤스, 정의론, 47쪽.

111 존 롤스, 정의론, 400쪽. 평등한 자유의 원칙(equal liberty), 차등의 원칙(difference principle), 공정한 기회균등(fair equality of opportunity) 등은 한병호, "정의론에 관한 소고: J. Rawls의 정의론을 중심으로", 해사법연구, 제1호(1989), 115쪽 참고.

112 각자는 모든 사람의 유사한 자유체계와 양립할 수 있는 평등한 기본적 자유의 가장 광범위한 전체 체계에 대해 평등한 권리를 가져야 한다.(존 롤스, 정의론, 400쪽)

113 한병호, "정의론에 관한 소고 J. Rawls의 정의론을 중심으로", 해사법연구 제1호 (1989), 117쪽.

114 샌델은 빌 게이츠의 엄청난 재산의 불평등은 차등의 원칙에 부합할까?라는 질문을 던진다. 샌델에 따르면, 롤스의 이론은 개개인의 소득이 공평한지 하는 평가가 아니라 사회의 기본구조에 관한 것으로 권리와 의무, 소득과 부, 권력과 기회의 배분 방식에 관한 것이라고 한다. 전반적으로 볼 때, 가장 못사는 사람들에게 이익을 돌리는 사회체제에서 나왔다면, 즉 그 사회가 부자들에게 누진세를 적용해서 가난한 사람들의 보건, 교육, 복지를 증진시키고, 이로 인해 엄격한 평등만을 추구하는 사회보다 가난한 사람들을 더 잘살게 한다면, 그런 불평등은 차등의 원칙에 부합하는 것으로 볼 수 있다는 것이다.(마이클 샌델, 정의란 무엇인가, 229쪽)

115 존 롤스, 정의론, 107-108쪽; 한병호, "정의론에 관한 소고 J. Rawls의 정의론을 중심으로", 116쪽.

116 존 롤스, 정의론, 106쪽.

117 공정함(the right)이란 우리가 올바르다고 여기는 그 무엇을 말한다. 보통 '옳음'이라고 번역하지만 이 글에서는 '공정함'이라고 번역했음을 밝힌다. 권리(rights)가 가장 대표적인 공정함에 해당한다.(양천수, "자유주의적 공동체주의의 가능성", 법철학연구, 제17권 제2호, 214-215쪽)

118 마이클 샌델, 정의의 한계, 74-76쪽.

119 마이클 샌델, 정의의 한계, 107쪽; 김태균, 마이클 샌델의 정의론에 관한 연구, 15-16쪽.

120 마이클 샌델, 정의의 한계, 68쪽; 김태균, 마이클 샌델의 정의론에 관한 연구, 19쪽.

121 칸트는 순수하게 형이상학적 방법으로 이와 같은 결론을 도출했으나, 롤스는 원초적 입장과 무지의 장막이라는 경험적 요소를 도입했다. 이 점에서 롤스는 스스로 칸트 형이상학을 넘어서 영미의 경험주의적 전통에 충실한 정의론을 구성했다고 자평한다.

122 마이클 샌델, 정의의 한계, 114쪽.

123 이양수, "해제", 마이클 샌델, 정의의 한계, 이양수 옮김(멜론, 2012), 12-43쪽.

124 김태균, 마이클 샌델의 정의론에 관한 연구, 5쪽.

125 존 롤스, 정치 자유주의, 182, 248-251쪽.

126 존 롤스, 정치 자유주의, 182쪽.

127 존 롤스, 정치 자유주의, 200-201쪽.

128 M. Sandel, Public Philosophy, p.9. 아래 샌델의 논의는 박홍규 "샌델의 정의와 법", 민주법학 46(2011.7), 384-385쪽 참조.

129 M. Sandel, Public Philosophy, p.10.

130 이진우, "자유의 한계 그리고 공동체주의", 철학연구회, 자유주의와 공동체주의 (1999 춘계학술대회 발표논문집), 85쪽; 박홍규, "샌델의 정의와 법", 381.

131 마이클 샌델, 민주주의의 불만, 462쪽. "때에 따라 중첩되거나 상충하는 의무들 가운데서 자신의 길을 찾아나가는 능력, 다중적인 충성에서 기인하는 긴장을 안고 살아가는 능력".

132 마이클 샌델, 민주주의의 불만, 174쪽.

133 김태균. 마이클 샌델의 정의론에 관한 연구, 52쪽.

134 마이클 샌델, 민주주의의 불만, 456쪽; 김태균. 마이클 샌델의 정의론에 관한 연구, 52쪽 참조.

135 1960년대 중반 도시 재건을 위해 기존의 대규모 정부 계획들의 대안을 시작된 것으로서 저소득 공동체들이 자신들의 경제적 운명을 만들어가는 데 발언권을 가지도록 계획된 비영리 법인들이다. 로버트 케네디가 자치 실험의 일환으로 도입한 것이다.(민주주의의 불만, 441쪽)

136 자신들이 사는 지역사회에 전국적 체인점이 들어서는 데 반대하는 사람들을 가리킨다.(민주주의의 불만, 442-443쪽)

137 전통적인 타운들이 갖고 있던 미덕 가운데 일부를 살리는 방식으로 지역공동체를 건설하는 것이다. 상점, 행정기관, 직장, 정거장까지 걸어다닐 수 있는 범위 내에 주택, 공원, 학교 등을 배치한다. 이는 편리함 뿐 아니라 공동생활을 촉진하는 만남들이 잘 이루어질 수 있도록 하려는 것이다.(민주주의의 불만, 444-445쪽; 김태균. 마이클 샌델의 정의론에 관한 연구, 53쪽) 이것은 플라톤이 구상하는 5040명의 공동체와 닮은 점이 있다.

138 김태균. 마이클 샌델의 정의론에 관한 연구, 53쪽.

139 19세기에 권리와 의무의 토대가 된 신분에서 계약으로 넘어갔듯이, 20세기에는 계약에서 행정으로 넘어갔다. 마이클 샌델, 민주주의의 불만, 174쪽; 김태균. 마이클 샌델의 정의론에 관한 연구, 52쪽.

140 김태균. 마이클 샌델의 정의론에 관한 연구, 51-52쪽.

141 샌델과 롤스의 정의론은 서로 상대를 전체주의로 흐를 위험이 있다고 비난한다. 샌델의 공동체주의를 비판하는 측에서는 그가 공동체의 가치만을 중시하여 개인의 개성을 무시하고, 다원주의를 배척하여 전체주의를 조장할 수 있다고 한다. 그러나 샌델은 오히려 자유주의가 전체주의의 위험이 있다고 반박하고 있다.(김태균, 마이클 샌델의 정의론에 관한 연구, 51쪽 및 주 56) 최소주의적 자유주의 관용은 인간을 개체로만 남게 하여 그가 속한 공동체 속에서의 위치와 의무를 지니는 것에 무관심하기 때문에, 그것이 추구하는 다원주의는 형식적인 차원에 머물러, 높은 차원의 다원주의에 이르지 못한다는 것이다. 샌델은 오히려 공동체 안의 결속력이 약화되고 공공 영역의 기능이 축소될 때, 즉 절차적 공화정의 분위기가 팽배할 때, 전체주의적 해법을 제시하는 대중정치에 빠질 위험이 높다고 한다.(마이클 샌델, 왜 도덕인가, 166쪽)

142 M. Sandel, Public Philosophy, pp.54-58.

143 마이클 샌델, 정의란 무엇인가, 341, 344, 348, 363-364쪽.

144 M. Sandel, Public Philosophy, p.63.

145 〈민주주의의 불만〉 2부에서 샌델은 미국 건국 당시 경제 논의는 자치에 가장 적절한 것의 추구로서 '시민적 미덕의 함양'이라는 공화주의적 관점이었다. 샌델은 그 표상으로 대규모 제조업 육성에 반대하고 농업을 중시한 공화주의자 제퍼슨을 들었다. 또 해밀턴은 공업화를 추진했으나 그를 포함한 건국 당시의 지도자들은 시민적 인격 도야를 중시한 점에서 같았다고 한다. 샌델은 이런 것들을 '시민적 정치경제(political economy of citizenship)'라고 불렀다. 그런데, 그 후 경제가 발전함에 따라 선과 미덕이라는 시민적, 공화주의적 관점이 쇠퇴했다고 한다.(Democracy's Discontent, 3쪽) 즉 진보주의 시대 대기업의 거대한 권력집중 그리고 전통적 권위와 공동체의 붕괴에 의해서 자치는 위협되었다고 한다. 이에 맞서 대법원 판사를 지낸 브랜다이스는 진보주의적 분권화를 시도하여 산업집중에 반대하고 민주주의를 실현하고자 했고, 제

26대 대통령 시어도어 루스벨트는 국가의 힘으로 독점자본을 규제하고자 했으나 뉴딜 정책과 함께 케인즈의 성장과 분배의 경제학이 시작되고 그것이 1960년대에 절정에 이르면서 시민의식의 정치경제학은 밀려났다는 것이다. 동시에 공화주의가 사라지고 자유주의가 대두했는데 그 상징이 존 F. 케네디의 복지국가였다고 한다.(Public Philosophy, pp.34-35) 이어서 1980년대 레이건 정권이 감세를 중심으로 한 자유지상주의 정책과 함께 이와 모순된 공동체주의적 정책을 결합하였다고 한다. 이는 대처의 경우 자유지상주의와 국가주의 요소(포클랜드 분쟁 같은 것)를 결합한 것과 유사하다. 그런데, 샌델에 따르면, 자유지상주의는 큰 국가에 반대한다고 하면서도 실제로는 대기업의 이익, 특히 군산복합체의 이익을 옹호했다. 샌델은 자유지상주의에 반대하면서도 레이건의 공동체주의적인 요소를 배워야 한다고 주장한다. 즉 민주당은 자치와 공동체의 공공철학을 재생하여 도덕적이고 정치적으로 진보적인 정당으로 부활해야 한다는 것이다.

146 마이클 샌델, 공공철학, 75-76쪽.

147 존 롤스, 정의론, 211-217쪽. ① 시민(citizen)은 입법과 사회 정책의 정의 여부를 판단해야 한다. 또한 사람들의 판단이나 소견은 특히 이해관계가 서로 다르기 때문에 자신의 의견이 반드시 타인의 것과 언제나 일치하지는 않으리라는 사실도 알고 있다.② 시민은 정의에 관한 상반되는 견해를 조정하기 위해서 어떠한 입헌 체제가 정의로운 것인가를 결정해야 한다. 정치과정은 하나의 기계로 생각할 수 있는데, 여기에 대의원과 그 선거구민의 의견을 투입하게 되면 사회적 결정이 이루어지게 된다. 시민은 이런 기계를 설계하는 어떤 방식이 다른 것보다 더 정의로운 것으로 간주하게 된다. 그래서 완전한 정의관은 법과 정책을 평가해줄 수 있을 뿐 아니라 법으로 제정될 어떤 정치적 견해를 선정하는 절차의 등급을 매겨줄 수도 있는 것이다. ③ 시민은 특정의 헌법을 정의로운 것으로 받아들이며 어떤 전통적인 절차, 예를 들면 적절한 제한을 가한 다수결의 절차가 합당한 것이라고 생각한다. 그러나 정치과정이란 기껏해야 불완전한 절차적 정의의 하나인 까닭에 그(시민)는 다수에 의한 입법이 어느 때에 준수되어야 하고 어느 때에 더 이상의 구속력이 없는 것으로 거부될 수 있는지를 확인해야 한다. 간단히 말하면, 그는 정치적 의무 및 책무의 한계와 근거와 한계를 정할 수 있어야 한다.

148 박홍규, "샌델의 정의와 법", 민주법학 46(2011.7), 384쪽.

149 마이클 샌델, 민주주의의 불만, 458쪽; 김태균, 마이클 샌델의 정의론에 관한 연구, 52

쪽.

150 마이클 샌델, 왜 도덕인가, 166쪽.

151 김태균, 마이클 샌델의 정의론에 관한 연구, 51쪽 및 주 56.

152 마이클 샌델, 정의란 무엇인가, 300쪽.

153 마이클 샌델, 정의란 무엇인가, 301쪽.

154 김태균, 마이클 샌델의 정의론에 관한 연구, 14쪽.

155 마이클 샌델, 정의의 한계, 99쪽

156 마이클 샌델, 정의의 한계, 99-100쪽; 김태균, 15쪽.

157 이충한(2013), 마이클 샌델의 정치철학에 대한 연구 롤스의 자유주의에 대한 비판을 중심으로, 박사학위논문, 전북대학교, 58쪽.

158 존 롤스, 황경식 역(2003), 정의론(서울: 이학사), 182쪽. 경험주의자인 데이비드 흄(David Hume)의 설명을 수용하고 있다.(같은 책, 182쪽 각주 3)

159 존 롤스, 정의의 한계, 114쪽

160 마이클 샌델, 정의의 한계, 118쪽.

161 Desert: 자격 공적, 적가 등으로 번역된다. 고야바시 마사야(홍성민, 양혜윤 역, 144)의 설명에 따르면, "롤스의 정당한 기대(legitimate expectations)라는 개념에 대해 샌델은 desert라는 개념을 중시한다. 이 말은 그 사람에게 어울리는 가치를 매기는 것을 말한다. 한 일이나 고유의 인격적 가치에 값을 매기는 상벌이나 보상을 의미한다.

162 마이클 샌델, 정의란 무엇인가, 223쪽.

163 또는 적가, 공적 moral desert.

164 entitlements to legitimate expectations.

165 마이클 샌델, 정의란 무엇인가, 225쪽.

166 마이클 샌델, 정의의 한계, 184쪽.

167 마이클 샌델, 정의의 한계, 182쪽.

168 김태균, 마이클 샌델의 정의론에 관한 연구, 27쪽.

169 한병호, "정의론에 관한 소고 J. Rawls의 정의론을 중심으로", 108-111쪽.

170 무지의 장막에 대해서는 이 책 주 107 참조.

171 투키디데스, 5.84-116.

172 김태균, 마이클 샌델의 정의론에 관한 연구 롤스에 대한 비판을 중심으로. 석사학위. 방송통신대학교 (2015), 4쪽.

173 마이클 샌델, 정의란 무엇인가, 305쪽.

174 존 롤스, 장동진 역(1999), 정치적 자유주의(서울: 동명사), 196쪽.

175 마이클 샌델, 왜 도덕인가, 안진환, 이수경 역(서울: 한국경제신문, 2010), 177쪽.

176 존 롤스, 정의론, 195-197쪽.

177 존 롤스, 정의론, 716쪽.

178 이런 입장을 반완전주의(anti-perfectionism)라고 부른다.(이충한, 124쪽)

179 마이클 샌델, 정의의 한계, 192쪽.

180 마이클 샌델, 민주주의의 불만, 34, 154-155쪽. 샌델의 〈정의의 한계〉가 롤스의 정의론에 대한 비판이라면, 〈민주주의의 불만〉은 롤스가 샌델의 비판에 대해서 자신의 견해를 일부 수정하거나 보완해서 내놓은 정치적 자유주의에 대한 재비판이라고 할 수 있을 것이다.(고야바시 마사야, 홍성민, 양해윤 역, 2012, 마이클 샌델의 정치철학, 서울: 황금물고기, 169-170쪽) 따라서, 여기서 언급된 최소주의적 자유주의는 샌델의 비판에 대한 롤스의 반박 내지 수정보완이라고 할 수 있을 것이다.

181 존 롤스, 정의론, 289쪽.

182 이충한, 마이클 샌델의 정치철학에 대한 연구 롤즈의 자유주의에 대한 비판을 중심으로, 박사학위논문, 전북대학교, 2013.

183 존 롤스, 장동진 역, 정치적 자유주의, p.183.

184 마이클 샌델, 민주주의의 불만, 25쪽.

185 마이클 샌델, 민주주의의 불만, 26쪽.

186 마이클 샌델, 민주주의의 불만, 28쪽.

187 김태균, 마이클 샌델의 정의론에 관한 연구, 17-18쪽.

188 김태균, 마이클 샌델의 정의론에 관한 연구, 18쪽.

189 김태균, 마이클 샌델의 정의론에 관한 연구, 16쪽.

190 마이클 샌델, 정의의 한계, 152쪽.

191 마이클 샌델, 정의의 한계, 165쪽.

192 한편, 최기성에 따르면 롤스는 후기에 들어서서는 칸트적 정의관을 유보하고 어떤 특정한 정의관도 '다원성의 사실'을 배제할 수 없다는 인식으로부터 출발하고 있다고 한다. 최기성, "가치 다원사회에서 롤스의 '정치적 정의관'이 지니는 사상적 함의", 정치사상연구 14-1, 2008, 37~39쪽.

193 김태균, 마이클 샌델의 정의론에 관한 연구, 5쪽.

194 샌델은 공공선(善)을 공익 위주의 공공선에 대한 종속적인 가치로 이해하는 공화주의 노선을 계승하고 있다. 맹주만, "롤스와 샌델, 공공선과 정의감", 철학탐구 32, 2011, 314~316쪽; 최기성, 위의 논문, 37~39쪽.

195 김영기, 앞의 논문, 4쪽; 최기성, 위의 논문, 37~39쪽.

196 M. Sandel, Public Philosophy, 252-262쪽.

197 마이클 샌델, 정의란 무엇인가, 360-361쪽.

198 마이클 샌델, 정의란 무엇인가, 364-370쪽.

199 마이클 샌델, 정의란 무엇인가, 371쪽.

200 마이클 샌델, 정의란 무엇인가, 370쪽.

201 마이클 월저, 정의와 다원적 평등, 202쪽.

202 마이클 월저, 정의와 다원적 평등, 157쪽 이하.

203 존 롤스, 정의론, 368-375쪽.

204 존 롤스, 정의론, 36쪽.

205 존 롤스, 정의론, 371쪽.

206 존 롤스, 정의론, 372쪽.

207 존 롤스, 정의론, 374쪽.

208 존 롤스, 장동진 역(1999), 정치적 자유주의(서울: 동명사), 196쪽.

209 "조국 교수가 말하는 '정의', '약자에게 유리하게'", '씽크카페컨퍼런스 대화 - 우리가 함께 결정할 미래에 대한 이야기' ['더 체인지'와 〈오마이뉴스〉 10만인클럽 공동 주최 (2011.5.13)] 2011.5.15. 〈http://kafkago.tistory.com/416〉, 검색일: 2018.8.5.

210 J. Rawls, Political Liberalism, pp.28-29.

211 아리스토텔레스, 정치학, 1334b 6-24.

212 아리스토텔레스, 정치학, 1334b 17-21.

213 아리스토텔레스, 정치학, 1323a 31-34.

214 아리스토텔레스, 정치학, 1334b 6-24.

215 아리스토텔레스, 정치학, 7편, 8편.

216 플라톤, 국가(Politeia), 331c : 335d-e.

217 Platon, 국가, 338e-339a : 351a.

218 Platon, 국가, 331e-335e. : 360b-d : 433e 3-434a 1.

219 Platon, 국가, 433e.

220 예를 들면 남의 물건을 돌려주어야 하는 경우에 물건의 주인이 정신이 온전하지 못할 때는 돌려주는 것이 아무런 의미가 없어지며 오히려 해가 될 수도 있다는 것이다.

221 Platon, 국가, 335e.

222 Platon, 국가, 350c.

223 Platon, 국가, 350a-b.

224 Platon, 국가, 351e-352a.

225 Platon, 국가, 371b.

226 Platon, 국가, 374b-c : 433d : 434c-d.

227 Aristoteles, Ethika Nikomacheia, 1134a 25-31. Cf. 아버지와 아이, 혹은 주인과 노예 사이보다 남편과 아내 사이에 정의가 적용될 가능성이 더 많으나, 이것은 정치적 정의라기보다 가정의 정의이다.(ibid. 1134b 15~18) 정치적 정의에는 다시 두 가지가 있는데, 하나는 자연적, 다른 하나는 법적(nomik)인 것으로 전자는 어디서나 유효한 것이고 후자는 지역에 따라 다르다.(ibid. 1134b 18-1135a 5)

228 Aristoteles, Ethika Nikomacheia, 1104a 4-9.

229 Aristoteles, Ethika Nikomacheia, 1094b 14-16.

230 Aristoteles, Ethika Nikomacheia, 1103b 1-6.

231 Aristoteles, Ethika Nikomacheia, 1129a 1-1129b 11. : cf. ibid. Rhetorike, 1366b 9-11.

232 아리스토텔레스, 정치학, 1281a 5-6.

233 Aristoteles, Ethika Nikomacheia, 1130b32~1131a 9. 아리스토텔레스는 배분적 정의와 시정적(是正的) 정의를 구분한다. 시정적 정의란 사람간의 교섭에서 시정적 부분에 작용하는 것으로, 자발적인 것과 비자발적인 것이 있다. 자발적 정의란 매매, 대부, 전당, 대여, 위탁, 임대가 있는데, 이들은 상호교섭의 시초가 자발적이기 때문이다. 비자발적인 것으로는 a. 절도, 간음, 독살, 유괴, 노예유출, 암살, 위증 등과 같이 은밀한 것과, b. 구타, 감금, 살인, 강탈, 치상, 학대, 모욕 등과 같이 폭력적인 것이 있다.

234 Aristoteles, Ethika Nikomacheia, 1130a 1-4.

235 Aristoteles, Ethika Nikomacheia, 1133b 30~33. 반면 플라톤은 중용(meson)을 부와 가난, 질병과 건강(Politeia, 618b), 무분별과 탐욕의 억제(ibid. 619b), 극도의 고통과 기쁨 사이의 것(Nomoi, 792c~793a), 방종(akolason)과 반대되는 신중(phronimon)과 동일시한다.(ibid. 732e- 733a) 신중은 적당한 기쁨과 적당한 고통이 섞인 것을 말한다.

236 Aristoteles, Ethika Nikomacheia, 1104a 25-26.

237 Aristoteles, Ethika Nikomacheia, 106a 27-32. 평등(ison)은 양극단을 피하는 중간이다. 사물의 중간은 언제나 같지만 사람에게 있어서 중간은 사람에 따라 다르다.

238 아리스토텔레스에 따르면, 개혁의 목적은 재산을 균등하게 하는 것이라기보다는 본성이 고귀한 자로 하여금 욕심을 내지 않도록 하는 것이며, 열등한 자는 힘을 갖지 못하도록 하는 것이다. 아리스토텔레스, 정치학, 1267b 6-8.

239 Aristoteles, Politika, 1267b 1-8 ... tous epieikeis tei physei ... me boulesthai pleonektein, tous de phaulous hoste me dynasthai.

240 Cf. 최자영, 고대 그리스 법제사(아카넷, 2007), 135쪽 이하. 〈원심적 분권의 시민사회〉와 〈노예와 시민 신분의 중첩성〉은 이곳의 내용을 다수 인용했음.

241 Cf. 최자영, 고대 그리스 법제사, 379쪽 이하.

242 아리스토텔레스, 정치학, 1326b 25.

243 플루타르쿠스, 솔론, 24.2.

244 아리스토텔레스, 정치학, 1275b 35~38.

245 최자영, 고대 그리스 법제사, 174쪽.

246 신약성경, 레위기, 25.10. 이하.

247 Cf. 최자영, "고대 동부 지중해 세계의 시민병, 용병, 상비(의무)병의 사회, 정치적 의미 분석", 서양고대사연구 37 (2014), 39-70쪽.

248 Cf. 최자영, 고대 그리스 법제사, 135쪽 이하.

249 Cf. J.S. Trail, The Organization of Attica : A Study of the Demes, Trittys, and the Phylai, and their Representation in the Athenian Coucil (Jew Jersey, 1975)

250 Cf. 최자영, 고대 그리스 법제사, 43쪽 이하, 53쪽 이하.

251 Cf. 최자영, 고대 그리스 법제사, 590쪽 이하.

252 투키디데스의 전쟁의 원인 분석에 대한 더 상세한 내용은, 최자영, "전쟁의 원인과 국제관계에 대한 투키디데스의 분석 – 긍정적 인간성과 평화의 지향에서 보이는 현대적 의미", 대구사학 101(2010.11), 1~26쪽 참조.

253 현실주의는 국제관계를 국가 간 힘의 경쟁 혹은 균형이라는 구조적 관점에서 조명하는 것으로, 국내 정치적 상황은 일정한 법칙에 준하여 기능하는 국제관계에 영향을 줄 수는 있으나 그것을 거스를 수 없다는 입장이다. 현실주의자들은 거스를 수 없는 인간적

감정으로, 또 국가와 같은 분쟁의 해결 장치가 마련되어 있지 않으므로 국제관계에서는 안전을 확보하기 위해 힘을 키우고 때로 전쟁을 불사하는 만인의 만인에 의한 무정부적 투쟁 상태가 된다고 생각한다.

254 W. Jaeger, Paideia: The Ideals of Greek Culture, trans. G. Highet (N.Y, 1939), p.393; Hans Morgenthau, Politics among Nations : The Struggle for Power and Peace, 5th ed. N.Y., 1978, pp.8-9; R.W. Mansbach and J.A. Vazquez, In Search of Theory : A New Paradigm for Global Politics (N.Y., 1981), p.111, 318; J.A. Vazquez, ed. Classics of International Relations, 2nd. ed. (Englewood Cliffs, N.J., 1990), pp.16-20; G. Crane, Thucydides and the Ancient Simplicity : The Limits of Political Realism (Berkeley, 1998), p.297].

255 투키디데스, 5.89 이하.

256 투키디데스, 1.21.2.

257 투키디데스, 1.23.6.

258 투키디데스, 1.8.2-4

259 Thucydides,, 1.22.4. "인간 본성 때문에 다시 일어날 것 같은 일, 혹은 그와 유사한 일에 관해 정확한 지식을 얻고자 하는 사람들이 내 이 작품을 아주 유용한 것으로 평가하게 된다면 나는 그것으로 족하다. 이 글은 한 순간의 박수갈채를 위한 것이 아니라 영원한 유산으로 쓰여 졌다."

260 Thucydides, 1.96-99 : 2.8.4.

261 투키디데스, 1.120.

262 Thucydides, 6.18. 3.

263 투키디데스, 5.89-111.

264 투키디데스, 3.83. 참조, 3.82.

265 Thucydides, 3.82.2.

266 투키디데스, 1.22-23.

267 오흥식("투키디데스의 티케관", 성균관대학교, 1994, 49ff.)에 따르면, 투키디데스는 힘

에 의한 정복은 곧 우연(티케)에 의해 징벌 당한다는 생각을 가지고 있었고, 이것은 플라타이아 전투(아테네의 승리)-필로스 전투(아테네의 완패, 스파르타 승리), 멜로스 사건(아테네의 승리)-시실리 원정(아테네의 완패) 등의 구도로 전개된다.

268 Thucydides, 1.144. 운이 같이 작용할 때, 공허한 희망보다는 더 확실한 실재 자원을 바탕으로 한 판단(그노메)에 근거한 지식은 용기를 더 북돋우게 된다는 내용은 cf. 투키디데스, 2.62.4-5.를, 페리클레스가 '지혜-판단(그노메)'를 갖추고 있었음은 투키디데스. 2.65.8.을 각각 참조.

269 정창수, 아나키즘 연구 - 바쿠닌을 중심으로, 석사학위논문 (제주대학교 교육대학원, 2002), ii. 이하 아나키즘 관련 내용은 여기서 발췌한 바가 있음.

270 노동조합 결성과 연맹주의 요소를 수용하나, 혁명과 계급투쟁에 소극적인 점이 바쿠닌의 집산적 아나키즘과의 차이점이다.

271 집산적 아나키즘과 코뮌적 아나키즘의 차이점은 전자가 노동의 직접적인 기여도에 따른 비율에 의한 대가를 제시하고자 하나, 후자는 '능력에 따라 일하고 필요에 따라 분배한다'는 원칙에 따라 재화의 분배를 강조한다.

272 노동자를 생산계급의 일원으로 파악하고 자본주의 타도를 표방한 점에서 마르크스주의와 일면 유사하나, 마르크스와 달리 국가권력 장악이라는 정치적 목적을 위한 노동자계급의 단합이 아니라 노동자 자신이 직접적인 경제적 목표를 위해 자신의 역량에 의존해야 한다는 점을 강조한다. 이들은 현존하는 노동문제와 그 즉각적인 해결에 주안점을 두는 점에서, 혁명을 통해 미래사회 건설을 지향하는 코뮌적 아나키즘과 다르다.

273 유시민, 국가란 무엇인가, 204쪽.

274 유시민, 국가란 무엇인가, 214쪽.

275 유시민, 국가란 무엇인가, 215쪽.

276 유시민, 국가란 무엇인가, 215쪽.

277 제도주의 경제학파의 창시자로 널리 알려진 소스타인 베블런(Thorstein Bunde Veblen, 1857-1929): 베블런은 다윈의 진화론을 사회에 적용하여 19세기 말 미국 자본주의 사회와 지배계급의 생활 양식을 관찰하고 분석한 〈유한계급론〉을 쓴 인물이다.

(205ff.)

278 둘째는 물질의 결핍에서 인간을 해방하기 위한 생산력 발전이다. 자유는 물질의 절대적 결핍이 지배하는 곳에서는 숨 쉬지 못한다. 따라서 과학기술의 발전도 진보에 큰 기여를 했다고 인정해야 한다. 셋째는 인간 의식의 변혁은 타인과 자연을 침범하는 것을 부끄러워하고 남에게 먼저 양보하고 싶어 하는 인간이 되는 것이다. 과학, 종교, 여성운동도 진보의 중요한 영역이다.

279 유시민, 국가란 무엇인가, 216-234쪽.

280 유시민, 국가란 무엇인가, 227-228, 234쪽 등.

281 해방 후 국가 공권력에 의한 인권 침해의 역사 관련 더 상세한 내용은 최현실, 최자영(공저자), "한국 시민 사회 정의 실현을 방해하는 국가와 시민 간 '무기의 불평등'", 한국민족문화 65(2017.11), 293-335쪽 참조.

282 한국정치연구회, 한국정치사(백산서당, 1990), 135쪽.

283 한국정치연구회, 한국정치사, 136쪽. 이하 주가 적시되지 않은 내용은 이 책에 의거함 136~138쪽.

284 한국정치연구회, 한국정치사, 133쪽.

285 각각 '적산에 관한 건', '조선 내 소재 일본인 재산권 취득에 간한 건', '최고소작료 결정의 건', '신한공사설치령'이다. 한국정치연구회, 한국정치사, 169쪽.

286 한국정치연구회, 한국정치사, 136쪽.

287 한국정치연구회, 한국정치사, 139~140쪽.

288 대표적으로 화순탄광사건 및 하의도 사건을 들 수 있다. 한국정치연구회, 한국정치사, 169쪽.

289 한국정치연구회 지음, 위의 책, 136~137쪽.

290 한국정치연구회 지음, 위의 책, 146쪽.

291 박세길, 다시 쓰는 한국현대사1(돌베개, 2015), 124~126쪽.

292 '대한청년단'은 전국적 조직을 갖춘 청년단체로서 1948년 12월 19일 창설되어 1953년 9월 10일 해산될 때까지 이승만 지원활동을 전개했다. 이 단체가 해산하게 된 계기

는 '국민방위군사건' (20여만명의 국민방위군에게 배당되는 자금을 소수의 간부들이 착복한 사건)이었다. 이들의 선언문은 "우리는 총재 이승만 박사의 명령에 절대 복종한 다" 등으로 되어 있다. ⟨http://100.daum.net/encyclopedia/view/b04d3431a⟩

293 '민보단' 은 '향보단' 의 후신인데, 후자는 1948년 5월 10일 총선거를 앞두고 경찰의 '협조기관' 의 성격으로 조직되었다. 관할지역 경찰서장이 단원을 실질적으로 인솔했 고, 민폐가 심했다. ⟨향보단⟩은 우익테러 하수인 역할을 하는 등, 민원의 대상이 되어 선거직후인 5월 25일 해산조치되었다. 그러나 같은 해 6월에 ⟨민보단⟩이 조직되어 경찰의 보조단체로 활용되었다. 1949년에 ⟨민보단⟩ 단원은 4만 여명이었는데, 단원들의 전횡과 폭력적 월권행위로 인해 여론이 악화되자 1950년 7월 2일 해산되었다. 그러나 내면적으로는 ⟨대한청년단특무대⟩가 개편되어 이승만정부 독재정치의 전위역할을 계 속 맡게 되었다. ⟨http://100.daum.net/encyclopedia/view/14XXE0068052⟩

294 박세길, 다시 쓰는 한국현대사1, 126~128쪽.

295 한국 사법권력의 오 남용과 권위주의에 대한 더 상세한 내용은, 최현실, 최자영(공저 자), "한국 시민 사회 정의 실현을 방해하는 국가와 시민 간 '무기의 불평등'", 한국민 족문화 65(2017.11), 293-335쪽. 참조.

296 검찰 및 사법부가 총체적으로 일사불란하게 허위사실 조작, 왜곡, 진실의 외면 등 공권 력을 남용한 예는 다음과 같다. 본건의 피의자 병원은 부인과도 아닌 혈액종양과에서 확증도 없는 난소암 진단을 내린 바 있으며, 피해자는 사망할 때까지 혈액종양과 소속 되어 있었다. ① 검사의 불기소처분: 본건 관련 검사의 불기소처분에서는 총체적인 사 실의 왜곡에 더하여 일산국립암센터 혈액종양과에서 난소암진단을 내렸다는 근거 없 는 사실을 인용했다. 피의자 병원의 혈액종양과의 관리를 받던 피해자가 사망 전 (일 산)국립암센타를 찾았을 때 다시 난소암과 관계도 없는 혈액종양과로 잘못 배정을 받 았고 그 과장은 난소암으로 진단된 환자를 진료할 입장이 아니었고 결국 환자를 방기 하여 적절한 진료조차 받지 못했다. 이 사실을 두고 검사는 오히려 "국립암센터 혈액 종양과에서도 난소암 진단을 내렸다"는 허위사실을 불기소이유서에 적시했다. ② 재정 신청에서의 결정적인 새로운 증거의 무시: 재정신청 직전에 실시한 피의자 부검의 소견 서에서는 병원 기록에서 난소암의 근거가 밝혀져 있지 않다고 하는 소견이 나온 바 있 어, 피의자의 난소암 진단을 정 반대로 뒤엎는 명백한 증거를 새롭게 제출했으나 완전 히 무시되고, 재정 결정에서 '새로운 증거가 없다' 는 취지로 기각 처분했다.(대구고등

법원 2014 초재326재정. 2015.4.6) ③ 국민권익위원회에 제출한 진정 취지는 피의자 "난소암 진단의 오진 여부가 쟁점"(대구지검2013형제50115호, 한시적(기소중지) 불기소처분 이유서. 2013.11.28)이었음에도 불구하고, 대구지검 검사는 그 고소 취지를 〈사인규명〉으로 변조하고 사인불명을 이유로 진정서를 기각 처리했다.(대구지검 2015 진정91) ④ 헌법재판소에서는 재정결정을 두고 재판을 받은 것으로 왜곡 해석함: 명백한 사실의 왜곡과 허위사실에 근거한 불기소처분과 재정 결정 등은 자체가 무효로서 취소되어야 하는 것이므로, 공권력 남용 및 기본권 침해의 위헌으로 헌법재판소에 헌법소원을 냈다. 그런데 재정결정은 재판절차와 무관함에도 헌법재판소는 재판으로 의제함으로써 번번이 각하처분 해왔다. 그 내용은 다음과 같다. ⓐ 헌재 2016.7.5. 2016헌마512. "검사의 불기소처분에 불복하여 재정신청 절차를 거침으로써 그 불기소처분에 대해 이미 법원의 재판을 받은 경우에는 원칙적으로 그 불기소처분 자체는 헌법소원심판의 대상이 되지 아니한다(헌재 1998.8.27. 97헌마79참조)"; ⓑ 헌재 2016.11.22. 2016헌마917. 헌법재판소는 법원의 재판은 헌법소원의 대상에서 제외한다는 헌법재판소법 제68조 제1항 본문 중 '법원의 재판'에 관한 부분에 대하여 수회에 걸쳐 합헌으로 판시한 바 있다. … 헌법재판소의 위와 같은 결정들의 취지는 헌법재판소법 제72조 제3항 제1호 중 '법원의 재판'에 관한 부분에도 마찬가지로 적용된다 할 것이므로 (96헌마182참조), 이 사건 법률조항들은 이미 헌법적 해명이 이루어져 예외적으로 심판이익을 인정할 수도 없다. … ⓒ 헌재 2016.11.22. 2016헌마917. "2016헌마512 결정에 대한 재심청구는 일사부재리 원칙에 위반된다.(헌재2015헌아85 참조)" 그러나 위 헌법재판소 결정문 내용은 법을 왜곡 해석한 것이다. 위 ⓐ 결정문에서 인용하고 있는 97헌마79에서 재판이라 함은 기소된 다음의 절차를 말하는 것으로 재정결정과 무관하다. 또 ⓒ 결정문 내용에서 '일사부재리'를 언급하고 있는 것도 재판에 관련된 것이고, 재정절차는 검사 불기소처분의 타당성에 관한 것일 뿐, 일사부재리와 무관하다. 재정결정이 재판과 무관한 점은 이 책 바로 아래 〈재정사건을 헌법소원에서 배제하는 헌법재판소의 위헌성〉 참조.

297 〈96헌마172〉의 〈결정요지 3〉 및 〈전문. 3. 판단 (2) 평등권침해여부〉참조.

298 전원재판부 2002헌마302, 2004.8.26. 국가인권위원회법 제30조 제1항 제1호 등 위헌확인.(동법 제32조 1항 제4호, 제4항)

299 기소편의주의란 일정한 조건이 충족된 경우에도 여러 가지 사정을 고려하여 기소 불기

소의 어느 것을 결정하여도 좋다고 하는 것으로서, 조건이 충족되면 반드시 기소하여야 하는 기소법정주의와 다른 것이다. 기소편의주의는 구체적 개별적인 사정을 고려할 수 있으며 기소의 기준에 탄력성이 있으나, 기소독점주의와 연결되어 검사의 권력 남용, 전체주의화의 길로 치달을 위험이 있다.

300 이하 영국, 독일, 프랑스 관련 내용은 김성규, "사인소추주의의 제도적 현상과 수용가능성", pp.132-138에서 인용.

301 독일 형사소송법 제52편 제2장.

302 독일 형사소송법 제52편 제3장.

303 독일 형사소송법 제52편 제1장.

304 독일에서 시인기소가 기능한 것은 사적 색채가 강한 일정 범죄(독일 형사소송법 374조)의 경우이다. 김성규, "사인소추주의의 제도적 현상과 수용가능성", p.136.

305 Joseph Granier, "La partie civile au proces penal", in Revue de science criminelle et de droit penal compare", 1958, no.1, p.2.

306 김택수, "프랑스의 사인소추제도", 경찰법연구 제2호 (2004), 168쪽 이하.

307 프랑스 〈형사소송법〉 제1조 참조.

308 개정 형사소송법은 2007.6.1. 개정 공포되었고 6개월 후인 2008.1.1. 시행되었다.

309 1954년 재정신청 제도가 처음 도입됐을 때에는 모든 불기소 사건에 대해 법원에 재정신청을 할 수 있으나 유신헌법 제정 이후인 1973년 형사소송법이 개정되면서 재정신청 대상이 엄격히 제한되어, 재정신청 대상을 종전 모든 범죄에서 '형법 제123조(직권남용), 제124조(불법체포감금), 제125조(폭행, 가혹행위)의 죄 및 특별법에서 재정신청 대상으로 규정한 경우' 로 대폭 축소시켰다. 공무원의 직권남용 불법체포 가혹행위 등 3가지 범죄에 대해서만 재정신청이 허용된 것이다. 게다가 항고와 재항고가 검찰 내 상급 기관인 고등검찰청과 대검찰청에 내는 것이어서 이 제도는 사실상 유명무실했다.(동아일보, 2007.4.17. 〈http://news.donga.com/3/all/20070417/8431091/1〉, 검색일: 2018.7.20.); 한영수 교수는 "검사의 불기소처분에 대한 법원의 통제권을 배제하고 검찰권을 강화하려는 목적이었다"며 "1974년부터 1987년까지 법원이 재정신청을 받아들인 사례가 하나도 없을 정도로 재정신청제도는

무력화됐다"고 설명했다.(내일신문 뉴스, 2016.9.6. <http://cafe.daum.net/constist/JUFq/6?q=%C6%AF%BA%B0%B9%FD%BB%F3%20%C0%E7%C1%A4%BD%C5%C3%BB%B4%EB%BB%F3>, 검색일: 2017.5.31)

310 개정 전까지 재정신청의 대상이 되었던 형법 123-126조만 고발 대상으로 인정하고 있다. 형사소송법 제120조 제1항.

311 법률신문 2010.4.16.자, 기소독점권 견제 위해 재정신청 고발사건까지 확대" 참조. 형사소송법개정 당시 국민적 의혹이 집중된 대형비리, 부패사건 등은 언론보도나 시민단체의 고발 등으로 수사가 시작되는 경우가 많아 재정신청이 인정되지 않음으로써 검사의 기소재량권을 견제할 수단이 없다는 점을 들어 검찰의 기소독점권을 견제하기 위해서는 재정신청 대상사건을 고발사건을 포함한 모든 사건으로 확대해야 한다는 주장이 제기되었다.

312 김태명, "다시 개정되어야 할 재정신청제도", 형사정책연구 제21권 제2호(통권 제82호, 2010. 여름), pp.84, 109-110. 법원이 재정신청을 인용하는 경우 과거에는 부심판결정을 하고 공소유지변호사로 하여금 공소유지를 담당하게 한 것과는 달리 개정형사소송법에서는 공소제기 결정을 하고 검사로 하여금 공소의 제기와 유지를 담당하게 함으로써 재정신청제도의 실효성이 퇴색되었다고 보기 때문이다.

313 1988년 설립된 헌법재판소가 재정 법원으로서의 역할을 맡게 된다. 헌재가 범죄피해자의 재판절차진술권을 기본권으로 인정하면서 피해자들이 검사의 불기소처분에 대해 헌법소원을 제기하게 된 것이다. 2007년 형사소송법 개정 전까지 헌법소원은 검사의 불기소처분에 대한 유일한 객관적 통제방법이었다.

314 JTBC 보도 이전 최순실 사태에 대해 조사에 소극적이었던 검찰은 물론이다.(시사저널, 2018.7.19 <http://v.media.daum.net/v/20180719204902905?rcmd=rn>, 검색일: 2018.7.20) 최근 양승태 전 대법관이 사법의 독립성을 훼손하고 청와대와 교감하여 불공정한 판결을 유도한 혐의를 받고 있고, 장자연 사건에서는 검찰과 법원이 협조하여 사건을 은폐하려한 의혹도 있다.(한국일보, 2018.7.6. <http://interactive.hankookilbo.com/v/dfc34fa8eb2d4eeda905360705cd90bf/>, 검색일: 2018.7.22; KBS 2018.7.9. 보도, 인터넷 아이엠피터TV 재인용, 2018.7.11. <http://theimpeter.com/44090/>, 검색일: 2018.7.29)

315 김태명, "다시 개정되어야 할 재정신청제도", 형사정책연구 제21권 제2호(통권 제82호, 2010. 여름), 87쪽.

316 "증명력과 증거능력" ⟨http://tip.daum.net/question/83655306⟩, 검색일: 2017.8.2.

317 정구환, 불기소 헌법소원(육법사, 2004), 38쪽.

318 96헌마172, 173.(병합), 1997.12.24. 재판을 헌법소원에서 배제하는 취지의 헌법재판소법 68조 1항이 한정위헌으로 선고 받은 것은 헌법재판소에 의해 명백하게 위헌으로 판정된 법률을 적용하여 판결이 된 경우에 관한 것으로서 이는 예외적으로 헌법소원이 가능한 재판이 된다.

319 정구환, 불기소 헌법소원(육법사, 2004), 38쪽.

320 "서재황과 공익신고, 사법농단 척결(국민감사NGO)". 2017.7.16. ⟨http://cafe.daum.net/justice2007/l1Vt/8337?q=%C7%E5%B9%FD%C0%E7%C6 %C7%BC%D2%B0%A1%20%B1%B9%B9%CE%C0%BB%20%BF%EC%B7%D5%C7%CF%B0%ED%20%C0%D6%BD%C0%B4%CF%B4%D9⟩. 검색일: 2018.6.5.

321 그 외 객관성을 배제하고 주관성의 법리를 적용하는 것도 일제의 식민통치의 잔재라고 할 수 있다. 객관성 법리란 자신이 직접 피해를 당하지 않아도 타자의 불의에 대해 고발할 수 있고 구제할 수 있는 권리를 인정하는 것이다. 반면, 주관성 원칙은 피해자만이 자신의 피해를 구제할 수 있는 권리를 가지고 고소권을 가진다. 후자의 경우에는 아무리 옆에서 도와주고 싶어도 피해자가 아니므로 나설 수가 없는 것이다. 이런 주관성은 본연의 자연성으로 인간이 갖는 정의감을 무력하게 하고 사회적 유대감을 저해하며, 결과적으로 사회적 부정, 불의를 만연하게 하는 온상이 되고 있다. 이와 같은 법리는 원주민의 상호유대감을 말살함으로써 응집력을 분쇄하고 그 틈새로 파고들어 외세의 지배체제를 공고하게 하는 '분열을 통한 식민지배체제의 강화(Divide and Rule)'의 일환이라 할 수 있다.

322 "법관징계위원회는 부정부패한 법관에 대해 진정이 들어와도 징계는 하지 않고 조직의 방패가 되어 오히려 판사의 비리를 은폐하는데 주력을 다하고 있고, 판사의 잘못에 대한 민원인의 진정에 대한 답변으로서는 '헌법103조에 따라 법관은 법과 양심에 의해 독립적으로 판단한다'는 회신을 항상 똑같이 보낸다. 즉 회신은 헌법103조를 마음대로 해석하여 판사 마음대로니 어쩔 수 없다고 하는 뜻이다. 국민의 권리보다 판사의 권

위가 더 우선시 되는 것은 판사의 부패를 조장한다. 이러한 조직의 보호막 속에 판사들은 부정부패를 일삼으며 승진을 하고 부정부패의 댓가로 피해를 본 국민의 피눈물로 이루어진 부와 명예를 누린다. … 이러한 감찰기능은 법을 판사들만의 전유물로 만들고 국민을 노예로 만들기 위한 것이다." 〈http://cafe.daum.net/tkqqrogur〉 [사법제도개혁실천모임], 검색일: 2017.8.7.

323 박진완, "헌법재판과 전문법원-독일에서의 논의를 중심으로", 공법연구 29-3 (2001), 312쪽.

324 〈http://zum.com/?af=gt#!/v=2&tab=rank&p=11&cm=newsbox&news=00320170816397488 63〉, 검색일: 2017.8.16.

325 인터넷서울-연합뉴스, 2018.7.23. 〈http://www.yonhapnews.co.kr/bulletin/2018/07/23/0200000000AKR20180723088500004.HTML〉, 검색일: 2018.8.4.

326 인터넷뉴스타운TV[건국대학교 의학전문대학원 두경부외과 이용식교수 출연], 2018.7.25. 〈https://www.youtube.com/watch?v=4JPSQUNWZjo〉, 검색일: 2018.8.4; 최상천의 사람나라 제37강, 2018.7.30. 〈https://www.youtube.com/watch?v=7F6wMbcnZoQ〉, 검색일: 2018.8.4.

327 아파트 경비원의 진술은 "쿵 떨어지는 소리가 나서 보니 노회찬이었고, 맥박을 쥐어보니 뛰지 않았고, 그래서 17-18층으로 올라가보니 거기에 노회찬의 외투가 있었고, 거기에서 신분증, 유서 등을 발견했다. 안경은 쓰고 있지 않았다. 비명소리는 없었다." 등이다. 이런 진술에 대한 의혹으로서는, 경비원은 안경도 끼지 않은 노회찬 의원의 신원을 단번에 파악할 수가 있었는지, 추락하는 것을 보지 않았는데도 어떻게 사체가 투신한 것이라는 사실을 바로 단정할 수가 있었는지. 쿵 하는 소리를 들었다고는 하나 어떻게 17-18층에서 투신한 줄을 알았는가, 또 경비원은 근무한 지 2-3달 밖에 되지 않았고, 또 노회찬 가족이 그곳에 사는 지도 몰랐다면서, 어떻게 바로 노회찬의 동생 집이 있는 17-18층으로 올라가서 버려진 노회찬의 외투를 발견할 수 있었는가? 등의 문제가 제기되고 있다. 자필유서가 있다고 경찰이 발표했으나, 현재로서는 휴대전화에 임시 저장된 미발송 문자만 공개되었을 뿐, 자필유서는 공개되지 않았다. 그래서 자필 검증 과정이 없이 자필의 진위를 어떻게 알 수가 있었는가, 또 발표에 따르면, 사망 전날 미국 출장에서 귀국하여 어머니가 있는 병원을 방문한 다음 이 아파트로 와서 동생집 초인종을 눌렀으나 대답이 없자 돌아갔고, 그 다음 죽던 날 다시 동생 집 앞에서 벨을 눌렀으

나 대답이 없자 그대로 뛰어내렸다고 하나, CCTV도 없었다는 소문이 돌았고, 초인종을 누르는 것을 본 사람도 없이, 이런 사실은 어떻게, 누가 알게 되었는가 하는 점 등이 의문점으로 남아있다는 이야기들이다.

328 2018.6.28. 2016헌마473; 법률신문, 2018,7,10, ⟨https://www.lawtimes.co.kr/Legal-News/Legal-News-View?serial=144694&kind=AB01&key=⟩, 검색일: 2018.7.30.

329 고소, 고발건수는 2000년 53만8천여건, 2001년 55만8천여건, 2002년 56만9천여건, 2003년 62만5천여건으로 매년 증가하고 있고, 전체사건 중 고소, 고발사건이 차지하는 비율은 2000년 30.4%, 2001년 30.3%, 2002년 31.1%, 2003년 33.6%로 2000년대 이래 전체 사건의 30%를 꾸준히 넘고 있다. 한편 2004년 고소사건의 혐의별 분포를 보면 사기가 전체의 59.4%로 대다수를 차지했고 횡령 및 배임 7.7%, 폭력 3.8%, 근로기준법 위반 2.4%, 저작권법 위반 2.0%, 사문서 등 위변조 1.9%, 간통 1.6%, 기타 21.2% 등으로 전체 고소사건의 약 60%가 사기사건인 것으로 파악돼 금전 거래관계에서 발생하는 민사분쟁형 형사사건이 전체 사건의 상당부분을 차지하고 있는 것으로 나타났다.(연합뉴스, 2004.10.13.자 참조)

330 동아일보, 2007.4.17., ⟨http://news.donga.com/3/all/20070417/8431091/1⟩, 검색일: 2018.7.19.

331 대검찰청 형사1과, 고소사건 접수/처리 현황(2017.10.16. 최종수정), ⟨http://www.index.go.kr/potal/main/EachDtlPageDetail.do?idx_cd=1754⟩, 검색일: 2018,7,19.

332 서울신문, 2016.2.22. ⟨http://www.seoul.co.kr/news/newsView.php?id=20160223008006⟩, 검색일: 2018.7.20.

333 반면, 현재 한국의 대부분 전문직의 경우 형사범으로 금고 이상의 형을 선고(집행유예, 선고유예 포함) 받은 경.를 전문자격의 결격사유 및 등록취소사유로 규정하고 있다(변호사, 외국법자문사, 공인회계사, 법무사, 세무사 등) Cf. 박호균, "의료인의 형사범죄와 면허 규제의 문제점 및 개선방향 입법적 측면을 중심으로", pp.11-12.

334 박호균, "의료인의 형사범죄와 면허 규제의 문제점 및 개선방향", p.21.

335 2000년 의료법 개정으로 의료법 제8조 5항의 내용이 변경되어, 허위진단서 등의 작성, 위조사문서 등의 행사, 낙태, 업무상비밀누설, 마약류 관리에 관한 법률 위반, 의료

비 부당청구, 면허증 대여, 리베이트 취득 등을 위반하여 금고 이상의 형을 선고 받은 경우만을 결격사유 및 면허취소사유로 규정하고 있다. 반면, 2000년 개정 이전의 구 의료법에는 "금고 이상의 형을 선고 받고 그 형의 집행이 종료되지 아니하거나 집행을 받지 아니하기로 확정되지 아니한 자"로 되어 있어 일반 형사범죄를 포괄하고 있었다.

336 〈故신해철 집도의 실형 모면, 의사직은 '불가'〉, 의약뉴스(2016.11.26)

337 〈故신해철 집도의 유죄선고… 의사면허는 유지〉, 청년의사(2016.11.26.)

338 인재근 의원실 보도자료(2016.10.06). 인재근 의원이 경찰청으로부터 제출 받은 '의료인 성범죄 처벌 현황' 자료에 따르면, 최근 10년 동안 성범죄로 인해 검거된 의사는 747명, 연도별 성범죄 의사의 검거인원은 2007년 57명에서 2015년 109명으로 2배 가까이 늘었으며, 2016년에도(8월 기준) 75명의 의사가 성범죄로 검거되어 매년 증가 추세를 보인다고 하며, 유형별로 보면 죄질이 나쁜 '강간 강제추행'이 696명으로 전체 검거자의 93.1%를 차지했고, 이어 '카메라 이용 촬영'이 36건으로 4.8%를 기록했고, 그 밖에 '통신매체 이용 음란'이 14건, '성적목적 공공장소 침입'이 1건이다.

339 인재근 의원실 보도자료(2016.10.14)

340 형법 제268조(업무상과실h중과실 치사상) 업무상과실 또는 중대한 과실로 인하여 사람을 사상에 이르게 한 자는 5년 이하의 금고 또는 2천만원 이하의 벌금에 처한다. 〈개정 1995.12.29〉

341 이석배(단국대학교 법과대학 교수), "의사의 범죄와 직무금지 독일의 적용례를 중심으로", 39쪽.

342 American College of Legal Medicine Textbook Committee, Legal Medicine, 7thed. 2007, p.11; 정규원, "미국의 의료체계와 의료법체계", 법과 정책연구, 제3권 제1호, 2003, p.15.

343 이석배, 대한변호사협회 발제(2017.10.27)

344 독일형사소송법 제153조, 제153조a에 따른 절차중지의 경우에도 마찬가지이다.

345 BVerfG, NJW 1970, 507, 509.

346 BVerfG, NJW 1970, 507, 509.

347 BVerfG, NJW 1970, 507, 510.

348 의료사고, 의료과실(medical maltreatment), 의료과오(medical negligence) 등의 용어가 쓰인다. 의료과실(medical malpractice)이란 의료인이 환자를 치료하는 동안 의료사회에서 통용되는 기준을 벗어난 작위 또는 부작위로 환자에게 상해의 결과를 발생시킨 것을 뜻하며 [Cf. 오영근, 김재봉, 〈의료과실에 있어 형사처벌특례 인정 여부에 관한 연구〉, 한양대학교 법학전문대학원(2009), 40쪽; 박미라, 〈의료분쟁조정제도에 대한 연구 각국의 입법정책 및 의료분쟁조정법상 제도를 중심으로〉, 석사학위논문. 고려대학교 법학대학원(2012), 9쪽], 의료사고나 의료과오도 유사한 맥락에서 사용될 수 있겠다.

349 이 법(법률 제10566호)은 공포 후 1년이 경과한 날(2012.4.8)로부터 시행되었다.

350 신현호, "자동개시 등 법 개정으로 인한 한국의료분쟁의료승재원의 세노에 관한 현황과 발전 방향", 의료분쟁 조정 및 감정제도 발전 방향(보건복지부, 2017.5.25), 3-4쪽.

351 Cf. 민주노동당 국회의원 곽정숙 성명 내용 중 일부; 김재춘, "의료사고 피해구제 및 의료분쟁 조정 등에 관한 법률의 제정과 향후전만", 한국의료법학회 춘계학술대회 자료집 (2011), 88쪽.

352 이백휴, "〈의료사고 피해구제 및 의료분쟁 조정 등에 관한 법률〉상 감정제도의 문제점과 개선방안", 법과 정책연구 11(4) (2011), 1273쪽.

353 우리나라에서는 현재, 5개 보험사를 중심으로 의사 및 병원 책임배상보험이 운영되고 있고 대한의사협회 공제회가 운영 중에 있다. 책임배상보험의 경우, 임의보험 가입 형태로 진료과목별 그 차이가 있으나 전체적인 가입률은 40%에 이른다. 그러나 아직 우리나라에서 운영되고 있는 의료보험제도는 현실적 대안이 되기에는 이르다. 그 이유는 보상액이 턱없이 낮은데 비해 상대적으로 보험료가 세고 사고 시 본인 부담금이 상대적으로 높아 보험신고를 꺼리고 또한 피해자들에게는 만족할 만한 보상 수준에 이르지 못하고 있기 때문이다. 공제회도 역시 상대적으로 낮은 보상금(건당 평균보상액이 350만원)으로 인해 같은 문제에 봉착해 있다. 이 같은 결과에 만족하지 못하고 있는 의료인들이나 피해자들은 보험가입을 꺼리거나, 구제를 받을 수 있는 다른 대안을 찾아 나서고 있는 것이 현실이다.

354 또 의료진이 책임보험을 들게 되면 그 비용이 의료소비자에게 전가되어 의료수가가 높

아질 것이라고 의료진은 전망한다. 그러나 미국, 독일 등에서 의사들은 다수가 개인적으로 보험을 들고 있고, 그것은 국가에서 권장하는 사항이다. 그런데 그 때문에 의료수가가 높아진다고 걱정을 하거나 반대로 의료수가가 높아지기 때문에 의사들이 보험을 들지 못한다는 말은 듣지 못했다. 의료인의 책임보험 가입으로 의료인 자신의 수입이 줄어들 가능성이 있을 수 있겠으나, 그 대신 의료사고 때문에 시간과 신경을 쓰는 부담을 덜어낼 수 있겠다. 참고로 미국에서 의료배상책임보험제도가 도입된 것은 이미 100년 전인 1920년대로 거슬러 올라간다.

355 Cf. Doms, Die rztlichen Gutachterkommissionen und Schlichtungsstellen, Neue Juristische Wochenshcrift 46 (1981), pp.2489-2493 [남준희, "독일의 의료분쟁과 대체적 분쟁해결방안(ADR) – 독일 의료중재원과 의료감정위원회를 중심으로" 412쪽에서 재인용]

356 다만 모든 의료감정위원회는 환자와 의사가 동의하는 경우 중재를 실시하기도 한다. Cf. 남준희, "독일의 의료분쟁과 대체적 분쟁해결방안(ADR) – 독일 의료중재원과 의료감정위원회를 중심으로", 413쪽.

357 Bodenburg, rxtliche Gutachter-und Schlichtungsstellen-TheorieundPraxieinesModelles,VersR,1982,730.[남준희, "독일의 독일의 의료분쟁과 대체적 분쟁해결방안(ADR) – 독일 의료중재원과 의료감정위원회를 중심으로", 413쪽에서 재인용]

358 http://noprddeutsche-schlichtngsstelle.de

359 Berlin, Bremen, Hamburg, Schleswig-Holstein, Niedersachsen, Th ringen, Brandenburg, Mecklenburg-Vorpommern, Sachsen-Anhalt.

360 남준희, "독일의 독일의 의료분쟁과 대체적 분쟁해결방안(ADR) – 독일 의료중재원과 의료감정위원회를 중심으로", 414쪽; 김한나, 김계현, 이정찬, 최재욱, "〈의료감정의 현황과 제도 개선방향〉 연구보고서", 의료정책연구소(2014.7), 41쪽.

361 이백휴, "〈의료사고 피해구제 및 의료분쟁 조정 등에 관한 법률〉상 감정제도의 문제점과 개선방안", 1287쪽; 신은주, "〈의료사고 피해구제 및 의료분쟁 조정 등에 관한 법률〉에 있어서 조정제도 및 향후전망", 한국의료법학회지, 19(1) (2011), 153쪽.

362 신은주, "〈의료사고 피해구제 및 의료분쟁 조정 등에 관한 법률〉에 있어서 조정제도 및 향후전망." 153쪽.

363 감정단의 조사과정에서 이루어진 진술은 이용할 수 없도록 하고, 다만 감정단의 감정서 및 그 외 감정에 관한 기록 등을 결과의 경우 형사소송에서는 이용하지 못하나 민사소송 자료로 할 수 있도록 하고 있다.(동법 38조)

364 의사윤리강령, 1997.4.12. 개정.

365 박준수, 의료분쟁의 해결방안에 관한 연구, 박사학위논문. 동아대학교(2011), 118쪽.

366 신현호, "자동개시 등 법 개정으로 인한 한국의료분쟁의료중재원의 제도에 관한 현황과 발전 방향", 29-30쪽. 이 공개의무는 한편으로 필요에 따라 진료과실의 공개를 요구하는 환자에 대한 진료자의 진실의무(Wahrheitsphlicht)에 따른 것이며, 다른 한편으로는 의료계약에 기초하여 환자에 대하여 임상의학 실천 당시의 의학수준에 따라 최선의 필요한 조치를 시도할 의무와 건강상의 의무가 진료자에게 부과되었다. 뿐 아니라 진료자는 제630조 제2항 제3문에는 진료자 자신의 형사법상 승거평가금시(Beweisverwertungsverbot)에 의한 자기부죄금지(nemo-tenetur, 묵비권)의 원칙도 보장하고 있다. 이러한 규정은 의사가 형사법상 증거평가금지를 보장받기 위해서 민사사건에서 자신의 진료과실을 인정하게 하는 유인책이 된다.

367 T.M. Spranger, Medical law in Germany (N.Y./ Bedfordshire, 2011), p.52.

368 T.M. Spranger, Medical law in Germany, p.78.

369 이런 실상은 지역조정센터의 설치가 의무화되어 있는 외국과는 대조적이다. Cf. 김영규, "의료분쟁조정법의 특징과 그 개선방안 The Characteristics and Remedies of Medical Disputes Mediation Act", 법학논총 29(2013), 198쪽.

370 조윤미, "의료분쟁에 있어 감정 과정의 발전방향과 소비자적 관점", 의료분쟁 조정 및 감정제도 발전 방향(보건복지부, 2017.5.25), 124쪽.

371 Cf. 15시간 이상의 연수교육을 받은 뒤에 시험에 통과하여 상응하는 자격을 갖추면 CIME(certified IME)라 불리며, CIME는 주로 진료심의와 장애평가를 담당한다.

372 김기영, "의료분쟁조정법에 대한 토론자료 : 독일의 의료분쟁조정제도의 실태와 비교법적 시각", 한국의료법학회, 춘계학술발표대회 자료집(2011), 119쪽 이하.

373 김기영, "의료분쟁조정법에 대한 토론자료 : 독일의 의료분쟁조정제도의 실태와 비교법적 시각", 115쪽.

374 유상호, "의사윤리 개정의 필요성과 개정방향", 의료정책포럼 12-4(2015), 114-121쪽. 이 사실은 영국의 의사면허관리국(General Medical Council)이 제정한 〈좋은 의료행위 지침 Good Medical Practice〉을 살펴보면, 동료의사와 동료의료인과의 협력적 관계 맺기, 환자의 안전과 진료의 질 보장을 위한 노력 등을 구체적으로 의무화하고 있는 현실과 대조적이다.

375 유시민, 국가란 무엇인가(돌베개, 2017, 개정신판), 104쪽.

376 유시민, 국가란 무엇인가, 114쪽 이후.

377 유시민, 국가란 무엇인가, 125-126쪽.

378 트라시마코스에 따르면, 민주정체는 민주적인 법률을, 참주정체는 참주체제의 법률을, 그 밖의 정치체제도 다 이런 식으로 법률을 제정한다. 일단 법 제정을 마친 다음에는 자기들의 편익이 되는 것을 올바른 것으로 공표하고, 이를 위반하는 자를 범법자나 올바르지 못한 것으로 처벌한다. 어느 나라에서나 정권의 편익을 정의로 간주한다. 정치권력이 힘을 행사하기 때문에 정의는 강자의 편익으로 귀결된다는 것이 올바른 추론이다.(플라톤 지음, 박종현 옮김, 〈국가, 정체〉, 서광사, 1997, 82-84쪽)

379 유시민, 국가란 무엇인가, 112-113쪽.

380 유시민, 국가란 무엇인가, 115쪽.

381 유시민, 국가란 무엇인가, 116쪽.

382 이에 관련하여 유시민은 다음과 같이 논한다. 민주주의 정치제도는 국가가 선을 행하는 것도 방해할 수 있다. 민주주의 사회에서는 플라톤의 현자가 대통령이 된다 해도 자신이 선이라고 생각하는 일을 마음껏 하지는 못한다. 국회와 헌법재판소, 언론과 정당 등 다른 권력기관들을 사악한 인물들이 장악하고 있을 수 있기 때문이다. 훌륭하고 지혜로운 최선의 인물이 권력을 잡아도 선한 일을 많이 할 수 없다면 안타까운 일이지만, 이것은 최악의 인물이 권력을 잡아도 마음대로 악을 저지르지 못하게 하는 대가로 감수할 수밖에 없는 부작용이다. 이런 강점과 약점을 시민들이 제대로 보지 못하면 민주주의 그 자체가 위태로워질 수 있다. 뽑아놓은 지도자가 알고 보니 최선의 인물이 아니었거나, 선하기는 하나 능력과 추진력이 부족하다고 해서 실망하게 되고, 그래서 대중이 선거 자체에 대한 진지한 관심을 잃게 되면 민주주의는 그야말로 교묘한 위선으로 잘 무장한 최악의 인물이 달콤하지만 실현할 수 없는 약속을 내세워 권력을 장악하는

중우정치로 타락할 수 있다. 플라톤과 아리스토텔레스는 이런 결점 때문에 민주주의를 좋아하지 않았다고 한다.(유시민, 국가란 무엇인가, 117-118쪽)

383 유시민 자신도 촛불혁명은 정상의 민주적 절차에 따른 것이 아니라 정부 자체의 기능이 정지되었다는 점을 지적하고 있다. 그에 따르면, JTBC의 태블릿PC보도 이후 7주가 채 지나기 전에 국회가 대통령 탄핵소추안을 의결한 그 사태에서는, 이명박 정부 때와 달리 권력의 폭주가 아니라 국가의 사유화와 정부의 오작동이라는 문제가 국민의 관심사로 떠올랐다. 시민들은 2014년 세월호 참사화 2015년 메르스 파동 때 드러난 정부의 무능과 국가의 무기력은 단순한 우연이 아니었다는 것을 알게 되었다. 국가권력을 사유화하고 오남용한 대통령과 측근들의 행위가 만인의 눈앞에 노출되자 대통령의 정치적 정통성이 무너지고 정부의 기능이 사실상 정지되었다는 것이다. 유시민, 국가란 무엇인가, 7-9쪽.

384 유시민, 국가란 무엇인가, 9쪽.

385 유시민, 국가란 무엇인가, 312-314쪽, "박근혜 정부는 시민의 생명을 보호하지 못 했다. 세월호 참사와 메르스 사태가 그랬다. 박근혜 대통령은 최순실 등 비선 측근들과 공모해 대규모 부정부패를 저지르고 부당한 인사전횡을 일삼았으며 정부조직의 활동을 마비시켰다. 대법원장과 고위 법관을 사찰하고 집권당을 사유화하며 언론을 통제함으로써 민주의 삼권분립 정신을 파괴했다. ... 나는 시민들의 개탄에 공감한다. 오늘의 대한민국은 국가다운 국가가 아니다. 시민들의 탄식을 불러온 것은 국가를 대신해서 행동하는 정부, 대통령과 정부를 이끄는 사람들의 도덕적 타락과 정치적 행정적 무능이었다. ... "대통령 탄핵의 정치적 소용돌이가 가라앉으면 곧바로 국민경제의 활력회복과 서민생활의 향상, 한반도 평화, 양극화 해소, 고용안정과 비정규직 차별 철폐, 사회적 약자를 위한 복지정책의 강화를 요구하는 시민들의 목소리가 광장에 울려 퍼지게 될 것이다. 국민들은 민주적인 정부를 세우는 데 머물지 않고 유능한 민주정부, 모든 시민을 공정하게 대하고 사람들 사이에 정의를 수립하는 정부를 요구하고 나설 것이다. 민주주의는 단순한 절차와 제도의 집합이 아니다. 민주주의는 절차와 제도를 대하는 의식과 태도를 포함한다. 국가와 사회에 대한 시민들의 소망과 요구를 정부가 편견 없이 경청하고 그것을 실현하기 위해 최선을 다할 때, 국민은 민주주의를 포기해서는 안 될 가치 있는 것으로 인정하고 기꺼이 정치에 참여할 것이다."

386 유시민, 국가란 무엇인가, 28-29쪽.

387 유시민, 국가란 무엇인가, 124쪽.

388 아리스토텔레스, 정치학, 천병희 옮김(도서출판 숲, 2009), 15쪽.

389 아리스토텔레스, 정치학, 403쪽.

390 유시민, 국가란 무엇인가, 225-226쪽.

391 유시민, 국가란 무엇인가, 118쪽. 유시민은 삼권분립으로 권력 간의 견제와 감시가 이루어지고 또 감사원과 국가인권위원회 등의 독립적 국가기관이 국가권력의 오 남용을 예방하고 시정하도록 하는 제도적 장치라고 말한다.(같은 책, 116쪽) 그러나 이 제반 장치들 자체가 그 목적을 배반하고 공권력이 오 남용될 때의 제어장치에 대한 개념이 유시민에게는 결여되어 있다. 실제로 삼권분립은 상호 견제와 감시가 아니라 삼권이 각기 독재기구화하여 제멋대로 직무를 유기하고, 국가인권위원회 등 독립적 국가기관 마저도 알게 모르게 권력의 시녀가 되어 원래의 기능을 상실하곤 하여 시민들은 국가 공권력을 불신하는 지경에 이르렀기 때문이다.

392 유시민, 국가란 무엇인가, 55쪽.

393 유시민, 국가란 무엇인가, 74-75쪽.

394 유시민, 국가란 무엇인가, 75쪽.

395 유시민, 국가란 무엇인가, 56쪽.

396 존 로크, 시민정부론, 이극찬 옮김(연세대학교 출판부, 2014), 143쪽.

397 유시민, 국가란 무엇인가, 57-58쪽.

398 유시민, 국가란 무엇인가, 60-61쪽.

399 유시민, 국가란 무엇인가, 70쪽.

400 헨리 데이빗 소로, 시민의 불복종, 강승영 옮김(이레, 1999), 47-48쪽. 이하 소로 관련 내용은 유시민, 국가란 무엇인가, 75-76.에서 재인용.

401 헨리 데이빗 소로, 시민의 불복종, 32쪽.

402 헨리 데이빗 소로, 시민의 불복종, 41쪽.

403 17세기 홉스는 절대 권력을 옹호하면서 사회의 혼란 보다는 절대 권력이 잘못 행사되

는 것이 더 낫다고 했다. 탐욕과 욕망의 인간은 만인의 만인에 의한 투쟁 상태를 종식하기 위해 사회계약을 맺어서 그 권리를 권력자에게 양도한다. 그래서 시민의 생명, 안전, 재산 보호하는 절대적 권력이 탄생하고, 그 권력은 부패한다 해도 권력 부재에서 야기되는 사회의 혼란보다는 낫다고 한다. 그러나 적어도 그 권력이 시민의 생명, 안전, 재산 보호 등 본래의 기능을 다 하지 못할 때는 폐기되어야 한다.

404 유시민, 국가란 무엇인가, 29쪽. 참조.

405 유시민, 국가란 무엇인가, 35-36쪽.

406 장 자크 루소, 사회계약론, 108-109쪽.

407 유시민, 국가란 무엇인가, 64-65쪽.

408 유시민, 국가란 무엇인가, 65쪽.

409 유시민, 국가란 무엇인가, 68-69쪽.

410 국민주도헌법개정전국네트워크, 한국헌법학회 주최, 토론 자료집, 〈직접민주제 개헌 어떻게 할 것인가?〉, 2018.2.6.(화) [국회의원회관 309호], 72-74쪽

411 한나 아렌트, 인간의 조건, 76쪽.

412 Cf. 아리스토텔레스, 아테네 국제 42.1. 이하.

413 Cf. 제한된 지면에 고대 그리스 시민사회의 구조를 체계적으로 서술하기가 어려움으로 여기서는 오해의 소지가 있는 점을 중심으로 서술하도록 한다. 그 외 그리스 시민사회의 특징 및 분권적 권력구조의 운영에 관해 자세한 것은 우선 다음의 책 등을 참고로 하면 되겠다. 최자영, 고대 그리스 법제사(아카넷, 2007), p.62ff.; J.S. Trail, The Organization of Attica: A Study of Demes, Trittys, and the Phylai, and their Representation in the Athenian Council (New Jersey, 1975).

414 한나 아렌트, 폭력의 세기, 125쪽 이하.

415 한나 아렌트, 인간의 조건, 84쪽.

416 한나 아렌트, 폭력의 세기, 90쪽.

417 조르주 소렐, 폭력에 대한 성찰, 358쪽 이하.

418 유시민, 국가란 무엇인가, 223-224쪽.

419 최자영, 고대 그리스 법제사, 345-369쪽, 특히 346, 358쪽.

420 고대 그리스 노동자(노예)의 사회적 지위에 대한 더 상세한 내용은, 최자영, 고대 그리스 법제사 (아카넷, 2007), 345-369쪽 참조.

421 한나 아렌트, 인간의 조건, 89쪽.

422 아리스토텔레스, 아테네 국제, 6.10이하.

423 한나 아렌트, 폭력의 세기, 82쪽 이하.

424 크세노폰, 이헤로(Hiero), 4.3. "Again, to all other men their fatherland is very precious. For citizens ward one another without pay from their slaves and from evildoers, to the end that none of the citizens may perish by a violent death."

425 크세노폰, 비망록(Memorabilia), 2.8.1~5.

426 크세노폰, 2.5.2.

427 이소크라테스, 14.48.

428 리시아스, 12.98.

429 데모스테네스, 53.7.

430 에우리피데스, 헬레네, 273~279.

431 IG (그리스 금석문), II2, 1553~1578.

432 아이스키네스, I.97

433 Bekker, Anecdota Graeca 1, 212. anacheion.

434 리시아스, 23,9~11.

435 데모스테네스, 서간집(Epistolai), III, 29.

436 아테네 여성의 시민권에 관한 더 상세한 내용은, 최자영, "고전기 아테네 여성(Athenaia)의 시민권과 사회적 지위 - 남성·여성간 대립개념의 궁극적 극복에 대한 전망", 서양사론, 90(2006.9), 127~159쪽 참조.

437 Cf. 최자영, "고전기 아테네 여성(Athenaia)의 시민권과 사회적 지위 남성·여성간 대

립개념의 궁극적 극복에 대한 전망", 서양사론, 90(2006.9), pp.127~159. 아래 여성 관련 내용은 다수가 이 논문에서 원용한 것임.

438 현재 서구 학자들은 여성이 시민이었다는 사실을 인정하는 데 큰 의의가 없으며 다만 그 사회적 지위가 남성에 비해 동등했는가 열등했는가 하는 점에 대해 의견이 다양하다. Cf. S.B. Pomeroy, Goddesses, Whores, Wives and Slaves: Women in classical Antiquity(London, 1975), p.58; D.C. Richter, "The Position of Women in Classical Athens", Classical Journal, LXVII(1971), p.1.

439 아리스토텔레스(정치학, 1275b 23~27)에 따르면, 부모 중 한 쪽만이 아니고 양친 모두가 시민이어야 하거나, 그것도 어떤 곳에서는 2대, 3대 조상까지 시민자격을 요구하는 제도가 있는데, 이는 비현실적인 것이라고 한다. 그는 여기서 "회반죽을 만드는 것이 회반죽 일꾼이듯이 라리사(그리스 중부의 한 도시) 시민을 만드는 것은 관리(demiourgoi)"라고 한 레온티노이(시실리의 한 도시)의 고르기아스의 말을 인용한다. 아리스토텔레스에 따르면, 처음 집안을 이루거나 식민한 사람으로 혈통을 거슬러올라가는 것은 불가능하므로 양친이 시민이어야 한다는 규정은 큰 의미가 없다. 그래서 시민이란 판관이나 관직에 임할 자격이 있는 사람이어야 한다는 자신의 정의가 더 적합하다고 말한다.

440 아리스토텔레스, 정치학, 1277b 35~78a 6.

441 단수는 genos로 흔히 씨족으로 번역된다. 그러나 고대 사회에 공통된 현상으로서 순수 혈연집단만을 말하기 보다 자연적으로 형성된 생활공동체를 지칭하는 것으로 볼 수도 있다.

442 아테네 시민권과 관련하여 원사료에는 'polites'와 'astos'의 두가지 용어가 쓰인다. 이것이 완전히 동의어가 아니라는 것은 두 가지를 같이 나열하고 있는 데서 알 수 있다. 어원 자체에 따르면, 전자는 도시국가의 시민권자, 그리고 후자는 도시지역 출신이란 의미가 강하다. 데모스테네스(57.43)에 "그녀(Euxitheos의 어머니)는 aste이며 politis입니다"라는 표현이 있으며, 같은 변론문 24에는 "이런 지지를 받고있는 사람이 astos인지 xenos인지는 여러분이 알았을 것입니다"라고 되어있다. 여기서 xenos와 astos는 대조적으로 쓰이고, aste와 politis는 같은 사람의 자격을 묘사하고 있다. aste와 politis 두 용어가 정확하게 어떤 맥락에서 쓰이며 어떤 차이점이 있는가 하는 것은 더한 연구가 필요하다. 본고에서는 필요가 있다고 생각될 때 원사료에 사용된 용

어가 다름을 드러내기 위하여 편의상 'polites'는 '시민', 'astos'는 '도시민'으로 번역하였다.

443 데모스테네스, 57. 30~32.

444 크리소스토모스, 15.3.

445 아리스토텔레스, 정치학, 1253a 23-25.

446 아리스토텔레스, 정치학, 1254b 27-1255a 2.

447 아리스토텔레스, 정치학, 1255b 16-30.

448 아리스토텔레스, 정치학, 1255b 31-40.

449 아리스토텔레스, 정치학, 1255a 3-12.

450 아리스토텔레스, 정치학, 1255b 13-15.

451 아리스토텔레스, 정치학, 1253b 17-23.

452 Aristoteles, Politika, 1255a 24-31.

453 Aristoteles, 정치학, 1275b 36-1276a3.

454 Aristoteles, 정치학, 1277a 35-1277b 11.

455 아리스토텔레스, 정치학, 1259a 38-1259b 4. 세 가지 상이한 관계에 관한 언급은 1253b 7-11.에도 있다.

456 "정치적 지배는 자유롭고 평등한 자에 대한 것이다."(아리스토텔레스, 정치학, 1255b 20)

457 Aristoteles, 정치학, 1277b 19-21.

458 게오르기오스 파판드레우는 2009-2011년까지 총리직을 역임했다. Cf. 인터넷한겨레, 2018. 9. 16. ⟨http://www.hani.co.kr/arti/international/globaleconomy/419036.html⟩, 검색일: 2018.9.10.

459 인터넷한겨레, 2009. 10. 5. ⟨http://www.hani.co.kr/arti/PRINT/380231.html⟩, 검색일: 2018. 9. 10.

460 1944-1945, 1963-1965. 1961년 중도연합 정당 창당한 다음 왕정 하에서 1963년과

1964년 선거에서 승리한 다음 총리직을 역임하다 국왕 콘스탄티노스 2세에 의해 파면되었다. 그리스에서 왕정이 폐지되고 공화정이 출범한 것은 1974년이며 현재 헌법은 1975년에 제정된 것이다.

461 1981-1989, 1993-1996.

462 인터넷조선일보, 2016. 5. 2. 〈http://news.chosun.com/site/data/html_dir/2016/05/02/2016050200222.html〉, 검색일: 2018.9.10.

463 인터넷조선일보, 2016. 5. 2. 〈http://news.chosun.com/site/data/html_dir/2016/05/02/2016050200222.html〉, 검색일: 2018.9.10.

464 Christina Akrivopoulou, Feorgios Dimitropoulos, Stylianos-Ioannis G. Koutnatzis, "The 'Kallikratis Program,' The Influence of International and European Policies on the Reforms of Greek Local Government," Saggi e Articoli, Istituzioni del Federalismo (2012.3), pp.673, 677. 이하 내용은 주로 이 논문(pp.653-693)을 참고로 한 것이다.

465 가장 대표적인 헌법이 1823년, '에피다브로스 법령'으로 알려진 것으로 아스트로스 국가회합에서 채택되었다. 여기에는 지방행정단위로서 '도(道 province) 조직'을 이끌어내고, 지방행정단위로서 장로의 권위 하에 읍(towns)와 동리(villages) 단위를 두었다. Christina Akrivopoulouet al., "The 'Kallikratis Program,'" p.667, n.52.

466 카포디스트리아스(1776-1831)는 당시 베네치아의 지배를 받고 있던 그리스 서부 연안 케르키라 섬 출신이다. 그리아 외무부에서 근무했던 그는 그리스 초대 대통령으로 왔으며, 국가 권력 강화를 위해 지방유지들의 세력을 축소하려다가 반발을 사서 암살되었다. 그가 사망한 이후에는 동생인 아브구스티노스 카포디스트리아스가 그리스의 대통령을 역임했지만 6개월 뒤에 바이에른 왕국 출신의 왕자인 오톤이 그리스의 국왕으로 즉위하게 된다. 터키로부터 독립하고 국가를 세우는 과정에서 내분이 심했으므로 그리스 인들간의 타협에 의해 이런 조치를 취하게 되었다. 현재 아테네 대학교는 그를 기념하기 위해 정식 명칭을 아테네 국립 카포디스트리아스 대학교로 명명하고 있다.

467 1836, 1845, 1899, 1909년 등의 변화를 거쳤다. Christina Akrivopoulou et al., "The 'Kallikratis Program,'", p.668.

468 1912년 D. NZ' 법령(훗날 1926년 9.13일 입법조령에도 의거). 이들 입법에 의거하여 지

방과 분권정부가 헌법에 의해 승인되었다. 1926년 헌법(제104, 105조)은 그리스 국가는 지역 및 분권 체제로 구성되고, 특히 자치군(municipality)와 공동체(community)를 언급했다. 이것은 1927년 헌법(제107, 108조)과 1952년 헌법(제99조)에서도 언급된다.

469 Epirus, Macedonia, Thrace, East Aegean Islands.

470 1952년 협법 제99조에 따른 입법조령(2888/1954)이다.

471 아래 〈카포디스트리아스 법령〉에 대한 설명 참고.

472 Christina Akrivopoulo et al, "The 'Kallikratis Program,'" p.674.

473 Christina Akrivopoulo et al, "The 'Kallikratis Program,'" p.670.

474 대통령령 22/1982와 함께 1416/1984법령은 자치군과 공동체 의회의 결정이 주(州 prefecture)의 편법상의 통제로부터의 의존을 폐기하고 행정적 자치를 누리도록 했다. 오늘날 1975년 제102조에 준하여 오직 이런 결정들의 합법성이 분권행정에 의해 통제될 수 있다. Cf. E.P. Stylotopoulos, Textbook of Administrative Law, Part I (Athens, 2010), p.297 [in Greek]; Cf. Christina Akrivopoulou, Feorgios Dimitropoulos, Stylianos-Ioannis G. Koutnatzis, "The 'Kallikratis Program,' The Influence of International and European Policies on the Reforms of Greek Local Government," p.670.

475 1416/1984법령. A. Makrydimitris, Citizens State: Problems of Reformation and Modernization (Athens, 2006), pp.315-316.

476 Christina Akrivopoulou, Georgios Dimitropoulos, Stylianos-Ioannis F. Koutnatzis, "The 'Kallikratis Program': The Influencd of International and European Policies on the Reforms of Greek Local Government," in: Saggi E Articoli, Istituzioni del Federalismo (IRIS Universit degli Studi di Bologna: 2012, 3), p.653.

477 Christina Akrivopoulou, Georgios Dimitropoulos, Stylianos-Ioannis F. Koutnatzis, "The 'Kallikratis Program', p.686.

478 Christina Akrivopoulou et al., "The 'Kallikratis Program'", p.683.

479 국가의회(Council of State) no.3194/1990 (Full Bench), ToS,4/1991, pp.643-651.

480 Christina Akrivopoulou, Georgios Dimitropoulos, Stylianos-Ioannis F. Koutnatzis, "The 'Kallikratis Program', p.683.

481 Cf. P. Dagtoglou, "Constitutional and Administrative Law", kn: K.D. Kerameus, P.J. Kozyris (eds.) Introduction to Greek Law, 3rd ed. (Alphen aan de Rihn, Klower Law International, 2008), pp.23-64 (42, 45).

482 국가의회 no. 263/1997, ToS, 1/1998, pp.181-189 (183-185, 188-189); no. 888/1997, ToS, 1/1998, pp.189-198.

483 Cf, 국가의회 nos. 3441/1998 (Full Bench), Tos, 1/1999, pp.163-168 (165-166), 3413/2001(Full Bench), Tos, 1/2001, pp.151-156 (152-153).

484 Christina Akrivopoulou, Feorgios Dimitropoulos, Stylianos-Ioannis G. Koutnatzis, "The 'Kallikratis Program,' The Influence of International and European Policies on the Reforms of Greek Local Government," p.672.

485 Athens-Piraeus, Kavala-Xanthi-Drama, Rodopi-Evros,

486 이것이 오늘날은 '내무, 공공행정, 분권부'가 되었다.

487 긍정적 평가로서는 cf. C. Chryssanthakis, "In Lieu of an Introduction: the Restructuring of First-Level Local Government", in C. Chryssanthakis (ed), The Institutional Reform of First-Level local Government- The "Ioannis Kapodistrias" Project (Athens-Komotini, Ant. Sakkulas, 1998), pp.11-31 (23-260 [in Greek]. 부정적 평가는 cf. C. Bacouyannis, Establishment of Other Levels and Categories of First-Level Local Government Agencies in Art. 102 Const., ToS, 4/1998, pp.640-688 [in Greel].

488 국가의회 1484/1999(전체회의), DtA, 5/2000, pp.209-211.

489 이 법령은 지역주민투표의 장에서 혁신적 법규, 즉 고발 및 청원, 자치군 시민강령 및 지역당국의 연차보고에 대한 권리를 제도화했다.

490 A. Makrydimitris, Citizens State: Problems of Reformation and Modernization (Athens, 2006), pp.354-356.

491 7개 분권 행정구는 Attica, Thessaly-Inland Greece, Epirus-West Macedonia,

Peloponnesus-West Greece and Ionian, Aegean, Crete, Macedonia-Thrace이다. Christina Akrivopoulou et al., "The 'Kallikratis Program,'" p.678.

492 Cf. e.g. E. Bessila-Vika, Local Government, vol.1 3rd ed., (Athens-Thessaloniki, Sakkoulas, 2010), p.324 [in Greek]

493 A. Tachos, Greek Administrative Law, 9th ed. (Athens-Thessaloniki, Sakkoulas, 2008), pp.283, 285 [in Greek]; A. Marinos, "Kallikratis" and the Constitution, Review of Public and Acministrative Law, 54 (20100, pp.561-567 (564-564) [in Greek].

494 Christina Akrivopoulou, Feorgios Dimitropoulos, Stylianos-Ioannis G. Koutnatzis, "The 'Kallikratis Program,' The Influence of International and European Policies on the Reforms of Greek Local Government," Saggi e Articoli, Istituzioni del Federalismo (2012.3), p.671.

495 아렌트 관련 내용은 이 책 제 4장 참조.

496 인터넷이데일리, 2018. 9. 27., 〈http://zum.com/?af=ay#!/v=2&tab=society&p=6&cm=newsbox&news=0242018092747831452〉, 검색일: 2018. 9. 29.

497 이 책 제8장 〈한국 의료계는 왜 책임보험을 넣지 않는가〉 참조.